U0922326

全国各高级人民法院工作报告汇编

(2017)

本书编写组 编

目　录

北京市高级人民法院工作报告 …… 1
天津市高级人民法院工作报告 …… 21
河北省高级人民法院工作报告 …… 34
山西省高级人民法院工作报告 …… 55
内蒙古自治区高级人民法院工作报告 …… 68
辽宁省高级人民法院工作报告 …… 89
吉林省高级人民法院工作报告 …… 105
黑龙江省高级人民法院工作报告 …… 114
上海市高级人民法院工作报告 …… 132
江苏省高级人民法院工作报告 …… 158
浙江省高级人民法院工作报告 …… 175
安徽省高级人民法院工作报告 …… 206
福建省高级人民法院工作报告 …… 238
江西省高级人民法院工作报告 …… 278
山东省高级人民法院工作报告 …… 296
河南省高级人民法院工作报告 …… 312
湖北省高级人民法院工作报告 …… 332
湖南省高级人民法院工作报告 …… 350
广东省高级人民法院工作报告 …… 373
广西壮族自治区高级人民法院工作报告 …… 397

海南省高级人民法院工作报告 …… 417
重庆市高级人民法院工作报告 …… 442
四川省高级人民法院工作报告 …… 457
贵州省高级人民法院工作报告 …… 485
云南省高级人民法院工作报告 …… 498
西藏自治区高级人民法院工作报告 …… 515
陕西省高级人民法院工作报告 …… 535
甘肃省高级人民法院工作报告 …… 554
青海省高级人民法院工作报告 …… 574
宁夏回族自治区高级人民法院工作报告 …… 595
新疆维吾尔自治区高级人民法院工作报告 …… 618

北京市高级人民法院工作报告

——2017 年 1 月 18 日在北京市第十四届
人民代表大会第五次会议上

北京市高级人民法院院长　杨万明

各位代表：

现在，我代表北京市高级人民法院向大会报告工作，请予审议，并请市政协各位委员提出意见。

2016 年的主要工作

在市委的领导、市人大及其常委会的监督和最高人民法院的指导下，全市法院深入学习贯彻党的十八大，十八届三中、四中、五中、六中全会和习近平总书记系列重要讲话精神，按照习近平总书记对政法工作作出的“防控风险、服务发展”“破解难题、补齐短板”等重要指示，认真履行宪法和法律赋予的职责，依法公正高效审理各类案件，全面推开司法体制改革，不断加强队伍建设，努力让人民群众在每一个司法案件中感受到公平正义。

一、依法履行审判职责，维护社会公平正义

全年收案651614件，同比上升8.3%；结案654666件，同比上升20.6%；未结案107691件，同比下降2.8%，五年来首次降低。其中，市高级法院收案13996件，同比上升41.4%，结案13364件，同比上升34.9%。

（一）**依法审理刑事案件，惩罚犯罪、保障人权**。审结刑事案件19494件，对21139人判处刑罚。严惩危害国家安全、公共安全的犯罪，严惩杀人、抢劫、绑架等严重暴力犯罪，审结金复生驾车撞人、赵子辉故意杀人等一批重大案件，对1930人判处五年有期徒刑以上刑罚，维护首都安全稳定。严惩严重危害人民群众财产安全和社会稳定的电信诈骗犯罪，审结此类案件16件，向社会通报涉及891名被害人的樊用明诈骗案等典型案例。严惩非法集资等涉众型经济犯罪，审结此类案件125件，同比上升42.1%，加强涉案财物处置，为40余万投资人挽回经济损失5亿余元。严惩贪污贿赂犯罪，依法审理国家安监总局原局长杨栋梁受贿、环保部原副部长张力军受贿、“红通”落网人员孙新挪用公款等职务犯罪案件476件。依法惩治网络犯罪，在快播公司传播淫秽物品牟利案中，明确网络技术公司的社会责任，净化网络空间。推进以审判为中心的诉讼制度改革，强化庭审实质化，严格贯彻罪刑法定、疑罪从无，准确区分罪与非罪的界限，加强对证据合法性的审查，证人、鉴定人出庭作证352人次，排除非法证据18件，对6名公诉案件被告人、25名自诉案件被告人依法宣告无罪。重视被害人权益保障，对陷入生活困难的84名刑事案件被害人给予司法救助。积极参与社会治安综合治理，通过以案说法、新闻发布等形式，防范电信诈骗、非法集资等犯罪，开展全民禁毒教育。加强未成年人案件审判工作，健全社会调查、心理干预机制，做好教育感化工作，围绕防控校园欺凌开展送法进学校、进课堂等活动，维护未成年人合法权益，市高级法院未成年人案件审判庭被评为“全国实施妇女儿童发展纲要

先进集体”。

（二）**依法审理民商事案件，化解矛盾、服务发展**。审结民商事案件421465件，同比上升20.8%。贯彻依法保护产权、尊重契约自由、倡导诚实守信等原则，落实创新、协调、绿色、开放、共享发展理念。充分发挥民商事审判化解社会矛盾的功能，依法妥善处理涉及京津冀协同发展、非首都功能疏解的商铺租赁、公司清算、劳动争议等纠纷，加大调解力度，推动搬迁安置工作，维护各方当事人权利，在动物园周边批发市场疏解系列案件中，经法院深入细致调解，当事人主动撤诉的达72.8%。充分发挥民商事审判权利救济的功能，审结婚姻家庭、继承案件46516件，落实反家庭暴力法，针对家庭暴力依法签发人身保护令，开展家事审判改革，维护婚姻家庭稳定，维护未成年人、妇女、老年人、残疾人合法权益；依法审理涉军案件，维护国防利益和军人军属合法权益；审结涉外、涉港澳台案件2206件，依法审理涉马航MH370索赔案，平等保护当事人合法权益。充分发挥民商事审判规范经济社会秩序的功能，针对房价波动导致买卖纠纷增多等情况，依法判定违约责任，审结房屋买卖合同案件14225件，促进形成诚实守信的市场秩序；审结民间借贷、金融借款等案件57643件，同比上升102.9%，准确把握民间借贷合同有效与无效的标准，保障企业正当融资，促进互联网金融规范发展；按照“尽可能多兼并重组，少破产清算”的要求，全年审结清算破产案件204件，在依法保障债权人和企业职工利益基础上，促进淘汰落后产能，在市第一中级法院成立清算与破产案件审判庭，加强专业化审判。充分发挥民商事审判引导社会价值的功能，审结“狼牙山五壮士”后人葛长生、宋福保诉洪振快名誉权、荣誉权纠纷，邱少云之弟邱少华诉孙杰、加多宝公司人格权纠纷等案件，依法保护英雄人物的精神价值，弘扬了社会主义核心价值观。

（三）**加强知识产权司法保护，惩治侵权、保障创新**。全年审结知识产权案件28812件，同比上升17.3%。加大司法保护力度，努力解决侵权成本低、维权成本高等问题，在一些案件中全额支持权利人的赔偿请求，探索适用惩罚性赔偿，营造鼓励创新的法治环境。通过知识产权审判，明晰权利边界，规范竞争行为，促进行业发展，在华为公司与中兴公司专利纠纷案件中，市高级法院组织开展多轮调解，最终促成双方达成和解，彻底解决了我国两大通信企业在国内的30余件诉讼，并就国外相关诉讼达成共识，促进了我国企业创新发展和国际竞争力提升。市高级法院发布网络知识产权案件审理指南，修订专利侵权判定指南，促进法律适用统一；北京知识产权法院建立知识产权案例库，探索在知识产权判决中援引先例，并完善技术调查官制度，35位技术调查官参与了352件案件的技术事实查明。

（四）**依法审理行政案件，监督行政机关依法行政**。落实行政诉讼法规定，有案必立、有诉必理，全年新收行政案件19403件，同比上升25.6%。审结行政案件19187件，同比上升38.1%。依法审查行政行为合法性，维护行政相对人合法权益，对违法行政行为依法判决撤销或者确认违法、无效，行政机关败诉的占结案数的10.7%。推进行政机关负责人出庭应诉工作，全市16个区都有政府负责人到市第四中级法院出庭应诉。完善行政审判白皮书制度，及时反映依法行政中存在的问题，向行政机关发送司法建议75件。在行政审判中加大协调力度，推进行政争议实质性化解，一审撤诉1624件，同比增加9.8%，一批涉及城市副中心建设、新机场建设、棚户区改造等重大项目的行政争议得到妥善处理，在城市副中心行政办公区搬迁项目中，法官现场为2000余名群众解答法律问题，促进搬迁群众全部如期签约，从源头上防范了纠纷发生。

（五）**加强执行工作，努力解决执行难问题**。贯彻市委市政府《关于支持人民法院解决执行难增强司法公信力的意见》，在执行规范化上下功夫，在执行信息化上想办法，在执行改革上做文章，制定工作纲要，明确基本解决执行难的路线图和时间表。完善北京法院执行工作规范体系，实现执行案件全部网上运行，做到全程监控、全程留痕、全程公开。探索立案、诉讼阶段准许将责任保险合同、独立保函作为财产保全担保形式，有效保障生效裁判执行。开展执行案款清理活动，实行一案一账号管理，确保案款收发及时准确。通过北京法院和最高法院网络查控系统，查询银行账户、房屋产权等相关信息190余万条。完善执行联动机制，推动形成综合治理执行难的工作格局，与银行、工商等部门共享信息，对失信被执行人在行业准入、融资信贷、生活消费等方面实施联合惩戒，初步形成“一处失信、处处受限”的局面。全年新收执行案件154939件，同比上升11.4%，执结156556件，同比上升26%。

二、围绕建立公正高效权威的社会主义审判制度，全面推开司法体制改革

（一）**落实以法官员额制为重点的司法人员分类管理改革，强化司法职业保障**。2016年3月，在市委统一领导下，全市三级法院全面启动四项基础性改革。按照中央确定的法官比例限额，全市法院分两批遴选2636名法官进入员额，占中央政法专项编制的34%，入额法官平均任职时间11.9年，平均年龄40.6岁，研究生以上学历占68.4%。严格考试考核程序，所有入额法官都经过包括法学专家、资深律师等组成的遴选委员会的专业评审，突出业务水平和审判业绩在入额中的决定性作用。对申请入额法官进行廉洁和任职回避审查，对两名违反任职回避规定的法官取消入额资格，并给予党纪政纪处分。市高级法院启动从下级法院遴选法官的工作，确保高级法院法官具备更丰富的审判经验、更高的专业素质。落实法官单独职务序列和配套工资制度，完善了法官职业保障。推进法院人财物市级统一管理，自2017年1月起，各区法院人员编制和经费上划市级统一管理。

（二）**落实审判责任制，让审理者裁判、由裁判者负责**。制定审判责任制实施办法，明确独任法官、审判长、合议庭成员的审判职责和权限，确保谁办案谁负责；为将法官从大量事务性工作中解放出来，

全市法院公开招录了900余名聘用制审判辅助人员。针对可能增多的司法尺度不统一等问题，建立法官会议制度，将法官会议作为研讨专业疑难问题的咨询性平台，共研讨疑难案件4000余件，整理出裁判规则500余条。制定院庭长权责清单，明确院庭长对重大、疑难、复杂案件履行监督管理职责，既不能越权，也不能失职，并明确院庭长对案件的处理意见必须通过审判委员会或者法官会议提出，改变审判工作中逐级汇报、审批的行政化管理模式。制定院庭长办案规定，要求院庭长直接审理重大、疑难、复杂、新类型案件，并明确了办案数量的最低要求，全市法院院庭长全年办案138773件，占结案总数的21.2%。

（三）**深化司法公开，完善监督制约机制**。进一步完善司法公开三大平台，共上网裁判文书63万余份，公开审判流程信息、执行信息308万项，基本做到依法可以公开的全部公开；完成3.8亿页诉讼档案的电子录入工作，自2016年7月1日起全面推开诉讼档案互联网查阅，当事人和代理人足不出户即可查阅、下载、打印电子档案材料。保障人民群众参与司法，深化人民陪审员制度改革，随机选择陪审员参审，对重大案件，探索组建由2至4名陪审员参加的五人合议庭、七人合议庭，全年陪审员参审案件100477件，保障公民陪审权利。制定法院内外过问案件记录、通报和责任追究的实施细则，上线运行过问案件信息登记系统，做到全程留痕、有据可查。完善立审分离、审执分离、审监分离，推进网上办公、网上办案，强化内部监督制约。进一步规范审级监督，审结二审案件52355件，依法改判、发回重审4135件，审结再审案件506件，依法改判、发回重审291件。

（四）**完善多元化纠纷解决机制，促进社会治理体系现代化**。市高级法院制定深化多元化纠纷解决机制改革的意见，对交通事故、物业供暖等五类纠纷试行调解前置，对医疗、证券、保险等专业性较强的案件，立案后委托专业机构先行调解；推动成立全国首家省级调解组织行业协会——北京多元调解发展促进会，吸纳22家专业性行业性调解组织参与矛盾化解；各基层法院设立诉调对接中心，分流案件68763

件，调解成功19046件。完善繁简分流机制，扩大小额诉讼程序适用范围，全年适用该程序审结民事案件34535件；继续开展刑事速裁改革，速裁刑事案件5211件，占一审刑事案件的34.3%，解决了轻微刑事案件羁押时间超刑期问题，海淀法院全流程速裁模式得到中央政法委、最高法院的充分肯定和大力推广。

（五）**全面落实其他各项改革，保障司法体制改革统筹协调推进**。制定法院内设机构改革试点工作方案，确定7家试点法院，开展内设机构改革，进一步优化司法资源和职能配置。深化立案登记制改革，防止立案难问题反弹，纠正下级法院不依法立案问题217件。将信息化建设与司法体制改革作为推动法院工作发展的“车之两轮、鸟之双翼”，研发上线“智汇云”平台，加强诉讼服务中心建设，推行网上立案、网上缴费、网上阅卷、网上证据交换和在线调解，更好地方便群众诉讼。认真落实全市律师工作会议精神，推动在全市法院建立环境、设施、标准统一的律师工作室，推进律师公益参与化解涉诉信访工作。

三、加强正规化、专业化、职业化建设，努力造就高素质法官队伍

（一）**加强思想政治建设，坚定正确政治方向**。深入开展“两学一做”学习教育，在全市法院开展做合格党员、做合格法官讨论，加强法院党的建设，增强政治意识、大局意识、核心意识、看齐意识。组织全体入额法官向宪法宣誓，制作播放一系列法院文化专题片、微电影，提升了法官的职业尊荣感和使命感，增强了队伍的凝聚力。大力开展向全国模范法官马彩云烈士学习活动，召开以“使命与担当”为主题的先进典型座谈会，激励法官坚守审判事业、捍卫公平正义、实现人生价值。在案件持续上升的压力下，全市法院审判队伍保持了拼搏进取、昂扬向上的精神风貌，法定审限内结案率达到99.7%，法官（含部分未入额法官）人均结案198.9件，同比增加24.8%。

（二）**加强司法能力建设，提高队伍整体素质**。开展第二届北京市

审判业务专家评审工作，评选出21名审判实践经验丰富、法学研究成果丰硕的审判业务专家。开展第二届优秀裁判文书百佳奖评选，通过法官自荐、互评和专家评审，评选出100篇优秀裁判文书。广泛开展各层级审判业务研讨活动，承办首届京津冀司法论坛，举办以审判为中心的诉讼制度改革研讨会，大力加强审判专业理论和实务研究，努力在全市法院营造热爱审判业务、钻研审判业务的浓厚氛围。加强分级分类培训，市高级法院组织培训班65期，针对新法律和司法解释开展了专项培训，全市法院参训15000余人次。制定法官业绩考评办法，建立法官业绩档案，引导法官不断增强审判业务水平。北京法院蝉联全国法院学术讨论会总分第一名，3名法官当选第六届政法系统优秀人才，1名法官当选“第二届首都十大杰出青年法学家”。

（三）**加强纪律作风建设，确保司法廉洁**。层层签订党风廉政建设责任书，落实从严治党责任，制定党风廉政建设主体责任和监督责任追究办法，推动问责工作规范化。加强廉政纪律教育，分两批通报23起违纪违法案件。配合落实纪检体制改革，充实法院监察部门和机关纪委力量，更加主动有效地开展法院监察工作。配合市委巡视组开展巡视，针对巡视发现的问题，及时开展整改。开通北京法院投诉举报网，对投诉举报线索统一管理、处置，对群众反映的问题认真核实，运用好监督执纪“四种形态”，营造风清气正的良好生态，严肃查处违纪违法案件19件22人，移送检察机关追究刑事责任2人。

四、依法接受人大监督，自觉接受政协和各方面监督，认真改进工作

依法接受市人大及其常委会监督，对市十四届人大四次会议审议法院工作报告时提出的意见建议进行认真梳理，逐条研究落实。积极配合市人大常委会开展专题调研和集中视察活动，向市人大常委会专项报告贯彻实施律师法工作情况，按照审议意见，进一步加强律师执业权利保障，努力在法官和律师之间营造平等互信、相互尊重、相互

支持、相互监督、正当交往、良性互动的新型关系。按照市人大常委会审议市高级法院关于知识产权司法保护情况报告时提出的意见，全市法院从健全知识产权司法保护机制等五个方面进行整改，并报告了整改情况。认真办理代表建议，27 件代表建议全部办结。自觉接受政协民主监督，办结政协委员提案 10 件。建立三级联动机制，规范建议、提案办理程序和标准，建议、提案办理均获得代表、委员满意或同意答复。加强与代表、委员的沟通，举办各种联络活动 48 场，共邀请代表、委员 473 人次走进全市三级法院。就代表、委员关心的问题组建 13 个微信群，与代表、委员开展日常联络，邀请代表、委员旁听庭审、现场见证执行、参与调研座谈，便利代表、委员深度了解、监督法院工作。进一步落实市人大常委会《关于加强人民检察院对诉讼活动的法律监督工作的决议》，审结检察机关抗诉案件 99 件，依法改判、发回重审 45 件。

各位代表，过去的一年，北京法院能够较好完成繁重的办案任务，平稳顺利推进司法改革，各方面工作取得新进展，离不开全体法院工作人员的团结奋斗，更离不开各级党委的领导，人大的监督，政府、政协以及社会各界的大力支持。各位人大代表、政协委员就法院工作建言献策，给予了很多关心和支持，推动了首都法院的发展进步。在此，我代表全市法院，向各级党委、人大、政府、政协和社会各界特别是各位代表、委员表示衷心的感谢和崇高的敬意！

当前法院工作也面临不少挑战和问题：一是案件数量持续增加，矛盾纠纷多元化解、繁简分流机制作用发挥不充分，审判执行效率有待进一步提高，当事人反映有些案件等待开庭和处理结果时间过长，执行难尚未根本解决。二是司法体制改革已经全面推开，但还需要进一步深化落实，新的审判权运行机制还处在磨合过程中，有些案件存在法律适用不统一、裁判说理不充分等问题。三是从严治院有待加强，管理监督制度还不完善，法官审判作风和职业修养问题仍有不少反映，个别审判人员出现违纪违法问题。对这些问题，我们将高度重视，采取措施努力解决。

2017 年的工作任务

2017 年全市法院工作总体思路是，全面贯彻党的十八大，十八届三中、四中、五中、六中全会精神，深入学习贯彻习近平总书记系列重要讲话精神，围绕全市中心工作，坚持稳中求进工作总基调，坚持司法为民、公正司法工作主线，全面深化落实司法体制改革，着力加强审判执行规范化建设，着力提高审判队伍专业化水平，依法履行审判职责，努力实现让人民群众在每一个司法案件中感受到公平正义的工作目标，以优异成绩迎接党的十九大胜利召开。

一、充分发挥审判职能，为首都经济社会发展提供有力司法保障。依法严惩危害国家安全犯罪和杀人、抢劫、绑架等严重暴力犯罪，依法惩治电信诈骗、网络犯罪等多发犯罪，妥善做好“e 租宝”等涉众型经济犯罪案件的审判工作。依法保障京津冀协同发展，妥善处理好非首都功能疏解中产生的纠纷。坚持平等、全面、依法保护产权，加强对各种所有制组织和公民财产权的保护，规范涉案财产处置程序，增强人民群众财产财富安全感，营造法治化营商环境。完善知识产权司法保护机制，进一步发挥知识产权法院的作用，加强知识产权民事、刑事、行政案件审判。依法妥善审理企业破产重整案件，推动健全市场主体救治和退出机制，为供给侧结构性改革提供司法保障。监督支持依法行政，依法妥善化解行政纠纷。采取有效措施，强化执行工作，加大执行力度，全力落实“两到三年基本解决执行难”工作任务，今年 3 月进行中期评估，力保明年达到既定目标。

二、深化落实司法体制改革各项任务，提高首都法院司法公信力。总结知识产权法院、跨行政区划法院、人民陪审员制度等改革试点经验。推进以审判为中心的诉讼制度改革，继续完善排除非法证据机制，完善证人、鉴定人、侦查人员出庭作证制度。在全市法院推广刑事案件全流程速裁模式。开展认罪认罚从宽制度试点，细化量刑规范，明确从宽幅度。深化审判责任制改革，健全审判监督，完善法官业绩考评，建立员额退出、法官惩戒等机制，推动建立辅助人员单独职务序列和分级分类管理制度。根据案件分布，在全市法院合理调配审判资源，加强人员交流。进一步完善多元化纠纷解决机制和案件繁简分流机制，发挥审判对其他纠纷解决渠道的指引、规范作用，使司法回归维护公平正义“最后一道防线”的职能。确定若干法院开展各项改革综合试点，发挥集成效应，进一步释放改革红利，提升改革整体效能。向市人大常委会专项报告司法体制改革情况，切实按照人大审议意见改进工作。

三、大力推进审判工作规范化建设，按照首善标准提高审判质量效率。加强市高级法院监督指导工作，制定完善各个审判领域、各个工作环节的规范要求，并嵌入法官办案信息系统，保证法官处理各类案件都有明确具体的标准可供遵循，确保严格司法，统一法律适用，使办案结果符合实体公正，办案过程符合程序公正。完善审判流程、裁判文书、执行信息和庭审视频四大公开平台，实现审判执行工作全流程公开透明，自觉接受当事人、律师和社会监督。加快建设“智慧法院”，探索大数据在审判执行工作中的应用，为法官办案提供智能辅助，提高审判质量效率。大力推广网上办案、在线服务，为群众提供更加优质、高效、便捷的司法服务，进一步加强法制宣传。探索京津冀三地网上立案和异地立案，推动三地法院工作协同发展。将群众来信纳入信息系统，加强管理和督办，及时回应群众关切。

四、努力培养专家型法官，进一步加强法院队伍建设。切实加强法院党的建设，在思想上政治上行动上同以习近平同志为核心的党中央保持高度一致，努力建设一支信念坚定、执法为民、敢于担当、清正廉洁的过硬法院队伍。大力培养高素质法官，提高法官庭审驾驭、事实查明、法律适用、裁判说理和做群众工作能力，让法官成为公平正义的守护者、法律精神的诠释者、社会价值的引领者。强化法官和审判辅助人员的岗前培训和在职训练，努力营造人才成长的良好环境。加强法官职业道德教育，让诉讼参与人和社会公众感受到司法尊严和文明。落实中央关于保护司法人员依法履行法定职责规定，切实维护法官职业尊荣，调动各类人员积极性。坚持从严治党、从严治院，严肃纪律，改进作风，以零容忍态度坚决惩治司法腐败。

各位代表，全市法院将在市委的领导、市人大及其常委会的监督和最高人民法院的指导下，坚决贯彻习近平总书记对今年政法工作的重要指示，忠实履行宪法和法律赋予的职责，认真落实本次会议精神，不忘初心，继续前进，为建设法治中国首善之区和国际一流的和谐宜居之都作出更大的贡献。

附件

有关用语说明

1. 金复生驾车撞人案：2014年12月26日10时许，金复生为实施报复行为，驾驶“别克”牌轿车在北京市朝阳区工体东路辅路将康连萍撞倒后逃跑。金复生驾车逃跑行驶至北京市朝阳区朝阳门外大街中国工商银行朝阳支行南侧主路时，故意高速撞击在人行横道内正常行走的行人，致1人轻伤。后金复生驾车由北京工人体育场南门进入体育场院内，又连续撞击了10名行人。金复生所驾车辆与一辆“金杯”牌汽车发生碰撞而停下。经现场群众报案后，民警赶赴现场在金复生所驾车辆驾驶室内将其抓获。法院判决，金复生犯以危险方法危害公共安全罪，判处死刑，剥夺政治权利终身；犯故意杀人罪，判处金复生有期徒刑六年，决定执行死刑，剥夺政治权利终身。

2. 赵子辉故意杀人案：赵子辉因琐事对社会不满，为泄私愤，于2014年3月27日12时许，在北京市怀柔区怀柔镇王化村，持尖刀先后刺扎18人，并造成其中6人死亡。作案后，赵子辉被当场抓获。法院认为，赵子辉已构成故意杀人罪，且犯罪性质特别恶劣，情节、后果特别严重，社会危害性极大，所犯罪行极其严重，故判处赵子辉死刑，剥夺政治权利终身。

3. 樊用明诈骗案：2013年9月至2014年1月，樊用明、刘冉、陈金龙利用电视竞猜节目获取观众信息，伙同他人组织员工电话联系上述观众，虚构观众竞猜中奖的事实，声称免费赠送限量金钻腕表及大礼包等物品，以收取物流保价费等名义骗取全国各地被害人钱款共计人民币57.561803万元。2014年1月20日，樊用明、刘冉、陈金龙被公安机关查获。法院认为，樊用明、刘冉、陈金龙伙同他人以非法占有为目的，虚构事实、隐瞒真相，骗取被害人钱款，樊用明、刘冉诈骗数额特别巨大，陈金龙诈骗数额巨大，其行为已构成诈骗罪，故依法分别判处六年六个月至三年不等的有期徒刑并处罚金。

4. 国家安监总局原局长杨栋梁受贿、贪污案：公诉机关指控称，2002年至2015年，杨栋梁利用其担任天津市副市长、天津市委常委、常务副市长、天津陆军预备役高炮师第一政委、国家安全生产监督管理总局局长、党组书记等职务上的便利，为他人谋取利益或提供帮助，非法收受他人给予的财物，共计折合人民币2849.409486万元。此外，1999年，杨栋梁在担任天津市经委主任期间，以多划拨基建款的方式购买位于天津市和平区的住宅用房一套，未予国有资产登记。2001年4月，杨栋梁离任时隐瞒该房屋并占为己有。经鉴定，该房屋价值人民币27.08万元。

5. 环保部原副部长张力军受贿案：1998年上半年至2013年2月，张力军利用担任中华人民共和国环境保护局计划财务司司长，中华人民共和国环境保护总局规划与财务司司长、污染控制司司长、副局长，中华人民共和国环境保护部副部长等职务上的便利，为他人在产品经销、项目审批、职务升迁、子女就业等方面提供帮助，非法收受人民币181.7万元、美元5万元、欧元1万元及轿车1辆，共计折合人民币242.9927万元。案发后，张力军主动交代了办案机关不掌握的其受贿181.9639万元的事实。法院认为，张力军身为国家工作人员，利用职务上的便利，为他人谋取利益，非法收受他人财物，其行为已构成受贿罪，故依法对张力军判处有期徒刑四年并处罚金。

6. “红通”落网人员孙新挪用公款、贪污案：2001年7月至2008年1月，孙新利用担任北京市新闻出版局财务出纳的职务便利，将单位公款共计2332.5万元转入其个人控制的证券、期货账户，用于营利活动。2008年1月，因被免去出纳职务，孙新伪造银行存款合同、对账单等交接材料，完成工作交接。同年10月，孙新从其控制的用于证券、期货交易的银行卡中取出公款57.3万余元，并携款潜逃至东南亚地区。2015年，逃亡境外的孙新从柬埔寨被押解回国。这是“天网”行动公布百人红色通缉令后，北京市首个被抓回的被通缉人员。法院认为，孙新身为国家工作人员，利用职务便利，挪用公款用于营利活动，数额巨大不退还，其行为已构成挪用公款罪；携带挪用的部分公款潜逃，其行为构成贪污罪，且数额巨大，依法对孙新判处有期徒刑十四年六个月并处罚金。

7. “快播公司”传播淫秽物品牟利案：深圳市快播科技有限公司通过网络系统中的大量缓存服务器介入淫秽视频传播而拒不履行安全管理义务，间接获取巨额非法利益。该公司直接负责的主管人员王欣、吴铭、张克东、牛文举在明知公司擅自从事互联网视听节目服务、提供的视听节目含有色情等内容的情况下，未履行监管职责，放任淫秽视频在公司控制和管理的缓存服务器内存储并被下载，导致大量淫秽视频在网上传播。法院认为，网络视频服务企业不仅应当承担法定的网络安全管理义务，而且应当自觉承担起与其技术特点所造成的法益侵害风险程度相当的更高的注意义务，不得怠于履行对淫秽视频等不良信息的监管义务。深圳市快播科技有限公司以及王欣、吴铭、张克东、牛文举以牟利为目的，在互联网上传播淫秽视频，已构成传播淫秽物品牟利罪，情节严重。故依法对深圳市快播科技有限公司判处罚金，对王欣、吴铭、张克东、牛文举分别判处三年六个月至三年不等的有期徒刑并处罚金。

8. 以审判为中心的诉讼制度改革：《中共中央关于全面推进依法治国若干重大问题的决定》提出，要推进以审判为中心的诉讼制度改革，确保侦查、审查起诉的案件事实证据经得起法律的检验。全面贯彻证据裁判规则，严格依法收集、固定、保存、审查、运用证据，完善证人、鉴定人出庭制度，保证庭审在查明事实、认定证据、保护诉权、公正裁判中发挥决定性作用。

9. 非法证据排除：在刑事诉讼中，对采用刑讯逼供等非法手段取得的犯罪嫌疑人、被告人供述和采用暴力、威胁等非法手段取得的证人证言、被害人陈述，应当予以排除，不得作为定案的根据。

10. 人身保护令：《中华人民共和国反家庭暴力法》第二十三条规定，当事人因遭受家庭暴力或者面临家庭暴力的现实危险，向人民法院申请人身安全保护令的，人民法院应当受理。第二十九条规定，人身安全保护令可以包括下列措施：（一）禁止被申请人实施家庭暴力；（二）禁止被申请人骚扰、跟踪、接触申请人及其相关近亲属；（三）责令被申请人迁出申请人住所；（四）保护申请人人身安全的其他措施。

11. 涉马航 MH370 索赔案：为方便当事人诉讼、统一裁判尺度，市高级法院指定北京铁路运输法院集中受理马航 MH370 失事旅客家属以马来西亚航空公司为被告向北京市辖区内法院提起的第一审民事赔偿诉讼。北京铁路运输法院全年受理相关案件 39 件，共涉及 36 名乘客，总诉讼标的额约为 17 亿元。目前，法院按照相关国际公约和法律法规指导当事人进一步明确了共同诉讼主体，推动完成全部涉外文书的翻译以及部分涉外当事人的送达工作，妥善处理已送达当事人的延期举证申请，并就庭前会议时间组织各方达成初步意向。

12. 清算与破产案件审判庭：为贯彻落实中央关于推进供给侧结构性改革、依法处置“僵尸企业”的工作部署，最高法院制定了《关于在中级人民法院设立清算与破产审判庭的工作方案》。该方案要求，直辖市应当至少明确一个中级人民法院设立清算与破产审判庭；中级人民法院设立的清算与破产审判庭一般管辖地（市）级以上（含本级）工商行政管理机关核准登记公司（企业）的强制清算与破产案件。按照该方案，市第一中级法院成立清算与破产审判庭；市高级法院制定发布了《北京市高级人民法院关于调整中级人民法院公司强制清算与企业破产案件管辖的若干规定》。

13.“狼牙山五壮士”后人葛长生、宋福保诉洪振快名誉权、荣誉权纠纷案：洪振快在《炎黄春秋》杂志发表《“狼牙山五壮士”的细节分歧》一文并在财经网发表《小学课本“狼牙山五壮士”有多处不实》一文。案涉文章发表后，“狼牙山五壮士”中的葛振林之子葛长生、宋学义之子宋福宝认为，相关文章以历史细节考据、学术研究为幌子，以细节否定英雄，企图达到抹黑“狼牙山五壮士”英雄形象和名誉的目的，故分别诉至法院。法院认为，我国现行法律保护公民言论的自由和进行科学研究的自由，同样也保护公民的人格尊严不受侵犯，保护公民享有的名誉、荣誉等权益。公民享有法律规定的权利，同时也必须履行法律规定的义务，包括公民在行使自由和权利的时候，不得损害国家的、社会的、集体的利益和其他公民的合法的自由和权利。洪振快撰写的案涉文章侵害了葛振林、宋学义的名誉和荣誉，侵害了社会公共利益，违反了法律规定。故判决洪振快立即停止侵害葛振林、宋学义名誉、荣誉的行为；公开发布赔礼道歉公告，向原告赔礼道歉、消除影响。

14. 邱少云之弟邱少华诉孙杰、加多宝公司人格权纠纷案： 2013年5月22日，孙杰在新浪微博通过用户名为“作业本”的账号发文。2015年4月16日，加多宝（中国）饮料有限公司以新浪微博账号“加多宝活动”发文。发文中含有侮辱英雄人物邱少云的言辞。上述微博互动在网络上引起较大反响。烈士邱少云之弟邱少华认为，孙杰、加多宝（中国）饮料有限公司的行为在社会上造成了极其恶劣的影响，使邱少云烈士亲属的精神遭受严重创伤并使其家庭生活受到了极大影响，故将孙杰、加多宝（中国）饮料有限公司诉至法院。法院认为，邱少云烈士生前在战斗中表现出的舍生取义、爱国为民的精神，在当代中国社会有着广泛的道德认同，是中华民族宝贵的精神财富，同时也是邱少云享有崇高名誉和荣誉的基础。我国法律规定，禁止用侮辱、诽谤等方式损害公民的名誉、荣誉等民事权益。故判决孙杰、加多宝（中国）饮料有限公司公开发布赔礼道歉公告，公告须连续刊登五日，并连带赔偿邱少华精神损害抚慰金。

15. 华为公司与中兴公司专利纠纷案： 作为在国内乃至国际通信行业具有重要影响力的中国企业，华为技术有限公司和中兴通讯股份有限公司在知识产权方面多次相互提起侵权诉讼或专利权无效宣告请求。据统计，上述两家公司在最高法院、北京高院、北京知识产权法院以及北京、深圳、西安、长沙、杭州、郑州等中级法院有多起知识产权诉讼，其中由北京法院审理的案件有21件；另外，在国家知识产权局专利复审委员会有多件专利权无效宣告行政案件。通过多次交流沟通，市高级法院最终促成两家企业在国内全面和解。2016年11月3日，华为技术有限公司及其关联公司、中兴通讯股份有限公司及其关联公司的授权代表正式签署协议，对国内所有知识产权相关诉讼和专利无效行政纠纷达成和解，并就双方在欧盟的相关诉讼达成共识。截至2016年11月28日，上述国内案件均已妥善处理完毕。2016年12月30日，华为技术有限公司向市高级法院发来感谢信，信中表示："华为公司与中兴公司在国内多地的知识产权诉讼案件历时近6年，在市高级法院的调解和协调下，双方已就未结的32案撤诉结案，彻底解决了双方在中国的所有知识产权争议。上述调解结果来之不易，对我国通讯行业的健康发展和创新环境建设起到了积极和正面的推动作用。"

16. 技术调查官：《最高人民法院关于知识产权法院技术调查官参与诉讼活动若干问题的暂行规定》第二条规定，知识产权法院审理有关专利、植物新品种、集成电路布图设计、技术秘密、计算机软件等专业技术性较强的民事和行政案件时，可以指派技术调查官参与诉讼活动。第九条规定，技术调查官提出的技术审查意见可以作为法官认定技术事实的参考。

17. 跨行政区划法院：《中共中央关于全面推进依法治国若干重大问题的决定》提出，探索设立跨行政区划的人民法院和人民检察院，办理跨地区案件。中央全面深化改革领导小组第七次会议审议通过了《设立跨行政区划人民法院、人民检察院试点方案》。探索设立跨行政区划的人民法院，有利于排除对审判工作的干扰、保障法院依法独立公正行使审判权，有利于构建普通案件在行政区划法院审理、特殊案件在跨行政区划法院审理的诉讼格局。市第四中级法院作为首批设立的跨行政区划法院于2014年12月30日正式挂牌成立。

18. "用两到三年时间基本解决执行难"：最高人民法院院长周强

在十二届全国人大四次会议上报告最高人民法院工作时明确提出，要用两到三年时间，基本解决执行难问题，破除实现公平正义的最后一道藩篱。

19. 四项基础性改革：中央全面深化改革领导小组第三次会议审议通过了《关于司法体制改革试点若干问题的框架意见》。会议指出，完善司法人员分类管理、完善司法责任制、健全司法人员职业保障、推动省以下地方法院检察院人财物统一管理，都是司法体制改革的基础性、制度性措施。就法院而言，完善司法人员分类管理，就是要将法院工作人员分为法官、司法辅助人员、司法行政人员三类，建立以法官为主体的司法人力资源配置模式，其中法官员额制是实行司法人员分类管理的基础。完善司法责任制，是司法体制改革试点工作的核心，关键要遵循司法亲历性和权责一致性规律，完善主审法官、合议庭办案责任制，让审理者裁判、由裁判者负责。健全司法人员职业保障，是落实权责利相统一的必然要求，是落实司法责任制的重要保障。推动省以下地方法院检察院人财物统一管理，是确保法院依法独立公正行使审判权的重要改革举措。2016 年，按照市委部署，北京法院全面推开四项基础性改革。

20. 人民陪审员制度改革：《中共中央关于全面推进依法治国若干重大问题的决定》提出，要完善人民陪审员制度，保障公民陪审权利，扩大参审范围，完善随机抽选方式，提高人民陪审员制度公信度，逐步实行人民陪审员不再审理法律适用问题，只参与审理事实认定问题。

21. 小额诉讼程序：《中华人民共和国民事诉讼法》第一百六十二条规定，基层人民法院和它派出的法庭审理事实清楚、权利义务关系明确、争议不大的简单的民事案件，标的额为各省、自治区、直辖市上年度就业人员年平均工资百分之三十以下的，实行一审终审。该程序对于及时化解小额纠纷、减轻当事人的经济负担、提高诉讼效率等具有重要意义。

22. 刑事案件速裁程序试点：为进一步完善刑事诉讼程序，提高审理刑事审判的质量与效率，维护当事人的合法权益，第十二届全国人民代表大会常务委员会第九次会议决定，授权最高人民法院、最高人民检察院在北京、天津、上海等地方开展刑事案件速裁程序试点工作。对事实清楚，证据充分，被告人自愿认罪，当事人对适用法律没有争议的危险驾驶、交通肇事、盗窃、诈骗、抢夺、伤害、寻衅滋事等情节较轻，依法可能判处一年以下有期徒刑、拘役、管制的案件，或者依法单处罚金的案件，进一步简化刑事诉讼法规定的相关诉讼程序。

23. "全国模范法官"马彩云烈士： 马彩云，女，中共党员，1978年2月出生。2001年7月进入北京市昌平区法院后，一直在回龙观人民法庭工作。2007年3月任助理审判员，2009年12月任审判员。2016年2月26日晚9时30分许，两名歹徒持枪闯入马彩云法官家中意图行凶，经马彩云法官制止未果，其中一名歹徒持枪向马彩云法官的丈夫李福生（昌平法院法警）射击，但枪没有响。马彩云法官意识到两名歹徒的极端危险性，为了维护百姓安危，避免无辜群众受到伤害，在危急时刻奋不顾身，与持枪歹徒奋勇搏斗，身中两枪后壮烈牺牲，献出了宝贵的生命，年仅38岁。为弘扬马彩云法官公正司法、一心为民、正气凛然、勇于战斗的崇高精神，市委和最高法院于2016年6月28日召开了追授马彩云烈士"全国模范法官"荣誉称号暨先进事迹报告会。

24. 刑事案件认罪认罚从宽制度试点： 2016年9月3日，第十二届全国人民代表大会常务委员会第二十二次会议通过了关于授权最高人民法院、最高人民检察院在北京、天津、上海等18个城市开展刑事案件认罪认罚从宽制度试点工作的决定。根据决定，对犯罪嫌疑人、刑事被告人自愿如实供述自己的罪行，对指控的犯罪事实没有异议，同意人民检察院量刑建议并签署具结书的案件，可以依法从宽处理。

天津市高级人民法院工作报告

——2017 年 1 月 17 日在天津市第十六届人民代表大会第六次会议上

天津市高级人民法院院长　高憬宏

各位代表：

现在，我代表天津市高级人民法院向大会报告工作，请予审议，并请市政协委员和其他列席会议的同志提出意见。

2016 年，全市法院在市委领导、人大监督和政府、政协、最高法院的支持、关心、指导下，全面贯彻党的十八大，十八届三中、四中、五中、六中全会精神，深入贯彻习近平总书记系列重要讲话精神和治国理政新理念新思想新战略、视察天津提出的“三个着力”重要要求，认真落实市十六届人大四次会议决议，以“努力让人民群众在每一个司法案件中感受到公平正义”为目标，大力加强审判执行工作，全面推进司法体制改革，着力打造过硬法院队伍，各项工作取得新进展。全市法院共受理案件 319659 件，审（执）结 315588 件，同比分别上升 16.2% 和 12.7%。市高院受理案件 5433 件，审（执）结 5171 件，同比分别上升 28.9% 和 23.8%。

一、忠实履行审判职责，服务保障改革发展

坚持立足大局、服务大局，充分发挥审判职能作用，为实现五大发展提供有力司法服务和保障。

依法服务保障京津冀协同发展。制定实施意见，提出30项具体措施。与京、冀法院建立联席会议机制，加强审执联动、信息共享、人才交流等司法协作，审结涉京津冀交通一体化、生态环境保护、产业转型升级等案件18444件，保障“一基地三区”建设。充分发挥海事司法辐射优势，主动拓宽服务范围，深入港口企业帮助解决法律难题，营造京津冀协同发展良好法治环境。增设黄骅港巡回审判法庭，实现对京津冀五大港口海事司法服务全覆盖。审结海上污染损害赔偿、海上货物运输、海洋开发利用等海事海商案件979件，保障对外开放。

依法服务保障自贸区建设。制定涉自贸区民商事审判、涉外商事仲裁司法审查指导意见，统一司法尺度和裁判标准。加强对平行贸易、跨境电商平台等存在的法律风险问题研究，提出风险防范对策建议。探索专业化、集约化审判模式，审结涉信息服务、电子商务等案件1317件，促进新兴业态健康发展。率先建立涉自贸区企业诉讼档案，登记企业506个，助推征信体系建设。平等保护中外投资者合法权益，审结涉外、涉港澳台案件451件，培育法治化、国际化、便利化营商环境。

依法服务保障创新驱动发展。出台《关于充分发挥审判职能作用依法保护产权的实施意见》，审结相关案件10017件，增强人民群众财产财富安全感。制定侵害发明与实用新型专利案件、侵害信息网络传播权纠纷案件审判意见，将知识产权审判部门统一更名为知识产权审判庭，全面推进“三合一”审判，审结案件1954件，同比增长44.6%，制裁侵权违约、激发创新活力。涉齐白石作品著作权的627件案件调解撤诉，历时十余年的纠纷圆满化解，提升了我市知识产权审判影响力。坚持防范金融风险与支持金融创新相协调，发布金融审判

白皮书，制定融资租赁纠纷案件审理标准，试点证券期货纠纷多元化解，审结融资租赁、商业保理、证券期货等金融案件10566件。与市工商联召开座谈会，了解民营企业司法需求，提出15条措施，审结相关案件1789件，保障非公经济健康发展。

依法服务保障供给侧结构性改革。助力国有企业深化改革，推进破产审判机构建设，制定破产案件受理和审判指导意见，审结企业破产、强制清算等案件133件，同比上升107.8%，运用法治方式化解银行不良资产4.5亿元，盘活企业存量资产2.5亿元。坚持维护劳动者合法权益与支持企业依法用工并重，出台劳动争议案件审理意见，以和解、调解等方式化解劳动纠纷8733件。依法审结涉房地产案件10044件，维护合同效力和诚信交易。加强涉农案件审判，审结农村土地流转、集体土地征收、城镇建设等相关案件504件，促进城乡区域协调发展。审结涉军用土地、房屋租赁等案件87件，为军队和武警部队全面停止有偿服务提供司法保障。

二、贯彻总体国家安全观，深入推进平安天津建设

坚持依法惩治犯罪、保护人民，积极参与社会治安综合治理，全力维护国家安全和社会大局稳定。

圆满完成大要案审判任务。严惩腐败犯罪，审结令计划受贿、非法获取国家秘密、滥用职权案，彰显党和国家从严惩治腐败的鲜明态度和坚定决心。审结马白玉、金建平、蒋颖等职务犯罪案件756件，其中被告人原为局级的30人、处级的40人，保持反腐高压态势。严惩危害国家安全犯罪，公开审理境内外广泛关注的周世锋、胡石根、翟岩民、勾洪国颠覆国家政权案，坚决维护国家政治安全特别是政权安全、制度安全。严惩“8·12”特大火灾爆炸事故系列犯罪，对49名被告人及被告单位依法作出裁判，给社会尤其是受害群众一个交代，给企业安全生产经营立规矩，给审批、监管部门履职尽责明底线，取得了良好的政治效果、社会效果、法律效果。

依法惩治危害社会治安犯罪。坚决打击严重暴力、涉黑涉恶、多发性侵财等犯罪，审结故意杀人、抢劫、强奸、盗窃等案件22950件，增强群众安全感。加大毒品犯罪打击力度，审结贩卖、运输毒品等案件200件；在“6·26”国际禁毒日，对7件毒品犯罪案件的8名被告人进行公开宣判。依法惩治涉众型犯罪，审结非法吸收公众存款、集资诈骗、电信网络诈骗等案件1354件，挽回经济损失6.1亿元。贯彻宽严相济刑事政策，对490名老年犯、未成年犯以及具有自首、立功等情节的被告人，依法从轻、减轻或者免除处罚。根据全国人大常委会授权，积极开展刑事速裁、认罪认罚从宽试点工作，审结案件773件。

大力加强人权司法保障。与市检察院、公安局、司法局共同推进以审判为中心的刑事诉讼制度改革，严格适用罪刑法定、证据裁判、疑罪从无等原则，依法对35名被告人宣告无罪，确保无罪的人不受刑事追究。加大对被告人法律援助力度，指定辩护律师70人次。加强对被害人权益保障，通过附带民事判决和调解，被害人获得赔偿款8682.7万元。深化量刑规范化改革，适用量刑规范化的罪名由15个增加到23个，刑种扩大至缓刑和罚金刑，涵盖了基层法院92.4%的刑事案件。按照量刑规范化的规定审理的案件，上诉、抗诉率由5.6%下降至1.9%。

积极参与社会治理创新。完善矛盾纠纷多元化解机制，加强调解、仲裁、诉讼等有机衔接，大量矛盾被解决在萌芽状态。加强涉诉信访工作，建立律师参与化解和代理申诉信访机制，引导当事人理性申诉、依法维权。信访、进京访人次同比分别下降18.1%和16.9%。加强涉诉案件矛盾纠纷风险排查和防控，维护夏季达沃斯、全国“两会”及G20峰会等重要时段的社会安全稳定。严格落实公开听证及公示制度，办理减刑、假释案件10847件，激励罪犯积极改造。提出司法建议95件，促进社会治理法治化。深入开展法律“六进”活动，与我市主流媒体合办法治栏目，营造全民尊法学法守法用法的浓厚氛围，大力弘扬社会主义核心价值观。

三、强化民生司法保障，切实增强人民群众获得感

坚持以人民为中心，依法保障和改善民生，让人民群众共享法治发展成果。

创新完善司法便民措施。着力打造诉讼服务“升级版”，推进诉讼服务大厅、诉讼服务网、12368 热线等服务平台的无缝对接，为当事人提供全方位、一站式诉讼服务 46 万余次。严格落实立案登记制，对依法应该受理的案件做到有案必立、有诉必理，当场立案率达到 99.4%；对老年人、残疾人等弱势群体实行登门立案。大力推进繁简分流，适用小额诉讼程序审结案件 8287 件，一审民事简易程序适用率达 82.3%。制定人民法庭工作标准，全市 75 个人民法庭审结案件 58703 件，减轻群众诉累。完善困难群众司法救助机制，为当事人减免诉讼费 155.5 万元，办理救助案件 567 件，发放救助金 779.5 万元，让人民群众切实感受到社会主义司法的温暖。司法救助法治化的“天津经验”，被中央政法委和最高法院向全国推广。

加强涉民生案件审判。审结婚姻家庭、医疗卫生、交通事故、民间借贷等案件 58625 件，同比上升 6.9%，保障人民群众安居乐业。与市妇联出台意见，全面深化维护妇女儿童合法权益联动机制，针对家庭暴力发出人身安全保护令 39 件，在红桥、津南和蓟州法院试点成立家事审判法庭，促进家庭文明建设。强化生态环境司法保护，推进环境资源审判专门化，审结康菲海上溢油污染等环境资源案件 53 件，同比增长 1.9%；推进环境公益诉讼，成功调解七里海湿地保护案件，维护人民群众环境权益。与相关部门制定《关于办理食品药品领域违法犯罪案件若干问题的意见》，审结案件 17 件，保障人民群众“舌尖上的安全”。

加强行政审判和国家赔偿工作。坚持监督、支持行政机关依法行政与保护公民合法权益并重，审结行政案件 7410 件，同比增长 28.3%。在涉及西于庄棚户区改造、外环线拓宽、轨道交通建设等市重

大工程项目案件中，经向当事人释法和建议行政机关完善行政行为，原告主动撤诉651件，同比增加16.3%。加强司法与行政良性互动，行政机关负责人出庭应诉558人次，同比上升8.7%；协助行政机关培训3000余人次，对20个政府规章提出修改建议，共同推进依法治市。加强国家赔偿工作，审结案件140件，赔偿金额428万元。

全力破解执行难题。在市委领导下，形成标本兼治、综合治理解决执行难工作格局。确立“一年时间基本解决涉民生案件执行难，两年时间基本解决执行难”目标，执结案件80283件，结案标的额730.1亿元；其中执结涉民生案件17875件，执结率88.6%。建成全市法院执行指挥系统，利用网络查控平台控制执行款18.1亿元，是上一年的1.1倍。拓展失信惩戒措施，公布失信被执行人30601人，在设立公司、出境、参加政府采购等37个方面予以限制，让“老赖”一处失信、处处受限、寸步难行。加大拒执违法犯罪惩治力度，司法拘留1255人，移送公安机关追究刑事责任181人。3442名“老赖”迫于压力，主动履行了义务。

四、深化司法体制改革，不断提升司法公信力

坚持问题导向，着力解决影响和制约司法公正的体制性机制性障碍，维护社会公平正义。

全面推进人员分类管理改革。将法院工作人员分为法官、审判辅助人员、司法行政人员三类。推进法官员额制改革，坚持优中选优。经自愿报名、考试考核、市法官遴选委员会审议等程序，产生入额法官1637名，占中央政法专项编制总数的30%，确保高素质法官入额办案。同时，精心做好1228名未入额法官转岗安置工作。建立法官助理、书记员管理制度，制定审判辅助人员职务改革试点方案，研究从高校引进优秀实习生、购买社会化服务等方式拓宽辅助人员来源，确保85%的人力资源配置到办案一线。

着力完善审判权力运行机制。牢牢牵住司法责任制“牛鼻子”，推

行法官、法官助理、书记员组成审判团队办案模式，实现让审理者裁判、由裁判者负责。坚持放权不放任，制定审判职权行使与审判责任认定标准，明确院庭长审判管理监督权，确保审判质量，促进司法公正。院庭长不再签发未参加审理案件的裁判文书，回归审判一线办理新型复杂疑难案件。全市 1005 名院庭长办理案件 84360 件，同比增长 19.7%，占结案总数的 26.4%。该做法和经验得到最高法院充分肯定。

率先推行司法工作标准化。建立完善涵盖审判流程、司法裁判、案件质量、司法公开、诉讼服务、权责配置等 6 大方面 21 个司法标准，用标准化的尺度，对立案、审判、执行全过程进行指导、检验和评价，提高了审判质量和效率。全市法院生效案件服判息诉率达 99.1%。中央电视台《新闻联播》以《天津法院：让公正裁判有“标尺”》为题进行了报道，中央深改办向全国做了推介，《人民日报》、《法制日报》、天津电视台等多家媒体进行了报道，社会各界给予高度关注和广泛好评。

不断深化司法公开机制。健全审判流程、裁判文书、执行信息、庭审直播四大公开平台，增强司法工作透明度。公开审判流程信息项 58 个、执行信息 317402 条，当事人通过网上查询就能了解案件进展情况，对司法过程看得见、摸得着、感受得到。公开裁判文书 169376 篇，保障公众知情权和监督权。强化科技法庭应用，推行庭审同步录音录像和网络直播。拓宽司法公开广度，通过官方微博、微信、人民网客户端等新媒体，及时发布法院工作动态、法治热点与司法政策信息 3495 条，以公开促公正、树公信。

五、聚焦全面从严治党，着力打造过硬法院队伍

坚持把抓好党建作为最大政绩，认真落实管党治党责任，努力打造忠诚、干净、担当的法院队伍。

扎实开展“两学一做”学习教育。严格落实基础在学、关键在做总体要求，采取“一把手”讲党课、普通党员讲“微党课”、知识竞

赛、专题研讨等多种形式，深入学习党章党规和系列讲话，引导干警争做“四讲四有”合格党员。率先在全国高级法院中成立党校，举办院长研讨班、处级领导干部轮训班和党支部书记培训班等，切实增强“四个意识”，自觉维护习近平总书记核心地位，不折不扣贯彻落实中央、市委决策部署。注重法院文化引领，成立天平艺术团，推进法院博物馆建设，拍摄原创音乐电视作品《诺言》，赴京演出自编自导话剧《坚守的诺言》，陶冶法官职业道德情操。

着力提升法院队伍素养。选派33名青年法官和新录用人员到基层锻炼，加强后备人才培养。强化法官素质能力培训，建立“教官制”的师资队伍，举办线上线下培训班210期，培训干警15600人次。培训工作在全国法院量化考评中再获第一。大力开展精品案件、优秀庭审、优秀裁判文书评选活动，促进法官提高办案能力。建立健全审判咨询机制，通过专业法官会议、审判长联席会议为法官办理疑难复杂案件提供咨询意见。加强案例指导，市高院选编典型案例397个，其中77个案例被最高法院刊发。推进应用法学研究，27篇论文在全国法院第二十八届学术讨论会上获奖。

坚定不移推进党风廉洁建设和反腐败斗争。严格落实主体责任，制定主体责任清单，建立法院“一把手”巡谈制度，严肃党内政治生活，加强党内监督。采取召开警示教育会、编发警示通报、观看警示片、发送廉政短信等形式，筑牢干警拒腐防变的思想底线。深入开展执法办案不严不廉不公专项整治，在全国率先运用信息化手段规范涉案款物管理，制定并落实防止干预司法、防止过问案件“两个规定”实施细则，督促干警秉公执法、文明办案。全力抓好中央巡视“回头看”反馈意见整改落实，自觉接受市委巡视，积极配合市委巡视五组进行“全面体检”。加强审务督查、司法巡查，运用监督执纪“四种形态”，促进司法公正。坚持“有案必查、违纪必惩”，查处违纪违法案件26件13人，其中移送司法机关处理1人，给予党政纪处分12人。

各位代表，全市法院始终把自觉接受党的领导，接受人大监督、政协民主监督，作为公正司法的重要保障。坚持重要部署、重点工作及时向党委汇报，确保了法院工作的正确方向。市高院向市人大常委会专题报告民生司法保障、维护社会和谐稳定等工作情况；邀请代表、委员视察法院、出席会议、旁听案件庭审、见证执行 1856 人次，当面或以其他方式听取意见 2919 人次；办理代表建议、委员提案 34 件，办结回复率 100%。最高法院组织部分省市的全国人大代表专题视察我市法院，代表们对我市法院工作高度评价。依法接受检察机关监督，审结抗诉案件 51 件。积极推进司法民主，人民陪审员参审案件 33294 件，陪审率 82.1%。主动接受社会监督，举行新闻发布会 46 次。

过去的一年，面对案件增幅大、大案要案多、改革任务难的挑战，全市法院认真履行职责、勇于担当，涌现出一大批先进典型，14 个集体和 63 名个人受到市级以上表彰。我们取得的这些成绩，是全市各级党委坚强领导的结果，是各级人大有力监督的结果，是各级政府、政协大力支持的结果，是各级人大代表、政协委员和广大人民群众共同关心的结果。在此，我代表全市法院表示衷心的感谢！

当前法院工作面临的问题和困难主要是：司法改革后法院管理模式、风险防控机制建设还需完善；少数法官司法能力不强，机械司法的现象仍然存在；个别干警违纪违法仍有发生；案件数量持续攀升，办案压力空前增大；少数法院审判用房紧张，信息化建设相对滞后。对此，我们将高度重视，采取有效措施，努力加以解决。

2017 年是实施“十三五”规划的重要一年，是供给侧结构性改革的深化之年。我们将进一步增强“四个意识”，坚决维护以习近平同志为核心的党中央权威，以“三个着力”重要要求为元为宗为纲，全面贯彻市委工作会议、十届十次和十一次全会精神，充分发挥审判职能作用，为“五位一体”总体布局、“四个全面”战略布局天津实施提供有力司法保障。

一是狠抓执法办案第一要务，服务保障经济发展和社会安全稳定。坚持稳中求进工作总基调，加大产权特别是知识产权司法保护力度，依法审理涉及国有企业改革、民营经济发展等各类案件，以法治化手段助推供给侧结构性改革，保障京津冀协同发展、“一带一路”等国家重大战略实施，推进天津之“进”。

二是认真践行司法为民宗旨，努力回应群众关切。坚持以人民为中心，自觉接受人民监督，进一步提升诉讼服务品质，大力推进矛盾纠纷多元化解，不断深化民生司法、环境司法，持续加大解决执行难工作力度，依法维护人民群众合法权益。

三是全面深化司法体制改革，确保严格公正司法。着力完善法官员额制改革配套措施，全面落实司法责任制，积极推进诉讼制度、法院内设机构、人财物市级统管等改革，继续深化司法标准化，加快“智慧法院”建设步伐，运用改革办法破解难题，进一步提升司法公信力。

四是坚持全面从严治党，大力加强自身建设。认真落实全面从严治党牛鼻子“四级递进”，以“六个一流建设”为标准抓班子带队伍，坚决抓好中央、市委巡视反馈意见的整改落实，全面推进从严治院，不断提升正规化、专业化、职业化水平，进一步营造风清气正、干事创业的良好生态。

各位代表，新的形势催人奋进，新的征程任重道远。我们将更加紧密地团结在以习近平同志为核心的党中央周围，在市委领导、人大监督和政府、政协及社会各界的关心支持下，认真贯彻落实本次大会决议，不忘初心，坚定前行，奋勇争先，扎实工作，以优异成绩迎接党的十九大和市第十一次党代会胜利召开！

附件

报告有关用语和注释

1. 知识产权审判“三合一”：是指知识产权民事、行政和刑事案件统一由知识产权庭审理，有利于优化知识产权审判资源配置，提升知识产权司法保护整体效能。2016 年，最高人民法院出台《在全国法院推进知识产权民事、行政和刑事案件审判“三合一”工作意见》，市高院制定了实施意见。自 2017 年 1 月 1 日起，天津法院的知识产权审判部门更名为知识产权审判庭，统一审理指定辖区内的知识产权民事、行政和刑事案件。

2. 认罪认罚从宽：是指对犯罪嫌疑人、刑事被告人自愿如实供述罪行，对指控的犯罪事实没有异议，同意人民检察院量刑建议并签署具结书的案件，可以依法从宽处理。全国人大常委会授权最高人民法院、最高人民检察院在全国 18 个城市开展刑事案件认罪认罚从宽制度试点工作，天津是试点城市之一。

3. 司法建议：是指人民法院在审判工作中发现有关单位或部门在制度、工作等方面存在漏洞和问题，进而提出改进管理和解决问题的意见建议，可以促进有关单位或部门科学决策、完善管理、消除隐患、改进工作、规范行为，不断提高科学管理水平，预防、减少犯罪和社会矛盾纠纷。

4. 法律“六进”：是指法律进机关、进乡村、进社区、进学校、进企业、进单位。全市法院认真落实“谁执法谁普法”的普法责任制，坚持以案释法，深入开展普法活动，加大法律宣传力度，促进全民守法。

5. 司法救助法治化“天津经验”：是指我市法院在司法救助工作探索的“六个统一、一个加强、三个联动”的经验做法，即统一案件受理、统一救助范围、统一救助程序、统一救助标准、统一经费保障、统一资金发放，加强刑事被害人救助工作，推动司法救助和社会救助联动、人民法院和其他政法机关联动、本市救助与外省救助联动。2016年9月，被最高人民法院作为“天津经验”向全国推广。

6. 人身安全保护令：是一种民事强制措施，是人民法院为了保护家庭暴力受害人及其子女和特定亲属的人身安全、确保婚姻案件诉讼程序的正常进行而做出的民事裁定。2016年3月1日正式施行的《反家庭暴力法》，对人身安全保护令的申请条件、受理法院、有效期等作出法律规定。

7. 家事审判法庭：是人民法院为维护家庭和谐，保障未成年人、妇女和老年人合法权益，促进社会公平正义，保障社会和谐稳定推出的一项改革措施。2016年，我市红桥、津南、蓟州三家法院被最高人民法院确定为试点法院，设立了专门的家事审判法庭，集中受理离婚、抚养、赡养、继承等婚姻家庭纠纷案件。该法庭由审判经验丰富、协调能力强、善于做思想工作的审判人员组成，采取“圆桌式”“客厅式”审判，推行柔性司法、温情司法，在缓解当事人对立情绪，促进当事人真正解开心结，彻底化解矛盾纠纷等方面取得了良好效果。

8. 基本解决执行难：用两到三年时间基本解决执行难是人民法院向党和人民做出的庄严承诺。司法实践中，生效裁判得不到有效执行有两种情形：一种是执行不能，即被执行人丧失履行能力、无财产可供执行，无论采取什么执行措施都不可能执行到位。这属于当事人应当承担的商业风险、交易风险。另一种有财产可供执行而不能得到及时全部执行的情况，表现为被执行人以各种手段规避执行、抗拒执行或外界干预执行等现象，以及法院执行人员执行不力、执行失范等情形。基本解决执行难主要针对第二种情形。

9. 失信惩戒措施：是指对失信被执行人进行信用监督、警示和惩戒，有利于促进被执行人自觉履行生效法律文书确定的义务，提高司法公信力，推进社会信用体系建设。2016年9月，中共中央办公厅、国务院办公厅印发《关于加快推进失信被执行人信用监督、警示和惩戒机制建设的意见》，对失信被执行人规定了11类37项联合惩戒措施，包括具体惩戒措施100余项。

10. 法院人员分类管理：是根据司法规律和岗位职责，将法院人员分为法官、审判辅助人员、司法行政人员三类，并实行员额制管理。中央政法委确定的上述三类人员的比例分别为中央政法专项编制总数的39%、46%、15%。

11. “一把手”巡谈：是指全市法院“一把手”通过对下级法院或本院干警一对一、面对面谈心谈话，了解情况，总结经验，查找问题，反馈意见，落实工作，发现人才，履行全面从严治党主体责任的工作方式。市高院已出台《天津法院“一把手”巡谈工作规定（试行）》。

12. 两个规定：是指中共中央办公厅、国务院办公厅印发的《领导干部干预司法活动、插手具体案件处理的记录、通报和责任追究规定》和中央政法委印发的《司法机关内部人员过问案件的记录和责任追究规定》。

13. 六个一流建设：是市委书记李鸿忠同志对政法机关提出的要求。即：思想精神装备一流、制度纪律建设一流、作风装备建设一流、技术装备建设一流、基层基础建设一流、业务能力建设一流。

河北省高级人民法院工作报告

——2017年1月10日在河北省第十二届
人民代表大会第五次会议上

河北省高级人民法院院长　卫彦明

各位代表：

我代表省高级人民法院向大会报告工作，请予审议，并请省政协各位委员和其他列席同志提出意见。

2016年依法履职情况

在省委坚强领导、省人大有力监督和最高法院监督指导下，在省政府、省政协和社会各界关心支持下，全省法院深入学习贯彻党的十八大，十八届三中、四中、五中、六中全会精神和习近平总书记系列重要讲话精神，认真落实省第九次党代会精神和省十二届人大四次会议决议，狠抓执法办案第一要务，深入推进司法体制改革，全面向执行难宣战，积极推进科技强院，各项工作取得新进展。全省法院新收各类案件91.40万件，同比上升30.11%，审执结94.64万件，同比上升29.50%。其中，省法院新收案件1.17万件，审执结1.19万件。

一、依法惩治刑事犯罪，推进平安河北建设。共审结一审刑事案件4.15万件，同比上升8.39%，对5.52万名刑事被告人作出有罪判决。依法严惩严重刑事犯罪，审结危害国家安全、公共安全犯罪案件9385件，故意杀人、绑架、抢劫等严重暴力犯罪案件1384件。严惩职务犯罪，审结贪污贿赂、渎职等案件1696件，圆满完成魏鹏远受贿等重大经济犯罪案件审判任务。严惩金融犯罪，审理"黄金佳"案等涉众型金融犯罪案件1149件。严惩危害群众切身利益的犯罪，审结生产、销售假冒伪劣商品，危害食品安全犯罪案件846件。严格遵守罪刑法定、疑罪从无原则，对不能认定犯罪的212名被告人依法宣告无罪。严格规范减刑、假释案件审理，审结3.18万件，对54名罪犯裁定不予减刑、假释。完善未成年人审判模式，延伸帮教未成年犯工作，积极参与社区矫正，推进社会治安综合治理。

二、服务供给侧结构性改革，保障经济强省建设。共审结一审商事案件24.33万件，同比上升29.22%。主动服务供给侧结构性改革，成立防范金融风险企业破产重组工作领导小组，编制全省企业破产管理人名册，妥善处置"僵尸企业"，共审结破产类案件165件。依法规范金融秩序，审结一审金融类案件7.41万件。严格划清合法借贷与非法集资行为界限，强化借贷利率司法管控，审结一审民间借贷类案件6.88万件。积极保障创新驱动发展，审结知识产权与不正当竞争纠纷案件827件，为"大众创业、万众创新"营造优质司法环境。妥善审理涉外商事案件176件，协力打造法治化、国际化、便利化的营商环境。

三、积极对接京津，服务协同发展战略。依法保障北京非首都功能疏解和京津产业转移，妥善审理市政建设、企业改制、征地拆迁、劳动争议等引发的纠纷案件9969件。保定、沧州、廊坊等法院深入项目现场调研，进行跟踪服务、法律咨询和矛盾化解，承接北京动批市场、北京生物医药产业园、首都新机场等重点项目转移，严格保护京津入冀市场主体合法权益。张家口法院实行新机制，涉冬奥纠纷案件由赛事举办地法院集中管辖，快速审理执行涉冬奥案件65件，依法保障冬奥会筹办工作顺利开展。

四、加强环境司法保护，推进美丽河北建设。共审结生态环境保护类案件1384件，同比上升64.96%。设立环境保护专门审判庭18个、专门合议庭40个，专门审判人员达230余人。实行环境资源刑事、民事、行政案件统一归口审理，被最高法院作为经验推广。开启环境公益诉讼新篇章，依法受理中国生物多样性保护与绿色发展基金会和中华环境保护基金会提起的3件环境公益诉讼案件。积极参与污染整治专项行动，多次开展污染环境罪案件集中宣判活动，加强环境司法与行政执法的协调联动，形成环境保护合力。组织召开京津冀法院环境资源审判工作联席会议，共同签署《环境资源审判协作框架协议》，促进区域环境保护司法尺度统一。

五、践行司法为民宗旨，维护群众合法权益。共审结传统民事案件25.67万件，同比上升19.01%。依法保护民生权益，共审结交通事故、劳动争议、拆迁补偿、消费者权益保护、人身损害赔偿案件8.91万件。推进家事审判改革，引入心理疏导、家事调查员等制度，注重修复家庭关系，共审结家事案件10.51万件。实行案件繁简分流，依法适用简易程序、小额诉讼程序，减轻群众诉累。加强“三农”案件审理，审结各类涉农案件2.91万件。切实维护国防利益和军人军属合法权益，审理和执行涉军案件367件，省法院被评为华北五省（市）涉军维权先进单位。加强司法救助，全年减免缓诉讼费1.72亿元，发放救助资金4456万元，确保困难群众及时得到司法救济。

六、监督支持政府依法行政，推进法治河北建设。共审结土地征收、房屋征收、行政处罚、工伤认定、申请信息公开等一审行政案件9197件，同比上升9.31%。积极推进行政案件异地集中管辖，减少案件干预，促进行政机关依法行政。积极推动行政机关负责人出庭应诉，全年出庭2024人，行政负责人出庭应诉渐成常态。发布全省行政案件司法审查报告暨典型行政案例，助力法治政府建设。依法维护赔偿请求人合法权益，确认国家赔偿案件56件，决定赔偿金额1068万元。深入开展“法官进社区”活动，发挥普法宣传与个案审理的引导作用，推动全社会树立法治意识。

七、发挥审判监督职能，加强人权司法保障。充分发挥二审监督、再审纠错的功能，二审改判、发回重审案件1.65万件，再审改判、发回重审案件1011件。主动将在社会上有重大影响的聂树斌案提请最高法院指令其他法院异地复查，最高法院以事实不清、证据不足宣告聂树斌无罪，我们坚决服从并执行最高法院再审判决，向聂树斌父母及亲属诚恳道歉，依法进行国家赔偿，依法进行违法审判问题调查。全省法院要从中汲取深刻教训，强化人权保障意识，健全冤错案件有效防范、及时纠正机制，切实做到发现一起、纠正一起。

八、坚持从严治院，不断增强法院队伍凝聚力和战斗力。坚持抓党建带队建，深入开展“两学一做”学习教育，制定规范党内政治生活“八项制度”，强化党性观念和讲规矩守纪律意识。扎实推进机关作风整顿活动，明确9个方面49项重点目标任务，力争增比进位、争创一流，得到省委作风整顿领导小组通报表扬。大力加强基层党建工作，省法院行政庭党支部作为全国法院系统唯一代表，被中共中央授予“全国先进基层党组织”称号。加强司法能力建设，改进培训方式，增加互动环节和案例教学，提升培训效果，省法院共组织培训6.14万人次。加强法院文化建设，开展“讲述河北法官好故事，唱响河北法院好声音”主题微电影评选活动，发挥华北人民法院旧址和直隶高等审判厅作用，把“传统法制文化”和“当代法治精神”结合起来，激发全省法院队伍的生机与活力。加强司法廉政建设，坚持有腐必惩，以零容忍的态度清除法院队伍中的害群之马，全年查处违纪违法干警68人，其中移送司法机关处理13人。进一步强化惩防体系建设，对苗头性、倾向性问题，做到早发现、早提醒、早纠正，营造风清气正的良好政治生态。

2016 年深化司法改革情况

2016 年是全面深化司法体制改革的重要一年。在省委坚强领导、政法委的协调推动下，全省法院加快改革速度，全面攻坚克难，深化机制创新，全力推进审判体系和审判能力现代化。

一、员额制改革全面到位。坚持择优遴选，严格考核，全省法院仅用 2 个月时间，完成首批法官入额工作，共有 5719 名法官纳入员额管理，占具有法律职务人员的 59.4%，占中央政法专项编制的 32.8%，完善人员结构，院长、副院长仅占 20.7%，一大批年富力强的业务专家、业务骨干担起员额法官重任。精简综合行政人员，审判一线的法官和司法辅助人员达全体干警的 85%，大大充实了审判力量。在省委省政府的高度重视、亲切关怀下，符合法院特点的薪酬制度已基本建立，司法改革的整体进度跨入全国法院第一梯队。

二、司法责任制改革全面落实。省法院及时出台落实司法责任制意见，组建“法官 + 法官助理 + 书记员”新型审判团队，赋予入额法官更多的决定权，明确院、庭长带头办案和监督、管理职责。落实办案法官责任，不能完成工作任务或被追究违法审判责任的，要坚决退出员额。入额法官肩上责任更重、职业尊荣感更强，办案积极性和主动性大幅提升。2016 年，全省法院新收案件比上年增加 21.15 万件，结案增加 21.56 万件，进一步消化旧存案件，基本实现收结案良性循环。2016 年民事调撤案件同比增加 2.58 万件，审理周期同比减少 14.9 天，全省法院审判质效明显提升。

三、执行改革全面发力。着力建成执行工作大格局，赵克志书记主持省委常委会和深改会，专题听取省法院党组基本解决执行难工作汇报。省委、省政府办公厅转发省法院“基本解决执行难工作意见”和“对失信被执行人联合惩戒的实施意见”，形成党委领导，各职能部门齐抓共管解决执行难的整体合力。着力推进诚信河北建设，建立起覆盖全部银行金融产品，以及工商、税务、车辆、户籍等信息的执行查控体系，全年网络查询750万笔，形成了“一处失信、处处受限”的信用监督、警示和惩戒新机制。着力规范执行行为，实现“一案一账户”执行案款管理，完善执行监督制度，有效解决消极执行、乱执行。着力推广唐山“两分一统”新经验，全国法院审执分离体制改革试点工作经验交流会在唐山中院召开，唐山模式被确定为全国执行体制改革重要模式。2016年，唐山法院执结率达91.64%，同比上升近8个百分点，被中国社会科学院列为早期基本解决执行难的重要样本。着力开展基本解决执行难“飓风行动”，共开展集中执行行动339次，公布失信黑名单23896人次，审结拒不执行判决、裁定犯罪案件327件，司法拘留4386人次。着力强化主动执行理念，全年共执结案件22.30万件，同比增加近10万件，结案率达84.05%，同比上升12个百分点；长期未执结案件同比下降35.7%，全省执行攻坚战取得阶段性成果。

四、人民法庭改革全面落地。大力推广“互联网+诉非衔接”人民法庭工作新机制，自主研发了“人民法庭专用办公办案系统”和“诉非衔接平台系统”，在全省2009个法庭统一安装使用。邢台、承德等法院通过搭建与乡镇、行政单位、行业组织等机构的诉非衔接平台，实现委托调解、特邀调解、指导调解。全省法院全年诉前调解和指导调解案件6.67万件，司法确认3110件，提供法律咨询21.97万人次，使偏远地区当事人也可享受到与法院本部同质化服务。探索特殊类型案件跨行政区划法庭设置，成立涉旅游纠纷案件审判业务指导小组，在秦皇岛沿海岸线、白洋淀、涞水等重点景区设立多个旅游巡回法庭，统一司法尺度，方便群众诉讼，成立以来化解纠纷297件。唐山法院在世界园艺博览会期间设立临时法庭，提供法律咨询300余次，审理、调解案件40件，为世园会提供优质司法服务。

五、立案信访改革全面创新。坚持有案必立、有诉必理，当场立案率达95%以上，立案难问题从根本上得到解决。升级诉讼服务，全省诉讼服务大厅覆盖率达100%，诉讼服务网开通率89.6%，50家法院已开通手机APP诉讼服务，设立12368热线308条，多位一体的诉讼服务中心功能不断完善。石家庄、邯郸、唐山、衡水等法院设立调解工作室、服务窗口，引入调解员、律师、志愿者，形成各具特色的全新诉讼服务体系。建立律师服务平台，完善网上立案、查询等功能，积极推行律师代理申诉工作，省法院与省司法厅协商选派律师代理申诉，妥善化解矛盾纠纷。继续完善河北法院驻京接访站功能，涉诉进京访数量实现同比下降18.63%。推进网上申诉信访和远程视频接访工作，将平台延伸到基层法院和人民法庭，全年视频接访1003人次，减轻了当事人的奔波劳苦。注重发挥“院长信箱”“给大法官留言”功能，坚持每信必阅、分类批办、及时反馈、全程跟踪，全年共办理来信、留言6568条，督导案件办理，帮助群众解决实际困难。

六、信息化建设全面升级。不断完善审判流程、裁判文书、执行信息、庭审直播、减刑假释案件和司法拍卖等六大信息化公开平台，共公开审判流程信息86.65万条、裁判文书48.78万件、执行流程信息20.96万条，当事人到处托关系打听案件进展的现象大为减少。网络庭审直播由民事案件扩展到全部案件类型，全省直播案件11.02万件。加大减刑假释案件公开力度，依法应当开庭审理的六类案件实行公开审理，公开开庭1116次，裁前公示减刑、假释案件3.02万件。司法拍卖、鉴定、评估等全部纳入流程管理系统，在淘宝网建立司法拍卖专页，小额标的物兑现更加便捷，总成交额9600余万元。自主研发六大创新系统，其中智审1.0系统辅助法官办案，减少法官案头工作量30%以上，被写入中国法院信息化蓝皮书；庭审智能化巡查系统实现“每庭必查”，发现并纠正着装不规范、标牌违规、审判员中途离席等问题，促使司法行为不断规范。以上两个系统在乌镇第三届世界互联网大会上被专题推介，得到国内外尤其是法院同行的高度评价。自主研发便携式数字法庭，与移动办案平台相融合，实现全地域无线数据加密传输，2016年3月29日，海南高院借助我院设备和平台，成功将三沙永兴岛的庭审实况传给最高法院，彰显国家主权，服务国家海洋战略，推动全国法院司法视频数据实现全覆盖，得到最高法院肯定。

一年来，全省法院主动接受人大监督和政协民主监督，严格贯彻落实人大决议和决定，加强人大代表、政协委员建议、提案办理工作。2016 年共邀请视察、座谈、旁听庭审 5260 人次，当面或以其他形式听取人大代表、政协委员意见 10315 人次，为切实加强和改进法院工作提供了重要保障。依法接受检察机关法律监督，认真办理抗诉案件 736 件和再审检察建议 156 件，加强协调配合，共同维护司法权威。主动争取社会各界监督支持，积极发挥特邀监督员作用，就知识产权、司法公开、环保审判、执行飓风行动等进行专题新闻发布，举办法院开放日，召开社会各界人士座谈会，有效畅通民意沟通渠道，确保人民群众的知情权、参与权、表达权和监督权。

各位代表，去年 9 月周强院长在唐山法院视察时指出，“河北法院坚持围绕中心、服务大局，大力加强审判执行工作，取得明显成绩，法庭建设、信息化建设、涉诉信访等工作走在全国法院前列”。全省法院工作取得的成绩和进步，是党委领导，人大监督，政府、政协及社会各界关心支持的结果。在此，我代表全省法院，向一直以来关心支持法院工作的同志们表示崇高敬意和衷心感谢！

同时，法院工作也存在一些问题和困难。主要表现在：一是司法理念与新形势任务还不适应，程序公正、证据裁判理念树得不牢，以创新精神破解司法改革深层次问题的意识不强，符合审判规律的监督指导机制亟待完善；二是办案压力和难度越来越大，全省民商、执行案件数量激增，一些基层法院法官人均结案超过 200 件，很多法官长期超负荷工作，身心健康受到一定影响；三是仍有一些案件裁判不公、效率不高、甚至出现错案，在社会上反映强烈；四是个别法官对群众诉求漠视推诿，消极办案、不规范执行、办理“三案”现象依然存在，等等。这些都需要我们改革创新，从严治院，直面问题，着力破解，促进法院工作实现新发展。

2017 年工作安排

2017 年，全省法院将深入贯彻党的十八届三中、四中、五中、六中全会和习近平总书记系列重要讲话精神，认真落实省第九次党代会以及最高法院的重大决策部署，牢牢把握司法为民公正司法主线，充分发挥审判职能，不断深化司法改革，着力破解工作难题，加快推进智慧法院建设，为全省加快转型、绿色发展、跨越提升提供更加有力的司法服务和保障。

一是坚持稳中求进总基调，为十九大胜利召开营造和谐稳定的社会环境。依法严惩各类刑事犯罪，全力维护社会稳定。强化金融风险防控服务保障，坚决打击互联网诈骗、非法集资等犯罪，切实维护金融安全。严惩危害安全生产犯罪、危害食品药品安全犯罪，切实维护人民群众切身利益。主动延伸审判职能，加强人民法庭工作，积极化解民间纠纷，确保基层社会和谐稳定。

二是积极推进供给侧结构性改革，营造公开、透明、可预期的法治化营商环境。坚持平等保护产权，依法保障非公有制经济健康发展，增强人民群众财产财富安全感。加强企业破产重组工作，优化资源配置，化解过剩产能。监督、支持行政机关依法行政，维护公平有序、诚实守信的市场秩序。加强知识产权司法保护，保障创新驱动发展战略实施。创新环境审判机制，服务美丽河北建设。探索在立、审、执各领域发挥区域司法审判优势，为京津冀协同发展提供优质司法保障。

三是全面深化司法改革，着力满足人民群众多元司法需求。全面落实司法责任制，发挥司法权力运行新机制优势。以推进审判为中心的诉讼改革为重点，强化庭审功能，健全审判监督职能，提升审判质效，有效预防冤假错案。继续深化家事审判改革、诉讼案件分流、涉诉信访工作改革，不断提升司法服务群众的水平。

四是全力攻克执行难题，切实维护社会公平正义。狠抓执行规范化，建立反消极执行长效机制，全面整治乱执行现象。全力推进社会诚信体系建设，加快实现全省50家单位信息互联互通，统一共享信用信息及惩戒措施。持续开展执行专项行动，继续总结推广唐山经验，以改革为动力，以规范为抓手，以决战决胜的姿态打赢“基本解决执行难”攻坚战。

五是加快推进智慧法院建设，提升法院工作现代化水平。在网络安全、网络治理上下功夫，在网络创新、网络发展上求突破，在网络技术、网络应用上见实效，在网络融合、网络协同上得共享，积极服务党委领导决策，全面提升智审1.0等六大系统在全院、全员、全程的应用水平，利用司法大数据加强监督指导，确保司法标准统一，推动审判管理监督科学化。

六是始终坚持从严治院，打造忠诚干净担当的法院队伍。深入贯彻十八届六中全会精神，落实从严治党主体责任，不断增强“四个意识”，特别是把核心意识和看齐意识落实到执法办案工作中。进一步推进法院队伍正规化、专业化、职业化建设，提升队伍的政治、业务素养。加强职业保障，激励干警干事创业。坚持作风建设不放松，以零容忍的态度惩治司法腐败，建设一支信念坚定、执法为民、敢于担当、清正廉洁的法院队伍。

各位代表，我们将在省委坚强领导下，在人大及其常委会有力监督下，以更加坚强的信心、更加有力的举措、更加优良的作风，认真履行宪法法律赋予的职责，沿着加快转型、绿色发展、跨越提升的发展新路，为加快建设经济强省、美丽河北提供更加有力的司法保障，以优异成绩迎接党的十九大胜利召开！

附件一

有关用语说明

1. 审执结94.64万件：全省三级人民法院2016年审结、执结各类案件总数（包括一审、二审、再审、执行等案件）。其中，审结刑事案件4.90万件，占结案总数的5.17%；民事、商事、知识产权案件57.37万件，占60.62%；行政案件3.43万件，占3.63%；申诉和申请再审案件9938件，占1.05%；国家赔偿案件258件，占0.03%；执行案件22.30万件，占23.56%；减刑、假释案件3.18万件，占3.36%；其他案件2.44万件，占2.58%。报告中采用的案件数据，未经特别说明的，均为一审结案数据。

2. 魏鹏远受贿案：魏鹏远，国家能源局煤炭司原副司长，2014年5月接受有关部门调查，从其家中查抄2亿余元现金。2016年10月，保定中院一审以受贿罪、巨额财产来源不明罪，判处被告人魏鹏远死刑缓期二年执行，剥夺政治权利终身，并处没收个人全部财产，在其死刑缓期执行二年期满依法减为无期徒刑后，终身监禁，不得减刑、假释。被告人魏鹏远未上诉。该案是《刑法修正案（九）》实施后全省第一例、全国第二例适用终身监禁的案件。

3. "黄金佳"案：2007年3月至2014年9月，黄金佳投资咨询有限公司在河北、北京、天津、大连、西安、深圳等多省市多家黄金佳门店，通过与不特定群体签订黄金佳内部福利协议等方式非法吸收资金，共计人民币153亿余元。2016年12月，廊坊市广阳区法院一审以非法吸收公众存款罪，判处黄金佳投资集团有限公司罚金人民币50万元，并追缴违法所得，返还集资参与人；判处被告人肖雪等20名被告人有期徒刑十年至二年零三个月不等的刑罚，并处罚金。

4. 《环境资源审判协作框架协议》：2016年9月22日，京津冀三地高院在石家庄召开环境资源审判工作联席会议，共同签署该协议，共六部分，分别就环境资源案件审判的专门机构建设、受理案件范围、归口审理模式、管辖机制、立审执之间协作、审判团队建设、审判专家库、统一的执法办案信息化平台、专项统计分析制度、协调联动机制、工作宣传等11项事项达成共识并展开协作。

5. 家事审判改革：对婚姻家庭案件审判方式和工作机制进行改革，改变以往仅以财产类案件审判模式审理家事案件的方式，增加修复婚姻家庭关系的职能，重视对家庭成员的情感治愈和对未成年人的保护。推进家事案件审判机构、审判人员和审判程序的专业化，探索引入家事调查员、社区陪护及儿童心理专家等多种方式，促进婚姻家庭纠纷的社会化和人性化解决。完善多元化纠纷解决机制，建立司法力量、行政力量和社会力量相结合的新型家事纠纷综合协调解决机制。

6. 聂树斌案：1995年3月15日，石家庄中院一审以故意杀人罪、强奸妇女罪，判处被告人聂树斌死刑，剥夺政治权利终身。宣判后，聂树斌以“量刑重，是初犯，认罪态度好”为由提出上诉。1995年4月25日，河北高院作出终审判决，判处聂树斌死刑，剥夺政治权利终身。2005年1月，王书金在河南落网后，供称聂树斌所涉案件是其所为，河北有关方面组织对聂树斌案进行了核查。鉴于聂案重大、疑难、复杂，社会广泛关注，历经时间较长，为消除社会疑虑，维护司法公正，河北高院于2014年10月10日，申请最高法院直接审查或指定其他法院审查，2014年12月3日，最高法院回函同意河北高院意见，决定将聂案指令山东高院复查。2014年12月12日，山东高院立案复查聂案。2016年6月6日，最高法院对聂案提起再审，2016年12月2日以“原审判决事实不清，证据不足”改判聂树斌无罪。全省法院要从中汲取深刻教训，强化人权保障意识，健全冤错案件有效防范、及时纠正机制，切实做到发现一起、纠正一起。

7. 微电影评选：自2015年开始，河北高院连续两年组织开展“讲述河北法官好故事，唱响河北法院好声音”主题微电影评选活动，全省各级法院以审判执行一线故事为题材共创作拍摄 40 余部微电影。2016 年 2 月 24 日，全国法院系统第三届十佳微电影评选结果揭晓，石家庄中院《守望》斩获“十佳”。全国人大代表靳灵展、翟志海以河北承德中院王景林法官事迹为原型，联合拍摄的评剧短片《风雪途中》，得到周强院长的肯定性批示。

8. 华北人民法院：1948 年 9 月 26 日成立，为华北人民政府的 19 个机构之一，是最高人民法院的雏形。位于平山县王子村，最高人民法院的四任院长——董必武、谢觉哉、杨秀峰、任建新，都曾在此工作过。华北人民法院首次明确了法院的人民属性，确立审判工作为党的中心工作服务的司法理念，废除国民党六法全书，明确人民司法工作方向，为新中国的法制建设奠定了坚实基础，成为我国具有代表性和影响力的过渡性审判机关。

9. 直隶高等审判厅：位于保定市，清末宣统二年（1910 年）投入使用，是全国现存唯一的清末地方审判机构，国家一级文物保护单位。1935 年河北省高等法院在此办公，建国后曾审理过“刘青山、张子善案”等大要案。2016 年 3 月 18 日正式启动修缮保护工作，按照“修旧如旧”的原则，计划于 2017 年 6 月竣工。周强院长多次派人实地调研并亲临保定中院，要求把直隶高等审判厅建设成为中国法制历史文化博物馆，填补我国法制历史文化博物馆的空白。

10. 司法体制改革：由中央司法体制改革领导小组统一部署，主要包括司法人员分类管理、司法责任制、司法人员职业保障、省以下地方法院检察院人财物统一管理四项改革任务。司法人员分类管理改革，指将法院工作人员划分为法官、审判辅助人员和司法行政人员三类，推动建立以法官为中心的人员配置模式，中央要求法官员额比例不超过中央政法编制的 39%，员额法官全部到审判一线办理案件。司法责任制改革，指推进主审法官、合议庭办案责任制，突出主审法官在办案中的主体地位，按照“让审理者裁判、由裁判者负责”的原则，科学确定主审法官的办案权责。

11. 新型审判团队：在法官和书记员之间，通过增加“法官助理”这一新的“变量”，重新配置审判资源，建立更为高效的“法官 + 法官助理 + 书记员（1 + N + N）”审判团队组合，逐步使法官从一般事务中解脱出来专司审判，实现提升办案质量、提高办案效率的目标。

12. 省法院“基本解决执行难工作意见”：省“两办”以冀办发〔2016〕41 号文件转发。党的十八届四中全会把“切实解决执行难”列为全面依法治国的重要任务之一，最高法院提出“两到三年时间基本解决执行难问题”的工作目标。河北高院结合实际制定该工作意见，从实现执行模式深刻变革、探索执行体制改革创新、强化执行案件统一管理、深化推进主动执行工作、建立长效常态工作机制、健全执行工作监督体系等六个方面对“基本解决执行难”工作进行了部署，明确了省纪委、省委组织部、省发改委、省财政厅、省公安厅、省工信厅等40 家执行联动协作单位分工任务以及完成时间表、路线图。

13. 对失信被执行人联合惩戒的实施意见：为推动“基本解决执行难”工作开展，省法院与省教育厅、省住建厅、省工商局、河北银监局、石家庄海关等 50 个重点联动部门达成一致，联合构建“一处失信、处处受限”的信用监督、警示和惩戒工作机制，并最终形成该实施意见，共二十条，包括加强对失信被执行人联合惩戒措施、建立失信被执行人信息共享机制、加大工作组织推进力度等三个方面内容。

14. 唐山“两分一统”新经验：2015 年 7 月，唐山中院被最高法院确定为审执分离体制改革试点，建立健全“上统下分，裁执分离，人财物案统一管理”的“两分一统”垂直管理执行工作新模式。周强院长对此给予充分肯定。“两分”一是指撤销基层法院执行局，改设为执行大队，同时由中院组建5 个跨行政区划的执行分局，管辖县区执行大队，形成相对独立、垂直领导的执行体制，实现执行实施权彻底从基层法院“外分”；二是指两级法院全部设立执行裁决庭，脱离执行局纳入审判序列，将执行裁判权分离出来，实现审判权与执行权深化“内分”。“一统”指唐山中院通过统一管理执行人员、统一管理经费装备、统一管理执行案件，有力整合执行资源，形成强大的执行工作合力，使跨区集中、交叉执行和联合办案、专项执行更加高效便捷。

15. 基本解决执行难“飓风行动”： 自2016年9月26日起在全省法院开展“2016基本解决执行难飓风行动”，即强力开展“七大行动”，清仓——彻底清理各类执行案件、织网——打造全覆盖执行查控系统、铁拳——严厉打击拒执违法犯罪、暖心——集中执行涉民生类案件、问责——加大反消极执行力度、正风——强化队伍纪律作风建设、风暴——掀起强大舆论宣传攻势；重点做好“十个一批”，集中执结一批、失信惩戒一批、严厉打击一批、重整破产一批、规范“中止”一批、挂牌督办一批、执行救助一批、约谈通报一批、正面宣传一批、培训表彰一批。

16. “互联网+诉非衔接”人民法庭工作新机制： 人民法庭通过现代通信和移动互联网等信息技术，搭建“互联网+诉非衔接”平台，与综治中心、村民委员会、人民调解组织、司法所等机构对接，构建信息化的多元化纠纷解决机制。人民法庭利用专用软件系统，可以实现在线委派、委托和邀请调解、网上咨询、视频连线指导调解等工作；诉非衔接的日常工作纳入信息化流程管理，将委派调解、委托调解、司法确认等工作形成“在线”工作日志，参与社会综合治理、解答群众咨询、法治宣传、诉前调解、指导调解纠纷等工作情况全程留痕，推进人民法庭诉非衔接工作的专业化和规范化。

17. 诉讼服务中心： 人民法院面向社会、方便当事人和人民群众集中办理庭审以外全部诉讼事务的一站式、综合性的服务平台。诉讼服务中心以系统化、信息化、标准化、社会化建设为标准，集诉讼服务大厅、诉讼服务网、12368诉讼服务短信等“多位一体”，采取线上线下相结合，为人民群众集中提供立案查询、材料收转、信访接待、投诉举报等庭审以外全部诉讼服务，实现诉讼服务“从后台到前台、从分散到集中”的转变，方便人民群众依法行使诉讼权和办理诉讼事务。

18. 智慧法院： 以确保司法公正高效、提升司法公信力为目标，充分运用互联网、云计算、大数据、人工智能等技术，促进审判体系与审判能力现代化，实现人民法院高度智能化的运行与管理。智慧法院面向法官、当事人及社会各界提供全方位智能服务，实现审判执行工作全网络办理和全流程公开，充分挖掘利用海量司法案例资源，探寻新形势下司法规律，提高司法预测预判、应急响应等能力，为类案同判和量刑规范化提供支持，为创新社会治理提供决策参考。

附件二

全省法院审判、执行及司法改革工作情况图

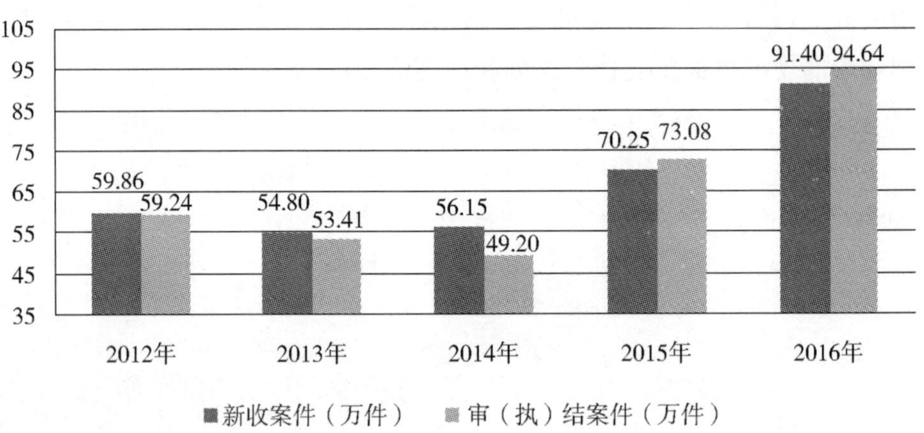

2012—2016 年全省法院收结案件数量对比图

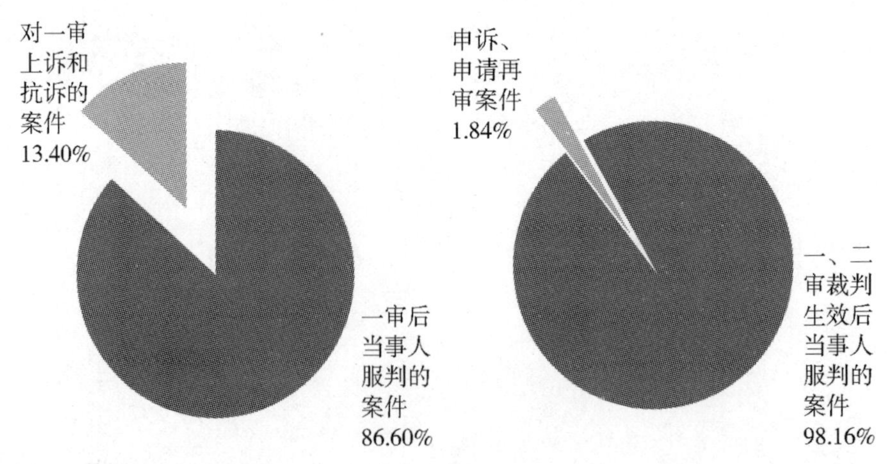

2016 年全省法院审结案件效果情况

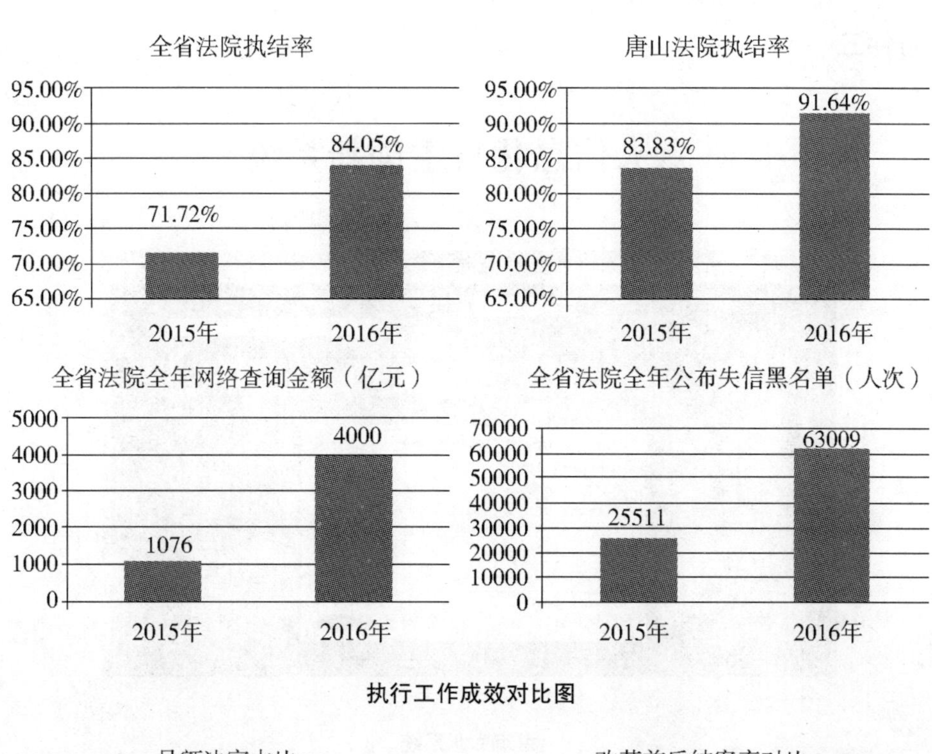

执行工作成效对比图

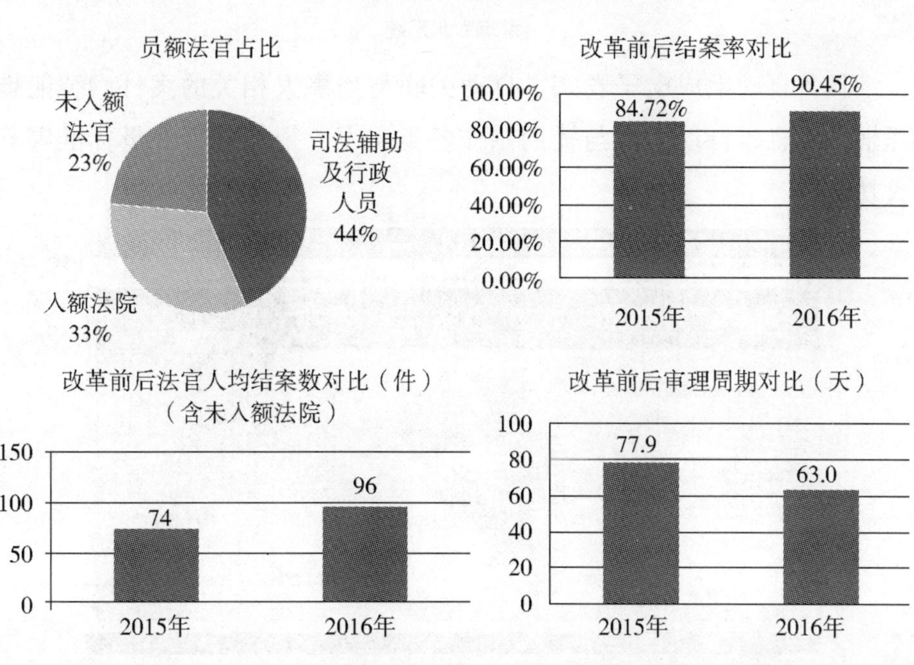

全省法院司法改革前后人员、成效对比图

附件三

六大信息化自主创新系统

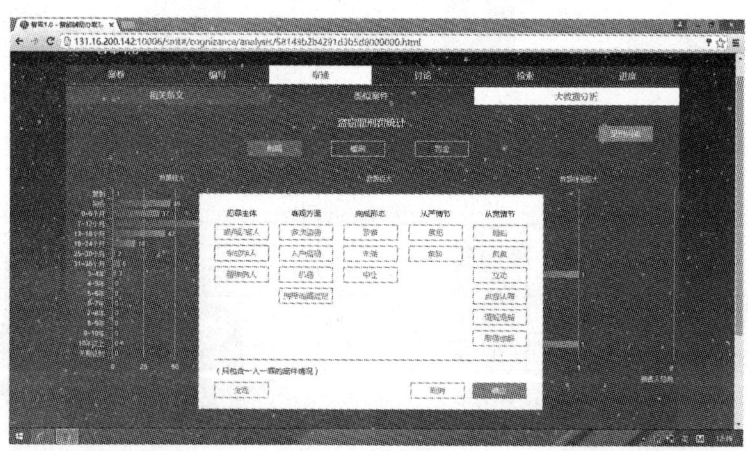

智审 1.0 系统

具备自动生成电子卷宗、自动关联与当事人相关的案件、智能推送辅助信息、自动生成与辅助制作各类文书、智能分析裁量标准等五大功能。

庭审智能化巡查系统

对全省所有法院庭审案件进行智能化实时巡查，执行每庭必录的要求，对不规范行为自动截屏、录像、生成日志、实时反馈，实现无时无刻无死角监督。

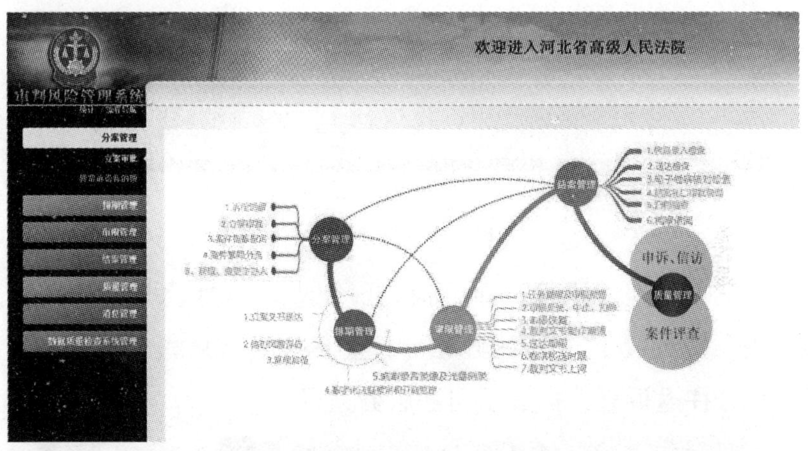

审判风险防控系统

对纳入流程管理的案件进行自动智能检查，有效提高数据管控的及时性、准确性、全面性，实现了庞杂繁重的人工管理向信息技术自动化管理的转型。

便携数字法庭

该设备可与法院移动办案平台相融合，实现全地域无线数据加密传输，是全国唯一一款支持无线回传的设备，将数字化法庭建设成本降低80%，为全省数字化法庭建设节约资金约2亿元。

网上电子诉讼平台

将立案、审理、执行、涉诉信访、阅卷、信息公开、数据管理等活动从线下搬到线上，全面实现网上立案、网上开庭、网上支付，减轻了当事人往返诉累，拓展了司法服务途径。

三方远程庭审

该平台通过政法网进行网络视频开庭，打破传统庭审的空间限制，实现法官在法院、检察官在检察院、被告人在看守所进行远程庭审，降低了被告人押解风险，提高了庭审效率，为刑事诉讼安全提供了保障。

山西省高级人民法院工作报告

——2017 年 1 月 16 日在山西省第十二届人民代表大会第七次会议上

山西省高级人民法院院长　左世忠

各位代表：

现在，我代表山西省高级人民法院向大会报告工作，请予审议，并请省政协委员和列席会议的同志提出意见。

2016 年，全省法院在省委的正确领导下，在省人大及其常委会的有力监督和政府、政协及社会各界的关心支持下，深入贯彻党的十八大及历次全会、省第十一次党代会精神，落实省十二届人大五次会议决议，认真学习贯彻习近平总书记系列重要讲话精神，紧紧围绕“一个指引、两手硬”要求，忠实履行宪法法律赋予的职责，以审判为中心的各项工作取得新进展。全年共受理各类案件 440209 件，审执结 386379 件，比 2015 年分别上升 27. 71% 和 33. 78%；省高院受理各类重大案件 8834 件，审结 8010 件，同比分别上升 42. 74% 和 79. 27%，均为历史新高。

一、依法公正审理各类案件，服务经济稳步向好，保障人民安居乐业

执法办案是人民法院的基本职责。全省法院以服务大局、保障经济社会发展为使命，年初制定出台《全省法院开展“服务大局年”若干意见》，坚持以法治方式服务保障经济发展大局，满足人民群众多元司法需求，捍卫社会公平正义。

加强刑事审判，维护国家安全和社会稳定。共受理刑事一审案件28082件，审结25299件，同比分别上升7.95%和14.05%。一是严惩危害国家安全和严重危害人民生命财产安全犯罪，与公安、检察机关密切配合，对暴力恐怖、黑恶势力、涉枪涉爆、故意杀人、抢劫等犯罪坚决依法打击，审结此类案件1592件。二是严惩国家工作人员职务犯罪，始终保持“老虎”“苍蝇”一起打的惩治腐败高压态势，审结贪污贿赂、渎职犯罪案件1599件。对原县处级以上职务犯罪罪犯的减刑、假释、暂予监外执行实行备案审查，一律上网公示，坚决杜绝“有权人”“有钱人”被判刑后减刑快等问题。三是严惩涉众型犯罪，共审结非法吸收公众存款、非法集资等案件491件，以及与民生密切相关的危害食品药品安全、制假贩假等犯罪案件297件。四是坚持打击犯罪与保障人权并重，严把案件质量关，严防冤错案件。为186名可能被判处三年以上有期徒刑、却无力聘请律师的被告人指定了辩护人，对12名指控证据不足、指控罪名不能成立的被告人依法宣告无罪，对8008名具有从宽情节的被告人依法适用非监禁刑。深入推进量刑规范化，15种犯罪案件的量刑尺度得到最大限度的统一，量刑更加公正均衡、更加公开透明、更加准确高效，最高人民法院院长周强在向全国人大报告工作时予以充分肯定。

加强商事审判，依法调节经济关系。共受理商事一审案件115897件，审结95089件，同比分别上升19.96%和20.75%。一是针对经济下行、企业生产经营出现较大困难的情况，省高院专门成立破产案件

审判庭，建成全省法院破产重整案件信息平台，依法妥善审理涉及吕梁联盛集团等企业清算、破产案件195件，推动“僵尸企业”清理处置，扶持帮助一批企业渡过了难关。二是有效应对增速放缓、结构调整新常态，依法规范市场经济秩序，保障各类市场主体公平竞争，依法审结买卖合同、建设工程、房地产、金融借款、股权转让等各类纠纷案件64205件，诉讼标的额达328.98亿元，通过正确认定合同效力，惩治恶意违约行为，积极营造投资发展良好法治环境。三是加强对互联网金融、银行卡纠纷、保险理赔纠纷、电子商务、知识产权等案件的专题调研与指导，依法审结各类金融纠纷案件23758件，标的总金额163.63亿元，同比分别增长74.02%和39.70%，审结知识产权案件438件，同比增长80.25%，运用司法手段，积极支持金融振兴、科技创新，助力创新驱动发展。

加强民事审判，服务保障民生。共受理民事一审案件109002件，审结96576件，同比分别上升4.33%和4.79%。一是积极为人民群众提供更加优质便捷司法服务，升级改造诉讼服务中心，健全山西法院诉讼服务网，实现了网上预约立案、递交材料、调阅卷宗、申诉信访等，诉讼服务网访问量已达138万余次，日均3033次，切实方便了群众诉讼。二是密切关注人民群众最关心最直接最现实的利益问题，积极开展家事审判方式改革试点，共审结婚姻家庭和继承纠纷一审案件50117件，依法保护未成年人、妇女、老年人等弱势群体的合法权益；审结涉及教育、医疗、住房、劳动争议、拆迁补偿等纠纷案件14709件，为农民工讨薪等案件开辟“绿色通道”；做好司法救助工作，为经济确有困难当事人缓、减、免诉讼费用8629.51万元，开展救助1676人次、发放救助金2376.25万元，发挥了司法救助的帮危济困作用。三是注重源头化解群众身边的矛盾纠纷，全省98个中、基层法院建立了征地拆迁、劳动争议、交通事故、村矿（企）矛盾、医患纠纷、环境污染“六大领域”诉调对接的联调机制，建立起以司法所、法律服务所、工会组织、妇联、村居委会、街道办及医院医患中心等为主体的特邀调解组织928个，设立1560个法官驻社区工作站、联系点，民事一审案件调解、撤诉率达49.54%，努力减轻群众诉累，使矛盾纠纷消弭于萌芽、化解于基层。

加强行政审判，监督促进依法行政。共受理行政一审案件4772件，审结4242件，同比分别上升13.20%和50.53%。一是全面实施行政案件集中管辖、异地审理，有效消除行政诉讼原告对公正司法的合理怀疑，提高了司法公信力。二是不断健全完善司法与行政良性互动机制，推动落实行政机关负责人出庭应诉制度，行政机关负责人出庭应诉率明显提升。三是切实履行司法审查职责，一审案件中依法确认行政行为违法、撤销行政行为、要求履行法定职责的占18.37%，并通过发布行政审判白皮书、司法建议、典型案例等方式，促进行政机关完善行政行为。四是办理国家赔偿案件97件，决定赔偿金额339.37万元，依法维护了赔偿请求人的合法权益。

加强执行工作，进一步破解“执行难”。共受理执行案件107432件，执结94045件，同比分别上升68.87%和97.24%，执行标的额达305.20亿元。一是开展集中执行“雷霆”行动和执行大会战，加大对执行义务人违法犯罪行为处罚力度，对2648名拒不执行生效裁判或暴力抗拒执行的人员予以司法拘留，移送公安机关立案侦查294人，判处拒执罪66人，采取强制措施后当场履行结案756案。二是抓好司法查控工作，执行案件信息全部录入人民法院执行案件流程管理系统，法院网络查控系统对接省内169家银行，累计查询49818案，涉及129280个法人与自然人，查询涉案标的40.9亿余元，冻结、划扣被执行人财产6.1亿余元。三是加大对失信被执行人的信用惩戒，参与山西社会信用体系建设，与公安、工商、金融、房管等部门信息共享，对60695名失信被执行人公开曝光，予以联合惩戒，促使17%的被执行人主动履行了义务。去年9月28日，中央政治局委员、中央政法委书记孟建柱，最高人民法院院长周强通过远程执行指挥系统观看了朔州中院涉民生案件的现场执行，给予充分肯定。

二、深化司法体制改革，促进公正司法，提升司法公信力

改革创新是法院发展的动力源泉。全省法院不折不扣落实中央、省委决策部署，坚持问题导向、目标导向，积极有序推进各项改革举措，进一步健全完善司法权力运行机制，规范司法行为，努力让人民群众有更多获得感。

稳步推进以司法责任制为核心的四项基础性改革试点。去年1月，我省第一批“1+8”试点法院首批员额制法官上岗履职后，各试点法院积极探索完善司法责任制，以员额制法官为主体组建新型办案团队，认真落实“让审理者裁判，由裁判者负责”，效果已经初步显现。9个试点法院全年共受理各类案件34485件，审执结30952件，结案率89.75%，普遍高于全省法院同期平均结案率；法官办案责任心明显增强，一审服判息诉率、调解率、审限内结案率同比上升，上诉率、发回改判率、涉法涉诉信访率显著下降，实现“三升三降”。9月，改革试点在全省法院全面铺开后，省高院及时总结试点经验，制定出台《关于完善全省法院司法责任制的实施细则》，明确了司法权力运行的“正面清单”和“负面清单”，以及办案责任和责任追究办法，确保放权到位、责任可究。严格标准与程序，经统一考试、考核，圆满完成全省法院2863名员额制法官遴选工作，从今年1月起，入额的法官包括院长、庭长，将一律编入审判团队亲自办案，并有明确的数量、质量要求，否则将予以退出员额处理。同时，人员分类管理、职业保障等其他配套改革也正在同步推进。

进一步强化审判管理和监督制约。在案件数量迅猛增长的压力下，全省法院更加注重提高审判质量效率，按照司法规律加强审判管理，着力发挥内在监督机制的效应。认真抓好审判流程管理和绩效考核，依托信息技术建立了信息管理平台，加强对立案、分案、开庭、裁判、执行、归档等各个节点的监控。省高院先后制定《案件流程管理办法》和《年度岗位目标管理考核办法》，从案件流程管理的内容、范围、监

督方式、主体机构与人员、职责以及结果运用等方面全面规范工作规程，明确相关责任，加大预警、催办、督办力度，及时通报网上案件办理和裁判文书上网情况。同时，每周例会有讲评，每月有通报，年终有考核，形成了“全覆盖、全渗透、全量化、全挂钩”的目标管理考核评价机制，考核结果在法官入额遴选中得到充分运用。省高院、各中院进一步加强审级监督，依法审结二审案件34275件，审结再审案件726件，二审改判、发回重审9335件，再审改判、发回重审314件。针对一些案件审理程序不规范、类案不同判等问题，健全审判监督指导机制，统一裁判标准，保障法律统一适用。

大力实施阳光司法工程。全省法院狠抓信息化建设，积极拓展审判流程公开、执行信息公开、裁判文书公开和庭审直播公开四大平台应用，创新了移动终端的信息公开服务，利用微信、微博、手机APP等多种渠道，加强与公众的互动、沟通。建立安全的信息交互传输平台，实现法院内网与互联网的数据对接，达到了审判信息一次录入、多种用途、资源共享。截至目前，全省各级法院按规定公开案件531701件，公开案件信息项8811万余条，公开裁判文书328333件。2016年，省高院作为首家省级法院入驻新浪网开展庭审直播，8名法官走进山西经济广播的“大法官开庭”栏目，被最高法院评为华北地区标杆。全省法院全年共直播庭审92场，直播观看量7456次，点播观看量717207次，在满足当事人知情权、自觉接受监督的同时，倒逼法官提高司法能力和办案效率。

积极开展以审判为中心诉讼制度和涉法涉诉信访制度改革。结合山西实际，以推进庭审实质化为重点，确定10项刑事诉讼制度改革重点项目，在35个法院开展了刑事案件繁简分流和轻案快办机制、刑事辩护制度完善、健全非法证据排除程序等改革试点，对做好以审判为中心的刑事诉讼制度改革进行了有益探索。完善诉访分离机制，推广远程视频接访，去年我省法院在最高法院视频接访已登记案件358件，接谈293件，引导信访群众理性表达诉求，依法维护权益。开展了

“抓信访秩序、清信访积案”专项活动，依法打击信访活动中的违法犯罪行为，维护正常工作秩序，共办理涉诉信访案件8525件次，同比下降24.01%。

三、坚持从严治院，打造过硬队伍，夯实法院工作根基

过硬队伍是公正司法的重要保障。全省法院按照全面从严治党要求，始终把建设过硬队伍、确保司法廉洁摆上重要位置，从严教育、管理和监督，不断提升队伍的能力素质。

狠抓思想政治建设。扎实开展“两学一做”学习教育和“做合格法官”学习讨论活动，根据省委巡视反馈提出的意见建议，全面落实从严治党主体责任，集中进行纪律作风整治等整改活动，广大干警的政治意识、大局意识、核心意识、看齐意识进一步强化；开展争先创优活动，引导干警立足岗位“提精神、强素质、鼓干劲”，提高队伍凝聚力，共有21个集体63名个人受到省级以上表彰，三家法院荣获“全国模范法院”荣誉称号，8名同志分别被授予“全国优秀法官”和“全国法院办案标兵”荣誉称号。

狠抓司法能力建设。大力开展庭审观摩、裁判文书评比、书记员技术比赛和法警训练比武等活动，在首届全国法院司法警察技能大比武中，我省获得两项团体第四名；坚持对干警进行分层、分级、分类全员大培训，省高院先后组织刑事、民商事审判业务和执行工作实务等各类培训7期2040人次；坚持德才兼备选人用人标准，着力优化领导班子和队伍结构，新任6名中院院长和37名基层法院院长等，一批年富力强的同志走上各级领导岗位，队伍的正规化、专业化、职业化建设进一步推进。

狠抓司法廉洁建设。严格落实中央“八项”规定，把纪律挺在前面，公布纪律作风“十五条禁令”，不断强化干警的纪律约束力和执行力；抓好防止领导干部干预司法、内部人员插手过问案件等铁规禁令落实，进一步规范司法人员与当事人、律师、特殊关系人接触交往行

为，努力做到对立案、审判、执行、拍卖评估等环节的实时监控、全程留痕，防止权力失控、行为失范；以“零容忍”态度惩治司法腐败，查处违纪违法干警46人，对涉及主体责任问题的2名中院院长进行了约谈。

各位代表，全省法院始终把自觉接受监督摆在突出位置。省高院认真办结人大代表、政协委员建议提案及其他事项77件，并通过上门走访、集中座谈、电话沟通、寄送信函等形式，联络人大代表、政协委员1800余人次、发送短信6400余条，还邀请部分全国和省人大代表，深入大同、朔州等地观摩庭审、执行，充分听取意见建议。依法接受检察机关诉讼监督，审结抗诉案件599件，其中改判136件、发回重审196件。广泛接受社会监督，全省法院召开新闻发布会293次，微信公众号“山西高院”正式上线，加强正面宣传引导，及时回应社会关切。

各位代表，一年来以及多年来，各级党委、人大、政府、政协和人大代表、政协委员、社会各界，对法院工作的关心、爱护、支持与帮助，我们有着深刻感受和切身体会。在此，我谨代表全省法院表示衷心的感谢和崇高的敬意！

回顾过去工作，我们清醒认识到，全省法院工作还存在不少问题和困难。一是案件快速增长，受案量屡创新高，法官办案压力越来越大，需要积极加以应对，确保审判质量和效率不受影响；二是随着司法体制改革全面铺开，新的审判理念、机制、制度不可能一步到位，还有个逐步适应的过程；三是法院信息化建设依然滞后，特别是一些中基层法院投入明显不足，影响了便民司法和司法公开的效果；四是有的法官法治信仰不强、司法作风不正，个别人员甚至滥用职权、徇私枉法，严重损害司法公信。同时，法官职业保障和司法工作环境也有待进一步改善。对此，全省法院将采取切实有效措施，努力加以解决，同时也需要各方面一如既往地关心、理解和支持。

2017年，是全面贯彻省第十一次党代会精神的起步之年，也是全面深化司法体制改革的决胜之年。全省法院将深入学习贯彻党的十八大及历次全会精神、习近平总书记系列重要讲话精神以及省第十一次党代会、省委十一届二次全会暨经济工作会议精神，按照省委“一个指引、两手硬”重大思路和要求，全面深化司法体制改革，狠抓法院队伍建设，充分发挥审判职能，全力促进经济稳步向好和社会和谐稳定，努力为我省全面实施创新驱动、转型升级战略，实现振兴崛起提供坚强有力的司法保障和服务。

一是着力在服务大局上下功夫。牢牢把握新发展理念对法院工作提出的新要求，紧紧围绕深化供给侧结构性改革和深化转型综改试验区建设，找准工作定位，明确工作目标，为我省实现转型升级、振兴崛起提供有力司法保障。认真贯彻总体国家安全观，依法惩治各类刑事犯罪，继续深化打黑除恶、严惩职务犯罪等专项斗争，不断增进平安山西、法治山西建设实效。坚持平等保护、全面保护、依法保护原则，准确把握司法政策，严格区分经济纠纷与经济犯罪、企业正当融资与非法集资等界限，依法制裁各类侵犯产权的违法犯罪行为，坚决防止把经济纠纷当作犯罪处理，让创新创业者有安全感，让“有恒产者有恒心”。稳妥审理商事案件、涉企业纠纷，尽量采取“放水养鱼”等办案方式，努力防控各类风险，助力经济转型升级。加大诉权保护力度，充分发挥行政审判职责，促进法治政府和政务诚信建设。

二是着力在司法为民上下功夫。坚持“让人民群众在每一个司法案件中都感受到公平正义”目标，做到人民群众的司法需求发展到哪里，人民法院的司法服务就跟进到哪里。全面深化司法公开，加快构建开放、动态、透明、便民的阳光司法机制，大力开展庭审直播工作，落实律师参与化解和代理涉法涉诉信访案件制度，切实保障人民群众的知情权、参与权、表达权和监督权，以公开促公正、树公信。积极回应群众关切，大力推进“互联网＋诉讼服务”，拓展新媒体应用，建设“智慧法院”，创新便民措施，丰富便民手段，主动提供更加优质、高效、便捷的司法服务，使人民群众真切地感受到公平正义就在身边。

三是着力在推进司法改革上下功夫。坚定信心、决心，将全省法院司法体制改革向更深层次、更广领域推进。坚持权力与责任相结合、放权与监督相结合、问责与免责相结合，进一步落实司法责任制，建立符合司法规律的审判权力运行机制，协调推进司法人员单独序列管理、职业保障和人财物省级统管改革，确保改革取得预期成效。扎实推进以审判为中心的刑事诉讼制度改革，发挥好庭审在查明事实、认定证据、保护诉权、公正裁判中的关键性作用，确保案件审判质量。探索审判权与执行权相分离改革，加大执行信息化和规范化建设力度，推动健全社会征信体系，努力形成多部门、多行业、多领域、多手段联合信用惩戒的“天罗地网”，让失信被执行人一处失信、处处受限，实现力争两年内基本解决执行难目标，破除实现公平正义的最后一道藩篱。

四是着力在建设忠诚干净担当队伍上下功夫。认真落实全面从严治党新要求，把严的标准体现到队伍思想建设、组织建设、作风建设、党风廉洁建设等各个方面，巩固“两学一做”学习教育成果，引导广大干警坚定理想信念，恪守职业良知，坚守政治定力，始终在思想上、政治上、行动上同习近平同志为核心的党中央保持高度一致。强化法官专业素质培养，完善有利于优秀人才脱颖而出的考评机制，在法官员额调配、职业保障等方面向基层一线倾斜，促进司法能力水平的整体提升。进一步健全防范司法人员腐败的制度机制，更加自觉地接受人大、政协、检察机关、律师和社会各界的监督，有效杜绝外部和内部对依法独立办案的干扰，从严查处违纪违法行为，坚决维护司法公正廉洁。

各位代表，新形势下的人民法院工作任务艰巨、使命光荣。我们将在省委的坚强领导下，开拓进取，锐意创新，攻坚克难，真抓实干，为山西塑造美好形象、实现振兴崛起提供有力司法保障，以优异成绩迎接党的十九大胜利召开！

附件

报告中有关用语说明

1. 非监禁刑：是指罪犯的行为虽然构成犯罪，但根据犯罪情节和犯罪人的悔罪表现，对其实施的不需要在监狱中执行的刑罚。非监禁刑包括：有期徒刑缓刑、管制、罚金、剥夺政治权利、没收财产和驱逐出境等。

2. 量刑规范化：是指“规范裁量权，将量刑纳入法庭审理程序”的简称，目的是规范量刑自由裁量权，增加量刑的公开性和透明度，避免相似案件在不同辖区或同一辖区不同法官之间，产生量刑上的不均衡。全省法院量刑规范化工作于2014年起正式实施，现已取得显著成效。最高人民法院采纳我省7个量刑规范化典型案例，用于指导全国刑事审判实践。2016年7月，向省人大常委会专题报告了该项工作的实施情况。《山西日报》《山西新闻联播》等新闻媒体多次报道了该项工作。

3. 吕梁联盛集团破产案：联盛集团破产重整案是我省继运城海鑫集团后又一起涉及债权人、员工众多，有重大影响的破产案件。省高院借鉴审理海鑫集团破产重整案的成功经验，抽调大同、太原、运城等中院审理破产案件的骨干，组成以吕梁中院为主体的联盛集团破产重整合议庭，大大加快了案件的审理，目前联盛集团32家公司正在依法合并重整，取得了良好的社会效果。

4. 山西法院诉讼服务网：为了进一步做好司法公开工作和为人民群众提供更加便捷的诉讼服务，2015年6月，省高院开通了全省法院诉讼服务官方网站，该网站整合了全省法院审判流程公开、裁判文书公开、执行信息公开、庭审直播公开四大平台和诉讼服务业务功能，可进行审判流程、裁判文书、执行信息的查询和庭审直播的观看，并提供网上立案预约、案件信息查询、电子送达、网上阅卷、材料递交等诉讼服务，支持当事人在线参与诉讼。山西法院诉讼服务网访问地址：http：//www. shanxify. gov. cn。同时，开通了山西法院诉讼服务手机 APP 服务，人民群众和诉讼参与人通过手机扫描山西法院诉讼服务网中的二维码下载安装 APP 后，可使用手机实现山西法院诉讼服务网提供的所有服务内容。

5. 行政案件集中管辖：是指为优化行政审判司法环境、更好地保护行政相对人的诉权而采取的一项改革举措。根据省高院制定的《关于跨行政区域集中管辖行政案件的实施办法》，2016 年 5 月 1 日起，我省全面实施行政案件集中管辖，将 12 个地级市下辖的各县（区）划分为若干“司法管辖区”，指定两至三个基层法院交叉管辖、统一审理该司法管辖区内的行政案件。

6. 执行大会战：全省法院从 2016 年 5 月 9 日至 10 月 31 日开展为期半年的集中执行大会战，重点清理“涉民生、涉金融、涉特殊主体、立案一年以上有财产未结案件”，为基本解决执行难清理“包袱”。执行大会战行动以来，涉民生案件结案 1297 件，执结标的额 9303 万元，金融债权案件结案 597 件，执结标的额 8. 4 亿元，一年以上未结案件结案 1781 件，结案标的额 29. 8 亿元。

7. 司法体制四项基础性改革试点：是指法院人员分类管理、完善司法责任制、健全司法人员职业保障、省以下法院人财物统一管理等司法体制四项基础性改革试点工作。

8. 法官员额制：是指将人民法院人员分为法官、审判辅助人员和司法行政人员三类，根据法院辖区经济社会发展状况、人口数、案件数等确定法官数量，对法官在编制限额内实行员额管理。

9. 10 项刑事诉讼制度改革重点项目：是指省高院决定在忻州市中级人民法院、临汾市中级人民法院、河津市人民法院、大宁县人民法院等 35 家法院先行先试的以下 10 项刑事诉讼制度改革重点项目：刑事案件繁简分流和轻案快办机制，刑事庭审证据调查制度完善，健全非法证据排除程序，刑事第二审审理的实质化完善，刑事辩护制度完善，刑事案件补查补证机制完善，法官培养机制探索，证人、鉴定人及侦查人员出庭作证相关制度完善，庭前会议程序完善，当庭裁判制度完善。

10. 微信公众号“山西高院”：为充分发挥新媒体推进司法公开、畅通民意沟通渠道的作用，更好地搭建法院与人民群众互动的交流平台，2016 年 12 月 20 日，“山西高院”微信公众号正式上线。该微信公众号立足宣传法治、法律、法院、法官这条主线，全方位、多角度报道山西法院、法官、典型案例，满足人民群众多元司法需求，进一步展示我省法院公开、公正的新形象。

内蒙古自治区高级人民法院工作报告

——2017 年 1 月 17 日在自治区第十二届人民代表大会第六次会议上

内蒙古自治区高级人民法院院长　胡毅峰

各位代表：

现在，我代表自治区高级人民法院向大会报告工作，请予审议，并请各位政协委员和列席会议的同志提出意见。

2016 年，全区法院深入贯彻习近平总书记系列重要讲话和治国理政新理念新思想新战略，全面落实习近平总书记考察内蒙古重要讲话精神，紧紧围绕司法为民、公正司法这条主线，忠实履行宪法和法律赋予的职责，审判执行工作和各项建设取得新进展。一年来，全区法院积极应对受理案件快速上升的态势，统筹协调、攻坚克难，案件质效不断提升。全年共受理各类案件 688308 件，其中新收案件 576806 件，审（执）结 603636 件，同比分别上升 17. 77% 和 33. 80% ，创历史新高。其中高院受理 5836 件，审结 5190 件，同比分别上升 13. 12% 和 15. 98% ，为自治区改革发展稳定大局提供了有力司法保障。

一、坚持围绕中心、服务大局，依法保障自治区经济社会健康发展

紧紧围绕发展第一要务，为自治区改革发展稳定大局保驾护航。**一是立足重点工作、重点项目顺利实施，全力做好司法服务保障。**围绕自治区第十次党代会确定的目标任务，制定出台《为自治区第十次党代会确定的重点目标任务提供强有力司法保障和法律服务的指导意见》，切实找准服务保障自治区经济社会发展的结合点和切入点。制定下发《关于为自治区八项重点工作提供有力司法保障的通知》，全力抓好服务保障。全年诉前化解涉“两重”案件1835件，依法审理2206件，依法保障重点工作、重点项目顺利推进。针对李克强总理等中央领导同志高度关注的赤峰市红山区铁南棚户区改造涉民生重点项目，高院主要领导亲自协调，三级法院坚守法律底线，对棚改工作最大限度予以支持，措施到位，保障有力，使这一涉及居民7300户2.6万人、企事业单位227家、房屋93万平方米的重点项目顺利推进，未出现群体上访等影响稳定问题。这项工作得到最高法院的高度评价。高院及时出台《关于为依法处置“僵尸企业”提供司法保障和法律服务的指导意见》，全区法院参与处理“僵尸企业”98件，受理破产案件86件，促进了地方经济结构调整。阿拉善盟中院把“五大任务”融入审执工作，帮助企业化解房屋库存一万平方米，消化债务1.5亿元，支持企业走出困境。着力保障绿色发展，制定《关于加强环境资源审判工作为推进全区生态文明建设提供有力司法保障的意见》，审结污染环境案件4件、破坏资源等犯罪案件923件，涉环保民事案件67件。呼伦贝尔市法院作为全国十五个环境资源司法实践基地，积极推行环境资源案件民事刑事“二合一”审理模式，有效提升了环境资源案件审判质效。加大扶贫攻坚力度，高院2016年年底提前三年完成自治区包扶点脱贫任务，在全区脱贫攻坚推进会上作了典型发言，《人民日报》作为典型进行了报道。**二是立足依法营造良好发展环境，努力维护市场经济秩**

序。各级法院审结一审民商事案件343360件，同比上升18.03%，依法保障市场经济主体合法权益。下发《关于审理涉及内蒙古金融资产管理有限公司收购、处置金融企业不良资产案件相关问题的通知》，积极维护金融安全，得到自治区政府的高度评价。乌海市中院成功调解了一起标的额高达2.72亿元的金融借款纠纷案件，保障了企业正常生产经营，被市委评为维护金融安全先进单位。制定《关于依法保障和促进非公有制经济健康发展意见》，审结涉非公经济主体案件50167件，促进了非公有制经济健康发展。出台《关于为自治区创新驱动发展战略提供有力司法保障的意见》，审结知识产权案件428件，推动大众创业，万众创新。依法服务保障“一带一路”建设，加强涉外案件审判，审结案件207件。在一起俄罗斯公民诉满洲里某厂买卖合同纠纷中，满洲里市法院依法支持了该公民的诉讼请求，彻底打消了其诉前认为法院会偏袒中方当事人的担心，树立了中国司法公正的国际形象。**三是立足经济社会健康发展，着力加强风险防范**。积极探索应对经济下行对策，三级法院召开与经济管理部门座谈会194次，听取意见建议，提高依法服务大局的针对性和实效性。针对大兴安岭林区改革中存在的突出矛盾，高院党组高度重视，指导呼伦贝尔市中院和森工集团认真研究、依法妥处，有效消除了不稳定隐患。各级法院根据司法统计数据反映出的风险点，及时向各级党政机关提出针对性意见建议，供决策参考。全年共发出司法建议2292件，反馈1515件，反馈率66%，同比提高3个百分点，有效发挥了司法堵塞漏洞、完善管理的推动作用。

二、依法惩治各类刑事犯罪，深入推进平安内蒙古建设

坚持宽严相济刑事政策，坚持打击、保护和预防并重，一审审结各类刑事案件23871件，判处31333人，促进社会大局稳定。**一是依法严惩危害人民群众生命财产安全犯罪**。一审审结杀人、放火、爆炸、强奸、抢劫等严重暴力犯罪1157件，审结抢夺、盗窃、集资诈骗等多

发性侵财犯罪案件3303件，毒品案件1294件。对通辽市社会反响大的特别残忍故意杀人案被告人徐庆屹、呼伦贝尔市“6·11”灭门惨案被告人赵永辉等依法判处死刑。依法二审审结金道堂等集资诈骗案，有效维护群众合法权益。**二是依法严惩贪污贿赂等职务犯罪**。认真落实最高法院关于审理贪污贿赂犯罪案件的相关司法解释，一审审结职务犯罪案件907件。依法审理汤爱军、王会师、沈佳、刘宝军等重大职务犯罪案件，反腐高压态势不断得到强化。**三是加强人权司法保障**。严格落实罪刑法定、疑罪从无原则，建立冤错案件防范机制，依法判决19名被告人无罪（包括自诉案件16人），坚决防止冤错案件的发生。对未成年人罪犯，坚持教育、感化、挽救、帮教原则，判决未成年犯罪案件668件，同比减少25.28%。强化司法救助，为当事人减免缓交诉讼费1.3亿元，对2137名困难当事人提供司法救助3935.36万元，让人民群众切实体会到司法为民的温暖。加强审判监督和司法审查，再审改判刑事案件18件，审结国家赔偿案件117件，赔偿总金额598.3万元，确保司法救济及时到位。

三、坚持司法为民，狠抓“执行年”工作，努力满足人民群众的多元司法需求

始终牢记司法为民宗旨，切实解决人民群众最关心、最直接、最现实的利益问题。**一是全力攻坚执行难**。确定2016年为“执行年”，举全区法院之力全力攻坚。全区法院共受理执行案件210898件，执结177641件，同比上升100.46%，执结率84.23%，同比上升23.52个百分点；执结标的额601.6亿元，同比上升141.65%。“执行年”中，全区法院严格依法执行，敢于碰硬，用足用好执行强制措施，依法判决拒执罪62人，司法拘留12542人次，罚款863人，罚款金额919.15万元。累计在全国法院执行案件管理系统公布失信被执行人69394人次，其中自然人63854人次，法人和其他组织5540个，列入失信名单后，主动履行义务的7441人次，列入失信率和列入后履行率均居全国前列。

各级法院发扬不畏艰难、连续作战精神，组织了一场又一场声势浩大的专项行动，不断把“执行年”活动推向深入。6 月 20 日，高院在全区范围统一组织开展了为期 10 天的“草原风暴”集中执行行动，掀起攻坚高潮，期间累计执结案件 12025 件，执结标的额 22. 8 亿元，判决拒执罪 2 人，依法采取拘留措施 1356 人次，罚款 50 人，罚款金额 59. 68 万元，公布失信被执行人 3377 人次，一些被执行人迫于强大威慑主动履行义务，主动和解案件。“执行年”中，广大干警发扬勇于担当、敢打硬仗精神，涌现出一批先进典型。一名长期奋战在执行一线的女法官，突发急性阑尾炎，住院期间接到了申请执行人提供的执行线索，立即脱下住院服前往现场将被执行人“逮个正着”，被执行人为其忘我精神深深折服，主动提出和解，当场履行了义务。“执行年”工作得到最高法院的充分肯定，周强院长批示在全国法院推广我区经验，并把内蒙古作为中西部省区基本解决执行难的示范地区。在最高法院召开的执行工作会议上，我区两次作了典型发言，《人民法院报》在头版头条大幅报道了“执行年”活动。全区法院的执行工作得到了人民群众和社会各界的高度认可，法院铁腕抓执行入选 2016 年全区十大法治事件。**二是切实保障民生权益**。坚持民生优先原则，对事关人民群众，特别是涉弱势群体的案件实行快立快审快执。各级法院一审审结消费、教育、医疗、住房、就业等案件 56271 件，民间借贷纠纷 88693 件，劳动争议、追索劳动报酬案件 9197 件，交通肇事、重大责任事故案件 1890 件，医患纠纷 308 件。特别是针对年终岁末农民工讨薪难等民生问题，在全区部署开展了“涉民生专项执行活动”，执结案件 2271 件，金额 4. 8 亿元，群众切身现实利益得到有效维护。呼和浩特市中院依法审结 2 起涉案人数 315 人的群体性劳动争议案，为民解忧，实现了法律效果和社会效果的统一。积极探索家事审判改革，一审审结婚姻家庭继承案件 44404 件，赡养扶养抚育案件 2434 件，有效化解了家事矛盾。包头市达茂旗法院针对家庭暴力案件颁发了全区首份人身安全保护令，入选 2016 年全区十大法治事件。做好涉军维权工作，依法公正高效审理涉军人军属权益纠纷111件，有5个法院被北部战区评为涉军维权先进单位。**三是强化司法便民措施**。通过创新便民措施提升服务能力，呼和浩特市中院与法律援助部门共同搭建的老年人法律维权服务平台，被全国老龄办、最高法院等六部门联合授予“全国老年法律维权工作先进集体”称号。锡林郭勒盟等地中院设立蒙文案件触控查询平台，为老年人、残疾人特殊服务区配置轮椅、盲文诉讼指引手册等专门用品，让司法温暖“零距离”。通过司法重心下沉服务基层群众，各级法院深入田间地头，厂矿社区，最大范围地开展巡回审判，共巡回审判案件89234件，将大量矛盾纠纷化解在萌芽状态。在自治区党委政府的大力支持下，高院协调自治区财政投入2000万元，为全区84个基层法院配备了巡回审判车，进一步加大了巡回审判工作力度。锡林郭勒盟法院构建了“以巡回办案点和诉讼联系人为依托，以巡回审判车为线，以人民法庭为面”点线面相结合的巡回审判服务模式，规范了巡回审判建设，巡回办案2765件。呼铁中院在辖区路段沿线设立18个巡回审判联络点，聘任87名司法联络员，打通了服务辖区铁路职工群众诉讼的“最后一公里”，共化解矛盾纠纷494件。**四是加强行政审判工作**。审结行政案件4927件，同比上升19.12%，审判质效不断提升。苏尼特左旗法院依法审结全区首例行政公益诉讼案件，入选2016年全区十大法治事件。针对乌兰察布市16户村民因强制拆迁引发的行政诉讼，高院和相关法院多次协调当地政府及申诉人，最终双方达成和解，申诉人于春节前两天领到救济款，有效维护了群众合法权益，防止了一起越级重大群体性事件的发生。**五是有效化解涉诉信访案件**。深入推进“领导干部大接访”和“千名法官下基层”活动，接访22894人次，其中领导干部接访7225人次，化解矛盾纠纷5838件。乌兰察布市法院设立96个审判联络点，选派53名法官挂职行政村支部第一书记或驻村工作，排查化解矛盾纠纷137件。兴安盟法院深入开展“送法进村屯”活动，入户发放宣传单24万份、法律订单8.9万份，现场开庭305件，旁听群众达4000余人。全区法院对历年积存的上访老户“骨头”案进行集中攻坚，化解474件，圆满完成年度工作任务。高度重视律师在促进社会和谐稳定、维护群众合法权益、推动社会矛盾纠纷化解中的重要作用，通辽、赤峰等地法院推行律师参与化解和代理涉诉信访案件，引导当事人理性解决问题。律师全年参与化解案件3619件，参与接待当事人8463人次，取得了良好社会效果。**六是深入推进信息化建设**。坚持需求导向，顺应大数据时代要求，把建设重心放在服务审判执行、服务司法管理、服务人民群众三个层面，其中基础设施配套、数据集中管理、信息安全保障走在全国前列，得到最高法院的充分肯定，涵盖全业务流程的数据网络系统初具规模。呼伦贝尔中院在全国率先将合作研发的人工智能语音转写系统应用于庭审记录，语音识别正确率达95%以上，中央电视台进行了报道。鄂尔多斯市等地法院建立e调解平台、诉讼引导系统，打造跨部门、跨区域数字化法庭，进一步降低了诉讼成本，提升了审判效率。

四、全面推进司法体制改革，促进司法公正高效

坚持问题导向，着力破解难题，推进司法体制改革不断深入。**一是全面推开司法责任制改革**。下发完善司法责任制的实施意见，明确审判人员权力清单，明确审判责任、监管责任和追责程序，以改革促质效。赤峰市巴林左旗法院积极健全完善司法责任制，全年受理各类案件11487件，审执结10488件，一审服判息诉率94.55%，同比上升14.32个百分点；上诉率5.45%，同比下降4.32个百分点；二审发改率0.71%，同比下降0.3个百分点；审、执结率分别高于全市平均值的4.86个百分点和3.71个百分点。强化“让审理者裁判，由裁判者负责”理念，除审判委员会讨论决定的重大疑难复杂案件外，院庭长对其未直接参加审理案件的裁判文书，原则上不再进行审核签发，司法责任制得到有效落实。**二是全面推进人员分类管理改革**。4月下旬，按照自治区确定的36%入额比例，包头、赤峰市两级法院900名法官完成首批入额。9月，高院和其他11个中院及所有基层法院3033名法官

完成入额，全区实际入额 3933 人，工作进度全国排名第四，为实现法官职业化奠定了坚实基础，员额法官上岗入选 2016 年全区十大法治事件。在自治区党委及政法委的高度重视和推动下，司法人员职业保障改革正在得到全面落实。**三是健全完善多元化纠纷解决机制**。确定元宝山区等 13 家法院为全区多元化纠纷解决机制示范法院，全区法院共化解纠纷 13814 件。通辽市奈曼旗法院探索建立“评、调、裁、审”四步工作法，全旗 90% 的劳动争议、84% 的交通事故、62% 的医患纠纷均在诉前得到解决。巴彦淖尔市乌拉特前旗法院成立由 57 家综治单位参加的多元化矛盾纠纷调处中心，诉前化解矛盾纠纷 347 件，受到自治区党委政法委的肯定。兴安盟中院成立全国首家以法院为主导的“天平调解协会”，推进法官品牌工作室、律师工作室、特约调解室、行业调解室、行业法庭“四室一庭”建设，参与调处案件 643 件，调撤 524 件，调撤率 81.49%。**四是全面强化司法公开**。全区法院实现了生效裁判文书依法全部上网公开，比最高法院要求提前两年，累计上传裁判文书 540923 篇，其中蒙文裁判文书 1596 篇，在全国属首次，最高法院周强院长多次予以充分肯定。深入推进庭审直播，全区法院共直播案件 3605 件。巴彦淖尔市中院的阳光司法排名位列全国法院前 10 名。呼伦贝尔市、包头市中院与中央电视台密切合作，录播了 12 期庭审等专题节目，社会反响良好。在阿拉善盟额济纳旗召开全区司法公开推进会，全面推广额济纳旗法院利用群众身边典型案例制作成 500 余期蒙汉双语电视短片，通过电视传媒直击办案现场以案说法、辨法析理的经验，充分发挥法律的教育、引导和评价功能，使老百姓深受教育，法治意识不断增强，有力推进了法治内蒙古建设。

五、狠抓审判管理，不断提升案件质效

把加强审判管理作为提高案件质效的最重要抓手，紧盯不放。**一是坚持放权与监督并重**。明确要求全区法院在推进司法改革过程中，对重大疑难复杂案件必须进一步强化审判管理、强化院庭长监督指导、

强化案件质效提升，确保公正高效。全区法院一审服判息诉率92.87%，同比上升1.07个百分点；执行标的到位率同比上升16.66个百分点；法定审限内结案率99.72%，同比上升0.12个百分点；信访投诉率0.21%，同比下降0.14个百分点；法官年人均结案103件，同比增加25件，审判质效主要指标明显向好。**二是强化院庭长直接办案**。通过院庭长直接办案，让优秀审判资源回归一线，既有利于提高审判质效，又有利于监督把关。去年，各级法院院庭长共办案224227件，占全区结案数的45%，同比增长105.4%。其中院长办案14644件，同比增长300%，庭长办案209583件，同比增长98%。**三是清理长期未结案件**。针对少数案件久拖不决、刑事被告人超期羁押等问题，组织开展专项整治活动。通过压实“一把手”第一责任，突出工作效果和问责督办力度，对措施不得力、成效不明显的法院，向院长发函督办，凡不能如期结案的将进行追责。全区法院共清理长期未结案件231件。**四是规范减刑假释工作**。认真贯彻落实中央政法委、最高法院相关文件精神，建立和完善巡回检查监督机制，依法严格规范减刑假释工作，最大限度发挥刑法的功能，实现刑罚的目的。全区法院共审理减刑假释案件12815件，做到了公开公正。

六、坚持从严管理，强化班子和队伍建设

按照铁一般信仰、铁一般信念、铁一般纪律、铁一般担当的要求，努力打造过硬法官队伍。**一是扎实开展“两学一做”学习教育**。把“两学一做”学习教育作为党建工作第一位任务，着力抓好三个层面“六个一”工作机制落实，真正做到学用结合、以学促用、知行合一，确保正确政治方向。高院被自治区党委组织部推选为“两学一做”先进典型，主要做法被中央国家机关工委组织部评为“全国机关党组织‘两学一做’学习教育”优秀案例，《党建任务书》荣获自治区直属机关党建特色一等奖，机关党建和团青工作走在区直机关前列。**二是大力加强领导班子建设**。严格执行《关于新形势下党内政治生活的若干

准则》和《中国共产党党内监督条例》，坚决贯彻执行《关于进一步加强全区法院领导班子建设的意见》，各级法院党组率先垂范，勇于负责、敢于担当，充分发挥了班子的良好表率和导向作用。坚持以实绩考核为抓手，通过对全区 13 个中院、106 个基层院的全面考核验收，激励干警爱岗敬业，履职尽责，全区法院干事创业、比学赶帮的良好氛围不断强化。目标实绩考核工作开展以来，全区法院审判质效连续六年稳步提升。根据最高法院通报，去年前三季度，我区案件结收比超过 80%，居全国前列。在向地方各级党委、人大、政府、政协连续六年征求意见中，对各级法院的满意率均为 100%，极大激励了广大干警干事创业的热情。**三是着力提升队伍职业素养**。积极探索网络培训、巡回培训等方式，全国蒙汉“双语”法官培训基地正式投入使用，共举办培训班 30 期，培训干警 6158 人，派员参加国家法官学院培训班 69 期 598 人次，切实提高队伍司法能力和做群众工作能力。参加全国法院首届司法警察技能大比武活动，荣获“基本技能接力”团体全国第一名、“手枪实弹射击”个人全国第一名等五项荣誉。高院承担的最高法院重大调研和统计分析课题“关于处理征地拆迁纠纷中法院职能定位问题的调研”、“民族自治地区法院人力资源配置问题研究”被评为优秀，实现了建院以来的“历史性突破”。有 2 篇案例分别入选最高法院“弘扬社会主义核心价值观”和“依法审理矿业权民事纠纷”十大典型案例。**四是深入推进党风廉政建设**。持续开展“警示教育”活动，强化“两个责任”，将中院院长向高院党组述职述廉作为一项制度性安排长期坚持。制定《违法及差错审判执行责任追究办法》和《关于司法机关内部人员过问案件的记录和责任追究规定的实施细则》等文件，建立起与审判执行相适应的廉政建设制度体系。全面推进审务督察，对 13 个中院、82 个基层法院、17 个人民法庭开展审务督察 350 余次，对发现的苗头性、倾向性问题及时进行整改。共处理违纪违法人员 22 人，坚决清除队伍中的害群之马。**五是充分发挥典型引路作用**。积极推报高院原副院长孙凤鸣同志为全国重大先进典型，中央政治局委员、统战部长孙春兰同志作出重要批示："孙凤鸣这样的好干部事迹感人，精神难能可贵，应深入宣传"；开鲁县法院蒋青春同志被最高法院和人社部授予"全国模范法官"，被自治区党委授予"全区优秀共产党员"称号，拟于全国"两会"前以最高法院党组和自治区党委名义联合命名表彰，中央电视台等98家媒体进行了深度宣传报道。高院行政庭庭长王旭军同志、乌兰察布市察右后旗法院交通事故审判庭庭长桂云凤同志入选2016年全区十大法治人物。全区法院共有36个集体和191名个人受到最高法院等国家机关和自治区的表彰奖励。

七、自觉接受监督，不断改进法院工作

一是自觉接受党委领导。始终坚持第一时间贯彻落实中央、最高法院党组和自治区党委的重大决策部署，第一时间向党委和政法委报告法院的重大事项和重大敏感案件，争取党委的领导和支持。自治区党委书记李纪恒对高院的专报三次做出重要批示。**二是主动接受人大监督、政协民主监督**。始终坚持在人大监督下开展工作，高院就司法体制改革工作接受了自治区人大常委会的专题询问，取得了良好效果，有力推进了全区法院系统的司法体制改革。办理自治区人大代表意见建议125件，关注案件28件。主动接受政协民主监督，办理自治区政协委员提案13件，关注案件11件。对代表委员意见建议和提案，始终做到认真研究、依法办理、及时回复，得到广大代表委员的充分肯定，有46名代表委员书面回复表示非常满意。不断深化代表委员定向联络机制，走访代表委员5494人次，邀请视察法院工作2952人次，旁听庭审2909人次，通过邮寄、短信等方式通报法院工作4984次。高院领导赴各盟市召开座谈会11场，认真听取115名代表委员的意见建议。**三是依法接受检察机关诉讼监督**。高度重视检察机关的意见，依法审理检察机关抗诉案件，认真办理检察建议。讨论重大敏感案件时，主动邀请检察长列席，接受诉讼监督。**四是广泛接受社会监督**。加强与新闻媒体的沟通对接，主动邀请12家国家和自治区级新闻媒体座谈，组

织召开新闻发布会、新闻通报会683场，刊发司法宣传稿件5096篇，同比上升16.6%，积极传播司法正能量。完善“给大法官留言”、法官违纪举报网站等监督平台，主动接受社会监督。

各位代表，过去一年人民法院工作的发展进步，是最高法院有力指导，自治区党委坚强领导，自治区人大及其常委会有力监督，自治区政府大力支持，自治区政协有效民主监督，各民主党派、工商联、人民团体、无党派人士以及地方各级党政机关、社会各界和各级人大代表、政协委员关心、支持、帮助的结果。在此，我代表自治区高级人民法院表示衷心的感谢和致以崇高的敬意！

回顾过去一年的工作，我们清醒认识到，全区法院工作还存在一些问题和困难：一是司法改革的配套措施需要进一步跟进。二是受理案件数量持续增长，办案压力和难度越来越大，案多人少的矛盾仍然突出。三是案件质效有待于进一步提升。四是信息化建设短板需进一步补齐。五是个别法官纪律作风不佳，对待当事人“冷、横、硬、推”等现象还未从根本上解决，违纪违法问题仍有发生。六是双语法官短缺问题有待进一步缓解，一些基层法院出现人员招录困难、人才流失等现象。对这些问题和困难，我们将在全面推进司法体制改革进程中，认真研究并采取有力措施加以解决。

2017年是深入贯彻落实党的十八届六中全会和自治区第十次党代会的重要一年，也是全面推进司法改革的关键之年，全区法院将认真贯彻自治区“两会”精神，重点抓好以下工作：一是深入学习贯彻党的十八届六中全会和自治区第十次党代会、十届二次全委会及本次会议精神。二是依法为自治区第十次党代会和自治区“十三五”规划确定的目标任务提供强有力司法保障。三是坚持下先手棋，打主动仗，大力化解矛盾纠纷，确保中央和自治区重要政治活动期间的社会和谐安全稳定。四是全面推进司法改革，抓好以司法责任制为核心的四项改革落地生根和其他各项配套改革落实见效。五是举全区法院之力，全力攻坚，确保2017年年底完成基本解决执行难目标。六是强化司法为民、便民、利民措施，让人民群众真切感受到司法的公正和温暖。七是在司法体制改革进程中强化审判管理、强化院庭长监督指导、强化案件质效提升，有效提升司法公信力。八是大力加强基层基础和信息化建设，切实提升基层保障水平，确保信息化建设达到3.0版目标。九是狠抓党风廉政建设，深入持久开展警示教育，确保坚守廉洁执法底线。十是强化党的领导，全面落实管党治党责任，努力打造一支信念坚定、执法为民、敢于担当、清正廉洁的法官队伍。

各位代表，新的一年里，全区法院将全面贯彻党的十八大和十八届三中、四中、五中、六中全会精神，深入贯彻中央经济工作会议、中央政法工作会议和全国高级法院院长会议精神，全面落实自治区第十次党代会和十届二次全委会精神，以更加强烈的责任感和使命感，改革创新、锐意进取，忠实履行宪法和法律赋予的职责，充分发挥审判职能，真抓实干、狠抓落实，为依法保障自治区第十次党代会确定的目标任务顺利实施，把祖国北疆这道风景线打造得更加亮丽作出新的更大的贡献！

附件

名词术语注释

1. 罪刑法定：是指犯罪及其刑罚都必须由法律明确规定，法无明文规定不为罪，法无明文规定不处罚。具体内容就是《刑法》第三条的规定，即“法律明文规定为犯罪行为的，依照法律定罪处罚；法律没有明文规定为犯罪行为的，不得定罪处罚”。

2. 疑罪从无：是指在证据不足、指控的犯罪不能成立时对刑事被告人“宣告无罪”的一种制度。《中华人民共和国刑事诉讼法》第一百九十五条第三款规定：“证据不足，不能认定被告人有罪的，应当作出证据不足、指控的犯罪不能成立的无罪判决。”

3. 家事审判改革：2016 年最高人民法院在全国 100 多个中级和基层人民法院开展婚姻家庭等家事案件审判方式和工作机制改革试点，针对家事审判的特点，从审判组织、财产申报、证明标准、调解工作、制止家暴、诉讼程序等多个方面，探索家事审判专业化。我区呼和浩特市新城区人民法院、包头市昆都仑区人民法院、呼伦贝尔市海拉尔区人民法院、巴彦淖尔市临河区人民法院被最高人民法院确定为家事审判改革试点法院。

4. 人身安全保护令：2008 年以来，最高人民法院组织部分地方法院开展人身安全保护令试点，探索为家庭暴力受害者撑起“保护伞”。2015 年颁布的《反家庭暴力法》总结部分法院试点经验，建立了人身安全保护令制度。对于当事人因遭受家庭暴力或者面临家庭暴力的现实危险，向人民法院申请人身安全保护令的，人民法院应当受理。经审查属实的，即可发出人身安全保护令，内容包括禁止实施家庭暴力，禁止骚扰、跟踪、接触申请人及其近亲属等。被申请人违反人身安全保护令，法院应当给予训诫，也可以视情节予以罚款或拘留，构成犯罪的依法追究刑事责任。

5. 司法责任制改革：党的十八届三中全会关于司法体制机制改革的重要内容，主要是以完善主审法官责任制、合议庭办案责任制和检察官办案责任制为抓手，突出法官、检察官办案的主体地位，明确法官、检察官办案的权力和责任，严格错案责任追究，形成权责明确、权责统一、管理有序的司法权力运行机制。为了确保把这个司改的"牛鼻子"牢牢抓在手上，高院制定了《关于贯彻落实〈最高人民法院关于完善司法责任制的若干意见〉的实施意见》，并先后将巴彦淖尔市临河区法院、通辽市科尔沁区法院、呼伦贝尔市中院及阿荣旗法院、满洲里市扎赉诺尔法庭、包头市昆都仑区法院、二连浩特市法院列为审判权运行机制和司法责任制改革试点，确定了20个派出法庭为司法责任制改革试点法庭。2015年年初，高院党组将此项改革扩大到全区，要求每个中院至少有1—2个基层法院进行试点，并于去年在全区法院全面推开。

6. 人员分类管理改革：最高人民法院在"四五改革纲要"中提出，要"推进法院人员分类管理制度改革，将法院人员分为法官、审判辅助人员和司法行政人员，实行分类管理"，推动建立以法官为中心的人员配置模式，实现法官队伍的正规化、专业化、职业化，并确保进入员额的法官充实到审判一线。按照中央要求，原则上，法官员额比例不超过中央政法专项编制的39%。各级法院员额数量根据地区经济社会发展状况、人口数量、案件数量、案件类型、审级职能、审判辅助人员配置、办案保障条件等因素综合确定，同时根据案件数量、人员结构的变化情况，完善法官员额的动态调节机制。

7. 多元化纠纷解决机制：为贯彻落实《中共中央关于全面推进依法治国若干重大问题的决定》以及中央办公厅、国务院办公厅《关于完善矛盾纠纷多元化解机制的意见》，最高人民法院印发《关于人民法院进一步深化多元化纠纷解决机制改革的意见》，进一步明确主要目标是：建设功能完备、形式多样、运行规范的诉调对接平台，畅通纠纷解决渠道，引导当事人选择适当的纠纷解决方式；合理配置纠纷解决社会资源，完善和解、调解、仲裁、公证、行政裁决、行政复议与诉讼有机衔接、相互协调的多元化纠纷解决机制；充分发挥司法在多元化纠纷解决机制建设中的引领、推动和保障作用，为促进经济社会持续健康发展、全面建成小康社会提供有力的司法保障。按照最高法院的要求，去年，自治区高院与相关部门联合印发了《关于建立内蒙古自治区涉外商事纠纷诉调对接机制的意见》《关于加强涉及消费者权益纠纷诉调对接工作的指导意见（试行)》《关于劳动人事争议案件适用法律若干问题的指导意见》，并联合自治区综治办召开多元化纠纷解决机制改革推进会，进一步总结经验，明确工作重点，确定元宝山区法院等13家示范单位，动员组织有关部门和社会组织形成化解社会矛盾的强大合力，推动社会治理的法治化、现代化。

8.“评、调、裁、审”四步工作法：奈曼旗法院完善多元化解矛盾纠纷解决机制的创新做法。“评”：在诉讼服务中心，立案法官根据案件性质、审理、执行难度等情况，对诉讼当事人进行诉讼风险提示。对标的额小、法律关系简单、当事人之间有和解可能的，建议其通过非诉方式解决矛盾，如当事人同意，转诉调对接中心分流，不同意则转立案窗口登记立案。“调”：即诉前调解，如双方均同意调解，对接中心根据纠纷类型委派特邀调解组织或专业调解组织进行调解。“裁”：即案件速裁，对已立案案件进行繁简分流，实行简案快审、小额速裁。“审”：即诉中委托调解，对非速裁案件，如有调解可能，经当事人同意，委托或邀请非诉调解组织、人大代表、政协委员、律师、亲属等协助调解。

9. 孙凤鸣：生前系内蒙古自治区高级人民法院党组成员、副院长(正厅级)。2015年2月16日，孙凤鸣同志因公殉职。1983年，孙凤鸣同志北京大学毕业后，积极响应中央号召赴西藏工作。到内蒙古高院工作后，分管立案、信访等工作，在案多人少、任务繁重的情况下，使2012年中央和自治区交办的497件信访案件全部按时化解，实现了十八大安保和信访案件“百日攻坚”化解任务两个100%的奋斗目标。

他亲自指导制定了《关于民事再审案件调取、移送案卷管理办法》，指导建成了“四点一线、点对点、人对人”调卷管理系统，推动民事再审审查工作步入良性发展轨道。他用实际行动，诠释了自己“依法审判是法院最大的政治，公平正义是法官一生的追求”的诺言。他胸怀大爱，和妻子先后收养过11个孤儿、资助了5个孤儿，对困难干部群众充满关爱、慷慨资助，与藏族、蒙古族同胞真诚相处、亲如一家，在广大干部群众中树立了一名优秀党员领导干部的光辉形象。

10. 蒋青春：现任通辽市开鲁县人民法院审判委员会专职委员。在开鲁县法院工作30多年来，蒋青春承办各类案件2500余件，无一超审限、无一错案、无一投诉、无一上访。在他身患癌症胃部全部切除后，以常人难以想象的毅力，坚守岗位，参与调处、审判各类疑难复杂案件，组织评查案件1.2万余件，为维护司法公正、促进社会和谐做出了积极贡献。蒋青春同志多次荣获国家、自治区、通辽市党委政府及有关部门的表彰奖励。2016年，蒋青春同志被最高法院和人社部授予“全国模范法官”，被自治区党委授予“全区优秀共产党员”称号。

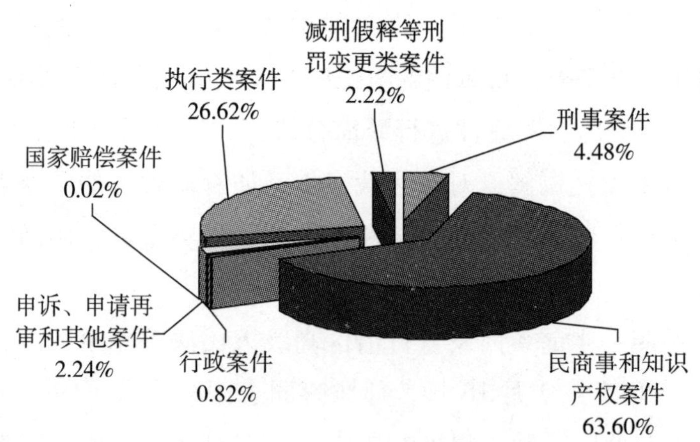

图1：2016年内蒙古法院新收案件构成

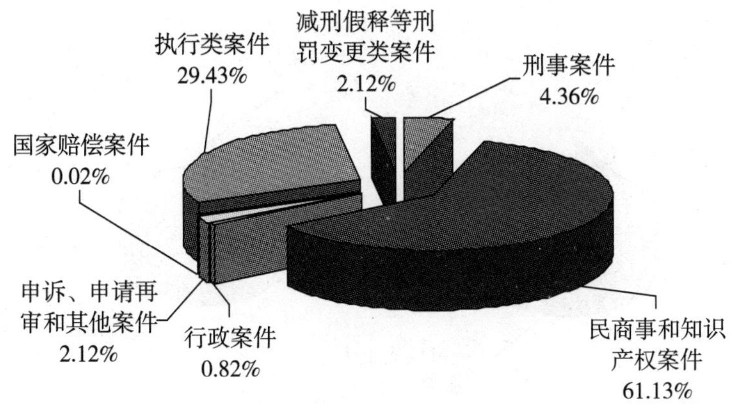

图 2：2016 年内蒙古法院审结案件构成

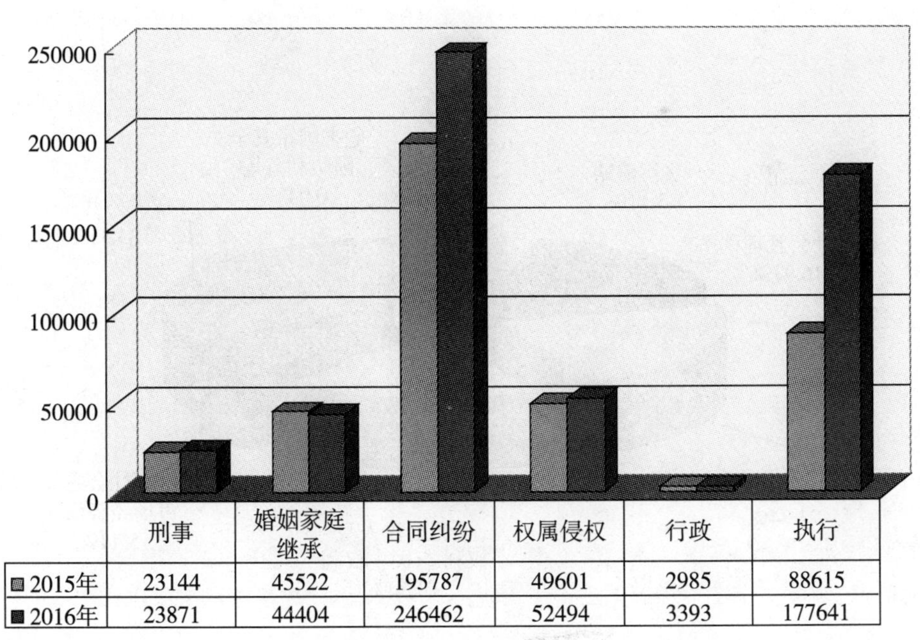

	刑事	婚姻家庭继承	合同纠纷	权属侵权	行政	执行
2015年	23144	45522	195787	49601	2985	88615
2016年	23871	44404	246462	52494	3393	177641

图 3：2016 年内蒙古法院审结一审案件及执结案件数量对比

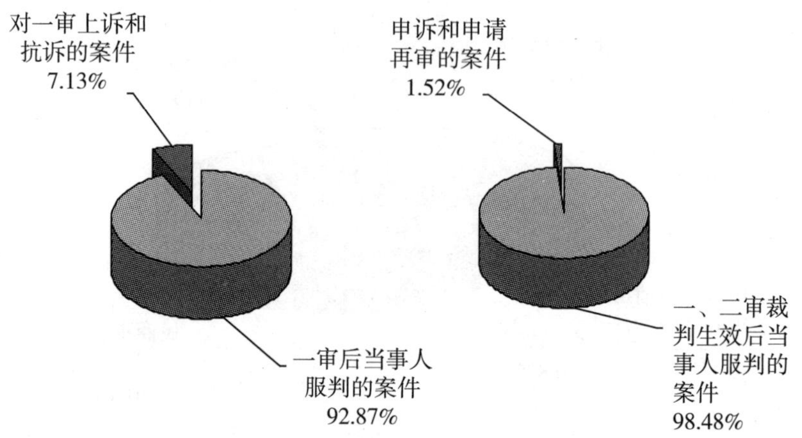

图 4：2016 年内蒙古法院审结案件效果

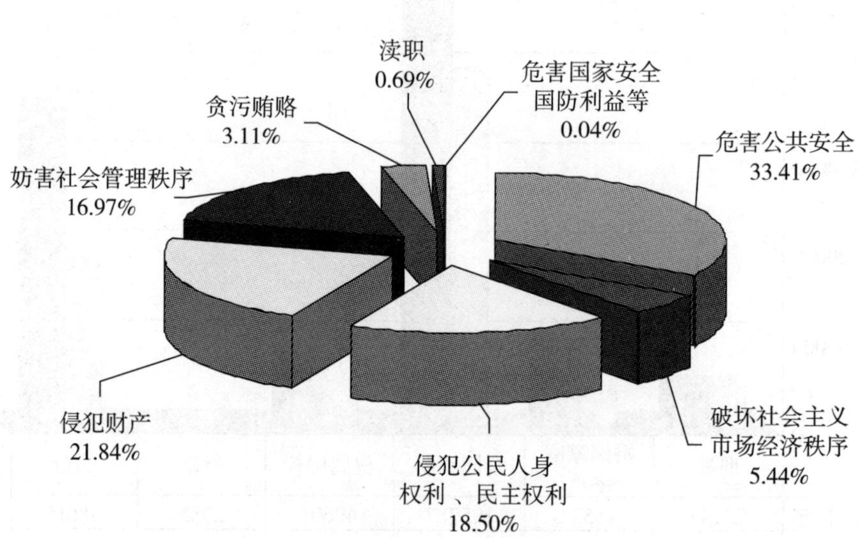

图 5：2016 年内蒙古法院审结刑事一审案件构成

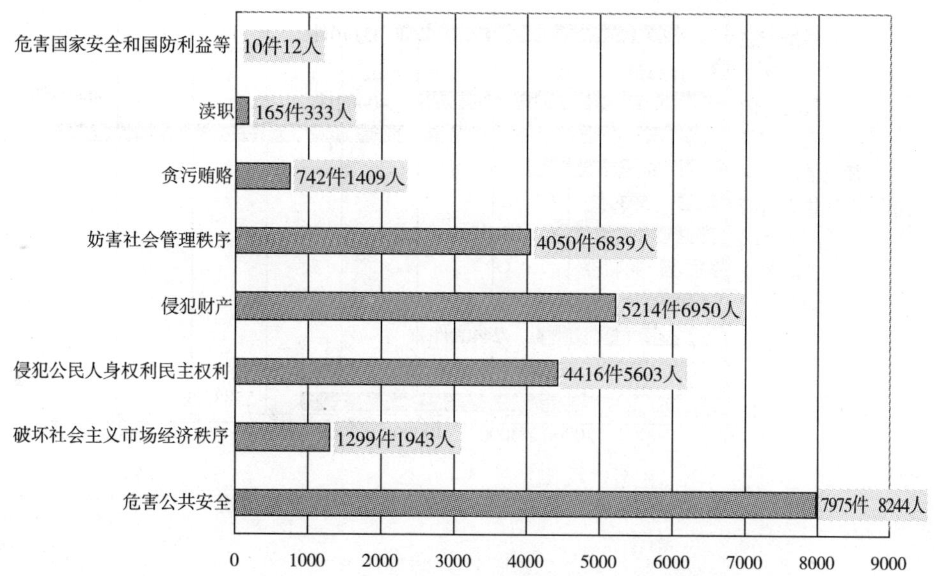

图 6：2016 年内蒙古法院审结刑事一审案件情况

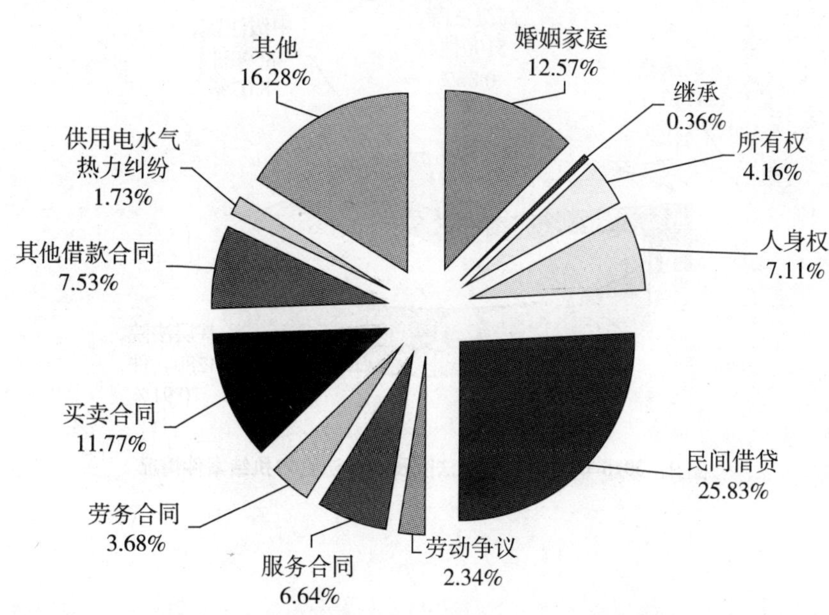

图 7：2016 年内蒙古法院审结民商事一审案件构成

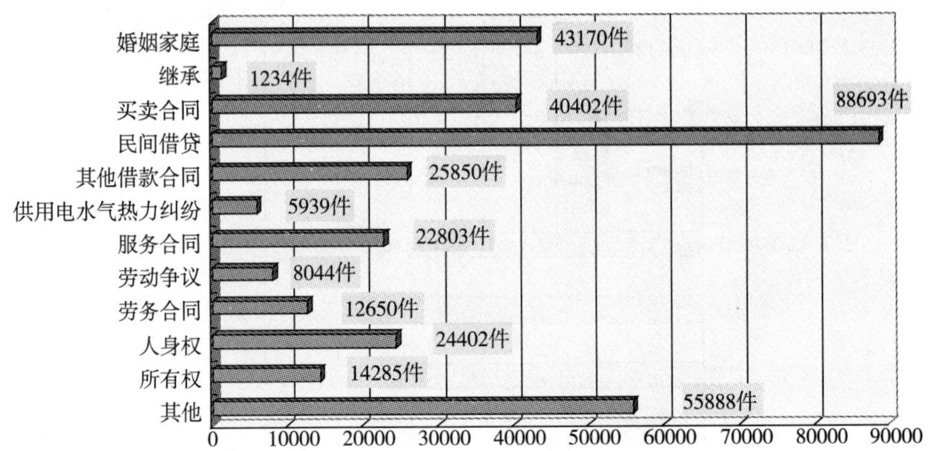

图 8：2016 年内蒙古法院审结民商事一审案件情况

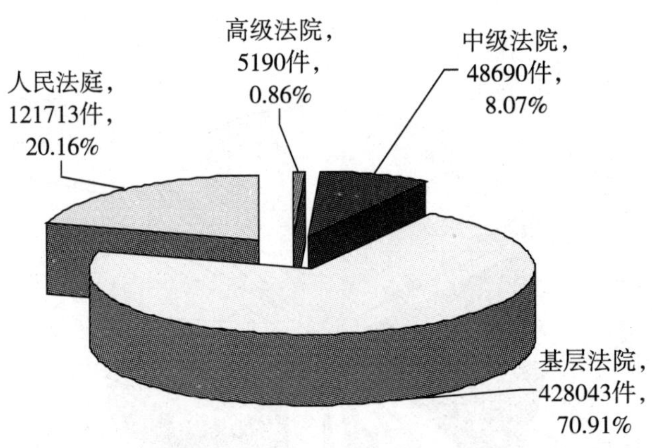

图 9：2016 年内蒙古三级法院及人民法庭审执结案件情况

辽宁省高级人民法院工作报告

——2017年1月19日在辽宁省第十二届人民代表大会第八次会议上

辽宁省高级人民法院副院长　李景阳

各位代表：

现在，我受缪蒂生院长的委托，代表省高级人民法院向大会报告工作，请予审议，并请省政协各位委员和列席会议的同志提出意见。

2016年审判任务艰巨繁重。全省法院共受理案件940,587件，比2015年、2014年、2013年分别上升16.1%、46.3%、63.9%；省法院共受理案件16,401件，比前三年分别上升36.1%、52.9%、44.2%。在省委正确领导和最高人民法院监督指导下，在省人大及其常委会依法监督、省政府大力支持、省政协民主监督和社会各界关心帮助下，省法院全面贯彻党的十八大和十八届三中、四中、五中、六中全会精神，深入学习贯彻习近平总书记系列重要讲话精神和治国理政新理念新思想新战略，全面落实省第十二次党代会精神，认真执行省十二届人大六次会议决议，忠实履行宪法法律赋予的职责，勇于担当、奋发有为，积极履行了维护社会大局稳定、促进社会公平正义、保障人民安居乐业的职责使命。全省法院共审执结案件776,677件，同比上升

13.3%。其中，省法院共审执结案件12,297件，同比上升13.8%。司法改革、队伍建设等各项工作也都取得了新的发展和进步。

一、主动服务发展大局

认真贯彻落实中央关于全面振兴东北地区等老工业基地决策部署及省委具体安排，制定《关于进一步为辽宁老工业基地振兴发展提供司法服务和保障的实施意见》，指导全省法院围绕“四个着力”要求，不断增强服务振兴发展的主动性和实效性。

积极促进平安辽宁建设。牢牢把握平安辽宁建设的总体要求和主要任务，始终把维护大局稳定作为审判工作的出发点和落脚点。彰显刑罚功能，全省法院依法审结刑事案件41,791件。依法惩处涉黑、涉毒、抢劫、绑架、故意伤害、盗窃、危险驾驶等犯罪18,448人和非法吸收公众存款、生产销售有毒有害食品、电信诈骗等涉众型犯罪2045人。判处五年以上有期徒刑刑罚3427人。加强人权司法保障，推进以审判为中心的刑事诉讼制度改革，健全冤错案件防范、纠正机制，落实罪刑法定、疑罪从无等法律原则，对86名被告人依法宣告无罪。主动参与社会治理创新，调解民事、行政案件92,156件，和解轻微刑事案件1217件，化解各类信访案件1178件，组织全省法官开展以案释法活动1610次，针对审判中反映出的社会管理问题，及时提出司法建议423件。

助力营造法治化市场环境。将依法保护产权、尊重契约自由、倡导诚实守信等原则贯彻审判始终，维护公平有序的市场竞争秩序，共审结279,855件商事案件，同比上升15.5%。平等保护非公有制经济，妥善化解民营企业等经济主体的投资经营纠纷，依法惩治侵犯非公有制企业合法权益的违法犯罪行为，坚决防止因法院采取强制措施不当影响企业正常生产经营，积极营造良好投资营商环境。依法审理涉及国家“一带一路”建设和各类海事海商纠纷及涉外案件4041件，平等保护中外当事人合法权益，促进开放发展。监督依法行政，促进法治政府建设，共审理各类行政诉讼案件22,160件，同比上升33.5%。

服务供给侧结构性改革。指导全省法院认真调研“三去一降一补”五大任务中的司法需求，采取有效应对举措。组建破产审判专业组织，妥善审理东北特钢等破产清算案件346件，依法清理了一批“僵尸企业”。稳妥审结房地产纠纷30,233件，土地征收房屋拆迁等案件1971件，促进房地产市场健康发展。通过裁判规范金融创新行为，加强对金融债权的司法保护，妥善审理民间借贷、金融借款、涉互联网金融等案件63,116件，对审理案件反映出的金融风险进行专题调研并形成司法建议，得到省政府主要领导同志的充分肯定。扎实推进知识产权民事、刑事、行政案件“三审合一”改革，依法审结知识产权案件1852件，促进企业科技成果转化和技术转移。着力服务保障绿色发展，审结污染环境、破坏资源等犯罪案件，审结涉环保民事案件211件，促进生态环境综合治理。

保护民生权益。不断巩固拓展群众路线教育实践活动和“两学一做”学习教育成果。专门召开立案工作现场会，开展专项检查、督办，当场登记立案率超过95%。印发《进一步推进全省法院诉讼服务中心建设的意见》，推出19家诉讼服务中心示范法院，带动全省法院全面实施一站式诉讼服务。推行车载法庭、巡回审判等方式，努力解决偏远地区群众诉讼不便问题。扩大司法救助的受惠范围，依法减缓免收诉讼费7806.9万元。进行家事、物业、医疗等涉众类纠纷裁判的专门培训，指导全省法官依法审结婚姻家庭、教育医疗、拖欠农民工工资、继承抚养等民事案件69,091件。依法审结203件涉军维权案件，省法院被评为维护国防利益和军人军事合法权益工作先进单位。加大对妇女和未成年人的司法保护力度，审结相关案件4201件，走访未羁押未成年罪犯160名及所在家庭，省法院被评为全国维护妇女儿童权益先进单位。

促进营造风清气正的政治生态。正确理解和适用《刑法修正案(九)》及相关司法解释和指导意见。根据最高人民法院的指定管辖，依法审结三起省部级职务犯罪案件，得到了充分肯定。审理多起厅局级职务犯罪案件，严惩发生在群众身边的贪污贿赂、滥用职权、失职渎职等犯罪1470人，认真审理拉票贿选案件，彰显全面从严治党决心，促进营造良好的政治生态环境。

二、着力提升审判质效

坚持以“努力让人民群众在每一个司法案件中感受到公平正义”为目标，多措并举，组合出击，确保审判执行工作持续健康发展。

努力化解案多人少压力。建立科学顺畅的审判权运行机制，注重调动法官办案积极性，全省法院审限内结案率达99%。优化审判资源配置，全省327名法官从司法行政管理岗位充实到审判一线，各级法院院庭长直接办案数量达到总量的17%。基层法院利用简易程序、小额诉讼程序、督促程序审结民事案件275,676件，达到一审民事案件的66.3%。通过刑事简易程序、速裁程序结案11,248件，达到一审刑事案件的31.9%。全省设立126个诉调对接中心，与司法厅、卫计委、消费者协会、工商联等多家单位共建诉调对接组织，聘请3072名特邀调解员，诉前化解案件达到新收一审民商事案件的15%。

不断提升审判质量。坚持以公开促公正，充分利用审判流程、裁判文书、执行信息、庭审直播四大平台，公开案件流程信息7万余条，公布执行信息12万余条，公开裁判文书28万份，访问量突破50万人次，网络直播社会关注案件2924件，点击观看量达20万人次。坚持以管理促公正，将常规案件类型化处理、庭审观摩评议以及裁判文书抽查等引入制度化常态化，增加法定审限内结案率、上诉率、申诉率等评估指标权重，定期下发审判情况通报，引导审判活动公正高效运行。坚持以规范促公正，全面推行专业法官会议制度，解决“同案不同判”问题，继续扩大量刑规范化适用罪名的范围，规范了基层法院90%以上刑事案件裁量标准。当事人对裁判的满意度不断提升，全年涉诉信访总量同比下降5.1%。

勇于向“执行难”亮剑。坚决落实最高人民法院部署，制定《关于落实“用两到三年时间基本解决执行难问题”的工作纲要》，出台加强执行工作强制性实施意见，完善执行流程管理规定和质效评估办法，构建立审执协作配合制度，建立三级法院统一调度执行力量机制。与银行、公安、交通、工商、银监等部门联动对接，努力解决人难找、财难查问题，共发出查询申请147,063次，冻结资金11,236笔、18.5亿元。深入乡村、社区、企业、银行、证券市场等查找线索，现场办案，最大限度保护当事人合法权益。严厉惩戒失信被执行人，纳入失信名单的已达11.3万人，运用报纸、广播、滚动屏幕等多种媒介公布失信人名单，限制高消费的已达89,844人，对2698人实施司法拘留，对403人移送追究刑事责任。全年共执结案件193,896件，同比上升20.9%。

运用信息化手段提质增效。制定全省法院《信息化建设五年发展规划》，深入实施“天平工程”。全省三级法院建成了新一代审判综合管理系统、执行查控系统、网上申诉信访系统、执行流程管理系统。省法院的移动办公办案平台、执行决策分析系统、执行案款管理系统投入使用。实现专网联通、数据共享，具备庭审录音录像、刻盘存储、互联网直播和远程开庭能力的数字法庭已经遍布全省。完善“诉讼服务大厅、12368诉讼服务热线和网上诉讼服务平台”三位一体诉讼服务中心，兼备网上立案、查询、送达、投诉等功能，为当事人节约费用3000余万元。

强化对下监督指导。开展“大调研”活动，省法院院庭长深入到各中院和基层法院办案一线调研，帮助解决困难问题。强化审判监督，通过依法审理上诉案件66,606件，改发12,564件，纠正不当裁判。组织召开刑事、民事、行政等领域审判工作会议，举办疑难案件和类型案件法律适用研讨，集中培训基层法院审判庭庭长和人民法庭庭长，与省法学会联合在基层法院创建法学案例研究基地，精编24期审判业务学习资料，促进提升裁判水平。

三、坚定推进司法改革

把贯彻落实中央关于全面深化司法体制改革的决策部署作为必须完成的政治任务，扎实推进。

打牢司法体制改革基础。坚持党对司法体制改革的领导，按照中央的顶层设计和省委的具体部署，以问题为导向，结合全省实际，制定了《辽宁法院司法改革试点工作实施方案》，出台包括司法人员分类管理、司法责任制、司法人员保障制度等12个配套文件。将思想工作贯穿改革过程，召开党组会、交流会、答疑会、培训会、座谈会20余次，凝聚共识、形成合力。做实做细调查研究，厘清法院队伍底数，对编制、案件及办案饱和度进行科学测算，按照司法规律合理确定各级法院的员额法官比例。

逐步推开员额制改革试点工作。确定大连、盘锦、葫芦岛地区法院为先行试点。制定《试点地区考核考试实施办法》，明确公平公正公开的遴选原则，确定将办案数量及质效作为主要考核指标。规范试点程序和时间节点，组成三个工作组深入试点地区法院指导工作。通过资格审查、考试考核，经省法官遴选委员会审议，从1174名法官中遴选出首批员额法官1000名。在总结试点地区法院改革经验基础上，迅速出台全面铺开改革试点的指导文件和配套办法。全省法院已于去年12月完成了考试考核工作，从申请入额的法官中确定建议人选4500名，提交省法官遴选委员会审议。

统筹推进相关各项任务。完成全省7776名法官职务套改工作，为实行员额制改革打下基础。积极组织家事审判方式和工作机制改革，12个基层法院稳步推进试点工作。大连、葫芦岛中院和6个基层法院的内设机构改革试点工作已稳步启动。出台律师代理申诉制度，律师参与化解的416件案件做到了息诉罢访。与此同时，刑事案件认罪认罚从宽制度试点改革、庭前会议改革、繁简分流和多元化纠纷解决机制改革等也都在有序拓展。

四、坚持打造过硬队伍

按照政治过硬、业务过硬、责任过硬、纪律过硬、作风过硬要求，不断加强队伍正规化、专业化、职业化建设，队伍素质进一步增强，队伍形象进一步改善。

牢牢把握正确政治方向，确保忠诚可靠。把学习贯彻党的十八届六中全会精神作为重要政治任务，与扎实推进“两学一做”学习教育紧密结合。省法院党组成员带头自学，为分管部门上党课，深入基层党支部宣讲。组织各级法院开展学习会、读书会、宪法宣誓等活动，牢固树立“四个意识”特别是核心意识、看齐意识，始终在思想上政治上行动上同以习近平同志为核心的党中央保持高度一致，更加坚决地把中央各项决策部署落到实处。坚决落实全面从严治党主体责任，认真抓好《准则》和《条例》的贯彻落实，定期召开民主生活会，组织对623名党员的组织关系、参加组织生活、党费缴纳和党员档案情况进行逐一核查。开展“机关党支部规范化建设年”活动，解决机关党委和基层党组织超期换届问题，促使各党支部运行规范，增强凝聚力、战斗力。

牢牢把握专业需求，提高司法能力。把教育培训列入建设过硬队伍的基础性、先导性、战略性工程，精计划、重实效。组建有109名成员的专家师资库充实培训力量，利用各级法官学院和政法院校平台，开设普训式大课堂和各种专业小课堂，组织分层分类培训151期，培训23,036人次。建立“网络+培训”机制，开展网上在线教育，使干警能够随时随地随案学习。各级法院院长和业务骨干、模范法官运用案例教学、现场观摩、岗位顾问等形式传帮带，判决书制作大奖赛和精品案例评选等岗位练兵活动接续不断，促进司法能力的提高。

牢牢把握职业守则，促进清正廉洁。坚持对腐败零容忍态度不动摇，在全省法院开展违法违纪线索大起底、大排查活动，对发现的问题严肃查处，绝不姑息，共立案查处违纪违法干警88名。进一步强化审判执行权力运行制约和监督体系建设，制定严格的主体责任和监督责任实施意见，细化和完善过问案件登记制度。出台《执行申诉信访五项禁止规定》及《执行工作五条禁令》，健全事前预防、事中监控、事后追责相结合的监督流程。全面加强司法规范化建设，以整治群众反映强烈的不正之风为着力点，开展作风整顿活动，开展审务督查、司法巡查、专项检查，推动形成良好习惯。努力筑牢拒腐防变思想道德防线，将职业道德教育和司法良知教育作为法官培训的必修课，引导干警知敬畏、存戒惧、守底线。对三级法院领导班子成员这些“关键少数”专门进行党纪党规教育、廉洁司法教育和警示教育，促进树立忠诚、为民、担当、公正、廉洁为主要内容的职业价值观，发挥理想信念和道德情操的引领作用。

五、自觉接受监督

进一步增强自觉接受监督的意识，完善机制、畅通渠道、确保实效。

坚决接受党的监督。深入学习贯彻《中国共产党党内监督条例》，主动接受上级党组织监督，重要工作、重要事项、重大问题及时汇报。严格按照中央巡视组的要求，明确责任，查摆问题，完成整改。认真执行党内民主集中制，重大事项均由党组会讨论决定。发挥同级党组织的监督作用，主动征求相关省直部门党委（党组）的意见。注重自下而上的民主监督，积极开展院领导与部门负责人、全体干警谈心活动，多次征求各中院和部分基层法院党组意见。

主动接受人大依法监督。全面落实省十二届人大六次会议决议。认真办理代表提出的意见建议，制定分工方案，加强督查督办，全部按时办结。积极配合省人大常委会开展执行工作调研检查，就执行工作向省人大常委会进行专题报告，根据审议意见改进工作。各级法院通过邀请代表视察、参加会议、旁听庭审、见证执行等方式听取代表意见2065人次。

认真接受政协民主监督。把政协提案的办理和政协委员意见、建议的吸纳落实作为接受政协民主监督的重要内容，省法院被评为提案办理工作先进单位。认真向省政协通报法院工作情况。省法院完善与民主党派、工商联、人民团体、无党派人士沟通协调机制，走访接待省政协委员 90 余人次，认真听取意见。

依法接受检察机关诉讼监督。支持、配合检察机关对刑事、民事、行政和执行工作的监督。全面落实检察长列席审判委员会制度，依法办理检察建议和抗诉案件 6819 件。建立与检察机关的工作衔接互动机制，及时反馈案件处理情况，共同促进司法公正。

广泛接受社会监督。建成律师服务平台，为律师行使权利、提出意见提供便利。召开各种形式的座谈会征求专家学者、律师、新闻媒体等各方面的意见。运用新媒体平台，采取院长信箱、“给大法官留言”等方式，及时接受群众监督。

各位代表，去年工作的发展和进步，是省委正确领导、人大依法监督、政府大力支持、政协民主监督、社会各界和省人大代表、省政协委员关心、支持、帮助的结果。在此，我代表省法院表示衷心的感谢！

在回顾总结工作的同时，我们也认真分析和查找了存在的问题和不足：一是全省受理案件数量连年持续上升，“收案多、结案多、存案多”三多趋势明显，解决案多人少矛盾更加紧迫。破解执行难仍需形成合力、精准发力、持续用力。二是法院队伍素质参差不齐，少数法官司法能力不强，基层法院特别是偏远地区法院人员招录困难，同时法官流失问题更加突出。三是司法改革有待全面深化和完善，司法责任制的落实还需大力推进。四是信息化建设和应用仍需大力加强。五是司法不廉、徇私枉法现象仍然时有发生。我们将高度重视这些问题，切实加以解决。

2017 年，省法院将带领全省法院高举中国特色社会主义伟大旗帜，以马克思列宁主义、毛泽东思想、邓小平理论、“三个代表”重要思想、科学发展观为指导，深入学习贯彻习近平总书记系列重要讲话精神和治国理政新理念新思想新战略，全面贯彻党的十八大和十八届三中、四中、五中、六中全会精神，坚决维护以习近平同志为核心的党中央权威和集中统一领导，紧紧围绕统筹推进“五位一体”总体布局、协调推进“四个全面”战略布局、持之以恒落实五大发展理念和“四个着力”的工作大局，深入贯彻中央决策部署，全面落实省第十二次党代会精神，认真执行省人大决议，按照“努力让人民群众在每一个司法案件中感受到公平正义”的目标要求，以司法为民公正司法为主线，以司法改革为动力，狠抓案件审判质量效率，狠抓解决执行难问题，切实加强队伍建设，切实履行好服务和保障振兴发展的职责使命。

一要坚决贯彻全面从严治党要求，为履行宪法法律赋予的职责提供坚强政治保证。深入学习贯彻习近平总书记系列重要讲话精神，全面贯彻党的十八届六中全会精神，认真落实省第十二次党代会精神，牢固树立“四个意识”，特别是核心意识、看齐意识，更加自觉地在思想上政治上行动上同以习近平同志为核心的党中央保持高度一致，确保审判权牢牢掌握在党和人民手中。抓住各级法院院长“关键少数”，坚持从严治党、从严治院、从严治警，认真履行主体责任、监督责任，对法官队伍从严要求、从严教育、从严管理、从严监督。上级法院党组要严格认真履行协管职责，做好对下级法院党建工作的指导，加强下级法院领导班子建设，强化对下级法院法官任命的监督，着力提升队伍建设整体水平。

二要狠抓执法办案第一要务，为辽宁振兴发展提供有力司法服务和保障。牢牢把握稳中求进工作总基调，把法院工作放到辽宁发展全局中去思考、去定位、去谋划、去实施。围绕“着力完善体制机制”要求，依法公正审理民事、行政等各类案件，以“智慧法院”建设和大数据运用提升审判质效，继续破解“执行难”，推进法治社会和诚信社会建设，营造公平正义的投资营商软环境。围绕“着力推进结构调整”要求，以法治化手段积极推进供给侧结构性改革，助力推进“三去一降一补”。围绕“着力鼓励创新创业”要求，充分发挥产权司法保护对促进振兴实体经济、深入实施“四个驱动”、培育壮大“六个新增长点”的独特作用。围绕“着力保障和改善民生”要求，加强对涉民生案件的审理，切实保障人民群众权益。充分发挥刑事审判等职能作用，深入参与立体化社会治安防控体系建设，维护促进振兴发展的和谐稳定环境。

三要深入推进司法体制改革，全面落实司法责任制。紧紧抓住落实司法责任制改革这一核心，在尽快完成法官员额制改革的基础上，进一步明确各类司法人员职责，建立审判权、审判监督权、审判管理权科学运行模式，将“让审理者裁判、由裁判者负责”落到实处。积极会同相关部门推进司法人员薪酬保障制度和人财物统一管理制度改革。大力推进审判辅助人员管理制度、业绩考评制度、多元化纠纷解决机制、案件繁简分流机制等配套制度改革，增强改革系统集成能力，激发司法责任制改革的内生动力。

四要推进过硬队伍建设，营造风清气正、干事创业的良好生态。铸就绝对忠诚的政治品格，坚持教育熏陶、模范引领、实践养成相结合，加强意识形态领域工作，促进各级法院特别是广大法官时刻保持忠于党、忠于国家、忠于人民、忠于法律的政治本色。继续完善以提高司法能力、群众工作能力、信息化应用能力、社会沟通能力为主，以基层法官为重点的培训机制，大力提高法官队伍职业化、专业化水平。坚持高标准和守底线相统一、抓惩治和抓责任相统一、查找问题和深化改革相统一、选人用人和严格管理相统一，充分发挥党内监督、人大监督、政协民主监督、群众监督、舆论监督的作用，着力构建法官不敢腐不能腐不想腐的长效机制，锲而不舍地解决“人情案”“关系案”“金钱案”问题。坚持好法官标准，建立以廉洁司法和办案实绩为核心的考核评价、任免奖惩机制，推动形成公开公平公正的选人用人环境，努力营造风清气正的司法生态，不断提高司法公信力。

各位代表，在新的一年，省法院将不忘初心、坚守正道、弘扬正气、勇于担当，充分发挥审判机关司法职能，为扎实推进辽宁振兴发展、全面建成小康社会作出新的更大贡献，以优异成绩迎接党的十九大胜利召开！

附件

有关用语说明

1. “三审合一”改革：即由各级法院的知识产权审判庭统一审理涉及知识产权的刑事、民事和行政案件，以提高知识产权司法保护的整体效能。

2. 一站式诉讼服务：将立案咨询、登记、查询、诉讼费用缴纳等事项集中在各级法院诉讼服务大厅，起诉人在此即可办理起诉的全部事项，以减少当事人的时间成本和诉讼负担。

3. 常规案件类型化处理：对物业纠纷、劳动争议、劳动保障工伤认定等常见的民事、行政案件，在按照类型总结分析特点和法律适用规律后，出台庭审、裁判的指导意见，供全省各级法院法官审理案件时参考，以做到“同类案件同样处理”，依法公正高效结案。

4. 法定审限内结案率：即在一个统计周期内，法律规定的审理期限内审结的案件数占结案数的百分比。该指标合法、科学、合理、有效地反映出审判效率，能鼓励法官在法定正常审限内审结案件，防止拖延导致年底积压和超法定审限，避免损害当事人诉权。

5. 上诉率：即在一个统计周期内，当事人不服人民法院第一审的判决或裁定而依法请求上一级法院重新审理案件数量与一审审结案件数量的百分比。它在一定程度上反映出一审案件总体审判质量情况。

6. 申诉率：即在一个统计周期内，当事人对生效判决、裁定不服而向人民法院或人民检察院提出再审申请案件数量与裁判已经生效案件数量的百分比。这一指标在一定程度上反映出裁判生效案件总体审判质量情况。

7. 专业法官会议：是指在确保合议庭依法独立行使审判权的前提下，各级法院根据审判需要建立的，由刑事、民事、行政等审判领域中，具有业务专长、品行操守好、审判经验丰富的法官组成，讨论合议庭审理的重大、疑难、复杂、敏感案件，为合议庭正确认定事实证据和理解适用法律提供咨询的工作机制。

8. 司法责任制：就是法官对案件的审理独立行使职权和独立承担责任，即让审理者裁判、由裁判者负责。这是本轮司法改革的核心和重点，具体包括建立健全审判权运行机制、审判人员依法履职的保障机制、独立公正审判防范干扰机制、案件质量终身负责机制和违法审判责任追究机制等。

9. 小额诉讼程序：为及时化解小额纠纷、减轻当事人的经济负担、提高诉讼效率，基层法院及其派出法庭在审理“事实清楚、权利义务关系明确、争议不大、标的额为各省上年度就业人员年均工资30%以下的民事案件”时，在取得当事人同意后，适用的简化审理程序，如缩短举证和答辩期间、以便捷的方式通知当事人开庭、不在开庭三日前公布有关事项、开庭时间地点灵活选择、简化裁判文书等，并实行一审终审。在审理案件过程中发现不宜适用小额诉讼程序的，应及时转为普通程序审理。

10. 督促程序：是指人民法院根据债权人的申请，以支付令的方式，催促债务人在法定期间内向债权人履行给付金钱和有价证券义务，如果债务人在法定期间内未履行义务又不提出书面异议，债权人可以根据支付令向人民法院申请强制执行的程序。

11. 刑事简易程序：是指基层人民法院审理“案件事实清楚、证据充分；被告人承认自己所犯罪行，对指控的犯罪事实无异议”的案件时，经被告人同意后，所适用的较普通程序相对简化的诉讼程序。具体而言，准备工作简化，送达起诉书及副本时间和告知开庭时间不受规定时间限制，并可用电话或其他形式通知；审判程序简化，不严格遵循开庭、法庭调查、法庭辩论、被告人最后陈述、评议宣判五个程序，可摘要宣读起诉书、简化或省略发问等；审判期限缩短，一般在受理后20日以内审结。

12. 天平工程：是“国家司法审判信息系统工程”的简称。主要内容包括制定规范化标准，开发应用软件，完善网络和存储环境，提供庭审支持、门户监管、系统安全等保障措施，建设全国统一的司法数据库等，目的在于全面提升信息化水平，更好地服务人民群众、服务审判执行工作、服务司法管理。

13. 法院人员分类管理：是指依据法院的性质、司法职业特点和工作规律，将法院工作人员划分为法官、审判辅助人员、司法行政人员三类，各类人员均实施单独职务序列，按不同的标准进行招录、使用、选任、晋升、晋级、考核、监督等，提供相应略有差别的待遇和保障机制，以最大限度地实现法院人员的合理配置。

14. 庭前会议：这是2012年刑事诉讼法修改新增加的一个制度，是庭审的准备程序。具体指，对于证据材料较多、案情重大复杂、社会影响重大等案件，在开庭前审判人员召集公诉人、当事人和辩护人、诉讼代理人，对回避、出庭证人名单、非法证据排除等与审判相关的问题了解情况、听取意见，询问控辩双方对证据材料有无异议，以解决影响庭审顺利进行、制约庭审效率的突出问题。

15. 执行申诉信访工作“五项禁止规定”：为规范我省执行申诉信访工作秩序，做好信访案件化解工作，省法院规定“禁止无正当理由不受理或推诿、敷衍、不出面接待上访人，不及时协调处理执行信访案件；禁止上访群众劝返当地后，无正当理由不按期给予答复或者拒不执行、拖延执行申诉信访处理意见；禁止对上级法院要求上报化解情况等重要信访事项，无正当理由在规定期限内不上报结果或上报不及时；禁止不按照省法院规范越级访的相关规定出具回执、及时做好稳控、化解等工作，直接将案件矛盾上交；禁止对有财产可供执行的案件故意拖延执行或者不执行导致当事人上访”。

16. 执行工作“五条禁令”：（一）严禁未经立案私自办案；（二）严禁违法采取执行措施或怠于采取执行措施，侵害当事人、利害关系人或案外人的程序权利或实体权利；（三）严禁单独一人办案，合议或审批时隐瞒案件事实，对执行款物违规占有、使用、发放；（四）严禁泄露合议庭、审委会等有关会议在案件讨论中的分歧意见、拟采取的执行措施、上级法院对案件的指导意见；（五）严禁在非工作场所私自会见当事人或委托代理人。

吉林省高级人民法院工作报告

——2017 年 1 月 17 日在吉林省第十二届人民代表大会第六次会议上

吉林省高级人民法院代院长　寇　昉

各位代表：

我代表省高级人民法院向大会报告工作，请予审议，并请省政协各位委员提出意见。

2016 年主要工作

2016 年，省高级人民法院在省委坚强领导、省人大及其常委会有力监督和最高人民法院悉心指导下，在省政府、省政协及社会各界大力支持下，认真贯彻落实党的十八大和十八届三中、四中、五中、六中全会精神，深入学习贯彻习近平总书记系列重要讲话精神，在司法改革深入推进、执法办案任务繁重的形势下，带领全省各级法院依法履职、砥砺奋进，较好地完成了各项审判执行任务。全省法院受理案件 429662 件，审执结 403173 件，比 2015 年分别上升 13.9% 和 24.2%，法定审限内结案率 99.2%；省高院受理案件 7116 件，审执结

6873 件，同比分别上升 45.9% 和 49.6%。

一、坚持服务中心，保障吉林振兴发展

充分发挥民商事审判职能，服务我省“三个五”战略，审结民商事案件 228544 件，结案标的额 1026 亿元，同比分别上升 13.5% 和 12.9%。

服务重大战略实施。围绕推进供给侧结构性改革，审理吉林交建、北方五环等破产重整、强制清算案件 94 件，确保“僵尸企业”积极稳妥处置、兼并重组依法有序推进。审理服务领域和消费权益案件 13424 件，保障我省服务业发展提速、水平提升。审理生态资源、环境保护案件 247 件，服务保障绿色发展。审理农村土地承包、征地补偿、拖欠农民工工资等案件 1498 件，为维护农民合法权益、实施精准扶贫脱贫提供司法保障。积极争取最高人民法院支持，授予珲春法院涉外商事案件管辖权，审理涉外商事案件 89 件，保障长吉图战略实施。

优化营商法治环境。认真落实省委、省政府关于加强软环境建设的重大部署，充分发挥司法裁判的评价、规范、引导功能，审理假冒伪劣、合同违约、不正当竞争等案件 48694 件，制裁违约欺诈行为，促进“诚信吉林”建设。高度关注企业司法需求，依法慎重采取强制措施，最大限度减少对涉案企业生产经营的影响。省高院针对民间借贷、劳动争议、股权转让等八类常见企业法律纠纷，为 350 余名各级企业界人大代表和政协委员举办了法律服务专题讲座，帮助企业防范法律风险。

加强产权司法保护。健全产权司法保护机制，切实增强人民群众财产财富安全感。审理权属争议、股权纠纷、损害赔偿等案件 42702 件，依法保护各种所有制经济组织和公民财产权；审理知识产权案件 610 件，增强各类经济主体的创业创新动力；审理土地征收、房屋拆迁等案件 587 件，充分保护被征收征用者的合法权益，推进产权保护法治化。

二、依法惩治犯罪，维护社会大局稳定

充分发挥刑事审判职能，积极推进平安吉林建设，审结刑事案件28130件，判处罪犯34989人，同比分别上升11.5%和11.9%。

严惩严重刑事犯罪。始终保持对严重危害社会治安犯罪的高压态势，审理杀人、抢劫、强奸、绑架等严重暴力犯罪和涉黑涉恶、涉枪涉爆、涉毒涉黄等犯罪案件5690件8240人。集中开展电信诈骗犯罪专项打击，审理电信诈骗犯罪案件38件117人。严厉打击非法集资、合同诈骗、组织传销等涉众型经济犯罪，审理破坏市场经济秩序犯罪案件2309件3331人，为受害群众挽回经济损失2.48亿元。严厉打击生产销售伪劣种子、化肥、农药等坑农害农犯罪，审理涉农犯罪案件422件530人。

坚定不移惩治贪腐。坚决落实中央“打虎拍蝇”决策部署，审理贪污贿赂、渎职侵权等职务犯罪案件1014件1774人，其中原为县处级以上干部35人。成功审理了韩学键、景春华、吕锡文等省部级领导干部重大职务犯罪和重点领域系列犯罪案件，彰显了党和国家从严惩治腐败的坚强决心。依法审理贪污征地补偿款、危房改造补助款、农资补贴等犯罪案件116件169人，严惩发生在群众身边的腐败。

加强人权司法保障。严格落实罪刑法定、疑罪从无等法律原则，对21名公诉案件被告人和9名自诉案件被告人依法宣告无罪，确保无罪的人不受刑事追究。坚持实事求是、有错必纠，通过审判监督程序再审改判刑事案件74件。坚持宽严相济刑事政策，对13363名被告人依法判处缓刑、管制和免予刑事处罚。认真贯彻教育、感化、挽救方针，对590名未成年被告人判处非监禁刑，对682名未成年人犯罪记录予以封存，帮助未成年犯改过自新、回归社会。

三、促进依法行政，助力法治政府建设

认真履行司法监督职责，充分发挥行政审判职能，审结行政案件

10349 件，同比上升 25.9%。

依法保护公民权益。严格落实立案登记制要求，为人民群众依法维护自身权益敞开大门，受理一审行政诉讼案件 3888 件，其中涉及土地资源、城建拆迁、治安管理、教育卫生、劳动和社会保障等公民基本权益的案件占 62.8%。切实保护行政相对人合法权益，审结 3665 件，行政相对人胜诉或协调解决的占 14.2%。

支持政府依法履职。对合法行政行为依法维持，维护行政执法权威，判决确认行政行为合法有效、驳回行政相对人诉讼请求以及原告主动撤诉 3145 件，占一审行政诉讼案件结案总数 85.8%；办理非诉行政案件 4328 件，裁定准予执行 3792 件，占行政机关申请强制执行案件总数 87.6%，保障了行政机关依法履行社会管理和公共服务职能。

构建良性互动机制。省高院与省政府法制办建立联席会议制度，定期通报行政审判情况，共同研究涉诉重点问题，促进了行政纠纷的源头预防和多元化解。针对房屋拆迁、土地征收等重点领域，加强与住建、国土等部门工作联系，统一法律适用标准。与政府部门协调配合，妥善化解涉及重大项目建设的法律纠纷，保障了我省相关重点项目的平稳落位。

四、坚决履职践诺，全力破解执行难题

认真落实省委、省政府《关于进一步解决人民法院执行难的意见》，推动形成了综合治理执行难的工作格局。

加大依法执行力度。对具有履行能力而恶意规避执行、暴力抗拒执行的，依法采取强制措施，共对 15363 件拖延、逃避执行的案件依法强制执行，将 42436 名被执行人纳入失信名单公开曝光，2697 人慑于信用惩戒主动履行了义务，对 2528 人决定司法拘留，对 72 人追究刑事责任。全省法院新收执行案件 89741 件，执结 80576 件，执结标的额 214 亿元。对 85241 件执行积案全面清查、分批化解，得到最高人民法院周强院长批示肯定。

创新执行工作机制。各级法院全部开通网络执行查控系统，实现了对被执行人银行存款、证券、股权等主要财产形式的“一网打尽”，共实施网络查询15.2万次，查询到银行存款164.7亿元，冻结、扣划2.87万次2.34亿元。全面推行网络司法拍卖，共实施网络拍卖10802件，成交金额33.8亿元，平均溢价率8.73%，为当事人节省佣金3192万元。加大执行救助力度，对确无财产可供执行的交通肇事、人身伤害等案件受害人实施司法救助2507万元，努力缓解当事人的生活困境。

严格规范执行行为。建成全省法院上下一体的执行案件信息监管平台，对案件执行的37个关键节点实行全程留痕、全程公开、全程管控，有效防范执行不作为、执行乱作为问题。探索推行“一案一账户”管理模式，促进执行案款规范化管理，共核查清理执行案款13.76亿元，现已发放9.96亿元。针对超标的查封、选择性执行等人民群众反映强烈的突出问题，集中开展专项整治，确保执行权规范有序运行。

五、坚持目标导向，深化司法体制改革

深入贯彻落实中央、省委司法体制改革总体部署，坚持整体推进、重点突破，努力让人民群众有更多获得感。

持续推进以司法责任制为核心的试点改革。全面落实“让审理者裁判、由裁判者负责”，有效提高了办案效率和审判质量。全省法院法官年人均结案141.8件，同比上升27.3%，一、二审案件当事人服判息诉率97.5%，涉诉进京访总量同比下降38.8%，省高院在全国司法体制改革推进会上专题介绍了经验。在省委政法委统筹协调下，在组织、人社、编制、财政等部门和各地大力支持下，法官职务序列、薪酬保障制度和编制、经费、资产省级统管等各项改革稳步推进。

扎实推进诉讼程序制度和审判机制改革。积极推进以审判为中心的诉讼制度改革，在36起刑事案件中启动非法证据排除程序，排除非法证据28份。探索推进家事审判方式改革，促进家事纠纷专业化、社会化、人性化解决，62.5%的家事案件实现和解，4483起离婚案件当

事人经过“冷静期”后重归于好。着力推进案件繁简分流，完善简案快审工作机制，一审民事案件简易程序适用率61.8%。健全完善多元化纠纷解决机制，推进司法调解与人民调解、行政调解有效衔接，15921起矛盾纠纷诉前化解。制定依法保障律师执业权利指导意见，切实保障律师依法执业。不断完善涉军维权协作机制，依法维护国防利益和军人军属合法权益。

深度拓展电子法院运用。全力打造诉讼服务“网络店”，使群众诉讼更加便捷，当事人和律师通过网上立案162087件，其中民事一审案件网上立案率52.9%，同比提高20.4个百分点。全面推进司法公开常态化，对1069项审判流程信息全部公开，全省法院裁判文书上网率89.1%。根据中国社科院《中国法治发展报告（2016）》公布的司法透明度指数评估结果，省高院在全国31家高级法院中位居第3位。

六、坚持从严管理，加强过硬队伍建设

按照习近平总书记提出的“五个过硬”总要求，坚持抓党建带队建促审判，努力建设忠诚、干净、担当的法院队伍。

加强思想政治建设。坚持把坚定的理想信念作为法院队伍的政治灵魂，扎实开展“两学一做”学习教育，切实增强“四个意识”，坚决维护以习近平同志为核心的党中央权威，铸就法院队伍对党绝对忠诚的政治品格。建立政治督察制度，对5个中级法院进行了专项督察，确保中央和省委重大决策部署不折不扣贯彻落实。充分发挥典型示范引领作用，引导广大干警自觉做公正为民的好法官、敢于担当的好干部，38个集体和69名个人受到省部级以上表彰。

加强司法能力建设。突出法官办案实际需求，省高院针对民间借贷、金融借款等15个民事重点案件类型，对全省法院全体法官进行了集中培训，进一步统一了法律适用和裁判尺度。加强双语法官培养培训工作，着力解决民族地区双语法官短缺问题。实行编制动态调整，补充选任员额法官340名，为基层法院选调、招录法官助理等221人，

努力缓解基层法院案多人少矛盾。广泛开展案件评查、庭审评议、岗位练兵等活动，提升司法能力，促进公正司法。

狠抓党风廉政建设。制定全面从严治党主体责任清单，严格落实“一案双查”制度，对5名履职不力的法院领导干部进行了廉政问责。针对容易滋生司法腐败的重点领域和关键环节，完善权力约束监督机制。加大司法巡查和审务督察力度，促进司法作风持续好转。坚持以零容忍态度坚决惩治司法腐败，省高院对6起违纪违法典型案件进行了公开通报，全省法院共查处利用审判执行权违纪违法干警24人。

各位代表，在过去的一年里，我们更加自觉地把法院工作置于人大监督之下。省高院认真落实本届人大五次会议代表提出的意见建议，细化具化措施，加强督查督办，逐一整改落实。向省人大常委会专项报告了立案登记制改革工作情况，根据审议意见，完善配套机制，确保改革落位。进一步拓展接受监督渠道，省高院通过主动走访、组织座谈等方式听取代表意见258人次，全省法院邀请了357名代表列席审判委员会、1836名代表视察法院和观察庭审，保障了人大代表行使监督权力。过去一年法院工作的发展进步，是各级党委坚强领导、各级人大有力监督的结果，是各级政府、政协及社会各界和人大代表、政协委员关心支持的结果。在此，我代表全省法院表示衷心的感谢！

回顾过去一年的工作，我们也清醒认识到，法院工作还存在不少问题和困难：一是对经济社会新发展、人民群众新期待带来的司法新需求研究不够，司法理念和司法能力还有许多不适应的地方；二是一些法官统筹处理法律问题与社会问题的能力不够，一些案件裁判效果与人民群众现实司法感受还存在差距；三是个别法官办案不公、作风不正、司法不廉，伤害群众感情，损害司法公信；四是案多人少矛盾凸显，执法办案压力剧增，许多一线办案法官超极限工作。对这些问题，我们将采取更加有力措施，切实加以解决。

2017 年工作安排

2017 年，全省法院工作的总体思路是：全面贯彻党的十八大和十八届三中、四中、五中、六中全会精神，深入贯彻习近平总书记系列重要讲话精神，认真落实中央、省委决策部署和本次大会决议，以全面从严治党为根本保证，牢牢把握稳中求进工作总基调，坚持奋发有为、埋头苦干，狠抓执法办案工作，深化司法体制改革，加强过硬队伍建设，推进信息化建设与审判执行工作深度融合，着力提升司法公信力和群众满意度，努力让人民群众在每一个司法案件中感受到公平正义。重点做好以下工作：

一是全力以赴保障振兴发展。深刻把握推进供给侧结构性改革等经济工作重点任务对法院工作的新要求，找准工作着力点，为我省经济平稳健康发展提供有力司法保障。围绕“诚信吉林”建设，充分发挥司法断案惩恶扬善功能，营造公开、透明、可预期的法治化营商环境。公正高效审理涉企案件，依法慎重采取强制措施，最大限度减少对企业生产经营的影响。

二是尽心竭力维护社会稳定。始终保持打击犯罪的高压态势，确保对重点犯罪、多发犯罪的打击力度和震慑效果，坚决维护国家安全和社会稳定。进一步完善多元化纠纷解决机制，推进诉调“无缝对接”，最大限度实现定分止争、案结事了。全力化解涉诉信访案件，尽最大努力把群众信访问题解决好。

三是全心全意践行司法为民。全面构建阳光司法机制，依法可以公开的全部公开，实现让人民群众看得见的公正。坚持实体与程序并重、纪律和规矩从严，实现让人民群众信得过的公正。集中整治审案超时问题，案件再多、压力再大，也要把方便带给群众、把困难留在法院，实现让人民群众等得起的公正。年底前全面完成基本解决执行难工作目标，让人民群众获得实现得了的公正。

四是坚定不移推进司法改革。继续推进以司法责任制为核心的试点改革，完善法官履职保障等配套制度。积极推进以审判为中心的诉讼制度改革，切实发挥庭审决定性作用，以法庭审判的程序公正实现案件裁判的实体公正。大力推进电子法院升级，加快智慧法院建设，努力为人民群众提供更加公开透明、更加便捷高效的司法服务。

五是坚持不懈狠抓队伍建设。切实履行管党治党主体责任，坚持党的绝对领导，更加自觉地同以习近平同志为核心的党中央保持高度一致。坚持从严治院、从严管理，以永远在路上的恒心和韧劲深入推进正风反腐，坚决防止“四风”问题反弹回潮，坚持以零容忍态度惩治司法腐败，只要有司法腐败，坚决严肃查处、一查到底，只要有害群之马，坚决绳之以法、绝不姑息。

各位代表，新形势赋予新任务，新担当迎接新挑战，我们将在省委坚强领导和省人大有力监督下，不辱使命、不负重托，尽心尽力、尽职尽责，努力开创法院工作新局面，以优异成绩迎接省十一次党代会和党的十九大胜利召开！

黑龙江省高级人民法院工作报告

——2017 年 1 月 18 日在黑龙江省第十二届人民代表大会第六次会议上

黑龙江省高级人民法院院长　石时态

各位代表:

我代表黑龙江省高级人民法院向大会报告工作，请予审议，并请列席人员提出意见。省政协委员已书面审议。

2016 年主要工作

2016 年，在省委正确领导、省人大及其常委会有力监督、省政府、省政协及社会各界大力支持下，省法院指导全省法院全面贯彻党的十八大、十八届三中、四中、五中、六中全会精神，深入学习贯彻习近平总书记系列重要讲话精神，认真落实省委决策部署和省第十二届人大五次会议决议，紧紧围绕“让人民群众在每一个司法案件中感受到公平正义”目标，牢牢把握“司法为民、公正司法”工作主线，忠实履行宪法和法律赋予的职责，各项工作取得新的进展。全省法院共受理各类案件 49.4 万件，审结、执结 48.3 万件，比上年分别上升

14.1%、14.8%，其中，省法院受理各类案件7367件，审结、执结7098件，比上年分别上升58.3%、53.5%，为维护社会大局稳定、促进社会公平正义、保障人民安居乐业发挥了应有的作用。

一、充分发挥审判职能，服务保障振兴发展大局

紧紧围绕供给侧结构性改革、创新驱动发展战略和“五大规划”实施、“龙江丝路带”建设、“十大重点产业”发展等重大决策部署，制定实施了为全面振兴发展提供司法服务和司法保障40条意见，充分发挥司法功能，促进振兴发展。

依法惩治刑事犯罪，维护国家安全和社会稳定。共审结一审刑事案件2.6万件，比上年下降2.2%，判处罪犯3.1万人，比上年下降6.7%。依法严惩危害国家安全、公共安全、生产安全、食品药品安全、生态环境安全等犯罪8293件8331人，严重暴力犯罪4242件5774人，非法集资、金融诈骗、走私、毒品等犯罪2647件3438人，震慑犯罪，增强人民群众安全感。严惩贪污贿赂、渎职等职务犯罪1357件1672人，依法审理陈铁新、乌若思、高学文、于铁义等职务犯罪大案要案，推动反腐败斗争深入开展。准确把握宽严相济刑事政策，严格落实罪刑法定、疑罪从无原则和非法证据排除规则，依法宣告38人无罪，确保无罪的人不受刑事追究。依法审结减刑、假释、暂予监外执行案件1.7万件，严格执行法定条件和程序，确保刑罚效果和司法公正。

依法审理民商事纠纷，促进社会和谐、经济发展。共审结一审民商事案件28.1万件，标的额686亿元，比上年分别上升8.7%、45%。审结婚姻家庭、遗产继承、相邻关系、赡养、抚养、权属、侵权等民事纠纷案件10.3万件，维护公序良俗，促进社会和谐；审结房地产开发、建设工程、买卖、租赁、借贷等合同纠纷案件17.8万件，保护契约自由，维护市场规则，保障产业项目建设，促进实体经济发展；审结知识产权案件490件，促进创新驱动发展战略实施；依法审理破产重

整、破产清算案件，稳妥推进“僵尸企业”处置工作；依法审理和执行涉龙煤集团系列案件157件，追回欠款2.1亿元，保障龙煤改革推进。与省旅游发展委联合下发为旅游业健康发展提供司法服务和司法保障意见，助力旅游产业发展。积极推进涉军维权工作，服务国防和军队改革发展。

依法审理行政案件，促进法治政府建设。共受理一审行政诉讼案件4428件，审结4186件，比上年分别上升10.8%、19.1%，执结行政非诉执行案件798件，有效发挥了“化解行政争议、保护合法权益、监督依法行政”的司法功能。省法院向省人大常委会专题报告行政审判工作情况，省人大常委会作出《关于进一步加强行政审判工作的决定》。向省委、省人大、省政府报送“行政审判白皮书”，针对行政执法中存在的问题，提出工作建议。与省政府法制办建立联席会议制度，促进行政审判与行政执法良性互动，推动行政机关负责人出庭应诉，全省行政机关负责人出庭应诉率为11.6%，比上年上升4.5个百分点。认真落实行政案件异地管辖制度，积极探索行政案件跨行政区划管辖改革，依法保障行政相对人诉权，维护人民群众合法权益。《人民法院报》在头版头条对我省强化行政审判、助推法治政府建设的做法进行了报道。

依法加大执行力度，强力推进解决“执行难”目标实现。共受理申请执行案件12.3万件，执结11.7万件，执结标的额256.6亿元，分别比上年上升36.8%、33.5%、13.8%。落实最高法院提出的“用两到三年时间基本解决执行难问题”的要求，全面加强执行工作。省法院与31家中省直单位建立联合惩戒机制，用57项新招联合惩治老赖，将19.1万名失信被执行人名单在互联网和其他媒体上公布，比上年增加13.5万人；限制失信被执行人购买机票14.5万次、软卧车票5.9万次，限制出境611人次，限制市场准入和任职资格1045人，有1.3万名被执行人慑于惩戒压力主动履行了法律义务。与省银监局、省工商局连通网络专线，与省银行业协会、省民政厅、省国土资源厅等联动单位签订合作备忘录，与省公安厅就限制出境、查询被执行人车辆等事项进行合作，与省国土资源厅、省住房和城乡建设厅联合发文，将被执行人的不动产纳入执行网络查控范围。通过网络查询被执行人银行账户662万次，冻结存款7亿元，扣划存款3000万元。推行网络司法拍卖，全省149个法院入驻淘宝网等网站，拍卖成交117件，成交金额4.2亿元，溢价率达18.2%，为当事人节省佣金1002.5万元。开展打击拒不执行判决、裁定犯罪和逃废银行债务专项行动，追究刑事责任25人，司法拘留276人次，执行到位6.8亿元。开展集中清理涉党政机关、涉金融机构、涉民生积案和反消极执行、选择性执行、乱执行专项行动，执结3985件，执行到位5亿元，纠正错误或不当执行行为94件，依法督促消极执行案件211件。集中清理执行暂存款，发放执行款5.7亿元，保障申请执行人权益的实现。

依法加强审判监督和审判管理，促进办案质效提升。坚持依法纠错，审结申诉、申请再审案件8544件，依法改判、发回重审504件；规范指令再审和发回重审，防止反复审判，久拖不决；审结国家赔偿案件176件，决定赔偿509.9万元。严格审判管理，省法院制发16个庭审规则，推进庭审规范化、实质化；采取委托第三方评查、法院交叉评查等方式，评查裁判文书8796篇；对改判和发回重审、指令再审案件进行重点评查，向全省法院通报评查结果，促进审判质效提升。

二、牢固树立司法为民宗旨，不断强化便民利民措施

巩固党的群众路线教育实践活动成果，不断完善诉讼便民利民措施，积极回应群众对司法的新要求、新期待，让人民群众感受到司法的人文关怀。

妥善办理涉民生案件。审结劳动就业、社会保障、棚户区改造、医疗、教育、住房、消费等涉民生诉讼案件2万件，开展涉民生案件集中执行活动，执结2802件，执行到位标的额9185.7万元。审结涉及土地承包流转、农产品买卖、农民工劳动报酬、非法占用耕地、种子化

肥农药等纠纷案件6200件，保护农民合法权益，助力农业、农村经济发展和社会稳定。

创新拓展诉讼服务。召开全省法院诉讼服务中心建设推进会，明确诉讼服务中心“大服务、大平台、大辐射”职能定位，形成了立案办理、信访接谈、诉调对接、网络支持、12368诉讼服务热线“五位一体”的诉讼服务新格局，为人民群众提供“一站式”诉讼服务。加强诉讼服务大厅和审判法庭安保工作，维护诉讼秩序，为诉讼参与人和人民群众参与司法活动创造安全、有序、文明的环境。

切实解决信访问题。落实信访接待日制度，省法院院庭长接待来访501人次，清理办结信访积案408件。与省司法厅、省律师协会联合推行律师代理涉诉信访案件，全省驻法院值班律师接待来访1606人次，协助化解信访案件209件。全省法院依法减、缓、免收诉讼费4092万元，确保经济确有困难的当事人打得起官司。协调落实司法救助资金1529万元，救助困难当事人499人。全省涉诉进京访的案访比由上年的907:1上升到1065:1。我省法院破解“信访难”的做法，得到最高法院和省委政法委肯定。

三、紧紧依靠党委领导，全面深化司法体制改革

在省委统一领导和相关部门支持下，全面深化司法体制改革，各项改革工作取得明显成效。

深入推进四项重点改革。落实司法责任制，明确各类司法人员在审判活动中的职责权限，推动实现“让审理者裁判、由裁判者负责”，实行办案质量终身负责制。实行司法人员分类管理，通过严格考试考核，全省法院从7658名法官中遴选出5035名法官进入员额，占政法专项编制的32.4%，低于中央39%的上限要求，既保证了入额法官的质量，又为实施动态管理、增补优秀法官预留了空间。推进院庭长直接办案，全省法院院庭长办案31.5万件，占结案总数的65.2%。加强司法人员职业保障，认真落实中办、国办《保护司法人员依法履行法定

职责规定》，在全省法院案件信息管理系统中建立司法机关内部、外部人员非因法定职责过问案件信息专库，做到全面如实记录、全程留痕，防止不当干扰，保证法官依法独立履行职责。推进法官单独职务序列管理和工资制度改革，不断强化法官职业保障。推进省以下地方法院人财物统一管理，首批 63 个法院从 2017 年 1 月 1 日起正式划转省级统管，其他法院力争 2018 年全面实现省级统管。

探索推进执行体制改革。推行执行裁决权与执行实施权分离，为全省各级法院执行局配置 429 名员额法官。省法院向执行局派驻司法警察协助执行，组成由 1 名员额法官主导、N 名法警和 N 名法官助理辅助的“1 + N + N”执行团队，提高执行工作强制力，促进执行工作规范化。

认真开展人民陪审员制度改革试点。省法院指导 5 个试点法院，随机抽选增补人民陪审员 550 名，数量达到员额法官人数的 5 倍。实行人民陪审员仅参与“事实审”参审机制，试点法院人民陪审员共参审案件 4513 件。积极探索大合议制审判，由多名人民陪审员与法官组成大合议庭审理案件 37 件。建立人民陪审员自主管理委员会，形成人民陪审员管理新模式。央视等多家主流媒体对我省人民陪审员改革试点工作进行了专题报道。

积极推进矛盾纠纷多元化解机制改革。全省法院依托诉讼服务中心建立多元化解对接平台，确定特邀调解组织 1265 个和特邀调解员 1016 人，促进诉讼调解与行政调解、人民调解、仲裁调解、行业协会调解及中介组织调解有效衔接，实现“六调联动”。深入调查研究，积极推动多元化纠纷解决机制地方立法。全省法院一审民商事案件调解、撤诉结案 14.8 万件，调撤率 52.5%，取得了良好的社会效果。

四、大力加强信息化建设，构建阳光司法新机制

认真落实最高法院信息化建设“十三五”规划，着力打造智慧法院，推进审判体系和审判能力现代化。

信息网络实现全覆盖。上接最高法院、下连人民法庭的四级专网全部开通，在各项工作领域全面应用。全省法院建成高清科技法庭814个，在78个看守所和5所监狱建成远程提讯系统。部分法院装备便携式网上办案系统，便于法官深入乡村、社区、企业就地开庭。实现黑龙江法院网、诉讼服务网和龙江执行网互联互通，通过司法数据跨界融合，形成一体化的司法政务、司法公开和诉讼服务网站。省法院内网网站完成改版升级，成为全省法院干警办公办案和各级法院沟通情况、指导工作的新平台。研发了诉讼服务APP，方便社会公众查询司法公开信息，查阅法院公告，查看庭审直播录播。

司法过程实现全公开。全力推进立案、庭审、听证、文书、执行、审务六公开。全省法院全部开通门户网站和官方微博、微信，在黑龙江法院外网开辟“裁判文书、审判流程、执行信息、庭审直播录播”四个平台，形成“一网两微四平台”司法公开新格局。全省法院做到审判流程信息和依法应当公开的裁判文书全部公开，共在互联网公布裁判文书34万份、审判执行流程信息36.9万条、重大司法活动信息4051条，在互联网直播录播4240件案件庭审，点击1.6亿次。省法院官方微博粉丝201万，微信订阅用户3.1万，微博微信累计发布司法信息2.1万条。与省电视台合作制作、播出《庭审内外》31期，召开新闻发布会612场次，发布典型案例776个，努力保障社会各界和人民群众对司法的知情权、参与权、表达权、监督权。

五、落实全面从严治党要求，努力打造过硬法院队伍

从严落实党风廉政建设“两个责任”，扎实开展“两学一做”学习教育，认真接受省委巡视，推动“三严三实”常态化，努力培养造就一支忠诚、干净、担当的法院队伍。

切实加强党建工作。把思想政治建设放在首位，精心组织“两学一做”学习教育，广泛开展争做“合格党员”“合格法官”活动，深入学习党章党规和习近平总书记系列重要讲话，教育广大干警树牢政治

意识、大局意识、核心意识、看齐意识，紧密团结在以习近平同志为核心的党中央周围，确保正确的政治方向。制定全省法院系统党建工作报告制度，明确下级法院党组定期向上级法院党组报告党建工作。有5个法院、8名干警被评为全国法院党建工作先进集体、优秀党务工作者。

严肃整治纪律作风问题。把握执纪问责“四种形态”，坚持抓早抓小，通过廉政约谈、诫勉谈话、通报批评等方式，及时纠正苗头性、倾向性问题。省法院先后派出14个审务督察组，对173个法院明察暗访，发出督查通报13期，通报问题489个。以零容忍的态度查处违纪违法，全省法院共有132人受到纪律处分或组织处理，有8人被追究刑事责任。在招录干警、选拔干部、遴选员额法官过程中，坚决杜绝说情、拉票等不正之风，着力营造风清气正的政治生态。

全面开展岗位培训练兵。省法院制定实施《2016—2018年全省基层法官三年轮训计划》和《加强高层次审判人才队伍建设的意见》，建立审判业务专家和后备人才储备库。开展全省法院审判专家评选活动，有10名法官被评为全省法院审判业务专家。通过集中办班、视频讲座，举办各类业务培训51期2.1万人次，选派法官参加最高法院调训57期439人次。在首届全国法院司法警察技能大比武中，我省法院在19个奖项中夺得12块奖牌，总成绩全国第4名。在全国法院第28届学术论文评选中，我省法院有21篇论文获奖，获奖总数是上年的2倍。

大力培养先进典型。广泛宣传全国模范法院鸡西市鸡冠区法院和全国模范法官绥化市北林区法院伊淑娟法官的先进事迹。配合中央电视台将“时代楷模”鹤岗市工农区法院法官孙波事迹制作成公益广告宣传片，在央视“社会与法”栏目滚动播出。全省法院有8个集体、9名个人被授予国家级荣誉称号，15个集体、17名个人受到最高法院表彰，126个集体、84名个人受到省级表彰。省法院被评为全省“十佳和谐机关”。

过去的一年，省法院坚持向省委报告工作制度，主动接受省人大及其常委会监督，认真办理人大代表、政协委员意见、建议和提案，认真接受检察机关、新闻媒体及社会各界监督，保障了全省法院各项工作健康发展。

过去的一年，全省法院工作的发展进步，是全省各级党委正确领导，人大及其常委会有力监督，政府、政协和社会各界以及省人大代表、省政协委员关心、支持、帮助的结果。在此，我代表省高级人民法院表示衷心的感谢！

过去的一年，全省法院工作虽然取得了一些成绩，但离人民群众的要求和期望还有较大差距，工作中还存在不少问题：一些案件裁判不公、效率不高、裁判尺度不统一；“执行难”问题还未从根本上解决，有些地方还比较突出；一些法官素质不高，审判能力水平不适应形势需要；有的干警法治信仰不坚定、司法行为不规范、司法作风不端正，有的甚至以案谋私、贪赃枉法，严重损害了法院形象和司法公信力。一些偏远地区法院招人难、留人难，法官断层问题相当严重；全省法院案件连年大幅增长，案多人少矛盾十分突出，法官长期超负荷工作。对这些问题和困难，我们要高度重视，采取切实措施加以解决。

2017年工作意见

2017年全省法院工作的总体思路是：全面贯彻落实党的十八大和十八届三中、四中、五中、六中全会及中央、省委政法工作会议精神，深入学习贯彻习近平总书记系列重要讲话精神，紧跟省委重大决策部署，瞄准“让人民群众在每一个司法案件中感受到公平正义”目标，抓住“司法为民、公正司法”工作主线，以落实全面从严治党统领队伍建设，以推进司法改革、司法公开和司法信息化促进司法公正，充分发挥司法的各项功能，为龙江全面振兴发展提供有效司法服务和有力司法保障。重点抓好以下六个方面工作。

一、紧紧围绕大局，充分发挥职能作用。准确把握适应经济发展新常态、推进供给侧结构性改革、实施创新驱动发展战略的司法需求，妥善审理各类案件，优化发展环境，服务保障“五位一体”总体布局、“四个全面”战略布局在我省贯彻落实。依法惩治刑事犯罪，推进平安黑龙江建设。妥善化解民商事纠纷，积极稳妥处置“僵尸企业”，助力经济转型升级。不断提高行政审判能力水平，促进法治政府建设。创新加强执行工作，坚决打赢基本解决“执行难”这场硬仗。

二、树牢为民宗旨，让司法更贴近群众。健全完善诉讼服务中心功能，跟踪监控立案登记制落实情况，坚决防范“立案难”问题反弹。推进家事审判制度改革，创新审判理念、机制，促进家庭和睦，社会和谐。推行繁简分流、小额速裁、巡回审判、网上办公办案，完善电子诉讼档案查阅服务平台，让诉讼活动更加方便快捷，不断满足人民群众对司法的新期待。

三、深化司法改革，不断完善制度机制。抓难点、补短板，确保司法改革各项举措在全省法院落地生根。巩固法官员额制改革成果，落实司法责任制，推进司法人员分类管理、省以下法院人财物统一管理和以审判为中心的诉讼制度改革。深化执行体制改革，实现执行工作跨辖区、警务化。推进农垦、林区、铁路法院机构改革，提升全省法院整体司法效能。

四、依托现代科技，打造智慧法院。深入推进信息化建设提档升级，努力建设全面覆盖、移动互联、跨界融合、深度应用、透明便民、安全可控的全省法院信息化3.0版，完善网上立案、办案、执行和网上办公，让司法插上科技翅膀，为确保公正司法、提升审判质效、维护社会公平正义提供强力支撑。

五、坚持全面从严治党，建设过硬队伍。深入学习贯彻六中全会精神，牢固树立“四个意识”，坚决维护以习近平同志为核心的党中央权威。严格落实全面从严治党各项要求，认真履行“两个责任”，加强法院党的建设，推进“两学一做”学习教育经常化，正确把握执纪问责“四种形态”，有效预防、坚决惩治司法腐败。深入开展全员岗位培训练兵，不断提升“五个能力”。坚持重心下移，帮助基层解决好人才难招难留、法官队伍断层等突出问题。加强人民法庭建设，筑牢维护社会和谐稳定防线。

六、坚持党的领导，自觉接受人大及社会各界监督。自觉把法院工作置于党的绝对领导之下，坚持向党委报告工作制度，做到重大决策、重大事项、重大案件及时报告。主动接受人大监督，增强接受监督的主动性、经常性，认真办理人大代表意见、建议，及时反馈办理情况。进一步完善接受政协、检察机关、新闻媒体和社会各界监督的工作机制，不断改进工作，回应群众关切期待。大力推进网络法院、阳光法院、智慧法院建设，进一步拓宽司法公开的广度和深度，保障人民群众更多感知司法，监督司法。

各位代表，2017 年是全面建成小康社会、全面深化改革、全面依法治国、全面从严治党十分重要的一年。全省法院要紧密团结在以习近平同志为核心的党中央周围，坚决贯彻落实省委决策部署，认真接受人大及其常委会监督，忠实履行宪法和法律赋予的职责，为统筹推进“五位一体”总体布局和协调推进“四个全面”战略布局、实现我省全面振兴发展做出新的贡献，以优异成绩迎接党的十九大胜利召开！

附件一

部分用语说明

1. 陈铁新：辽宁省政协原副主席陈铁新受贿案，最高法院指定哈尔滨市中级法院审理。哈尔滨市中级法院于2016年11月22日一审宣判，认定陈铁新犯受贿罪，判处有期徒刑十三年九个月，并处没收个人财产人民币200万元。一审宣判后，陈铁新未提出上诉，判决已生效。

2. 乌若思：北方联合电力有限责任公司原董事长、党委书记乌若思受贿案，最高法院指定苇河林区基层法院审理。苇河林区基层法院于2016年9月29日一审宣判，认定乌若思犯受贿罪，判处有期徒刑五年，并处罚金人民币40万元。一审宣判后，乌若思提出上诉。省林区中级法院二审驳回上诉，维持原判，于2016年12月7日二审宣判，判决已生效。

3. 高学文：黑龙江省交通厅原厅长高学文受贿案，省高级法院指定鹤岗市中级法院审理。鹤岗市中级法院于2016年10月16日一审宣判，认定高学文犯受贿罪，判处无期徒刑，剥夺政治权利终身，并处没收个人全部财产。一审宣判后，高学文未提出上诉，判决已生效。

4. 于铁义：黑龙江龙煤矿业控股集团有限公司物资供应分公司原副总经理于铁义受贿案，省高级法院指定省林区中级法院审理。省林区中级法院于2016年10月21日一审宣判，认定于铁义犯受贿罪，判处死刑，缓期二年执行，剥夺政治权利终身，并处没收个人全部财产；在于铁义死刑缓期执行二年期满依法减为无期徒刑后，终身监禁，不得减刑、假释。一审宣判后，于铁义未提出上诉。省高级法院裁定核准，于2016年12月26日宣判，判决已生效。

5. 执行难：指有财产可供执行而不能得到及时全部执行的情况。主要表现为被执行人抗拒或规避执行、转移或隐匿财产、逃废债务，法院执行手段匮乏、执行措施不力或消极执行、拖延执行，以及有关人员或部门干预执行等情形。被执行人丧失履行能力、无财产可供执行的情形，虽然在形式上表现为生效法律文书确定的权利义务未能最终实现，但其本质上属于当事人面临的商业风险、交易风险或法律风险，这部分案件不管采取何种执行手段都是不可能执行到位的，不属于执行难。

6. 失信被执行人名单：指各级法院依照法定程序，对具有履行能力而拒不履行生效法律文书确定的义务，并具有转移财产规避执行等6种情形的被执行人，将其相关信息录入最高法院失信被执行人名单库，由最高法院通过该名单库在互联网上统一向社会公布，由各级法院通过广播、电视、报纸、新闻发布会等方式向社会公布，并向政府相关部门、金融机构、行业协会等单位通报，在政府采购、招标投标、融资信贷、市场准入、资质认定、出行消费等方面予以信用惩戒，促使自动履行义务。

7. 16个庭审规则：为进一步规范庭审活动，提高庭审质量，推进庭审实质化，省法院制定了包括1个通则、15个分则在内的庭审规则，经审判委员会讨论通过，下发全省法院执行。具体是：庭审通则、民商事案件简易程序庭审规则、民商事案件第一审普通程序庭审规则、民商事案件第二审普通程序庭审规则、民商事申请再审案件询问（听证）规则、刑事公诉案件简易程序庭审规则、刑事自诉案件庭审规则、刑事公诉案件第一审普通程序庭审规则、刑事公诉案件第二审普通程序庭审规则、刑事再审案件复查听证规则、刑事再审案件立案听证规则、行政案件简易程序庭审规则、行政案件第一审普通程序庭审规则、行政案件第二审普通程序庭审规则、行政申请再审案件复查听证规则、执行案件听证规则。

8. "12368"诉讼服务热线："12368"是最高法院确定的、全国法院系统通用的司法信息公用服务号码。该热线以社会公众及诉讼参与人为服务对象，以诉讼活动进程、诉讼知识咨询、案件审理执行信息等为服务内容，以电话接入和语音、短信、传真等为服务方式，为社会公众参与诉讼活动提供便捷服务。

9. 案访比：指在一个年度内全省法院办结一审案件总量与同期涉诉进京访案件总量的比值。

10. 院庭长办案：为配合法官员额制和司法责任制实施，省法院制定了《关于院庭领导办案工作的规定》，对院庭领导办案提出数量、质量标准，并明确各级法院进入员额法官的“院长、副院长、审委会专职委员、其他院领导、庭长、副庭长应当带头办理案件，在办理案件中总结审判经验，指导审判工作”。推进院庭长办案常态化，有利于将优质审判资源充实到审判一线，淡化院庭长与法官之间的层级关系，从根本上解决审判权运行行政化的问题。

11. 事实审：指人民陪审员在参加合议庭审理案件时，只参与审理事实认定问题，不再对法律适用问题进行表决。人民陪审员参与“事实审”，能够将普通民众的朴素观念带入案件审理中，使裁判充分反映社会大众的日常情感，符合人民陪审员的实际情况和审判工作规律，有利于更好地发挥人民陪审员作用，提升司法公信力。

12. 法官员额制：指根据法院设置、案件数量、人口密度等因素确定法官在法院人员中的比例，按照司法规律重新分配审判资源。根据中央要求，法官员额比例不超过中央政法专项编制的39%。法官员额制是实行法院人员分类管理的核心内容，是落实审判责任制的基石。法官员额制改革，意味着有一部分审判人员不能担任法官，是一项法院动自己“奶酪”的改革，备受各界关注，改革难度较大。

13. 五个能力：指孟建柱同志对政法队伍建设提出的要求，即：做好群众工作的能力、维护社会公平正义的能力、舆论引导能力、科技信息化应用能力、拒腐防变能力。

附件二

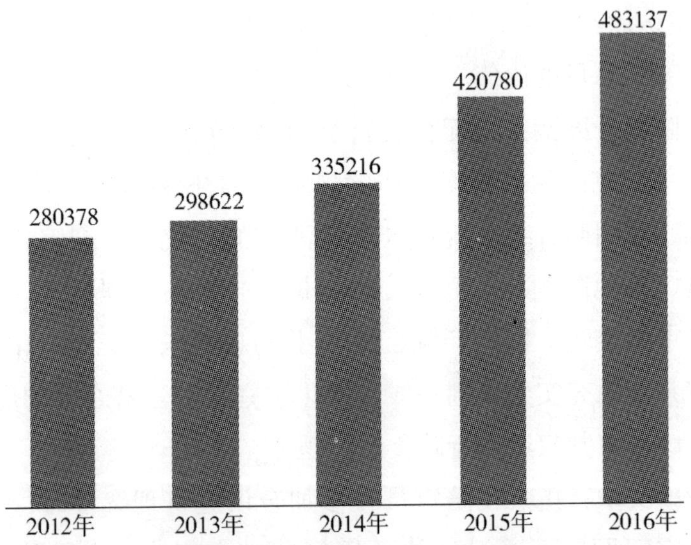

2012—2016 年全省法院审执结案件数量走势图

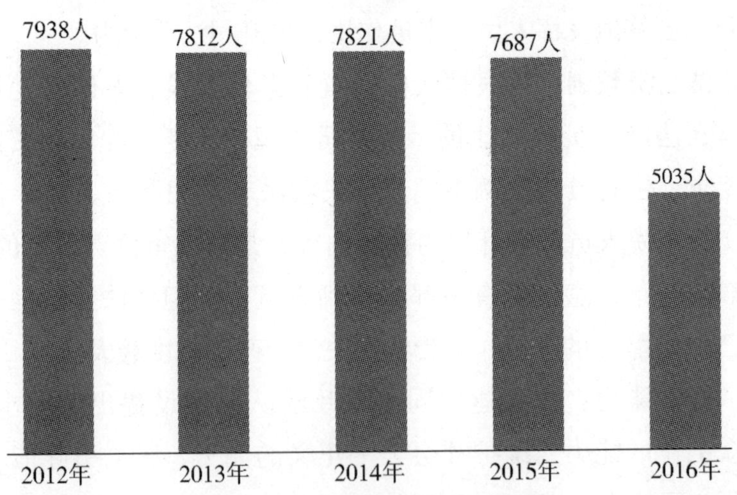

2012—2016 年全省法院法官人数走势图

注：2012—2015 年法官人数包含审判员、助理审判员。2016 年法官员额制改革，从审判员、助理审判员中遴选出 5035 人进入法官员额，未进入员额的不再担任法官办理案件。

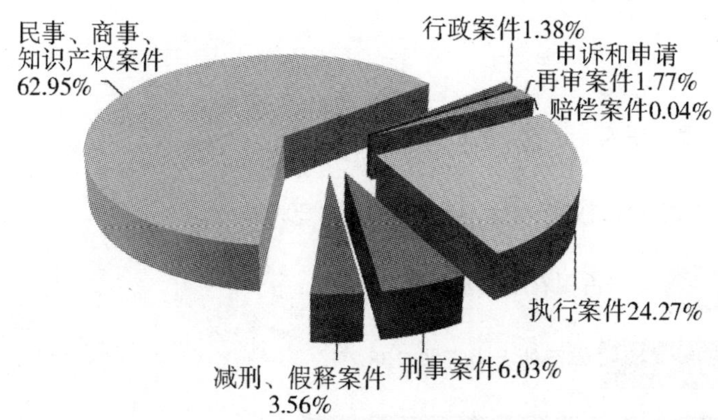

2016 年全省法院审执结各类案件构成图

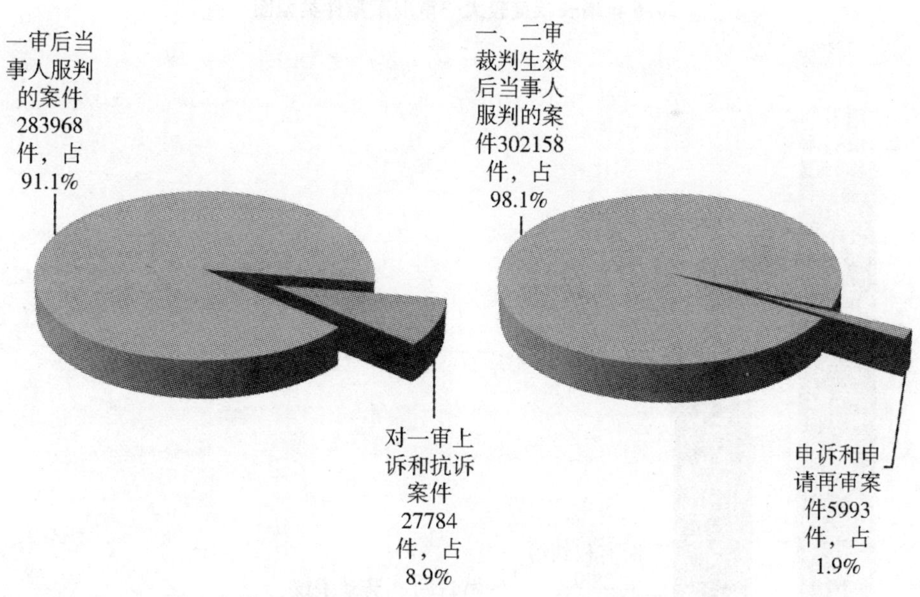

2016 年全省法院审结案件效果图

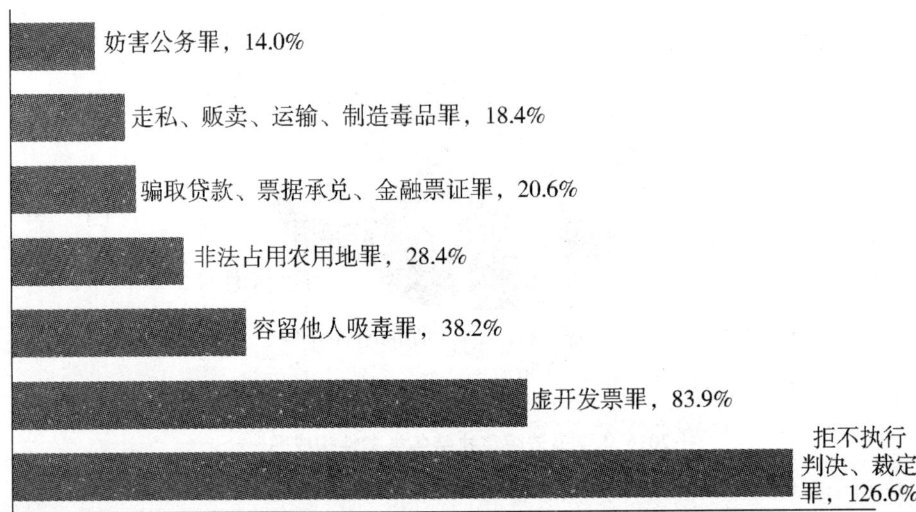

2016 年增长幅度较大一审刑事案件类型图

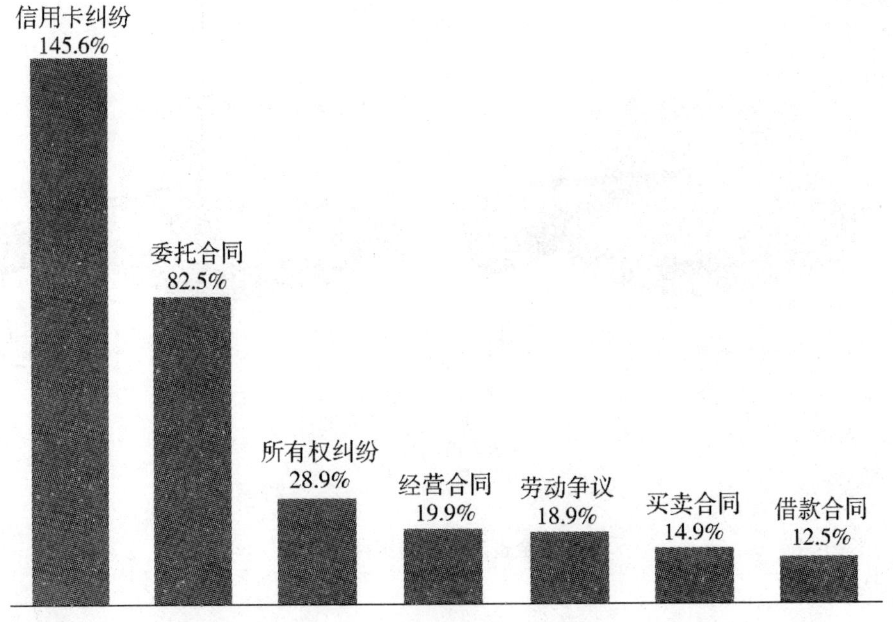

2016 年增长幅度较大一审民商事案件类型图

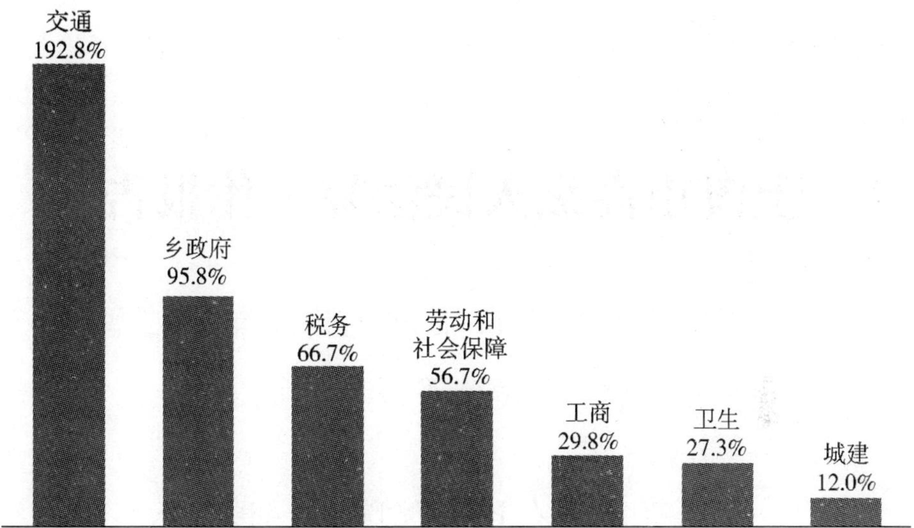

2016 年增长幅度较大一审行政案件类型图

2016 年各市（地）法院收、结案件情况表

单位：件

	收案	同比（%）	结案	同比（%）
哈尔滨	148021	22. 5	144327	27. 8
齐齐哈尔	62500	17. 7	61877	21. 2
牡丹江	27825	1. 5	27568	6. 4
佳木斯	33885	25. 6	32492	24. 5
大　庆	54576	6. 4	52223	4. 1
鸡　西	26169	9. 3	26357	11
鹤　岗	10245	17. 7	9970	14. 1
双鸭山	15816	17	15595	12. 3
伊　春	12734	1. 4	12809	0. 3
七台河	8502	－2. 4	8263	－4. 3
绥　化	35657	－8. 1	35980	－9. 7
黑　河	23541	22. 8	23104	18. 4
大兴安岭	4727	14. 1	4579	8. 1
农　垦	16026	19	15236	12. 1
林　区	5348	12. 5	5088	9. 5
铁　路	573	63. 2	571	59. 9
合　计	486145	13. 7	476039	14. 4

注：以上数据包含辖区基层法院情况；结案中含上年旧存。

上海市高级人民法院工作报告

——2017年1月17日在上海市第十四届人民代表大会第五次会议上

上海市高级人民法院院长　崔亚东

各位代表:

现在，我代表上海市高级人民法院向大会报告工作，请予审议，并请市政协委员和列席人员提出意见。

2016年，全市法院在市委的领导下，在市人大及其常委会的监督下，在最高人民法院的指导下，紧紧围绕上海工作大局，忠实履行宪法和法律赋予的职责，依法独立公正行使审判权，全面深化司法体制改革，加强过硬法院队伍建设，各项工作取得了新的进步。

一、坚持严格公正司法，维护社会公平正义

全市法院全年共受理各类案件71.49万件，审结71.09万件，结案标的额1902亿元，同比上升14.8%、15.7%和4.9%。司法质效居全国前列。92.4%的案件经一审即息诉，经二审后的息诉率为98.9%。入选最高人民法院公报案例9件、指导性案例1件，分别占全国法院入选数的42.9%和4.8%。

依法惩治刑事犯罪，维护社会和谐稳定。全年共受理一审刑事案件2.86万件，审结2.86万件，同比分别下降12.8%和12.6%。对3.33万名刑事被告人作出有罪判决。审结故意杀人、抢劫等严重暴力犯罪案件895件，毒品犯罪案件2238件。加大对危害食品药品安全、电信诈骗、非法集资、污染环境等犯罪的惩治力度，审结相关案件585件。审结了上海福喜食品有限公司等生产销售伪劣产品案（该案例入选2016年“全国法院十大刑事案件”）。严惩职务犯罪，审结职务犯罪案件399件，对547人判处刑罚，其中被告人原为局级干部的8人、处级干部的37人。依法对陈海鞠、巫向前、崔健等人追究刑事责任。

依法审理民商事案件，维护当事人合法权益。全年共受理一审民事、商事案件46.31万件，审结45.89万件，同比上升12.2%和12.8%。审结涉环保民事案件25件，依法维护人民群众环境权益。在崇明、金山法院成立环境资源审判庭，积极探索环境资源审判新机制。审结一审金融案件16.08万件，维护金融市场秩序。审结一审海事海商案件4211件，同比上升4.7%。2016年7月审结了南海黄岩岛附近海域海难事故案，彰显了国家主权和司法权威。审结涉外案件3655件、涉港澳台案件1534件，同比分别上升6.9%和0.4%。

依法审理行政案件，有效化解行政争议。认真贯彻落实修改后的《行政诉讼法》，保护行政相对人合法权益，监督行政机关依法行使职权。全年共受理一审行政案件6695件，审结6297件，同比分别上升17.2%和17%。依法判决行政机关败诉195件，依法化解行政纠纷案件1320件。推进行政机关负责人出庭应诉，全年行政机关负责人出庭应诉1097人次，同比上升44.5%。

二、充分发挥司法职能，服务保障经济社会发展

全市法院主动适应经济发展新常态，着力为国家战略实施和上海工作大局提供良好的司法服务和有力的司法保障。

积极服务保障重大战略实施。紧紧围绕上海自贸区、科技创新中

心、“四个中心”、供给侧结构性改革等重大战略，充分发挥审判职能，提供有力的司法保障。认真总结司法服务保障自贸区建设三年来的工作，完善符合自贸区特点的专业化审判体制机制。全年审结涉自贸区案件1.16万件，同比上升91.9%。制定《知识产权审判“十三五”规划》，充分发挥司法保护知识产权的主导作用，促进创新驱动发展。全年审结知识产权案件9265件，同比上升12.2%。审结了全国首例电竞游戏赛事直播纠纷案（该案例入选2016年“全国法院十大民事行政案件”）。制定司法服务保障长江经济带发展的专项意见，促进区域经济协调发展。加强破产案件审理，促进企业资源优化整合，1件案件入选最高人民法院“依法审理破产案件推进供给侧结构性改革典型案例”。

积极推进法治上海建设。发挥司法断案惩恶扬善功能，加强法治宣传，与媒体合作开展以案释法，传播法治正能量，弘扬法治精神，《法院院长在线》《庭审纪实》等成为法治精品栏目，深受社会欢迎。推进互联网法治建设，淘宝差评案、大众点评诉百度不正当竞争案入选“2014年—2016年中国互联网法治十大影响性案例”。推动将涉诉信访纳入法治轨道，加大涉诉信访矛盾化解力度，全市法院涉诉信访总量同比下降6.2%。积极推动律师参与化解和代理涉诉信访案件工作，全年律师参与接待来访2976人次，同比上升14.7%。

积极推进平安上海建设。充分发挥审判职能，积极参与交通综合整治、区域环境综合整治等专项治理。全年审结危险驾驶案件3625件，交通肇事案件655件，涉交通综合整治的妨害公务案件389件；审结涉环境综合整治行政案件367件，为完善超大城市治理体系提供有力的司法保障。对执法办案中发现的有关社会治理方面的问题，发送审判白皮书、司法建议、情况反映共524份。坚持未成年人权益保护优先原则，审结了全国首例因代孕引发的监护权纠纷案（该案例入选2016年“全国法院十大民事行政案件”），开通了全国法院首家“少年司法保护网站”，加强未成年人司法保护。

三、深化司法体制改革，提升司法公信力

2016 年上海法院的司法体制改革行至中流，任务艰巨而繁重。全市法院发扬攻坚克难、“钉钉子”的精神，推动各项改革取得了新的突破。

持续抓好中央确定的改革试点任务，制度体系日趋完善。全面推进审判权力运行机制改革，司法责任制进一步落实。高院在总结改革试点经验的基础上，制定了《关于完善司法责任制的实施意见》及 20 余项配套规定，权责明晰、权责统一、监督有序、制约有效的审判权力机制运行顺畅，“让审理者裁判，由裁判者负责”进一步落实。院、庭长办案成为常态，全年院、庭长办案 14.14 万件，同比上升 20.4%。继续推进员额制改革，人员分类管理制度进一步完善。坚持业绩与能力考核考试相结合，严格把关、择优遴选的原则，开展第二批法官入额遴选，407 名法官经过严格遴选入额。目前全市法院入额法官员额比例为 29.3%，法官与审判辅助人员的比例，从改革前的 1∶0.75 变为 1∶1.7。完善法官职业保障制度，薪酬制度改革取得实质进展。积极配合市财政局、市人社局等单位，在全国率先建立并落实与法官单独职务序列配套的工资制度。

继续落实最高人民法院“四五改革纲要”，凸显上海法院司法体制改革特色。将最高人民法院“四五改革纲要”确定的改革任务，细化为 11 类 136 项具体任务，列出时间表、路线图，以点带面、协同推进，一些重点改革取得了突破性进展。如，积极稳妥推进行政案件集中管辖改革试点。上海是中央确定的跨行政区划法院改革试点地区之一。我们在推进全国首家跨行政区划法院——市三中院改革实践的基础上，依托铁路法院扩大试点，将静安、虹口、普陀、长宁 4 家法院一审行政案件集中指定由上海铁路运输法院审理，逐步形成一审行政案件主要由上海铁路运输法院审理，二审行政案件主要由市三中院审理的诉讼格局。积极稳妥推进以审判为中心的诉讼制度改革。推进以审判为中

心的诉讼制度改革是落实司法责任制、保证公正司法的重要措施。我们以推进庭审实质化、完善证人和鉴定人出庭作证、探索建立认罪认罚从宽制度等6项改革任务为重点，充分发挥审判特别是庭审在查明事实、认定证据、保护诉权、公正裁判中的决定性作用，通过法庭审判的程序公正实现案件裁判的实体公正，有效防范冤假错案，加强人权司法保障。全年刑事案件证人、鉴定人、侦查人员出庭作证199人次；启动证据收集合法性调查程序16件，排除非法证据2件；对9名被告人宣告无罪（其中公诉案件2人），裁定准予检察机关撤回起诉15件。完善立案登记制改革，保障当事人诉权。对依法应该受理的案件，做到有案必立、有诉必理。全市法院当场立案率为99.3%，位列全国法院第一。深化多元化纠纷解决机制改革，引导社会各方面力量积极参与社会矛盾化解。全市法院进入诉前调解程序的案件23.29万件，调解成功8.8万件，调解成功率为38%。积极开展家事审判方式和工作机制改革试点，妥善化解家事矛盾纠纷。静安、普陀、徐汇、金山4家法院先行试点，建立健全人身保护令审理规则、冷静期设置规则、家事案件调查员、调解员选聘制度等，共审结家事案件2590件。按期完成全国人大常委会授权“两高”在部分地区开展的刑事速裁改革试点任务。自2015年7月试点全面推开至2016年8月试点任务完成，全市基层法院共审结刑事速裁案件8789件，占同期刑事案件的24.1%，当庭宣判率为99.7%，96.4%的案件经一审即息诉。深化案件繁简分流，提高诉讼效率。8.32万件民事案件适用小额诉讼程序，简易程序适用率为86.4%。深化人民陪审员制度改革，推进司法民主。全年人民陪审员参与审理一审案件6.59万件，陪审率为95.5%。

建立新型高端司法智库，为改革与发展提供智力支撑。加强智库建设是国家战略。我们充分借助上海司法界的人才、专业、技术、司法数据资源的优势，成立了全国首个省级法院新型司法智库——上海市高级人民法院发展研究中心，建设具有较大国内影响力和较高国际知名度的新型高端司法智库，使其成为上海法院发展的重要“软实力”，充分发挥其在服务审判工作、服务司法改革、服务经济社会发展等方面的“思想库”“智囊团”作用。

四、全力破解执行难，取得阶段性成效

执行难是人民群众反映较为突出的问题，也是长期困扰人民法院的顽症。最高人民法院将上海确定为两年基本解决执行难工作重点推进地区之一。市人大常委会将执行工作列为2016年对上海法院工作专项监督。我们紧紧抓住这一有利契机，确立了“一年大见成效、两年实现基本解决执行难，努力将上海打造成执行环境最好、执行效率最高的地区之一，使有财产可供执行案件在法定期限内基本执行完毕”的工作目标，向执行难全面宣战，并取得了阶段性成效。全年共受理执行案件12.87万件，执结12.75万件，同比分别上升4.8%和4.9%；实际执行率62.8%，同比增加6.5个百分点（剔除终结本次执行程序等无财产案件后实际执行率为98.3%）；执行到位标的额676.4亿元，同比上升59.6%。

认真开展专项治理行动，全力破解执行难。开展专项行动，严厉打击拒不执行判决裁定犯罪、反规避执行行为。全年共追究刑事责任19人，司法拘留907人，限制出境2201人次，限制高消费3.4万人次，公布失信被执行人信息4.56万例。慑于压力，全年共有1.79万件案件被执行人主动履行生效裁判确定的义务，同比上升49.2%，“一处失信、处处受限”的效果逐步显现。全面清理历年未实际执结案件（一年以上），解决一些执行案件“久执未决”的问题。共清理完毕20007件，清理率99.96%。其中4361件经恢复执行已实际执行完毕，占21.8%。开展执行案款集中清理专项行动，解决执行案款管理混乱、发放不及时等问题。

积极推进执行体制改革，建立了符合司法规律的执行权和审判权分离体制。审执分离是党的十八届四中全会确定的改革任务。我们建立了执行权与审判权相分离体制。将执行裁决权与执行实施权分离，

建立和完善执行权运行机制，制定权力清单，确定了61项执行实施权和47项执行裁决权。将执行机构与裁决机构分设，全市法院均设立执行裁判庭，行使执行裁决权；执行局行使执行实施权。建立了执行警务保障体制机制。建立了专门的执行司法警察机构和队伍，强化执行警务保障。建立了执行工作“三统一”机制。完善执行工作统一管理、统一指挥、统一协调的工作体系。通过改革，执行工作中体制性、机制性、保障性障碍初步得到解决。

推动执行制度创新，促进执行工作规范化。我们紧紧抓住制度创新这个根本，制定和修订了10余项关于执行工作的制度规定，形成了执行规范化、标准化的制度体系。如制定了《执行办案责任制的若干意见》，制定执行人员责任清单，明确执行人员对所办案件质量终身负责。制定了《关于确认和终结无财产可供执行案件若干问题的规定》，严格无财产可供执行案件认定标准，规范“终结本次执行程序”适用，畅通恢复执行渠道，保障当事人救济权利。针对立案、审判、执行等环节中存在的相互脱节、沟通不畅的问题，我们研究制定了《关于完善立案、审判、执行工作衔接机制的意见》，建立了立、审、执各环节的财产查控、财产保全协调配合机制，从源头上预防和减少执行难案件的形成。

完善执行联动机制，形成破解执行难工作合力。加强与公安、检察、司法行政、金融、工商、房产、社保等70余家单位的协作，完善执行联动机制，“被执行人难找、执行财产难寻、协助执行难求、应执行财产难动”等问题得到缓解。

开展执行工作作风整治，破除执行难内部藩篱。我们坚持眼睛向内，聚焦“不规范执行、消极执行、拖延执行、选择性执行、乱执行”以及“人情案”“关系案”等问题，持续开展执行工作“五查”专项治理，加大对财产查控、财产处置、代管款发放、执行和解等重点环节的监督管理，着力改进执行作风，强化执行廉洁，确保执行公正高效。

加强执行信息化建设，助力破解执行难。建立了“执行大数据管理系统”，该系统具有执行案件流程节点信息公开、执行环节全程监督、执行事务集约化办理等百余项功能，当事人输入自己的案号，即可查询相关案件信息，实现了执行信息全程公开、全程留痕、全程可视、全程监控。研发开通了“执行案款管理‘E号通’”，实行“一案一人一账号”管理新机制，从根本上解决执行案款底数不清、发放不及时、管理不规范等问题。

五、践行司法为民、深化司法公开，方便人民群众诉讼

我们坚持以人民呼声为第一信号，坚持“把困难留给自己，把方便留给群众”的理念，深化拓展司法便民利民举措，推进阳光司法，努力减轻当事人的诉累、问累、跑累。上海法院诉讼服务中心、12368诉讼服务平台和律师服务平台成为服务人民群众诉讼的三张“名片”。

继续加强诉讼服务中心建设，提升服务能力水平。以“全方位、零距离、无障碍”为标准，依托信息技术拓展诉讼服务大厅功能（目前具备登记立案、导诉分流、诉前调解、查询案件信息、法律援助等30余项服务功能），建立完善三级法院无缝对接、网上网下服务并举的工作机制，进一步提升了诉讼服务中心提供庭审以外的全部诉讼和非诉讼服务的能力和水平。

完善诉讼服务平台工作机制，提供诉讼便利。完善12368诉讼服务平台机制，提升服务质量。全年共提供服务188.42万件（次），其中人工服务27.51万件，同比上升27.4%，日均1096件。该平台获全国“互联网+诉讼服务”专项成果奖（中国电子政务理事会颁发）。完善律师服务平台机制，保障律师执业权利。上海从事诉讼业务的律师事务所已全部使用该平台。全年访问量82.69万次，日均2265次。在线直接登记立案3.79万件，网上立案成功率91.8%。该平台被评为“2016年全国政府网站网上办事类精品栏目”（中国电子政务理事会颁发），促进了法官与律师彼此尊重、平等相待，互相支持、互相监督，

正当交往、良性互动的新型关系。

推进“阳光司法、透明法院”建设，让正义以看得见的方式实现。加强司法公开平台建设，全年共向当事人推送案件节点信息119万余条；开通“上海法院庭审公开网”，对928件案件庭审进行网络直播，网上浏览量3694万人次；上网生效判决书14.15万篇；召开新闻发布会38次；在全国率先发布“司法公信力指数”，推进第三方评估，保障当事人的知情权、参与权、表达权和监督权。

加强人民法庭工作，构建司法便民网络。完善人民法庭工作机制，充分发挥人民法庭便于群众诉讼、便于审理案件的功能。全年人民法庭共审结案件8.7万件，调解纠纷2.8万件。

六、实施大数据战略，促进审判体系和审判能力现代化

坚持“让数据说话、让数据跑路”的理念，积极推进“数据法院”“智慧法院”建设。融合大数据、云计算、移动网络、神经网络、机器学习等新技术，建立了“上海法院大数据信息系统”，完成了标准化大数据库、现代化数字机房、集约化云平台等基础设施建设，形成了网络顺畅安全、应用全面覆盖、数据即时生成、信息高度聚合、资源共享互通、人工智能辅助、管理三级联动的大数据应用格局，该系统入选“2016年度互联网+法治建设十大典型案例”（中央政法媒体联合评选）。上海法院各项工作已与信息化融为一体。如“大数据办案辅助子系统”，具备自动推送同类案例、辅助法官归纳梳理和正确适用法律等多项功能，实现了法官办案智能化，在法律适用统一、提高办案质效、缓解案多人少矛盾等方面发挥了不可替代的作用。

七、全面从严治党，打造过硬法院队伍

坚持全面从严治党、从严治院，努力建设忠诚、干净、担当的法院队伍。全年共有23个集体、45人次获全国级表彰奖励。黄浦区法院被评为“全国模范法院”，市一中院法官周欣被评为“全国模范法官”。

加强法院党建工作。认真学习贯彻党的十八届六中全会精神，提升坚持全面从严治党的自觉性和主动性。全体干警牢固树立“四个意识”，特别是核心意识、看齐意识，坚决在思想上政治上行动上同以习近平同志为核心的党中央保持高度一致。扎实开展“两学一做”学习教育，坚定理想信念，筑牢思想根基。推动向邹碧华、彭文忠、周欣等为代表的身边先进典型学习活动常态化，积极营造创先争优、干事创业的良好氛围。推进“文化法院”建设，充分发挥先进思想、先进文化的凝聚、引领作用。

持之以恒抓好党风廉洁建设。坚决落实管党治党主体责任，认真贯彻《关于新形势下党内政治生活的若干准则》和《中国共产党党内监督条例》。强化“一岗双责”，加强严明纪律教育和廉洁司法教育，以案为镜，确保干警坚守底线、不越红线。完善审务督察、案件廉政回访等工作制度，对 11 家基层法院开展了司法巡查，对发现的问题限期整改。坚持从严惩处，查处违纪违法案件 3 件 3 人。

推进高素质法院队伍建设。司法体制改革后法官的权力增大，责任加重，对法官的素质能力要求更高。我们把推进高素质法官队伍建设作为重要战略任务，按照正规化、专业化、职业化的要求，建设高素质审判队伍。根据入额法官、审判辅助人员和司法行政人员不同需求，开展分类分级培训，着力提升各类人员的履职能力。全年共举办审判执行、司法政务、信息化应用等培训班 104 期，6801 人次参训。

坚持从优待警，保障法官依法履职。推进“健康法院”建设，建立干警健康档案，认真落实体检、休假等制度，关心关爱干警身心健康。认真落实中央《保护司法人员依法履行法定职责规定》，建立健全工作机制，与相关部门联合查处侵害法官合法权益行为。

八、自觉接受监督，不断改进法院工作

增强依法接受监督的意识，自觉接受人大、政协、检察机关及社会各界的监督，加强和改进各项工作。依法接受人大监督。专题报告

法院执行等工作情况，积极配合市人大常委会开展专题调研和集中视察活动5场，认真听取意见建议。市人大代表提出的22件代表建议已全部办结。做好广东、山西等五省（区）全国人大代表来沪视察活动相关工作，代表们对上海法院工作给予充分肯定。认真接受政协民主监督。主动通报法院工作情况，通过走访、座谈等方式听取意见建议。市政协委员提出的14件政协提案已全部办结。改进联络工作。加强与人大代表、政协委员的沟通联络，主动邀请旁听案件审理、现场监督执行、视察法院工作等2200余人次。及时发送《上海法院工作通讯》《上海法院播报》，方便人大代表、政协委员了解和监督法院工作。依法接受法律监督。依法审结检察机关提起的再审抗诉案件64件，其中维持19件，改判26件，发回重审10件，以调解、撤诉等方式结案9件。认真办理检察建议，及时纠正存在的问题，共同维护司法公正。广泛接受社会监督。拓展接受监督的渠道，开展有主题的公众开放日活动，认真听取特邀监督员、特邀咨询员和市律协等意见建议，及时改进工作。

各位代表，过去一年全市法院工作取得的进步，是市委坚强领导，市人大及其常委会有力监督，市政府、市政协以及各级党委、人大、政府、政协和社会各界大力支持的结果。各位人大代表、政协委员对法院工作给予了充分的理解、信任、监督和支持，有力推动了法院工作的进步。在此，我代表全市法院向大家表示衷心的感谢！

回顾过去一年的工作，我们清醒地认识到法院工作中还存在不少问题和困难：一是法官的司法能力水平与审判工作的要求、人民群众的期待还存在一定差距，特别是随着新产业、新业态的快速发展，新类型案件不断出现，法官的司法能力需要进一步提高。二是司法体制改革进入攻坚期和深水区，攻坚克难的任务更重，如司法责任制的落实、人员分类管理、员额制改革、审判资源配置、薪酬制度改革等需要进一步深化、理顺、完善。三是破解执行难虽已取得阶段性成效，但执行体制机制、执行环境、执行作风等方面还有很多不足，执行长效机制有待建立，距离两年基本解决执行难的目标还有很大差距，任务艰巨繁重。四是法院受理的案件数量持续上升，2016 年法官人均办案数达 228 件，同比上升 21.9%，法官超负荷办案，压力不断增大。五是司法廉洁建设仍存在隐患，个别人员违纪违法，损害了司法公信力。对上述问题和困难，我们将切实采取措施，努力予以解决和克服。

各位代表：2017 年，全市法院将全面贯彻党的十八大和十八届三中、四中、五中、六中全会精神，深入贯彻习近平总书记系列重要讲话精神，紧紧围绕国家战略和上海工作大局，牢牢把握当好改革开放排头兵、创新发展先行者根本要求，充分发挥审判职能，锲而不舍推进司法体制改革，建设过硬法院队伍，破解难题、补齐短板，不断提高司法能力、司法质量、司法效率和司法公信力，努力让人民群众在每一个司法案件中感受到公平正义，为党的十九大胜利召开营造安全稳定的社会环境。

一、围绕中心服务大局，着力为经济社会发展营造良好法治环境。准确把握国家战略和上海发展大局对审判工作的新要求，进一步发挥司法职能作用，全面提升防范应对各类风险挑战的能力水平，积极推进平安上海、法治上海建设，为上海自贸试验区建设、具有全球影响力的科技创新中心建设、“四个中心”建设等做好司法服务和司法保障。

二、抓好执法办案第一要务，当好公正司法排头兵。坚持依法独立公正行使审判权，公正高效审理好每一起案件。依法惩治刑事犯罪，维护国家安全和社会稳定。依法审理民商事案件，加大产权保护力度，更好地服务经济发展新常态。依法审理行政案件，促进依法行政。更加自觉接受人大、政协和社会各界监督，以监督促公正，努力提升司法公信力。

三、锲而不舍推进司法体制改革，当好司法改革排头兵。坚持需求导向和问题导向，通过深化改革，着力从根本上破除体制性、机制性、保障性障碍，坚定不移地抓好中央试点和已确定的改革任务的协同推进、跟踪问效和落地生根，让人民群众有更多的获得感。

四、全力破解执行难，实现基本解决执行难的目标。认真落实市人大常委会审议意见，进一步加大执行工作力度，建立执行长效机制，构建综合治理执行难的工作格局，坚决打赢基本解决执行难这场硬仗，努力将上海打造成为全国执行环境最好、执行效率最高的地区之一。

五、践行司法为民根本宗旨，努力满足人民群众多元司法需求。坚持以人民为中心的发展思想，进一步健全完善司法便民利民举措，继续深化“阳光司法、透明法院”建设，让司法更加贴近人民群众。

六、推进“数据法院”“智慧法院”建设，提升法院现代化水平。大力实施大数据战略，推进具有标准化、数字化、实时化、价值化特征的“数据法院”“智慧法院”建设，促进审判体系和审判能力现代化。

七、坚持全面从严治党，建设高素质法院队伍。始终坚持严字当头，把严的标准落实到思想建设、组织建设、作风建设、反腐倡廉建设之中，把严的举措体现在管党治党的全过程和审判执行工作的各环节。持之以恒抓好党风廉洁建设，努力建设一支信念坚定、执法为民、敢于担当、清正廉洁的法院队伍。

各位代表：新的一年，我们将更加紧密地团结在以习近平同志为核心的党中央周围，在市委的领导下，在市人大及其常委会的监督下，在最高人民法院的指导下，在市政府、市政协和社会各界的支持下，开拓进取，扎实工作，贯彻落实好本次会议精神，以优异成绩迎接党的十九大和市第十一次党代会的胜利召开！

附件一

有关用语说明

1. 关于报告数据的说明：审结案件包含本年度收案和上年度部分未结案。基于诉讼阶段不同等因素，“两院”报告中数据存在一定差异。

2. 少年司法保护网站：是市高院研发建立的全国法院首个少年司法保护专门网站（网址：http：//www. hshfy. sh. cn/shsnw）。网站以法院审理的未成年人案例为主要资源，用喜闻乐见的形式来宣传法治，并向未成年人及其监护人提供法律服务，帮助维护合法权益、促进健康成长。

3. 以审判为中心的诉讼制度改革：是党的十八届四中全会部署的重大改革任务，其内涵要求是：全面贯彻证据裁判规则，严格依法收集、固定、保存、审查、运用证据，完善证人、鉴定人出庭制度等，保证庭审在查明事实、认定证据、保护诉权、公正裁判中发挥决定性作用。

4. 认罪认罚从宽制度：是指对犯罪嫌疑人、刑事被告人自愿如实供述自己的罪行，对指控的犯罪事实没有异议，同意人民检察院量刑建议并签署具结书的案件，可以依法从宽处理。2016 年 11 月，全国人大常委会授权最高院、最高检在北京、上海等 18 个城市开展为期两年的试点工作。

5. 基本解决执行难：2016 年 3 月 13 日，最高院周强院长在十二届全国人大四次会议上提出“向执行难全面宣战，用两到三年时间，基本解决执行难问题，破除实现公平正义的最后一道藩篱。”2016 年 4 月 29 日，最高院印发《关于落实“用两到三年时间基本解决执行难问题”的工作纲要》，明确基本解决执行难的总体目标是：被执行人规避执行、抗拒执行和外界干预执行现象基本得到遏制；人民法院消极执行、选择性执行、乱执行的情形基本消除；无财产可供执行案件终结本次执行的程序标准和实质标准把握不严、恢复执行等相关配套机制应用不畅的问题基本解决；有财产可供执行案件在法定期限内基本执行完毕。

6. 实际执行率：是指报告期内以“执行完毕”（生效法律文书确定的执行内容经被执行人自动履行、人民法院强制执行，已全部执行完毕；或者当事人达成执行和解协议，且执行和解协议履行完毕）的方式结案的案件数占全部执行结案数的比例。公式：［执行结案数（执行完毕）/执行结案数（全部）］

7. 剔除终结本次执行程序等无财产案件后实际执行率：报告期内以执行完毕方式结案的案件数占剔除无财产可供执行案件后执行结案数的比例。公式：［执行结案数（执行完毕）/执行结案数（剔除无财产可供执行案件数）］。对于中止执行、终结本次执行程序案件，上海法院均采取纳入失信被执行人名单、限制高消费、限制出境等措施，且每三个月通过网络执行查控系统自动对被执行人的财产进行查询，发现可供执行财产，恢复执行。同时，申请执行人发现被执行人有可供执行财产线索的，或者被执行人不履行和解协议内容的，可随时申请恢复执行，不受申请执行时效期间的限制。

8. 清理未实际执结案件：全市法院对2015年12月31日以前未实际执结的20016件案件进行了清理，清理完毕20007件，清理率达99.96%。其中，4361件经恢复执行已实际执行完毕，占已清理案件的21.8%，执行到位金额27.05亿元；2347件系因财产轮候查封、一套房等原因依法裁定终结本次执行程序，占11.7%；13299件系因确无财产可供执行等原因依法裁定终结本次执行程序，占66.4%。剩余9件案件财产正在变现中。

9. 恢复执行：人民法院对符合法定条件而中止执行、终结本次执行程序，或达成和解协议等执行案件，因中止情形消除、具备执行条件或一方当事人不履行和解协议等事由出现，而由法院继续执行原生效法律文书的情形。

10. 执行裁判庭：是上海法院推进执行体制改革，优化执行权力配置，实现执行实施工作与执行裁决工作相分离，强化执行工作监督制约而新设立的审判业务庭。主要职能是负责涉执行诉讼案件的审判和执行异议的审查。目前全市三级法院均已设立执行裁判庭，严格落实执行异议制度，切实保障当事人救济权利，2016 年受理执行异议、复议案件 1836 件，审结 1697 件，同比分别上升 40. 2% 和 41. 9% 。

11. 无财产可供执行案件的认定：以穷尽财产调查措施并对被执行人采取执行措施为实质条件，以事先征求当事人意见并履行审批手续为程序条件，查明被执行人无财产或不具备强制执行条件的，法院裁定本案执行程序阶段性终结并做结案处理。当事人不服的可以提出异议。为规范此类案件认定，市高院专门制定了《关于确认和终结无财产可供执行案件若干问题的规定》（沪高法执〔2016〕13 号）。

12. 执行工作“五查”专项治理：是市高院在全市法院组织开展的执行工作“查思想认识、查工作作风、查制度落实、查执行款（物）管理和查执行不力”的专项整治活动。

13. 司法公信力指数：包含执法办案、人权保障、司法改革、司法公开、司法为民、司法廉洁六个方面，并具体化为 61 项指标，涵盖了审判执行工作的方方面面，呈现出系统性、客观性、科学性和导向性的特征，发布周期每年一次。

14. “数据法院”：是上海法院实施大数据战略制定的信息化建设目标，主要是把司法大数据作为人民法院发展的战略资源，运用各类信息新技术，创建广泛汇聚、开放共享、标准规范的大数据中心，完善创新驱动、需求导向、日臻完善的大数据信息系统，建立智慧决策、保障有力、协同治理的大数据分析平台，构建运行稳定、能力先进、自主可控的大数据运行基础，强化全程可控、分类施策、加固认证的大数据安全屏障，推进信息化与法院工作高度融合，推进“智慧法院”建设，实现审判体系和审判能力现代化。

15. “智慧法院”：最高院提出建设“智慧法院”，即以确保司法公正高效、提升司法公信力为目标，充分运用互联网、云计算、大数据、人工智能等技术，促进审判体系与审判能力现代化，实现人民法院高度智能化的运行与管理。“智慧法院”面向法官、当事人及社会各界提供全方位智能服务。

16. 司法巡查：市高院制定了开展司法巡查工作的实施办法，对全市基层法院开展司法巡查。巡查内容重点是法院班子遵守党的政治纪律和政治规矩、执行民主集中制、落实中央八项规定精神、加强干部选拔任用管理教育、落实党风廉洁建设“两个责任”等方面。

附件二

有关案例说明

1. 上海福喜食品有限公司等生产、销售伪劣产品案：上海福喜食品有限公司、福喜食品有限公司将回收和过期的烟熏风味肉饼等食品重新加工包装后销售。嘉定区法院以生产、销售伪劣产品罪，判处两公司罚金各人民币 120 万元，10 名相关责任人有期徒刑并处罚金。市三中院维持原判。该案入选“2016 年度人民法院十大刑事案件”。

2. 南海黄岩岛附近海域海难事故案：香港瑞生船务有限公司所有的“瑞生”轮在南海黄岩岛附近海域沉没，失踪船员的近亲属向上海海事法院申请宣告失踪船员死亡后，又申请确认有关调解协议效力。2016 年 7 月 5 日，上海海事法院开庭审理并当庭宣告十名失踪船员死亡，确认相关调解协议有效。

3. 全国首例电竞游戏赛事直播纠纷案：耀宇公司获得 DOTA2 亚洲邀请赛在大陆地区的独家视频转播权。斗鱼公司未经授权实时直播该赛事，且使用了耀宇公司标识。浦东新区法院认定斗鱼公司构成不正当竞争，判决其承担消除影响、赔偿经济损失及合理费用共 110 万元。上海知识产权法院维持原判。该案入选“2016 年度人民法院十大民事行政案件”。

4. 淘宝差评案：王某在申某的淘宝网店上购买一条皮裤，收到货品后质疑非正品并给差评。双方因差评事宜产生争议，后王某又追加了评论。协商无果后，申某提起诉讼要求王某撤销差评，书面道歉，并赔偿经济损失。黄浦区法院审理后判决不予支持，市二中院维持原判。该案入选“最高人民法院公报案例”“2014 年—2016 年中国互联网法治十大影响性案例”。

5. 大众点评诉百度不正当竞争案：大众点评网以百度公司运营的“百度地图”及“百度知道”未经许可，大量抄袭、复制其所有的商户信息、用户点评等内容，构成不正当竞争为由提起诉讼。浦东新区法院一审判决百度公司停止不正当竞争行为，赔偿经济损失300万元及合理费用23万元。该案入选“2014年—2016年中国互联网法治十大影响性案例”。

6. 全国首例因代孕引发的监护权纠纷案：男女再婚后购买卵子，由男方提供精子，委托另一女性代孕生育一对龙凤胎。男方因病离世后，其父母以女方与孩子没有血缘关系为由，提出担任孩子监护人的诉请。市一中院审理后认为，女方与孩子已形成有抚养关系的继父母子女关系，由女方取得监护权更利于孩子的健康成长，裁定驳回祖父母诉请。该案入选“2016年度人民法院十大民事行政案件”。

附件三

上海法院工作有关数据图表

1. 2013 年—2016 年上海法院受理、审结案件数量走势图

（单位：万件）

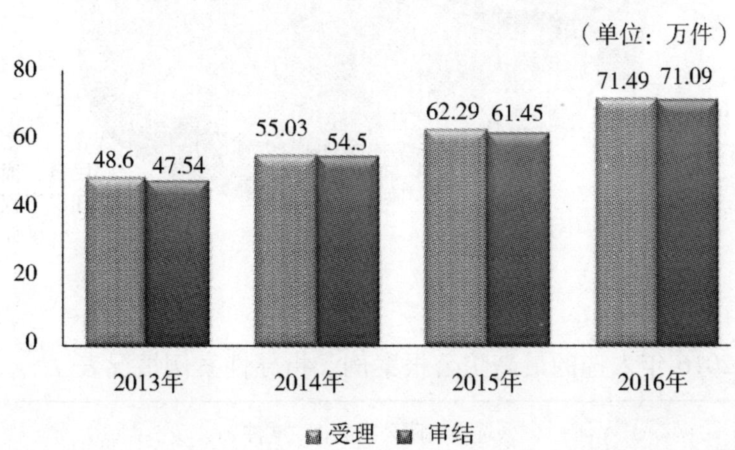

2. 2013 年—2016 年上海法院法官人均办案走势图

（单位：件/人）

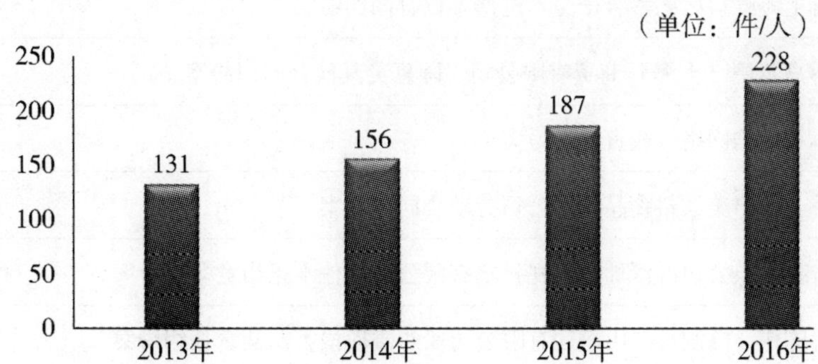

3. 2016 年上海法院审执结各类案件构成图

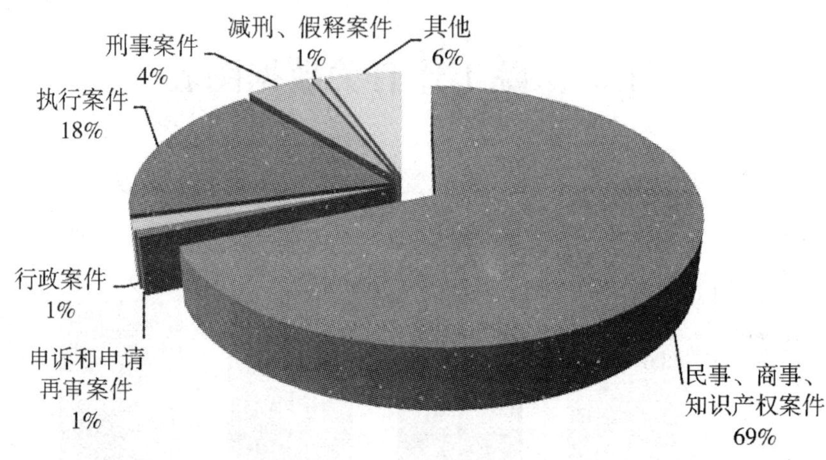

4. 2016 年入选的最高院公报案例、指导性案例情况表

入选最高院公报案例（9 件）
中静实业（集团）有限公司诉上海电力实业有限公司等股权转让纠纷案
刘青先诉徐飏、尹欣怡抚养费纠纷案
上海市长宁区人民检察院诉李某某盗窃案
李稳博诉上海虹口区艺术合子美术进修学校合同纠纷案
应高峰诉嘉美德（上海）商贸有限公司、陈惠美其他合同纠纷案
申翠华诉王铮韵网络侵权责任纠纷案
包利英诉上海申美饮料食品有限公司劳动合同纠纷案
北京爱奇艺有限公司诉深圳聚网视科技有限公司其他不正当竞争纠纷案
毛雪波诉陈伟、嵊泗县江山海运有限公司船舶碰撞损害赔偿责任纠纷案
入选最高院指导性案例（1 件）
上海市虹口区久乐大厦小区业主大会诉上海环亚实业总公司业主共有权纠纷案

5. 2016年市高院制定的部分规范性文件情况表

服务大局	《关于为长江经济带发展提供司法服务和保障的实施意见》(沪高法〔2016〕243号)
	《知识产权审判“十三五”规划》(沪高法发〔2016〕5号)
司法改革	《关于完善司法责任制的实施意见》(沪高法〔2016〕155号)
	《关于推进以审判为中心的诉讼制度改革试点工作实施方案》(沪高法〔2016〕178号)
	《关于开展行政案件集中管辖改革试点工作的实施方案》(沪高法〔2016〕220号)
	《上海法院推进执行体制改革试点工作实施方案》(沪高法〔2016〕162号)
	《司法智库建设纲要(2016—2018)》(沪高法〔2016〕459号)
	《司法公信力指数(试行)》(沪高法〔2016〕377号)
	《“数据法院”建设发展规划(2017—2019)》(沪高法〔2016〕318号)
	《关于法官助理管理办法(试行)》(沪高法〔2016〕236号)
	《关于独任审判员、审判长资格确认的暂行办法》(沪高法〔2016〕191号)
执行工作	《关于全市法院执行工作统一管理、统一指挥、统一协调的若干意见(试行)》(沪高法〔2016〕437号)
	《关于开展破解“执行难”专项治理的方案》(沪高法〔2016〕113号)
	《关于执行办案责任制的若干意见(试行)》(沪高法〔2016〕433号)
	《执行人员行为基本规范(试行)》(沪高法执〔2016〕15号)
	《关于完善立案、审判、执行工作衔接机制的意见》(沪高法〔2016〕355号)
	《关于确认和终结无财产可供执行案件若干问题的规定(试行)》(沪高法执〔2016〕13号)
	《关于执行实施与执行裁判工作衔接办法(试行)》(沪高法〔2016〕441号)
	《关于金钱债权执行实施案件流程管理的规定(试行)》(沪高法执〔2016〕9号)
	《关于执行警务保障工作若干问题的意见(试行)》(沪高法〔2016〕432号)
队伍建设	《2016—2020年上海法院教育培训规划》(沪高法〔2016〕414号)
	《关于建设“文化法院”的意见》(沪高法〔2016〕301号)
	《关于建设“健康法院”的意见》(沪高法〔2016〕302号)

附件四

市人大代表建议、市政协委员提案办理情况

市高院高度重视代表委员意见建议的办理工作，将其作为畅民意、受监督、补短板、促工作的重要抓手，认真办理好22件代表建议、14件政协提案，梳理代表委员在市“两会”期间和“走进法院”视察工作时提出的意见建议，切实抓好整改，有力推动了法院工作。以下为法院办理的代表建议、政协提案情况：

1. 22件代表建议办理情况

代表姓名	建议编号	建议内容	办理情况
史秋琴	0114号	加大道路交通事故损害赔偿案件执行力度形成合力。	健全与公安机关、保险监督机构等单位的沟通协调机制，加大对道路交通事故损害赔偿案件执行力度。
李向农	0200号	在起诉状副本送达被告前完成财产保全。	落实最高院《关于人民法院办理财产保全案件若干问题的规定》；制定《关于完善立案、审判、执行工作衔接机制的意见》，建立了立、审、执各环节的财产查控、财产保全协调配合机制；着力提升财产保全质效。
	0207号	建立随机分案机制。	纳入司法责任制改革，完善案件分案机制，采取随机分案为主、指定分案为辅。
	0310号	增加诉讼中财产保全进度网络查询系统。	建立“执行大数据管理系统”，当事人输入自己的案号，即可查询相关信息。
钱翊樑	0228号	破解执行难。	将破解执行难作为2016年重点工作，一手抓执行难专项治理，一手抓执行体制机制改革，并着力构建综合治理执行难的格局，取得阶段性成效。
朱国健	0291号	探索国家会展中心知识产权保护长效机制。	完善知识产权案件管辖机制，充分发挥司法保护知识产权主导作用；通过知识产权联席会议等平台，与相关单位共同探索知识产权保护长效机制。

续表

代表姓名	建议编号	建议内容	办理情况
黄群	0297 号	方便市民和在沪境内外人士办理有无刑事处分记录和公证查核。	积极配合相关职能部门开展好此项工作。
	0300 号	建立个人信息服务平台创设便捷高效查询途径。	积极配合相关公共信用信息服务平台开展好此项工作，及时准确提供相关信息。
吴坚	0328 号	建立第三方对法院执行工作评估制度。	在全国率先发布“司法公信力指数”，61 项指标中有 10 项指标涉及执行工作。
	0329 号	试点律师进驻人民法院担任志愿者。	积极推动律师参与化解和代理涉诉信访案件工作，全年律师参与接待来访 2976 人次，同比上升 14.7%。
厉明	0452 号	推进环境公益诉讼工作。	落实最高院《关于审理环境民事公益诉讼案件适用法律若干问题的解释》，加强环境公益诉讼工作。
林丽平	0455 号	完善人员分类管理。	加强法官员额动态管理，建立法官员额退出机制，制定法官助理管理办法。
陈平	0459 号	在铁路上海站地区开展“跨管辖区划”执法。	纳入行政案件集中管辖改革，目前均由上海铁路运输法院管辖。
吴梦秋	0504 号	进一步加强通信短信息监管。	依法严厉惩治涉伪基站犯罪，发布典型案例，发送司法建议。
刘正东	0516 号	进一步改进破产案件有关工作。	纳入破产审判方式和工作机制改革，积极推进。
柏万青	0635 号	加大《中华人民共和国反家庭暴力法》宣传。	以案释法，通过多种媒体，加强反家暴典型案例宣传。
	0831 号	泛滥的小额贷款欺诈案件谁来管?	加大民间借贷案件审理中事实审查，甄别复利问题；严惩小额贷款公司高利放贷引发的犯罪案件。
刘琼	0672 号	关于司法改革的建议。	继续推进员额制改革，人员分类管理制度进一步健全完善。
白爱军	0706 号	加快旧改案件审理。	纳入行政案件集中管辖改革试点，妥善审理旧改案件，提升审判质效。

续表

代表姓名	建议编号	建议内容	办理情况
王中	0760 号	推进贯彻落实《上海市台湾同胞投资权益保护规定》。	开展涉台政策法规培训，提升审判专业化水平，完善配套机制，多元化解涉台纠纷。
	0778 号	将法庭庭审录音录像记录备份给当事人促进阳光司法。	制定《关于推进庭审直播工作的暂行规定》，开通上海法院庭审公开网，深化庭审直播工作。
童丽萍、厉明、刘正东、吴坚、盛雷鸣、吴强、钱菊英	0773 号	在本市铁路法院设立专门破产审判庭。	上海铁路运输法院成立了破产案件审判庭；市三中院（铁路中院）筹备设立清算与破产审判庭。

2. 14 件政协提案办理情况

委员姓名	提案编号	提案内容	办理情况
民建上海市委	0238 号	完善离婚财产分割和抚养费给付制度。	积极开展家事审判方式和工作机制改革，妥善化解家事矛盾纠纷，充分保障妇女儿童合法权益。
戴作为	0327 号	解决本市房屋征收中居民“签约不搬”问题。	依法审理房屋征收行政案件和非诉执行案件，妥善化解矛盾纠纷，促进征收工作顺利推进。
孙燕珍、张娣、王勇	0397 号	加强预防和打击电信诈骗的力度和效度。	加强与公安、检察机关协调配合，依法严惩电信诈骗犯罪，注重典型案例宣传，提高防范能力。
尧金仁	0437 号	缓解法院案多人少突出矛盾。	采取了优化审判资源配置、推进案件繁简分流、完善多元化纠纷解决机制、推进信息化建设等举措。
何勤华	0503 号	优化选任条件、探索法律职业共同体人才流动机制。	完善法官选任机制，细化选任资格条件和选拔标准，吸引优秀律师、法学专家加入法官队伍。
	0505 号	加强游戏产业知识产权保护。	加强涉网络游戏知识产权案件审理，积极探索专家证人出庭制度，解决事实认定中的技术难题，提升审判质效。
刘艳、陈宁	0520 号	完善法院人员分类管理改革。	开展第二批法官入额遴选，完善法官助理体制机制，加强各类人员业绩考核。

续表

委员姓名	提案编号	提案内容	办理情况
周秀芬、韦源	0601号	推进人民陪审员制度改革。	深化人民陪审员制度改革，拓展选任渠道，规范选任方式，落实经费保障。
薄海豹	0693号	完善司法改革配套制度，处理好立案登记制与案件增多矛盾，完善审委会职能，提高法官收入，选拔优秀人才进入法官队伍。	健全完善多元化纠纷解决机制、繁简分流机制，缓解案多人少矛盾；落实司法责任制，明确审判责任认定和追究情形；完善审委会功能；完善法官职业保障制度；完善从律师、法学专家选拔法官制度。
吕红兵、胡光、黄绮、江宪、裘索、吴家平、游闽键、周天平、张毅	0736号	建立律协对法院工作的第三方评价机制。	在全国率先发布“司法公信力指数”，开展第三方评估，特别是积极探索被执行人无财产可供执行的第三方评估体系建设。
杨爱华、孙海彬、范佳健、黄春华、黄绮	0746号	完善房屋征收中共有产权房屋征收补偿签约制度。	严格适用《物权法》相关规定，加强房屋征收中涉共有产权案件审理，保障共有产权人合法权益。
曹艳春	0760号	完善员额制改革，加强法官职业保障。	积极推进落实，如开展了第二批法官跨院遴选，薪酬制度改革取得实质进展等。
虞钢	0788号	优化司法拍卖流程，开通网上拍卖渠道。	落实最高院《关于人民法院网络司法拍卖若干问题的规定》，制定上海法院实施细则，推进网络司法拍卖改革。
樊丽明、何勤华、吕红兵、安翊青、刘小兵	0845号	建立高校与法院协同培养人才机制。	积极创新与法律院校协作机制，全市各法院均与相关法学院签订了实习基地协议，通过司法实践，提高学生实践能力。

江苏省高级人民法院工作报告

——2017年2月8日在江苏省第十二届人民代表大会第五次会议上

江苏省高级人民法院院长　许前飞

各位代表：

现在，我代表江苏省高级人民法院向大会报告工作，请予审议，并请各位政协委员提出意见。

2016年，全省法院在党委领导、人大监督、政府支持和政协民主监督下，深入贯彻落实中央、省委和最高人民法院决策部署，认真落实省十二届人大四次会议有关决议精神，紧紧围绕“让人民群众在每一个司法案件中感受到公平正义”的目标，坚持司法为民公正司法，依法服务创新发展，强化民生权益保护，深入推进司法改革，加强法院队伍建设，各项工作取得新进展。全省法院受理案件1820788件，其中新收案件1528201件，审执结1471778件，同比分别增长8.67%和9.75%。省法院新收案件14700件，审执结13804件，同比分别增长19.45%和26.12%。

一、积极参与平安江苏建设，不断增强人民群众安全感

立足司法审判职能，推动完善社会治理体系，注重社会矛盾纠纷

的依法治理、综合治理和源头治理，依法保障人民安居乐业，维护社会安定有序。

依法惩处刑事犯罪。新收一审刑事案件 75289 件，同比下降 1.43%，审结 75801 件，同比增长 4.08%，判处罪犯 87751 人，同比增长 3.75%。一审审结故意杀人、绑架、抢劫、强奸等严重刑事犯罪案件 2314 件 2765 人。一审审结盗窃、诈骗、危险驾驶、交通肇事等多发性犯罪案件 44791 件。严惩毒品犯罪，一审审结涉毒品犯罪案件 5357 件。严惩危害食品、药品安全犯罪，一审审结此类案件 1006 件，同比增长 101.60%。依法审理山东济南非法经营疫苗系列案件。加大对非法集资等涉众型经济犯罪的打击力度，积极协调公安、检察机关共同做好涉案财物的评估、拍卖及发还工作，努力为被害人挽回经济损失。

积极参与社会治安综合治理。参与打黑除恶专项斗争，严厉惩处黑社会性质组织和恶势力团伙犯罪，有效净化社会治安环境。参与全省互联网金融犯罪专项整治活动，组织开展电信网络诈骗犯罪集中宣判，着力营造防骗反骗的社会氛围，教育人民群众，震慑犯罪分子。积极开展判处实刑罪犯未执行刑罚专项清理活动，将纳入清理范围的 535 名罪犯收监执行。严格规范减刑假释审理工作，积极推进社区矫正信息对接试点工作，办理减刑假释案件 31347 件。针对经济发展和社会治理中存在的隐患和问题，向党政机关和有关单位提出司法建议 1040 条。

推进矛盾纠纷多元化解和源头预防。围绕征地拆迁、环境污染、非法集资、企业破产等群体性涉诉纠纷，积极争取党委政府、人民团体、基层组织支持，有针对性地开展化解调处工作。在各级法院诉讼服务中心设立人民调解工作室和律师工作站，协调司法行政机关派驻人民调解员 3828 人，积极引导当事人选择非诉讼途径理性表达诉求。针对物业、保险、道路交通、劳动争议、互联网金融等矛盾纠纷多发领域，积极会同相关部门，完善诉调对接机制，努力形成工作合力。在基层法院诉讼服务中心设立速裁庭，努力实现繁案精审、简案快审。

全省法院适用小额诉讼程序审理案件 106716 件，同比增长 107.50%。

二、依法服务和保障创新，促进更高质量和效益的发展

围绕创新在发展全局中的核心位置，立足司法推进全面创新，增强服务产业结构调整和创新驱动发展的针对性、实效性。

营造有利创新的良好氛围。助力“大众创业、万众创新”，依法保障企业家投资权益，激发创业热情。新收一审商事案件 160036 件，审结 163193 件，同比分别下降 7.75% 和 0.72%。坚持鼓励与规范并重的价值取向，依法审理“互联网+”背景下引发的网络约车、快递服务、金融消费、网络购物等新型纠纷案件，保障新产业、新业态健康发展。加大对创业投资、公平竞争、技术创新的司法保护力度。新收一审知识产权案件 10058 件，审结 10142 件，同比分别增长 9.65% 和 13.14%。加强对关键核心技术、战略性新兴产业的司法保护，推动产业结构转型升级。依法受理加拿大无线未来科技公司诉索尼移动通信产品（中国）有限公司等标准必要专利侵权纠纷案。在南京、苏州设立跨区划管辖的知识产权法庭，发挥集中管辖优势，提升专利等技术类案件审理水平。

积极促进经济转型发展。省法院制定出台服务保障供给侧结构性改革去产能的意见，依法积极稳妥处置僵尸企业，淘汰落后产能。新收各类破产案件 805 件，审结 429 件，同比分别增长 43.75% 和 53.21%，共化解债务 214.27 亿元，安置职工 15810 人。积极通过重整、和解程序挽救具有再生价值的企业，全省最大国有上市船企江苏舜天船舶股份有限公司破产重整案等一批案件顺利审结。积极服务开放型经济发展，依法平等保护中外当事人合法权益，一审审结涉外、涉港澳台商事案件 1444 件。依据当事人申请，首次基于互惠原则裁定承认和执行新加坡高等法院商事判决。

依法规制金融创新、防范金融风险。准确把握金融债权保护与实体经济发展关系，依法划定金融创新合法与非法边界，统一司法裁判

尺度。妥善处理涉互联网金融平台、互联网支付工具以及利用互联网进行投资理财等引发的纠纷，规范金融秩序，防范金融风险。一审审结涉证券、期货、保险、金融借款等纠纷案件61165件，标的总金额达1116.74亿元。

三、切实强化民生导向，依法保护人民群众合法权益

坚持平等保护、契约自由和诚实守信原则，立足矛盾化解，着眼权益保障，不断满足人民群众多元司法需求。

依法平等保护民事权利。新收一审民事案件680536件，审结678300件，同比分别增长8.23%和10.08%。严格区分经济纠纷与经济犯罪的界限，依法平等保护各种所有制经济产权。根据中央和最高人民法院要求，开展涉产权冤错案件甄别纠正工作。妥善应对部分城市房价过快上涨及限购限贷政策引发的矛盾纠纷，维护房地产市场秩序，一审审结涉房地产纠纷案件18484件，标的金额51.38亿元。依法保护劳动者权利和企业用工权利，一审审结劳动争议案件53531件。及时出台指导意见，保障农村土地制度“三权分置”改革的有效实施。积极推进少年家事审判体制机制试点改革工作，依法保护妇女、儿童、老年人合法权益，一审审结婚姻家庭、三养、继承等案件120438件。依法公正审理涉军租赁合同纠纷案件，支持军队“全面停止有偿服务”改革。维护国防利益和军人军属权益。

依法保障生态文明建设。严厉惩治违法排污、破坏耕地、非法捕捞、跨境倾倒垃圾、走私固体废物等违法犯罪行为。一审审结破坏环境资源犯罪案件933件，判处罪犯1000人，同比分别增长68.11%和75.75%。依法审理环境公益诉讼案件，贯彻恢复性司法和预防性司法理念，切实维护社会公众环境权益，新收环境公益诉讼案件25件。公开开庭审理全国首例由检察机关提起的环境民事公益诉讼案件。依法支持、监督国土、林业、水利等部门履行生态资源保护职责。

积极回应群众关切。严格执行立案登记制，有效杜绝有案不立、

有诉不理和拖延立案现象。制定全省法院诉讼服务中心规范化建设和服务标准，利用互联网登记立案 104245 件，利用 12368 诉讼服务热线提供服务 190794 人次，为人民群众提供更加便捷高效的诉讼服务。充分发挥审判监督职能作用，坚持有错必究，审结申诉、申请再审案件 22755 件，审结再审案件 2717 件，其中改判、发回重审 1407 件。精心打造多功能涉诉信访管理平台，为群众提供多渠道信访途径，办理涉诉信访案件 16523 件次，同比下降 8.76%，连续 8 年保持下降趋势。充分发挥国家赔偿的救济功能，依法审结国家赔偿案件 386 件。为符合条件的当事人发放司法救助资金 6635.68 万元，为经济困难的当事人缓减免诉讼费 6964.84 万元。

扎实推进“基本解决执行难”。落实最高人民法院关于“用两到三年时间基本解决执行难问题”的要求，举全省法院之力向执行难全面宣战，新收执行案件 466747 件，执结 421018 件，执结标的金额 1831.85 亿元，同比分别增长 17.04%、12.16% 和 45.16%。会同省检察院、省公安厅完善拒不执行判决、裁定案件办理机制，71 名拒执罪被告人被追究刑事责任。强化运用搜查、拘传、拘留、罚款等手段，集中开展“现场执行”“凌晨执行”“假日执行”，尽最大努力实现胜诉当事人合法权益。省法院与网易、江苏电视台等媒体合作，对徐州、无锡、苏州集中执行活动进行全媒体直播，累计超过 1200 万网民在线观看，取得良好社会反响。司法网拍 55621 次，成交金额 351.33 亿元，同比增长 187.58%，最高单笔成交价 8.31 亿元。

四、积极参与法治江苏建设，促进提升法治核心竞争力

发挥司法引领、保障和推动作用，依法监督权力、保障权利，推动法治政府、法治社会建设。

积极促进依法行政。坚持依法监督与支持并重，促进行政机关依法行政，依法保护行政相对人合法权益，新收一审行政案件 13617 件，同比下降 9.64%，审结 13714 件，同比增长 3.17%。与省政府联合召

开全省行政复议行政审判工作联席会议，通报工作情况，解决突出问题，从源头上预防化解行政纠纷。严格审查行政行为合法性，依法附带审查行政规范性文件，一审判决行政机关败诉1145件，行政机关一审败诉率为8.35%，同比上升1.2个百分点。继续推行行政审判年度报告制度，分析败诉案件成因，提出规范执法建议。促进提升行政机关负责人出庭应诉实效，行政机关负责人出庭应诉率为83.14%。

依法惩治职务犯罪。根据最高人民法院指定管辖，依法审理“山西系列”重大职务犯罪案件。山西省人大常委会原副主任金道铭受贿案、山西省政协原副主席令政策受贿案等7名省部级被告人犯罪案件均已公开开庭宣判并交付执行。加大对征地拆迁、企业改制、食品安全、教育、医疗等领域职务犯罪的打击力度，一审审结国家工作人员贪污贿赂、渎职犯罪案件1544件1892人，其中厅局级干部8人、县处级干部81人。加大对行贿行为打击力度，一审审结行贿犯罪案件107件，同比增长18.89%。积极开展反腐败国际追逃追赃案件审判工作，依法审理“红色通缉令”首名落网人员戴学民挪用公款案。

强化人权司法保障。推进以审判为中心的诉讼制度改革，充分发挥庭审在查明事实、认定证据、保护诉权、公正裁判中的决定作用，全力防范、纠正冤假错案，侦查人员、鉴定人出庭作证282人次，判决宣告包括16名自诉案件被告人在内的27人无罪。依法保障被告人合法权益，依法通知法律援助机构为2626名被告人指派辩护律师。准确把握死刑政策，规范死刑案件办理，死刑案件核准率继续保持全国先进位次。

推进社会诚信体系建设。省法院与45家省级机关召开联合信用惩戒联席会议，省委、省政府制定对失信被执行人实施联合惩戒的意见。推动将失信被执行人名单嵌入相关领域办公平台，被执行人乘坐飞机高铁、进行高消费、担任企业高管、参加招投标、对外投资、出国出境以及贷款等均受到限制。向最高人民法院“失信被执行人名单”推送信息299976人次，促使52279名被执行人履行义务，同比增长

192.42%。依法规制知假买假、消费欺诈等行为，积极营造公平诚信的消费环境。推动将虚假诉讼、恶意诉讼、滥用诉权等诉讼失信行为纳入社会征信系统。加大对虚假诉讼案件的查处力度，对发现和确认的虚假诉讼案件及时予以清理纠正。

着力提升群众法治意识。落实“谁执法谁普法”责任，以深化司法公开为抓手，引导群众理性表达诉求、依法维护权益，努力培养讲规则、守规则和按规则办事的社会习惯。省法院经审委会讨论公开发布典型案例40件，全省法院在“中国裁判文书网”公布裁判文书791819份。围绕社会关注的打击毒品犯罪、知识产权保护、妇女儿童权益保护等热点问题，举行新闻发布会517场次。通过庭审互联网直播平台直播庭审41488场次，同比增长149.18%。连续五年开展“送法进社区”活动，拍摄微电影62部，利用法院网站、微博、微信等及时发布法院信息，积极弘扬职业道德、社会公德、家庭美德，不断扩大法治宣传效果。

五、蹄疾步稳推进司法改革，不断提升司法公信力

按照中央、省委和最高人民法院的部署要求，在省有关部门的大力支持下，稳妥有序推进司法改革，制定配套文件34个，法官员额制改革、审判团队机制改革、书记员管理体制改革、人民陪审员制度改革等多项改革措施受到中央政法委和最高人民法院主要领导同志肯定。

法官员额制改革基本完成。全面启动全省法院首批员额法官遴选工作，坚持向基层倾斜、向办案一线倾斜，按照“定岗、定员、定责”原则科学设定员额法官岗位，严格职业道德评价和业绩考核标准，确保法官遴选工作公开、公平、公正。根据遴选委员会审议意见并向社会公示，全省法院产生6203名员额法官，占全省法院中央政法专项编制总数的33.40%。

司法责任制改革深入推进。按照“让审理者裁判、由裁判者负责”的要求，建立院庭长权力清单，健全法官业绩评价、审判责任追究等

制度机制。全面推进以法官为中心的审判团队建设，促进审判权公正高效运行。明确院庭长办案标准，实现院庭长办案常态化和全覆盖，全省法院院庭长担任审判长或独任审结案件607625件，占结案总数的41.29%。深入推进人民法庭审判权运行机制改革，全省人民法庭审结案件339364件。全省法院在收案数量继续增长的情况下，结案总数和法官人均结案数同比均有上升，审判质量和效率进一步提高。

司法人员职业保障制度改革逐步落实。在省委组织部的支持下，扎实推进法官单独职务序列改革，顺利完成对员额法官等级的确定工作。积极配合省人社厅、省财政厅制定实施意见，推动法官薪酬制度改革在全国率先落到实处。会同省委组织部、省委政法委等五部门联合下发《关于推进书记员管理体制改革实施方案》，明确书记员作为全省法院的司法雇员，纳入财政保障范围。会同省人社厅做好书记员岗位等级评定工作，首次为4149名书记员颁发岗位等级证书。成立法官权益保障委员会，依法维护法官的合法权益。

积极推进信息化与审判工作深度融合。推进“智慧法院”建设，制定江苏法院信息化建设五年发展规划，积极利用大数据、云计算、移动互联等信息技术，推动司法审判、司法决策和管理手段的变革。建设江苏法院云平台，经最高人民法院批准，在东南大学成立全国首家“人民法院司法大数据研究基地”。探索运用庭审智能语音转文字、审判信息智能检索推送、类案文书智能生成等技术辅助手段，提高审判质量效率。

一体推进各项司法改革任务。会同省委政法委等五部门联合下发工作方案，推进设立跨行政区划法院改革试点，经最高人民法院同意，南京、徐州铁路运输法院已跨行政区划集中受理行政诉讼案件。贯彻落实省委深改组审议通过的实施方案，深入推进人民陪审员制度改革试点工作。推进审判权与执行权相分离体制改革试点，设立执行裁判庭专门办理涉执行的监督和裁判案件，实行执行人员分类管理，加强执行警务保障，执行工作体制机制进一步优化。南京市被全国人大常委会确定为刑事案件认罪认罚从宽制度试点地区。

六、全面加强法院队伍建设，努力打造高水平司法

坚定推进全面从严治党，按照“五个过硬”的要求，提升法院队伍素质。认真配合省委第七巡视组专项巡视省法院党组工作。

扎实开展“两学一做”学习教育。认真落实中央和省委部署要求，强化对学习教育的组织领导和督促检查，省法院举办中心组学习、专题党课等56场次。全省各级法院结合实际制定实施方案，组织开展民主生活会和专题讨论。注重加强和规范党内政治生活，严守党的政治纪律和政治规矩。广大法官和其他工作人员在学习教育中坚持对标找差、即行即改，争做合格党员、合格法官。全省法院有45个集体、94名个人受到中央、省有关部门和最高人民法院表彰奖励。东台市法院党总支被中共中央授予“全国先进基层党组织”称号。南京市鼓楼区法院、沭阳县法院、海门市法院被最高人民法院授予“全国优秀法院”荣誉称号。

培育职业品格、提升司法能力。2016年3月起，省法院以“供给侧结构性改革可能引发的法律问题及司法应对”为主要内容，在全省法院组织开展了为期3个月的专题调研，强化成果转化，指导审判实践，不断提升应对新情况、解决新问题的能力水平。注重法官职业品格养成，在“国家宪法日”组织新任审判员集体宪法宣誓。江苏法院优秀案例入选最高人民法院指导性案例和公报案例总量继续位居全国法院第一位，南京中院审结的江苏舜天船舶股份有限公司破产重整案、顾某诉教育局重新划分施教区案入选2016年度全国法院十大民事行政案件，徐州市鼓楼区法院审结的全国最大网络贩卖野生动物案入选2016年度全国法院十大刑事案件。定期举办司法讲堂、专题讲座和视频培训，举办各类培训班41期、网络视频培训15次。发挥先进典型的示范引领作用，与省妇联联合开展首届“江苏优秀女法官”评选活动。与省总工会、省人社厅联合举办全省法院司法警察技能竞赛。

坚持挺纪在前，预防、惩治违纪违法行为。严格落实《党内监督条例》，认真落实防止干预过问案件的“两个规定”，加强廉政风险防控。制定下发江苏法院党风廉政建设“两个责任”清单及实施意见，对落实“主体责任”和“监督责任”情况开展专项检查。在全省法院启用领导干部干预插手案件、司法机关内部人员过问案件信息登记系统，定期排查、梳理。坚持把纪律挺在前面，省法院先后对6个中级法院开展了司法巡查，全省三级法院开展审务督察313次，发出通报156份。坚决依法依纪查处违纪违法问题，全省法院查处违纪违法人员80名，其中追究刑事责任7人。

各位代表，坚持党的领导和人大监督是人民法院依法独立公正行使审判权的重要保障。全省法院牢固树立党的观念和监督意识，坚决贯彻中央、省委的决策部署，认真落实向党委报告工作制度，确保法院工作正确方向。自觉接受人大及其常委会的监督，省十二届人大四次会议闭幕后，针对代表提出的审议意见，省法院认真研究，逐条落实整改。配合省人大常委会专题审议全省法院司法责任制改革工作。接受政协民主监督，主动通报工作，听取意见建议。加强与人大代表、政协委员的日常联络，邀请人大代表13668人次、政协委员5409人次参与、见证法院活动，监督法院工作。重点围绕代表委员关心的“执行难”问题，在全省法院组织开展专项联络活动，邀请代表委员现场见证执行工作。依法接受检察机关诉讼监督，审结再审抗诉案件185件，其中改判、发回重审118件。积极拓展接受监督渠道，省法院出台依法保障律师执业权利的意见，尊重和保障律师依法履职。畅通民意沟通渠道，广泛接受社会监督，推进公正为民司法。

一年来，全省法院能够顺利完成繁重的审判执行任务，稳步推进司法体制改革试点工作并取得积极成效，离不开省委领导、人大监督及政府、政协和社会各界的大力支持，离不开代表委员的关心帮助。在此，我代表省法院表示衷心的感谢和诚挚的敬意！

面对新形势和新要求，我们也清醒地认识到，全省法院工作还存在一些问题和困难，主要表现在：面对高水平全面建成小康社会的新要求，服务创新发展的针对性和实效性有待增强，切实保障人民群众合法权益的力度有待加大。面对让法治成为我省核心竞争力的新要求，司法能力和水平、案件质量和效率、队伍素质和作风都还存在短板。面对司法体制改革的新进展，如何全面落实司法责任制，正确处理权力、责任与监督的关系，需要深入研究。面对法官员额制改革后，一线法官人数有所减少的新形势，如何解决好一线审判力量减少与案件数量持续增长的矛盾，有效破解案多人少这一长期困扰我省法院的重大难题，需要统筹考虑，妥善解决。对这些问题和困难，我们将切实采取措施，努力加以解决，同时也希望各方面给予更多的关心、理解和支持。

2017 年，全省法院将深入贯彻党的十八大，十八届三中、四中、五中、六中全会和习近平总书记系列重要讲话精神，坚持司法为民、公正司法工作主线，牢牢把握稳中求进工作总基调，增强忧患意识和政治责任感，围绕聚力创新、聚焦富民，围绕提升江苏法治核心竞争力，充分发挥审判职能作用，为高水平全面建成小康社会营造良好法治环境。

一是全力维护社会稳定。严厉惩处严重暴力刑事犯罪，进一步增强人民群众安全感。依法惩处网络新型犯罪，严惩电信网络诈骗犯罪，维护人民群众财产安全和电信网络秩序。依法严惩腐败犯罪，促进党风廉政建设和反腐败斗争深入开展。加强人权司法保障，坚决守住防止冤假错案底线。深入推进社会治安综合治理创新，扎实做好矛盾纠纷风险防范化解工作，推进矛盾纠纷多元化解，促进提升社会治理社会化、法治化、专业化水平。

二是服务创新驱动发展。推动构建多部门共同参与的僵尸企业处置与企业破产联动机制，加快淘汰违法违规产能，提升产能化解实效，促进产业转型升级。强化对关键核心技术、知名商业品牌的知识产权保护，提高对专利等技术类案件的审理水平，力争把江苏法院打造成在国际上具有一定影响力的知识产权司法保护高地。完善环境资源审判机制，依法审理环境公益诉讼案件，提升生态文明保护水平。

三是维护群众合法权益。以增强群众满意度为导向，深化诉讼服务中心标准化和规范化建设，不断提升诉讼服务工作水平。切实加强产权司法保护，增强人民群众财产财富安全感。妥善处理各种新型消费纠纷，依法维护消费者合法权益。集全省法院之力继续推进解决执行难，强化强制措施运用，坚持常态化集中执行，进一步增强执行工作实效，坚决打赢破解执行难攻坚战。依法化解行政争议，积极促进行政机关依法行政。

四是深化司法体制改革。按照中央、省委的决策部署，以“钉钉子”精神狠抓贯彻落实，确保各项司法改革措施在我省落地生根。全面落实司法责任制各项要求，建立科学的管理机制、有效的监督机制、严格的责任追究机制，构建权责清晰的司法责任体系，确保在党的十九大召开之前司法责任制和规定的改革任务基本完成。充分利用信息化和大数据手段，服务审判、服务社会、服务决策，全面提升司法管理水平和审判工作质效。

五是全力打造过硬队伍。坚持用习近平总书记系列重要讲话精神武装头脑，引导广大干警自觉抵制意识形态渗透，坚决站稳政治立场。加强和规范党内政治生活，严守政治纪律和政治规矩。强化党风廉政建设“两个责任”，严格落实党内监督各项措施，坚持挺纪在前，完善查案机制，坚决清除法院队伍中的害群之马。加大对员额法官培训力度，全面提升法官职业素养和履职能力。主动接受人大监督、政协民主监督和社会各界监督，不断加强和改进法院工作。

各位代表，新的一年，我们将紧密团结在以习近平同志为核心的党中央周围，在省委正确领导和省人大有力监督下，认真落实本次大会提出的各项任务，忠诚履职，积极进取，扎实工作，奋力开创全省司法审判事业新局面，为高水平全面建成小康社会提供优质高效司法保障，以优异成绩迎接党的十九大胜利召开！

附件

相关用语说明

1. 山东济南非法经营疫苗系列案件：2016 年 3 月，山东警方破获案值 5.7 亿元非法经营疫苗案。非法经营的疫苗未经严格冷链存储运输销往包括北京、江苏、安徽、内蒙古等 20 几个省份，在全国影响极大。我省立案侦查相关案件 8 起，涉及南京、徐州、连云港、淮安、泰州、宿迁等地区。目前，被告人黄良良、宗仁洪非法经营案，被告人李光跃、王军、戚波、孙业欢滥用职权案等案件已提起公诉，上述案件人民法院正在审理过程中。

2. 判处实刑罪犯未执行刑罚专项清理活动：最高人民法院、最高人民检察院、公安部、司法部在全国范围内联合开展该项活动，对审前未羁押判处实刑罪犯未执行刑罚、被判处有期徒刑以上刑罚剩余刑期在三个月以上的仍羁押在看守所的罪犯、被撤销假释、撤销缓刑、暂予监外执行条件消失尚未收监执行的罪犯等未执行刑罚的情况进行全面清理，符合条件的一律收监服刑。

3. 人民调解工作室、律师工作站：“一室一站”是人民法院深化诉讼服务中心建设的重要举措之一。人民调解工作室是由人民调解委员会在法院诉讼服务中心以及部分派出人民法庭设立，并派驻专职人民调解员从事民事纠纷调解、法律咨询等工作。律师工作站是由律师协会在法院诉讼服务中心设立，从事免费法律咨询、诉讼指导、诉外化解等工作。

4. 加拿大无线未来科技公司诉索尼公司等标准必要专利侵权纠纷案：无线未来科技公司系加拿大老牌专利许可公司 Wi－LAN 旗下的子公司，是“通信网络系统中控制信道”发明专利的专利权人，该专利技术涉及 LTE（4G）网络中控制信道的分配和解码。无线未来科技公司主张索尼公司制造的手机使用了 LTE 技术，要求索尼公司及销售商停止侵权行为，并赔偿经济损失等共计800万元。该案选择在我国提起诉讼，引起全球同行业的关注，一定程度上表明境外公司对中国知识产权司法的信任。

5. 跨区划管辖的知识产权法庭：经最高人民法院批准，南京中院、苏州中院专门设立跨区划管辖的知识产权法庭。目前，南京、苏州知识产权法庭已揭牌成立。知识产权法庭的设立是江苏法院司法发展史上的一件大事，必将更好地推进技术创新、服务创新驱动发展战略，对我省未来的知识产权保护产生积极影响。

6. 江苏舜天船舶股份有限公司破产重整案：该公司截至2015年年底负债达86亿余元。2016年2月，南京中院成立由院长担任审判长的五人合议庭，创新运用“债务重整+重大资产重组”并行的重整新模式，综合运用市场机制、经济手段和法治方法挽救企业，在最高人民法院和中国证监会的支持下，最终重整计划得以通过，各债权人组清偿率均达到100%，最大限度保护了各方权益，为技术落后、产能过剩的上市公司重整提供了有益样本。

7. 基于互惠原则承认外国法院商事判决：2016年12月9日，南京中院依据申请人高尔集团股份有限公司的申请作出民事裁定，裁定承认和执行新加坡高等法院商事判决，这在中新司法实践中具有里程碑意义。

8. 三养：是指婚姻法中规定的“扶养、赡养、抚养”三种义务关系的简称。

9. 环境公益诉讼：是指对已经损害社会公共利益或者具有损害社会公共利益重大风险的污染环境、破坏生态的行为，法律规定的机关和有关组织向法院提起的诉讼。2015年7月，全国人大常委会授权最高人民检察院在江苏等13个省市开展生态环境和资源保护等公益诉讼试点。徐州中院、常州中院在全国率先开庭审理检察机关提起环境公益诉讼案件并当庭宣判，审判程序、庭审方式依法规范，受到最高人民法院的充分肯定。

10. “用两到三年时间基本解决执行难问题”：2016 年 3 月 13 日十二届全国人大四次会议上，最高人民法院周强院长在工作报告中提出：“坚持以人民呼声为第一信号，向执行难全面宣战，深化执行体制改革，提高执行信息化水平，规范执行行为，穷尽执行措施，加强信用惩戒，让失信被执行人寸步难行、无处逃遁，用两到三年时间，基本解决执行难问题，破除实现公平正义的最后一道藩篱。”

11. “现场执行”“凌晨执行”“假日执行”：为解决执行工作中被执行人难找的问题，人民法院根据外出逃避债务、难以查找行踪的被执行人在非工作时间和节假日往往会返回住所、返回家乡的规律，在夜间、假日到被执行人住所或其他可能发现被执行人的场所，通过搜查等手段，对被执行人及其财产采取强制执行措施。

12. “山西系列”重大职务犯罪案件：系山西省系统性、塌方式腐败的重大职务犯罪案件，涉案人数之众、犯罪数额之大、社会影响之广，为建国以来所罕见。经最高人民法院指定管辖，我省法院受理该系列案件共计 41 件 45 人，其中省部级被告人 7 件 7 人，分别为：中国科学技术协会原党组书记、常务副主席申维辰受贿案，山西省人大常委会原副主任、党组书记金道铭受贿案，山西省委原常委、秘书长聂春玉受贿案，山西省委原常委、统战部部长白云受贿案，山西省委原常委、山西省人民政府原副省长杜善学受贿、行贿、巨额财产来源不明案，山西省委原常委、太原市委书记陈川平受贿、国有公司人员滥用职权案，山西省政协原副主席令政策受贿案。法院对上述 7 名省部级被告人分别处以有期徒刑十二年至无期徒刑不等的刑罚，其中申维辰、金道铭、杜善学三人被判处无期徒刑。与此关联的案件已宣判 22 件 25 人。

13. 戴学民挪用公款案：1992 年至 1996 年，戴学民在担任中国经济开发信托投资公司上海证券业务部经理等期间，挪用 3000 余万元公款。2015 年 4 月，在中央追逃办指挥下，上海、江苏等省市追逃办和公安、检察机关相互配合，将戴学民抓获归案。2016 年 7 月，南京中院以挪用公款罪判处戴学民有期徒刑六年。戴学民不服提出上诉，省法院驳回其上诉，维持原判。

14. 法院微电影：结合法院审判执行工作，取材于法官真实的办案经历和各级法院典型案例而拍摄。这些微电影法院特色鲜明，群众喜闻乐见，网络传播广泛，在引导群众知法、守法方面产生积极效果。省法院组织拍摄的微电影《回家》，描写了法院通过温情审判唤醒在外打拼的子女关爱老人、重视亲情的故事。

15. 法官单独职务序列改革：根据中央深改组审议通过的《法官、检察官单独职务序列改革试点方案》，省法院与省委组织部、省委政法委联合制定下发《江苏省法官单独职务序列改革试点暂行办法》，就法官单独职务序列等级评定、晋升及日常管理等提出指导性意见。全省法院首批员额法官遴选产生后，省法院与省委组织部共同部署法官单独职务序列等级评定工作，在全国率先完成对全省法院员额法官的等级确定工作。

16. 法官权益保障委员会：是省法官协会设立的法官自治性、公益性组织，主要工作职责是对合法权益受到侵害的法官给予援助。该保障委员会自成立以来，通过召开新闻发布会、发布典型案例等方式，积极协调有关机关惩处侵犯法官权益行为，推动法官权益保障工作，取得良好效果。

17. 智慧法院：指以确保司法公正高效、提升司法公信力为目标，充分运用互联网、云计算、大数据、人工智能等技术为法官、当事人及社会提供全方位智能服务。2016 年 7 月，中共中央办公厅、国务院办公厅印发《国家信息化发展战略纲要》，将建设“智慧法院”列入国家信息化发展战略。

18. 人民法院司法大数据研究基地：2016 年 7 月，最高人民法院批复同意省法院和东南大学联合设立“人民法院司法大数据研究基地”，这是最高人民法院在全国范围内授牌设立的第一家“人民法院司法大数据研究基地”。

19. 人民陪审员制度改革试点：根据中央深改组通过的《人民陪审员制度改革试点方案》和全国人大常委会审议通过的《关于授权在部分地区开展人民陪审员制度改革试点工作的决定》，最高人民法院、司法部联合部署开展人民陪审员制度改革试点。我省南京中院、盐城中院、南京市鼓楼区法院、无锡市梁溪区法院、苏州市吴中区法院被确定为全国试点法院。试点法院围绕选任改革、参审机制、参审效果、配套保障等进行了创新探索。

20. 刑事案件认罪认罚从宽制度试点：是指犯罪嫌疑人、刑事被告人自愿如实供述自己的罪行，对指控的犯罪事实没有异议，同意检察院量刑建议并签署具结书的，可以依法从宽处理。全国人大常委会授权最高人民法院、最高人民检察院在全国18个城市开展该项改革。

21. 首届“江苏优秀女法官”评选：为全面展示江苏女法官岗位建功、奉献法治的精神风貌和感人故事，省法院与省妇联联合开展首届“江苏优秀女法官”评选活动。经过民主推荐、资格审查、评委评审等程序，评选出10名“江苏优秀女法官”和18名“江苏优秀女法官”提名奖获得者。

浙江省高级人民法院工作报告

——2017 年 1 月 18 日在浙江省第十二届
人民代表大会第五次会议上

浙江省高级人民法院院长　陈国猛

各位代表：

现在，我代表省高级人民法院向大会报告工作，请予审议，并请省政协委员和其他列席人员提出意见。

2016 年主要工作

2016 年，全省法院在省委的领导下，在省人大及其常委会的监督下，在最高法院的指导下，在省政府、省政协和社会各界的关心支持下，全面贯彻党的十八大和十八届三中、四中、五中、六中全会精神，深入学习贯彻习近平总书记系列重要讲话精神，牢牢把握司法为民、公正司法工作主线，忠实履行宪法法律赋予的职责，各项工作取得了新的进展。全省法院受理各类案件 149 万件，办结 145.4 万件，同比分别上升 11.9% 和 14.2%，收案数量居全国第三位，结案数量居全国第二位；其中省法院受理 1.12 万件，办结 1.01 万件，同比分别上升

22.7%和27.1%。一线办案法官年人均结案260.3件，是全国平均数的2.3倍，名列全国第一。上诉率为8%，二审改判发回率为6.7%。主要办案指标继续保持在全国法院前列。

一、全力护航G20峰会，维护社会和谐稳定

全力以赴做好G20峰会涉诉维稳安保工作。全省法院按照中央和省委的周密部署，把护航G20峰会作为首要政治任务，层层签订责任状，加大明察暗访和督察力度，先后6次开展覆盖全省法院的矛盾纠纷大排查，化解了一批矛盾容易激化的信访案件。积极争取最高法院专门下发文件就做好峰会期间的涉诉信访维稳工作向全国法院作出部署，在杭州召开涉诉信访案件督导会，在峰会决战阶段专门派出工作组进驻杭州协调指导工作，全国20余家高院派人参与，使涉及29个省份的534件高风险涉稳案件得到及时妥善处理，确保峰会期间未发生一起涉诉维稳安保事件。深化诉访分离改革，健全律师参与化解和代理涉诉信访案件工作机制，畅通申诉信访渠道。我省法院的涉诉信访工作经验被推荐在中央政法工作会议上作书面交流，《人民日报》专门刊文推介。

加大刑事犯罪惩处力度。新收一审刑事案件8.58万件，审结8.76万件，同比分别下降2%和上升0.4%。严惩严重影响社会治安和群众安全感的各类犯罪行为，审结危害国家安全、暴力恐怖犯罪案件14件，审结杀人、故意重伤、抢劫、绑架、涉黑涉毒等犯罪案件1.3万件。加大对生产、销售有毒有害食品药品犯罪的惩治力度，审结案件854件，切实保障群众“舌尖上的安全”。加大对电信网络诈骗犯罪的打击力度，审结利用网络泄露个人信息、非法买卖信息、生产销售伪基站等犯罪案件710件。审结贪污、贿赂、渎职等职务犯罪案件1198件，判处罪犯1471人，其中原为厅局级的12人，县处级的79人。依法审理最高法院指定管辖的原省部级干部王敏、杨卫泽、何家成、赵少麟等重大职务犯罪案件。加大对行贿犯罪的打击力度，判处罪犯148人，保

持反腐高压态势。

积极参与社会综合治理。创新发展“枫桥经验”，不断健全矛盾纠纷多元化解机制，大力推行诉前辅导分流、诉调对接等工作，诉前成功化解各类纠纷5.5万件，同比上升4.6%。余杭法院道路交通事故纠纷“网上数据一体化处理”综合改革试点工作得到最高法院的高度肯定，并在中央政法工作会议上以视频方式向全国推广。认真做好涉未成年人案件审判工作，严格规范减刑假释和暂予监外执行工作。向相关部门提出各类司法建议738件，反馈率和采纳率达74.9%和72.6%，促进公共决策和社会治理的进一步优化。

二、牢固树立大局意识，主动服务改革发展

依法保障打好转型升级系列组合拳。省法院及时出台《依法服务和保障我省“十三五”规划纲要重点工作的意见》，积极助推“拆、治、归”等中心工作，为全省经济社会持续健康发展保驾护航。加大环境资源保护力度，审结破坏环境资源等犯罪案件1172件，判处罪犯2263人，审结涉环保民事案件180件。绍兴、湖州等地法院专门成立了环境资源审判庭。审结海域内非法捕捞水产品犯罪案件366件，判处罪犯627人，有力支持了海上“一打三整治”专项行动。全面推行“裁执分离”工作机制，妥善处理涉重大项目纠纷，审结行政机关申请强制搬迁、拆除违法建筑案件1.4万件，准予执行率93%，依法支持政府征迁拆违，保护相对人的合法权益，创建良好的创业投资环境。

积极维护市场经济秩序。依法平等保护中小微企业、民营企业的合法权益，审结一审商事案件40.5万件，同比上升18.2%。妥善审理民间借贷、金融借款、证券、互联网金融领域案件，严厉打击逃废金融债务行为，大力推进涉银行不良资产的司法处置，审结金融纠纷10.9万件、民间借贷纠纷17.9万件，审结非法集资、非法吸收公众存款等涉众型经济犯罪案件587件，有效维护正常金融秩序。审结建设工程、商品房买卖等涉房地产案件2.8万件，维护房地产市场的健康发

展。审结涉外商事、海事纠纷7865件，促进了我省开放发展和“一带一路”建设。

稳妥推进“僵尸企业”司法处置。不断加强府院联动等破产审判机制建设，对涉困企业尽可能进行重整救治，对无法救治的企业依法进行破产清算，及时淘汰落后产能。新收破产案件849件，审结427件，同比分别上升36%和32%，通过司法程序促成115家企业重整成功，532家“僵尸企业”有序退出市场。我省破产审判工作得到了最高法院和中国人民银行主要领导的肯定和推介，绍兴中院、安吉法院审理的2起案件入选了最高法院十大破产典型案例。

大力推动创新驱动发展。积极推进“三合一”审判工作，加大知识产权司法保护力度，审结民事纠纷案件1.9万件、刑事案件423件、行政案件12件。宁波、义乌等法院积极打造知识产权综合运用与保护的第三方平台，有效促进了科技成果的转化运用和权利人的快速维权，实现多方共赢。杭州法院大力推广应用全国首创的电子商务网上法庭，妥善处理网上交易、网上支付、网上著作权等纠纷1.6万件。在2016年中国互联网法治大会上，“电子商务网上法庭”被评为优秀“互联网+法律”创新项目。省法院配合最高法院成功举办中央媒体“知识产权司法保护浙江行”活动，扩大了我省知识产权司法保护的社会影响力。

三、积极践行司法为民，切实维护人民群众合法权益

努力提升诉讼服务水平。在全省法院强力推进“大立案、大服务、大调解”三大机制建设，采取有效措施努力满足人民群众的多元司法需求。严格落实立案登记制，探索创新网上立案、跨域立案、延伸立案等方式，努力打通解决“立案难”的最后一公里。台州中院等大力提升新型诉讼服务中心建设水平，省法院等31家法院在全国率先建成律师服务中心，实现线上线下诉讼服务功能互通，为群众诉讼、律师履职提供全方位的服务。开化、岱山等法院运用“车载法庭”“渔船法庭”等方式开展巡回审判，让群众真切地感受到司法服务就在身边。

强化案件繁简分流，依法适用简易程序、小额诉讼程序审理案件62.3万件，大大缩短了诉讼周期，减轻了群众讼累。

大力强化民生保障。审结一审民事案件32.8万件，同比上升4.8%。推进家事审判改革，妥善审理婚姻家庭、继承、赡养、扶养、抚育等案件6.3万件。杭州、温州、衢州等法院针对家庭暴力积极推进人身安全保护令制度；青田法院涉侨家事纠纷人民观察调解团工作机制得到最高法院、中国侨联的肯定和推广。畅通劳动者维权绿色通道，严惩恶意欠薪行为，审结拖欠农民工工资等案件2.7万件，依法对279名拒不支付劳动报酬的行为人追究刑事责任。加大司法救助力度，为当事人缓、减、免交诉讼费8789万元，为1857名被害人和困难当事人发放救助金4011万元。审结国家赔偿案件170件，决定赔偿金额483万元。审结涉军案件366件，依法维护国防利益和军人军属合法权益，不断完善涉军维权长效机制。

切实保护行政相对人合法权益。认真贯彻落实新行政诉讼法，推广跨区域集中管辖，积极推进行政机关负责人出庭应诉制度，有效解决"告官不见官"问题。新收一审行政案件1.12万件，审结1.13万件，同比分别下降4%和上升15.3%。判决案件中行政机关败诉率为27.9%，同比下降4.6%。大力加强司法与行政的良性互动，省法院连续9年向省政府发送行政审判白皮书，得到夏宝龙书记、车俊代省长等领导的批示肯定，车俊代省长还亲自出席省政府与省法院联合召开的第八次府院联席会议并发表讲话。

强力推进基本解决执行难工作。全省法院紧紧盯住用两年时间在全国率先基本解决执行难的目标，积极采取措施，争取各方支持。省委、省人大、省政府领导高度重视，省"两办"联合下发了工作意见、省人大常委会专门作出决定，在全省构建起基本解决执行难的工作大格局。新收执行案件49.6万件，执结46万件，同比分别上升23.8%和22.2%，执行到位720亿元，同比上升25.8%，实际执行率同比提高5%。依托与银行、房产、国土等单位建立的"点对点"网络查控系统，共查询到被执行人款项1533亿元、房产2.3万处；借助公安协控机制，抓获逃避执行的被执行人1.9万人；加强信用惩戒力度，曝光失信被执行人名单90万例，让失信被执行人在置产置业、投融资、高消费等方面“一处失信，处处受限”。严厉打击拒不执行行为，拘留1.6万人，判刑159人。在全国率先出台执行程序与破产程序相衔接的规定，有效解决了160余家涉破产企业的执行难问题。全面推广应用“一人一案一账号”执行案款管理系统，集中清理历史遗留的执行暂存款10万笔103亿元，发放70亿元，清理笔数居全国第一，清理总额和发放金额均居全国第二。加大执行宣传力度，引导社会正确理解“执行不能”和“执行难”的区别。

四、大力推进司法改革和智慧法院建设，促进司法公正高效

不断完善审判权运行机制。稳步推进法官员额制、人员分类管理、法官职业保障和司法责任制等基础性改革，制定完善了30项配套制度，遴选入额法官3597名。探索建立以员额法官为核心的审判团队，推进院庭长办案常态化，完善审判委员会制度，实现让审理者裁判、由裁判者负责，审判绩效得到明显提升。

积极推进以审判为中心的刑事诉讼制度改革。温州乐清等法院大力推行庭审实质化改革，充分发挥庭审在查明事实、认定证据、保护诉权、公正裁判中的决定性作用，得到中央政法委和最高法院的肯定和推广。严格落实罪刑法定和疑罪从无等法律原则，完善证据裁判规则，对26名被告人依法宣告无罪。为1.9万名没钱请律师、可能被判处三年以上有期徒刑的被告人聘请法律援助律师出庭辩护，辩护率达95.4%，继续保持全国第一。杭州法院积极开展刑事案件速裁程序试点工作，已审理案件4764件，平均用时4.7天，比普通程序缩短了96%。

全面深化司法公开。深入推进审判流程、庭审活动、裁判文书、执行信息四大公开平台建设，主动公开依法应当公开的所有司法信息。

上网公布裁判文书257万份，位居全国第一。坚持推进公开透明的网络司法拍卖，全部涉讼资产通过淘宝网公开拍卖，成交率93.4%，平均溢价率51.7%，为当事人节省佣金12亿元。省法院以10.34亿元成功网拍一公司资产，刷新了全国司法网拍成交记录。网络司法拍卖改革成为浙江法院的金名片，已被最高法院推广到全国。

加快建设“智慧法院”。建成覆盖全省法院的数据中心、数字法庭统一管理平台和“审务云”平台，开发浙江法院公开网 、浙江法院律师服务平台和浙江智慧法院APP，为当事人和律师参加诉讼提供更加便捷的服务，努力“让数据多跑路，让群众少跑腿”。推进庭审记录改革，研发推广庭审语音智能识别系统，被最高法院确定为全国庭审记录改革试点。适用远程视频庭审系统开庭审理案件1.2万件，大大提高了审判效率。协助最高法院成功举办乌镇世界互联网大会“智慧法院暨网络法治论坛”，我省法院关于设立网络法院的主旨发言引起热烈反响，得到了省委、中央改革办和最高法院的肯定和支持。我省“智慧法院”项目被评选为“2016年度互联网+法治建设十大典型案例”。

五、扎实开展“队伍建设年”活动，全面落实从严治院

全省法院坚决落实夏宝龙书记在全省政法干部队伍建设座谈会上提出的“七个绝不允许”要求，深入开展了“队伍建设年”活动，在全省法院形成了抓队伍建设的浓厚氛围，取得了明显成效，得到了最高法院的充分肯定并向全国推广。

认真开展专项教育活动。切实抓好“两学一做”学习教育，大力弘扬社会主义核心价值观和社会主义法治理念。坚持问题导向，出台补短板促发展的24条意见，并形成整改清单逐项抓落实。省法院率先在机关开展“问计献策，共谋发展”活动，院党组在广泛征集意见的基础上公开作出承诺并提前为干警办好10件实事，有效增强了队伍的凝聚力和向心力。充分发挥先进典型的引领作用，组织开展全省法院标杆集体和先进个人标兵等评选表彰活动，涌现出省级以上先进集体

141个、先进个人297名。

大力加强党风廉政建设。在全国法院率先制定庭审、诉讼服务中心和人民法庭“三大窗口”纪律作风守则，受到省四套班子主要领导和最高法院领导的批示肯定，最高法院全文转发，向全国推广。严明“浙江法院五条纪律”，集中开展执行和法警队伍廉政建设专项整顿活动，强化执纪监督，坚持以零容忍态度惩治司法腐败，查处违法违纪案件16件15人。

努力提升干警素质。不断强化教育培训工作，举办培训班49期，通过案例教学、网络培训等方式，着力提升法官的法律适用、庭审驾驭、裁判文书说理和做群众工作的能力。加大对下指导力度，制定审判业务指导文件44个，发布参考案例37件，统一裁判尺度。在最高法院发布的77个指导性案例中，我省有7个入选，数量居全国前列。积极协助最高法院在杭州成功举办全国法院首届司法警察技能大比武，并取得团体总分第一名的好成绩，受到最高法院领导的充分肯定。

六、自觉接受监督，切实改进法院工作

全省法院始终坚持党的领导，不断强化主动接受监督意识，积极拓宽接受监督渠道，坚持向人大、政协、各民主党派、工商联、无党派人士定期通报情况，认真听取意见建议，不断改进自身工作。

自觉接受人大监督。认真坚持大会报告和专项报告制度，平时主动向人大及其常委会报告重点工作和重要事项。坚决贯彻省十二届人大四次会议决议，认真落实代表审议法院工作报告时提出的27条意见并逐条向代表反馈。切实抓好省人大常委会依法履职公正司法跟踪监督的重点问题的整改。认真办理省人大代表建议，去年36件建议全部在规定期限内办结。认真落实全省三级法院院长定向分级联络人大代表工作制度。主动邀请代表委员视察法院、旁听庭审、参与执行和信访接待等1万余人次。

认真接受政协民主监督。积极参加省政协组织的专题调研，在规

定期限内认真办理回复省政协委员提案20件。坚持聘请政协委员担任特邀监督员，通过开展明察暗访、审务督察等方式，帮助各级法院及时发现问题，切实整改提高。

依法接受检察机关的法律监督。积极配合检察机关依法履行法律监督职责，认真办理检察建议，高度重视检察机关对生效裁判提起的抗诉，审结抗诉案件403件，改判和发回重审204件。

广泛接受社会监督。坚持开展“律师评法官”活动，将律师对法官的评价制度化、常态化，并纳入法官考评体系。落实月度新闻发布例会制度，共召开新闻发布会274次，积极回应社会关切。完善人民陪审员制度，全省人民陪审员共参审一审普通程序案件19.7万件，陪审率达96.3%，领先全国法院。

各位代表，过去一年全省法院工作的发展进步是省委正确领导、省人大及其常委会有力监督、省政府大力支持、省政协、各民主党派、工商联、无党派人士以及各级党政机关、社会各界和人大代表、政协委员关心、支持、帮助的结果。在此，我谨代表全省法院表示衷心的感谢并致以崇高的敬意！

在看到成绩的同时，我们也清醒地认识到，法院工作还存在不少问题和困难：一是有的法院服务保障发展大局的职能作用发挥得不够好，案件审理的法律效果、社会效果不够理想。二是全省法院受理案件数量持续在高位攀升，法官职业保障机制尚不健全，办案压力和难度越来越大。三是执行难问题仍然普遍存在，被执行人规避执行、抗拒执行的问题比较突出，个别法官还存在消极执行、选择执行等不规范行为，“执行不能”和“执行难”应予正确区分的理念尚未得到社会大众的广泛认同。四是有的司法改革措施尚未落地，司法改革的成效与人民群众的期待还有不少差距。五是一些干警素质不高、能力不强、作风不正，个别人员甚至违法违纪，严重损害了司法公信。对此，我们将紧紧依靠省委领导，紧紧依靠全省人民，积极争取各方支持，切实采取有效措施，努力加以解决。

2017 年工作安排

2017 年，全省法院的总体工作思路是：紧密团结在以习近平同志为核心的党中央周围，全面贯彻落实党的十八大和历次中央全会精神，深入学习贯彻习近平总书记系列重要讲话精神和治国理政新理念新思想新战略，在省委的领导下，在省人大及其常委会的监督下，坚持以“八八战略”为总纲，坚持司法为民、公正司法，从严加强干部队伍建设，稳妥推进司法体制改革，全面深化“大立案、大服务、大调解”三大机制建设，为建设法治浙江和平安浙江、高水平全面建成小康社会提供更加有力的司法保障，努力做到“秉持浙江精神，干在实处、走在前列、勇立潮头”，以优异成绩迎接党的十九大和省第十四次党代会的胜利召开。

一是始终坚持严格司法，为全省经济社会发展营造良好的法治环境。弘扬护航 G20 峰会精神，坚决维护国家安全和社会稳定。密切关注我省经济社会发展的新情况、新特点，妥善审理好房地产、劳动争议、民间借贷、金融借款等案件，切实加强对物权、债权、股权、知识产权的司法保护，加快“僵尸企业”司法处置，着力防范和化解各种风险，依法保障打好“拆、治、归”转型升级系列组合拳，积极服务经济发展新常态。加强涉外商事海事审判工作，服务保障义甬舟开放大通道和舟山自贸港区建设，努力推动构建全方位开放合作新格局。加强行政审判工作，推动行政机关加强和改进依法行政工作，促进法治政府建设。

二是始终坚持司法为民，进一步增强人民群众的司法获得感。全面推进“大立案、大服务、大调解”三大机制建设，完善便民利民措施，努力破除群众诉讼中的障碍。加强涉民生案件审判，妥善化解教育、医疗、就业和社会保障、食品药品安全等领域的群众诉求，切实维护群众合法权益。紧紧依靠党政支持，加快推进失信被执行人信用监督和惩戒机制建设，用足用好执行强制措施，切实规范执行行为，确保一批法院在全国率先实现基本解决执行难目标。

三是始终坚持改革创新，促进司法公信。积极构建以员额法官为核心的审判团队，全面落实司法责任制，积极打造以审判为中心的诉讼制度改革的“浙江样板”，推广刑事速裁程序的应用，支持杭州法院做好认罪认罚从宽制度试点工作。加大督察力度，确保各项改革举措落地生根。大力推进“智慧法院”建设，充分发挥信息技术对司法公开的支撑作用，让司法权在阳光下运行。积极推动设立杭州网络法院，促进网络法治的健全发展。

四是始终坚持从严治院，努力打造一支勇立潮头的浙江法院铁军。切实增强“四个意识”特别是核心意识、看齐意识，坚决维护以习近平同志为核心的党中央权威，努力打造一支绝对忠诚、干事担当、干净自律的浙江法院铁军。认真贯彻落实《准则》和《条例》，严肃党内政治生活，严格执行中央八项规定，把全面从严治党落到实处。巩固“队伍建设年”活动成果，坚决贯彻落实“七个绝不允许”，严守“浙江法院五条纪律”和“三大窗口”纪律作风守则，以零容忍的态度坚决惩治司法腐败，不断提高队伍职业素养，关心关爱干警，夯实基层基础。

各位代表，在新的一年里，全省法院将认真贯彻落实本次大会决议，忠实履行宪法和法律赋予的职责，开拓进取，攻坚克难，努力开创浙江法院工作新局面，以优异成绩迎接党的十九大胜利召开！

附件一

有关用语说明

1. 律师参与化解和代理涉诉信访案件工作机制： 党的十八届四中全会提出，对不服司法机关生效裁判、决定的申诉逐步实行由律师代理制度，将请不起律师的申诉人纳入法律援助范围。为此，省法院与省司法厅于2015年5月联合下发了《关于推行申诉案件法律援助工作机制的意见》，对符合法律援助条件的民事、行政再审申请（含国家赔偿）和刑事申诉案件，申诉人因经济困难无力聘请代理人的，可以向法律援助机构申请法律援助。经法律援助机构审查同意后，指派律师给予无偿代理并向法院提供法律意见，同时协助法院开展司法救助、息诉息访等工作。截至目前，全省法院已实现法律援助工作站的全覆盖。2016年共有615件申诉案件安排律师代理，其中法律援助322件，促进了涉诉信访形势的进一步好转。

2. 原省部级干部王敏、杨卫泽、何家成、赵少麟等重大职务犯罪案件： 2016年9月30日，宁波中院对山东省委原常委、济南市委原书记王敏涉嫌受贿案作出一审判决，以受贿罪判处王敏有期徒刑十二年，并处没收个人财产人民币二百万元，对王敏受贿所得财物予以追缴，上缴国库。一审宣判后，王敏未提出上诉，判决已生效。2016年12月14日，宁波中院对江苏省委原常委、南京市委原书记杨卫泽涉嫌受贿案作出一审判决，以受贿罪判处杨卫泽有期徒刑十二年六个月，并处没收个人财产人民币二百万元，对杨卫泽受贿所得财物及其孳息予以追缴，上缴国库。一审宣判后，杨卫泽未提出上诉，判决已生效。2016年12月2日，宁波中院一审公开开庭审理了国家行政学院原常务副院长何家成涉嫌受贿案。2016年12月27日，宁波中院一审公开开庭审理了江苏省委原常委、秘书长赵少麟涉嫌行贿、骗购外汇案。

3. 余杭法院道路交通事故纠纷“网上数据一体化处理”综合改革

试点工作：2015 年 6 月 5 日，最高法院批准杭州中院（二审）和杭州市余杭区法院（一审）开展道路交通事故纠纷“网上数据一体化处理”综合改革试点，明确要求在保险行业人民调解前置、损害赔偿标准统一、全流程在线审理、简式文书改革等方面进行积极探索。2015 年 11 月，余杭法院正式上线“网上数据一体化处理”平台。截至目前，该平台已处理交通事故纠纷 3238 件，其中 3076 件由保险行业人民调解委员会经前置调解程序化解，行业调解率达 95%；经保险行业人民调解后的纠纷有 849 件进入“一键理赔”，总金额约 2700 万元，成效明显。

4. 绍兴、湖州等地法院专门成立了环境资源审判庭：2016 年 3 月，绍兴中院成立了全省首家环境资源审判庭，2016 年 5 月，湖州两级法院全部获批设立了环境资源审判机构，实行将环境资源刑事、民事、行政案件集中归口统一审理的专业化审判模式。

5. “裁执分离”工作机制：指在行政机关申请人民法院强制执行行政决定的非诉行政案件中，人民法院经审查认为行政决定合法且具有法定执行效力的，裁定准予强制执行并由政府或有关行政机关具体组织实施的机制。“裁执分离”工作机制既有利于发挥人民法院与行政机关的不同优势，又体现了权力的制约与监督。2011 年国务院新的《国有土地上房屋征收与补偿条例》颁布、2012 年最高法院《关于办理申请人民法院强制执行国有土地上房屋征收补偿决定案件的司法解释》出台后，省法院在全国率先在政府申请强制拆迁案件的司法审查工作中推行“裁执分离”工作模式。同时，省法院与省政府会签纪要，明确在国土领域非诉行政执行案件中推行“裁执分离”，并争取省委转发了有关文件。近年来，我省法院积极拓展“裁执分离”适用领域，在土地房屋征迁、国土、环保等非诉行政执行领域逐步全面推进“裁执分离”工作机制，最高法院领导多次批示予以肯定，并要求全国法院推广和借鉴。

6. 我省破产审判工作得到了最高法院和中国人民银行主要领导的肯定和推介：2016 年 2 月，最高法院专门在杭州召开现场会，推广我省破产审判工作经验。2016年5月，全国政协副主席、中国人民银行行长周小川在新华社“温州以破产法程序去产能出清500余僵尸企业”一文中作出批示：此例应大力宣传。最高法院院长周强随后批示：要认真总结推广温州法院通过破产程序去产能出清“僵尸企业”做法和经验。

7. 绍兴中院、安吉法院审理的2起案件入选了最高法院十大破产典型案例：2016年6月15日，最高法院召开新闻发布会，发布了十起人民法院依法审理破产案件、推进供给侧结构性改革的典型案例，我省绍兴中院审理的浙江玻璃股份有限公司及其关联公司破产案和安吉法院审理的浙江安吉同泰皮革有限公司执行转破产清算案被评选为十大典型案例。浙江玻璃破产案充分尊重当事人意思自治，在重整计划草案未获通过情况下，及时转入清算程序，并将具有营运价值的资产进行整体拍卖，在清算程序中维持了公司的有效生产力，维护了社会的和谐稳定，是我省法院积极落实省委“腾笼换鸟”战略部署的具体体现。安吉法院审理的浙江同泰皮革执行转破产清算案由执行程序转入破产程序，不仅迅速启动破产程序，还有效化解了执行难问题，以同泰皮革为被执行人的53件执行案件顺利结案，实现了案件执行程序和破产程序的有序衔接，也为全省乃至全国法院执行转破产程序提供了实践样本。

8. “三合一”审判工作：根据最高法院2016年7月下发的《关于在全国法院推进知识产权民事、行政和刑事案件审判“三合一”工作的意见》，知识产权民事、行政和刑事案件集中由知识产权审判庭统一审理。这是人民法院贯彻党的十八届四中全会精神，落实国家知识产权战略和创新驱动发展战略的重要措施。推进“三合一”工作有利于增强司法机关和行政机关的执法合力，实现对知识产权的全方位救济；有利于统一司法标准，提高审判质量；有利于优化审判资源配置，提升专业化审判水平，提高知识产权司法保护的效益和效率。

9. 宁波、义乌等法院积极打造知识产权综合运用与保护的第三方

平台：2016年3月，宁波中院联合当地知识产权局、司法局、市场监管局、国家互联网协会、知识产权维权援助中心等机构建立起知识产权纠纷诉调对接机制、跨部门快速维权和联动机制，实现了知识产权行政执法、司法保护和维权援助三者的有机结合。同时，还依托该平台建立健全知识产权运用与转化机制、知识产权学术宣传交流与人才培养机制，为党政决策提供参考，为企业提供风险预警和法律服务。2015年7月，义乌法院建立了吸收社会中介组织参与的知识产权民事纠纷诉调对接中心和人民调解委员会，为解决知识产权纠纷提供了方便快捷、低成本的新途径。

10. 电子商务网上法庭：是浙江法院顺应互联网和电子商务发展的需求，深化“互联网+审判”改革，以互联网技术和电子商务交易数据为依托，实现从立案、送达、证据交换、庭审、调解到判决的每一个环节全流程在线解决的审判新模式。2015年，省法院确定杭州市余杭、西湖、滨江法院和杭州中院作为电子商务网上法庭首批试点法院，分别审理网上交易纠纷、网上支付纠纷、网上著作权纠纷及其上诉案件，探索建立一套与涉互联网纠纷特点相适应的方便当事人诉讼、提升审判质效、保障司法公信力的纠纷解决机制。电子商务网上法庭系统自上线以来，已处理涉网购、网络支付等纠纷1.6万余件。电子商务网上法庭还与道交纠纷“网上数据一体化处理”综合改革一起，被作为运用大数据提升办案质效的典型做法，在中央政法工作会议上以视频方式向全国推广。

11. “大立案、大服务、大调解”三大机制：针对案多人少矛盾突出、司法公信力不够、诉讼服务水平不高、服务窗口投诉较多等短板和问题，省法院积极在全省法院全面部署开展“三大机制”建设，全力打造诉讼服务的浙江品牌。为此，省法院于2016年9月出台了《关于建立健全“大立案、大服务、大调解”机制的指导意见》，提出“三大机制”建设要在“2016年下半年启动，2017年建成，2018年见效”，并于同年11月专门在台州召开了“三大机制”建设现场推进会。“三大机制”着力构建一个除庭审、执行之外的涵盖所有司法服务功能的体系，通过提供一站式、综合性、全方位的诉讼服务，加强人民群众诉讼权益保障，加大诉前和审前的矛盾纠纷化解力度，为社会提供更好的司法供给产品。“大立案、大服务、大调解”三大机制之间既是一个有机整体，又有各自丰富的内涵。“大立案”就是严格落实立案登记制，大力推行网上立案、跨域立案、延伸立案等做法，充分体现立案的便利和快捷，努力打通破解“立案难”的最后一公里；“大服务”就是以建设新型诉讼服务中心为载体，实现线上线下诉讼服务功能互通，将辅助性、事务性、社会服务性工作及部分审判工作前移，为群众诉讼、律师履职、法官办案、审判管理提供全方位的服务；“大调解”就是不断创新发展“枫桥经验”，努力破解案多人少难题，通过制度创新大力开展诉调对接与立案调解，实现优势互补，充分发挥调解的纠纷过滤功能，最终达到将大部分案件化解在庭审前的目标。

12. 网上立案、跨域立案、延伸立案：网上立案就是开通全方位、直通式、兼容性的网上立案服务平台，当事人通过实名注册后，可直接在网上提交一审民事起诉状、行政起诉状、强制执行申请书及相关证据材料。对当事人提出的网上立案申请，受诉法院认为符合法律规定的起诉和执行申请条件的，及时登记立案，并通过短信、微信、电子邮件等方式向当事人发送登记立案信息；需要补充相关材料的，一次性全面告知应当补正的材料和期限；相关材料无法确认是否符合立案受理条件的，法院预约申请人携带相关材料到法院立案窗口当面核实，再决定是否立案。2016 年，全省法院依托浙江法院律师服务平台推广网上立案，共有 3.8 万件案件是由律师、金融机构等通过网络登记立案的。

跨域立案就是依托网上诉讼服务平台，在全省范围内建立跨域异地立案制度，为群众提供跨域、就近、标准、便捷的立案服务。对一审民商事、行政和申请执行案件，当事人可以就近向法院或人民法庭递交起诉（申请）材料。收件法院应当及时将起诉（申请）材料扫描或拍照后通过网上诉讼服务平台推送至受诉法院。受诉法院收到起诉（申请）材料后，对符合立案条件的，出具加盖电子印章的案件受理通知书等诉讼文书，并通过网上诉讼服务平台推送至收件法院向当事人送达；依法应不予登记立案的，受诉法院委托收件法院转告当事人不予收件；材料不完整的，受诉法院委托收件法院送达补正通知；不符合立案条件的，受诉法院在法定期限内作出不予受理（不予立案）裁定书，自行或者委托收件法院向当事人送达。

延伸立案就是突破法院办公场所的地域限制，将立案服务延伸到山村、海岛等交通不便的偏远地区。当事人可选择到所在乡镇（街道）的综治中心、司法所提出立案申请，综治中心、司法所及时引导当事人进行诉前调解。调解不成或者当事人坚持起诉的，由综治中心、司法所根据网上立案规定指导当事人提出网上立案申请。

13. 新型诉讼服务中心： 就是因地制宜对原有诉讼服务大厅进行升级改造，按照审判辅助性服务、审判事务性服务、审判服务、社会服务和律师服务五大区块进行合理布局，将原先分散在各庭室的材料收转、文书送达、档案查阅等功能集中到诉讼服务中心窗口统一办理，为群众接受诉讼服务提供便利舒适的空间环境。一方面，整合网上诉讼服务平台，实现网上引导、网上立案、网上查询、网上咨询、网上阅卷、网上信访、视频接访、网上缴退费等智能服务，开展视频庭审、视频调解、视频接访等工作，让当事人足不出户就可以参与诉讼活动。另一方面，改变由法院一家提供诉讼服务的传统模式，积极构建多方参与、有机衔接、优势互补、合力共济的社会化多元诉讼服务体系，引进劳动社保、银行、邮政等机构驻点服务，设立专家咨询室、心理辅导站、志愿者服务岗等，积极引进社会热心人士、专业人士及高校学生从事各项志愿服务，为群众在诉讼服务中心一站式处理相关事务提供方便。

14. 律师服务中心： 是法院新型诉讼服务中心的一个功能区块，为律师提供案件信息查询、卷宗查阅、会见法官、休息更衣等服务。目前，省法院已经建成400平方米的律师服务中心，设置律师专用停车位，内设纸质阅卷区、电子阅卷区、会见法官区、休息区和更衣存放等功能区域。同时，为方便律师开庭，省法院还开发了浙江律师访客管理系统，全省律师刷本人身份证件或律协统一颁发的律师识别卡就可免安检进入法院及律师专用服务区域。目前，全省已有31家法院设立律师服务中心，受到一致好评。

15. 开化、岱山等法院运用“车载法庭”“渔船法庭”：“车载法庭”是指衢州开化等法院运用巡回审判车开展巡回审判，把法庭开到群众家门口，有效解决山区群众诉讼不便的问题。巡回审判车配备数字法庭装备，构成了一个功能齐全的现代化小型、智能、移动审判法庭。

“渔船法庭”是指舟山岱山等海岛法院利用搭建在渔船上的法庭，在渔汛间隙到上锚的船头开展文书送达、调查取证、组织调解等工作，做到既不耽误渔民生产，又不延误群众诉讼，受到广泛好评。

16. 人身安全保护令制度：2016年3月1日施行的《反家庭暴力法》建立了人身安全保护令制度。对于当事人因遭受家庭暴力或者面临家庭暴力的现实危险，向人民法院申请人身安全保护令的，人民法院应当受理。经审查符合条件的，依法作出人身安全保护令，内容包括禁止被申请人实施家庭暴力，禁止骚扰、跟踪、接触申请人及其近亲属等。被申请人违反人身安全保护令构成犯罪的，依法追究刑事责任。不构成犯罪的，应当给予训诫，也可视情节处以罚款或拘留。

17. 青田法院涉侨家事纠纷人民观察调解团工作机制：为依法妥善化解家事纠纷，深化人民陪审员参审工作，青田法院参考借鉴国外大陪审以及中国传统的“老娘舅”调解模式，逐步探索建立涉侨家事纠纷人民观察调解团工作机制，主要适用于当事人双方矛盾突出、证据材料薄弱且更多需要社会经验判断的家事案件。目前已适用审理案件57件，调撤率达93%，服判息诉率100%。在工作中，该院采取当事人随机抽选和定向推荐相结合的方式，按照以人民陪审员为主，辅以与当事人职业相近者、社区干部或侨领等调解经验丰富的专家型人员的标准，选定5名民意型和2名专家型人员组成观调团。观调团成员通过旁听案件庭审了解案情，在法庭组织调解时一并参与，增强调解效能。庭审中调解不成的，则由观调团成员对夫妻感情是否完全破裂、有无和好可能等案件基本事实争议，以无记名投票的方式作出评判。审判员当庭公布表决意见，多数意见将作为案件裁判的重要参考。庭后，观调团可继续对当事人进行观察、调解、心理疏导，以增进败诉方对法院工作的信任和对案件处理结果的信服。

18. 基本解决执行难：在2016年全国“两会”上，最高法院周强院长在报告工作时庄严承诺，向执行难全面宣战，用两到三年时间基本解决执行难问题，破除实现公平正义的最后一道藩篱。基本解决执行难的目标具体表现为“四个基本”：即被执行人规避执行、抗拒执行和外界干预执行现象得到基本遏制；人民法院消极执行、选择性执行、乱执行的情形基本消除；无财产可供执行案件终结本次执行程序标准和实质标准把握不严、恢复执行等相关配套机制应用不畅的问题得到基本解决；有财产可供执行案件在法定期限内基本执行完毕，人民群众对执行工作的满意度显著提升，人民法院执行权威有效树立、司法公信力进一步增强。由于我省法院执行工作基础和条件较好，省法院根据最高法院的部署，研究制定了具体实施方案，提出了两年内在全国率先实现基本解决执行难的目标，努力使我省基本解决执行难工作走在全国前列，得到了周强院长等领导的批示肯定。

19. “一人一案一账号”执行案款管理系统：执行案款管理事关当事人利益，事关廉政建设，事关司法公正，一直以来是法院管理的重点和难点之一。为进一步改进案款收退费方法，省法院从“方便当事人、方便法官、方便查询、方便退款”的目标出发，遵循“安全、便捷、科技、两清”的原则，组织开发了“一人一案一账号”案款管理系统。执行立案时，系统即按照“一人一案一账号”的原则，为每个当事人生成具有唯一性的专属“虚拟账户”，法院通过浙江法院审判执行信息系统下达缴费、结算、退费指令，开出通知单，当事人无须改变金融习惯，就可通过各家银行、各种渠道（包括网银、柜面、自助设备、手机银行、立案大厅等）发起的转账、汇款、现金等方式缴款，经过“虚拟账号”收缴执行款，确保每笔进账、退款项的案件信息完整、清晰，使资金流和信息流高度匹配，基本做到实时到账、实时确认，确保案、款、人精准对应。目前，全省105家法院已全部上线案款管理系统。该系统系全国首创，省法院经过申请获得了国家版权局颁发的计算机软件著作权登记证书。

20. “执行不能”和“执行难”的区别：“基本解决执行难”所针对的“执行难”是指由于被执行人隐匿转移财产、有关方面拒不协助执行、执行机制不顺畅和执行人员自身存在消极执行、选择性执行、拖延执行等原因，导致案件无法执行的情形。人民法院通过规范执行行为、完善财产查控、加强信用惩戒等措施，能够解决上述原因导致的“执行难”。但基本解决执行难问题，并不意味着对所有案件都能成功执行。因为实践中存在被执行人丧失履行能力、客观上确无财产可供执行的情形，无论采取什么执行措施都不可能执行到位。这是当事人正常商业风险、市场交易风险的体现，法院也无法解决，这在任何国家、任何时期都是一样的，属于“执行不能”，不应归属“执行难”范畴。

21. 法官员额制：是指按司法规律配置司法人力资源，根据一定的比例确定法院的法官员额数。在司法体制改革过渡期内，我省法官员额数暂按中央政法专项编制总数的39%确定。根据我省各法院现有人员、工作需要以及案件数量等情况，并考虑法院层级职能、法官工作量、审判辅助人员配置、办案保障条件等因素，分别核准各法院的法官员额，以实现法官的专业化、职业化。

22. 人员分类管理：是指在司法体制改革中，根据不同的岗位性质、职责特点和成长规律，将法院工作人员划分为法官、审判辅助人员、司法行政人员三类，并明确岗位职责，实行专业职务序列分类管理。

23. 司法责任制：是指以严格的审判责任制为核心，以科学的审判权力运行机制为前提，以明晰的审判组织权限和审判人员职责为基础，以有效的审判管理和监督制度为保障，让审理者裁判、由裁判者负责，确保人民法院依法独立公正行使审判权。

24. 温州乐清等法院大力推行庭审实质化改革，充分发挥庭审在查明事实、认定证据、保护诉权、公正裁判中的决定性作用，得到中央政法委和最高法院的肯定和推广：温州乐清等法院积极推进办案警察出庭等庭审实质化改革，成效明显，最高法院予以充分肯定，认为温州法院庭审实质化改革已走在了全国法院前列并取得重大阶段性成果。2016 年 7 月，在中央政法委举办的“推进以审判为中心的诉讼制度改革”为主题的全国政法干部学习讲座中，重点推介了温州乐清等法院的创新做法和经验，在全国政法系统引起了很大反响，赢得广泛认同。

25. 省法院以 10. 34 亿元成功网拍一公司资产，刷新了全国司法网拍成交记录：2016 年 11 月 30 日，省法院根据钱江水利开发股份有限公司的申请，对被执行人浙江锦天房地产开发有限公司 100% 股权及债权等资产进行司法网拍，经过 4 名竞买人 517 次竞价（一次加价幅度为 50 万或其倍数）、174 次延时，历时近 34 小时后，最终以 10. 34 亿元成交，在起拍价 6. 5 亿元的基础上溢价率达 59. 08%，为当事人省下佣金 441 万元，刷新了全国司法网拍成交价的记录。

26. “审务云”平台：为适应互联网时代电子政务云平台管理模式要求，省法院借助阿里巴巴云计算资源和技术，打造集约化、低成本、多应用、大数据、服务型的“审务云”平台，向全省法院提供统一的软硬件基础资源、灵活的资源调配及动态化管理，推动基础设施集约化建设，逐步使各级法院从当前疲于扩建机房、增添服务器、运维保障捉襟见肘的压力中解放出来，推动浙江法院信息化发展转型升级。浙江法院“审务云”建设受到最高法院周强院长的批示支持，并被确定为全国法院信息化建设试点项目。

27. 庭审语音智能识别系统：是专门针对法院工作场景开发，主要为庭审、调解、合议、听证、审判委员会讨论、文书校对、12368 诉讼服务热线等办案环节提供语音转写服务的智能化庭审支持系统。该系统能将庭审中法官和诉讼参与人的语言自动识别生成结构化的庭审笔录，庭审中普通话的语音识别正确率在 96% 以上，有效保障庭审记录的客观完整，大大提高了审判效率。目前，该系统已在全省 105 家法院全面上线。

28. 我省“智慧法院”项目被评选为“2016 年度互联网 + 法治建设十大典型案例”：2016 年 12 月，在由正义网组织，中央政法委、最高法院、最高检察院和公安部等相关部门参与的评选活动中，省法院的“智慧法院”项目被评为“2016 年度互联网 + 法治建设十大典型案例”。此次评选活动主要面向地方政法机关征集利用云计算、大数据、互联网等现代信息技术，在加强和改进维护稳定、社会治理、执法办案、服务群众等工作中取得明显成效的典型案例。

29. “七个绝不允许”：在 2016 年 1 月 30 日召开的全省政法干部队伍建设座谈会上，省委夏宝龙书记针对我省政法队伍中存在的突出问题，以拉列负面清单的方式，对全省政法干部队伍提出了“七个绝不允许”的要求：（一）绝不允许不讲政治、不顾大局；（二）绝不允许出现冤假错案，损害公平正义；（三）绝不允许以权谋私、贪赃枉法；（四）绝不允许违反八项规定，“四风”问题反弹回潮；（五）绝不允许有令不行、有禁不止；（六）绝不允许漠视人民的利益，违背以人民为中心的基本原则；（七）绝不允许拖改革后腿，当改革的绊脚石。

30. “队伍建设年”活动：为进一步巩固深化党的群众路线教育实践活动和“三严三实”专题教育成果，认真落实中央“两学一做”活动要求，坚决贯彻夏宝龙书记提出的“七个绝不允许”要求，切实解决全省法院队伍建设中存在的突出问题，全省法院在 2016 年开展了为期一年的“队伍建设年”活动，分为专题学习、查找短板、树立标杆、补齐短板等四个阶段。整个“队伍建设年”活动主题鲜明、组织有力，措施得当、工作扎实，全省法院队伍建设发生了可喜的变化，实现了五个“进一步”：即党建工作进一步加强；法院领导班子的标杆作用进一步发挥；广大干警的政治规矩和大局意识进一步强化；司法能力、司法作风、司法廉洁和司法公信力进一步提升；队伍的向心力、凝聚力和战斗力进一步增强。

31. “问计献策，共谋发展”活动：为贯彻落实最高法院关于普遍建立“关爱干警办实事”制度的要求，2016 年 4 月，省法院党组决定在院机关开展以“问计献策，共谋发展”为主题的党组为干警办实事活动，作为同步推进、同步落实“队伍建设年”活动要求的一个自选动作，充分调动全体干警的主观能动性和工作积极性，解决一批干警最关心、最现实的问题，推进领导决策的民主化、科学化，增强队伍向心力、凝聚力、战斗力。在活动中，通过院党组主动问计，干警建言献策，共收集到干警意见建议 300 条，梳理汇总形成了短期、中期、远期可实现的项目 155 个，精选出年内院党组要为干警办好的“十件实事”，公布承诺书和责任分解表。2016 年 12 月，“十件实事”全部提前完成并通过验收。此外还完成了短期项目 85 个，项目完成率超过 60%。

32. “浙江法院五条纪律”：针对全省法院队伍建设实际，坚决贯彻“七个绝不允许”的要求，2016 年年初，省法院党组提出了“浙江法院五条纪律”，即严禁冷横硬推、严禁说情泄密、严禁吃拿卡要、严禁徇私枉法、严禁姑息纵容，强调如有违反，无论是谁，一律严惩不贷，绝不手软。

33. 切实抓好省人大常委会跟踪监督的重点问题的整改：2016 年，省人大常委会就全省法院依法履职公正司法情况继续开展专项监督和跟踪落实。根据省人大常委会要求，全省法院要重点解决以下三大问题：一是民事案件有案不立、立案不及时、立案标准执行不统一等立案问题；二是民事案件执行难问题；三是少数法官自律不严问题。在收到省人大常委会的有关决定及《跟踪监督实施方案》后，省法院党组高度重视，多次召开专题会议研究整改方案，对照三个跟踪监督事项，全面查摆短板和需要解决的具体问题清单，认真研究整改措施，逐条确定责任部门、责任人、督办领导及完成时限，狠抓落实，坚决补齐短板，确保整改实效。

34. 杭州网络法院：为加强网络法治建设，杭州法院积极研究探索在原来电子商务网上法庭的基础上建设网络法院，将涉及网络的案件从现有审判体系中剥离出来，构建专业、高效、便捷的司法体系，专门审理、研判涉网案件，以法治的理念、司法的手段加强网络空间治理，更有力地服务和保障信息经济发展。省法院积极支持推动。目前，争取设立杭州网络法院已被省委确定为全面创新改革试点项目之一，省委、最高法院领导和中央改革办均予以高度肯定和支持。

35.《准则》和《条例》：指党的十八届六中全会审议通过的《关于新形势下党内政治生活的若干准则》和修订后的《中国共产党党内监督条例》。

附件二

全省法院审判和执行工作情况图

1. 2007—2016 年全省法院审执结案件数量图

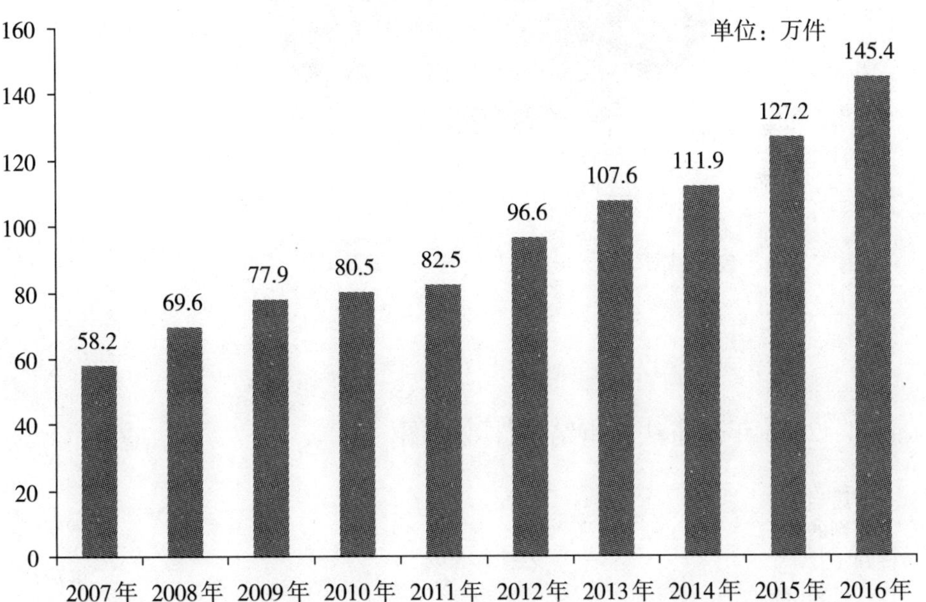

2. 2008—2016 年全省法院一线办案法官人均结案数走势图

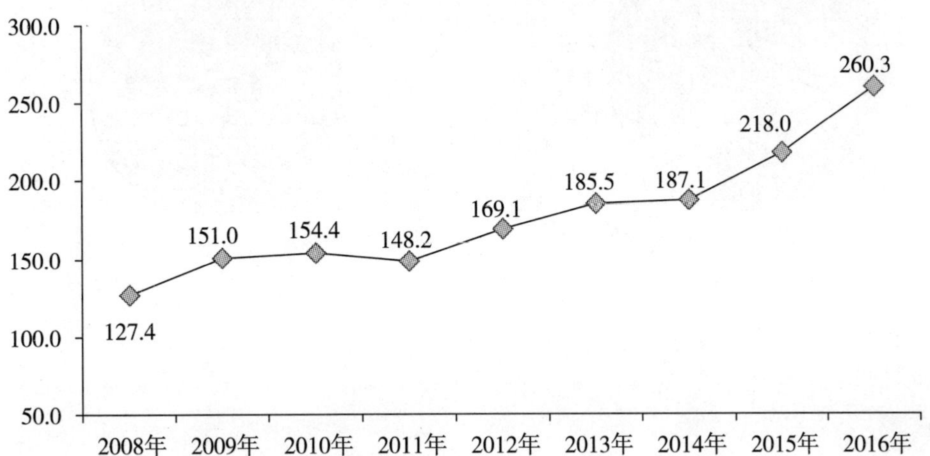

3. 2016 年全省法院审执结各类案件构成图

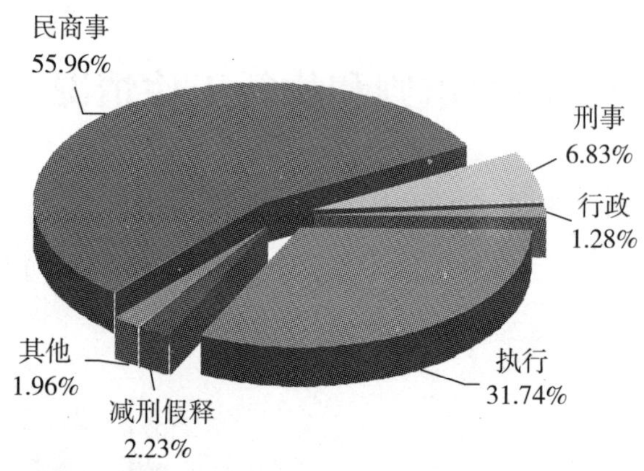

注：“其他”包括国家赔偿、司法救助、行政非诉等案件。

4. 2016 年全省法院审结案件效果图

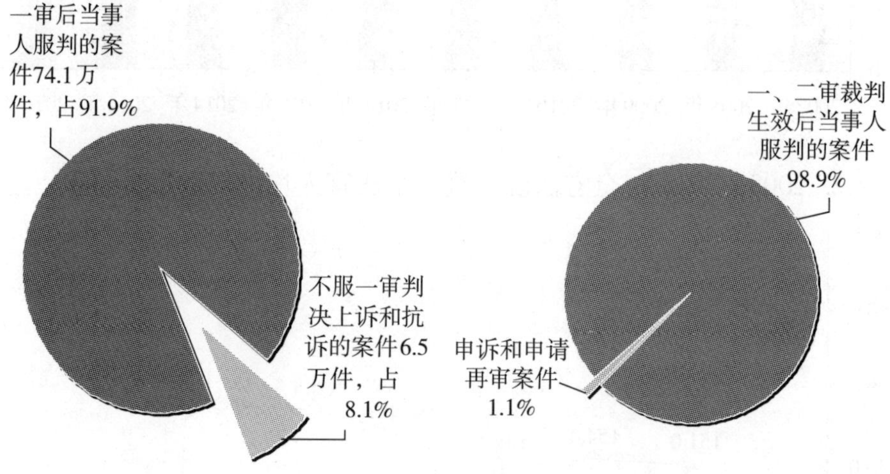

5. 2016 年全省法院审结一审民商事案件构成图

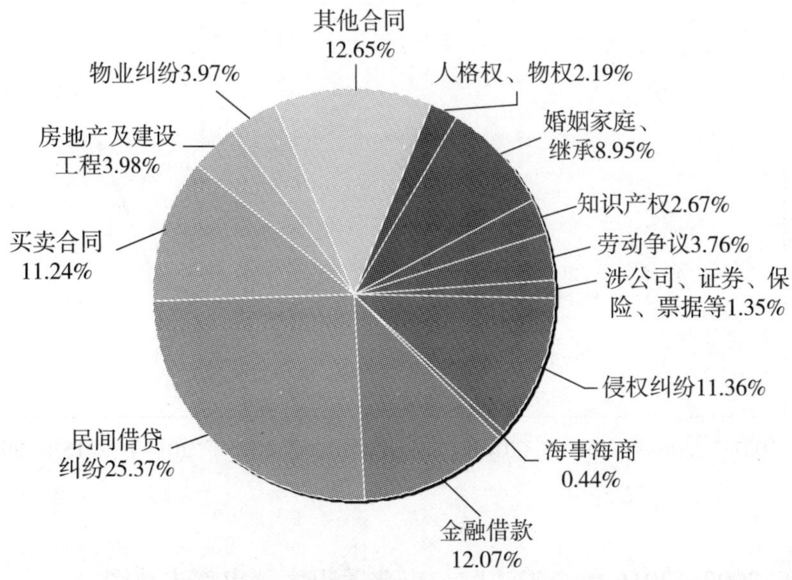

注：“其他合同”包括居间、典当、无因管理、不当得利等案件。

6. 2016 年全省法院审结一审刑事案件构成图

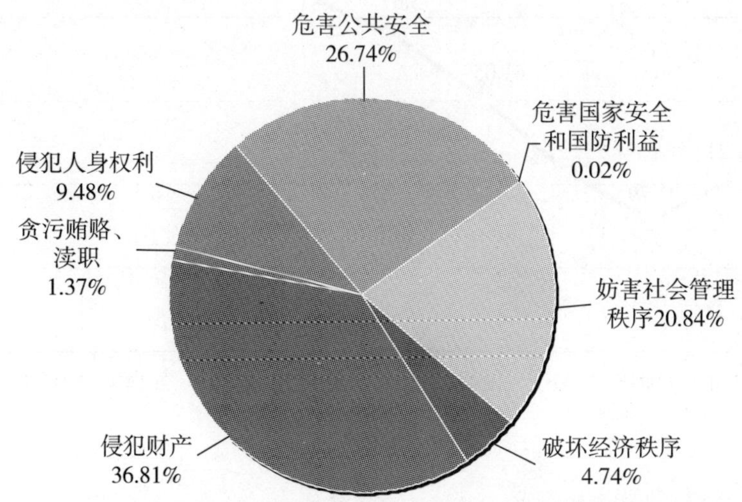

7. 2007—2016 年全省法院新收一审行政案件走势图

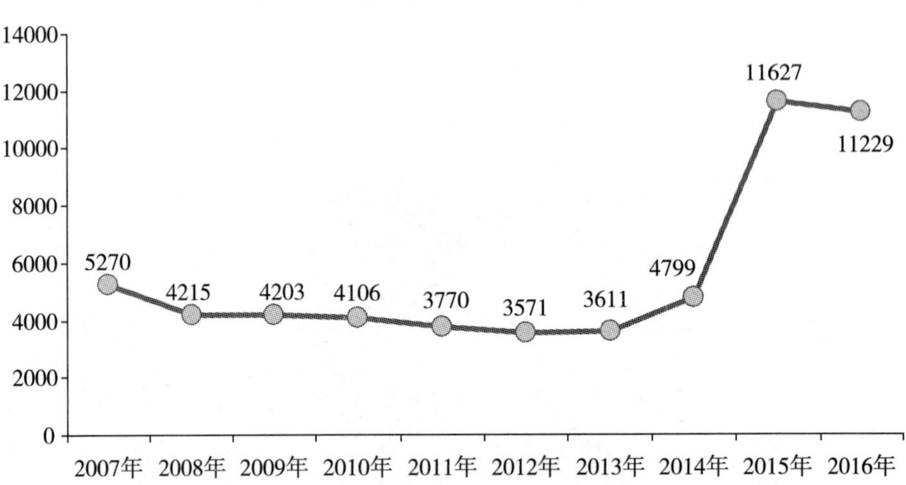

8. 2007—2016 年全省法院一审普通程序陪审率走势图

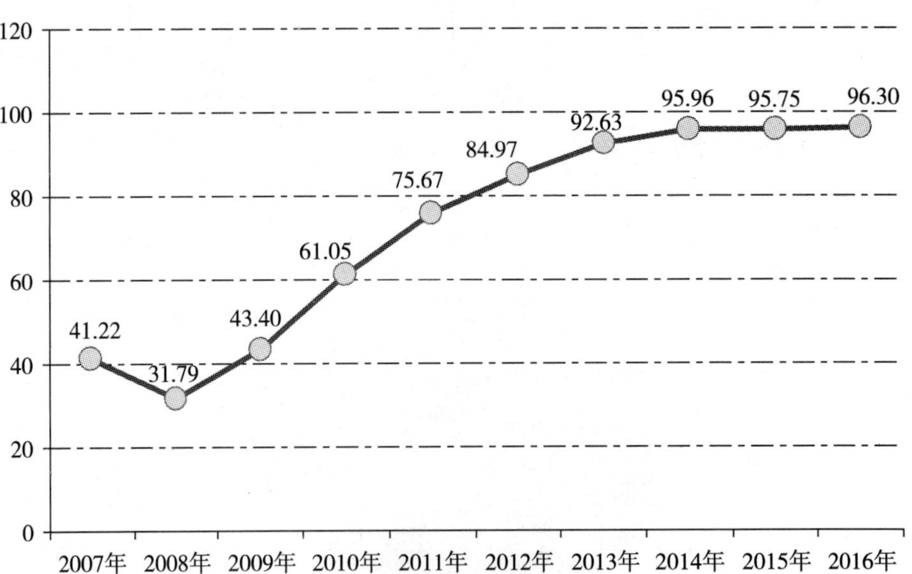

附件三

浙江省高级人民法院司法公开和信息化平台

浙江智慧法院 APP

注：浙江智慧法院 APP 是依托“审务云”和大数据生态圈打造的“应用集成、功能全面、跨界融合、服务智能”的一站式标准化服务系统，旨在构建全省三级法院统一标准、统一入口、线上线下联动的移动服务体系，最大限度为法官办案办公和律师、当事人参与诉讼提供全面、便捷、智能化的在线服务。如需了解详情，可扫描二维码安装。

苹果手机下载

安卓手机下载

浙江法院公开网

注：浙江法院公开网 2014 年 7 月正式运行。如需了解详情，可扫描二维码进入。

浙江法院律师服务平台

注：浙江法院律师服务平台 2015 年 11 月正式运行。提供网上立案、网上送达、网上阅卷、网上调解、网上开庭、网上沟通、网上评价以及案件进展查询、关联案件提示等功能，为律师和当事人提供更加高效便捷的诉讼服务，增强法官与律师的良性互动和法院诉讼的透明度。如需了解详情，可扫描二维码进入。

浙江法院电子商务网上法庭

注：浙江法院电子商务网上法庭 2015 年 6 月正式运行。该网上平台主要审理网上交易纠纷、网上支付纠纷、网上著作权纠纷及其上诉案件，实现从立案、送达、证据交换、庭审、调解到判决每一个环节全流程在线解决。如需了解详情，可扫描二维码进入。

浙江法院庭审直播网

注：浙江法院庭审直播网 2014 年 3 月正式上线运行。如需了解详情，可扫描二维码进入。

安徽省高级人民法院工作报告

——2017年1月19日在安徽省第十二届人民代表大会第七次会议上

安徽省高级人民法院院长　张　坚

各位代表：

我代表省高级人民法院向大会报告工作，请予审议，并请省政协委员和其他列席人员提出意见。

2016年主要工作

2016年，省高院在省委坚强领导、省人大及其常委会有力监督下，深入学习贯彻党的十八大和十八届三中、四中、五中、六中全会精神，深入学习贯彻习近平总书记系列重要讲话特别是视察安徽重要讲话精神，认真落实省第十次党代会精神和省十二届人大六次会议决议，围绕“努力让人民群众在每一个司法案件中感受到公平正义”的目标，坚持司法为民、公正司法工作主线，抓自身带系统，忠实履行宪法法律赋予的职责。全省法院受理案件864884件，审、执结772397件，标的额2861.1亿元，同比分别上升10.5%、11.1%和20.9%。其中，省高院受理14687件，审、执结12410件，同比分别上升13.2%、6.8%。全省法官人均办案116件，办案质量、效率、效果指标持续向好，生效裁判服判息诉率达99.1%。诉讼服务中心建设安徽经验、涉军维权“鄂豫皖模式”，在十二届全国人大四次会议上被最高法院推介，成为全国法院系统的标杆，6000余人次来皖考察交流。司法改革、审判管理、执行、职务犯罪审判、文化建设等多项工作在全国会议上介绍经验。最高法院决定近期在我省召开多元化纠纷解决机制改革示范法院经验交流会和全国减刑、假释信息化建设现场推进会，推广安徽做法。

一、维护社会稳定，推进平安建设

认真贯彻总体国家安全观，坚持宽严相济刑事政策，审结刑事案件44405件，判处罪犯52505人。人民群众安全感指数达95.1%，同比上升1.3个百分点。

严惩严重危害社会治安犯罪。审结故意杀人、故意伤害、抢劫、强奸、绑架、盗窃等犯罪案件12619件，判处罪犯16096人。深入推进打黑除恶，加大惩处“保护伞”力度，审结邢朝刚案等黑恶势力犯罪案件14件201人。严惩侵害妇女儿童权益犯罪，审结拐卖、性侵妇女儿童犯罪案件272件374人。积极参与禁毒综合治理，审结毒品犯罪案件2367件，判处罪犯3257人，坚决遏制毒品犯罪蔓延势头。

严惩贪污贿赂犯罪。始终保持反腐败高压态势，在全国率先出台贪污受贿案件量刑意见，审结案件1961件，判处罪犯2640人，同比分别上升66.1%、66.4%，其中，原厅级以上干部14人。依法审理福建省原副省长徐钢和张苏洲、方西屏、曹勇、江山、胡学凡、李学文、阚相华等一批重大职务犯罪案件。审结贪污征地补偿款、农资补贴等犯罪案件109件169人，童刚贪污、职务侵占案入选中央纪委“群众身边的不正之风和腐败问题”十起典型案例。加大对行贿犯罪的惩治力度，判处罪犯400人，同比上升25.8%。坚决从经济上制裁贪污贿赂犯罪，对1051名罪犯处以罚金、没收财产，同比上升281.4%。

严惩破坏市场经济秩序犯罪、网络犯罪。审结组织传销、非法集资、制售假币等犯罪案件1392件，判处罪犯2659人，涉案金额66.9亿元。坚决打击网上造谣、赌博、传播淫秽物品等犯罪，审结刘明杰电信诈骗案、王彦忠网上购买信息敲诈勒索案等网络犯罪案件762件，判处罪犯913人，绝不让网络成为法外之地。

严惩危害公共安全、生产安全、食品安全犯罪。审结陈运案等危害公共安全犯罪案件11111件，判处罪犯11373人，其中，醉酒驾驶机动车犯罪案件6891件。审结危害安全生产犯罪及相关渎职犯罪案件137件，判处罪犯192人。审结生产销售有毒有害食品等犯罪案件136件，判处罪犯294人，保障群众“舌尖上的安全”。

严惩家庭暴力、校园暴力、暴力伤医等犯罪。健全反家暴联动机制，审结砀山虐童案等虐待、侮辱、遗弃妇女儿童犯罪案件103件。审结发生在校园内的故意伤害、寻衅滋事等犯罪案件47件，维护校园安全。开展打击涉医犯罪专项行动，维护正常医疗秩序，保护医务工作者和患者合法权益。

严格规范减刑、假释工作。在全国率先建成覆盖全省的减刑、假释网上办案平台，与检察机关、监狱系统全面对接，远程视频开庭，案件网上办理，以公开促规范。从严控制职务犯罪、金融犯罪、黑社会性质组织犯罪等罪犯减刑、假释，对76名罪犯裁定不予减刑、假释。

加强人权司法保障。严格落实罪刑法定、疑罪从无、证据裁判等法律原则，对17名公诉案件被告人和30名自诉案件被告人依法宣告无罪。扩大刑事案件指派辩护范围，依法通知法律援助机构为3521名被告人指派辩护律师。依法审理全洪伟等操纵28名聋哑人盗窃案，为聋哑被告人指派辩护律师、聘请手语翻译，庭审持续24天，充分听取辩护意见。实行未成年人犯罪记录封存，对664名未成年罪犯适用非监禁刑，帮助失足青少年回归社会、改过自新。审结国家赔偿案件160件，保障权利受到侵害的当事人依法获得赔偿。

二、调节社会关系，服务五大发展

围绕省委、省政府决策部署，聚焦“奋力在中部崛起中闯出新路”，出台25条司法保障措施；针对案件审理折射的经济社会发展问题，提出对策建议636条，全力服务发展大局。全年共审结民商事案件486944件，标的额1614.5亿元，同比分别上升9.9%、10.5%；审结行政案件12153件，同比上升21.5%。

服务保障创新发展。注重运用法治思维和法治方式，助力供给侧结构性改革。审结涉及调转促案件2319件，服务经济转型升级。设立破产清算审判庭、合议庭，建立破产企业识别机制，全面搭建破产企业重整信息平台，妥善化解了滁州霞客重整案等一批有影响的案件。审结房地产案件20728件、涉案金额182.2亿元，同比分别上升18.9%、22.8%，推进稳市场、去库存。依法稳妥处置涉及200余名债权人、400余名购房户的淮北商运房地产公司重整案，创新房企破产和解模式，新华社《国内动态清样》专题刊发。积极参与互联网金融风险专项整治，审结金融案件44739件、民间借贷案件76383件，标的额942.1亿元。加强知识产权司法保护，审结专利、商标、著作权等案件4375件，同比上升41.1%；加大侵权损害赔偿力度，依法审理侵害中粮集团、中鼎橡塑公司等知名企业知识产权案件，优化创新生态，维护创新环境。

服务保障协调发展。审结农村土地承包经营、宅基地纠纷等案件2826件，依法促进农村土地三权分置，保障农业转移人口合法权益。依法审理涉农村电商、休闲农业等案件，推进现代生态农业产业化创建。审结涉及市政建设、老城区改造、轨道交通施工等征地拆迁行政案件1629件，推进新型城镇化建设。加强产权保护，坚持全面、平等、依法原则，审结涉民营企业案件24730件，在全国率先试点将应收账款债权凭证（合同）流转引入到企业纠纷化解，促进各类所有制经济健康发展。

服务保障绿色发展。积极探索补植补种等新型责任承担方式，审结资源开发、污染环境等案件3390件，依法助力打造生态文明建设安徽样板。坚持绿水青山和金山银山一体保护，与省旅游局联合出台保障旅游业健康发展的意见，审结旅游资源纠纷案件845件。依法受理检察机关、社会组织提起的环境公益诉讼案件31件。加强环境司法与环境执法的衔接，审结环保行政案件1757件，筑牢生态安全屏障。

服务保障开放发展。加大对融入国家“三大战略”的司法保障力度，妥善审理相关案件。跨行政区划集中管辖涉外、涉港澳台商事案件，平等保护境内外当事人合法权益，审结涉外、涉港澳台案件360件，办理司法协助案件163件。加强与省侨联协作，合力化解涉侨纠纷，切实维护归侨侨眷的合法权益。举办第八届长三角地区法院工作会谈、司法服务长江经济带发展研讨会，拓展司法合作范围。

服务保障共享发展。审结涉及教育医疗、社会保障、人身损害等案件65207件，依法保障改善民生。审结劳动争议、拖欠农民工工资等案件23433件，追回劳动报酬6410.7万元。加大对网络购物等新领域消费权益的保护，审结“优步”打车资费案等消费纠纷案件47965件。开展家事审判改革，推行专业化审判，探索专业机构协助审理机制。审结婚姻家庭案件88360件，发出人身安全保护令51件。审结扶贫领域案件7419件，精准做好定点帮扶。依法审理就业性别歧视案件，切实保护女性平等就业权。连续三年开展送法进军营活动，审结涉军维权案件612件，为改革强军提供司法保障。加大司法救助力度，缓减免收诉讼费8275.8万元，彰显司法人文关怀。坚持以案释法，强化裁判说理，24名法官走进中央电视台《法治天下》栏目，点评主审案件，传播法治声音；公开发布行政审判、消费者权益保护、知识产权保护、环境司法保护、旅游司法保护等白皮书，大力弘扬社会主义核心价值观，营造尊法学法守法用法的良好氛围。

三、创新为民品牌，回应多元需求

强化宗旨意识，走司法为民的省情之路、特色之路，打通司法服务的“最后一公里”。

打造多元化解矛盾纠纷安徽模式。在全国法院率先出台完善矛盾纠纷多元化解机制工作意见，推动形成多元化解工作大格局。提档升级诉讼服务中心，搭建“六大平台”，分别与省司法厅、省旅游局、省工商联、省侨联、省妇联、省保监局、省证监局、省消保委等8家单位联合出台诉调对接意见，汇集社会资源合力解纷。1039个劳动、公证、物业等专业性机构，4630名调解员进驻诉讼服务中心，引导群众理性多元解决纠纷。在乡镇村、街道社区设立396个法官工作室，把矛盾化解工作搬到群众家门口。依法确认人民调解协议17393件，诉讼外化解矛盾纠纷71215件，诉讼调解案件133758件。

建设智慧法院。在全国首创在线立案、在线调解、在线司法确认、在线审判等“四位一体”互联网平台，让群众尽可能少跑路、少花钱、少受累。接收网上立案188550件，占全年立案数的25.1%。建成法官网上、掌上移动办公办案平台，建成1180个高清数字法庭、126个远程视频提讯室、126个远程视频接访室，推行诉讼文书电子送达，提升审判效率，方便群众诉讼。完善律师网上服务平台功能，全省707家律师事务所中已有703家使用，访问量106079人次。广泛汲取人大代表、政协委员智慧，建立意见建议信息数据分析库，提升司法为民、公正司法水平。

升级“执行+”攻坚机制。以人民呼声为第一信号，向执行难全面宣战。向省委专题报告执行工作，省委、省政府高度重视，转发省高院基本解决执行难问题工作纲要，成立“攻克执行难”领导小组。认真落实省人大常委会关于加强执行工作的决议，全力推进破解执行难，最高法院将我省确定为先行基本解决执行难的重点示范单位。深度融合信息化，网络查控体系覆盖全省150家金融机构，全面对接国土、房产等政府信息网络。发起查询449.4万次，涉及被执行人14.1万人，查询到存款1256.7亿元、房屋15.3万套。创新执行资产处置模式，进行司法网拍4330次，引入银行为竞拍人按揭贷款，成交额45.6亿元，增值率达14.6%。将司法警察编入执行团队，突出执行强制性。开展涉民生案件专项集中执行活动，执结案件3539件，执行到位金额1.4亿元。实行全方位信用惩戒，对237018名失信被执行人公开曝光，使其申请贷款、乘坐飞机高铁、出入境、参加招投标等处处受限，促使38356人全部履行执行义务。坚决维护司法权威，对拒不执行判决、裁定的，追究刑事责任436人，司法拘留14670人。全省法院共受理执行案件204282件，执结171747件，标的额1246.6亿元，同比分别上升21.4%、20.9%和37.7%。执行工作连续九个季度进京访案件化解率达100%，位居全国第一。

构建特色巡回法庭。推广车载法庭，深入社区乡村、田间地头开展巡回审判。探索设立时令法庭、春耕法庭、秋收法庭，服务农忙农需，服务果农茶农。大力推进旅游法庭、旅游巡回法庭建设，实现在我省A级景区的全覆盖，让群众在休闲出游中感受司法服务就在身边。全面推广使用移动背包科技法庭，即时立案调解，即时裁判送达，解决山区、老区群众诉讼不便问题。全省法院开展巡回审判12724次，巡回送达36509次，切实让司法走进群众、贴近群众。

广搭青少年司法保护平台。举办面向未成年人及其家长的主题开放日活动，围绕远离毒品、校园欺凌、网络犯罪、食品安全等专题，举办法治教育讲座239场，教育引导中小学生增强守法意识和运用法律自我保护能力。深入开展"刑事法庭进校园"活动，组织少年模拟法庭，传播正确价值导向。坚持家事审判未成年人利益最大化，加强心理疏导，综合考量抚养权归属，16247件涉及未成年子女抚养的离婚案件依法得到调解。广泛开展"青少年维权岗"争创活动，加大对涉诉未成年人的保护和救助。与妇联、共青团等协作建立青少年法治教育基地、青少年心理工作室，创作微电影《晨曦》等校园法治文艺作品9

部，公开发布百个涉未成年人典型案例，呼吁全社会共同关心关注青少年健康成长。

四、深化司法改革，提升司法公信

按照中央及省委、最高法院的统一部署，全面推开司法改革试点。

推进以审判为中心的诉讼制度改革。加强与公安、检察机关的配合制约，确保侦查、起诉、审判的案件事实证据经得起法律的检验。完善庭前会议程序，普通程序审理的案件实行庭前证据展示。规范法庭调查程序，全面做到诉讼证据出示在法庭、案件事实查明在法庭。落实证人、鉴定人出庭制度，通知证人、鉴定人出庭作证 1262 人次。坚持居中裁判，充分听取控辩双方意见。重视发挥律师在诉讼活动中的重要作用，依法切实保障律师各项诉讼权利。

推进人员分类管理改革。首批 10 家试点法院入额法官 459 名，一律到一线办案。组建新型审判团队 87 个，审理案件 99722 件，人均办案 217 件，与改革前同比增长 104.7%。在试点基础上，全面推开员额制改革，4397 名法官入额，占现任法官总数的 62.9%，占中央政法专项编制的 36.6%。员额配置向基层倾斜，加强基层办案力量。通过政府购买服务方式，在试点法院建立司法雇员队伍。制定法官单独职务序列改革实施方案，加强法官职业保障。

推进司法责任制改革。制定权责清单，明确各审判主体权责界限，审判委员会减少案件讨论数量，院庭长不再签发未参加审理案件的裁判文书，法官在职责范围内对案件质量终身负责。院庭长直接编入审判团队，带头承办疑难复杂案件，首批试点法院院庭长审执结案件 31109 件，占案件数的 35.6%，同比上升 6 个百分点。改革审判委员会制度，强化宏观指导职能，继续开展庭审亲历活动。建立法官专业委员会制度和第三方评查机制，强化对法官自由裁量权的监督。

推进涉诉信访改革。强化诉访分离，畅通信访案件的入口和出口，办理涉诉信访 9988 件，其中，省高院办理 6919 件。与省司法厅联合出台律师参与化解和代理涉诉信访案件实施办法，825 名律师进驻法院合力接访当事人 4103 人次；实行信访听证，落实信访终结制度，涉诉进京访同比下降 38.5%。

深化知识产权审判机制改革。落实省委创新驱动战略，积极争取筹建知识产权法院。调整案件管辖布局，全面推进知识产权民事、行政和刑事案件“三合一”审判机制，发挥知识产权司法保护的整体效能。实行专利民事案件跨行政区划集中管辖，提高知识产权审判专业化水平。

完善法律统一适用机制。加强审判监督指导，审结申诉和申请再审案件 3763 件，依法提起再审 611 件，依法改判 194 件。审结检察机关刑事抗诉案件 266 件、民事行政抗诉案件 161 件，改判和发回重审 187 件。深化量刑规范化改革，扩大规范化量刑的罪名和刑种，统一裁判尺度。加强类案指导，发布第四批参考性案例，开展案例评选，2 篇入选全国法院百篇优秀案例一等奖，1 篇被最高法院确定为 73 号指导案例，指导案例累计入选量位居中部法院第一位。

深化司法公开。建立司法公开四大平台，大力推进庭审直播，互联网直播庭审 19792 次，同比上升 24.7%；公布案件流程信息 599955 条，生效裁判文书 605188 份，执行信息 221801 条，裁判文书上网数量位居全国法院第五位。打造“指尖上的阳光司法”，微博、微信、手机 APP 等全媒体、全方位及时发布信息，向社会公开依法应当公开的一切审判活动。探索由第三方评价法院工作机制，定期向社会发布评估结果。

五、坚持从严治院，打造过硬队伍

按照全面从严治党要求，从严监督管理，以党建带队建促审判。全省法院共有 11 个集体、27 名个人受到省（部）级以上表彰，有 219 个集体、348 名个人受到通报表扬。

强化政治定力。牢固树立“四个意识”，严明党的政治纪律和政治规矩，强化思想教育和理论武装，确保正确政治方向。扎实开展“两学一做”学习教育，认真组织“讲看齐、见行动”学习讨论，把严的要求、实的标准贯穿始终。对中、基层法院集中开展政治巡查，确保做到忠诚看齐。

持续正风肃纪。严格落实“两个责任”，健全述职述责述廉、廉政谈话、廉政监察员等制度，认真执行对干预案件进行记录问责的“两个规定”。持续改进工作作风，省高院机关效能建设连续多年位居先进行列。整合全省法院纪检力量，成立4个工作组，跨地域、全覆盖开展司法巡查、审务督察。全面整改省委第七巡视组专项巡视反馈问题，举一反三，建立18项长效机制。加大纪律审查和反腐惩治力度，查处违纪违法案件55件80人。

坚定文化自信。立足省情院情，积极培育以历史传承的法治文化、红色文化、创新文化、绿色文化为内涵的安徽法院文化，增强队伍凝聚力、向心力。广泛开展荣誉室、陈列室、廉政室、图书室、健身室等“五室”建设，建成38个文化建设示范法院、16个示范项目、10个示范窗口。推进安徽司法博物馆建设，在文化自觉、文化自信中汲取力量，弘扬法治精神。

提升司法能力。进一步加强常规培训、专项培训，开设安徽法院大讲堂，省高院全年举办各类培训班31期，培训干警15783人次。与北京大学等11家高校联合举办研修班，实行基层一线法官定期集中轮训，广泛开展青年法官岗位练兵和技能竞赛，全面提升执法办案能力。统一组织入额法官宣誓，增强职业尊荣感、责任感。注重创新引路、典型示范，全面推进司法智库建设，开展“执法办案金点子”活动，126项新举措、巧方法在实践中落地生根，2项获国家计算机软件著作权；开展第二届“百姓心中好法官”评选活动，营造比学赶超浓厚氛围。

六、坚持党的领导，自觉接受监督

党的领导是做好法院工作的根本政治保证。全省法院认真贯彻党的理论和路线方针政策，坚决维护党中央权威，认真落实省委各项部署，及时请示报告法院重大工作事项，始终把法院工作置于党的领导之下，始终在思想上政治上行动上同以习近平同志为核心的党中央保持高度一致。

更加积极主动接受人大监督，向省人大常委会专项报告全省法院行政审判工作，根据审议意见要求，逐项抓好落实。认真办理省十二届人大六次会议上人大代表审议法院工作报告提出的意见建议，及时逐一进行答复。办结省人大代表意见建议810件，其中，省十二届人大六次会议代表建议8件。根据代表意见，加大对暴力犯罪、职务犯罪等惩治力度，加强司法为民工作，提升队伍素质。配合省人大常委会举办人大代表专题培训班，积极开展代表、委员“芜湖行”“阜阳行”“马鞍山行”跨区视察法院和“军队代表行”活动，邀请代表、委员视察法院、旁听庭审、见证执行、评查案件等27000余人次。

自觉接受政协民主监督，及时通报法院工作情况，积极配合开展专题调研，办结省政协提案7件。依法接受检察机关诉讼监督，支持检察机关依法履行法律监督职责，共同维护司法公正。广泛接受社会监督，健全新闻发言人制度，举办新闻发布会994次，用好12368诉讼热线以及“院长信箱”“给大法官留言”等栏目，畅通民意沟通渠道。扩大人民陪审员选任范围和参审比例，一审参审率达92.7%，让人民参与司法，让人民监督司法。

各位代表，法院工作的发展进步，始终离不开省委的坚强领导、省人大及其常委会的有力监督，离不开省政府、省政协以及社会各界的大力支持，凝聚着人大代表、政协委员的智慧和心血。在此，我代表省高级人民法院表示衷心的感谢和崇高的敬意！

总结一年来的工作，我们清醒地认识到，法院工作中还存在一些问题和困难：一是收案数量持续大幅增长，办案难度越来越大，服务大局、保障大局能力还有待进一步提升；二是少数案件质效不高、裁判标准不统一；三是执行难问题依然存在，距离“两到三年时间基本解决执行难”的目标尚有差距；四是少数干警司法为民便民的理念不强，主动担当精神不够，个别干警违纪违法问题仍有发生，作风建设、廉政建设任重道远；五是推进司法体制改革、制定落实相关配套措施的力度还需进一步加大。对此，我们将坚持问题导向，继续通过深化改革，努力补齐短板，实现法院工作新发展。

2017年工作安排

2017年，全省法院将深入学习贯彻习近平总书记系列重要讲话特别是视察安徽重要讲话精神，深入贯彻落实中央及省委的各项重大决策部署，围绕统筹推进“五位一体”总体布局和协调推进“四个全面”战略布局，认真落实本次大会决议，全面加强审判执行工作，锲而不舍推进司法体制改革，坚持不懈加强队伍建设，努力让人民群众在每一个司法案件中感受到公平正义，为党的十九大胜利召开营造良好法治环境。

一是进一步围绕中心服务大局。牢固树立和积极践行新发展理念，坚持稳中求进总基调，狠抓执法办案第一要务。密切关注我省经济社会发展的新特点新常态，制定司法应对工作意见，服务保障五大发展行动计划实施。围绕供给侧结构性改革，依法审理好涉及破产、房地产、金融、知识产权、农业发展等案件。依法严惩危害国家安全、经济安全和社会秩序的各类犯罪，维护社会稳定。加大对职务犯罪的惩处力度，促进反腐败斗争深入开展。

二是进一步严格司法公正司法。坚持依法独立公正行使审判权，严格规范司法行为，加强审判监督和审判管理。加快建设“智慧法院”，全程留痕、全程可视、全程监督。全方位深化司法公开，向省人大常委会专项报告推进司法公开保障司法公正工作情况，努力以人民群众看得见的方式维护公平正义。

三是进一步优化服务司法为民。认真做好涉民生案件审判工作，加强对老人、妇女、未成年人、残疾人等弱势群体和普通劳动者合法权益的保护。以群众需求为导向，全面提升诉讼服务，进一步完善多元化纠纷解决机制。切实加强执行工作，扩大查控范围，加强信用惩戒，积极开展第三方评估，聚力攻坚执行难。

四是进一步完善机制推进改革。全面推进以司法责任制为核心的四项重点改革，建立健全配套改革措施，让审理者裁判，由裁判者负责。统筹推进以审判为中心的诉讼制度改革、繁简分流改革、行政案件集中管辖制度改革等，进一步破解难题、释放活力，让人民群众有更多的获得感。

五是进一步加强党建锻造队伍。坚持全面从严治党，严格遵守政治纪律和政治规矩，全面加强和规范党内政治生活，全面落实党内监督责任。加强思想政治建设，坚定理想信念，坚决做到讲看齐、重担当、作表率。深化巩固省委巡视组巡视反馈意见的整改效果，持续改进作风。强化司法廉洁建设，加大监督制约，坚决惩治司法腐败。

六是进一步关注基层夯实基础。紧紧依靠党委、政府支持，认真解决基层面临的困难问题。加强对下业务指导，加大基层干警培训力度，提升基层执法办案水平。坚持重心下移、倾斜一线，全面落实司法改革各项政策规定。加强人民法庭队伍建设、信息化建设，推广特色法庭建设经验，充分发挥人民法庭密切联系群众的桥梁纽带作用。

各位代表，新的一年，我们决心在中共安徽省委的坚强领导下，在省人大及其常委会的有力监督下，在省政府、省政协和社会各界的大力支持下，科学谋划、求真务实、戮力同心，全面推动全省法院各项工作再上新台阶，为建设创新协调绿色开放共享的美好安徽，作出新的更大贡献，以优异成绩迎接党的十九大胜利召开！

附件一

部分用语说明

1. 审、执结772397件：指全省三级法院2016年审结、执结各类案件总数（包括一审、二审、再审、执行等案件）。其中，审结刑事案件44405件，占结案总数的5.8%；民商事案件486944件，占63.0%；行政案件12153件，占1.6%；执行案件171747件，占22.2%；国家赔偿、再审、减刑假释、信访等其他案件57148件，占7.4%。

2. 邢朝刚案：该案系公安部挂牌督办的黑社会性质组织犯罪案件，涉案人数多、涉及罪名多、涉案金额巨大，是我省目前审理的最大涉黑案件。2016年12月，芜湖县法院一审以组织领导黑社会性质组织罪、开设赌场罪、聚众斗殴罪、寻衅滋事罪、敲诈勒索罪、非法拘禁罪、非法持有枪支罪、容留他人吸毒罪数罪并罚，判处被告人邢朝刚有期徒刑二十年，没收财产35万元，并处罚金35.5万元；其余66名被告人也依法受到严惩。中央电视台对该案作了专题报道。

3. 徐钢案：徐钢系福建省原副省长。2002年至2014年，徐钢利用职务便利为多家公司和个人提供帮助，直接或通过亲属多次非法收受财物，共计折合1900万余元。案发后，徐钢如实供述受贿事实，主动交代办案机关尚未掌握的部分受贿事实，认罪悔罪，赃款赃物全部退缴。2016年12月，合肥中院一审以受贿罪判处徐钢有期徒刑十三年，并处罚金200万元，违法所得予以追缴。宣判后，徐钢服判不上诉。

4. 张苏洲案：2006年4月至2014年7月，省广播电视台原台长张苏洲利用其职务便利，为他人谋取利益，非法收受他人财物，共计折合1200万余元；利用职务便利，单独或者伙同他人贪污公款共计330万余元。案发后，张苏洲如实供述犯罪事实，认罪悔罪，积极退缴全部赃款赃物，并具有立功表现。2016年9月，淮南中院一审以受贿罪、贪污罪数罪并罚，判处张苏洲有期徒刑十四年，并处罚金250万元，违法所得予以追缴。宣判后，张苏洲服判不上诉。

5. 方西屏案：2006 年年初至 2013 年，淮南市委原书记方西屏利用其担任池州市市长、省商务厅厅长等职务上的便利，为他人谋取利益，非法收受他人财物共计 3100 万余元；在担任池州市市长期间，徇私滥用职权，造成国家财产损失 3900 万余元。案发后，方西屏如实供述犯罪事实，主动交代办案机关尚未掌握的部分受贿事实，认罪悔罪，积极退缴全部赃款赃物，并具有立功表现。2016 年 7 月，马鞍山中院一审以受贿罪、滥用职权罪数罪并罚，判处方西屏有期徒刑十二年六个月，并处罚金 325 万元，违法所得予以追缴。宣判后，方西屏服判不上诉。

6. 曹勇案：2009 年至 2012 年，省商务厅原厅长曹勇利用其担任淮南市市长职务上的便利，为他人谋取利益，非法收受他人财物，共计 2100 万余元；在担任淮南市市长期间，滥用职权造成国家财产损失 15 亿余元。案发后，曹勇如实供述犯罪事实，认罪悔罪，积极退缴全部赃款，并具有重大立功表现。2016 年 12 月，滁州中院一审以受贿罪、滥用职权罪数罪并罚，判处曹勇有期徒刑九年六个月，并处罚金 260 万元，违法所得予以追缴。宣判后，曹勇服判不上诉。

7. 江山案：1999 年至 2013 年，滁州市委原书记江山利用其担任黄山市委副书记、省旅游局局长、滁州市市长、市委书记等职务上的便利，为他人谋取利益，非法收受他人财物共计 430 万余元；在担任滁州市委书记期间，徇私滥用职权，造成国家财产损失 1.6 亿余元。案发后，江山在侦查阶段如实供述受贿事实，但庭审时拒不交代受贿事实。2016 年 12 月，芜湖中院一审以受贿罪、滥用职权罪数罪并罚，判处江山有期徒刑十二年，并处罚金 140 万元，违法所得予以追缴。宣判后，江山提出上诉。目前，该案正在二审审理中。

8. 胡学凡案：1997 年至 2014 年，省旅游局原局长胡学凡利用其担任黄山市市委副书记、省旅游局局长等职务上的便利，为他人谋取利益，非法收受他人财物，共计 460 万余元（其中索贿 215 万元）。案发后，胡学凡在侦查阶段如实供述受贿事实，但庭审时拒不认罪，拒不退缴赃款赃物。2016 年 7 月，安庆中院一审以受贿罪判处胡学凡有期徒刑十二年，并处罚金 400 万元，违法所得予以追缴。胡学凡不服，提出上诉。同年 10 月，省高院二审裁定驳回上诉，维持原判。

9. 李学文案：2002 年至 2012 年，省煤田地质局原局长李学文利用其担任省煤田地质局局长的职务便利，为他人谋取利益，非法收受他人财物，共计折合 66 万余元；在兼任省两淮建设有限责任公司董事长期间，给国有公司造成经济损失 6700 万余元。案发后，李学文在侦查阶段如实供述犯罪事实，但在庭审时拒不交代主要犯罪事实，仅退赃 2.1 万元。2016 年 12 月，芜湖中院一审以受贿罪、国有公司人员失职罪数罪并罚，判处李学文有期徒刑七年，并处罚金 40 万元，违法所得予以追缴。宣判后，李学文不服，提出上诉。目前，该案正在二审审理中。

10. 阚相华案：2002 年至 2014 年，淮北市政协原主席阚相华利用其担任濉溪县委书记等职务上的便利，为他人谋取利益，非法收受他人财物，共计折合 400 万余元。案发后，阚相华如实供述受贿事实，主动交代办案机关尚未掌握的大部分受贿事实，认罪悔罪，积极退缴全部赃款赃物。2016 年 11 月，亳州中院一审以受贿罪判处阚相华有期徒刑十年，并处罚金 100 万元，违法所得予以追缴。宣判后，阚相华服判不上诉。

11. 童刚贪污、职务侵占案：童刚系凤台县关店乡幸福村原党支部书记，在该村农村建设用地复垦工作项目中，通过上报虚假材料、直接侵吞等方式，套取并非法占有国家土地复垦资金 74 万余元，侵占该村村建公墓塌陷补偿款 13 万余元。2016 年 11 月，凤台县法院以贪污罪、职务侵占罪数罪并罚，判处童刚有期徒刑六年十个月，并处罚金 42 万元。该案被中央纪委作为“群众身边的不正之风和腐败问题”典型案例进行通报。

12. 刘明杰电信诈骗案：被告人刘明杰等 7 人组成电信诈骗犯罪团

伙，通过拨打诈骗电话，诱使被害人将钱款转入其控制的特定账户，并通过 POS 机刷卡转移取现的方式，累计诈骗钱款 149 万余元，73 名被害人遍及全国 21 个省市自治区。经淮南市田家庵区法院一审、淮南中院二审，以诈骗罪判处刘明杰等 7 名被告人三至九年有期徒刑不等，并处罚金。

13. 王彦忠网上购买信息敲诈勒索案： 2015 年 9 月，被告人王彦忠通过网络购买了一批安徽医科大学学生信息，并依据该信息分别给 30 多名学生家长拨打电话，自称黑社会人员，实施敲诈。合肥市蜀山区法院一审以敲诈勒索罪判处王彦忠有期徒刑一年三个月，并处罚金 4000 元。二审期间，被告人王彦忠表示服从判决，自愿撤回上诉。

14. 陈运案： 2014 年 12 月 26 日晚，被告人陈运在严重醉酒状态下驾车以 100—108 公里/小时的速度行驶至限速 50 公里/小时的蚌埠市工农路万达广场附近时，连续撞击致六名行人死亡。2015 年 8 月，蚌埠中院以危险方法危害公共安全罪判处陈运死刑。一审宣判后，陈运提出上诉。省高院二审裁定驳回上诉，维持原判，并依法报请最高法院核准。

15. 反家暴联动机制： 是指法院探索建立完善妇女儿童司法保护与行政、家庭、学校、社会保护相衔接的工作机制，依法对家庭暴力行为进行有效干预，并提供及时充分的救济，努力将家庭暴力遏制在萌芽阶段。

16. 砀山虐童案： 2015 年 8 月至 10 月，被告人刘某某、汪某某在管教未满十周岁的武某某（系刘某某之女）过程中，多次采取用毛巾捂嘴、绳子绑、电线抽、水壶烫、烟头烧、木棍敲打等手段殴打武某某，致其身体多处受伤。二人还在被害人被打烂的伤口处洒盐水、抹辣椒对被害人进行折磨。经鉴定，武某某的伤情为轻伤一级。2016 年 3 月，砀山县法院一审以故意伤害罪判处被告人刘某某、汪某某有期徒刑二年四个月。2016 年 6 月，宿州中院二审裁定驳回上诉，维持原判。此外，2016 年 2 月，砀山县法院依法受理了武某某生父武某申请撤销刘某某监护人资格一案。2016 年 7 月，砀山县法院依法判决撤销刘某某对武某某的监护人资格。

17. 减刑、假释网上办案平台：是以现代网络技术为支撑，实现法院与刑罚执行机关、检察机关信息共享，全面掌握罪犯在刑罚执行中的基本情况，进行减刑、假释案件办理的网上办案系统。2016 年 4 月，我省法院建成减刑、假释网上办案平台，与监狱、检察院全面对接，并向最高法院作出报告。最高法院院长周强就此作出批示，认为安徽法院的经验很好，要在全国法院推广。

18. 全洪伟等操纵 28 名聋哑人盗窃案：该案系公安部挂牌督办案件，涉案人员众多，除收赃人员外，均为聋哑人。2006 年 4 月至 2012 年 10 月，全洪伟犯罪集团在北京、安徽、河南、河北、浙江等 8 省市实施盗窃 93 起，涉案金额 130 万余元，并实施了数起抢劫、强奸等犯罪。2016 年 8 月，亳州中院一审分别判处全洪伟等被告人有期徒刑十二年以下刑罚。一审宣判后，6 名被告人提出上诉。二审期间，6 名上诉人均自愿撤回上诉。在该案一、二审期间，亳州中院、省高院及时为 22 名没有聘请律师的聋哑被告人指派辩护律师，提供手语翻译，依法保障其诉讼权利。

19. 未成年人犯罪记录封存：是指对犯罪的时候不满十八周岁，被判处五年有期徒刑以下刑罚的未成年人的犯罪记录予以密封保存，除法律特别规定外，不得向任何单位和个人提供。目前，省高院已联合省检察院、省公安厅、省司法厅等 11 家单位拟定《关于未成年人犯罪记录封存的实施办法（试行）》。

20. 破产企业重整信息平台：即全国企业破产重整案件信息网，由全国企业破产重整案件互联网、企业破产案件法官工作平台、破产管理人工作平台三部分组成。最高法院于 2016 年 6 月 23 日对该平台上线试运行，同日安徽法院全面对接。2016 年 8 月 1 日，平台正式开通。

21. 滁州霞客重整案：2014 年 3 月，以上市公司江苏霞客环保色纺股份有限公司为主体的霞客系列企业出现债务危机，滁州三家关联企业共计27件诉讼案件进入法院。三家企业均为规模企业，涉及普通债权人约200家，职工债权人1800余人，负债合计22.8亿元。滁州中院依法妥善审理三家企业重整案件，目前涉案三家企业均重整成功，开始正常生产经营，偿债资金逐步到位，职工、债权人、投资人合法权益得到有效维护。

22. 淮北商运房地产公司重整案：淮北商运房地产公司在开发“金百合”小区时，资金运转困难，到期债务无法清偿，债权人陆续向法院提出财产保全申请，公司资产被多起诉讼查封，企业运转停滞，后续工程无法进行，购房户无法入住。2016年1月，该公司向淮北中院申请破产。淮北中院对整体资产负债情况梳理后，认定其具有和解的可行性。通过制定翔实的审理方案，协调房管、国土、建投等单位负责人担任破产管理人，强化对和解协议履行的后续监管，向债权人和社会公开审理中的每个节点等创新举措，有效保护了400余名购房户、200余名债权人合法权益，盘活企业资产7.28亿元。新华社《国内动态清样》专题刊发，最高法院院长周强批示充分肯定。

23. 中粮集团案：中粮集团有限公司以桐城市中粮福润肉业有限公司未经其许可，在公司名称中使用其享有注册商标权且知名度极高的“中粮”字样，构成不正当竞争为由，向法院起诉。本案经安庆中院一审、省高院二审，判决福润公司变更企业名称，并进行经济赔偿。本案依法正确处理了企业名称权与商标权的冲突，体现了安徽法院对知名企业具有较强显著性和较高知名度的商业标识给予更高程度保护的司法导向，入选2016年度中国法院50件典型知识产权案例。

24. 中鼎橡塑公司案：2015年6月，安徽中鼎橡塑制品有限公司以其离职员工汪建国、宁国市生力汽车零部件有限公司等侵犯其商业秘密为由向法院起诉。宣城中院、省高院在一、二审期间，坚持严格保护原则，用足用活用好知识产权法律。综合考虑涉案商业秘密的市场价值、对于企业经营的重要性、侵权行为的性质、情节等因素，省高院终审判决汪建国、宁国市生力汽车零部件有限公司向中鼎橡塑制品有限公司赔偿80万元，切实满足权利人的正当保护需求，让侵权人付出足够的侵权代价。

25. 应收账款债权凭证（合同）流转：系科技部支持的国家科技支撑计划“基于债权流转的新一代电子支付服务体系研发及应用示范项目”。2016年，滁州中院、凤阳县法院在全国率先将应收账款债权凭证（合同）流转引入到司法领域，并与当地工商联搭建非公有制企业商事调解中心，促进凭证（合同）记载的债权流转抵销债务，成功将大量商事纠纷化解在诉前。

26. “优步”打车资费案：2016年3月，吴某使用优步打车软件在线预约出租车。吴某认为，优步软件计算并实际扣除的消费金额与优步承诺给予的三折优惠的价格有较大差异，遂向优步约车平台投诉。优步回复称该次行程收费正确，并单方删除了吴某的优步账户。吴某遂以优步侵犯其消费者知情权、财产权、公平交易权为由，将优步网约车平台经营商上海雾博信息技术有限公司、上海雾博信息技术有限公司合肥分公司、吾步（上海）软件科技有限公司诉至法院。经合肥市庐阳区法院调解，三被告公司同意退还吴某打车费用26.08元，并赔偿损失500元。

27. 家事审判改革：2016年6月1日，最高法院启动为期两年的家事审判方式和工作机制改革试点工作，在全国选取100个中、基层法院进行改革试点，我省芜湖中院、黄山中院、界首市法院、马鞍山市雨山区法院入选试点单位。为做好改革试点工作，省高院下发《安徽省高级人民法院关于开展家事审判方式和工作机制改革试点的实施方案》，在全省确定15个基层法院作为省级试点。要求坚持专业化审判、坚持人性化修复、坚持权益的全面保护、坚持依法有序推进、坚持先行先试，转变家事审判理念，推进家事审判方式和工作机制创新，大力弘扬社会主义核心价值观，维护家庭和谐，保障未成年人、妇女和老人合法权益。

28. 人身安全保护令：是指法院接受当事人或法定单位和个人的申

请，依法作出的防止当事人遭受家庭暴力或者面临家庭暴力现实危险的民事裁定。2016 年 3 月 1 日起施行的《中华人民共和国反家庭暴力法》就此作出专章规定。人身安全保护令采取的措施主要包括：禁止被申请人实施家庭暴力，禁止被申请人骚扰、跟踪、接触申请人及其相关近亲属，责令被申请人迁出申请人住所等。

29. “六大平台”：2015 年 11 月全国法院诉讼服务中心建设推进会在合肥召开后，省高院迅速跟进落实会议精神，主动对全省法院诉讼服务中心建设进行提档升级，提出搭建诉调对接、案件速裁、专业解纷、网络调解、信访化解、攻克执行难等六大平台，着力打造多元化解矛盾纠纷的聚集地和司法为民的新模式。最高法院院长周强批示指出，安徽高院在省委、省政府的高度重视和大力支持下，扎实推进诉讼服务中心建设，充分发挥了司法为民、公正司法的窗口作用，为全国法院提供了有益经验；安徽高院对诉讼服务中心今后的发展思路符合实际，颇有前瞻性，值得重视，应予跟踪、总结。全国法院多元化纠纷解决机制改革示范法院经验交流会将于 2 月 16 日在安徽召开。

30. 智慧法院：是指以确保司法公正高效、提升司法公信力为目标，充分运用互联网、云计算、大数据、人工智能等技术，促进审判体系与审判能力现代化，面向法官、当事人及社会各界提供全方位智能服务，实现审判执行工作全网络办理和全流程公开。

31. “执行 +”攻坚机制：是指为有效破解执行难，实现破解执行难的叠加效应、集成效应，省高院在全省法院推动的执行 + 信息化、执行 + 司法警察、执行 + 创新、执行 + 专项行动、执行 + 联动惩戒、执行 + 第三方评价等 6 个“执行 +”的工作模式。围绕构建“执行 +”攻坚机制、全力破解执行难，省高院紧紧依靠省委领导，在省委政法委的指导协调下，有效整合各方资源，推动完善综合解决执行难问题的工作格局。

32. 车载法庭：即巡回审判车。主要用于基层法院和人民法庭进社区、到偏远山区农村开展巡回审判活动，方便交通或行动不便的群众参与诉讼，同时进行法治宣传。车内设有审判席、书记员席及原、被告席，可实现车内开庭审判、同步录音录像、车外实时收听收看、360度全方位监控等功能。

33. 时令法庭：是指我省法院根据经济作物时令创设的一种巡回审判方式。为解决农民在农忙时节进城打官司耗时费力的困难，按照“庭审地点离家近、开庭时间群众定”的思路，在经济作物播种、收获和交易高峰季节把法庭开到农家小院、田间地头。时令法庭主要服务绿色经济产业，是一个涵盖立案、送达、调解、开庭、执行、信访、普法等全过程的流动法庭。

34. 春耕法庭、秋收法庭：是指在春耕、秋收农忙时期，通过巡回审判方式，深入农村、农户，快立快审快执，有效化解纠纷，保障助力农业生产、全力维护农民合法权益。

35. 新型审判团队：是指在法官和书记员之间，通过增加“法官助理”这一新的变量，重新配置审判资源，建立更为高效的“法官＋法官助理＋书记员”审判团队组合，逐步使法官从一般性事务中解脱出来专司审判，实现提升办案质量，提高办案效率的目标。

36. 司法雇员：法院、检察院为解决编制内司法辅助人员不足的问题，满足办案团队组建需要，对事务性、技术性、服务性司法辅助岗位，通过政府购买服务方式，建立雇员制司法辅助人员队伍。2016年11月，省委政法委、省委组织部、省编办、省高院、省检察院、省财政厅、省人社厅联合出台《关于司法体制改革首批试点法院检察院通过政府购买服务建立司法雇员队伍的意见》，明确司法雇员包括书记员、辅警、技术辅助人员等。

37. 法官单独职务序列改革：按照党的十八届三中、四中全会的部署要求，在法院司法体制改革中进行法官单独职务序列改革试点，建立符合职业特点与司法规律的法官单独职务序列，以更好地适应审判工作机制改革的需要，促进法官队伍正规化、专业化、职业化建设。

38. 筹建知识产权法院：2016年3月，在十二届全国人大四次会议上，时任省长、现任省委书记李锦斌在审议最高法院工作报告时提出“推进安徽知识产权法院建设”的建议。省高院第一时间加以落实，经调研论证形成初步方案并向省委作出报告，李锦斌同志就此作出重要批示。省高院认真落实李锦斌同志批示要求，在与省编办充分协商沟通基础上，正式向最高法院提交相关报告，周强院长批示予以肯定。

39. 司法公开四大平台：最高法院为全面深化司法公开，加快构建开放、动态、透明、便民的阳光司法机制，相继建成了审判流程公开网、裁判文书公开网、执行信息公开网“三大平台”和中国庭审公开网“第四平台”，统称为“司法公开四大平台”。

40. 第三方评价法院工作机制：是指为确保评价的客观性、公正性，由法院委托第三方社会机构，对法院工作进行评价，并定期向社会发布评估结果，以此检验法院工作成效，发现不足，不断加强和改进法院工作。

41. “执法办案金点子”活动：是指省高院面向全省法院开展的征集审判执行工作好办法、好策略的活动。活动旨在充分汇聚全省法院广大干警的集体智慧，丰富审判执行工作思路和措施，有效解决“案多人少”矛盾，不断提高执法办案水平。共征集到执法办案“金点子”126 项，其中“虚拟导诉员系统”和“财产案件诉讼费分担计算器软件”等两项成果获得国家计算机软件著作权。

附件二

安徽法院审判和执行工作情况图

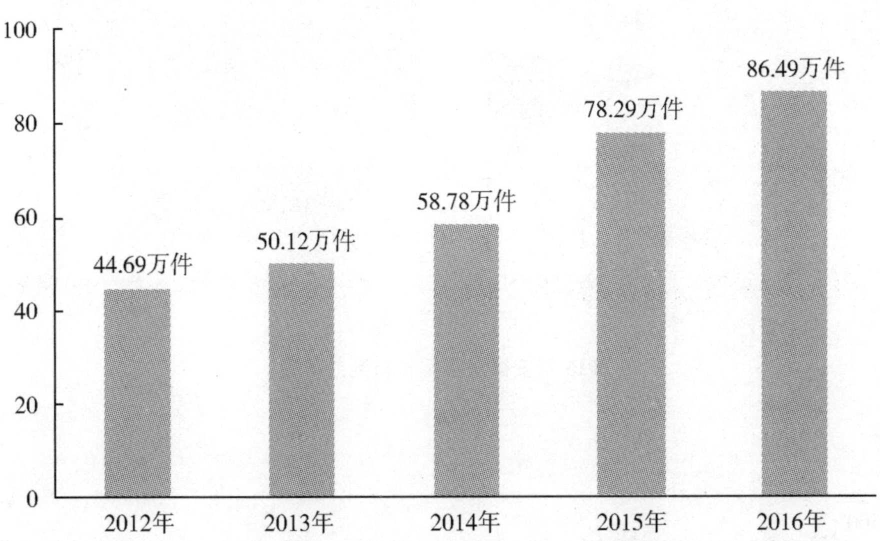

2012—2016 年安徽法院案件数量走势图

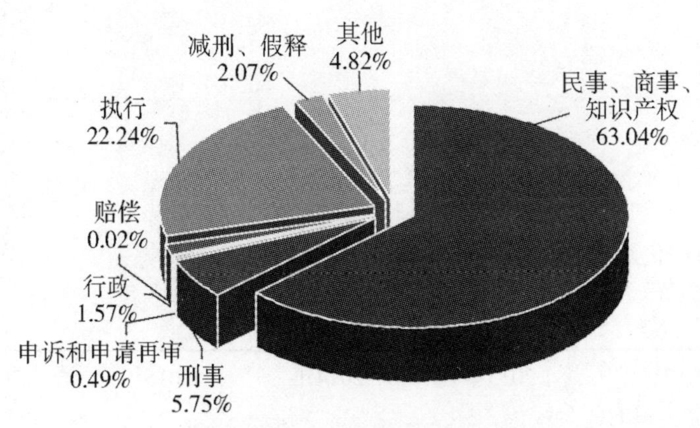

2016 年安徽法院各类案件构成图

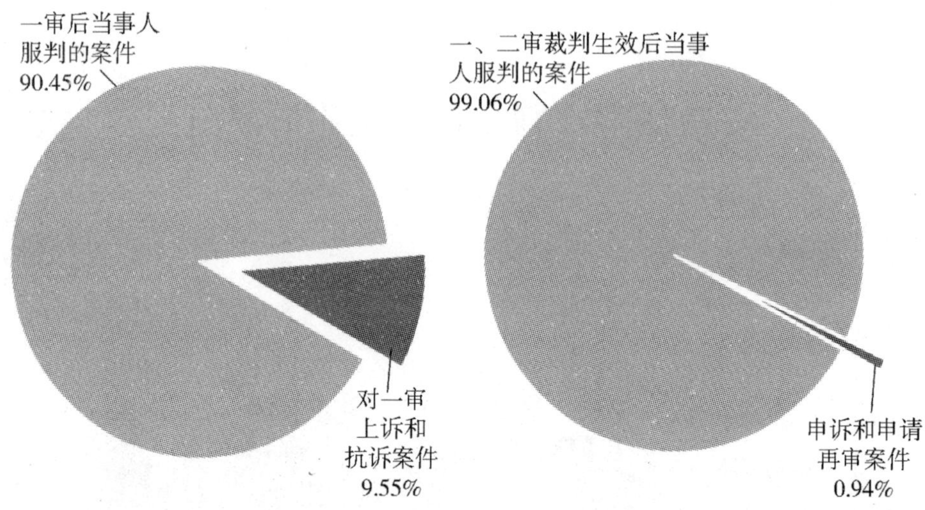

2016 年安徽法院案件审判效果图

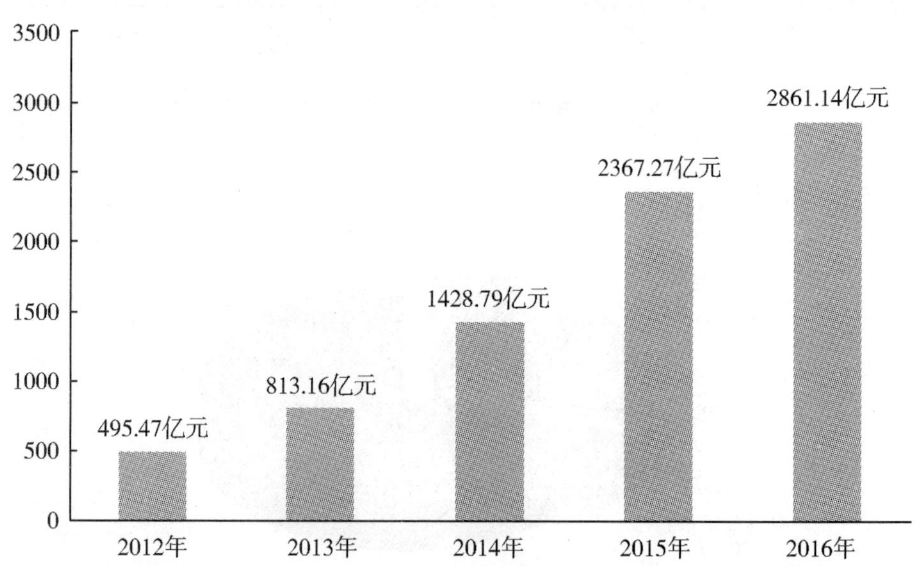

2012—2016 年安徽法院案件标的额走势图

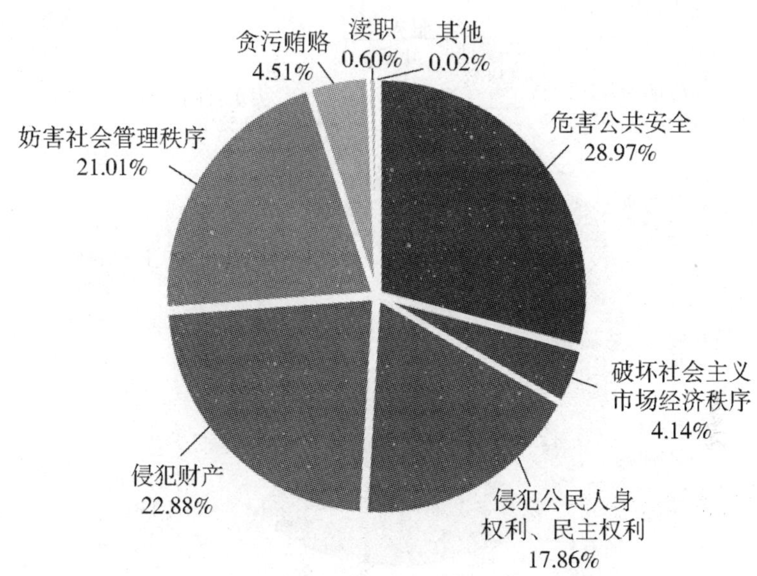

2016 年安徽法院刑事案件构成图

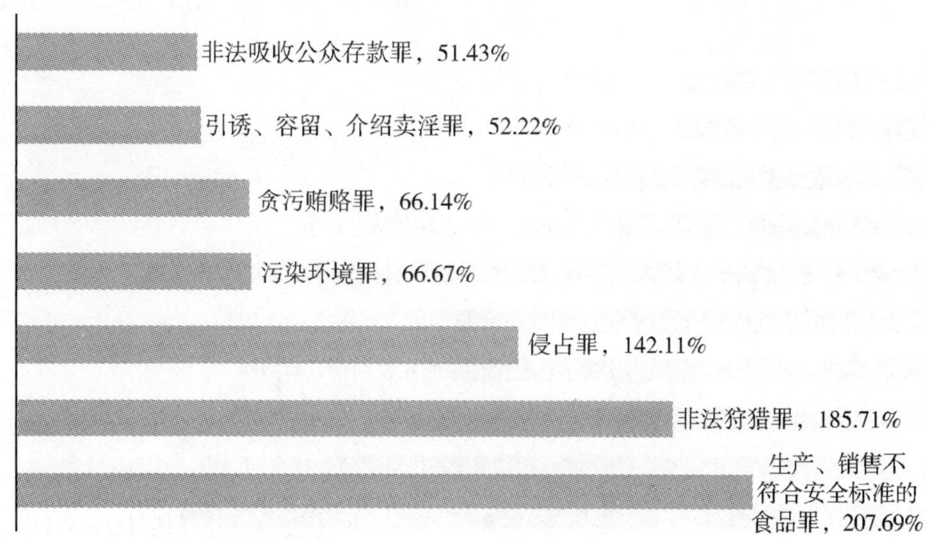

2016 年部分刑事案件增长情况统计图

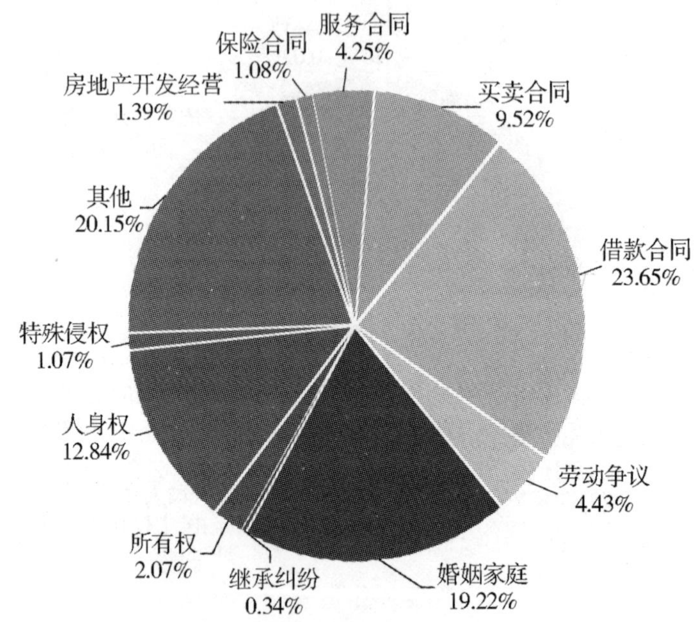

2016 年安徽法院民事案件构成图

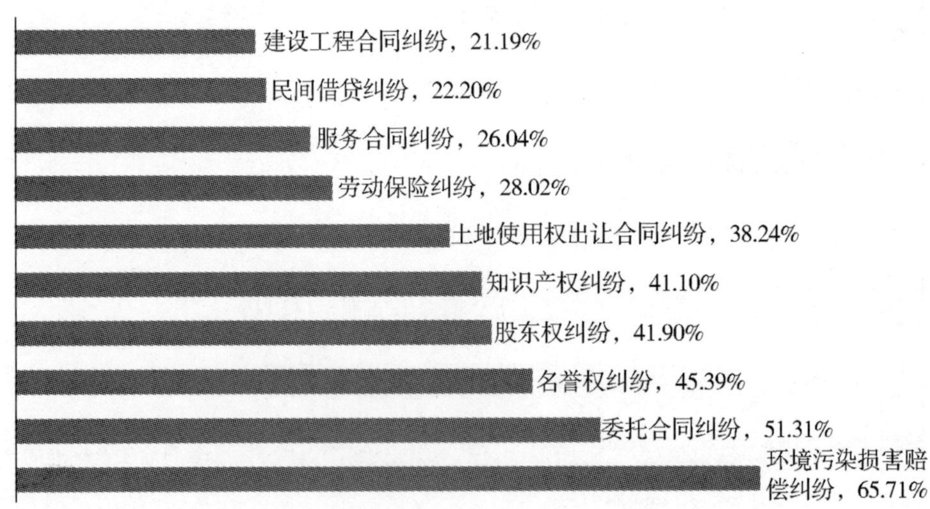

2016 年部分民事案件增长情况统计图

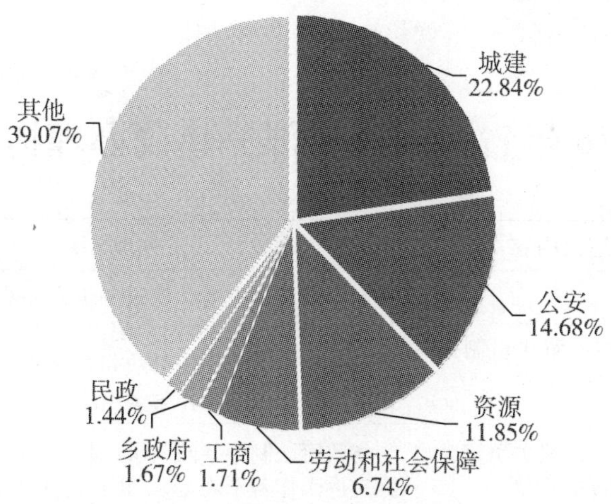

2016 年安徽法院行政案件构成图

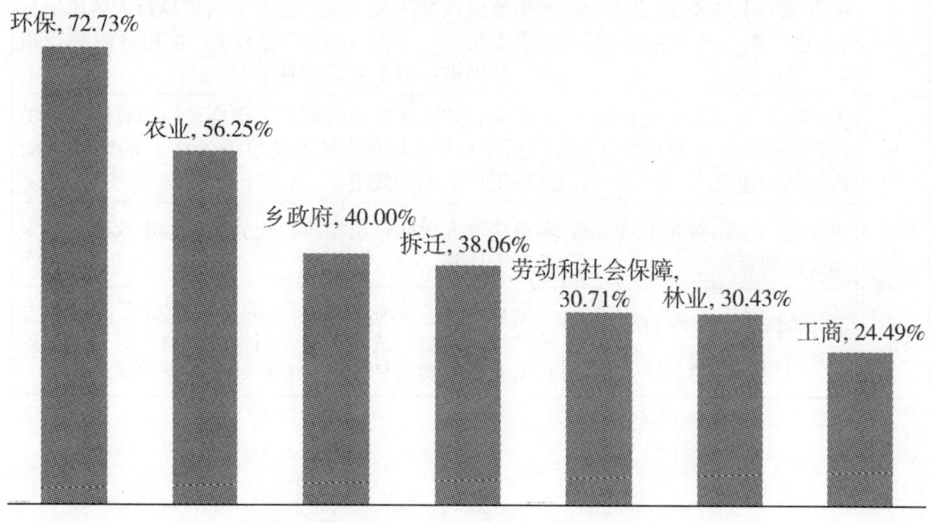

2016 年部分行政案件增长情况统计图

附件三

2016年省人大代表部分建议办理情况

序号	建议内容	办理情况
1	关于试点建立公证员介入的“多元化纠纷解决机制探索服务基地”的建议	省高院制定《全省法院进一步完善矛盾纠纷多元化解机制工作意见》；滁州中院出台《关于探索建立公证机关参与多元化纠纷解决机制试点工作方案》，并确定该市南谯区法院作为试点法院。
2	关于落实行政机关负责人出庭应诉制度的建议	与省政府法制办共同调研，起草《行政机关负责人出庭应诉工作若干规定》，正在广泛征求意见。
3	关于构建司法鉴定管理与使用相衔接运行机制的建议	与省司法厅联合起草《关于进一步加强司法鉴定工作若干问题的意见》，正在广泛征求意见。
4	关于提高刑事案件律师辩护率的建议	出台《关于进一步扩大刑事二审案件通知指派辩护范围的意见》。
5	关于慎用“不诚信”或“老赖”对企业家定性的建议	严格落实最高法院《关于公布失信被执行人名单信息的若干规定》，加大执行和解力度，慎用强制执行措施，帮助被执行企业渡过难关。
6	关于在全省各级法院开展实现担保物权特别程序司法实践活动的建议	召开全省法院民事商事审判工作会议，部署落实《关于适用〈中华人民共和国民事诉讼法〉的解释》对此项工作的相关规定。
7	关于进一步完善人民陪审员制度的建议	随机抽取人民陪审员参审，充分保障参审权利，一审参审率达92.7%。
8	关于制止“职业打假人”恶意行为的建议	对全省涉及“职业打假人”的消费维权案件进行专项调研，向最高法院作出专门报告，加大对全省法院相关案件审判指导力度，有针对性地提出司法建议。

附件四

2016年出台的部分司法体制改革配套制度

序号	文件题名
1	安徽法院2016年司法体制改革试点工作要点
2	安徽法院司法改革过渡期人员定岗定责指导意见
3	安徽法院司法责任制改革方案
4	安徽法院审判主体司法权力清单暂行规定
5	安徽法院院庭长审判管理职责暂行规定
6	安徽法院法官员额管理办法
7	安徽法院司法改革过渡期法官遴选实施办法
8	安徽省高级人民法院关于改革和完善审判委员会制度的意见
9	安徽省高级人民法院关于建立和完善专业法官会议制度的意见
10	安徽省高级人民法院关于审判团队组建的意见

附件五

2016年部分入选全国典型案例的案件

序号	案件	入选情况
1	通州建总集团有限公司诉安徽天宇化工有限公司别除权纠纷案	最高法院73号指导案例
2	贾元武、张莉等职务侵占案	全国法院百篇优秀案例一等奖
3	童刚贪污、职务侵占案	中央纪委“群众身边的不正之风和腐败问题”十起典型案例
4	梁昌运与霍邱县国土资源局建设用地使用权出让合同纠纷案	全国法院依法平等保护非公有制经济，促进非公有制经济健康发展十大民事商事典型案例
5	张文苗拒不执行判决、裁定公诉案	全国法院依法审理拒执刑事案件六大典型案例
6	安徽现在彩色印务有限公司拒不执行仲裁法律文书案	全国法院涉民生执行典型案例
7	中粮集团有限公司与桐城市中粮福润肉业有限公司、安徽海一郎食品有限公司不正当竞争纠纷案	中国法院50件典型知识产权案例

附件六

2016年部分获省市主要领导批示的司法建议

序号	题名
1	从涉外涉港澳台案件看安徽对外开放
2	关于应对经济新常态，推动全省经济社会发展的建议
3	从司法统计数据分析看我省八市融入长三角城市群的现状、特点及司法应对
4	关于我省农村土地承包经营权流转的建议
5	关于依法规范农村违法建筑处理工作的建议
6	霞客系列案件折射的企业重整途径的建议
7	加强涉金融债权工作的建议
8	依法处置“僵尸企业”的建议
9	防范信贷法律风险，维护金融债权安全的建议

福建省高级人民法院工作报告

——2017年1月20日在福建省第十二届人民代表大会第五次会议上

福建省高级人民法院院长　马新岚

各位代表：

现在，我代表福建省高级人民法院向大会报告工作，请予审议，并请省政协各位委员和其他列席人员提出意见。

2016年的主要工作

2016年，省法院在省委领导、省人大监督和最高人民法院指导下，深入贯彻党的十八大和十八届三中、四中、五中、六中全会精神，深入贯彻习近平总书记系列重要讲话精神和对福建工作的重要指示，坚决维护以习近平同志为核心的党中央权威，认真贯彻省第十次党代会精神和省十二届人大四次会议决议，紧紧围绕“五位一体”总体布局和“四个全面”战略布局，认真践行新发展理念，以“四行动”“两清积”“一工程”为抓手，大力推进司法为民、公正司法，各项工作不断取得新进展。全省法院受理各类案件914198件，办结748032件，比

2015年上升17.39%和17.44%；其中，省法院受理12075件，办结9115件，上升18.86%和18.01%。

一、依法履行审判职责，为再上新台阶、建设新福建提供司法保障

全省法院办结刑事案件55353件，民商事案件404815件、标的总额2044.87亿元，行政案件8715件、非诉行政案件13311件、国家赔偿案件116件，执行案件229939件、标的总额162.67亿元，申诉、申请再审及其他案件8502件，减刑、假释案件27281件。同时，清理了历年执行积案455099件，发放执行款62.36亿元。

切实维护国家安全和社会稳定。坚持总体国家安全观，严惩危害国家安全犯罪，严厉打击黑社会性质组织犯罪、邪教组织犯罪和危害人民群众生命财产安全犯罪，审结案件49979件。审结走私、非法集资等经济犯罪案件3744件，审结贪污、贿赂等职务犯罪案件1630件，依法挽回经济损失8.71亿元。根据最高人民法院指定管辖，依法审理重大职务犯罪案件。坚持宽严相济，在生效判决53702名罪犯中，被判处五年以上有期徒刑直至死刑3742人，判处缓刑、管制等非监禁刑17221人。积极推进社会治理创新，参与全省“六个专项治理”，做好减刑、假释、监外执行和社区矫正等工作，促进平安福建建设。全省法院审结毒品犯罪案件4445件、电信网络诈骗案件880件，审结拐卖妇女儿童、性侵未成年人和校园暴力等犯罪案件555件。坚持寓教于审，判处未成年犯1464人，实行轻罪记录封存，帮助失足青少年复学、就业。

加强金融审判和企业破产重整工作。以防控金融风险、服务发展为主题，与省政府召开第三次府院联席会议并推进落实。加强金融案件专业化审判，设立金融案件审判庭和专门合议庭，完善集中管辖和纠纷预警、多元化解等机制，审结金融借款、民间借贷案件150260件、标的总额1342.96亿元，上升19.78%和23.07%。依法推进企业破产

重整，规范和完善破产案件简化审理、执行程序与破产程序衔接等，审结破产案件94件，上升49.21%。厦门中院推动设立破产管理人协会，并指导编制相关工作指引。

依法促进产业转型升级和创新驱动发展。妥善审理涉及优化产业结构、淘汰落后产能、基础设施建设等纠纷案件，审结公司诉讼、股权转让、建设工程、房地产等案件37135件，依法促进供给侧结构性改革和产业转型升级。坚持平等、全面、依法保护各种所有制经济产权，审结物权、买卖合同等案件42231件，促进完善产权保护制度。围绕创新驱动战略实施，加强对福厦泉国家自主创新示范区建设的司法服务保障，充分发挥知识产权司法保护的主导作用，审结专利权、商标权等纠纷案件4486件。

着力为深化改革开放营造良好法治环境。围绕自贸试验区建设，加强自贸区法庭和审判庭工作，完善案件审判、司法服务等机制，促进自贸区制度创新。着力保障海丝核心区建设，出台司法指导意见，审结涉外、涉港澳、涉侨和海事海商、铁路运输案件9486件。省法院完成最高人民法院审判理论重大课题《"一带一路"司法保障问题研究》，中英海事司法与海事仲裁论坛在厦门举行。加强涉台司法工作，办结涉台案件2108件、司法互助案件3165件，探索创建涉台社区矫正基地，完善司法互助网络，举办第八届海峡两岸司法实务研讨会。福州法院创新举措服务保障和推进福州新区建设，平潭综合实验区人民法院挂牌成立，加强对平潭开放开发和国际旅游岛建设的司法服务保障。

创新推进生态司法保护。省法院认真贯彻落实中央、省委关于国家生态文明试验区建设的决策部署，并积极向最高人民法院报告。最高人民法院十分重视，专门作出《关于支持福建省加快建设国家生态文明试验区重大部署的意见》，指导支持我省法院先行先试、积累经验，加强总结推广。省法院进一步完善生态环境审判先行示范经验，拓展深化16项工作机制，推进审判实务研究基地、司法实践基地和审判示范基地建设，打造生态环境司法保护“福建样本”升级版。全省法院审结生态环境案件 2802 件，责令补种、管护林木 1.2 万余亩。漳州法院完善“多层修复、立体保护”生态司法机制，三明法院建设生态司法保护示范基地，南平法院构建“惩治·修复·联防”保护模式，龙岩法院推进生态审判专业化精细化网络化。

加大力度促进依法行政。充分发挥行政审判职能，推进行政争议实质性化解，支持、监督行政机关依法行政。改革完善行政案件异地管辖模式。健全省、市、县三级府院联席会议机制，深化依法行政与公正司法良性互动，促进和规范行政诉讼工作。加强对非诉行政案件的审查和执行，推进“裁执分离”。完善国家赔偿联动机制，对赔偿请求人决定赔偿 1426.28 万元。去年 7 月，省法院向省人大常委会专项报告行政审判工作情况，并抓好审议意见的落实，不断提高行政审判工作水平。

二、回应群众关切期待，把司法为民、公正司法提高到新水平

健全依法保护群众权益的司法机制。坚持以人民为中心的发展思想，织密基本民生司法保障网。审结婚姻家庭、抚养继承案件 42901 件，权属、侵权案件 64901 件，判决赔偿总额 31.93 亿元。注重完善职工维权机制，审结劳动争议案件 13157 件。全面推进家事审判方式和工作机制改革，贯彻反家庭暴力法，保护妇女儿童等权益，促进家庭和睦、社会和谐。审理涉及老年人权益案件 5407 件，促进敬老养老助老。莆田等法院完善反家暴联动机制、人身保护令制度，探索家事纠纷解决新模式。加强司法助力扶贫开发工作，宁德等法院创新精准扶贫措施，为打赢脱贫攻坚战提供保障。深化司法拥军，完善涉军案件审理和司法维权机制，审结案件 219 件。推进司法救助与法律援助、社会救助相衔接，为经济困难当事人缓减免交诉讼费 3027.49 万元，对 1958 名刑事被害人、申请执行人和涉诉信访人提供司法救助 3018.27 万元。

推进“基本解决执行难”攻坚战。贯彻最高人民法院部署和省委

常委会议精神，制定“两年基本解决执行难”工作纲要和方案，推进全省执行联动机制建设，形成综合治理执行难工作格局。深化执行案件清积活动和专项治理，开展全省法院执行大会战，重点清理“六类案件”，落实“十个一批”，破解“十大难题”。完善执行指挥系统，将网络查控覆盖十大类97个协执单位，网上查询、冻结银行存款823.31亿元，查询房产、土地、车辆等48.61万件次，加强网络司法评估和拍卖，成交标的13153件、金额133亿元。贯彻中办、国办意见和我省实施意见，加快推进失信被执行人信用监督、警示和惩戒机制建设，公布失信被执行人名单265427人，其中65556人主动履行了义务。惩治拒不执行判决、裁定犯罪，有87人被追究刑事责任。厦门法院创新执行难综合治理模式，泉州、南平、龙岩等法院完善执行联动和信用惩戒机制，福州、平潭法院健全执行财产查控网络，漳州、莆田法院建立执行线索举报制度，三明中院完善拒不执行判决、裁定刑事案件自诉程序，宁德中院提高网络司法拍卖效率，有力促进解决执行难。

继续推进涉诉信访法治化。集中清理涉诉信访积案，加强源头治理、综合施策等，依法稳妥化解积案498件。建成涉诉信访信息化平台，落实诉访分离，推行网上办理、视频接访。全省法院办理群众来信来访25727件，同比下降15.77%。省法院与省司法厅、省律协出台实施细则，试点推进律师参与化解和代理涉法涉诉信访案件，有170个律师事务所的493名律师参与接访1665件2002人。做好全国“两会”、G20峰会等重要会议期间涉诉信访化解工作，得到最高人民法院充分肯定。

进一步深化司法公开民主。完善审判流程、庭审活动、裁判文书、执行信息“四大公开平台”，充分运用新媒体手段，发布司法信息47万条，庭审直播3372场，公开裁判文书446202份。推进“七五”普法，加强以案释法和司法建议，完善典型案例、法院新闻发布制度。省法院发布知识产权、行政审判白皮书和生态审判绿皮书，全省法院组织主题开放日470场、新闻发布会175场。省法院被评为全省法治宣传教育先进单位。改革和完善人民陪审员制度，全省7086名人民陪审员参审案件117873件，同比上升22.05%，一审普通程序案件陪审率达88.73%。

让司法服务更加便民惠民。落实立案登记制，拓展“跨域”立案服务，推进诉讼服务司法协作，提供更多更便捷的司法服务。全省法院当场登记立案率达97.96%。推行网上立案、远程开庭等智能服务，完善巡回审判制度，健全诉讼服务中心体系。省法院成立诉讼服务中心志愿者服务基地和律师工作室、调解室“一地两室”，泉州市两级法院率先实现跨域司法协作，厦门海事法院创设“远程视频认证”便民举措。充分发挥基层一线作用，全省基层法院办结案件647960件，占全省法院办结数的86.62%，其中209个人民法庭办结案件142457件。

三、深入推进司法改革，提升司法公信力和人民群众获得感

全面推进司法责任制改革。健全司法权力运行机制，制定审判权力和职责清单，完善审判委员会制度，落实裁判文书签署签发机制，让审理者裁判、由裁判者负责。组建新型审判团队，全省法院一线法官人均结案161.1件，增长14.74%；推进院庭长办案常态化，全省法院院长、庭长直接主审案件208520件。坚持放权与监督相结合，完善专业法官会议制度，强化类案指引、业绩考核、责任追究等。深化法官员额制改革，做好法官入额遴选考核考试工作。全省法院遴选入额法官3831人，司法体制改革迈出关键性一步。去年12月4日，全省三级法院同步举行法官宪法宣誓仪式。加强审判辅助人员制度改革，探索送达、保全等审判辅助事务集中管理。推进法院人员分类定岗，完成法官职务套改，配合做好省以下法院人财物统一管理相关改革工作。

深化以审判为中心的诉讼制度改革。贯彻最高人民法院等五部委联合印发的指导意见，严格执行证据裁判规则，严格依法作出裁判。推进庭审方式改革和庭审实质化，提高二审开庭率和证人、鉴定人出庭率，规范法庭调查程序，完善法庭辩论规则，强化当事人诉讼权利

和律师执业保障。深化量刑规范化改革，扩大适用罪名和刑种。推进刑事案件认罪认罚从宽制度改革试点。

大力推进繁简分流和多元化解。全省法院积极应对近三年来年均14.85%的案件增量和办案压力，优化司法资源配置，加大繁简分流、多元化解力度，以年均17.92%的增幅办结案件。坚持简案快审、繁案精审，把繁简分流贯穿于刑事、民事、行政各领域和立案、审判、执行各环节，完善速裁程序、简易程序、普通程序等衔接配套的多层次诉讼制度体系。全省法院一审案件适用简易程序的占67.57%，审结民事小额诉讼案件10662件；18个试点基层法院适用刑事速裁程序审结案件5491件。推进多元化纠纷解决机制改革，出台实施意见，并确定24个示范法院，进一步发挥司法引领、推动和保障作用。省法院推动建立的诉调对接平台拓展至16个部门和行业。全省法院以诉讼调解、行政协调、执行和解等方式办结案件172206件。

加强监督管理、促进公正司法。坚持严格依法办案，严把案件事实关、证据关、程序关、法律关。加强审级监督，健全防范冤假错案工作机制，依法宣告26名被告人无罪。全省法院审结一审案件421572件，二审案件46238件；审结再审案件1073件，其中检察机关抗诉再审案件71件。省法院依法再审许金龙等抢劫案，宣告4名被告人无罪。完善案例指导制度，统一司法尺度，省法院公布第二批参考性案例，全省法院有16个案例入选最高人民法院发布的典型案例。加强审判管理，促进公正高效均衡结案。全省法院各类案件法定审限内结案率为98.26%，一审后当事人服判息诉的占88.71%，二审后达到98.59%。

着力提高法院信息化水平。发挥“互联网+”和信息化技术的支撑引擎作用，制定和落实福建法院信息化建设五年发展规划，构建法院信息化3.0版，加快建设“智慧法院”。完善信息化基础设施，全省法院建成高清科技法庭596个、司法信息集控管理中心57个。加强信息化融合应用，推进全流程网上办案，采用远程视频方式开庭审案、出庭作证等，探索创新庭审记录方式，加快推进诉讼档案电子化，提高司法政务事务警务信息化水平。

四、坚持全面从严治党，建设高素质过硬法院队伍

深化学习教育，坚定理想信念。组织广大干警深入学习贯彻习近平总书记系列重要讲话精神和治国理政新理念新思想新战略，树牢“四个意识”，坚决维护以习近平同志为核心的党中央权威。认真学习贯彻党章党规，严肃党内政治生活，加强经常性思想政治工作，完善周思想教育例会、月思想作风分析会、集中学习教育活动等，营造良好政治生态。扎实推进“两学一做”学习教育，开展专题学习研讨、“比奉献比业绩”岗位竞赛等，组织撰写《自律对照心得》，引导广大干警争做“四讲四有”合格党员和“司法为民、公正司法”合格法官。省法院党组在省委“两学一做”学习教育工作座谈会和全省党委（党组）中心组学习经验交流会上作介绍。

抓好能力建设，打造人才队伍。结合市、县换届工作，加强法院领导班子建设，贯彻党组工作条例，着力把方向、管大局、保落实。部署做好“十三五”期间法院教育培训工作，省法院举办各类培训班29期、培训12459人次。继续推进福建法官司法能力提升行动和“四个人才工程”建设，深化法院文化建设，加快建设全省司法人才库、法院新型智库。加强岗位练兵、青年干警传帮带和双向挂职交流等，提升队伍能力素质。

严肃作风纪律，推进反腐倡廉。深入学习贯彻准则、条例，严格落实全面从严治党主体责任和监督责任。始终把纪律规矩挺在前面，强化党内监督，狠抓正风肃纪。健全大督察机制，开展作风纪律网上督察、明察暗访、效能检查等，完善作风建设长效机制。省法院实现廉政监察员在机关各部门“全覆盖”。制定“三不腐”机制工程方案和党风廉政建设主体责任清单、责任追究办法，开展廉洁司法集中教育，落实防止干预过问案件“两个规定”等。强化监督执纪问责，运用“四种形态”，有案必查、有腐必惩，做到无禁区、全覆盖、零容忍。

全省法院查处干警违纪违法案件42件42人。省法院认真接受省委巡视组巡视监督，并制定整改方案和责任清单，认真抓好巡视整改落实。

加强法院党的建设，提升公信形象。着力“抓党建、带队伍、促审判、树形象、创一流”，创新完善“三级联创”“五联三创”和“1263”党建工作机制，加强述责评议，带动推进法院整体工作。开展庆祝中国共产党成立95周年、纪念红军长征胜利80周年系列活动。坚持党建带群建，深化文明行业创建，做好关爱干警和老干部工作，建设“和谐机关、温馨家园”。完善培树推广、学习宣传先进典型长效机制，以“时代先锋”詹红荔、“时代楷模”黄志丽为标杆，在全省法院广泛开展典型领跑行动。黄志丽法官被评为全国优秀共产党员和CCTV 2016年度十大法治人物。继2012年召开詹红荔精神研讨会后，最高人民法院再次在漳州召开黄志丽审判工作方法研讨会。去年，全省法院有175个集体、427名个人受到省级以上表彰。

五、坚持党的领导，接受人大监督，加强和改进法院工作

始终坚持党的领导，坚持法院工作和重要事项向党委报告制度，加强贯彻执行党的政治纪律情况专项督查，确保把党的理论和路线方针政策贯彻落实到法院工作中。主动接受人大及其常委会监督，坚持大会报告和专项报告工作制度，落实好人大决议和常委会审议意见。抓好代表意见建议办理，全省法院办复代表建议169件，其中省法院办复27件，并及时转化为指导性意见和具体措施。制定和落实人大代表联络工作规划，完善定向分级联络、集中走访通报、支持代表履职档案等制度，邀请代表参加重要会议和活动、旁听庭审、参与调解、见证执行等。邀请代表开展行政审判、执行工作专项视察，为省人大代表履职学习班作专题报告。去年10月，最高人民法院组织邀请7个省市区代表团的24位全国人大代表来闽视察，对福建法院工作给予充分肯定好评。自觉接受政协民主监督，邀请政协委员参与、监督司法，加强与各民主党派、工商联、无党派人士和人民团体的密切联系，全

省法院办复委员提案77件，其中省法院办复14件。畅通民意沟通渠道，接受社会监督，推进法院工作。

各位代表，去年法院工作取得的成绩，是各级党委领导、人大监督、政府支持、政协民主监督及社会各界、广大人民群众关心帮助的结果。我代表全省法院表示衷心的感谢和崇高的敬意！

同时，我们清醒地看到，法院工作还有不足和差距：依法履职、防控风险、服务发展的能力水平需进一步提高，化解矛盾纠纷、维护安定稳定、促进公平正义的职能作用需进一步强化；人民群众司法需求快速增长与各级法院司法能力和资源不足的矛盾仍然存在，全省法院案件总量加速攀升，法院干警办案和工作压力持续加大，审判质量效率、司法便民利民等仍需提升，执行难、涉诉信访等问题需下力攻坚；全面深化司法改革任务繁重，相关改革举措需协同、配套推进，司法资源配置、审判机制、监督管理等仍需完善；队伍建设需要加强，有的干警素质不高、作风不正，办案不公正、不廉洁，甚至违纪违法、贪赃枉法，损害了司法公信。对此，我们将在各方面关心支持下，采取有力措施，认真加以解决。

2017年的主要任务

2017年是我们党和国家历史上具有特殊重要意义的一年，我们将迎来党的十九大。全省法院要深入贯彻党的十八大和十八届三中、四中、五中、六中全会精神，深入贯彻习近平总书记系列重要讲话精神和治国理政新理念新思想新战略，认真落实省第十次党代会精神，切实按照中央、省委和最高人民法院的决策部署，牢固树立和贯彻落实新发展理念，始终坚持司法工作目标主线，坚持“抓党建、带队伍、促审判、树形象、创一流”，充分发挥审判职能，着力改革攻坚，从严抓好队伍，为再上新台阶、建设新福建提供有力司法保障，为党的十九大胜利召开营造安全稳定的社会环境。

一、坚持党的领导、人大监督，忠实履行职责。牢固树立政治意识、大局意识、核心意识、看齐意识，坚决维护以习近平同志为核心的党中央权威，始终在思想上政治上行动上同以习近平同志为核心的党中央保持高度一致。始终坚持党的领导、人民当家作主、依法治国有机统一，自觉接受人大及其常委会监督，更好地体现人民意愿、保障人民权益。把维护国家政治安全特别是政权安全、制度安全放在第一位，增强工作预见性，全面提升防范应对各类风险挑战的水平，确保国家长治久安、人民安居乐业。

二、依法服务发展大局，保障加快建设新福建。坚持稳中求进工作总基调，妥善审理好各类纠纷案件，依法保障供给侧结构性改革、创新驱动发展、城乡协调发展，促进稳增长、促改革、调结构、惠民生、防风险。完善生态、知识产权、涉台涉港澳、涉外和海事海商等审判机制，加强行政审判工作，强化对我省多区叠加、加快发展的司法服务保障。严厉打击刑事犯罪，严惩腐败犯罪，加强社会治理创新，着力营造良好社会环境和法治环境，推动平安福建、法治福建建设。

三、深化司法体制改革，提高司法公信力。锲而不舍推进司法责任制改革，落实法官员额制、审判辅助人员制度、司法人员职业保障等各项政策措施，让改革活力充分释放出来。继续深化以审判为中心的诉讼制度改革，完善立案登记制、繁简分流机制、刑事速裁和认罪认罚从宽制度、人民陪审员制度等，依法保障律师执业权利，健全多元化纠纷解决体系，提高司法质量、效率和公信力。加快建设“智慧法院”，积极运用现代科技手段，提升执法办案能力和司法水平。

四、着力严格公正司法，维护人民权益。坚持依法独立公正行使审判权，坚持以事实为根据、以法律为准绳，加强审级监督、审判管理、司法公开、防范冤假错案等工作，确保宪法法律正确实施。加大产权保护力度，妥善审理涉及民生各类案件，创新完善“跨域”立案、司法协作等便民利民机制，发挥基层法院的优势作用，让人民群众有更多公平正义获得感。以省市县三级人大对执行工作开展联动监督为契机，全力打好两年基本解决执行难这场硬仗，完善执行联动机制，确保如期实现目标，开创执行工作新局面。

五、坚持全面从严治党，强化队伍建设。严格落实管党治党责任，严格执行党章和准则、条例，严肃党内政治生活，强化党内监督，坚持标本兼治，提高政治觉悟，增强文化自信，坚定理想信念。巩固深化巡视整改成果，强化监督执纪问责，驰而不息抓好作风纪律建设。坚持严字当头，深入推进党风廉政建设和反腐败斗争，以“零容忍”态度严惩司法腐败。着力抓班子、带队伍，加快建设高层次法院人才队伍，深化向詹红荔、黄志丽同志学习活动，造就信念坚定、执法为民、敢于担当、清正廉洁的法院队伍，进一步营造风清气正、干事创业的良好生态。

各位代表，新的一年，我们要紧密团结在以习近平同志为核心的党中央周围，在省委领导、省人大及其常委会监督下，认真落实本次大会提出的各项任务，依法忠诚履职，深化改革创新，扎实做好法院工作，为再上新台阶、建设新福建提供有力司法保障，以优异成绩迎接党的十九大胜利召开！

附件一

有关用语说明

1．“四行动”“两清积”“一工程”： 系2016年省法院党组作出的工作部署，是贯彻落实中央、省委和最高人民法院决策部署，推动法院工作再上新台阶，提升司法公信力和群众满意度的重要工作抓手。“四行动”即服务发展行动、创新引领行动、典型领跑行动、公信提升行动，“两清积”即执行案件清积、涉诉信访清积，“一工程”即建设“不敢腐、不能腐、不想腐”“三不腐”机制工程。

2．全省法院收结案情况： 近年来，全省法院案件持续攀升，2014年全省法院受理各类案件615732件，办结537949件，同比上升8.42%和0.03%；2015年受理778737件，办结636922件，同比上升26.47%和18.40%；2016年受理914198件，突破90万件大关，再创历史新高，办结748032件，同比上升17.39%和17.44%。2014年全省法院一线法官人均结案数121.5件，2015年达140.4件，2016年达161.1件。

3．历年执行积案： 系2015年底前全省法院未执行到位的所有执行案件，不包含2016年新收的执行案件，共计536895件。2016年已清理455099件，占84.76%。

4．重大职务犯罪案件： 主要有厦门中院审理的河北省委原书记周本顺受贿案、江西省政府原副省长姚木根受贿案，漳州中院审理的上海市政府原副市长艾宝俊受贿、贪污案，福州中院审理的湖北省政协原副主席陈柏槐滥用职权、受贿案，南平中院审理的安徽省政协原副主席韩先聪滥用职权、受贿案等。

5．“六个专项治理”： 系2016年省委政法工作会议部署的重点工作，即对严重精神障碍患者肇事肇祸、寄递物流安全管理、危险物品安全监管、毒品、电信诈骗和金融风险、“执行难”等六个突出问题开展专项治理。

6. 省政府与省法院第三次府院联席会议：2016 年 4 月，省政府与省法院召开第三次府院联席会议，以“防控风险、服务发展”暨“加快企业破产重整及化解企业信贷风险”为主题，积极研究提出回应经济发展新常态、推进供给侧结构性改革的司法应对措施，并对推进依法行政、促进公正司法提出要求。最高人民法院领导作出批示充分肯定。

7. 金融案件审判庭和专门合议庭：福州、厦门、漳州、泉州等设区市中级人民法院在当地党委领导和政府支持下，已经成立专门的金融破产审判庭，专门负责金融、破产案件审理工作。

8. 金融借款、民间借贷案件：2016 年全省法院审结金融借款案件 28161 件、标的总额 782.38 亿元，上升 38.40% 和 42.02%；民间借贷案件 122099 件、标的总额 560.58 亿元，上升 16.06% 和 7.89%。

9. 自贸区法庭和审判庭：为进一步服务保障中国（福建）自由贸易试验区建设，2015 年 8 月、12 月和 2016 年 4 月，湖里、马尾和平潭法院先后成立了自贸区法庭，集中审理与自贸区相关的案件；2015 年 8 月，厦门中院、厦门海事法院分别成立了自贸区审判庭，专门审理涉自贸试验区案件。

10.《“一带一路”司法保障问题研究》：系省法院承担的最高人民法院 2015 年度 15 个审判理论重大课题之一，于 2016 年 11 月完成。该课题主要研究人民法院深入贯彻落实党和国家重大战略决策，立足审判工作实际，为“一带一路”建设提供一系列司法保障措施，内容涵盖涉外民商事案件的管辖、法律冲突与适用、司法协助、纠纷多元化解决、法院职能拓展、增强中国司法国际影响力和优化外部环境等问题。

11.《关于支持福建省加快建设国家生态文明试验区重大部署的意见》：2016 年 11 月，省法院向最高人民法院报送了《关于学习贯彻落实党中央、国务院支持福建省建设国家生态文明试验区重大部署情况的报告》，提出相关建议。12 月 20 日，最高人民法院专门下发《关于支持福建省加快建设国家生态文明试验区重大部署的意见》，要求在人民法院总体工作部署中充分考虑，加强对福建省各级法院服务保障国家生态文明试验区建设工作的指导，支持福建省各级法院加强环境资源审判探索创新、审判理论研究和审判队伍建设等，鼓励先行先试，加强总结推广，使福建法院在加强生态文明建设司法保障方面积累更多经验，更好地服务保障国家生态文明试验区建设。这是继2009年作出《关于支持福建省加快建设海峡西岸经济区重大战略部署的意见》之后，最高人民法院再次专门出台支持福建发展的重要指导性意见。

12. 生态环境司法保护“福建样本”升级版：2016年，省法院召开全省法院生态环境审判工作会议，出台指导性意见，在全面总结和提升近年来我省法院生态环境司法保护工作机制的基础上，进一步丰富和完善形成了公正高效审判、科学管辖、专门化审判、行政执法与司法无缝对接、生态修复、公益诉讼、海洋环境生态司法保护、专家参与、案件执行、司法建议、多元化纠纷解决、便民诉讼、司法预防、以案释法、实践研究、闽台交流合作等16项机制。2016年8月，“加强生态环境保护与司法衔接，实现设区市生态环境审判庭全覆盖”，被国家发改委确定为福建生态文明先行示范七条经验之一。2015年，省法院被最高人民法院确定为首个全国法院环境资源审判实务研究基地，龙岩中院、漳州中院被确定为全国法院首批环境资源司法实践基地；2016年，省法院确定长汀、永安、永春、松溪、东山、永泰、霞浦等7个法院为“全省法院生态环境审判示范基地”。

13. 行政案件异地管辖模式：即“中级法院以司法片区为基础的异地管辖、八个设区市基层法院以集中管辖为基础的异地管辖、龙岩市基层法院以中院指定为基础的异地管辖”三种模式。对属于中级法院管辖的以设区市和县（市、区）两级政府为被告的一审行政案件，在全省范围内划分三个司法管辖片区，实行分片区不对应交叉管辖；对属于基层法院管辖的一审行政案件，实行相对集中管辖，即除龙岩外的八个设区市各确定若干基层人民法院为集中管辖法院，集中管辖所属中级法院辖区内原属其他基层人民法院管辖的一审行政案件；龙岩市各基层法院管辖的一审行政案件，由龙岩中院统一登记并指定异地管辖。我省法院行政案件管辖机制改革工作受到最高人民法院领导的批示肯定。2016 年，全省法院共受理跨行政区域一审行政诉讼案件 4162 件，审结 3292 件。

中级人民法院一审行政案件跨行政区域管辖分工表

片区	原管辖中院	调整后的管辖中院
第一片区	福州市中级人民法院	莆田市中级人民法院
	宁德市中级人民法院	福州市中级人民法院
	莆田市中级人民法院	宁德市中级人民法院
第二片区	厦门市中级人民法院	漳州市中级人民法院
	泉州市中级人民法院	厦门市中级人民法院
	漳州市中级人民法院	泉州市中级人民法院
第三片区	龙岩市中级人民法院	三明市中级人民法院
	三明市中级人民法院	南平市中级人民法院
	南平市中级人民法院	龙岩市中级人民法院

14. 行政审判工作专项报告：2016 年 5 月，省人大常委会领导高度重视，亲自带队赴全省开展行政审判工作调研。7 月，省人大常委会第二十四次会议听取和审议了《省法院关于行政审判工作情况的报告》。8 月，省人大常委会提出《审议意见》，对全省法院行政审判工作予以充分肯定，并提出了“进一步完善行政审判工作体制机制，进一步加大行政判决执行力度，进一步完善与行政机关的互动机制，进一步加强行政审判队伍建设”的要求。省法院及时印发全省法院学习贯彻，并制定《整改落实方案》，提出 17 条整改措施，下发全省法院深入对照整改落实。随着行政诉讼调整领域、行政案件类型、行政诉权保护、司法审查对象、行政判决方式的拓展，一大批行政争议和行政纠纷案件得到了化解，行政机关执法水平和应诉能力不断提升，法治政府建设进一步加快。

15. 职工维权机制：近年来，全省法院切实加大职工维权工作力度，均成立了专门的维护职工权益合议庭，推进劳动争议类案审理和要素审判方式改革，与各级总工会建立诉调对接机制，联合制定维护职工合法权益规范性文件58件，推动建立和完善劳动争议处理协调机构、多元调解网络，努力构建和谐劳动关系。2016年7月，省法院与省总工会在石狮市联合召开全省推进职工维权工作现场会，推广石狮、晋江、思明、尤溪、涵江、新罗等六地法院职工维权“六种模式”。省人大常委会领导出席会议，充分肯定全省法院职工维权工作，进一步提出了工作要求。

16. 家事审判方式和工作机制改革：2016年，省法院根据最高人民法院部署要求，研究制定了指导意见，在全省法院全面推开家事审判方式和工作机制改革。海沧、鲤城、城厢等法院被最高人民法院确定为全国家事审判方式和工作机制改革试点法院。各级法院加强改革探索，创新完善了家事案件子女档案登记、家事调查员、财产诚信申报、心理干预疏导等机制。目前，有36个法院整合婚姻家庭案件专门合议庭，成立独立建制的家事审判庭、家事法庭或少年与家事审判庭，集中审理涉家事、未成年人等类型案件。

17. 反家暴工作：2016年3月1日施行的《反家庭暴力法》创新了强制报告、告诫、临时庇护、人身安全保护令制度等一系列制度措施。莆田市两级法院在依法履行家暴案件审判工作的基础上，与有关部门协作配合，建立事前预防、事中救助、事后救济与修复的联动机制，形成了上下一体、联动衔接的反家暴惩防工作体系，受到最高人民法院和全国妇联等的重视和肯定。

18. 老年人权益司法保护：为进一步贯彻落实《老年人权益保障法》，认真执行中央、省委关于老龄工作政策精神，省法院于2016年8月下发《关于进一步发挥审判职能 依法保障老年人合法权益的通知》，要求全省法院优先立案、优先审理、优先执行涉及老年人权益保障案件，妥善审理涉及老年人的劳动、退休、抚恤、养老、医疗、社保和婚姻家庭、继承、赡养、扶养、房产、财产等纠纷案件，注重涉老刑事案件的司法人权保障问题，加大涉老案件司法救助力度等。省法院还积极参与《福建省老年人权益保障条例》起草工作。

19．司法拥军：2016年8月29日，省法院召开福建法院司法拥军工作座谈会，得到省军区和驻闽部队领导的高度重视和大力支持。会议总结了全省法院司法拥军工作经验，对推进新形势下的司法拥军和涉军维权工作，抓好部队全面停止有偿服务后相关纠纷案件的审判执行工作，服务保障依法治军、改革强军等提出了明确要求。近年来，全省法院立足福建实际，紧贴军队需求，持续深化和发展“党委领导、司法能动、依法维权、拓展服务、军地协作、机制创新”的“福建经验”，健全覆盖全省法院的“一组、一庭、一线”三位一体司法拥军工作组织网络，不断完善军地协作工作机制，为国防和军队建设提供有力司法服务保障。

20．“基本解决执行难”：2016年1月，省委将解决执行难列入全省政法工作的重要内容，2月底省委政法委召开“六个专项治理”视频会议对解决执行难作出部署，省法院同步召开全省法院“两清积”活动推进会，下发集中清理执行积案“工作方案”。3月，最高人民法院周强院长在全国人大会议上作出了“用两到三年时间基本解决执行难”的庄严承诺，省法院将执行清积活动纳入“基本解决执行难”工作统筹推进，提出“坚决统一思想行动，坚决落实目标举措，坚决强化队伍建设，坚决担当使命责任”要求，并制定了《关于落实“用两到三年时间基本解决执行难问题”的工作纲要》。6月，最高人民法院把我省列入“两年基本解决执行难”的19个重点省份之一，省法院进一步研究制定了《关于贯彻落实“力争在两年期限内完成基本解决执行难目标任务”的行动方案》。9月底，最高人民法院召开全国法院执行工作会议作了进一步部署。10月下旬，我省召开全省社会治安综合治理创新工作推进会，把“两年基本解决执行难”作为重要内容进行部署安排。11月2日，省委常委会议专门听取解决执行难工作情况汇报，省委尤权书记提出重要要求。根据最高人民法院部署，解决执行难的根本目的是，人民群众对执行工作的满意度显著提升，人民法院执行权威有效树立，司法公信力进一步增强；总体目标是实现“四个基本”，即被执行人规避执行、抗拒执行和外界干预执行现象基本得到遏制，人民法院消极执行、选择性执行、乱执行的情形基本消除，无财产可供执行案件终结本次执行的程序标准和实质标准把握不严、恢复执行等相关配套机制应用不畅的问题基本解决，有财产可供执行案件在法定期限内基本执行完毕。

21. 全省执行联动机制： 2016 年 9 月，中共中央办公厅、国务院办公厅印发《关于加快推进失信被执行人信用监督、警示和惩戒机制建设的意见》；12 月，省委办公厅、省政府办公厅下发我省实施意见，规定了具体的联合惩戒措施，构建“一处失信、处处受限”的信用惩戒大格局。12 月 8 日，全省执行联动机制建设推进会召开，部署建立“党委领导、人大监督、政府支持、政法委协调、法院主办、部门配合、社会各界参与”的执行联动大格局，争取在 2017 年 3 月底前建成全省失信被执行人联合惩戒平台，对失信被执行人在不动产购买、高消费、出境、担任法定代表人、董事、监事、高级管理人员等方面实施惩戒。全省执行联动机制成员单位有 71 家。

22. 执行大会战： 2016 年 10 月，省法院部署在全省法院开展执行大会战，确保 2016 年年底完成“两年基本解决执行难”第一阶段目标，即全省执行积案清理率达 70% 以上，历年执行案款清理完毕。

23. “六类案件”： 即有财产可供执行的案件，涉工程款、拖欠农民工工资、人身损害赔偿、劳资纠纷等民生案件，涉党政机关、公职人员等特殊主体案件，涉金融案件，当事人反映强烈的信访案件，上级法院监督和各方关注的案件。

24. “十个一批”： 即集中执结一批，失信惩戒一批，依法处罚一批，重整破产一批，规范“终本”一批，司法建议一批，主动通报一批，执行救助一批，挂牌督办一批，正面宣传一批。

25. “十大难题”：即破解财产处置变现难题，清理率偏低难题，打击拒执不力难题，执破衔接不畅难题，失信惩戒不足难题，联动机制不畅难题，“终本”标准不严难题，信访化解效果不佳难题，执行声势不大难题，队伍士气不高难题。

26. 涉诉信访信息化：即以“信访管理信息平台 + 司法管理信息平台”为支撑，以“网上诉讼服务中心 + 远程视频接访中心”为渠道，以“信访分流化解系统 + 信访督办转办系统”为保障，做到“全网融合、内外联通，全员参与、上下联动，全程留痕、诉访联办”，实现每一起信访件有迹可查、每一个信访人有访必理、每一项信访工作有责必办。

27. 律师参与化解和代理涉法涉诉信访案件：2016 年 2 月，省法院、省司法厅和省律师协会联合下发《关于律师参与化解和代理涉法涉诉信访案件的实施细则（试行)》，规范律师参与化解和代理涉诉信访案件工作，依法维护涉诉信访人合法权益，引导涉诉信访人理性表达诉求，着力推动在法治轨道内解决涉诉信访问题。4 月，根据最高人民法院部署，省法院确定福州、厦门、漳州、莆田中院作为该项工作的全国试点法院，并及时总结试点法院经验做法，向全省法院推广。目前，省法院已建立了以省直律师事务所为基础的 125 名值班律师库，每天 2 名律师到省法院驻点值班接访。

28. 充分运用新媒体手段：目前，全省法院已全部开通了互联网站、官方微博、官方微信，设立福建法院微博发布厅，人民法庭全部建成专属司法服务网页，省法院率先在全国高级法院中开通多功能官方微信，2016 年全省 96 家法院整体入驻“今日头条”新闻客户端，全省法院新媒体矩阵初步形成。

29. 诉讼服务司法协作：2016 年 11 月，省法院印发《关于深化和拓展“跨域”立案服务 全面推进诉讼服务司法协作的意见》，在开展“跨域”立案服务的基础上，进一步拓展“跨域”诉讼服务的深度和广度，推动全省法院互相委托协作，根据申请人申请或法律规定，依托全省法院统一的诉讼服务信息平台，跨区域、跨层级办理立案申请、程序性事项申请、委托调查、送达、宣判等诉讼服务事项，并加强信息技术手段在远程调解、信访中的应用，让人民群众不受地域、审级限制，在家门口获得良好的诉讼服务。

30. 诉讼服务中心体系：全省法院积极推进诉讼服务大厅、ITC 自助服务终端、网上诉讼服务平台、掌上诉讼服务帮手、12368 诉讼服务热线“五位一体”的全景化、一站式、智能型诉讼服务中心建设，通过综合诉讼服务窗口、案件触摸查询终端、案件信息公告屏、远程接访系统、开放 WIFI 网络等多样化途径，向当事人提供诉讼服务、信息查询、法治宣传、司法公开等服务。

31. “一地两室”：2016 年 4 月 26 日，省法院举行诉讼服务中心志愿者签约暨志愿者服务基地、律师工作室和调解室揭牌仪式。通过这一举措，推动全省法院积极拓展第三方参与平台，建立诉讼志愿服务长效机制，探索引入律师、专家学者、法学院校师生、社会志愿者、人大代表、政协委员等社会力量参与司法服务，深入开展律师参与化解和代理涉诉信访案件等改革试点，深化诉讼服务中心、多元化纠纷解决机制等建设，努力构建多元参与、开放共享的诉讼服务新模式。

32. 新型审判团队：根据《最高人民法院关于完善人民法院司法责任制的若干意见》，人民法院可以组建由法官与法官助理、书记员以及其他必要的辅助人员组成的审判团队，依法审理各类案件。案件数量较多的基层人民法院，可以组建相对固定的审判团队，实行扁平化的管理模式。在司法责任制改革中，我省各地法院结合工作实际，探索实行“1+1+1”“1+N+N”“3+1+1”“3+N+N”等多种新型审判团队办案模式。

33. 法官员额制改革：在法院内部对法官实行员额制管理，推动建立以法官为中心的人员配置模式，实现法官队伍的正规化、专业化、职业化，并确保进入员额的法官充实到审判一线。各级法院员额数量根据各地经济社会发展状况、人口数量、案件数量、案件类型、审级职能、审判辅助人员配置、办案保障条件等因素综合确定，同时根据案件数量、人员结构的变化情况，完善法官员额的动态调节机制。法官入额采取双向选择、考核考试、差额择优、分期分批、遴选决定的方式进行。2015 年 10 月，省法院启动试点法院首次法官入额遴选工作。2016 年 9 月，省法院启动全省法院首次法官入额遴选工作。目前，全省法院法官 6454 人中，经福建省法官遴选委员会遴选，首次入额 3831 人，占中央政法专项编制数的 35.97%。

34. 法官宪法宣誓仪式：2016 年 12 月 4 日是第三个“国家宪法日”，全省三级法院同步举行法官宪法宣誓仪式。全省法院首次入额法官和干警代表 6000 多人分别在省法院和各地法院参加了宣誓仪式。部分全国人大代表、省人大代表、省政协委员、人民法院监督员应邀参加宣誓仪式。

35. 审判辅助人员：指从事审判辅助性工作，协助法官履行审判职责的专门工作人员，包括法官助理、书记员、执行员、司法警察、司法技术人员等。

36. 以审判为中心的诉讼制度改革：系党的十八届四中全会部署的重大改革任务。“以审判为中心”就是强调司法机关和诉讼参与人的诉讼活动必须围绕庭审进行，确保侦查、审查起诉的案件事实和证据经得起法律的检验，保证审判尤其是庭审在查明事实、认定证据、保护诉权、公正裁判中发挥决定性作用，切实维护司法公正、防止冤假错案。2016 年 10 月，最高人民法院、最高人民检察院、公安部、国家安全部、司法部联合印发《关于推进以审判为中心的刑事诉讼制度改革的意见》，从贯彻证据裁判要求、规范侦查取证、完善公诉机制、发挥庭审关键作用、尊重和保障辩护权和当事人诉讼权利义务等方面提出 21 条改革举措。

37. 认罪认罚从宽制度：指对犯罪嫌疑人、刑事被告人自愿如实供述自己的罪行，对指控的犯罪事实没有异议，同意人民检察院量刑建议并签署具结书的案件，可以依法从宽处理。这是党的十八届四中全会部署的改革任务，是我国刑事诉讼制度改革的重大举措。我省福州、厦门18个基层法院，在2014年以来开展刑事案件速裁程序试点的基础上，于2016年9月根据全国人大常委会授权和最高人民法院决定，进一步开展刑事案件认罪认罚从宽制度改革试点。

38. 繁简分流：指根据案件事实、法律适用、社会影响等因素，选择适用适当的审理程序，规范完善不同程序之间的转换衔接，依法快速审理简单案件，严格规范审理复杂案件，实现简案快审、繁案精审的工作机制，旨在科学调配和高效运用审判资源，减少诉讼成本，提高司法效率，维护合法权益，促进司法公正。2016年9月，最高人民法院出台《关于进一步推进案件繁简分流优化司法资源配置的若干意见》，提出了22条具体举措。

39. 多元化解：深化多元化纠纷解决机制改革，是党的十八届四中全会作出的一项重要部署，即统筹社会各方面力量积极参与矛盾纠纷化解，完善调解、仲裁、行政裁决、行政复议、诉讼等有机衔接、相互协调的工作机制，为人民群众提供便捷高效的纠纷解决方式，旨在促进系统治理、依法治理、综合治理、源头治理，有效防范化解各类风险，维护社会公平正义，促进人民安居乐业、社会安定有序。2016年6月，最高人民法院出台《关于人民法院进一步深化多元化纠纷解决机制改革的意见》，充分发挥司法在多元化纠纷解决机制建设中的引领、推动和保障作用。9月，省法院出台实施意见，提出47条工作举措。

40. 诉调对接平台拓展至16个部门和行业：省法院在近年来与省军区政治部、省林业厅、省公安厅、省人力资源和社会保障厅、省总工会、团省委、省妇联、省侨联、省台办、中国保监会福建监管局、省保险行业协会、省知识产权局、省工商联等部门和行业建立诉调衔接机制的基础上，2016年又与省企业与企业家联合会、省司法厅、省旅游局建立了相关领域纠纷案件诉调衔接机制，深入推进多元化纠纷解决机制建设。

41. 防范冤假错案工作机制： 近年来，全省法院坚持理念先行，积极开展贯彻刑事诉讼法和第六次全国刑事审判工作会议督查推进活动，树立科学司法理念，认真贯彻罪刑法定、疑罪从无等法律原则和证据裁判、非法证据排除等规则；坚持源头预防，以审判为中心，严格执行法定证明标准，加强庭前会议、证据审查、证人鉴定人出庭等工作，推进庭审实质化；坚持依法纠错，落实指令再审和发回重审沟通、跟踪、反馈机制，完善再审改判标准，发挥审判监督的反向审视功能；坚持衔接配合，与政法机关建立案件质量通报和联席会议制度，保障律师依法履职，完善辩护制度，共同防范冤假错案。近年来，依法审结念斌案、陈夏影案、许金龙案等重大敏感复杂案件，取得法律效果与社会效果的统一。

42. 许金龙等抢劫案： 1994 年 1 月，莆田市发生一起抢劫案。经公安机关侦查、检察机关批准逮捕和提起公诉，1995 年 6 月 5 日，莆田中院作出一审判决，以抢劫罪判处许玉森、许金龙、张美来死刑，判处蔡金森死刑缓期二年执行。许金龙等 4 人不服上诉，省法院于 1999 年 4 月 4 日作出二审判决，以抢劫罪判处许玉森、许金龙、张美来、蔡金森死刑缓期二年执行。许金龙等 3 人及其亲属不服提出申诉。省法院经依法审查，于 2015 年 12 月 16 日决定再审。2016 年 2 月 4 日，省法院公开开庭审理此案，并于当日下午依法公开宣判，宣告许玉森、许金龙、张美来、蔡金森无罪。

43. 全省法院有 16 个案例入选最高人民法院发布的典型案例： 2 个入选最高人民法院发布的中国法院 50 件典型知识产权案例；1 个被最高人民法院列为国内首批 11 个重点关注重整案、“全国企业破产重整案件信息平台”示范案例；2 个入选最高人民法院发布的拒执罪自诉案件典型案例；1 个入选最高人民法院、最高人民检察院联合发布的刑事赔偿典型案例；其他分别入选最高人民法院发布的侵害未成年人权益被撤销监护人资格典型案例、毒品犯罪及吸毒诱发次生犯罪十大典型案例、矿业权纠纷十大典型案例、电信网络诈骗犯罪典型案例。

44. “智慧法院”：我省法院紧跟国家信息化建设和“数字福建”的部署要求，2008—2012 年致力于网络化、数字化，2013—2015 年致力于互联化、可视化，2015 年以来致力于现代化、智能化。2016 年，省法院制定了法院信息化建设五年发展规划，召开全省法院信息化工作会议，全面推进法院信息化转型升级和“智慧法院”建设。主要目标是“14462”，即围绕促进审判体系和审判能力现代化“一个目标”，坚持服务人民群众、服务审判执行、服务法院管理、服务社会治理“四个服务”，着力加强顶层设计、加快系统建设、强化保障体系、提升应用成效“四个方面”，落实人民法院信息化 3.0 版“全面覆盖、移动互联、跨界融合、深度应用、透明便民、安全可控”“六个特征”，确保按期实现“2017 年年底总体建成信息化 3.0 版”和“2020 年年底深化完善信息化 3.0 版”“两步跃升”。法院信息化 3.0 版具体包括：形成全国法院固定和移动网络相结合、全面支持广大干警和社会公众随时随地接入的“网络法院”；形成司法公开和诉讼服务全面覆盖全国法院和人民群众，开放、动态、透明、便民的“阳光法院”；形成最高人民法院和高级人民法院主要业务信息化覆盖率 100%，国家司法审判信息资源库案件数据、电子档案、司法解释等覆盖率 100%，具有信息共享、业务协同和按需服务能力的“智能法院”。

45. “十三五”期间法院教育培训工作：2016 年 8 月，省法院召开全省法院教育培训工作会议，回顾总结工作，分析形势任务，研究部署做好“十三五”期间人民法院教育培训工作。会议要求全省法院要以思想政治教育为首要任务，以提高司法能力为工作主线，以改革创新为不竭动力，突出思想理论教育、司法良知和职业道德教育、提高司法能力等培训重点，在推进信息化运用、完善培训管理机制、创新培训方式方法、抓好培训基础建设上下功夫，不断提高教育培训科学化水平。

46. 大督察机制：2016 年，省法院对全省法院持续开展常态化大督察 315 场次，其中网上督察 311 场次，节点专项检查 4 次，3 次通报作风纪律问题 188 个，指名道姓通报 29 名责任人，并通过批评教育、提醒谈话等方式问责，发挥大督察的震慑警示作用。

47.“三不腐”机制工程：“三不腐”即不敢腐、不能腐、不想腐。2016年4月，省法院下发《福建法院建设“三不腐”机制工程方案》，健全执纪审查、预防制度、内外监督、纪律教育、责任传导等“五个体系”。以健全执纪审查体系为抓手，加大纪律审查力度，着力强化抓早抓小，驰而不息纠正“四风”，坚持无禁区、全覆盖、零容忍，保持“不敢腐”的高压态势；以健全预防制度和内外监督体系为抓手，着力构建审判执行岗位廉政风险防控机制，进一步完善大督察等内部监督机制，完善“不能腐”的制度机制；以健全纪律教育和责任传导体系为抓手，落实案情通报、廉政谈话提醒“八必谈”，建立党组会、中心组学习会、民主生活会、支部组织生活会深入剖析问题、解决问题等机制，开展理想信念和专题党性剖析、纪律教育等，筑牢“不想腐”的思想堤坝。

48. 防止干预过问案件“两个规定”：2015年，中共中央办公厅、国务院办公厅下发《领导干部干预司法活动、插手具体案件处理的记录、通报和责任追究规定》，中央政法委下发《司法机关内部人员过问案件的记录和责任追究规定》，最高人民法院出台人民法院落实“两个规定”的实施办法。省法院结合我省法院实际，于2015年9月制定了《关于落实〈领导干部干预司法活动、插手具体案件处理的记录、通报和责任追究规定〉的实施细则》和《关于内部人员过问案件的记录和责任追究的实施细则》，保障人民法院依法独立公正行使审判权，确保司法公正廉洁。

49.“四种形态”：指监督执纪“四种形态”，即经常开展批评和自我批评、约谈函询，让“红红脸、出出汗”成为常态；党纪轻处分、组织调整成为违纪处理的大多数；党纪重处分、重大职务调整的成为少数；严重违纪涉嫌违法立案审查的成为极少数。

50.“抓党建、带队伍、促审判、树形象、创一流”：系2008年以来省法院党组提出并坚持的抓法院全面工作的总体工作思路，涵盖了法院各项工作和建设发展的龙头引领、组织保证、中心任务、工作效果、目标要求等，有力保证和推进了审判执行、队伍建设、品牌建设和司法公信建设。

51．党建带群建：即以党的建设带动工会、共青团、妇联等群团组织建设。全省各级法院切实把群团建设纳入党建工作总体部署，把党建带群建作为党建工作责任制的重要内容，紧密结合法院实际，支持群团组织发挥各自优势、体现群众特点，创造性开展工作。

52．詹红荔：现任南平市中级人民法院副处级审判员，延平区人民法院党组成员、副院长，党的十八大代表。她坚持司法为民，创新未成年人审判和延伸帮教工作，其先进事迹体现了“忠诚尽责、爱民为民、公正廉洁、开拓创新、情铸和谐”的精神，被誉为“爱民为民、情铸和谐”的好党员、好法官。詹红荔先后被授了全国道德模范、全国创先争优优秀共产党员、全国五一劳动奖章、全国人民满意的公务员、全国模范法官、全国三八红旗手、全国政法系统优秀党员干警、全国职工职业道德建设标兵、2011 年度中国十大法治人物和福建省优秀共产党员、福建省十佳法官等称号，荣立个人一等功。中宣部将詹红荔确定为“时代先锋”全国重大先进典型。中央政法委、最高人民法院和省委分别作出决定号召学习，中宣部、中央政法委、最高人民法院和省委联合在人民大会堂举行詹红荔先进事迹报告会。2012 年，以詹红荔为原型的影片《南平红荔》开机拍摄，并被列为向党的十八大献礼重点影片。2014 年，詹红荔作为我省唯一基层的党的十八大代表列席党的十八届四中全会。2016 年 2 月，荣获“全国三八红旗手标兵”荣誉称号；12 月，当选为福建省妇女联合会兼职副主席。

53．黄志丽：现任漳州芗城区人民法院党组成员、巷口人民法庭庭长。她扎根基层审判一线十多年，审结民商事案件 5000 多件，无一申诉信访，无一投诉举报，被誉为“知心法官”。先后被授予全国道德模范、全国先进工作者、全国最美基层干部、全国模范法官、全国最美基层法官、全国优秀法官、全国法院办案标兵、全省先进工作者、福建省五一劳动奖章、“八闽楷模”等荣誉称号，荣立个人一等功。中央政法委、最高人民法院和省委、省委政法委分别作出决定，号召向黄志丽同志学习。2016 年 3 月，黄志丽被中宣部授予“时代楷模”。最高人民法院举行以黄志丽为原型的电影《知心法官》首映式和黄志丽先进事迹报告会，省委举行福建首映式并将学习詹红荔、黄志丽两位先进典型列为全省“两学一做”学习教育重要内容。7 月，党中央授予黄志丽“全国优秀共产党员”荣誉称号。11 月，黄志丽被选为中国共产党福建省第十届委员会候补委员。12 月，最高人民法院和福建省委组织部、省委宣传部、省委政法委、省法院在漳州召开黄志丽审判工作方法研讨会，黄志丽被评为 CCTV 2016 年度十大法治人物。

54. 典型领跑行动：系 2016 年省法院作出的加强法院队伍建设的工作部署。2016 年 4 月 29 日，省法院下发《福建法院典型领跑行动方案》，召开全省法院典型领跑行动座谈会，发出《典型领跑行动倡议书》，推动全省法院以典型领跑行动为重要抓手，进一步发现培育和学习弘扬以詹红荔、黄志丽为代表的先进典型，充分发挥先进典型的示范、引领、集聚、辐射和带动效应。省法院处级退休干部王荣生同志被最高人民法院追记一等功，被省政府授予“福建省见义勇为模范”荣誉称号；安溪县人民法院蓬莱人民法庭庭长林剑东同志被最高人民法院追授“全国优秀法官”荣誉称号。

55. 抓好代表意见建议办理：省法院切实把办理落实好代表建议作为年度重点工作抓紧抓实，与审判执行工作同谋划、同部署、同落实。强化办理责任，严格落实“院党组负总责、主要领导第一责任人、分管院领导直接责任人和承办部门主要负责人具体责任人”四级责任体系，确保每一件代表建议办理落实到位；强化管理考评，严格实行答复文稿“承办部门初核、办公室会稿、分管领导把关、党组集体研究”四级质量审核制度，完善建议的拟办批办、交办催办、审核把关、答复反馈等办理程序，提高办理质量和效率；强化沟通协商，坚持办前深入了解代表所提建议的意愿和想法，办中邀请代表参与研究办理措施和开展调研等，办后开展“回头看”，切实提升办理实效。

56. 及时转化为指导性意见和具体措施：2016 年，省法院将人大代表建议转化为加强涉金融案件审判、规范企业破产案件审理程序、基本解决执行难、执行案件清积、执行信息化建设和联合惩戒平台建设、司法责任制和法官员额制等改革、聘用制书记员管理、强化司法救助工作、规制规避诉讼程序行为等规范性文件和具体工作举措。

57. 人大代表联络工作规划：2016 年 5 月，省法院制定《2016 年人大代表联络工作总体规划》，创新拓展了代表联络的方式内容，健全完善了定向分级联络、工作情况通报、司法参与监督、专项视察、集中走访、代表建议办理等 11 项工作机制，确保代表联络全覆盖，确保代表关注事项件件有回音、事事有着落。

58. 邀请代表开展专项视察：2016 年 6 月 21 日至 23 日，省法院邀请 22 位全国、省人大代表赴泉州、漳州两地法院专项视察行政审判工作。9 月 6 日至 8 日，省法院邀请 34 位全国、省、市人大代表和人民法院监督员赴厦门、三明两地法院专项视察法院执行工作。

59. 全国人大代表视察福建法院工作：2016 年 10 月 10 日至 14 日，应最高人民法院邀请，经全国人大常委会同意，来自吉林、重庆、贵州、陕西、甘肃、青海、宁夏等 7 个省（市、自治区）的 24 位全国人大代表到我省法院视察。省委、省人大常委会高度重视，省人大常委会领导和有关负责同志陪同视察，各相关设区市和县（市、区）党委、人大、政府和党委政法委全力支持配合，共同做好代表视察各项工作。全国人大代表先后到省法院和泉州、龙岩、漳州等地法院视察，通过实地考察、观看演示、观摩庭审、听取汇报、座谈交流等形式，考察了解福建经济社会发展尤其是“一带一路”、海丝核心区、国家生态文明试验区建设情况，福建法院审判执行、队伍建设、司法改革、司法为民、基层基础和服务大局、生态司法、涉台司法等各项工作情况。这是最高人民法院首次邀请全国人大代表视察福建法院。此次视察给代表们留下了鲜明的“福建印记”，增进了代表们对福建和福建法院工作的了解，受到了代表们的广泛好评和高度赞誉。最高人民法院周强院长作出批示，充分肯定福建省对此次部分全国人大代表视察高度重视，精心组织，代表们高度负责，视察效果十分明显，并要求对代表们提出的意见和建议要认真研究采纳。

附件二

全省法院审判和执行工作情况图

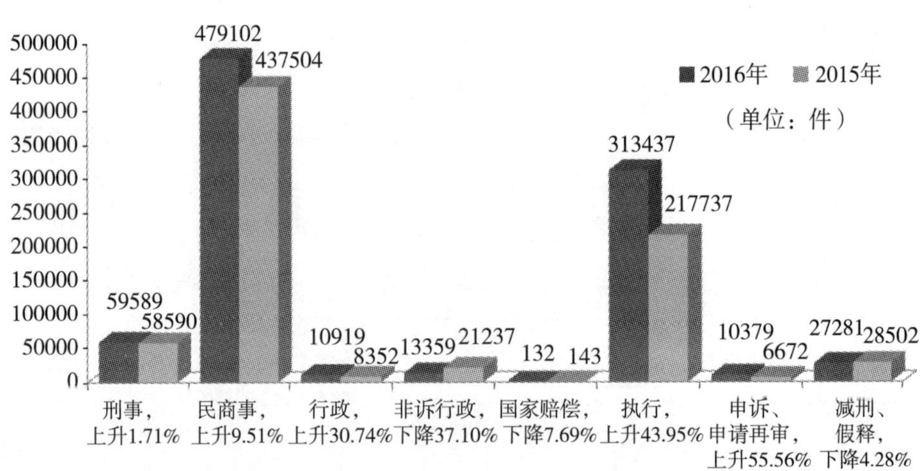

2016 年与 2015 年全省法院各类案件受理数对比图

（2015 年总计 778737 件，2016 年总计 914198 件）

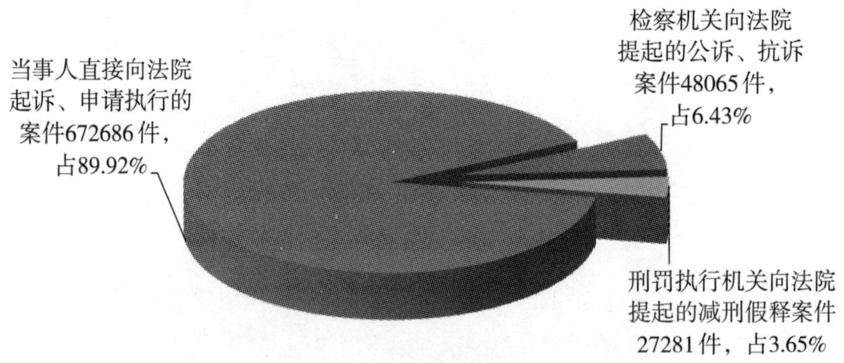

2016 年全省法院办结案件来源结构图

（总计 748032 件）

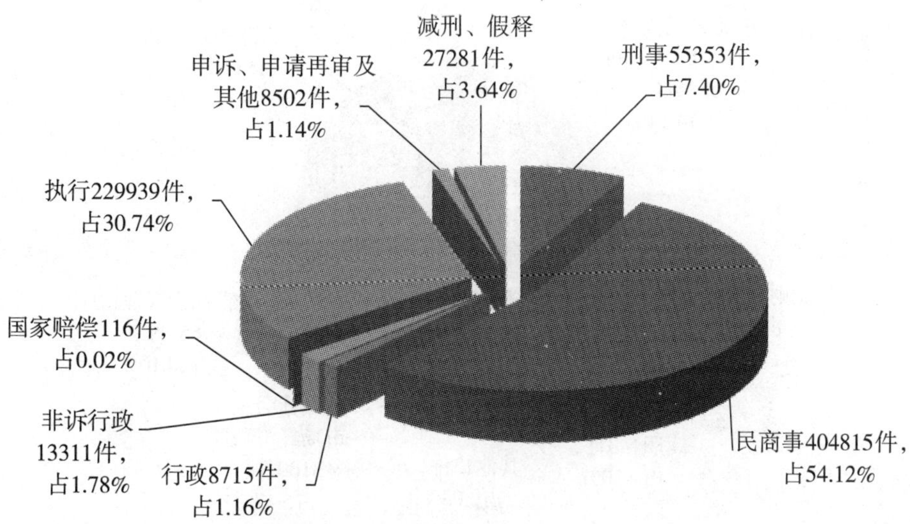

2016 年全省法院办结案件分类示意图（一）

（总计 748032 件）

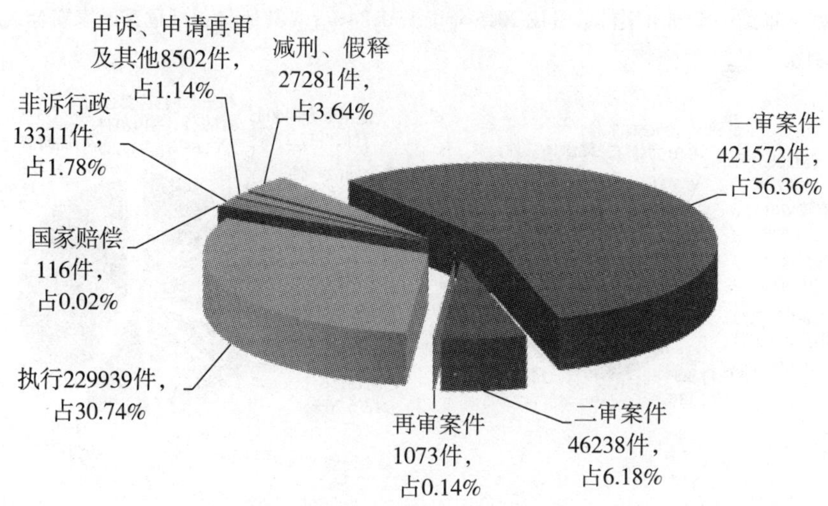

2016 年全省法院办结案件分类示意图（二）

（总计 748032 件）

注：一审、二审、再审案件总数等于刑事、民商事、行政案件总数。

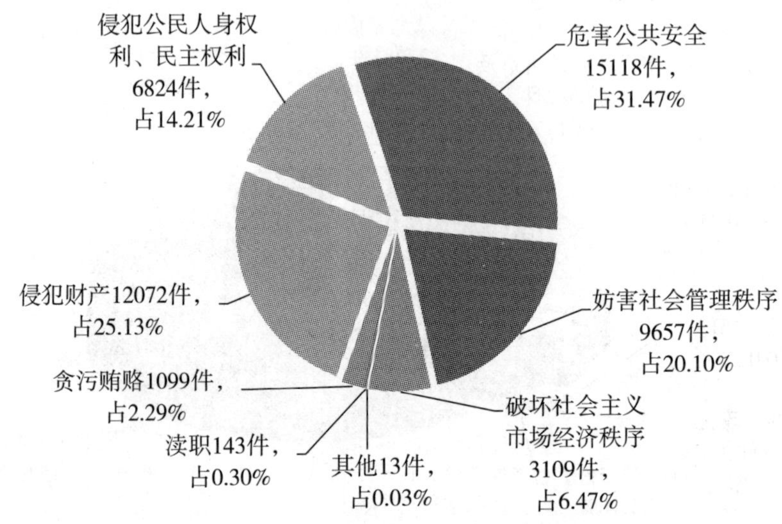

2016 年全省法院审结一审刑事案件构成图

（总计 48035 件）

注：审结一审刑事案件数量比 2015 年上升 0.84%；“其他”包括危害国家安全、危害国防利益等案件。

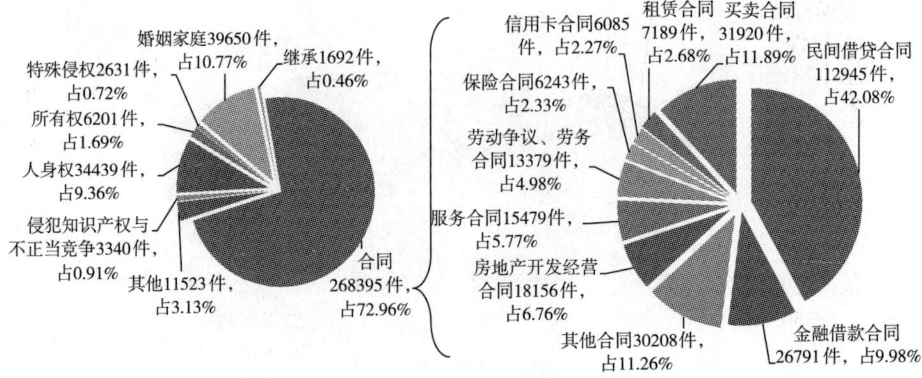

2016 年全省法院审结一审民商事案件构成图

（总计 367871 件）

注：审结一审民商事案件数量比 2015 年上升 7.91%；一审民商事案件中的“其他”包括不当得利、无因管理、适用特别程序等案件。合同案件中的“其他合同”包括建设工程、承揽、运输、委托、居间、赠与等合同纠纷。

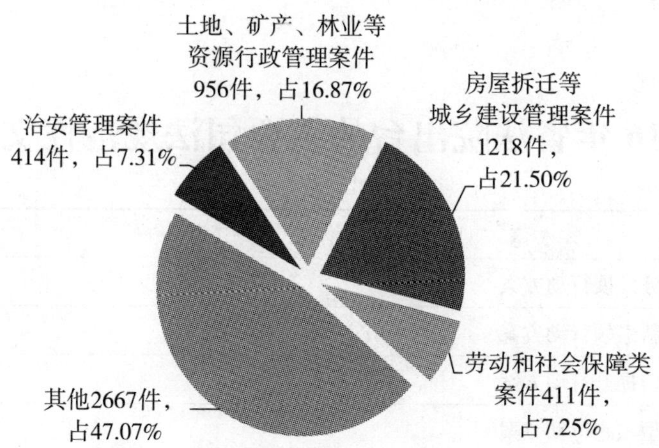

2016 年全省法院审结一审行政案件构成图

（总计 5666 件）

注：审结一审行政案件数量比 2015 年上升 24. 23%；“其他”包括工商、税务、卫生、计生、民政、教育等管理行政案件。

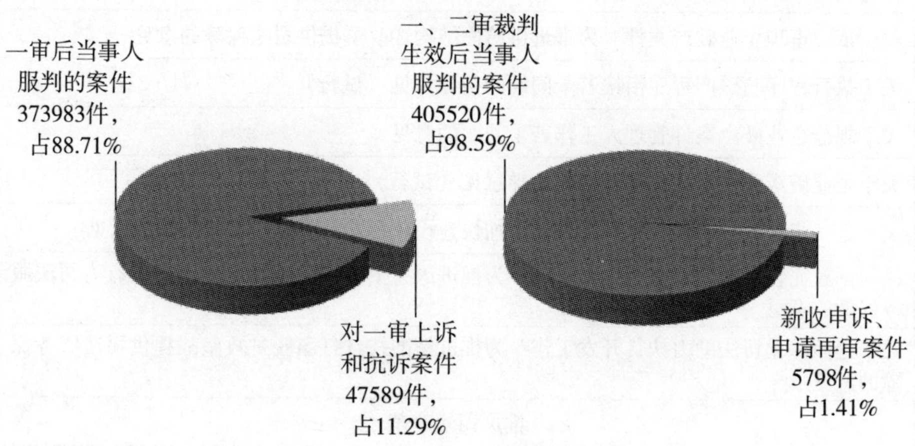

2016 年全省法院审结案件效果图

附件三

2016年省法院出台的主要司法规范性文件

“四行动”“两清积”“一工程”
福建法院服务发展行动方案
福建法院创新引领行动方案
福建法院公信提升行动方案
福建法院典型领跑行动方案
全省法院集中清理执行积案工作方案
全省法院集中清理涉诉信访积案工作方案
福建法院建设“三不腐”机制工程方案
服务发展大局
关于充分发挥审判职能　防控风险服务发展的意见
关于为大力推进21世纪海上丝绸之路核心区建设提供有力司法服务保障的意见
福建省人民政府与福建省高级人民法院第三次联席会议纪要
关于依法审理企业破产案件　为推进供给侧结构性改革提供司法保障的意见
关于执行程序与破产程序衔接若干问题的指导意见（试行）
关于规范企业破产案件管理人工作若干问题的意见
关于企业破产案件简化审理程序的指导意见（试行）
关于进一步加强生态环境审判工作　为加快建设新福建提供有力司法保障的意见
关于创新完善生态环境司法保护机制　为推进国家生态文明试验区建设提供有力司法服务保障的意见
关于全面深化司法助力扶贫开发工作　为推进精准扶贫打赢脱贫攻坚战提供司法服务保障的意见
推进司法改革
福建法院全面推进司法体制改革实施方案
福建法官入额考试工作实施细则
福建试点法院工作人员分类管理办法（试行）
福建试点法院人员分类定岗工作实施方案（试行）

续表

关于进一步深化多元化纠纷解决机制改革的实施意见
关于建立人民法院和企业与企业家联合会诉调对接机制的通知（与省企业与企业家联合会联合发文）
关于人民调解与司法调解衔接配合的规定（与省司法厅联合发文）
关于构建旅游纠纷多元化解机制的指导意见（与省旅游局联合发文）
关于扩大量刑规范化罪名与刑种的量刑指导意见（试行）
关于全面推进家事审判方式和工作机制改革工作的指导意见
关于部分行政案件实行跨行政区域管辖的若干规定（试行）（修订）
福建法院信息化建设五年发展规划（2016—2020）
公正为民司法
关于全力提速执法办案工作的通知
关于落实“用两到三年时间基本解决执行难问题”的工作纲要
关于贯彻落实“力争在两年期限内完成基本解决执行难目标任务”的行动方案
关于“两年内基本解决执行难”工作方案
两年内基本解决执行难重点任务分解方案
全省法院年底执行大会战实施方案
关于财产保全若干问题的意见（试行）
关于审理拒不执行判决、裁定刑事自诉案件有关问题的指导意见
关于开展执行工作约谈的意见
执行案件网络司法评估管理办法（试行）
关于进一步发挥审判职能　依法保障老年人合法权益的通知
关于涉诉信访依法终结工作实施细则（修订）
关于律师参与化解和代理涉法涉诉信访案件的实施细则（试行）（与省司法厅、省律协联合发文）
关于深化和拓展“跨域”立案服务　全面推进诉讼服务司法协作的意见
福建法院诉讼服务中心聘请诉讼服务志愿者办法（试行）
关于审查和执行非诉行政案件的指导意见
加强党建队建
关于认真落实中央省委和最高人民法院部署要求 扎实开展“两学一做”学习教育的通知

续表

关于认真学习贯彻省委领导重要批示精神 深入开展向“时代先锋”詹红荔、“时代楷模”黄志丽同志学习活动的通知
全省政法队伍建设工作会议重点任务分解落实方案
中共福建省高级人民法院党组关于对省委巡视组巡视反馈意见的整改方案
中共福建省高级人民法院党组工作规则（修订）
关于在院机关全体党员中开展“学党章党规、学系列讲话，做合格党员”学习教育的实施方案和具体学习安排
关于认真抓好“三严三实”专题民主生活会整改落实　推动“两学一做”学习教育边学边整边改的意见
关于深化落实党风廉政建设主体责任清单暨任务分解
关于党风廉政建设责任追究办法（试行）
2016—2020 年全省法院教育培训规划
关于加强人民法院新型智库建设的指导意见
关于加强党建带关工委建设的实施意见
关于新形势下加强人民法院文化建设的指导意见

附件四

全省法院司法公开有关情况

福建高院政务网

主要向社会公众提供诉讼指南、裁判文书、失信被执行人、开庭公告等信息，于2013年9月30日开通。2016年发布信息161361条。

福建法院网

主要向社会公众发布法院新闻、法律资讯、司法信息、案件报道等，于2009年1月开通。2016年发布信息901条。

福建法院网上诉讼服务中心

主要提供预约立案、案件查询、申诉信访、远程接访、释法答疑、调处衔接等服务，2014年7月起上线运行。

福建高院新媒体矩阵

福建高院新浪微博

福建高院头条号

福建高院腾讯微博

福建高院一点号

福建高院微信公众号

福建高院（天天快报）企鹅号

江西省高级人民法院工作报告

——2017年1月18日在江西省第十二届人民代表大会第七次会议上

江西省高级人民法院院长　葛晓燕

各位代表：

现在，我代表省高级人民法院向大会报告工作，请予审议，并请省政协委员和列席会议的同志提出意见。

2016年主要工作

在省委的坚强领导、省人大及其常委会的有力监督、省政府、省政协的关心支持下，全省法院全面贯彻党的十八大和十八届三中、四中、五中、六中全会精神，认真贯彻习近平总书记系列重要讲话精神特别是对江西工作的重要要求，全面落实省委决策、省十二届人大五次会议决议，紧紧围绕"努力让人民群众在每一个司法案件中感受到公平正义"的目标，以"坚持弘扬井冈山精神，争创一流工作业绩"为抓手，坚持司法为民、公正司法，忠实履行宪法法律赋予的职责，各项工作取得新进展。全省法院受理案件395613件，审结389865件，同比（下同）分别上升9.29%和29.5%。省法院受理案件3136件，审结3067件，分别上升34.65%和39.66%。

一、充分发挥审判职能，服务全省工作大局

着力服务发展升级。深入贯彻五大发展理念，出台保障服务全省“十三五”规划实施、建设富裕美丽幸福江西、助力法治政府建设的意见，提升服务大局水平。妥善审理涉及重点工程、重点项目建设的案件，保障服务“龙头昂起、两翼齐飞、苏区振兴、绿色崛起”。服务供给侧结构性改革，坚持“尽可能多兼并重组、少破产清算”的原则，促进经济转型发展，稳妥审理破产案件280件（上升14.29%），涉案资产537.93亿元，景德镇宇宙瓷厂破产重组后成功转型陶瓷文化创意产业基地，被誉为“景德镇最美遇见”；落实“降成本、优环境”部署，加大司法服务园区企业力度，审理涉园区企业案件6353件，实施诉讼责任保险担保制度，降低维权成本，成功调解江西建工集团与西南交通建设集团合同纠纷。坚持平等保护，尊重契约自由，倡导诚实守信，优化投资环境，促进内陆双向开放，审结一审商事案件122003件（上升20.45%），标的额605.66亿元（上升52.27%），审结涉外、涉港澳台案件125件，办理司法协助263件，中央电视台专题报道我省涉台审判工作。依法平等保护产权、知识产权，审结权属、财产侵权纠纷10927件，知识产权案件985件，激发经济活力和创造力。依法审理新型城镇化、农村现代化建设中发生的征地拆迁、山林土地流转等案件876件，促进城乡协调发展。适应经济发展新常态，审结金融债权、民间借贷等案件63613件（标的额329.48亿元），协调执结重大金融债权案件101件（标的额27.97亿元），防范区域性金融风险。

深化平安江西建设。依法惩治犯罪，维护社会稳定，审结一审刑事案件24828件（上升2.68%），判处罪犯27994人，其中判处五年以上有期徒刑直至死刑1928人。严惩危害公共安全和杀人、抢劫、绑架等严重暴力犯罪，胡家兵、钟前任等罪犯受到法律制裁，切实增强人

民群众安全感。加大毒品犯罪打击力度，有效遏制毒品犯罪高发态势，审结案件 2521 件（下降 13.75%）。依法打击人民群众高度关注的非法集资、电信诈骗、网络犯罪、制售假冒伪劣产品等涉众型犯罪，审结案件 340 件。依法惩治校园暴力，维护校园安全，强化对未成年人的教育、矫正和保护，审结未成年人犯罪案件 1016 件。坚持宽严相济刑事政策，对犯罪情节较轻的初犯、偶犯、老年犯等从宽处罚，判处非监禁刑 8141 人，审理减刑、假释案件 15127 件。积极参与社会治安综合治理，认真做好全国综治“南昌会议”保障服务工作，组织矛盾纠纷排查化解专项活动，分析研究新情况新问题，提出司法建议 639 条，形成防范、化解、管控社会稳定风险的合力。

助推“两个生态”建设。围绕建设风清气正的政治生态，依法惩治职务犯罪，始终保持严惩腐败的高压态势，审结案件 936 件 1505 人，其中副厅级以上 15 人，县处级 49 人；认真贯彻“两高”司法解释，完善大要案审理机制，斯鑫良、王天普、周文斌等案件的审理，取得了良好的法律效果和社会效果；依法审理贪污征地补偿款、危房改造补助款、扶贫资金等案件 173 件，严惩发生在群众身边的腐败；加大对行贿犯罪的打击力度，判处 40 件 66 人。围绕打造“美丽中国”江西样板，出台 20 项服务措施，全力保障国家生态文明试验区建设；加大生态环境司法保护力度，设立环资专业审判庭 23 个，判决全省首例大气污染赔偿纠纷，在武宁县建立生态修复示范基地，审结涉环境资源案件 1304 件（其中刑事案件 733 件，判处罪犯 1207 人），判处修复生态案件 24 件，补种林木面积 1767.3 亩；建立健全协作机制，在风景区设立旅游法庭、巡回审判点 76 个，快调、快审旅游纠纷，推动绿色经济发展。

推进法治江西建设。依法开展行政审判，审结一审行政案件 3509 件（上升 50.99%），审查非诉行政执行案件 3542 件，判决撤销、变更、确认行政行为违法 503 件，裁定不予执行 116 件，监督行政机关依法行政。深化行政诉讼集中管辖制度改革，发布全省法院行政审判白皮书，建立党校学员旁听行政案件庭审机制，推进行政机关负责人出庭应诉工作，行政机关负责人出庭应诉857件，促进法治政府建设。加强和改进涉诉信访工作，将涉诉信访纳入法治轨道，进一步畅通信访渠道，健全“信、访、网、电”一体化受理网络，受理申诉、申请再审案件4710件，依法解决群众诉求；充分发挥律师作用，建立律师参与化解和代理涉诉信访案件制度，化解信访积案165件；依法打击违法闹访行为，朱玉芳等40人被追究法律责任。加大对虚假诉讼的惩处力度，处罚13人次，参与发布“江西诚信红黑榜”，助力诚信江西建设。加大法治宣传力度，出台全省法院“七五”普法规划，向社会发布典型案例701个，在媒体开辟法治专栏116个，开展远离毒品、校园安全等专题宣传活动，增强公众法治意识。

二、切实践行为民宗旨，满足多元司法需求

强化人权司法保障。坚持罪刑法定，全面贯彻证据裁判原则，对44件案件启动非法证据排除程序，对41名被告人宣告无罪。坚持疑罪从无，依法对乐平“5·24”案4名申诉人改判无罪。切实贯彻死刑政策，严把证据关、事实关、法律关、程序关，确保死刑只适用于极少数罪行极其严重的犯罪分子。坚持公开审判、举证质证、法庭辩论等诉讼制度，保障当事人的知情权、陈述权、辩护权、申诉权，为1329名当事人指定了援助律师，审结再审案件512件，改判、发回重审203件。加大司法救助力度，发放司法救助金2506.5万元，缓减免诉讼费2346.6万元。依法维护赔偿请求人合法权益，办理国家赔偿案件48件，赔偿75.46万元。

维护群众民生权益。依法审理好事关群众切身利益的案件，加大对老人、妇女、儿童、残疾人等特殊群体的保护力度，审结婚姻家庭纠纷、邻里纠纷、物业纠纷、人身损害赔偿纠纷等案件62581件；依照《反家庭暴力法》发出人身安全保护令24个，阿某某人身损害赔偿纠纷案入选全国残疾人权益保障十大典型案例；切实保护不动产被征收

人、工伤职工、农村“外嫁女”等群体的合法权益，发布全省涉民生行政案件八大典型案例。加大对劳动者权益保护力度，审结劳动争议、社会保障、追索劳动报酬等案件7589件，追回工资款1.03亿元。

化解纠纷提速增效。大力推进多元化纠纷解决机制建设，83个法院建立诉调对接平台，实现人民调解、行政调解、行业调解与法院调解无缝对接，构建“网格化”调解网络，诉前解决纠纷8100件，积极配合做好丰城电厂“11·24”特大事故赔偿调处工作。完善案件繁简分流机制，优化司法资源配置，推行简案速裁、轻案快审，探索令状式、要素式裁判文书改革，一审案件简易程序适用率52.2%，调撤率43.75%。创新类案审理模式，设立专业法庭，对交通、家事、金融、物业等案件实行类别化、专业化审判，审结案件14920件。建立涉军人军属纠纷快速审理机制，审结案件80件。

提升诉讼服务水平。深入推进立案登记制改革，保障群众诉权行使，当场登记立案率97.71%。推进诉讼服务中心系统化、信息化、标准化、社会化建设，满足群众多元化需求。建立审判综合服务网络平台、移动诉讼服务平台，全面开通12368诉讼服务热线，形成实体、网络和声讯三位一体的综合服务模式；设立文明示范岗，引入律师、志愿者进驻诉讼服务中心，提升窗口服务水平，诉讼服务大厅接待群众57.33万人次，网络平台服务群众103.26万人次，12368接听来电1.29万人次。落实司法便民服务举措，深入社区街道、田间地头，开展巡回审判9663次，探索“互联网+审判”新模式，推进网上立案、跨域立案、电子送达、视频接访，减轻群众诉累。

三、全力攻克执行难题，兑现群众胜诉权益

全省法院执行立案163196件，结案119081件（上升96.18%），结案标的额383.29亿元（上升98.49%）。

凝聚执行合力。主动汇报工作情况及部署，积极争取支持，推动形成“党委领导、人大监督、政府支持、政法委协调、法院主办、部

门配合、社会各界参与”的执行工作大格局，将执行纳入全省各级文明单位、道德模范评选考核指标体系，与省检察院、省公安厅建立打击拒执协调配合机制。拓展网络查控建设与运用，实现了金融、公安、工商等七大类、50余项信息网络查控，5个设区市实现了国土、房产信息网络查控。加大执行宣传力度，播出“人大代表话执行”等系列节目，营造理解、支持执行工作的社会氛围。

加大强制力度。各级法院院长立下军令状，向执行难全面宣战。开展“夏日风暴”“秋季行动”“冬日融冰”等专项行动，集中力量，攻克难案。综合运用各种强制措施，加大制裁力度，搜查1461人次，强制清场526次，强制审计46件，罚款1028万元，拘传5632人次，拘留2042人次；对拒不履行义务的公职人员，不论身份、职务，坚决依法予以惩处，处罚136人次。依法严惩拒执犯罪，形成公诉与自诉并行的追究模式，追究刑事责任278人。

深化信用惩戒。打造“法媒银”平台升级版，与江西日报社共建“江西执行”手机客户端，向公众推送执行信息，实现网站、移动客户端、户外媒体、传统媒体等多种媒介的互融互通，“法媒银”在全国综治“南昌会议”上进行展示，得到中央领导及与会代表的高度评价，被评为“互联网+法治建设十大典型案例”“江西十大法治事件”。一年来，平台曝光了23616例被执行人信息，其中4251人主动履行了义务，标的额3.03亿元，有415万人次查询了信息。完善失信被执行人名单库，向相关部门和公众推送信息18.23万条，扩大信用惩戒范围，限制融资、出境、招投标、高消费等行为，构建“一处失信，处处受限”新机制。

四、始终坚持改革创新，推动法院科学发展

稳妥推进司法体制改革试点。根据中央、省委部署，在上饶、九江等6个法院开展四项改革试点工作。引导干警积极参与改革、支持改革，实现改革平稳过渡。遴选首批员额法官174名，占中央政法编的

28.9%。改革法律文书审签制度，实现“审理者裁判、裁判者负责”。组建新型审判团队，入额院庭长全部回归一线办案。厘清各类人员权力、责任清单，建立责任追究、绩效考评等制度，构建法官“能进能出”机制。配合做好人财物省级统管改革，试点法院作为省财政一级预算单位，财政拨款基数已上划省级财政，员额法官工资套改经费落实到位。试点法院司法责任制改革以来，基本实现审判权力运行科学化、审判团队设置扁平化、院庭长办案常态化、审判监督管理全程化，审判质效明显提升。员额法官人均结案上升66.9%，法定审限内结案率100%，服判息诉率达94.6%。在省委领导下，周密部署，深入动员，加快全面推开司法责任制改革步伐，全省员额法官遴选等工作正在有序开展。

强力推进信息化建设。编制信息化建设五年发展规划，高起点推进江西“智慧法院”建设。建成全省法院信息集控中心，集成调度指挥、视频整合、审务监督等功能，实现“十个看得到”；全面推行网上办案，推进诉讼档案数字化和电子卷宗随案生成，应用审判节点管理系统，自动监控个案办理信息；建立全省司法数据管理平台，实时掌握审判运行态势，实现动态调度、全程督导，提升审判质效；大力推进执行指挥中心建设，实现全省执行统一指挥、统一管理、统一协调；深化审判流程、裁判文书、执行信息三大公开平台应用，建成第四大公开平台——江西庭审公开网，推送审判、执行案件信息377220条，公布裁判文书169941份，网络直播庭审1177次；探索司法送达事务集约化，在全国首创“一体化”司法送达服务平台，实现送达流程化、智能化管理，被《中国法院信息化蓝皮书》列为16个地方创新之一。

五、全面加强自身建设，打造过硬法院队伍

加强思想引领。扎实推进“两学一做”学习教育，切实加强党的建设、思想政治建设和法院文化建设，强化“四个意识”，坚定“四个自信”。深入开展“坚持弘扬井冈山精神，争创一流工作业绩”活动，

明确“五个一流”的工作指引，确定争创总体目标；坚持以上率下，提出“党组为干警做表率，省法院为全省法院做表率”，引领全省法院工作进入全国法院先进行列。一年来，大要案审理、信息化建设、诉讼服务中心建设、队伍建设等多项工作得到最高法院、省委领导充分肯定；一些工作取得重大突破，首届全国法院司法警察技能大比武荣获团体总分第 8 名、进入第一方阵，2 个案例入选最高法院指导性案例；各级法院竞相发展、亮点纷呈，167 个集体、196 名个人受到省级以上表彰。

持续正风肃纪。认真落实最高法院司法巡查反馈意见，制定方案，明确责任，切实整改。狠抓作风建设，严格执纪问责，从规范着装、会风会纪、上下班作息等小事抓起，开展日常督察 2099 次，专项督察 485 次，现场查纠 1756 人次，通报单位 94 例次、干警 25 人次。出台加强全省法院党风廉政建设意见，进一步细化主体责任与监督责任，对 2 个中院开展司法巡查，对 1 个法院落实“两个责任”不力进行督促问责。坚持把纪律挺在前面，用好监督执纪“四种形态”，抓早抓小，以零容忍态度惩治司法腐败，查处违法违纪干警 35 人，其中移送司法机关 8 人。

强化基层基础。紧紧依靠党委领导，配齐配强中基层法院班子，新任中基层法院院长 33 人；狠抓思想、作风、纪律、能力建设，发挥班子敢担当、严管理、善作为的核心作用。落实基层联系点制度，深入调查研究，破解工作难题，指导基层建设。坚持标杆示范，打造特色品牌，推出纠纷化解、信息化建设等 8 个方面的“基层样板”，引导基层对标发展。加强对下业务指导，制定审判指导意见，发布参考性案例，统一裁判标准，加强业务培训，培训一线法官 7286 人次，提升基层办案水平。高度重视人民法庭建设，给予人财物政策倾斜，把人民法庭打造成为人才成长基地、为民前沿阵地。落实中央“两办”保护法官依法履职的意见，支持和保护基层干警依法办案。

六、自觉接受各方监督，促进司法公正公信

主动接受人大监督。认真办理省十二届人大五次会议代表意见建议，制定工作方案，加强督查督办，办理代表建议234件。主动向同级人大及其常委会报告工作276次，争取监督支持。积极配合省人大常委会听取和审议全省法院司法公开情况专项报告，按照审议意见抓好整改。落实审判业务文件备案审查要求，向省人大常委会报备文件12件。加强与代表的日常联络工作，发送联络专报，邀请代表视察法院工作2741人次，旁听庭审、见证执行3576人次。邀请769名代表进驻法院参与化解纠纷，景德镇珠山区法院为全国人大代表余梅建立“余梅工作室”，最高法院周强院长称赞“在全国很有示范意义”。

自觉接受各方监督。积极接受政协民主监督，密切与各民主党派、工商联、人民团体和无党派人士的沟通联系，走访、邀请委员2613人次，办理委员提案99件。依法接受检察机关的诉讼监督，认真办理检察建议，邀请检察长列席审委会会议403次，审结抗诉案件251件。积极扩大司法民主，出台加强人民陪审员工作意见，强化经费保障，完善参审机制，保障参审权利，人民陪审员参与审理案件32185件。大力推进司法公开，开展“公众开放日”活动，9251人次走进法院，召开新闻发布会38次，运用网站和“两微一端”等新媒体发布信息49778条，及时回应社会关切。

各位代表，全省法院取得的成绩，是省委坚强领导，省人大及其常委会有力监督，省政府、省政协大力支持，以及各地党政机关、社会各界和各级人大代表、政协委员关心、支持、帮助的结果。在此，我代表全省法院表示衷心的感谢！

当前，全省法院工作还存在一些问题和困难：一是案件数量持续大幅增长，办案压力和难度越来越大，一些法官长期超负荷办案；二是执行不能与规避执行、抗拒执行并存，执行案件实际执结率不高，解决执行难的任务十分艰巨；三是有的干警群众观念不强，司法行为不规范，个别干警办案质效不高，甚至枉法裁判；四是有些基层法院

特别是偏远地区法院，人才难招、难留问题较为突出；等等。对此，我们将在各方面关心支持下，采取措施认真加以解决。

2017 年工作安排

全省法院将全面贯彻党的十八大和十八届三中、四中、五中、六中全会精神，深入学习贯彻习近平总书记系列重要讲话精神，按照省第十四次党代会决策部署，落实本次大会决议，增强政治责任感，提高工作预见性，充分发挥审判职能作用，全面深化司法体制改革，深入推进信息化建设，坚持弘扬井冈山精神，努力打造过硬队伍，为建设富裕美丽幸福江西营造安全稳定的社会环境、公正规范的法治环境，以优异成绩迎接党的十九大胜利召开！

一是以更大的作为服务全省大局。切实肩负起人民法院在“十三五”规划实施中的职责使命，坚持稳中求进工作总基调，主动融入长珠闽重要战略腹地、长江经济带重要战略支撑、赣江新区建设，服务经济发展双提升。贯彻落实新发展理念，主动加强司法应对，推进深化供给侧结构性改革。妥善审理各类涉农纠纷，保护农民的财产权利，推动城乡协调发展。加强自主品牌知识产权保护，服务创新型江西建设。健全生态环境保护机制，为国家生态文明试验区建设提供法治保障。坚持平等保护，促进内陆双向开放高地建设。充分发挥法治引领作用，大力弘扬社会主义核心价值观，加强意识形态阵地建设。

二是以更高的标准实现公平正义。严厉打击危害公共安全和社会治安的犯罪，提升公众安全感。依法审理重大职务犯罪案件，推动反腐败斗争深入开展。健全冤假错案防范机制，强化证据裁判意识，确保每一起案件都经得起历史检验。加大产权司法保护力度，增强人民群众对财产的安全感，激发创新创业动力。依法公正审理各类行政案件，助推法治政府建设。围绕 2018 年初提前实现“基本解决执行难”的目标，坚决打赢执行硬仗。

三是以更实的举措践行司法为民。加快推进智慧法院建设，全面打造人民法院信息化3.0版，实现信息化与立案、审判、执行工作的深度融合，满足人民群众多元司法需求。认真审理医疗、教育、就业等涉民生案件，加强妇女、儿童、老人、残疾人权益保护。拓宽司法救助范围，减轻涉诉困难群众负担。加强人民法庭、巡回法庭建设，把司法服务送到群众身边。健全律师执业保障机制，依法保障当事人、辩护人诉讼权利。

四是以更快的步伐推进改革创新。按照中央、省委部署，全面推开司法责任制改革，着力解决影响司法公正和制约司法能力的深层次问题。建立健全人员分类管理、审判权力运行和责任追究、司法职业保障等机制，切实提高改革整体效能。全面落实行政案件跨行政区域集中管辖改革部署，保障依法独立公正行使审判权。加快推进以审判为中心的诉讼制度改革，实现惩治犯罪和保障人权相统一。扎实推进繁简分流和多元化纠纷解决机制改革，优化司法资源配置。

五是以更严的要求加强自身建设。坚决落实中共中央《关于新形势下加强政法队伍建设的意见》，牢固树立"四个意识"，严格党内政治生活，加强党内监督，坚持高标准严要求，坚持抓班子带队伍，坚持强基础固根本，努力建设一支信念坚定、执法为民、敢于担当、清正廉洁的法院队伍。

六是以更强的自觉接受各方监督。积极配合省人大常委会听取和审议执行工作专项报告，更加自觉地接受人大监督、政协民主监督、检察机关诉讼监督和社会监督，不断改进法院各项工作。加强人民陪审员选任和履职保障，进一步深化司法民主。全面深化司法公开，促进公正高效廉洁司法。

各位代表，全省法院将在省委的坚强领导、省人大及其常委会的有力监督下，不断增强政治意识、大局意识、核心意识、看齐意识，敢于担当、迎难而上，忠诚履职、争创一流，为决胜全面小康、建设富裕美丽幸福江西作出新的更大的贡献！

附件

有关用语及情况说明

一、用语说明

1. 法媒银平台：2015 年 12 月，省法院联合江西日报社（中国江西网）、18 家银行金融机构启动了“法媒银失信被执行人曝光台”建设，在全国首创人民法院、新闻媒体、银行金融机构联合惩戒失信被执行人新模式。该平台以全省法院失信被执行人名单库为基础，以网页、移动客户端、户外媒体等多种媒介形式，搭建司法追责、媒体曝光、金融查控“三位一体”的社会诚信体系，倒逼“老赖”主动履行法院判决义务。全年平台曝光各类“老赖”23616 人，其中有 4251 名被执行人履行了义务，标的额达 3.03 亿元。已有 415 万人次通过平台网站、移动客户端查询失信被执行人信息。10 月 10 日，平台在全国综合治理创新工作会议上以汇报片的形式进行了展示，得到各界好评。中央电视台、中央广播电台、人民日报、光明日报、法制日报、人民法院报、江西日报、江西电视台等百余家主流媒体对平台进行了宣传报道。中央政治局委员、中宣部部长刘奇葆，最高人民法院院长周强等领导对平台给予充分肯定。

2. 四项改革：包括司法人员分类管理制度改革、司法责任制改革、司法人员职业保障制度改革和省以下地方法院、检察院人财物统一管理改革，这四项改革是司法体制改革的基础性、制度性措施，具有牵一发而动全身的作用，其中司法责任制改革居于四项改革核心地位。

3. 十个看得到：即在省法院信息集控中心可以看到全省法院每一个审判法庭、每一个人民法庭、每一个诉讼窗口、每一个羁押区域、每一辆警用车辆的行动、每一项审判流程、每一次执行过程、每一次远程接访、每一次远程提讯、每一次视频会议。

4. 五个一流：即提振一流精神状态、树立一流工作标准、健全一流工作机制、打造一流法官队伍、创造一流工作业绩。

5. 余梅工作室：为服务社区居民，全国人大代表，景德镇市珠山区新村街道梨树园社区党支部书记、社区主任余梅于2015年成立了“余梅工作室”。2016年8月，珠山区法院为“余梅工作室”开辟专区，将工作室融入法院多元化纠纷解决机制。2016年10月，最高人民法院院长周强与余梅进行网上对话后，指出全国人大代表成立工作室入驻法院化解矛盾纠纷的做法在全国具有示范意义，是一个亮丽的平台，对于把矛盾纠纷及时化解在基层和萌芽状态发挥了很好的作用，效果很好。

6. “信、访、网、电”一体化受理网络：信、访、网、电分别指来信、来访、网络信访和电话信访，是目前涉诉信访工作的主要受理渠道。人民法院通过办理群众来信、接待群众来访、网上办理信访事项和接听群众来电等一体化接访网络，为涉诉信访群众反映问题、表达诉求提供畅通便捷的渠道。

7. 执行不能：是指被执行人丧失履行能力、无财产可供执行，即使人民法院穷尽一切执行手段和措施，都无法执行到位的情形。“执行不能”属于民事行为本身蕴含的商业风险、交易风险，解决这些问题，需要当事人树立风险防范意识，依靠全社会力量从源头上进行综合治理。

8. 人民信息化3.0版：以全面覆盖、移动互联、跨界融合、深度应用、透明便民、安全可控为特征的人民法院信息化3.0版，包括三个方面的内容：形成全国法院固定和移动网络相结合、全面支持广大干警和社会公众随时随地接入的“网络法院”；形成司法公开和诉讼服务全面覆盖全国法院和人民群众，开放、动态、透明、便民的“阳光法院”；形成最高人民法院和高级人民法院主要业务信息化覆盖率100%，国家司法审判信息资源库数据、电子档案、司法解释等覆盖率100%，具有信息共享、业务协同和按需服务能力的“智能法院”。

二、案例介绍

1. 景德镇宇宙瓷厂破产重组案：景德镇宇宙瓷厂作为景德镇八大国有陶瓷企业之一，因经营亏损，不能清偿到期债务，进入破产程序。因企业停产、职工下岗，矛盾突出，上访不断，维稳压力较大。在案件审理过程中，景德镇中院主动与破产清算组对接，通过剥离不良债务，盘活优质资产，妥善安置职工，企业得以转型发展。目前，该厂作为陶溪川一期核心项目，已经基本完成工程建设并对外开放，22 栋陶瓷老厂房保留了风貌，转化为美术馆、红酒窖、咖啡吧以及陶瓷创新创业基地，被媒体誉为“景德镇最美遇见”。省委书记鹿心社三进陶溪川，对老厂区化身新地标给予了充分肯定。

2. 江西建工集团与西南交通建设集团合同纠纷案：西南交通建设集团公司（以下简称西南交建）在参与云南省棚户区改造项目（总投资为 125 亿）过程中，与江西建工集团公司（以下简称江西建工）达成合作协议，由江西建工承接不低于 20 亿元的改造项目，并支付 4 亿元保证金。后因西南交建违约，江西建工向省法院提起诉讼，请求判令西南交建支付资金使用费等损失共计 1. 1 亿余元。审理过程中，江西建工申请保全西南交建的财产，但因标的较大，需提供的担保财产数额也较大，江西建工一时难以提供。后经研究，省法院同意其以一份太平洋财产保险有限公司的诉讼财产保全责任保险作为担保，并作出保全裁定，对西南交建的相应财产进行了保全。促使西南交建公司积极就诉讼事项进行协商，最终双方同意西南交建向江西建工支付 3000 万元达成调解。现西南交建公司已经支付完毕。

3. 胡家兵以危险方法危害公共安全案：2013 年 3 月至 2015 年 12 月，胡家兵不服广东法院对其作出的妨害公务罪判决，先后向多个部门提出申诉，并到广东、北京等地上访。2015 年年底，胡家兵得知最高人民法院已作出对其申诉不予重新审理的决定后，决定开车撞人报复社会。2016 年 1 月 15 日、1 月 18 日，胡家兵在高安市租赁了一辆车牌为赣 C5G670 白色丰田 RAV－4 越野车，先后两次开车来到奉新县第一中学附近，意图开车撞击学生未果。1 月 19 日早上 7 时 7 分许，胡家兵在学生上学高峰期再次驾车来到该中学附近，开车撞击并碾压数十名学生，造成了四名学生死亡、十八名学生受伤，租赁车辆被损毁。该案经宜春中院一审、省法院二审，以以危险方法危害公共安全罪判处胡家兵死刑，剥夺政治权利终身。该案正在最高人民法院复核中。

4. 钟前任故意杀人案：2015 年 2 月 21 日晚，钟前任携带刀具到前妻邱日招住处，找邱日招及其男友韩春，欲要回子女监护权或让邱日招和韩春保证善待其子女，与邱日招发生争吵。次日凌晨 2 时许，钟前任爬防盗网经窗户进入邱日招住处，将韩春杀害。邱日招抢刀时手被割伤。作案后，钟前任逃跑。同年 3 月 13 日，钟前任在亲友劝说下主动投案，其亲属赔偿了被害人韩春安葬费用及其女儿生活费用 40000 元。该案赣州中院一审以故意杀人罪判处钟前任死刑，剥夺政治权利终身。钟前任不服，上诉至省法院。省法院认为，钟前任犯罪后果严重，但系因情感纠葛作案，有自首情节，亲属自愿帮助其赔偿了被害方部分经济损失，遂以故意杀人罪，判处钟前任死刑，缓期二年执行，剥夺政治权利终身，并限制减刑。

5. 斯鑫良受贿案：2001 年至 2014 年，斯鑫良利用担任中共湖州市委书记，中共浙江省委常委，组织部长，浙江省政协副主席、党组副书记等职务上的便利条件，为相关单位和个人在房地产开发、企业经营、职务提拔等事项上提供帮助，直接或通过其妻子非法收受相关单位和个人财物共计折合人民币 1955 万余元。斯鑫良到案后如实供述自己的罪行，认罪悔罪，积极退赃，赃款赃物已全部追缴。综合考虑以上因素，九江中院一审以受贿罪判处斯鑫良有期徒刑十三年，并处没收个人财产人民币二百万元，对其受贿所得予以追缴，上缴国库。斯鑫良当庭表示认罪服判，不上诉。

6. 王天普受贿、贪污案：中国石油化工集团公司原董事、总经理、党组成员王天普因涉嫌受贿罪，于 2015 年 9 月 18 日被逮捕。2016 年 4

月15日，南昌市检察院就王天普犯受贿罪、贪污罪一案，向南昌中院提起公诉。南昌中院依法组成合议庭，于2016年11月8日公开开庭审理了该案。据公诉机关指控，2003年至2014年，王天普利用其担任中石化集团公司董事、总经理、党组成员，中石化股份公司副董事长、总裁职务上的便利以及职权和地位形成的便利条件，为他人谋取利益，索取或非法收受他人财物，共计折合人民币3347万余元。2008年2月，王天普利用其担任中石化集团公司党组成员、中石化股份公司总裁职务上的便利，假借中石化股份公司润滑油分公司员工王丽娟（其侄女）购买公有住房的名义，将北京市朝阳区房屋一套据为己有，非法占有国有公司资产79万余元，后以240万元的价格将该房屋出售。庭审中，王天普对公诉机关指控均无异议，并当庭认罪、悔罪。辩护人对公诉机关指控的罪名无异议，但认为被告人认罪、悔罪态度好，具有坦白和自首情节，且积极配合退赃，赃款赃物已全部追缴，希望能予以从轻处罚。该案将择期宣判。

7. 周文斌受贿、挪用公款案：南昌大学原校长周文斌因受贿、挪用公款，2015年12月29日被南昌中院一审判处无期徒刑，剥夺政治权利终身，并处没收个人全部财产，赃款赃物没收，上缴国库。周文斌不服，上诉至省法院。2016年12月21日，省法院公开开庭审理了该案。二审审理认定，周文斌身为国家工作人员，利用职务上的便利，为他人谋取利益，非法收受他人财物共计人民币1938.8万元、港币30万元、美元1万元、韩元90万元、购物卡2.4万元、卡地亚手表一块（价值3.86万元），其行为构成受贿罪，且数额特别巨大。原判程序合法，认定周文斌的主要受贿犯罪事实清楚，证据确实充分。但周文斌收受两笔总计人民币160万元贿赂，证人证言存在矛盾，证据不足；周文斌因为职工团购住房支付5875万元预付款，经院长办公会集体讨论，且全部用于项目并全部归还，挪用公款定性不当。周文斌二审期间认罪态度好，承认犯罪的主要事实和证据，并当庭表示认罪悔罪，对一审过程中的翻供行为和不当言行，认错道歉。同时，周文斌受贿的大部分赃款已被追缴。综合考虑以上因素，省法院当庭作出判决：以受贿罪判处周文斌有期徒刑十二年，并处没收个人财产一百万元；对其受贿犯罪所得依法予以追缴，上缴国库。

8. 首例大气污染赔偿纠纷案：2014 年 6 月，江西鹰鹏化工有限公司（以下简称鹰鹏公司）在生产中因故导致生产废气泄漏，造成周边农林作物不同程度受损。江西星光现代生态农业发展有限公司（以下简称星光公司）的苗木基地遭受污染树种为绿化苗、面积 311.4 亩。赣州中院一审时，参照当地林业部门的建议补偿标准，结合原告受损苗木面积、品种、树龄等情况，判决鹰鹏公司向星光公司赔偿损失共计 16 万元。后星光公司上诉至省法院，要求鹰鹏公司按资产评估报告赔偿损失人民币 364 万余元。省法院二审综合资产评估价值、交易价值及受损面积、受损株数等因素，判决鹰鹏公司赔偿星光公司苗木损失 136 万余元。该案为我省首例大气污染责任纠纷案。

9. 朱玉芳寻衅滋事案：2011 年 12 月至 2015 年 7 月，朱玉芳以其住房、承租店铺的拆迁补偿不合理等为由，不服萍乡市相关部门作出的信访答复意见，多次违反正常信访程序，到北京中南海、天安门、联合国开发署等地采取举牌、乞讨、自焚、售卖反腐文化衫、散发传单、拉横幅等手段上访，并因此被北京及萍乡公安部门训诫、行政拘留多次。朱玉芳还将相关上访活动散布到网络，发布谣言、过激言论，借此扩大不良影响。该案经萍乡市安源区法院一审，以寻衅滋事罪，判处朱玉芳有期徒刑三年。宣判后，朱玉芳不服一审判决，已上诉至萍乡中院。

10. 乐平“5·24”案：即黄志强、方春平、程发根、程立和故意杀人、抢劫、强奸、敲诈勒索案。2000 年 5 月 23 日，景德镇市所辖乐平市发生一起故意杀人、抢劫、强奸案。公安机关经侦查认定，黄志强、方春平、程发根、程立和及汪深兵（另案处理）杀害蒋某某，强奸杀害郝某并分尸，抢走两被害人随身携带的现金、手机、IC 电话卡等物品。作案后，程发根、黄志强、方春平三人用抢来的 IC 电话卡两次打电话给被害人蒋某某生前经营的超市，欲敲诈 10 万元。后因怕暴露，三人放弃了敲诈企图。景德镇检察院以故意杀人罪、抢劫罪、强奸罪、敲诈勒索罪对被告人黄志强、方春平、程发根提起公诉，以故意杀人罪、抢劫罪、强奸罪对被告人程立和提起公诉。景德镇中院于 2003 年 7 月 7 日作出一审判决，判处黄志强、方春平、程发根、程立和死刑。宣判后，四被告人提出上诉。2004 年 1 月 17 日，省法院作出二审裁定，以原判认定事实不清、证据不足为由，发回景德镇中院重审。景德镇中院于 2004 年 11 月 18 日作出一审判决，仍判处四被告人死刑。宣判后，四被告人再次上诉。2006 年 5 月 31 日，省法院二审改判四被告人死刑，缓期二年执行。判决发生法律效力后，黄志强、方春平、程发根、程立和提出申诉。2015 年 7 月 31 日，省法院依法对本案立案审查。2016 年 4 月 27 日，省法院根据《刑事诉讼法》第二百四十二条第一项、第二百四十三条第一款、第二百四十五条第一款之规定，决定另行组成合议庭对本案进行再审。因涉及个人隐私，省法院于 2016 年 11 月 30 日对本案进行了不公开开庭审理。2016 年 12 月 22 日，省法院依法对该案公开宣判，以原判事实不清，证据不足为由，撤销原审判决，宣告黄志强、方春平、程发根、程立和无罪。

11. 阿某某人身损害赔偿纠纷案：阿某某（彝族）因乘坐被告南昌市旅游汽车服务有限公司的客车发生交通事故，造成腰椎骨严重受伤、双下肢完全瘫痪，司法鉴定为二级伤残。案件审理过程中，会昌县法院了解到阿某某经济困难，且身在四川省马边彝族自治县，无力到江西开庭。合议庭积极与被告方沟通，连夜前往阿某某四川居住地，就地开庭，并促成双方当事人调解，被告方当场支付给阿某某 28 万元赔偿款。此案在当地群众中引起强烈反响，取得了良好的法律效果和社会效果，并入选最高人民法院公布的 10 起残疾人权益保障典型案例。

山东省高级人民法院工作报告

——2017 年 2 月 8 日在山东省第十二届人民代表大会第六次会议上

山东省高级人民法院院长　白泉民

各位代表：

现在，我代表省高级人民法院向大会报告工作，请予审议，并请省政协委员和其他列席会议的同志提出意见。

2016 年工作情况

过去的一年，在以习近平同志为核心的党中央坚强领导下，全省各级法院紧紧依靠党委的领导、人大及其常委会的监督、最高人民法院的指导和政府、政协及社会各界的关心支持，始终围绕"让人民群众在每一个司法案件中感受到公平正义"的目标，忠实履行法律职责，扎实推进司法改革，大力加强队伍建设，各项工作取得新进展。去年，全省法院新收各类案件 140.2 万件，结案 138.9 万件，结案标的额 4841.5 亿元，同比分别上升 9.3%、9.6% 和 15.4%。其中省法院新收各类案件 12454 件，结案 12273 件，结案标的额 567 亿元，同比分别上升 46.4%、40.6%和 20.6%。

一、充分发挥审判职能，服务改革发展稳定大局

着力维护社会稳定。全面加强刑事审判，审结一审刑事案件 6.1 万件，判处罪犯 7.1 万人，同比分别下降 2.5%和 4.3%。依法惩处危害国家安全、公共安全和社会治安犯罪，审结故意杀人、抢劫、盗窃、涉枪涉爆、黑恶势力等犯罪案件 1.5 万件，对 3576 名罪犯判处五年以上有期徒刑直至死刑。依法惩处毒品犯罪，加大对走私、制造、大宗贩卖毒品等源头性犯罪打击力度，审结案件 3552 件。加强对妇女、未成年人的刑事司法保护，审结强奸、拐卖、猥亵妇女儿童等犯罪案件 1519 件、校园欺凌犯罪案件 68 件。依法惩处职务犯罪，审结贪污、贿赂、渎职犯罪案件 2596 件，判处罪犯 3535 人，其中原为县处级以上干部的 65 人，依法审理了苏荣等 5 名中管干部、18 名省管干部职务犯罪案件。积极参与海外追逃追赃工作，审结相关案件 8 件，判处罪犯 22 人，追缴违法所得 3560 万元。依法惩处破坏市场经济秩序犯罪，加大涉众型经济犯罪审判力度，审结集资诈骗、非法吸收公众存款、非法传销等犯罪案件 529 件，审结生产销售伪劣产品、危害食品药品安全等犯罪案件 455 件。依法惩处电信网络诈骗犯罪，审结案件 104 件，判处罪犯 212 人。认真贯彻宽严相济刑事政策，在严惩严重刑事犯罪的同时，对初犯、偶犯、未成年犯、老年犯和具有自首、立功等情节的被告人依法从宽处罚，切实做到宽严有据、罚当其罪。

着力服务经济发展。全面加强商事审判，审结一审商事案件 36.9 万件，结案标的额 2185.8 亿元，同比分别上升 3.6%和 25.4%。认真践行“五大发展”理念，省法院组织开展“五项调研”，分别制定印发“僵尸企业”司法处置、服务自贸区建设、促进绿色发展等意见，依法保障供给侧结构性改革，积极服务经济发展新常态。严格执行中央《关于完善产权保护制度依法保护产权的意见》，牢固树立谦抑、审慎、善意的理念，慎重使用强制措施，依法保障企业正常生产经营。坚持

平等保护各种所有制经济的产权，尊重契约自由，审结买卖、租赁、承揽等合同纠纷9.2万件，促进市场要素快速流转。积极参与化解区域性金融风险，审结民间借贷、金融借款、融资租赁等案件21万件，维护正常金融秩序，引导民间融资、互联网金融健康运行。妥善审理涉及产业调整、企业转型的重大关联案件，审结企业破产、兼并重组、股权转让等案件447件，化解不良资产272亿元，盘活存量资产122亿元，释放土地资源4.8万亩。省法院制定《依法保障和促进科技创新的意见》，加强对新技术、新产业、新业态的保护，全省法院审结专利权、商标权、著作权纠纷等案件7376件，鼓励自主创新，服务品牌战略，促进核心竞争力提高。青岛中院在蓝色硅谷核心区专门设立知识产权巡回法庭，服务国家自主创新示范区建设。助力海洋经济发展和“一带一路”建设，审结船舶碰撞、海洋污染、海上运输等海事海商案件2365件、涉外商事案件197件、涉港澳台商事案件160件，优化开放型经济发展环境。加强环境资源司法保护，审结破坏环境资源犯罪案件256件、涉环保民事案件736件、行政案件2732件，受理环境公益诉讼案件11件，依法制裁污染环境行为，促进生态环境修复，回应人民群众对“青山绿水蓝天”的期待。

着力保障民生权益。全面加强民事审判，审结一审民事案件40.5万件，同比上升3.6%。推进家事审判改革，落实“人身安全保护令”制度，促进修复家庭关系，审结婚姻家庭纠纷14.2万件，4个基层法院被确定为全国家事审判改革试点单位。加强人身权益保护，审结人身损害、交通事故、医患纠纷等案件12.3万件。支持农村产权制度改革，审结土地承包经营权流转、集体建设用地使用权等案件4419件，依法保障强农惠农政策的落实。加强劳动权益保护，审结劳动争议、社会保险等案件4万件，稳妥处理“去产能”过程中引发的劳资纠纷，促进了劳动关系和谐。妥善审理房地产开发、商品房预售纠纷，审结工程欠款、房屋买卖等案件2.9万件，促进房地产市场有序发展。深化司法拥军工作，定期开展“送法进军营”活动，维护了军人军属的合法权益。加强国家赔偿审判，审结国家赔偿案件 436 件，决定赔偿 2457.5 万元，同比分别上升 41% 和 95%。

着力促进依法行政。全面加强行政审判，审结一审行政案件 1.7 万件，同比上升 6.4%。监督、支持行政机关依法行政，判决行政机关败诉 2376 件，驳回行政相对人起诉或诉讼请求 7379 件，分别占全部案件的 14% 和 43.4%。注重行政争议实质化解，加大对征地拆迁、棚户区改造、城市管理执法等案件的协调力度，行政案件经和解后原告撤诉 3664 件，没有发生因处置不当而引发重大影响的事件。积极服务政府职能转变和简政放权，审结行政许可案件 387 件。推动落实行政机关负责人出庭应诉制度，行政机关负责人出庭应诉 2344 人（次），同比上升 43%，应诉人次和增幅均位居全国法院前列。支持法治政府建设，定期发布行政审判白皮书，邀请行政机关观摩庭审，规范行政执法行为。省法院在审理一起房屋征收行政案件中，全省 17 个市的副市长、33 个省直行政机关负责人、行政执法人员共计 200 余人旁听庭审，收到了良好效果。

着力破解执行难题。全面加强执行工作，执结各类案件 37.3 万件，执行到位 1694.7 亿元，同比分别上升 16.2% 和 16.6%。我省是最高人民法院确定的 2017 年基本解决执行难的重点推进省份，省委、省人大、省政协、省委政法委分别听取省法院专题汇报，省委办公厅、省政府办公厅专门印发《关于支持人民法院基本解决执行难问题的通知》，综合治理执行难工作格局基本形成。目前，全省法院普遍设立执行指挥中心，建立对被执行人银行存款、工商登记、证券交易、不动产等信息的网络查控体系，在解决“被执行人难找、财产难寻”问题上取得重大进展。积极构建“一处失信，处处受限”惩戒机制，综合运用征信网站、广播电视、微博微信等平台公开曝光 40 万名失信被执行人，对 77.9 万人（次）在申请贷款、市场准入、高消费、出境和乘坐飞机、高铁等方面进行限制，一批被执行人迫于压力履行了法律义务。坚决惩治拒不执行判决、裁定犯罪，对 1874 人决定司法拘留，对 108

人依法追究刑事责任。

着力弘扬法治精神。充分发挥司法的教育、评价、指引、示范功能，省法院发布打击毒品犯罪、保护知识产权、尊重社会公德等方面52个典型案例，有13件被最高人民法院作为典型案例发布，2件分别入选最高人民法院指导性案例和弘扬社会主义核心价值观典型案例。加强法治宣传，省法院建成青少年法治教育中心，全省法院建成115个法治教育基地，拍摄22部法治公益微电影，获亚洲微电影艺术节“最佳作品奖”等多个奖项。加强特殊人群管理，全面落实未成年人轻罪记录封存制度，完善减刑假释、社区矫正、回访帮教机制，为他们重新融入社会创造条件。加强司法建议工作，针对规范金融租赁、加强校园安全教育等提出司法建议1980条。

二、全面深化司法改革，促进公正高效规范司法

认真落实司法责任制改革。按照省委统一部署，扎实开展法官员额制改革，严格法官入额标准，认真执行员额比例，经过考核、考试等程序，遴选出7553名员额法官建议人选，充实一线办案力量。探索实行“谁审判谁负责”的新型审判权运行模式，制定《审判委员会工作规则》《独任庭、合议庭工作机制规定》等配套文件，坚持院庭长办案常态化，突出法官主体地位，明确了法官、法官助理、书记员的权责清单。加强审判执行团队建设，推广设立“法官工作室”，发挥团队作业优势，提高办案效能，全省法院结案数量比2015年净增12.4万件。

深入开展以审判为中心的刑事诉讼制度改革。着力推进庭审实质化，完善庭审规程和辩论规则，提高证人、鉴定人出庭作证率，充分发挥庭审在查明事实、认定证据、保护诉权、公正裁判中的决定性作用。加强人权司法保障，坚持平等对待控辩双方，依法保障被告人的诉讼权利，充分尊重律师的辩护意见，对没有聘请律师、可能判处无期徒刑以上刑罚的被告人全部委托法律援助律师提供辩护。坚持罪刑

法定、疑罪从无等法律原则，贯彻证据裁判规则，审理涉及申请排除非法证据的案件 81 件，依法排除非法证据 24 份，确保有罪的人受到公正审判、无罪的人不受刑事追究。完成聂树斌案复查工作，最高人民法院采纳我们的建议决定提起再审，依法改判聂树斌无罪。

积极推动多元化纠纷解决机制改革。配合省人大开展《山东省多元化解纠纷促进条例》立法工作，认真抓好《条例》实施，近 20% 的民商事纠纷在诉前化解，全省法院新收案件增幅连续四年低于全国平均水平，其中去年低了 11 个百分点。加快诉调对接平台建设，基层法院全部建成诉调对接中心，设立指导分流室、人民调解室、司法确认室，引导群众理性选择解纷方式。完善诉调对接体系，联合有关部门会签文件，建立了交通事故、劳动争议、医患纠纷、金融消费纠纷等对接机制。依法支持人民调解等解纷组织发挥作用，办理司法确认案件 9920 件。

全面构建案件繁简分流机制。积极应对案件上涨压力，大力实施审判提速工程，加强审判质效管理，开展未结案件清理活动，全省法院案件结收比达 99.1%，居全国法院前列。在济南、青岛两地深化轻微刑事案件速裁程序和被告人认罪认罚从宽制度改革试点，扩大速裁案件适用范围，对 4450 件轻微刑事案件快速办结，当庭宣判率为 97.3%，被告人服判息诉率达 98.5%。创新行政案件要素审判机制，行政案件一审周期平均缩短 55 天，二审周期平均缩短 28 天。

健全完善阳光司法机制。全面建成诉讼服务中心，开通诉讼服务网、诉讼服务热线和数字化便民服务终端，形成了“立案登记制 + 互联网 + 诉讼服务”的便民体系。进一步完善审判流程、庭审直播、执行信息、裁判文书“四大公开平台”，及时向当事人推送案件信息，直播庭审实况，去年上网公布裁判文书 98.5 万份，居全国法院首位。加强人民陪审工作，人民陪审员参审案件 22.6 万件。推行精细化接访，规范接访流程，深化律师代理申诉工作，赴省进京访数量在连续三年下降的基础上，去年又分别下降 44.5% 和 17.6%。推进司法救助制度化，省法院印发《国家司法救助工作实施办法》，全省法院办理司法救助案件1445件，救助1735人，发放救助金3420.2万元。

着力完善审级监督机制。充分发挥二审解决事实法律争议、实现二审终审的职能，审结二审案件8.7万件，改判或发回重审1.3万件。充分发挥再审依法纠错、维护裁判权威的功能，审结再审案件3035件，改判或发回重审1182件。结合二审、再审发现的问题，加强审判业务指导，实行改判发回重审案件逐案讲评制度，制定审理贪污犯罪、保险纠纷等类案裁判指引，发布37个参考性案例，进一步统一了裁判标准。

三、落实全面从严治党，打造忠诚干净担当的法院队伍

加强教育引导。切实把思想政治建设放在首要位置，引导干警牢固树立政治意识、大局意识、核心意识、看齐意识，始终在思想上政治上行动上同以习近平同志为核心的党中央保持高度一致。深入开展“两学一做”学习教育，把革命传统教育、理想信念教育列为日常必修课，通过法官宣誓、“做合格法官”学习讨论等形式，引导干警增强“四个自信”，坚定职业信仰。坚持“支部建在庭上”，实行机关党建述职考核评议制度，切实强化党建责任，激发干事创业热情，有86个集体、276名个人获得省级以上表彰。

提升履职能力。积极适应司法责任制改革要求，开展庭审观摩、案例研讨和办案标兵、接访能手、优秀文书评选活动，加大审判实务培训力度，去年省法院举办业务培训班50期，培训干警6320人（次）。着力提高科技应用能力，建成科技法庭2232个，开发智能辅助办案、网络司法拍卖等系统，切实方便法官办案、方便群众诉讼，促进审判体系和审判能力现代化。坚持重心下移，在人员招录、业务培训、职业保障等方面向基层倾斜，去年有4个基层法院被评为全国优秀法院，15名法官被评为全国优秀法官或办案标兵，均是获评数量最多的省份。

持续正风肃纪。省法院制定落实全面从严治党主体责任、监督责任的实施意见，细化责任清单，对履行责任不力的38名法院领导干部进行问责。加强廉政教育，连续四年开展“廉洁司法集中教育”，举办98场“廉洁司法大家谈”报告会。深入推广“四心工作法”，开展规范司法行为、执行案款集中清理专项活动，加强司法巡查、审务督察，反映干警司法行为不规范、审判程序不严格等问题的投诉明显减少。完善廉政风险防控体系，严格落实干预案件记录问责的规定，强化了对法官的业内业外监督。加大对违纪违法行为的查办力度，查处违反工作纪律、审判纪律、财经纪律等案件105件129人，其中给予党纪政纪处分121人，移送司法机关处理10人。

各位代表，党的领导、人大监督是做好人民法院工作的根本保证。一年来，全省法院坚决贯彻中央、省委决策部署，认真负责地向人大及其常委会报告工作，积极争取政府支持，诚恳接受政协民主监督，依法接受检察机关法律监督，广泛听取社会各界意见，确保了法院工作持续健康发展。省法院连续四年召开学习贯彻全国、全省“两会”精神电视电话会议，去年办理代表委员意见395件、建议提案30件，处理来信194件、来电586人（次），接待来访189人（次）。邀请108名全国人大代表和省人大代表视察了部分中院和基层法院，237名代表委员旁听了大要案庭审。

各位代表，全省法院工作取得的每一份成绩和进步，都离不开各级党委的坚强领导，离不开人大及其常委会的依法监督，离不开政府、政协的重视支持，离不开各位代表、委员和社会各界的关心帮助。在此，我代表省法院，向各级党委、人大、政府、政协以及人大代表、政协委员和社会各界人士表示衷心的感谢，致以崇高的敬意！

在看到成绩的同时，我们也清醒地认识到，法院工作仍然存在一些问题和困难：面对经济发展新常态和人民群众新期待，司法服务的针对性、有效性有待进一步增强；面对案件持续上涨压力，审判质量和效率有待进一步提高，司法人员不足问题有待进一步解决；面对司法责任制改革新要求，法官的司法能力有待进一步提升；面对全面从严治党新形势，仍有个别干警顶风违纪甚至徇私枉法，党风廉政建设有待进一步加强。对这些问题和不足，我们将在各方面关心支持下，采取有力措施认真加以解决。

2017年工作安排

各位代表，2017年是实施“十三五”规划的重要一年。全省法院将全面贯彻党的十八大、十八届三中、四中、五中、六中全会精神，深入学习贯彻习近平总书记系列重要讲话和治国理政新理念新思想新战略，不断更新司法理念，深化司法改革，发挥审判职能，为加快建设经济文化强省、在全面建成小康社会进程中走在前列提供更加有力的司法保障。

一是坚定不移服务中心工作。牢固树立新发展理念，组织开展专题调研，研究制定服务举措，依法保障全省经济平稳健康发展。积极参与社会治理创新，依法打击犯罪、化解矛盾，推进平安山东、法治山东建设。认真落实产权保护政策，严格区分经济纠纷与刑事犯罪、合同纠纷与合同诈骗、正当融资与非法集资、民营企业参股产生的经济纠纷与恶意侵占国有资产之间的界限，充分运用法治方式保护产权。

二是坚定不移践行司法为民。坚持把人民放在心中最高位置，充分保障当事人诉权，依法审理各类涉民生案件，切实维护人民群众的合法权益。继续完善便民诉讼网络，不断推出更多便民利民举措，进一步打造诉讼服务“升级版”。切实维护胜诉权益，坚决打赢“基本解决执行难”攻坚战，今年年底前实现“基本解决执行难”的目标。

三是坚定不移维护公平正义。坚持依法独立公正行使审判权，严格把好案件事实关、证据关、法律关，确保程序公正、实体公正。坚持司法中立，对所有当事人一视同仁，对不同所有制主体、不同地区市场主体、不同行业利益主体依法予以平等保护。坚持案件繁简分流，不断提高审判质效，努力在更高层次实现公正与效率相统一。

四是坚定不移推进司法改革。严格落实司法责任制，积极构建权责清晰的责任体系，上半年全面推开新的审判权运行模式。大力推进以审判为中心的刑事诉讼制度改革，加快庭审实质化步伐。深化司法公开和信息化建设，加快建设“智慧法院”，进一步提高公正司法水平。

五是坚定不移建设过硬队伍。落实全面从严治党责任，巩固拓展“两学一做”学习教育成果，着力建设政治过硬、业务过硬、责任过硬、纪律过硬、作风过硬的法院队伍。坚持面向基层、服务基层、建设基层，帮助基层解决实际困难，总结推广基层经验，保持基层队伍稳定，提高基层战斗力，不断推动全省法院工作实现新发展。

各位代表，新的一年，我们决心在省委的坚强领导和省人大、省政府、省政协及社会各界的监督支持下，认真落实本次大会决议，不忘初心、继续前进，奋发进取、扎实工作，努力开创全省法院工作新局面，以优异成绩迎接党的十九大和省第十一次党代会胜利召开！

附件

部分用语说明

1. 宽严相济刑事政策：宽严相济是我国当前基本的刑事政策，是对我们国家长期以来惩治刑事犯罪、维护社会稳定实践经验的科学总结。贯彻宽严相济的刑事政策，要求坚持罪刑法定、罪刑相适应和法律面前人人平等原则，根据犯罪的具体情况，实行区别对待，做到该宽则宽，当严则严，宽严相济，罚当其罪，打击和孤立极少数，教育、感化和挽救大多数，最大限度减少社会对立面，维护国家长治久安。

2. 谦抑、审慎、善意理念：在今年的中央政法工作会议上，中央政治局委员、中央政法委书记孟建柱谈到依法保护产权时，提出要在严格依法办事的原则下，树立谦抑理念，对通过民事、行政法律手段就能妥善处理的经济案件，不使用强制手段，努力以较小成本取得较好效果。树立审慎理念，严格区分经济纠纷与经济犯罪、企业正当融资与非法集资等界限，准确把握经济违法行为入刑标准，严防刑事执法介入经济纠纷；对涉嫌违法的企业和人员，依法慎重决定是否采取拘留、逮捕和查封、扣押、冻结等强制措施。树立善意理念，确实需要查封、扣押、冻结财产的，要严格依法进行，防止超标的、超范围，最大限度减少对企业正常生产经营的不利影响；对已经查封、扣押、冻结的涉案财产，要严格区分违法所得与合法财产，对违法所得依法予以追缴、上交国库，对合法财产依法尽快返还。

3. 环境公益诉讼：2014 年修订的《中华人民共和国环境保护法》规定：对污染环境、破坏生态，损害社会公共利益的行为，依法在设区的市级以上人民政府民政部门登记、专门从事环境保护公益活动连续五年以上且无违法记录的社会组织，可以向人民法院提起诉讼。2015 年 7 月 1 日，十二届全国人民代表大会常务委员会第十五次会议审议通过《关于授权最高人民检察院在部分地区开展公益诉讼试点工作的决定》，授权最高人民检察院在生态环境和资源保护、国有资产保护、国有土地使用权出让、食品药品安全等领域开展提起公益诉讼试点。

4. 家事审判改革：为进一步发挥家事审判在维护婚姻家庭稳定、促进社会建设方面的职能作用，最高人民法院决定自 2016 年 6 月起，在全国选择部分基层人民法院和中级人民法院，开展为期两年的家事审判方式和工作机制改革试点工作。家事审判改革的基本定位是维护婚姻家庭稳定，依法保护未成年人、妇女、老年人合法权益。主要措施是从审判组织、财产申报、调解工作、制止家暴、诉讼程序等方面进行探索，全面关注当事人身份利益、财产利益、人格利益、安全利益和情感利益，实现家事审判专业化。

5. 人身安全保护令：2015 年 12 月 27 日，第十二届全国人民代表大会常务委员会第十八次会议通过的《中华人民共和国反家庭暴力法》专章对人身安全保护令制度作出规定：当事人遭受家庭暴力或者面临家庭暴力的现实危险时，本人或其近亲属、公安机关、妇女联合会、居民委员会、村民委员会、救助管理机构可以向人民法院申请人身安全保护令，人民法院应当在 72 小时内依法以裁定形式作出人身安全保护令或者驳回申请。人身安全保护令采取的措施主要包括：禁止被申请人实施家庭暴力，禁止被申请人骚扰、跟踪、接触申请人及其相关近亲属，责令被申请人迁出申请人住所等。

6. 行政诉讼协调：《中华人民共和国行政诉讼法》第六十二条规定："人民法院对行政案件宣告判决或者裁定前，原告申请撤诉的，或者被告改变其所作的行政行为，原告同意并申请撤诉的，是否准许，由人民法院裁定。"《最高人民法院关于行政诉讼撤诉若干问题的规定》规定，人民法院经审查认为被诉具体行政行为违法或者不当，可以在宣告判决或者裁定前，建议被告改变其所作的具体行政行为。被告改变被诉具体行政行为，原告申请撤诉，符合下列条件的，人民法院应当裁定准许：（一）申请撤诉是当事人真实意思表示；（二）被告改变被诉具体行政行为，不违反法律、法规的禁止性规定，不超越或者放弃职权，不损害公共利益和他人合法权益；（三）被告已经改变或者决定改变被诉具体行政行为，并书面告知人民法院；（四）第三人无异议。行政诉讼协调对于从根本上化解行政争议，增进当事人与行政机关之间的理解和信任，维护社会和谐稳定，具有重要意义。

7. 行政审判白皮书：又称行政诉讼案件司法审查报告。由于报告以人民法院名义发布，向社会公开，是人民法院对外发布的重要文件，故称之为行政审判白皮书。其主要内容是行政诉讼案件的总体情况和规范行政执法行为的意见建议等。

8. 基本解决执行难：2016 年 3 月 13 日，在十二届全国人大四次会议上，最高人民法院院长周强提出“用两到三年时间基本解决执行难问题”。最高人民法院随后印发《关于落实“用两到三年时间基本解决执行难问题”的工作纲要》，提出了“四个基本”总体目标，即被执行人规避执行、抗拒执行和外界干预执行现象基本得到遏制；人民法院消极执行、选择性执行、乱执行的情形基本消除；无财产可供执行案件终结本次执行的程序标准和实质标准把握不严、恢复执行等相关配套机制应用不畅的问题基本解决；有财产可供执行案件在法定期限内基本执行完毕，人民群众对执行工作的满意度显著提升，人民法院执行权威有效树立，司法公信力进一步增强。最高人民法院把山东列为重点推进省份，要求 2017 年年底前基本解决执行难。

9. 弘扬社会主义核心价值观典型案例：济南市民吕某、张某夫妻为女儿取名为“北雁云依”后，吕某前往济南市公安局历下区分局燕山派出所为女儿申请办理户口登记，派出所依照法律规定和法定程序不予办理。吕某认为此行政行为侵犯女儿的姓名权，遂提起行政诉讼，请求确认被告行政违法。济南市历下区人民法院审理认为，根据《全国人民代表大会常务委员会关于〈中华人民共和国民法通则〉第九十九条第一款、〈中华人民共和国婚姻法〉第二十二条的解释》的规定，公民行使姓名权，应当尊重社会公德，不得损害社会公共利益。在父母姓氏之外选取其他姓氏，应有不违反公序良俗的正当理由，故判决驳回原告的诉讼请求。

10. 司法责任制改革：2014 年 6 月 6 日，中央深改组第三次会议审议通过《关于司法体制改革试点若干问题的框架意见》，将完善司法责任制、完善司法人员分类管理、健全司法人员职业保障、推动省以下地方法院检察院人财物统一管理等改革作为司法体制改革的基础性、制度性措施。其中司法责任制改革是司法体制改革的基石，对提高司法质量、效率和公信力具有重要意义。司法人员分类管理、司法人员职业保障、省以下地方法院检察院人财物统一管理，是司法责任制改革的重要配套改革制度。

11. 法官员额制改革：法官员额制改革是实行法院人员分类管理的基础，是完善司法责任制的基石。建立法官员额制，就是通过严格考核，选拔最优秀的法官进入员额，并为他们配备法官助理、书记员等审判辅助人员，确保法院 85% 的人力资源配置到办案一线，建立以法官为中心、以服务审判工作为重心的法院人员配置模式。

12. 轻微刑事案件速裁程序：2014 年 6 月 27 日，第十二届全国人民代表大会常务委员会第九次会议通过《关于授权最高人民法院、最高人民检察院在部分地区开展刑事案件速裁程序试点工作的决定》，授权最高人民法院、最高人民检察院在包括我省济南、青岛在内的 18 个市开展试点工作。对事实清楚，证据充分，被告人自愿认罪，当事人对适用法律没有争议的危险驾驶、交通肇事、盗窃、诈骗、抢夺、伤害、寻衅滋事等情节较轻，依法可能判处一年以下有期徒刑、拘役、管制的案件，或者依法单处罚金的案件，进一步简化刑事诉讼法规定的相关诉讼程序。

13. 被告人认罪认罚从宽制度：2016 年 9 月 3 日，第十二届全国人民代表大会常务委员会第二十二次会议通过《全国人民代表大会常务委员会关于授权最高人民法院、最高人民检察院在部分地区开展刑事案件认罪认罚从宽制度试点工作的决定》，提出："对犯罪嫌疑人、刑事被告人自愿如实供述自己的罪行，对指控的犯罪事实没有异议，同意人民检察院量刑建议并签署具结书的案件，可以依法从宽处理。”该决定确定在全国 18 个市开展试点，我省济南市、青岛市为试点城市。

14. 行政案件要素审判机制： 是通过填充要素、简化格式，提高行政审判效率的机制。立案时，由当事人填写《诉讼要素表》。庭审阶段，由法官对《诉讼要素表》中双方无争议事实予以确认，重点围绕争议焦点进行审理。制作裁判文书时，对案件事实清楚、争议不大的案件，采取“表格式”裁判文书，当庭制作、当庭宣判、当庭送达，增强了行政审判的公开化和透明度。

15. 律师代理申诉： 党的十八届四中全会提出“对不服司法机关生效裁判、决定的申诉，逐步实行由律师代理制度。”2015 年 6 月，省法院与省司法厅、省律师协会印发《关于推动开展律师代理申诉工作暂行办法（试行）》，在省市两级法院和有关律师事务所实行律师值班制度，负责专业咨询、法律释明、化解息诉、代理申诉等职责。代理申诉遵循自愿原则，申诉人有自愿选择律师的权利，既可以委托值班律师代理申诉，也可以委托其他律师事务所律师代理申诉。2015 年 11 月，中央政法委在济南召开会议推广了我省这一经验。

16. 国家司法救助： 健全国家司法救助制度是党的十八届三中全会作出的重大部署。2014 年，中央政法委、财政部、最高人民法院、最高人民检察院、公安部、司法部下发《关于建立完善国家司法救助制度的意见（试行）》，对国家司法救助制度的基本原则、救助对象、救助方式和标准、救助程序等作出规定。实行国家司法救助制度，对受到侵害但无法获得有效赔偿的当事人，由国家给予适当经济资助，帮助他们摆脱生活困境，既彰显党和政府的民生关怀，又有利于实现社会公平正义，促进社会和谐稳定，维护司法的权威和公信。

17. 四心工作法： 为切实增进群众感情，2013 年 8 月，在开展党的群众路线教育实践活动中，省法院党组提出，在法院工作中全面推广“四心工作法”，要求干警在工作中将心比心、换位思考，做到接待当事人要热心、倾听诉求要耐心、审判案件要细心、解决问题要诚心，用四心换取群众的顺心、安心。目前，该做法已经贯穿于全省法院各项工作之中。

18. 司法巡查：是最高人民法院借鉴党内巡视制度的成功经验建立的一项司法制度，主要是上级法院派出司法巡查组，采取走访座谈、实地暗访、案例剖析等方式进行巡回检查，加强对下级法院领导班子、司法业务和队伍建设的监督指导，及时向被巡查人民法院党组反馈情况，并选择适当时机对被巡查法院的整改情况进行回访。

河南省高级人民法院工作报告

——2017 年 1 月 18 日在河南省第十二届人民代表大会第七次会议上

河南省高级人民法院院长　张立勇

各位代表：

现在，我代表省高级人民法院向大会报告工作，请予审议，并请各位政协委员、列席会议人士提出意见。

2016 年的主要工作

2016 年，全省法院在省委正确领导、省人大有力监督、省政府坚强支持、省政协民主监督和社会各界共同关心下，全面贯彻党的十八大和十八届三中、四中、五中、六中全会精神，深入贯彻习近平总书记系列重要讲话精神，按照省委九届十二次、十三次全会和省十次党代会部署，牢记嘱托，不辱使命，忠实履行宪法法律赋予的职责。全年共受理案件 1347031 件，同比上升 26.3%，增幅居全国法院第二；审执结案件 1175106 件，同比上升 29.2%。其中，审结刑事案件 82509 件，判处犯罪分子 86246 人；民事案件 737513 件，诉讼标的金额

4553.2亿元；行政及国家赔偿案件45170件；减刑假释案件28062件；执结案件251923件，执结标的金额1224.1亿元；办理申诉、申请再审等其他案件29929件。省法院受理案件15843件，审执结案件12859件，同比分别上升44.3%、29.4%。

一、围绕中心，服务大局，为全面建成小康社会提供坚强司法保障

全力维护社会稳定，推进平安河南建设。依法严惩故意杀人、绑架、涉黑涉恶等严重暴力犯罪，审结案件6235件，判处五年以上有期徒刑、无期徒刑和死刑8048人。持枪连杀三人的被告人刘伟、绑架致人死亡的被告人董大成均被判处死刑。重拳打击“两抢一盗”犯罪，审结案件14256件，判处犯罪分子19446人。入室盗窃并杀死一人、致伤两人的被告人郑小车被判处死刑。严厉打击利用电话、短信、网络实施的电信诈骗犯罪，审结案件1861件，判处犯罪分子2804人。电话诈骗病患群众2600余人的被告人王述春被判处有期徒刑十五年。依法惩处集资诈骗、非法吸收公众存款等涉众型经济犯罪，审结案件961件，涉案金额473亿元。非法集资2.5亿元、赌博挥霍0.8亿元的被告人陈政被判处无期徒刑。坚决打击拐卖、性侵妇女儿童犯罪，审结案件413件，判处犯罪分子556人，拐卖10名儿童的被告人秦云秀一审被判处无期徒刑，奸淫并杀害7岁幼女的被告人刘辉被判处死刑，切实维护人民群众生命财产安全。

坚定不移惩治贪腐，推动反腐败斗争深入开展。坚决贯彻中央、省委反腐部署，依法对数额巨大、情节严重、影响恶劣的从严惩处，对自首立功、认罪悔罪、积极退赃的从宽处理。全年共审结贪污、受贿等职务犯罪案件4135件，判处犯罪分子6313人，其中厅级以上57人，处级307人。以受贿罪、巨额财产来源不明罪判处云南省原省委书记白恩培死刑缓期二年执行，依法减为无期徒刑后终身监禁，不得减刑、假释，是全国第一例终身监禁判决；以受贿罪判处西藏自治区人

大常委会原副主任乐大克有期徒刑十三年，判处国家体育总局原副局长肖天有期徒刑十年零六个月；以受贿、巨额财产来源不明等罪判处三门峡市原市委书记连子恒有期徒刑十五年零六个月；以受贿罪判处开封市原市委书记刘长春有期徒刑十三年零六个月，判处新乡市原政法委书记、公安局长孟钢有期徒刑十三年，判处舞阳县原县委书记秦建忠有期徒刑十年；以受贿罪一审判处驻马店市原市委书记刘国庆无期徒刑，判处濮阳市原市委书记吴灵臣有期徒刑十五年，彰显中央、省委反腐坚定决心。

主动服务经济建设，营造良好发展环境。助力供给侧结构性改革，组建178个清算与破产审判庭、合议庭，按照“尽可能多兼并重组、少破产清算”的要求，协助“三煤一钢”等国有企业清产核资、和解重整，审结涉及关停并转案件1652件，积极应对民间借贷、资金链断裂引发的纠纷，保护合法融资行为，制裁高利贷等不法行为，审结案件44357件，标的金额553亿元。服务“一带一路”战略，建立涉外企业联络员制度，定期走访、定向服务，审结郑欧班列货运纠纷、意大利某公司与省内企业合同纠纷等涉外、涉港澳台案件512件。支持郑洛新国家自主创新示范区建设，发布知识产权司法保护白皮书，出台25条保障措施，审结侵犯“中国石化”“杜康”“金星”等商标权、专利权案件3061件，为经济转型升级保驾护航。

妥善化解行政争议，监督支持依法行政。持续推行行政诉讼案件异地管辖，审判成效日益凸显。一是更多群众选择法律渠道解决纠纷。全年共受理行政案件46929件，同比上升32.3%，收案数、增长幅度均居全国法院第一位。涉及土地征收、房屋拆迁等群体性纠纷，老百姓到法院起诉的多了，到党委、政府信访上访的少了。二是更多行政案件得到有效化解。异地管辖后，行政案件调撤率34.3%，一审服判息诉率79.2%，终审服判息诉率98.6%，均为全国法院最高；上诉率20.8%，申请再审率2.2%，均为全国法院最低。三是行政机关更加支持审判工作。各省辖市均出台行政首长出庭应诉规定，7126名行政机关负责人主动参加庭审，为历年来最多，260 条司法建议得到采纳，规范了执法行为，推动了法治政府建设。

二、咬定目标，铆足干劲，基本解决执行难取得突破性进展

去年周强院长代表全国法院郑重承诺，要用两到三年时间基本解决执行难问题。作为最高法院确定的率先解决执行难省份，我们提出用两年时间完成目标任务。一年来，广大干警敢于攻坚，勇于奉献，执结案件数、执结标的额同比分别上升 47.7%、75.2%，“法律白条”正在逐步成为历史。

树立坚定决心，形成决战态势。层层立下军令状，完不成任务的，院长、执行局长自请辞职，不辞职的提请上级按组织程序免职，20 名不胜任工作的执行局长被调整岗位，两人被免职。坚持人财物向执行一线倾斜，增加执行干警 1575 人，配备警车、无人机、执法记录仪、单兵指挥系统等装备 3200 余部，确保队伍拉得出、冲得上、打得赢。郑州中院法官在强制执行辽宁抚顺公共汽车公司一案中，用时两个月，奔波 4 个省市、近万公里，克服重重困难，为宇通集团公司追回欠款 2.8 亿元。

强化联合制约，布下天罗地网。将 41.7 万余名赖账户纳入全国法院失信被执行人名单，在担任公职、评先晋级、政府采购、融资投标、乘坐飞机高铁、出入境等方面进行限制。一公司老板在南极旅游期间被列入“黑名单”，无法购买返程机票，偿还欠款后才回到国内。某市粮食局拒不履行生效判决，被撤销省级文明单位称号。同时，对有发展前景的采取“活查封”“活扣押”，支持 1.3 万余家企业边经营边还债，顺利渡过难关。

敢于亮剑出拳，严惩拒执老赖。全省法院掀起围剿老赖“执行风暴”，开展“中秋雷霆”“子夜行动”“凌晨出击”，中午堵酒桌，晚上堵牌桌，老赖逃到哪里，就追到哪里。全年共查冻存款 158.9 亿元、土地 8000 余宗、房产 4.3 万余套，司法拘留 18327 人，罚款 6824.8 万

元，判处拒执犯罪分子1244人，判刑人数超过2015年的三倍，5.6万余人迫于压力履行义务，申请人拍手称快，老赖胆战心惊。

争取多方支持，营造强大合力。各级党委、政府把解决执行难纳入决策“大盘子”，调动一切力量，共克执行难题。广大代表委员主动见证执行、参与发放执行款，为人民法院撑腰打气。媒体记者深入一线，与干警同吃同行，全方位报道执行战果。三级法院召开新闻发布会200余场，拍摄微电影90余部，微博微信直播执行过程670余次，形成街头巷尾热议执行、人人谴责失信行为的浓厚氛围。我们坚信，没有比人更高的山，没有比脚更长的路，只要我们撸起袖子加油干，就一定能够打赢基本解决执行难这场攻坚战！

三、牢记宗旨，为民司法，切实增强人民群众获得感

发挥服务保障作用，全力助推脱贫攻坚。全省法院选派1200余名干警联系960余个村庄，帮助改善道路、校舍、活动室等基础设施1100余项，组织技术培训3.2万余人次，举办法治讲座1800余场，发放《农民工返乡创业法律宝典》2.6万余本。立足审判职能，依法严惩贪污、侵占、挪用扶贫资金等犯罪，判处犯罪分子368人；审结涉及贫困人口移民搬迁、就业、医疗、教育等案件163552件。第八次开展拖欠农民工工资案件集中办理活动，对讨薪案件优先办理，对99名恶意欠薪者判处刑罚，全年共为24935人追回劳动报酬19.2亿元，让农民工兄弟维权更安心、更省心、更舒心。

严惩破坏环境行为，保护美丽家园。全省83个法院成立了环境资源审判庭、合议庭，专门审理损害土壤、大气和水资源等案件。大力支持公益诉讼，鼓励全社会参与环境治理，审结全国首例跨省固体废弃物污染案，判决违法处置汞触媒的贵州铜鑫公司3个月内恢复土壤生态，逾期履行，支付修复费用48万元。推行环保禁止令、生态修复令，对黎圆乳胶厂、居康万家涂料厂等207家企业裁定停止超标排放，对胡明伟、王景忠等316人判令补种复绿。建立司法执法联动机制，裁定支

持环保部门对污染大气的56家企业按日连续处罚。万基公司因排放二氧化硫严重超标，被责令纠正并罚款357万元，法院依法强制执行到位。严厉打击污染环境犯罪，非法倾倒废硫酸600余吨、致河流严重污染的主犯郭桐君，被判处有期徒刑六年，并处罚金120万元。全年共审结涉环境资源刑事、民事、行政案件4875件，判处犯罪分子1662人，罚金8315万元，让新环保法亮出“钢牙利齿”。

强化未成年人司法保护，呵护孩子们健康成长。坚持每年开学第一天上法治课，选取伤害、盗窃等校园多发案例，以案说法1900余场，受教育学生95万余人，培养孩子守法意识，增强自我保护能力。与中央电视台、省关工委、省委宣传部、省教育厅、省妇联，共同发起“让法律照亮留守儿童回家的路”系列活动，邀请二月河、海霞、撒贝宁等知名人士拍摄公益宣传片，发放普法漫画口袋书25万册，结对帮扶儿童3.8万余人。全省157个法院成立独立建制的少年审判庭，依法惩处校园欺凌、暴力侵害等违法犯罪行为，审结案件1743件；坚持判后帮教，“法官妈妈”帮助236名失足青少年重返校园，178人顺利就业。挽救孩子，就是挽救家庭、挽救希望，人民法院必须把这份责任放在心头、扛在肩上。

积极开展涉军维权，推动军地军民融合发展。为庆祝红军长征胜利80周年，开展走访慰问暨“送法进军营”活动，共慰问老红军、老八路、军烈属526人，走访驻地部队156家，赠送法律书籍3万余册。坚持用心、用情、用法维权，形成“北有汤阴经验、南有信阳模式”新格局，全年共化解涉军纠纷1256件，处理军队全面停止有偿服务涉法涉诉问题285个，服务国防和军队改革，保障部队凝神聚力打胜仗。

四、锐意改革，不断创新，营造司法工作新态势

全面推行法官员额制。从现有法官中遴选优秀人员进入员额，是推进法官正规化专业化职业化的重要举措，是落实司法责任制的基石。按照全省员额总数不得突破中央政法编制39%的总体要求，除院长以

考核方式入额外，包括副院长在内的其他人员一律参加考试考核，统一标准、同台竞争。目前，全省法院经考试考核初选的7345人，将提请省法官检察官遴选委员会审议。推行法官员额制，一是有利于司法资源优化配置。员额法官一律分配至审判岗位，入额的一律承办案件，一线办案力量将增加27.1%。二是有利于提升队伍素质。坚持政治素养高、办案能力强、职业操守好选任标准，实行差额择优选拔，建立淘汰退出机制，倒逼法官严格司法、公正办案。三是有利于提高案件质效。改革以来，“让审理者裁判、由裁判者负责”得到进一步落实，先行试点的安阳、许昌6个法院入额法官人均结案216件，同比上升27.8%，服判息诉率提高2.6个百分点。

探索开展家事审判改革。着眼和睦家庭、和谐社会建设，安排社会阅历丰富、善做调解工作的女法官，专司家事审判，实现纠纷柔性化解。坚持劝和不劝分，对双方一时冲动、有和好可能的离婚案件，设立3至6个月“冷静期”，帮助2.2万余个濒临破裂家庭重归于好。推行人身安全保护令，裁定118名当事人禁止实施殴打、羞辱、跟踪、骚扰等行为，遏制家庭暴力。开展多元化解，联合综治办等部门成立家事调解委员会，邀请妇联干部、心理咨询师和志愿者担任家事调查员、情感观察员、心理疏导员，诉前、诉中调解18.6万余件，调撤率61.3%，促进婚姻和谐健康、家庭幸福稳定。

大力推进信息化建设。深化审判执行流程、裁判文书、庭审直播和“豫法阳光两微一端”平台建设，累计公布流程节点信息119万余条、裁判文书279万余份，庭审直播15万余场，发布微博、微信4.5万余条，直播案件、微博粉丝数量均居全国法院首位。12368诉讼服务热线自去年12月29日开通以来，已服务群众查询案件、咨询诉讼、联系法官4000余次。推行网上立案，当事人足不出户便可办理立案手续，从去年11月到现在已受理499件，受到当事人特别是律师的欢迎。

积极争取最高法院第四巡回法庭落户郑州。设立巡回法庭，是党中央作出的重大部署，是司法改革的“四梁八柱”。省委、省政府对申请设立工作高度重视，谢伏瞻书记、陈润儿省长及其他领导同志亲自协调，代表委员倾力呼吁，省法院多次汇报，促成中部地区巡回法庭设在郑州，就地审理河南、山西、安徽、湖北由最高法院管辖的相关案件。去年12月28日，周强院长、谢伏瞻书记亲临揭牌。最高法院第四巡回法庭，是党中央为法治河南建设增派的一支生力军，是设在群众“家门口的最高法院”，对推进依法治省、提升郑州国家中心城市地位、构建法治化国际化营商环境，必将起到重要的推动作用。

五、直面问题，铁腕治腐，坚决落实全面从严治党要求

全省法院以“两学一做”学习教育为载体，结合省法院执行局发生的系列腐败案件，坚持问题导向，狠抓从严治警，确保法官队伍忠诚、干净、担当。一是开展廉政学习反思。针对个别同志存在的“法官队伍接连出现问题是不是因为查得太多、严惩腐败会不会抹黑形象”等错误认识，召开各级法院党组、党支部专题生活会，组织全员大讨论，安排涉案人员反省忏悔，教育警示广大法官知敬畏、存戒惧、守底线。二是压实“两个责任”。逐一约谈19名中级法院院长和机关32名部门负责人，对落实“两个责任”不力、辖区问题较多的5个中级法院党组、党组书记和纪检组长全省通报，对21名领导干部倒查问责，持续释放失责必问、问责必严的强烈信号。三是高悬巡查利剑。实现中级法院、基层法院巡查、暗访全覆盖，发现问题411个，移交线索135件。开展省法院机关内部司法巡查，对6名部门负责人给予组织处理。四是严惩司法腐败。全力配合省纪委查办省法院原副院长、曾任执行局长的曹卫平及执行局原副局长李光、梁向阳、梁红照严重违纪违法案件。主动查处违反廉政纪律、办案纪律行为，120人受到严肃处理，其中20人被追究刑事责任。全面从严治党永远在路上，我们将始终坚持有腐必反、有贪必肃，让心存侥幸者警醒收手，让以身试法者付出代价。

六、始终坚持党的领导，自觉接受人大监督，推动法院事业健康发展

我们始终把法院各项工作置于党的绝对领导之下，自觉向以习近平同志为核心的党中央看齐，向党的理论和路线方针政策看齐，向党中央决策部署看齐。坚持重大事项请示报告制度，去年省法院就司法体制改革、解决执行难等工作向省委、省委政法委汇报37次。自觉接受人大、政协监督，就司法公开、建议办理向省人大常委会作专项工作报告，通过“豫法阳光”彩信向代表委员通报工作92次。强化联络沟通，建立微信群，邀请代表委员交叉视察、旁听庭审、评查案件、参与听证8293人次，深入18个省辖市走访省人大代表、政协委员1100余人。认真办理建议、提案，21件代表建议、17件委员提案已全部办结。高度重视代表委员监督的案件，采取领导包案、专人办理、限期结案、跟踪督办等方法，办结547件，以实际行动回应代表委员的关心、爱护和支持。

各位代表，过去一年，全省法院戮力同心，务实苦干，刑事大要案审判、行政审判、涉军维权、环保审判、家事审判、为农民工讨薪、执行工作、司法公开等成为全国法院工作亮点，19个集体和个人受到国家级表彰，315个集体和个人受到省部级表彰。面对繁重的工作任务、巨大的办案压力，广大法官舍小家为大家，夜以继日，宵衣旰食，切实践行忠诚履职、司法为民的根本宗旨。全国法院新媒体建设拓疆者、省法院原网络办主任陈海发，58岁受命进京担任最高法院新闻局副局长，癌症晚期仍坚守岗位，直到生命最后一刻，周强院长评价“河南汉子，鞠躬尽瘁、死而后已”；濮阳市华龙区法院法官孙燕燕，怀有身孕，白天开五六个庭，晚上起草文书，年结案750余件，勇夺全市办案状元；鲁山县法院法官王清青，丈夫出差，两岁女儿患病，为不影响办案进度，抱着孩子加班阅卷，获得网友点赞；夏邑县法院法官李伟，身患重度糖尿病，右眼失明，左眼视力仅有0.2，院长多次要

求入院治疗，依然坚持要干好退休前最后两个月，全年办案170余件。正是这些坚守理想信念、默默无闻奉献的同志，鼓舞我们义无反顾、奋勇前行。

成绩的取得，是省委坚强领导，省人大有力监督，省政府、省政协及社会各界鼎力支持的结果。各位人大代表、政协委员一直关心法院工作，提出了许多宝贵的意见和建议，帮助我们解决了许多困难和问题。在此，我代表全省法院，向各位人大代表、政协委员，向各级党委、人大、政府、政协，向各民主党派、工商联、各人民团体，向驻豫部队和武警官兵，向政法机关、专家律师、媒体网友和社会各界的朋友们，致以崇高的敬意和衷心的感谢！

我们也清醒地认识到，法院工作还存在一些问题和困难：一是极个别领导干部对党不忠诚，不守纪律、不讲规矩，搞小山头、小圈子、小团体，带坏了队伍，败坏了风气。二是司法腐败仍有发生。有的法官违反规定为当事人牵线搭桥，拉掮受贿；个别法官目无法纪，不讲廉耻，利用审判权执行权收钱敛财，枉法裁判。三是案件质效仍需提升。一些案件久拖不决、久拖不执，有的案件审判质量不高、社会效果不好，影响司法公信力。四是司法作风仍需改进。少数法官对当事人骄横、冷漠、生硬，严重损害了法官形象。五是案多人少矛盾日益突出。2013年以来，全省法院收案由63万余件增长到134万余件，年收案过万的法院由1个增长到32个，人均结案数由71件增长到169件，许多法官长期处于超负荷工作状态。对以上问题和困难，我们将认真加以解决，决不辜负人民的重托，决不辜负代表委员的期望。

2017年的工作意见

各位代表，十八届六中全会开启了全面从严治党向纵深推进的伟大征程，省十次党代会描绘了决胜全面小康、让中原更加出彩的宏伟蓝图。新的一年，我们将认真贯彻中央、省委管党治党、从严治党要求，紧紧围绕建设经济强省、打造“三个高地”、实现“三大提升”的目标任务，忠实履行好维护社会大局稳定、促进社会公平正义、保障人民安居乐业的职责使命。

一、以更鲜明立场坚定法院政治方向。举办十八届六中全会和省十次党代会精神专题研讨班，对全省中、基层法院院长集中培训，引导全体法官牢固树立“四个意识”特别是核心意识、看齐意识，自觉以党的旗帜为旗帜、以党的方向为方向、以党的意志为意志，坚决维护习近平总书记核心地位。旗帜鲜明，敢于亮剑，坚决抵制西方“宪政民主”“三权分立”“司法独立”等错误思潮影响，坚决同否定中国共产党领导、诋毁中国特色社会主义法治道路和司法制度的错误言行作斗争，决不能落入西方错误思想和所谓司法独立的“陷阱”，坚定不移走中国特色社会主义法治道路。开展“讲党性、守党纪、做合格党员”大讨论，教育广大干警始终铭记自己是党的干部、人民的法官，时刻严守政治纪律、政治规矩，坚决做到维护核心、绝对忠诚、听党指挥、勇于担当。

二、以更务实举措服务决胜全面小康。始终把确保国家政治安全，特别是政权安全、制度安全放在第一位，深入开展反渗透、反间谍、反分裂、反恐怖、反邪教斗争，突出打击黑恶势力、杀人绑架、涉爆涉枪、非法集资、电信诈骗、校园暴力、拐卖妇女儿童等群众反映强烈犯罪，全力保障社会稳定。保持反腐高压态势，依法审理好最高法院指定的辽宁省原省委书记王珉、中台办国台办原副主任龚清概、司法部原政治部主任卢恩光、济南市原市长杨鲁豫等省部级领导职务犯罪案件，以及我省查办的祁金立、杨树平、李晋华、郝天宇等重大贪腐案件，营造风清气正政治生态。牢牢把握稳中求进工作总基调，紧紧围绕深化“三去一降一补”五大任务，妥善化解涉及煤炭企业破产重组、房地产开发销售、高杠杆企业债转股等纠纷，促进经济平稳健康发展。主动服务郑洛新自主创新示范区、河南自由贸易区、郑州跨境电子商务区建设，审理好知识产权、投资消费、国际贸易等案件，护航国家战略顺利实施。依托行政审判，加强与行政机关的沟通互动，为政府依法决策、依法行政提供法律支撑，为党政主要领导履行法治建设第一责任当好参谋助手。

三、以更大力度促进司法为民。加快失信被执行人信用监督、警示和惩戒机制建设，实现土地、房产、理财产品、证券、股权、车辆等联网查控，有能力履行而不履行的纳入“黑名单”，抗拒执行的依法判处刑罚，确保年底前基本解决执行难，破除影响公平正义的最后一道藩篱。强力推进网络便民，实行网上开庭、网上调解、网上接访，打通服务群众“最后一公里”。联合电视台、报纸、网站，定期发布典型案例，确立是非标准，划出法律底线，以司法公正引领社会正气。青山就是美丽，蓝天就是幸福，我们将携手有关部门，重拳打击制造雾霾、污染水流、毁坏植被等行为，构成犯罪的，除依法追究刑事责任，还要判处民事赔偿、生态修复，决不手软，决不下不为例，让老百姓享受到越来越多的青山绿水、蓝天白云。

四、以更扎实步伐推进司法改革。全面完成法官员额制改革，按照“1 名员额法官配备 1 名助理、1 名书记员”的最低要求，配齐配足辅助人员，实现团队式审判。完善司法责任制，推动领导带头办案常态化，保障员额法官办案主体地位，对只拿待遇不愿尽责、担当不够不敢担责、能力不足不能负责的，一律退出员额。稳妥推进内设机构改革试点，精简部门设置，减少管理层级，确保 85% 以上人力资源投入到审判一线。推行案件繁简分流，实行小额民事案件速裁，开展认罪认罚从宽制度试点，深化人民陪审员制度试点，借助人民调解员、社会法官、律师、仲裁员等外部力量，化解案多人少矛盾。持续深化以审判为中心的诉讼制度改革，严格贯彻证据裁判原则，加大证人出庭作证力度，提高律师辩护率，让法庭真正成为保障司法公正的“殿堂”。

五、以更严格要求锻造过硬法官队伍。坚决落实习近平总书记以至公无私之心、行正大光明之事的要求，深入开展廉政教育，筹建法院系统反腐败教育展览馆、错案警示教育基地，警醒法官修身慎行、清廉自守。紧盯“关键少数”，对瞒案不报、压案不查，履行“两个责任”不力的，一律严肃问责直至免除职务。强化内部监督，重点围绕一线窗口单位，开展专项巡查、明察暗访，发现故意刁难、吃拿卡要的，先停职后核查，造成恶劣影响的，清除出法官队伍。拿出滴水穿石的劲头、铁杵磨针的韧劲，坚决同司法腐败斗争到底，发现一个查处一个，发现多少查处多少，决不让“害群之马”啃食群众获得感，挥霍人民对司法的信任。

六、以更诚恳态度接受人大政协监督。人大代表、政协委员监督是对法院最坚定的支持、最真切的关爱，持续不懈地从代表委员中汲取智慧和力量，是这几年法院工作创新发展的动力源泉。我们将牢固树立忠诚于宪法、忠实于人民的理念，自觉坚持人民代表大会制度，整体工作定期报告，单项工作专题报告，日常工作随时报告。丰富联络形式，省法院、中级法院领导到基层调研，同步走访省人大代表、政协委员；开发联络 APP 平台，方便代表委员提出意见建议，及时回复反馈。拓展监督渠道，组织开展代表委员“基层行”活动，邀请参与研究重大司法改革举措。认真办理代表委员关注的每一起案件，主动邀请监督，全部当面答复，积极回应代表委员关切。

各位代表，汗水比泪水更有价值，行动比语言更有力量。在以习近平同志为核心的党中央领导下，新的一年，法治建设的脚步一定会更加坚实，公平正义的阳光一定会更加灿烂。全省法院将在省委正确领导、省人大有力监督、省政府坚强支持、省政协民主监督和社会各界共同关心下，认真落实本次大会通过的各项决议，不忘初心，继续前进，为决胜全面小康、让中原更加出彩作出新的更大贡献，以优异成绩迎接党的十九大胜利召开！

附件

有关用语说明

1. 刘伟故意杀人案：刘伟将前来索要欠款的周某、姚某、吴某骗至其承包的水库旁，持小口径步枪朝三人头部连续射击，致三人当场死亡。法院以故意杀人罪、非法持有枪支罪数罪并罚判处其死刑。

2. 董大成绑架案：董大成将女友骗至人迹罕至地方将其杀死，向其家人索要赎金 60 万元。法院以绑架罪判处董大成死刑。

3. 郑小车入室盗窃杀人案：2014 年至 2015 年，郑小车两次入室盗窃，被发现后为抗拒抓捕，采用暴力手段致一人死亡、一人轻伤、一人轻微伤。法院以抢劫罪判处其死刑。

4. 王述春电信诈骗案：以王述春为首的犯罪团伙，冒充中国中医科学院主任、教授，使用虚拟电话号码，诱骗 2680 人购买无治病功能的治疗仪及药物，诈骗金额 608 万余元。法院以诈骗罪判处王述春有期徒刑十五年，其余 13 人分别被判处三至十四年有期徒刑不等刑罚。

5. 陈政集资诈骗案：陈政以支付高息为诱饵，非法集资 2.5 亿余元，先后 12 次到澳门赌博挥霍 8000 余万元，法院以集资诈骗罪判处其无期徒刑。

6. 秦云秀拐卖儿童案：以秦云秀为首的贩婴集团，组织四川等地有出卖孩子意向的孕妇到我省待孕、生产，先后将 10 名婴儿出卖，秦云秀提取高额抽成。一审法院以拐卖儿童罪判处秦云秀无期徒刑，其余 7 名被告人分别被判处二至十年有期徒刑不等刑罚。目前，此案正在二审中。

7. 刘辉强奸杀人案：刘辉将课间正在校园内玩耍的某小学一年级女学生于某骗至一废弃养鸡场内强奸，后恐罪行败露，持棍杀死被害人。法院以强奸罪、故意杀人罪数罪并罚判处刘辉死刑。

8. 白恩培受贿、巨额财产来源不明案：白恩培利用担任青海省委书记、云南省委书记、全国人大环境与资源保护委员会副主任职务上的便利，非法收受财物折合人民币2.4亿余元，为他人谋取利益，并有巨额财产不能说明来源。法院以受贿罪、巨额财产来源不明罪，判处其死刑，缓期二年执行，死刑缓期执行二年期满依法减为无期徒刑后，终身监禁，不得减刑、假释。

9. 终身监禁：《刑法修正案（九）》规定："对犯贪污罪、受贿罪，被判处死刑缓期执行的，人民法院根据犯罪情节等情况可以同时决定在其死刑缓期执行二年期满依法减为无期徒刑后，终身监禁，不得减刑、假释。"这一新规，既适应了慎用死刑的趋势，又起到了威慑作用。

10. 乐大克受贿案：乐大克利用担任西藏自治区国家安全厅厅长、人大常委会副主任职务上的便利，非法收受财物折合人民币1873万余元，为他人谋取利益。法院以受贿罪判处其有期徒刑十三年。

11. 肖天受贿案：肖天利用担任国家体育总局冬季运动管理中心主任、竞技体育司司长、局长助理、副局长职务上的便利，非法收受财物折合人民币796万余元，为他人谋取利益。法院以受贿罪判处其有期徒刑十年零六个月。

12. 连子恒受贿、巨额财产来源不明案：连子恒利用担任三门峡市市长、市委书记、省人大常委会秘书长职务上的便利，非法收受财物折合人民币983.3万元、28.5万美元，为他人谋取利益；有价值人民币961万余元的财产不能说明来源；非法持有枪支10支、弹药808发。法院以受贿罪、巨额财产来源不明罪、非法持有枪支弹药罪数罪并罚，判处其有期徒刑十五年零六个月。

13. 刘长春受贿案：刘长春利用担任许昌市副市长、市委副书记、开封市市长、市委书记的职务便利，非法收受人民币1396万元、41万澳元、20万美元、2万英镑、5000欧元，为他人谋取利益。法院以受贿罪判处其有期徒刑十三年零六个月。

14. 孟钢受贿案：孟钢利用担任漯河市公安局局长、焦作市公安局局长、新乡市委政法委书记、公安局局长职务上的便利，非法收受财物共计人民币1620万元，为他人谋取利益。法院以受贿罪判处其有期徒刑十三年。

15. 秦建忠受贿案：秦建忠利用担任漯河市郾城区委副书记、区长、舞阳县委书记、漯河市政府党组成员职务上的便利，非法收受财物共计人民币563.1万余元、新台币2.5万元、金条200克，为他人谋取利益。法院以受贿罪判处其有期徒刑十年。

16. 刘国庆受贿案：刘国庆利用担任河南省公安厅副厅长、驻马店市市长、驻马店市市委书记职务上的便利，非法收受财物共计人民币6799万元、10万港元，为他人谋取利益。一审法院以受贿罪判处其无期徒刑。目前，此案正在二审中。

17. 吴灵臣受贿案：吴灵臣利用担任濮阳市委书记、省人大常委会教科文卫委副主任、环资委主任职务上的便利，非法收受财物共计人民币1574.3万元、19万美元、8000欧元，为他人谋取利益。一审法院以受贿罪判处其有期徒刑十五年。目前，此案正在二审中。

18. “三煤一钢”：即平煤集团、郑煤集团、河南能源化工集团、安钢集团。

19. 意大利某公司与省内某企业合同纠纷案：省内某企业拖欠意大利艾特姆公司23.7万欧元货款未付，双方达成每月还款1000欧元的协议，后该企业以种种理由不履行合同约定的付款义务，法院经依法审理，支持了艾特姆公司的诉求。

20. 侵犯“中国石化”商标权案：省内多家私营加油站在其罩棚等显著位置，擅自标注“中国石化”商标，中国石化公司诉至法院。法院判决这些企业停止使用“中国石化”商标，并赔偿损失。

21. 侵犯“杜康”商标权案：“杜康”商标为驰名商标。某酒厂在其生产的白酒上，突出使用“杜康”商标，法院判决该酒厂停止侵权，并赔偿损失。

22. 侵犯“金星”商标权案：“金星”商标为驰名商标。某啤酒企业为傍名牌，在其啤酒产品上突出标注“金星啤酒”，法院判决其停止侵权，并赔偿损失。

23. 行政诉讼案件异地管辖：基本模式是，A 市法院的案件由 B 市法院审理，B 市法院的案件由 C 市法院审理，C 市法院的案件由 A 市法院审理。

24. 全国法院失信被执行人名单：是指最高法院 2013 年 10 月建立的登记、公示失信被执行人信息的平台。纳入该名单库的失信被执行人将被通报至有关部门，在政府采购、行政审批、融资信贷等方面予以联合惩戒。

25. 老赖被困南极案：某公司拖欠工程款 130 余万元拒不履行，该公司法定代表人王某在南极旅游期间，被纳入“黑名单”，限制其购买机票、入境。该公司履行义务后，法院解除了相关限制，王某才得以回国。

26. 某市粮食局被撤销省级文明单位称号案：法院判决某市粮食局偿还王某欠款 138 万元及利息，某市粮食局拒不履行，被纳入“黑名单”，有关部门根据法院通报取消其省级文明单位称号。

27. 活查封、活扣押：即对有发展前景但资金链断裂的被诉企业，为不影响生产经营，法院对其厂房、土地、机器设备、车辆等进行查封、扣押，防止转让、处置，但允许继续使用。

28. 环境公益诉讼：是我国新修订的《环境保护法》确立的一项重要制度。主要内容是，当环境遭受侵害或即将遭受侵害时，法律允许特定社会组织为维护公共利益提起诉讼，不再考虑污染行为与起诉者是否有直接利害关系。该制度的确立，对鼓励社会力量参与环境治理具有十分重要的意义。

29. 贵州铜鑫公司跨省运输倾倒固体废弃物案：贵州铜鑫公司将代为处置的 39 吨废汞触媒倾倒于我省境内，对环境造成潜在危害。省企业社会责任促进中心提起公益诉讼。法院判决铜鑫公司恢复原状、消除影响，如逾期履行，将支付代为修复费用 48 万余元。

30. 环保禁止令：是法院在案件进入诉讼程序或作出生效判决前，根据当事人申请，裁定行为人立即停止环境违法行为的一种司法措施。

31. 生态修复令：法院按照“恢复性司法”理念，判决破坏生态、污染环境者在承担刑事责任、赔偿损失的同时，以补种复绿等方式，使被破坏的生态恢复原状的一种司法措施。

32. 黎圆乳胶厂排污案：黎圆乳胶厂将生产废气、废水未经处理直接排放，环保部门责令整改，该厂置若罔闻。法院根据环保部门申请，发出了环境保护禁止令，有效制止了违法行为。

33. 居康万家涂料厂排污案：居康万家涂料厂将含有苯的废气、废水未经处理直接排放，环保部门责令其停止生产经营，该厂拒不履行。法院根据环保部门申请，责令该厂在污染防治配套设施建成并经环保部门审批之前，立即停止生产经营活动。

34. 胡明伟补种复绿案：胡明伟上坟烧纸时不慎将山林引燃，后投案自首。法院责令其补栽树苗，判决前已补种树苗 5000 棵，且保证将再补种 15000 棵，并自觉接受林业部门的监管验收。法院最终以失火罪判处其有期徒刑一年，缓刑二年。

35. 王景忠补种复绿案：王景忠在未办理《林木采伐许可证》的情况下，擅自砍伐杨树 76 棵。法院责令其补栽树苗，判决前已补种 228 棵。法院最终以滥伐林木罪判处其有期徒刑三年，缓刑四年。

36. 万基公司污染大气案：万基公司因多次排放二氧化硫超标，被环保部门按日连续处以 357 万元罚款，万基公司拒不履行处罚决定。法院根据环保部门申请，强制将 357 万元罚款及滞纳金全部执行到位。

37. 郭桐君非法倾倒废硫酸案：郭桐君等将山东某公司废硫酸 600 余吨运至河南境内倾倒，致周边河道、麦田大面积污染，造成财产损失 1801 万余元。法院以污染环境罪，分别判处郭桐君等 9 人六年至一年半有期徒刑不等刑罚，并处罚金共计 120 万元。

38. 军队全面停止有偿服务涉法涉诉问题：军队根据中央军委关于《军队和武警部队全面停止有偿服务活动的通知》，解除与地方企业、个人签订的有偿服务合同，由此发生的法律纠纷。

39. 省法官检察官遴选委员会：负责法官及检察官遴选工作的机构，主要由人大代表、政协委员、法学专家、律师、审判及检察业务专家组成。

40. “冷静期”：法院对感情没有彻底破裂的离婚案件，尤其是冲动激情离婚，设置3—6个月的冷静期，给予双方理性判断婚姻状况、自我修复情感时间，慎重作出是否离婚的决定。

41. 人身安全保护令：当事人在遭受家暴或面临家暴的现实危险时，请求法院下发裁定，禁止他人骚扰、跟踪、接触申请人及其近亲属等，违反禁令法院可视情节罚款、拘留，构成犯罪的，依法追究刑事责任。

42. “豫法阳光两微一端”：即“豫法阳光”微博、微信、APP客户端。

43. 12368 诉讼服务热线：是省法院统一部署，全省三级法院共同开通的集联系法官、查询案件、诉讼咨询、举报投诉等为一体的综合性服务平台。

44. 网上立案：是省法院采取的一项重大便民举措。从2016年11月28日起，当事人或代理人可以通过河南法院诉讼服务网向全省任何一家法院提交申请立案材料，人民法院审核后将结果通过诉讼服务网和手机短信予以反馈；材料不齐全的，可通过网上立案平台补齐或更正，无须来回奔波。

45. 最高法院巡回法庭：是最高法院派出的常设审判机构，负责审理或者办理巡回区内应当由最高法院受理的案件，其作出的判决、裁定或决定，是最高人民法院的判决、裁定或决定。目前，共在深圳、沈阳、南京、郑州、重庆、西安设立6个巡回法庭。

46. 四梁八柱：习近平总书记在中央深改小组第二十次会议上提出：“把各领域具有四梁八柱性质的改革明确标注出来，排出优先序，重点推进，发挥好支撑作用。”意指各领域具有基础性、支撑性作用的改革。

47. 高杠杆企业债转股：即将负债率较高企业的债务通过法定程序转化为股权，债权人变为股东，以此降低负债率，让企业轻装前行。

48. 党政主要领导履行法治建设第一责任：2016 年 11 月，中办、国办印发《党政主要负责人履行推进法治建设第一责任人职责规定》，明确“党政主要负责人履行推进法治建设第一责任人职责”。

49. 小额民事案件速裁：适用于事实清楚、权利义务关系明确、争议不大、金额在各地上年度就业人员平均工资 30% 以下的民事案件，我省的标准是 1.5 万元以下。小额诉讼程序仅在基层法院适用，实行一裁终审、三个月内审结、不得上诉，但可申请再审。

50. 认罪认罚从宽制度：2016 年 9 月 3 日，全国人大常委会授权郑州等 18 个城市开展刑事案件认罪认罚从宽制度试点工作。明确被告人自愿如实供述罪行、对指控犯罪没有异议、同意检察院量刑建议的，实体上从轻、程序上从简，以提高诉讼效率，减少社会对抗。

湖北省高级人民法院工作报告

——2017 年 1 月 17 日在湖北省第十二届人民代表大会第五次会议上

湖北省高级人民法院院长　李　静

各位代表:

现在，我向大会报告法院工作，请予审议，并请省政协委员和其他列席同志提出意见。

2016 年，全省法院认真贯彻党的十八大、十八届三中、四中、五中、六中全会和习近平总书记系列重要讲话精神，在省委领导，人大监督，政府、政协和最高人民法院的关心、指导下，充分发挥职能作用，不断加强自身建设。全年受理各类案件 615616 件，审、执结 534663 件，同比上升 17. 2% 和 23. 2%；省法院受理各类案件 9295 件，审、执结 8579 件，同比上升 16. 8% 和 16. 6%。

一、全力维护社会稳定，促进平安湖北建设

坚持把维护稳定作为第一责任，努力营造安定有序的社会环境。

（一）**依法惩治刑事犯罪**。受理各类刑事案件 46559 件，审结 43412 件，判处罪犯 40800 人。严惩煽动颠覆国家政权等犯罪，坚决捍

卫国家政治安全。加大对危害公共安全、严重暴力、黑恶势力以及毒品等犯罪的打击力度，依法惩处一批生产销售假药、“掺毒牛肉”、“回收食用油”、“走私冷冻肉”等犯罪，集中打击非法集资、电信网络诈骗、侵害公民信息安全等犯罪，增强社会安全感，保护人民群众生命健康财产权益。依法惩治腐败，审结贪污贿赂等案件1685件，完成指定管辖的100多起专案审判任务，受到中央政法委、省委的表彰。加强刑事司法人权保障，正确把握罪与非罪界限，对构不成犯罪的依法宣告无罪。

（二）**妥善化解矛盾纠纷**。受理各类民商事案件376463件，审结323120件，标的额5309.4亿元。对婚姻家庭、邻里纠纷等案件，坚持调解优先、调判结合，维护健康和谐的家庭邻里关系。在全省三级法院设立调解窗口，与有关部门共建劳动争议、交通事故、保险理赔等联合调处机制，深化人民调解、行业调解与司法调解的衔接联动，随州、天门、潜江等法院在部分村居社区设立法官工作室、联系点，尽可能把矛盾纠纷化解在诉前。在去年召开的“中国－中东欧国家最高法院院长会议”上，我省法院就多元纠纷解决机制进行交流。建立律师参与接访、信访公开听证等制度，接待来信来访24631人次，化解信访老案400多起，进京访、进京非正常访同比下降15.9%和76.1%，连续三年实现“双下降”。

（三）**参与社会治安综合治理**。立足“教育、感化、挽救”审理未成年人犯罪案件，襄阳等法院少年审判庭被命名为“全国青少年维权岗”。严把减刑、假释和暂予监外执行适用标准，开展专项清查，对343名罪犯予以重新收监。针对办案中发现的征地拆迁、校园欺凌、电信诈骗等问题，及时提出司法建议。与电视台、报社合办“以案说法”等栏目，通过“送法五进”、宪法日宣传、法院开放日、新闻发布会、“一网两微”、手机报等方式，发布工作动态，加强法治宣传。推广孝感法院“兵役法庭”等涉军维权经验，涉军维权合议庭在基层法院覆盖率达70%，依法保护军人军属合法权益。

二、牢固树立大局意识，服务经济社会发展

坚持把服务大局作为人民法院的重要职责，围绕中心工作，增强司法服务实效。

（一）**着力保障经济发展**。落实中央关于依法保护产权的要求，出台保障非公有制经济发展的《实施意见》，强化对各类市场主体合法权益的平等保护。加强经济发展新常态的司法应对，针对融资借贷、房地产开发等案件中暴露出的问题研究对策，在保护债权人合法权益的同时，依法慎用查封、扣押、冻结等强制措施，尽量降低对企业正常生产经营的影响。制定为全省供给侧结构性改革提供司法服务的20条意见，按照“尽可能多兼并重组、少破产清算”的要求，稳妥审理破产重整案件，对“僵尸企业”的处理，严格界定标准，努力实现法律效果与社会效果的统一，长航凤凰破产重整案被评为全国法院推进供给侧结构性改革十大典型案例。加强海事海商、涉港澳台、涉外案件审判，武汉海事法院审理涉长江流域七省市海商事案件5203件，打造长江流域审判支点。

（二）**推动创新绿色发展**。发挥知识产权司法保护主导作用，审结“王老吉”与“加多宝”不正当竞争、“LV”商标侵权等一批有较大社会影响的案件，“太太乐”“南街村”注册商标侵权案入选中国法院知识产权十大案件。经最高人民法院批复，成立武汉知识产权审判庭，探索构建跨区划审理知识产权案件新机制。发布《全省知识产权司法保护状况》，引导社会公众尊重、保护自主创新。围绕生态优先、绿色发展和共抓长江大保护战略，出台服务保障长江经济带发展的实施意见，在全省法院成立128个环保审判庭和合议庭，宜昌、十堰等法院探索环境资源审判“三审合一”模式，武汉海事法院被确定为“全国环境资源司法实践基地”。全省法院受理各类环境资源诉讼案件1195件，严惩滥伐盗伐、污染水源、毁坏耕地等破坏环境资源的行为，公开审理了全省首例环境行政、民事公益诉讼案件，强化司法手段，保护绿

水青山。

（三）**加强行政司法审查**。受理各类行政案件12703件，增幅达24.2%，为历年最高。为妥善化解纠纷，全省法院坚持促进依法行政与保护相对人合法权益并重，对征地拆迁、房屋登记等敏感性案件，严把法律标准，加大协调力度，推动纠纷实质性解决，既保障重大行政决策落实，又维护相对人的合理诉求。黄冈、荆门及武汉铁路法院探索跨区划审理行政案件，深化行政案件集中管辖改革。全省法院发布行政审判白皮书，推动行政负责人出庭应诉。各级政府及职能部门高度重视行政应诉工作，比例大幅提升，体现了推进法治政府建设的责任和担当。

三、认真践行为民宗旨，回应群众司法需求

坚持把以人民为中心作为审判工作的出发点和落脚点，落实各项司法为民要求。

（一）**强化民生保障措施**。推动立案登记制改革，着力解决群众反映强烈的“立案难”问题，对符合条件的，坚持“有案必立、有诉必理”，全省法院当场登记立案率达95%以上。对追索赡养费、抚养费等涉及群众基本生活保障的案件，努力做到快审、快结、先予执行。开展为农民工“讨薪”专项行动，追回拖欠工资1.7亿元，对98名恶意欠薪者追究刑事责任。依法审理国家赔偿案件，维护赔偿请求人的合法权益。在全省法院设立司法救助委员会，统一救助标准，为5448名困难当事人减缓免诉讼费3706.4万元，发放司法救助款4667.3万元。

（二）**推动解决执行难题**。省委对“基本解决执行难”工作高度重视，纳入全省法治建设考核。省人大常委会专门作出《决定》，要求进一步加强执行工作。全省法院综合施策，强力推动，受理执行案件145178件，执结123322件，同比上升29.5%和38.5%。在全国法院率先启用执行案件流程管理系统，建成集“统一管理、信息共享、现场调度”为一体的执行指挥中心，争取金融、不动产管理等部门支持，

开通对被执行人存款等信息的网上查控功能，提高执行效率。推行网络司法拍卖，成交标的额38.7亿元，拍卖过程全程公开，防止“暗箱操作”。开展执行专项行动，在全省发布限期履行公告，集中清理涉民生、金融等案件，武汉、宜昌、汉江、仙桃等法院开展“围猎老赖”“执行会战”等活动，形成有效震慑。全省法院统一开展执行案款专项清理活动，重点查究执行不作为、乱作为等行为，对8名违规执行人员给予处分，进一步规范执行行为。加大信用惩戒力度，发布失信被执行人名单22万人次，在高消费、出入境、融资信贷等方面给予限制，对拒不履行义务的2907名被执行人予以司法拘留或追究刑事责任，19780名失信被执行人迫于压力履行义务。武汉等法院被评为“全国基本解决执行难示范法院”。

（三）**拓展司法便民方式**。全省法院新建、改建诉讼服务大厅6万多平方米，配备电子查询机，开通12368诉讼服务热线，延伸诉讼服务，将法庭搬到社区乡村，选派法官驻点办案，就地化解矛盾，方便群众诉讼。恩施、荆州、神农架林区等法院形成了“车载法庭”“田埂法庭”“旅游速裁法庭”等巡回审判模式。全省法院借助信息技术，强化诉讼服务网建设，开通网上立案、远程开庭、视频接访等功能，努力提升服务水平。

四、深化体制机制创新，促进公正高效司法

坚持把改革作为破解发展难题、规范权力运行、促进公正司法的根本出路。

（一）**全面完成中央司法体制改革试点**。遴选首批入额法官4911名，法官的年龄结构、学历层次得到优化，建立起以法官为主，法官助理、书记员为辅的审判团队。深化司法责任制改革，出台法官办案责任、审判业绩评价等规定，将办案质效作为法官评先评优、晋级晋职的重要依据；强化院、庭长办案职责，院、庭长办案数占结案总数的64.7%。针对司法责任制改革后审判权力运行的新特点，推动审判

管理从微观的个案审批、文书签发，向宏观的类案指导、质效监管转变。健全法官联席会议、问题案件清单以及合议庭、审委会研究案件规则等制度，加强对审判权的监督制约。配合有关部门，完成省以下人财物统一管理改革。全国法院司法体制改革试点工作推进会在武汉召开，推广湖北等法院改革试点经验。

（二）**配套推进其他司法改革**。开展以审判为中心的诉讼制度改革，黄石等试点法院推动落实证人、鉴定人出庭，非法证据排除等制度，推进庭审实质化。扩大量刑规范化改革试点，在全国法院率先将危险驾驶、集资诈骗等八个罪名纳入改革试点，促进量刑均衡。开展刑事速裁程序试点，审结相关案件 6935 件，无一发回重审和信访投诉，85% 的案件在 10 天内结案，办案周期大幅缩短。推进案件繁简分流，实行“繁案精审、简案快审”，一审案件简易程序适用率达 64.9% 。咸宁、鄂州等法院开展内设机构改革试点，优化资源配置，提升工作效能。

（三）**以信息化创新管理方式**。把信息化建设作为实现审判体系和审判能力现代化的重要支撑，制定湖北法院信息化建设“十三五”规划，统筹推进审判执行、诉讼服务、政务管理等项目建设。推行网上办案，开发应用法律查询、类案对比、文书纠错等智能辅助系统，创新法官办案方式。建成联通全省三级法院和人民法庭的司法数据库，实现案件信息集中管理、实时自动生成，通过数据分析和流程管理，及时发现纠正审判质量效率问题。依托湖北法院诉讼服务网，发布各类信息 3024210 件，公开裁判文书 886134 份，直播庭审 10770 次，推动阳光司法，自觉接受社会监督，倒逼法官提高办案质效。

五、从严管理法院队伍，不断加强自身建设

坚持以“五个过硬”为标准，落实全面从严治党要求，不断提高法院队伍整体素质。

（一）**加强思想政治建设和法院党的建设**。认真学习贯彻习近平总

书记系列重要讲话和十八届六中全会精神，深化“两学一做”学习教育，学习党章党规党纪，牢固树立“四个意识”，不断增强“四个自信”，在思想上政治上行动上同以习近平同志为核心的党中央保持高度一致，坚决维护中央、省委权威。把抓好巡视问题整改作为推进全面从严治党、促进法院工作发展的重要契机，强化措施，逐项整改。按照“五个表率”要求，加强领导班子自身建设和机关党的建设，落实民主集中制、“三会一课”等制度，通过班子成员讲党课、支部书记培训班、创建“红旗党支部”、评选“身边好党员”等活动，增强党建工作的实效性。省法院被评为“省直机关党建工作先进单位”。加强职业道德教育，组织宪法宣誓、法官大讲堂等活动，引导法官坚守法治信仰，严格依法办案。

（二）**加强纪律作风和反腐倡廉建设**。认真学习《准则》《条例》，组织参观廉政教育基地、观看廉政警示片、上廉政党课，针对法院系统严重违纪违法典型案例，开展“以案为戒、正风肃纪”专项教育，深刻吸取教训，增强警醒意识。落实党风廉政建设主体责任，按照“把纪律规矩挺在前面”的要求，对发现的苗头性问题，开展提醒诫勉谈话。专项整治违反中央八项规定、省委六条意见的突出问题，完善财务管理、公务接待、公车使用等制度。对省法院机关及 102 个中、基层法院和人民法庭进行明察暗访，发现问题，督促整改，查处违法违纪干警 78 人，给予党政纪处分 71 人，移送司法机关 7 人。

（三）**加强司法能力和基层基础建设**。针对司法责任制改革对法官办案能力提出的新要求，着力抓好业务培训，举办刑事、民事等专业培训班，培训法官 2534 人次。开展岗位练兵、老法官“传帮带”、庭审观摩、业务交流等活动，提升办案能力。落实全省法院《人民法庭建设三年规划》，新建、改建审判庭和人民法庭 73 个，提升“两庭”建设规范化水平。落实司法改革对职业保障的政策规定，提高基层法官的职业待遇，激励干警扎根基层、干事创业。

六、始终坚持党的领导，主动接受人大及各界监督

全省法院把坚持党的领导作为推动工作发展的根本保证，认真贯彻中央、省委决策部署，落实向党委报告工作制度，重要工作及时报告，依靠党的领导保持法院工作的正确方向，解决法院工作中的重大问题。去年，全省三级法院党组分别向同级党委常委会汇报工作，对党委常委会的决议认真研究贯彻意见，确保落实到位。省委及各级党委的坚强领导，为法院工作健康发展提供了有力的政治保证。

全省法院始终坚持把自觉接受人大监督作为回应群众期待、维护司法公正的重要举措，认真落实省委《关于进一步加强人大工作和建设的决定》，定期向人大常委会汇报工作。加强与人大代表、政协委员的日常联络沟通，及时通报工作情况，邀请代表、委员视察法院、旁听庭审、参加会议1855人次，全国人大常委会、最高人民法院以及省人大常委会先后组织230多名全国、省人大代表视察湖北法院。认真办理代表、委员意见建议。去年省“两会”之后，省法院对省人大、省政协交办的12件建议提案，及时研究，限期办结，逐一回复。对代表、委员在讨论中提出的149条意见建议进行汇总梳理，作为改进工作的重要依据，明确责任，推动落实。如，针对服务保障大局的建议，出台服务经济发展的三个实施意见；针对严惩虚假诉讼的建议，制定指导意见，加大审查力度；针对加强巡回审判的建议，省法院统一购置巡回审判车，配备人民法庭使用。通过办理意见建议，有效推动了法院工作开展。不断创新接受监督方式，省人大在全国率先开通司法监督平台，省法院全面对接，将庭审活动传输上网，实时、实况接受监督。认真办理检察建议和抗诉案件，自觉接受检察监督，共同维护司法公正。

过去的一年，案件数量大幅上升，司法改革全面铺开。面对新的挑战和要求，全省法院干警攻坚克难、认真履职，有34个集体和92名个人获得全国优秀法院、优秀法官等荣誉称号，司法体制改革、职务犯罪审判、量刑规范化、执行信息化建设等工作走在全国法院前列。

各位人大代表、政协委员就维护司法公正、提升司法能力、加强职业保障等工作积极建言献策，提出了许多建设性意见建议，让我们真切感受到代表、委员对法院工作的监督和信任，对推动法治湖北建设的期待与厚望。在此，我代表全省法院表示衷心感谢和崇高敬意！

面对新形势、新要求，我们清醒地认识到，全省法院工作还存在许多不足和差距，主要表现在：服务大局的理念举措、公正司法的能力水平与发展要求还不适应，一些案件办案质量效率不高、效果不好、执行不力，审判监督管理的力度需进一步加大；落实全面从严治党的高标准严要求还不到位，法院机关党的建设、思想政治建设存在薄弱环节，干警违法违纪问题仍有发生，损害了司法公信，从严治警力度还需进一步加大；对改革中遇到的新情况新问题缺乏深入系统研究，应对措施不够有力，“案多人少”、招不进人、留不住人等问题在基层仍然比较突出；涉诉信访总量居高不下，一些矛盾纠纷化解难度加大，极端事件有增长趋势，等等。对这些问题和困难，我们一定强化责任担当，努力推动解决。

2017 年，全省法院将认真学习贯彻习近平总书记系列重要讲话精神和党的十八届六中全会精神，围绕“五位一体”总体布局和“四个全面”战略布局，按照“努力让人民群众在每一个司法案件中都感受到公平正义”的目标，坚持稳中求进总基调，全面落实省党代会要求，进一步发挥维护社会大局稳定、促进社会公平正义、保障人民安居乐业的职能作用。

一是全力贯彻党的十八届六中全会精神。落实全面从严治党要求，把思想政治建设放在首位，牢固树立“四个意识”，坚决维护以习近平同志为核心的党中央权威，坚持党的领导不动摇。按照“五个表率”要求，抓班子带队伍，加强机关党的建设。坚持把纪律规矩挺在前面，健全完善廉政机制，坚决惩治司法腐败，促进公正廉洁司法，努力打造忠诚、干净、担当的法院队伍。

二是全力维护社会和谐稳定。牢固树立风险防控意识，依法严惩危害国家安全、社会稳定以及侵害人民群众合法权益的各种严重暴力、黑恶势力、侵财等犯罪，维护国家政治安全，推进平安湖北建设。依法惩治贪污贿赂、滥用职权等犯罪，促进反腐败斗争深入开展。完善刑事审判工作机制，加强司法人权保障。参与社会治安综合治理，发挥司法调解功能，妥善化解矛盾纠纷。

三是全力保障经济发展。注重运用司法手段，保障稳增长、促改革、调结构、防风险。妥善审理企业破产重组案件，为深化供给侧结构性改革提供司法保障。落实产权保护的政策要求，平等保护各类市场主体合法权益，为企业发展优化法治环境。服务创新驱动发展战略，加大知识产权司法保护力度。突出生态优先和绿色发展，严厉制裁各种破坏生态环境行为。加强行政审判工作，促进社会治理法治化水平不断提升。

四是全力落实司法为民要求。依法审理涉及教育、就业、劳动、医疗等案件，保障民生权益。加大司法救助力度，确保困难群众打得起官司。依托诉讼服务大厅、网络、热线“三位一体”平台，完善便民措施，减轻群众诉累。落实省人大常委会关于加强执行工作的决定，深化网络查控系统建设，发挥信用惩戒机制作用，推动解决“执行难”。加快实施信息化建设“十三五”规划，以信息化促进司法便民、公开、公正。

五是全力推进司法体制改革。深化司法责任制改革，完善人员分类管理、审判权力运行、法官业绩评价、司法监督制约四项机制，既还权于法官、合议庭，又探索强化审判管理的新方式，做到放权不放任。统筹推进以审判为中心的诉讼制度改革，以及认罪认罚从宽、刑事速裁、行政案件集中管辖等改革，激发内部活力，规范权力运行。

各位代表，新的一年，全省法院将在省委领导下，认真落实本次大会决议，以更加强烈的责任感和使命感，务实担当，忠诚履职，为湖北率先建成小康社会提供更加有力的司法服务和保障，以实际行动迎接党的十九大胜利召开！

附件

相关用语说明

1. 律师参与涉诉信访化解：2016 年，全省法院深入贯彻落实中央、最高人民法院和省委关于建立律师参与化解和代理涉法涉诉信访案件的工作要求，大力推进以律师为主体的第三方参与信访矛盾化解工作常态化。主要做法：一是坚持以建章立制为抓手，先后制定《推进律师参与涉诉信访矛盾化解工作实施办法（试行）》等规范性文件，对律师参与涉诉信访化解作出规定。二是以判后答疑窗口、专家咨询窗口、信访疑难案件专家咨询委员会“两窗一委”为载体，联合司法厅选派 20 名办案经验丰富、法律素养高的职业律师来信访大厅轮流坐班，为信访群众开展法律咨询、答疑解惑和释法明理工作。三是以“千案化解”专项行动为契机，选任 25 名资深律师为省法院“千案化解”专项行动法律顾问团成员，成立由律师和若干辅助人员组成的律师工作专班，化解了一批老案、难案、积案。

2. 送法“五进”活动：指全省法院立足审判职能，开展送法进机关、进企业、进社区、进学校、进农村活动，通过以案说法、法律咨询等形式，普及法律知识，弘扬法治精神。

3. “一网两微”：指全省法院官方门户网站以及官方微信、官方微博。

4. “兵役法庭”：是指安陆市人民法院专门的涉军维权法庭，其主要职责是：承办涉及国防利益和军人军属、退役军人合法权益的案件；协助人武部在驻地部队开展国防法律法规宣传教育和法律咨询；开展军人军属走访活动，建立工作档案，帮扶特殊军属家庭；加强与部队、军人军属的沟通联系，听取工作意见建议。“兵役法庭”工作经验多次在涉军维权工作会议上作典型发言，先后多次被评为全国、全省维护国防利益和军人军属合法权益工作先进单位，是湖北法院涉军司法维权工作的特色“品牌”。

5. 保障非公有制经济发展的《实施意见》：为深入贯彻落实党的十八大，十八届三中、四中、五中全会关于鼓励、支持、引导非公有制经济发展的决策部署以及省委工作要求，充分发挥人民法院的审判职能作用，依法保障和促进非公有制经济健康发展，省法院于2016年4月5日，出台《关于充分发挥审判职能依法保障和促进非公有制经济健康发展的实施意见》。意见共12条，从树立平等保护理念、依法审理各类案件、营造良好发展环境、构建司法服务机制四个方面提出明确要求。

6. 为全省供给侧结构性改革提供司法服务的20条意见：为充分发挥破产审判职能，推进全省供给侧结构性改革，用法治方式助力全省经济转型升级，省法院按照中央、省委要求，结合工作实际，于2016年11月22日出台《关于发挥破产审判职能依法处置“僵尸企业”为全省供给侧结构性改革提供司法服务的意见》。意见共20条，从明确破产案件审理原则、畅通破产案件受理渠道、加快破产案件审理进度、依法促进“僵尸企业”重生、化解涉企案件执行难题、构建协调联动工作体系六个方面作出规定。

7. 僵尸企业：是指已停产、半停产、连年亏损、资不抵债，主要靠政府补贴和银行续贷维持经营的企业。党的十八届五中全会提出要“更加注重运用市场机制、经济手段、法治办法化解产能过剩，加大政策引导力度，完善企业退出机制”。中央经济工作会议强调在推进供给侧结构性改革中，要把稳妥处置“僵尸企业”作为化解产能过剩的牛鼻子。

8. 长航凤凰破产重整案：本案是截至目前华中地区最大、国内第二大上市公司重整案件，也是同等规模的上市公司重整案件中耗时最短的案件。长航凤凰股份有限公司成立于1992年，其股票在深圳证券交易所上市交易。近年来，由于受财务费用负担沉重、航运运价长期低谷徘徊等因素的影响，该公司陷入严重的经营困境。如果无法通过重整程序实施债务重组，长航凤凰将面临退市风险。2013 年 5 月，长航凤凰债权人以该公司不能清偿到期债务，并且资产不足以清偿全部债务为由，向武汉中院申请对长航凤凰进行重整。武汉中院受理后，严格按照《企业破产法》及相关法律、法规的规定，通过监督、指导管理人工作，引导、协调各利益相关方协商谈判，不仅化解了高达 60 亿元的债务危机，避免了公司走向破产清算；而且借助重整程序恢复了公司的持续经营及盈利能力，提高了债权人的实际受偿水平，也依法维护了上市公司中小投资者的合法权益，消除了社会不稳定因素。2015 年，长航凤凰破产重整案依法执行完毕，公司股票也已恢复正常交易。

9. 长江流域七省、市：是指四川、重庆、湖北、湖南、江西、安徽、江苏等七省、市。根据最高人民法院的指定，武汉海事法院对涉及上述七省、市的海事海商案件行使管辖权。

10. “王老吉”与“加多宝”不正当竞争纠纷案：该案系“加多宝与王老吉之争”中加多宝公司胜诉的第一起案件，案件社会影响较大。“加多宝与王老吉之争”主要始于 2011 年，王老吉商标的持有人，即本案被告广药集团，欲收回已许可加多宝公司使用长达十七年之久、品牌价值被评估高达 1080 亿元的“王老吉”商标。本案中，广药集团借助广州市政务服务新闻中心召开新闻发布会，在有关媒体上刊登广告称“解密王老吉之争，加多宝老板行贿潜逃是根源”，并以广州市人民检察院、国资委等部门的名义宣传“广药集团是王老吉唯一合法传承实体”等。法院经审理查明，广药集团并不拥有大陆地区以外的王老吉品牌，广州市国资委有关负责人也只称“广药集团是王老吉在国内的唯一合法传承实体”。广药集团以国家机关名义进行不实宣传，并在广告中大量使用诋毁词语评价竞争对手，构成虚假宣传和商业诋毁，遂判决支持加多宝公司的诉讼请求。

11. 路易威登诉武汉滨湖酒店、人行武汉分行培训中心侵犯商标权案：路易威登公司注册使用的“LV”商标是享誉世界的驰名商标。

2012 年 4 月，该公司发现武汉滨湖酒店、人行武汉分行培训中心在共同经营的酒店内，销售假冒其注册商标的挎包、手提包及腰带等多种商品，遂诉至法院。武汉中院一审认定滨湖酒店、培训中心的行为构成侵权，并判决赔偿经济损失及维权合理开支。滨湖酒店、培训中心不服，提起上诉。省法院二审期间，在查明事实的基础上，深入细致地做调解工作，最终促使双方达成庭外和解，涉及的六起案件均以撤回上诉结案，圆满解决了这一影响范围广、社会关注度高的案件，达到了法律效果和社会效果的统一。

12. 假冒“太太乐”“南街村”“莲花”注册商标案：被告人张盛伙同其妻邹丽购买一般的味精、鸡精，更换包装后冒充名牌产品“太太乐”鸡精、“莲花”味精进行销售，后又自己配方，用食盐、味精、香料等制造调味品，冒充名牌产品“南街村”调味料进行销售，销售额达 11.5 万多元。被告人张盛为制造假冒调味品销售牟利，从被告人王渭宝处购买未经授权非法制造的“莲花”味精包装袋和“南街村”调味料包装袋。襄阳中院一审认定被告人张盛犯假冒注册商标罪，判处有期徒刑二年，并处罚金人民币六万元；被告人邹丽犯假冒注册商标罪，判处有期徒刑一年，并处罚金人民币五万元；被告人王渭宝犯销售非法制造的注册商标标识罪，判处有期徒刑一年，并处罚金人民币一万元。三被告人均提出上诉，请求判处缓刑。省法院经审理认为，三上诉人侵犯知识产权的情节严重，不符合缓刑适用条件，对其判处缓刑的上诉请求予以驳回。2016 年 4 月 19 日，此案被最高人民法院评选为“2015 年中国法院知识产权十大案件”。

13. 武汉知识产权审判庭：为提升知识产权审判工作专业化水平，最高法院决定在武汉、成都、苏州、南京四个城市设立专门的知识产权审判机构。省委、省政府对此高度重视，蒋超良书记、王晓东代省长分别作出重要批示，要求从实施国家创新驱动发展战略高度，做好知识产权审判庭建设工作。省法院认真研究落实措施，制定筹建方案，积极协调有关部门，加快推动知识产权审判庭建设。目前，最高人民法院、省编办已正式批复成立武汉知识产权审判庭。

14. 服务保障长江经济带发展的实施意见：为服务和保障长江经济带发展国家战略，根据《最高人民法院关于为长江经济带发展提供司法服务和保障的意见》以及省委、省政府要求，省法院于2016年7月8日出台了《关于充分发挥审判职能依法服务和保障长江经济带发展的实施意见》，指导各级法院依法审理涉及长江经济带的各类案件，严惩破坏长江流域生态环境、环境监管失职等各类刑事犯罪，为长江经济带绿色生态廊道筑牢司法保护屏障；提出加强与沿长江各省市法院的诉讼协调和信息互通，共同构建促进长江经济带发展司法保护体系。

15. 环境资源审判“三审合一”模式：环境资源案件的法律关系复杂多元，同一污染环境、破坏生态行为可引发民事、行政、刑事三种类型的诉讼案件。为综合考量污染环境、破坏生态行为对人身、财产和生态环境的影响，以及行为人在其他案件中已经承担的责任内容和履行义务情况，对环境资源民事、行政、刑事案件实行归口管理，统一由环境资源审判庭进行审理，简称“三审合一”。

16. 十堰市郧阳区人民检察院诉十堰市郧阳区林业局不履行林业行政执行法定职责行政公益诉讼案：2013年，金兴国等三人未经林业主管部门同意，在十堰市郧阳区杨溪铺镇财神庙村五组等地相继占用国家、省级生态公益林地7805平方米，开采建筑石料。区林业局分别对金兴国等三人作出行政处罚决定，但该三人一直未完全履行处罚决定，区林业局也未履行督促职责，致使被毁林地未及时修复。2015年，检察机关向区林业局发出检察建议。逾期，该局既未回复，也未依法履职。2016年，检察机关以区林业局不依法履职、损害国家和社会公益为由提起行政公益诉讼。十堰市郧阳区法院经公开开庭审理，当庭作出一审判决，确认区林业局未依法履行后续监督管理、未申请法院强制执行等法定职责的行为违法，判令其继续履行收缴罚款、修复生态等法定职责。双方当事人均未上诉，该案已经生效。此案系全省首例环境行政公益诉讼案件。

17. 湖北省人民检察院汉江分院诉利川市五洲牧业有限责任公司水污染责任环境公益诉讼案：利川市五洲牧业公司在推进标准化规模养殖改扩建项目过程中，在没有建成污水处理设施的情况下，违法生产，未经环保部门批准，埋设管道排放养殖废水至未作防渗处理的人工池塘，且排放污水各项指标明显超标，严重污染了地表水和地下水，造成公共环境损害约为220万元。因恩施州辖区内无专门从事环境保护公益活动连续五年以上且无违法记录的社会组织，检察院汉江分院作为公益诉讼人起诉。汉江中院经公开开庭审理后，作出一审判决，判令被告限期整治池塘污水、赔偿经济损失、支付评估费用。此案系全省首例环境民事公益诉讼案件。

18. “用两到三年时间基本解决执行难”：切实解决执行难，加快建立失信被执行人信用监督、威慑和惩戒法律制度，依法保障胜诉当事人及时实现权益，是党的十八届四中全会提出的明确要求。为贯彻落实中央的决策部署，在2016年全国“两会”上，最高人民法院周强院长提出，“要向执行难全面宣战，用两到三年的时间，基本解决执行难问题，破除实现公平正义的最后一道藩篱”。围绕这一目标，最高人民法院制定了工作纲要，提出了基本解决执行难的具体标准。其中，总体目标是让人民群众对执行工作的满意度显著提升，人民法院执行权威有效树立。具体标准是要实现“四个基本”，即：被执行人规避执行、抗拒执行和外界干预执行现象基本得到遏制；人民法院消极执行、选择性执行、乱执行的情形基本消除；无财产可供执行案件终结本次执行的程序标准和实质标准把握不严、恢复执行等相关配套机制应用不畅的问题基本解决；有财产可供执行案件在法定期限内基本执行完毕。

19. 《湖北省人大常委会关于进一步加强人民法院执行工作的决定》：为贯彻落实党的十八届四中全会《关于全面推进依法治国若干重大问题的决定》，切实解决执行难，保障人民法院生效裁判及其他法律文书的执行，实现当事人合法权益，维护法律尊严，让人民群众在每一个司法案件中感受到公平正义，省十二届人大常委会第 25 次会议审议通过了《关于进一步加强人民法院执行工作的决定》。决定共 16 条，主要从执行工作的重要性、执行工作规范化建设、综合治理执行难、加大拒执犯罪打击力度、强化对执行工作监督支持等方面作出了规定，为全省法院基本解决执行难题提供了有力法律武器。

20. 以审判为中心的诉讼制度改革：是党的十八届四中全会提出的重要改革举措。《中共中央关于全面推进依法治国若干重大问题的决定》明确提出，“推进以审判为中心的诉讼制度改革，确保侦查、审查起诉的案件事实证据经得起法律的检验。”充分发挥审判特别是庭审的作用，是确保案件处理质量和司法公正的重要环节。推进以审判为中心的诉讼制度改革，有利于促进办案人员增强责任意识，通过法庭审判的程序公正实现案件裁判的实体公正，有效防范冤假错案发生。“以审判为中心”要求侦查、起诉和辩护等各诉讼环节都须围绕审判展开，做到事实证据调查在法庭，定罪量刑辩论在法庭，判决结果形成在法庭，保证庭审在查明事实、认定证据、保护诉权、公正裁判中发挥决定性作用。

21. 民商事案件简易程序：根据《中华人民共和国民事诉讼法》第一百五十七条的规定，基层人民法院和派出人民法庭对事实清楚、权利义务关系明确、争议不大的简单的民事案件，适用简易程序审理。对简单的民事案件，原告可以口头起诉。可以用简便方式传唤当事人和证人、送达诉讼文书、审理案件。应当在立案之日起三个月内审结。此外，根据《中华人民共和国民事诉讼法》第一百六十二条的规定，对事实清楚、权利义务关系明确、争议不大，且案件标的额为各省、自治区、直辖市上年度就业人员年平均工资 30% 以下的民事案件，适用小额诉讼程序，实行一审终审。

22. “五个过硬”：是指习近平总书记在 2014 年中央政法工作会议上对政法队伍建设提出的“政治过硬、业务过硬、责任过硬、纪律过硬、作风过硬”的要求。

23. “五个表率”：是指省委书记蒋超良同志对全省领导干部提出的要求。即：做践行“四个意识”的表率，做执行中央八项规定精神、加强作风建设的表率，做勇于担当、真抓实干的表率，做讲团结、顾大局的表率，做严守纪律的表率。

湖南省高级人民法院工作报告

——2017 年 1 月 17 日在湖南省第十二届
人民代表大会第七次会议上

湖南省高级人民法院院长　康为民

各位代表：

现在，我代表省高级人民法院向大会报告工作，请予审查，并请省政协委员和列席人员提出意见。

2016 年的主要工作

2016 年，省法院在省委的领导和最高人民法院的指导下，在省人大及其常委会的依法监督、省政府的关心支持、省政协的民主监督和社会各界的关切帮助下，围绕“四个全面”战略布局和我省“十三五”规划实施，坚持司法为民公正司法工作主线，忠实履行宪法法律赋予的职责，各项工作取得了新进步。全省法院共收案 629838 件，结案 614943 件，同比分别增长 10.93%、15.33%。其中，省法院收案 8553 件，结案 7437 件，同比分别增长 10.38%、9.97%。

一、依法惩治刑事犯罪，全力维护社会稳定

坚持惩治犯罪与保障人权相统一，全省法院审结一审刑事案件41869件56932人，同比分别增长3.44%、3.32%。

推进平安湖南建设。严惩严重危害社会治安犯罪，审结故意杀人、抢劫等暴力犯罪案件1804件2450人，判处五年以上有期徒刑的罪犯占28.15%。积极参与禁毒斗争，审结毒品犯罪案件7275件8403人。落实食品药品安全行政执法与刑事司法衔接工作机制，依法审理危害食品药品安全、制售伪劣产品等犯罪案件。益阳等地法院依法审理杀医伤医案件，维护正常的医疗秩序。突出打击涉众型经济犯罪，审结集资诈骗、非法吸收公众存款、组织领导传销活动、电信网络诈骗等犯罪案件293件916人。依法审判双峰县“2·19”特大杀人案、郴州特大跨国跨境制贩毒品案、邵阳特大制售病死猪肉案等一批社会关注案件，增强了人民群众安全感。

保持反腐高压态势。审结贪污、受贿、渎职等职务犯罪案件944件1371人，其中被告人原为厅局级的22人，县处级的101人。依法审理省委原副秘书长马勇、中石油湖南分公司原总经理徐国才等重大职务犯罪案件。打击涉征地补偿、危房改造、农资补贴、扶贫救助等职务犯罪，严惩发生在群众身边的腐败，湘西州审计局原副局长黄大健等被告人因贪污扶贫资金被判处刑罚。坚决依法惩处行贿犯罪，审结案件172件223人。严格规范刑罚的变更，对不符合条件的职务犯罪罪犯裁定不予减刑、假释或监外执行。

严格执行国家刑事政策。加强人权司法保障，协调法律援助机构指派律师为1289名被告人提供辩护。对49名公诉案件被告人一审宣告无罪，其中24人的无罪判决已生效；对34名自诉案件被告人宣告无罪。执行禁止刑事被告人着囚服受审的规定，彰显司法文明。参与社会治安综合治理，注重发挥非监禁刑教育改造功能，对12449名具有从轻情节的被告人判处缓刑并移送社区矫正。落实公开听证及公示制度，

依法办理减刑、假释案件29390件。推进少年法庭建设，加强未成年人罪犯回访帮教工作，全省未成年人罪犯人数同比下降12.71%。

二、妥善化解民商纠纷，服务经济发展新常态

主动服务全省发展大局，省法院研究制定为供给侧结构性改革提供司法保障和服务的意见。全省法院审结一审民商事案件291290件，同比上升10.59%。

保障涉诉民生权益。稳妥处理教育、医疗、住房、劳动争议、交通事故、人身损害等关系群众切身利益的案件，注重案结事了，调解撤诉率达42.65%。坚持司法服务“三农”，审结农村土地承包经营权流转、宅基地纠纷、拖欠农民工工资等案件3226件。省法院与省公安厅、省妇联共同制定家庭暴力告诫制度实施办法，在永州中院、长沙市岳麓区法院、邵东县法院、津市市法院开展家事审判方式改革试点，突出保护老人、妇女、儿童、残疾人合法权益，全省法院审结婚姻家庭案件67363件，张家界中院等法院被评为全国维护妇女儿童权益先进集体。积极维护国防利益和军人军属合法权益，开展“法官送法进军营”活动，审结涉军纠纷239件。

维护市场经济秩序。坚持依法保护、契约自由、诚实守信等原则，审结民间借贷、买卖、担保、建设工程纠纷等案件78505件，保障市场交易安全；衡阳法院开展整治和规范房地产市场秩序专项审判活动，促进房地产业平稳健康发展。注重防范金融风险，审结金融借款、证券、期货、保险、票据等金融纠纷案件26539件。与省证监局建立证券期货纠纷诉调对接机制，依法保护投资者利益。平等保护非公有制企业合法权益，妥善化解民营企业各类投资经营纠纷。依法慎用查封、扣押、冻结等强制措施，最大限度降低对企业正常生产经营的不利影响。

促进经济转型升级。支持产业结构调整，运用司法手段处置“僵尸”企业，审结湖南映武黄花集团等关联公司破产清算案、永州市零

陵煤矿破产清算案等企业破产案件131件。加强知识产权司法保护，促进创新驱动发展，与国家知识产权局专利复审委员会建立咨询沟通机制，推进知识产权审判“三合一”改革试点，审结知识产权案件3379件。优化开放型经济发展环境，审结涉外、涉港澳台案件228件，办理涉港澳台司法协助案件613件。服务绿色湖南建设，审结环境资源案件885件。省法院成立环境资源审判庭，制定加强环境资源审判指导性意见；在长沙市开福区和岳阳市君山区设立环境资源专门法庭，集中管辖湘江流域、环洞庭湖水污染案件；完善环境公益诉讼机制，推动建立环境公益诉讼专项资金账户；指导株洲中院依法审结由湘潭市环境保护协会提起的我省首例环境民事公益诉讼案件。

三、加强行政审判和国家赔偿工作，助推法治政府建设

坚持保护与监督并重，全省法院审结一审行政诉讼案件9207件，同比增长5.14%；审结国家赔偿案件415件。

依法化解行政争议。全面实施新行政诉讼法，畅通行政案件受理渠道，加强对行政相对人权益的保护，省法院设立行政审判第二庭专门审查行政申请再审案件。坚持合法性审查标准，审结的一审行政诉讼案件中，驳回起诉、驳回诉讼请求、确认行政行为合法有效的4963件；确认行政行为违法或无效、撤销行政行为、判决行政机关履行法定职责、变更行政行为的1450件。曾爱群诉省政府驳回行政复议申请案，省政府因超过法定期限作出行政复议决定被一审判决败诉。认真开展协调和解工作，着力行政争议实质性化解，协调撤诉案件占结案总数19.89%。

促进行政机关依法行政。依法监督和支持行政机关发挥市场监管、公共服务和社会管理等职能，稳妥处理城乡规划、土地征用、房屋拆迁等案件，全年受理各类非诉执行案件12607件，办结12147件。推动行政机关加强行政应诉工作，努力解决“告官不见官”问题，澧县行政机关负责人出庭应诉率达94.32%。主动延伸行政审判职能，全省法

院向政府部门发出司法建议457份，益阳中院等48家法院发布行政审判白皮书，实现司法与行政良性互动。

发挥国家赔偿救济功能。加大国家赔偿案件公开质证和协商调解力度，依法公正保护受害人合法权益。赔偿请求人周魁勇申请国家赔偿案，省法院依法作出国家赔偿28.37万元的决定。完善国家赔偿决定的执行机制，与省财政厅联合制定规范性文件，切实解决赔偿金落实不到位、赔偿决定履行难等问题。针对办理国家赔偿案件中发现的问题，及时提出追究责任、解决问题、改进工作的司法建议。

四、始终践行司法为民，努力满足群众多元司法需求

坚持以人民利益为重，人民群众的司法需求延伸到哪里，全省法院的司法保障和服务就跟进到哪里，努力让人民群众对司法公正有更多获得感。

强化立案信访和审判监督工作。严格实行立案登记制，当场立案率超过95%。完善便民诉讼措施，建成一站式诉讼服务中心，开通12368诉讼服务热线；凤凰、龙山、通道等法院分别设立“旅游法庭”“圩场法庭”“鼓楼法庭”，就地化解群众纠纷。健全一体化接访平台，通过院领导带班接访、远程视频接访、回复网上留言等方式，多渠道解决群众诉求，全省法院共审查申诉和申请再审案件5085件；省法院与省司法厅、省律师协会联合开展律师参与化解和代理涉诉信访工作，在省法院参与接访的律师共413人次，助力破解“信访不信法”难题。加大司法救助力度，全省法院共对12931名经济困难当事人决定缓减免交诉讼费，对2756名刑事被害人、申请执行人等实施司法救助。发挥内部审判监督机制作用，审结二审案件43289件，其中改判、发回重审8713件；审结再审案件1498件，其中改判、发回重审662件。

努力破解执行难题。全省法院执结案件173819件，同比增长45.94%，实际执结率41.78%。按照最高人民法院部署，制定“用两到三年时间基本解决执行难问题”的工作纲要，全力推动落实。完善

执行信息化建设，拓宽执行网络查控范围，共查询银行账号37.5万个、金额48.7亿元，车辆2.6万台，并推动实现对被执行人房屋、土地使用权等财产的网络查询全覆盖。落实联合信用惩戒机制，向社会发布失信被执行人名单7.46万条，让失信被执行人“一处失信、处处受限”，促使其自动履行义务。打击拒不执行判决、裁定等行为，共追究刑事责任145人，司法拘留4592人。创新执行方式方法，积极推进网络司法拍卖工作，深化异地执行协作协助工作机制。加强执行规范化建设，省法院制定执行工作“九个严禁”规定；永州中院探索推行执行工作第三方监督机制，切实完善执行监督体系。

加大司法公开力度。深入推进审判流程公开、庭审活动公开、裁判文书公开、执行信息公开四大平台建设，积极回应人民群众对司法公开的新期待。全年在中国裁判文书网公布裁判文书42.8万份，在全国法院执行案件信息管理系统录入执行案件12.7万件，在互联网开展庭审视频直播968场，方便当事人和社会公众了解案件审判、执行情况。坚持执法办案与以案普法相结合，深入开展法官进机关、进乡村、进社区、进学校、进企业宣讲法律活动，弘扬法治精神。强化司法宣传工作，省法院召开新闻发布会12场，发布典型案例53个。全省法院建成“一网两微两端”新媒体平台矩阵，湖南法院网点击率稳居全国法院前列。

五、全面深化司法改革，不断提升司法公信力

立足湖南实际，坚持统筹兼顾，扎实推进各项司法改革任务落到实处、取得实效。

开展四项基础性改革。推进司法人员分类管理改革，全面启动首批员额法官遴选，设立省法官遴选工作办公室，通过组织考试、考核、审议等程序，确定首批拟任员额法官5484人，占全省法院干警编制数35.77%。推进司法责任制改革，确立法官办案主体地位，明确法官、合议庭职责和违法审判责任，探索由法官、法官助理、书记员组成专

业化审判团队办理案件；湘潭中院等法院试行专业法官会议制度，研究疑难复杂案件，为合议庭裁判提供咨询意见；全省法院院庭长将更多精力投入到案件审理中，全年直接办案 78973 件，同比上升 15.62%。加强与省委组织部、省编办、财政厅、人社厅等相关部门沟通协调，认真调研，摸清底数，稳妥推进司法职业保障和省以下地方法院人财物统一管理改革。

完善相关配套机制改革。适应全省经济社会发展实际，扩大小额诉讼程序适用范围。深化人民陪审员制度改革，85.73% 的一审普通程序案件有陪审员参审。深化轻微刑事案件速裁改革，试点法院审理该类案件当庭宣判率达 100%。深化以审判为中心的刑事诉讼制度改革，落实非法证据排除规则，坚决防范冤假错案。深化裁判文书改革，指导 48 家试点法院简化和规范民商事裁判文书，长沙县法院裁判文书改革经验被最高人民法院在全国推广。深化行政审判机制改革，指导郴州、永州两地法院实施行政诉讼集中管辖试点，防止外部干扰。深化多元化纠纷解决机制改革，主动与行政机关、调解组织、仲裁机构协商，积极推动交通事故、医患纠纷、保险理赔等矛盾的诉调对接，构建多元化纠纷解决平台，依法办理司法确认案件 916 件，执行仲裁裁决 1081 件。

着力提升审判管理水平。加强案件质量管理，以庭审质量、裁判文书和改判、发回重审案件为重点，加大评查力度，共评查案件 8.72 万件，对评查出的问题及时分析整改；强化业务指导，统一裁判尺度，全省法院一审裁判生效率达 88.71%。加强案件效率管理，对案件办理全程动态跟踪，严格控制审限，各类案件审限内结案率达 97.27%；省法院按月通报全省法官办案绩效情况，全省法院结案数超过 100 件的法官达 2232 人。促进审判管理信息化，建成湖南审判资源信息库，利用大数据平台对立案、审判、执行、信访等环节进行分析研判，为审判决策提供科学依据。

六、坚持固本强基，切实加强队伍和基层建设

注重以人为本，坚持面向基层，切实强化措施，不断提高全省法院司法能力和水平。

加强思想政治建设。认真学习贯彻党的十八届六中全会和习近平总书记系列重要讲话精神，扎实开展“两学一做”学习教育，严守政治纪律和政治规矩，增强“四个意识”，坚定“四个自信”。举行法官就职宪法宣誓仪式，强化法官宪法意识，激发工作责任心和职业尊荣感。培育和践行社会主义核心价值观，加强法官职业道德建设，发挥先进典型引领示范作用，全省法院 24 个集体、84 名个人受到省级以上表彰。

深化党风廉政建设。坚持从严治院，落实“两个责任”，省法院制定法院党组落实主体责任实施意见。开展廉洁司法教育，认真学习《中国共产党廉洁自律准则》和《中国共产党纪律处分条例》，运用典型案例加强警示教育。完善廉政制度建设，落实防止干预司法“两个规定”，建立谈话函询制度，颁发“禁酒八条规定”，推进司法巡查和明察暗访常态化，积极防控廉政风险。以零容忍的态度坚决惩治司法领域的腐败行为，对网络举报的省法院执行局原副局长肖明的违纪违法问题严肃查处，对其作出“双开”决定并移送司法机关处理；全省法院共立案查处有办案过错和其他违纪违法行为的人员 102 人。

注重基础和基层建设。强化业务能力建设，举办各类培训班 44 期，培训法院干警 9953 人次，不断提升法官驾驭庭审、适用法律、文书写作和做群众工作的能力；在第十一届中国法学青年论坛获一等奖论文数名列第一，在全国法院学术研讨会获奖论文名列第二。重视信息化建设，制订信息化“十三五”发展规划，建成科技法庭 386 个、远程视频接访室 91 个、执行指挥中心 129 个。着力解决基层困难，共招录 478 名干警充实到基层办案一线，协调有关部门下拨转移支付资金 5.55 亿元、审核批复“两庭”建设项目 73 个。

七、自觉接受领导和监督，努力改进全省法院工作

始终把坚持党的领导、接受外部监督作为公正司法的重要保证，推动全省法院各项工作健康发展。

坚持党对法院工作的领导。始终在思想上政治上行动上同以习近平同志为核心的党中央保持高度一致，坚定不移地走中国特色社会主义法治道路。始终把法院工作摆在中央和省委工作大局中谋划，坚决落实中央和省委各项决策部署。坚持主动向党委汇报法院重要工作、重大事项、重点改革情况，紧紧依靠党的领导解决制约法院工作长远发展的深层次、基础性、保障性问题。

自觉接受人大监督。主动向省人大及其常委会全面报告法院工作，配合省人大常委会专题审议贯彻实施新行政诉讼法情况，认真整改落实省人大常委会对人民陪审员工作和新行政诉讼法贯彻实施情况的审议意见。对省十二届人大五次会议以来代表提出的意见认真梳理，逐条研究落实，24 件建议已全部办结并予以回复。健全日常沟通联络机制，通过督查联络专刊、手机短信平台、官方微博微信等形式及时向代表通报法院工作；积极邀请人大代表出席法院重要会议、旁听案件庭审和参加法院开放日活动。采取“走出去、请进来”方式倾听代表意见建议，邀请省人大代表分别视察岳阳、郴州等地法院工作，加深代表对法院工作的了解。

主动接受政协、检察机关及社会各界监督。坚持向省政协和民主党派、工商联、无党派人士通报法院工作，对委员提出的 9 件提案全部办结并予以回复。接受检察机关法律监督，落实检察长列席审判委员会制度，共审结抗诉案件 372 件，其中改判 131 件，发回重审 44 件。广泛接受社会各界监督，通过互联网等收集、回复群众意见建议，及时回应群众关切。

各位代表，一年来全省法院工作的发展进步，得益于各级党委的坚强领导，得益于人大及其常委会的依法监督，得益于政府、政协的

重视支持，得益于各位代表、委员以及社会各界的关心帮助。在此，我代表全省法院表示衷心的感谢和崇高的敬意！

与此同时，我们清醒地认识到，全省法院还存在不少问题和困难：一是少数法官机械办案、裁判不公、效率不高等现象仍一定程度存在，部分法官司法能力与司法责任制要求尚有较大差距。二是少数干警不守纪律、不讲规矩，“四风”问题仍没有消除，个别干警严重违纪违法损害了公正司法形象。三是一些法院不能适应司法改革的要求，相应配套措施滞后，工作预见性有待增强，审判管理和监督机制亟待完善。四是案件数量持续高位增长，新类型案件不断增多，部分基层法院案多人少矛盾日益突出，审判辅助人员缺口较大，办案物质保障需要进一步增强。对此，我们诚意接受批评，勇于直面问题，更有决心和信心解决问题。

2017 年工作打算

各位代表，今年是贯彻落实省第十一次党代会精神的开局之年，也是全面深化司法体制改革的决战之年。全省法院将全面贯彻党的十八大和十八届三中、四中、五中、六中全会精神，深入学习贯彻习近平总书记系列重要讲话精神，认真落实省第十一次党代会确定的目标任务，忠实履行审判职责，全面深化司法改革，不断优化诉讼服务，切实加强队伍建设，认真接受各方监督，为全面建成小康社会营造安全稳定的社会环境和公正规范的法治环境，以优异成绩迎接党的十九大胜利召开。

一是毫不动摇坚持党的领导，自觉接受人大监督，确保法院工作持续健康发展。牢固树立“四个意识”，绝对忠诚，听党指挥。坚持党对法院工作的领导，坚决维护以习近平同志为核心的党中央权威，认真贯彻落实中央和省委的各项决策部署。严格执行《关于新形势下党内政治生活的若干准则》和《中国共产党党内监督条例》，严肃党内政治生活，严明政治纪律和政治规矩，切实发挥好全省各级法院党组对法院工作的领导作用。始终坚持人民代表大会根本政治制度，认真执行省人大及其常委会的决议决定，加强和改进代表意见建议办理工作，健全与代表的日常沟通联络机制，不断完善接受人大监督的工作制度。

二是以服务和保障全省工作大局为中心，狠抓依法办案第一要务。立足法院本职工作，主动对接省第十一次党代会提出的各项任务要求，不断提升全省法院服务大局的预见性、针对性和实效性。严惩危害国家安全和社会公共安全犯罪，切实维护国家政治安全特别是政权安全、制度安全。严厉打击杀人、抢劫、绑架，以及涉黑涉恶、涉枪涉爆、制毒贩毒、拐卖妇女儿童等犯罪，有效增强人民群众安全感。依法审判贪污、受贿、渎职等职务犯罪，加大对行贿犯罪打击力度，积极参与国家反腐败斗争。严厉打击社会广泛关注的危害食品药品安全、电信网络诈骗、非法集资、杀医伤医、校园暴力等犯罪，有效参与社会治安防控体系建设。依法服务和保障供给侧结构性改革，妥善审理涉破产清算、民间融资、劳动争议、知识产权、环境资源等民商事案件，保障人民安居乐业，促进全省经济平稳健康发展。强化产权司法保护，坚持平等、全面、依法保护原则，对改革过程中各类企业尤其是民营企业经营不规范引发的问题，遵循法不溯及既往、罪刑法定、从旧兼从轻等原则，秉持谦抑、审慎、善意的理念公正处理，如确属冤错案件，坚决依法纠正，增强人民群众对财产的安全感。加强行政审判和国家赔偿工作，促进行政机关负责人出庭应诉，支持和监督行政机关依法行政，助力打造法治湖南建设“升级版”。

三是以落实司法为民为宗旨，积极回应人民群众对公平正义的新要求新期待。落实以人民为中心的发展思想，妥善审理涉民生案件，充分运用调解手段和多元化纠纷解决机制，促进社会和谐。完善诉讼服务功能，依托信息化成果为诉讼引导、登记立案、案件查询、文书送达、信访接待等提供便利，促进立案程序快捷化、流程信息公开化、诉讼服务电子化。深化诉访分离制度改革，落实涉诉信访依法终结工作机制，切实将涉诉信访问题纳入法治轨道解决。加大执行工作力度，加强执行信息化、规范化和专业化建设，进一步完善执行联动工作机制，形成解决执行难的合力，坚决打赢“用两到三年时间基本解决执行难问题”这场硬仗。全面深化审判流程、庭审活动、裁判文书、执行信息四大公开平台建设，积极构建立体权威的司法传播平台，大力开展庭审直播、以案说法等形式多样的普法宣传活动，不断完善开放、动态、透明、便民的阳光司法机制。

四是以破解法院工作难题为导向，全力推进全省法院司法改革。按照中央和省委的部署要求，坚持顶层设计与实践探索相结合，扎实有序推进司法人员分类管理、司法责任制、司法职业保障和人财物省级统管四项基础性改革，不断深化内设机构、诉讼制度等相关配套改革，切实提高改革的整体效能。坚持有序放权与有效监督相统一，改革审判组织模式和裁判文书签发机制，建立员额法官动态退出机制，完善审判管理监督体系，落实违法审判责任追究制度，强化法官依法履职保障，努力实现“让审理者裁判、由裁判者负责”。运用改革的办法破解难题，通过内部挖潜、向社会购买服务配齐审判辅助人员等方式，努力解决案多人少矛盾。坚持科技引领，筑牢信息化建设基础，充分运用大数据、云计算、人工智能等技术为审判服务，提高法院工作效率。

五是以推进全面从严治院为抓手，打造让党放心让人民满意的过硬队伍。将全面从严治党要求贯彻落实到法院工作中，坚持标本兼治，有效防范向法官放权后可能发生的廉政风险，切实把审判权和执行权关进制度的铁笼，铲除滋生司法腐败的土壤。坚持对干警从严教育、从严管理、从严监督，强化纪律作风建设，防止“四风”问题反弹回潮，认真执行干预司法活动记录通报和责任追究制度，从严惩处滥用职权、贪赃枉法、以案谋私、充当诉讼掮客等行为，以铁的手腕惩治司法腐败，坚决清除害群之马。加强对下监督指导，加大对基层特别是老少边穷地区法院的服务保障力度，优化司法资源配置，不断激发基层队伍活力，提升基层司法能力。坚持正确的选人用人导向，创新和落实从优待警的各项措施，营造风清气正、干事创业的良好生态，努力建设一支政治过硬、业务过硬、责任过硬、纪律过硬、作风过硬的高素质法院队伍。

各位代表，在协调推进“四个全面”战略布局的新形势下，人民法院依法履职、服务大局的责任重大、使命光荣。我们将认真贯彻省人大本次会议决议，不忘初心、稳中求进，奋发有为、扎实工作，为服务和保障全省实施创新引领、开放崛起战略，建设富饶美丽幸福新湖南作出新的更大的贡献！

附件一

相关数据图表

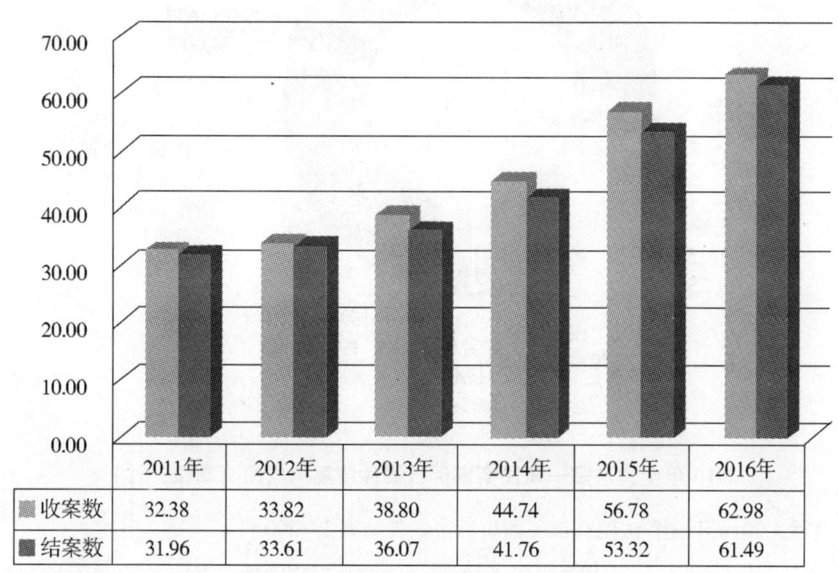

	2011年	2012年	2013年	2014年	2015年	2016年
收案数	32.38	33.82	38.80	44.74	56.78	62.98
结案数	31.96	33.61	36.07	41.76	53.32	61.49

2011—2016 年全省法院收结案情况图（单位：万件）

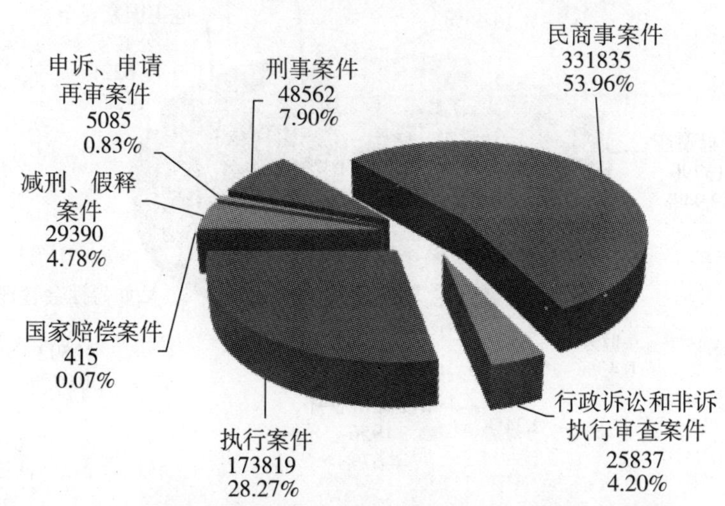

2016 年全省法院结案类型图（单位：件）

（注：以上民商事、刑事、行政诉讼案件数均包括一审、二审和再审数据）

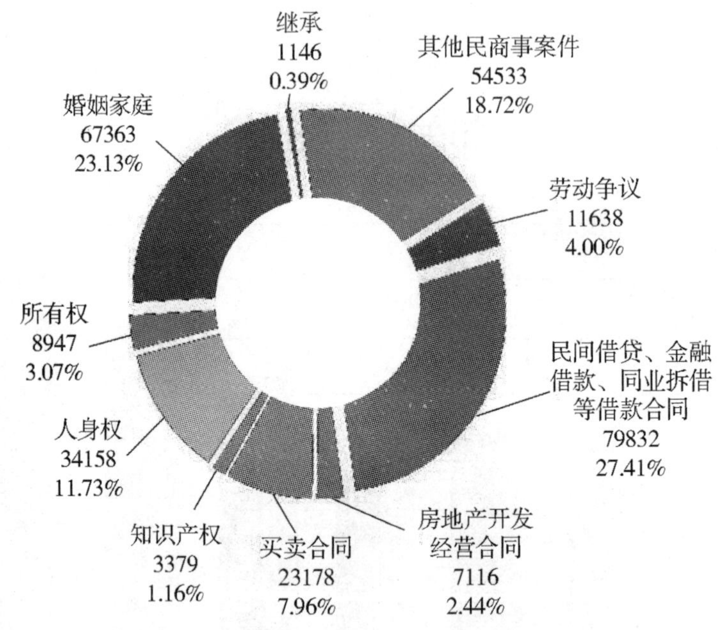

2016 年全省法院一审民商事诉讼案件结案构成图（单位：件）

（注：2016 年全省法院一审民商事诉讼案件结案 291290 件）

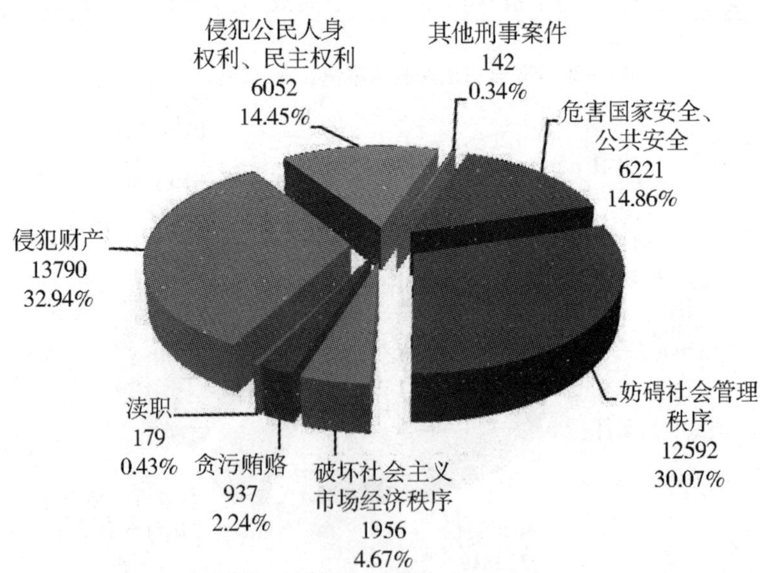

2016 年全省法院一审刑事诉讼案件结案构成图（单位：件）

（注：2016 年全省法院一审刑事诉讼案件结案 41869 件）

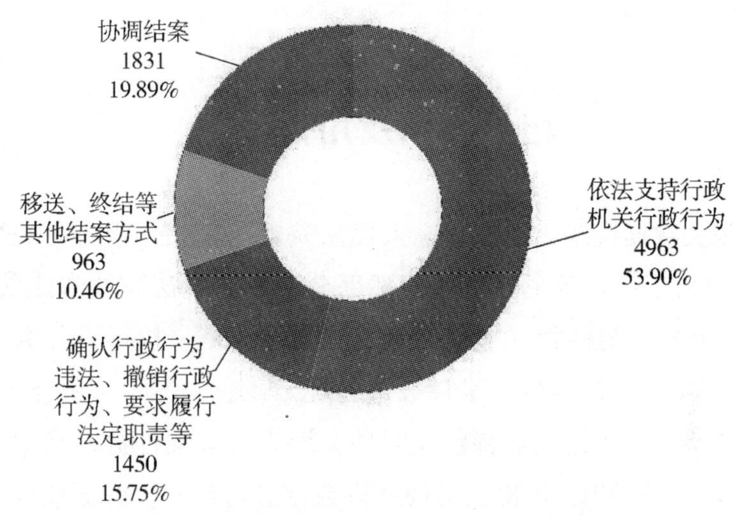

2016 年全省法院一审行政诉讼案件结案构成图（单位：件）

（注：2016 年全省法院一审行政诉讼案件结案 9207 件）

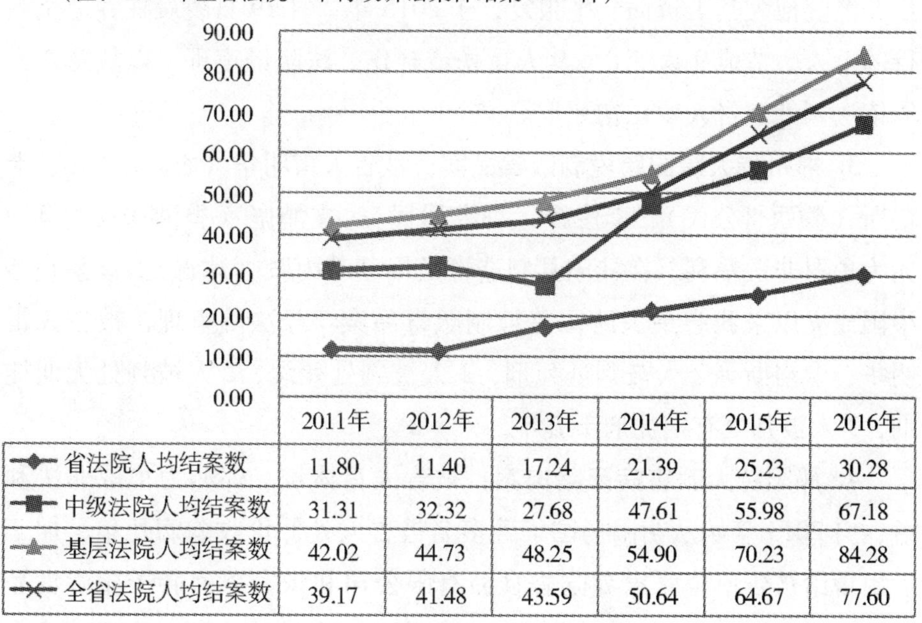

	2011年	2012年	2013年	2014年	2015年	2016年
省法院人均结案数	11.80	11.40	17.24	21.39	25.23	30.28
中级法院人均结案数	31.31	32.32	27.68	47.61	55.98	67.18
基层法院人均结案数	42.02	44.73	48.25	54.90	70.23	84.28
全省法院人均结案数	39.17	41.48	43.59	50.64	64.67	77.60

2011—2016 年全省法院人均结案情况图（单位：件）

附件二

相关数据及用语说明

1. 相关数据说明：参照最高人民法院近年来工作报告有关数据的表述，本报告2016年主要工作总述部分中，全省法院和省法院的收、结案数均为各类案件数（包括一审、二审、再审、执行等各类案件），所作同比为与2015年各类案件数进行比较。一、二、三部分的刑事、民商事、行政审判数据除特别注明外，均为一审案件数，其中的所有同比表述均为与2015年相关案件一审数据进行比较。数据统计时间为2016年1月1日至12月31日。

2. 双峰县“2·19”特大杀人案：被告人罗仁初因双峰县永丰镇爱心养老院拖欠其工资而心生报复，于2015年2月19日凌晨在养老院内行凶杀人，造成9人死亡、9人重伤或轻伤。法院经审理，以故意杀人罪依法判处被告人罗仁初死刑。

3. 郴州特大跨国跨境制贩毒品案：被告人雷明华（香港居民）、卡洛斯（墨西哥公民）、李俊辉（香港居民）、文鸿彪（香港居民）等9人为牟取非法暴利，在桂阳县制造毒品甲基苯丙胺（冰毒）。该案是新中国成立以来我省最大跨国跨境制贩毒品案。经法院审理，被告人雷明华、卡洛斯等2人被判处死刑，2人被判处死缓，2人被判处无期徒刑，3人被判处有期徒刑十五年。

4. 邵阳特大制售病死猪肉案：被告人肖体均、郭渊为牟取非法利益，自2013年始从衡阳杨国华等多名被告人处低价收购病死猪，加工后出售给被告单位张家界吃香食品有限公司和张家界郝胖子旅游食品开发有限公司，2家被告单位将病死猪肉加工分装成火腿、香肠并流入市场。该案涉及邵阳、衡阳、张家界等多个地区，涉案病死猪肉累计达220余吨，涉案金额逾千万元。法院经审理，追究了14名被告人和2家被告单位的刑事责任。

5. 省委原副秘书长马勇职务犯罪案：被告人马勇（正厅级）利用担任益阳市人民政府市长、中共益阳市委书记等职务便利为相关单位和个人谋取利益，收受他人财物折合人民币368万余元；滥用职权，违规将578.85万元的土地出让金予以返还，致使国家财产遭受重大损失。法院经审理，以受贿罪、滥用职权罪依法判决被告人马勇有期徒刑十二年，并处没收个人财产100万元。

6. 中石油湖南分公司原总经理徐国才职务犯罪案：被告人徐国才（正厅级）利用担任大庆石油管理局电力总公司总经理、中石油湖南分公司总经理、党委副书记等职务便利，单独或通过其妻、女婿收受他人贿赂并为他人谋取利益，受贿财物折合人民币2200余万元。法院经审理，以受贿罪依法判处被告人徐国才有期徒刑十四年，并处没收个人财产500万元。

7. 湘西州审计局原副局长黄大健贪污扶贫资金案：被告人黄大健利用担任湘西自治州审计局党组成员、副局长兼该局驻泸溪县兴隆场镇德堡村扶贫工作组组长的职务便利，采用虚报扶贫工程项目、虚开发票等方式套取国家扶贫资金，累计贪污扶贫资金17万元。法院经审理，以贪污罪依法判处被告人黄大健有期徒刑四年，并处罚金30万元。

8. 家庭暴力告诫制度：指在家庭暴力尚未构成较大伤害时，公安机关提前介入，对加害人进行告诫，并对加害人和受害人进行监督查访的一项制度。在家庭暴力案件中，告诫情况可成为法院认定家暴事实的核心证据，从而实现司法对家庭暴力的有效干预。

9. 家事审判方式改革：指通过转变家事审判理念，加强家事审判队伍及硬件设施建设，探索家事诉讼程序制度，在家事案件审判中引入家事调解员、家事调查员、心理咨询师等，推动建立由司法、行政和社会共同参与化解家事纠纷的新型综合协调机制。

10. 证券期货纠纷诉调对接机制：指对于自然人、法人和其他组织之间因证券、期货、基金等资本市场风险投资产生的合同、侵权等民事纠纷，先行委托由证券业、期货业协会和上市公司协会成立的证券期货纠纷调解中心调解，如达成调解协议则由人民法院出具调解书的纠纷化解机制。

11. 湖南映武黄花集团等关联公司破产清算案：湖南映武黄花集团成立于1994年，曾被授予“国家农业产业化重点龙头企业”称号。2012年，该集团及其关联公司因资不抵债向祁东县法院申请破产。法院受理该案后运用合并破产规则，开展企业及关联公司的资产清查，组织召开债权人会议，使财产分配方案最终获得通过。2016年，该案财产分配方案执行完毕。

12. 永州市零陵煤矿破产清算案：永州市零陵煤矿于1992年注册成立，因近年来严重亏损并关闭停产，向永州中院申请破产。法院受理该案后，通过认真清查债权债务、妥善安置企业职工、合理分配剩余财产等工作，依法维护了企业职工、债权人、债务人等各方权益，取得了较好的法律效果和社会效果。

13. 知识产权审判“三合一”：指由人民法院知识产权审判庭统一审理知识产权民事、刑事和行政案件。

14. 环境公益诉讼：指法律规定的机关和有关组织依据民事诉讼法、环境保护法等法律规定，对已经损害社会公共利益或者具有损害社会公共利益重大风险的污染环境、破坏生态的行为提起的诉讼。

15. 我省首例环境民事公益诉讼案件：2015年6月，湘潭市环保协会对株洲市金利亚公司垃圾渗滤液渗漏造成环境污染向株洲中院提起环境公益诉讼，该案是新环境保护法生效后的我省首例环境公益诉讼案件。经省法院指导，株洲中院多次协调，被告对垃圾渗滤液处理设施投资进行改造，并赔偿生态环境损失等费用共计156万余元。

16. 周魁勇申请国家赔偿案：2010年1月，永州市冷水滩区法院以破坏电力设备罪判处周魁勇有期徒刑四年零六个月。周魁勇上诉后，永州中院维持原判，周魁勇不服提出申诉，2014年6月，省法院指令永州中院再审。2015年2月，永州中院再审后发回冷水滩区法院重审。在重审中，冷水滩区检察院以证据不足、不符合起诉条件为由对周魁勇作出不起诉决定。2016 年 6 月，周魁勇向永州中院提出国家赔偿，后因不服该院作出的赔偿决定，向省法院申请作出赔偿决定。省法院经审理，最终作出支付周魁勇人身自由赔偿金 283733.3 元的决定。

17. 12368 诉讼服务热线：指由最高人民法院确定的、全国法院系统通用的司法信息语音服务平台。该热线具有诉讼咨询、案件查询、信访投诉、联系法官等多项功能。

18. 实际执结率：指报告期内已经执行到位的案件数（不包括裁定终结执行、终结本次执行程序的案件和当事人达成执行和解但没有执行完毕的案件）占该报告期内执行新收、旧存案件总数的比例，是反映执行案件是否执行到位的一个重要指标。

19. 执行网络查控：指利用计算机网络等现代信息手段，与协助执行的银行、车管、工商、不动产登记等单位实现实时电子数据交换，从而实现快速查询控制被执行人财产的查控方式。

20. 联合信用惩戒机制：指人民法院联合公安、工商、银行、民航、铁路、出入境管理、不动产管理、宣传等单位，对拒不履行生效裁判确定义务的被执行人，通过限制乘坐飞机、高铁，限制贷款、不动产转让、注册办企业、参加招投标、政府采购等，形成多部门、多行业、多领域、多手段的联合惩戒网络，促使其自动履行生效裁判的工作机制。

21. 执行工作“九个严禁”：为规范全省法院执行行为，推进全省法院执行工作，省法院依照有关法律法规和纪律要求，制定了执行工作“九个严禁”，执行人员违反规定的，一律调离执行岗位，并依纪依法追究责任。“九个严禁”具体包括：严禁执行人员私自承办或挑选案件；严禁执行人员为当事人推荐、介绍律师、代理人，或者当事人及其相关人员挑选执行人员；严禁执行人员出差办案与当事人及其相关人员同吃、同住、同行；严禁执行人员索取或者接受当事人及其相关人员的请客送礼或报销费用；严禁执行人员及其家属买受被执行财物；严禁执行人员以拖延等方式消极执行；严禁“以执代审”，超越职权作出执行裁定；严禁执行人员侵吞、截留、挪用、使用、私分执行款物；严禁泄露执行工作秘密。

22. 一网两微两端：“一网”指法院网站，“两微”指法院微博、微信公众号，“两端”指全省法院集体入驻的“今日头条”手机客户端和“一点资讯”手机客户端。

23. 四项基础性改革：指完善司法人员分类管理、完善司法责任制、健全司法人员职业保障制度、建立省以下地方法院检察院人财物统一管理等四项改革措施，在整个司法体制改革中居于基础性地位。

24. 员额法官：指在法院现有政法专项编制内，根据辖区经济社会发展状况、案件数量、辖区面积、人口密度等因素，按一定限额确定法官数量，经省法官检察官遴选委员会在现有法官中按限额遴选确定的法官。根据中央要求，今后员额法官的比例应控制在中央政法专项编制39%以下，部分案件多的地区可适当把员额比例提高到40%左右。

25. 司法责任制：指主审法官、合议庭办案责任制，是按照“让审理者裁判、由裁判者负责”原则确定法官办案权责的制度。

26. 以审判为中心的刑事诉讼制度改革：指为强化法庭审判环节，保障辩护权利和质证权利，加强控辩双方对抗，树立审判在整个刑事诉讼程序中的核心地位而进行的改革。目的是实现在侦查、起诉、辩护等刑事诉讼各个环节都以审判为中心，真正做到事实证据调查在法庭，控辩双方辩论说理在法庭，定罪量刑在法庭，判决结果在法庭。

27. 行政诉讼集中管辖：指经最高人民法院批准，省法院根据审判工作实际情况，将部分基层人民法院管辖的一审行政案件交由其他基层人民法院集中管辖的制度。实行行政诉讼集中管辖，有利于解决行政诉讼司法环境不佳、受理的行政案件数量不足、行政法官队伍不稳定等问题。

28. 一审裁判生效率：指一审案件判决后，法定期限内没有上诉、抗诉的案件数占一审结案数的比例。

29. 审限内结案率：指在法定审理期限内审结的诉讼案件数占全部

诉讼案件结案数的比例。

30. 四个意识：指政治意识、大局意识、核心意识、看齐意识。

31. 四个自信：指中国特色社会主义道路自信、理论自信、制度自信、文化自信。

32. 两个责任：指在落实党风廉政建设责任制中，党委负主体责任，纪委负监督责任。

33. 防止干预司法“两个规定”：指中办、国办《领导干部干预司法活动、插手具体案件处理的记录、通报和责任追究规定》和中央政法委《司法机关内部人员过问案件的记录和责任追究规定》。

34. “禁酒八条规定”：2016 年 7 月 13 日，湖南高院向全省法院和省法院机关各部门下发《〈关于禁酒的八条规定〉的通知》。具体内容为：严禁在全省法院系统内部公务接待中饮酒（包括各类白酒、红酒、黄酒、啤酒、果酒及其他酒精性饮料，下同）；严禁法院工作人员在工作时间和工作日早、中餐饮酒；严禁法院工作人员与所办案件的诉讼当事人、代理人、利害关系人和服务管理对象饮酒；严禁法院工作人员酗酒、赌酒、斗酒、强行劝酒等不文明行为；严禁法院工作人员着制服在公共场所饮酒；严禁法院工作人员到酒吧、歌舞厅、KTV 等娱乐消费场所饮酒；严禁法院工作人员参与影响法院公务活动、影响法院形象的饮酒；严禁违反规定用公款购买酒水。违反上述规定的给予诫勉谈话或者通报批评，情节严重造成不良影响的给予党纪政纪处分；情节恶劣造成严重后果的，依纪依法从严查处。

35. 科技法庭：指借助科技装备，综合运用数据库技术、网络技术和自动控制技术，集语音、数字、图像处理为一体，对庭审过程可以实时进行采编录像和网络直播，满足庭审音像资料保存、远程观摩和在线监督需求的现代化审判场所。

36. 执行指挥中心：指在上下级法院之间和法院与协助执行单位之间建立的以信息化执行联动机制为核心的执行指挥系统。通过执行指挥中心，可以实现财产统一查控、网络司法拍卖统一监管、执行流程节点统一监控、执行案款统一监督、执行信访统一督办、执行工作统一考评、重大执行案件统一指挥等功能。

37. 法不溯及既往：指法律颁布生效后，其效力不适用于它生效前的行为。我国立法法第九十三条规定：法律、行政法规、地方性法规、自治条例和单行条例、规章不溯及既往，但为了更好地保护公民、法人和其他组织的权利和利益而作的特别规定除外。

38. 罪刑法定：指法律明文规定为犯罪行为的，依照法律定罪处刑；法律没有明文规定为犯罪行为的，不得定罪处刑。罪刑法定是我国刑法规定的一项基本原则。

39. 从旧兼从轻：指刑法公布生效后，如果适用新的刑法更有利于被告人，如不认为是犯罪，或者新刑法处罚较轻，则对被告人适用新刑法；否则，应适用旧法。我国刑法第十二条规定：中华人民共和国成立以后本法施行以前的行为，如果当时的法律不认为是犯罪的，适用当时的法律；如果当时的法律认为是犯罪的，依照本法总则第四章第八节的规定应当追诉的，按照当时的法律追究刑事责任，但是如果本法不认为是犯罪或者处刑较轻的，适用本法。本法施行以前，依照当时的法律已经作出的生效判决，继续有效。

40. 行政机关负责人出庭应诉制度：指公民、法人或者其他组织依法向人民法院提起行政诉讼，由被诉行政机关的负责人出庭参与应诉的一项诉讼制度。2015 年 5 月 1 日开始施行的新行政诉讼法规定：被诉行政机关负责人应当出庭应诉；不能出庭的，应当委托行政机关相应的工作人员出庭。

41. 审判辅助人员：指协助法官履行审判职责的工作人员，包括法官助理、书记员、执行员、司法警察、司法技术人员等。

广东省高级人民法院工作报告

——2017 年 1 月 21 日在广东省第十二届人民代表大会第五次会议上

广东省高级人民法院院长　龚稼立

各位代表：

我代表省高级人民法院向大会报告工作，请予审议，并请省政协委员和列席人员提出意见。

2016 年是“十三五”开局之年，也是人民法院全面深化司法改革的攻坚之年。全省法院在省委坚强领导下，省人大及其常委会有力监督下，省政府、省政协等各方面关心支持下，全面贯彻党的十八大和十八届三中、四中、五中、六中全会精神，深入学习贯彻习近平总书记系列重要讲话精神，紧紧围绕“努力让人民群众在每一个司法案件中感受到公平正义”目标，忠实履行宪法法律职责，坚持以改革创新为引领，全面加强队伍建设，坚决维护社会大局稳定，积极服务经济社会发展，有力保障人民安居乐业。一年来，全省法院受理各类案件 180. 36 万件，比上年增长 22. 74%；审结 149. 31 万件，法官人均结案 134. 37 件，同比分别上升 22. 27% 和 22. 28%；人民群众来信来访 2. 33 万件（人）次，同比下降 8. 72%，连续九年稳步下降。省法院受理各类案件 2.92 万件，同比增长 22.18%，审结 2.43 万件，同比上升 20.63%。

一、依法惩治犯罪，积极推进平安广东建设

严惩危害国家和公共安全犯罪。贯彻国家总体安全观，依法惩治危害国家安全犯罪、暴力恐怖等严重危害社会公共安全犯罪。审结涉枪、涉暴等犯罪案件 719 件 933 人。审结“华藏宗门”邪教组织破坏法律实施案和曾飞洋聚众扰乱社会秩序案，有力维护国家长治久安和社会大局稳定。

严惩严重危害社会治安犯罪。深入推进打黑除恶工作，推动社会治安明显好转。配合“飓风 2016”行动，审结盗抢骗、黄赌毒等犯罪一审案件 2.88 万件 4.05 万人，同比分别下降 20.53% 和 20.18%。审结涉毒犯罪一审案件 2.14 万件 2.60 万人，走私、贩卖、运输、制造毒品案件重刑率为 20.98%。联合有关部门出台指导性意见，严惩电信网络诈骗犯罪以及关联犯罪。

严惩各类腐败犯罪。审结贪污、贿赂、渎职等职务犯罪一审案件 2339 件 3165 人，同比上升 48.04%，加大罚金、没收财产等刑罚力度。判处县处级以上干部 225 件 229 人，审结海南省原常务副省长谭力、陆丰乌坎村村委会原主任林祖恋受贿案等案件。重点打击贪污、截留、套取国家重点工程资金、征地拆迁款、农资补贴和救灾救济款犯罪，严惩发生在群众身边的腐败。

严惩破坏经济秩序犯罪。审结走私、非法经营等犯罪一审案件 1295 件 2685 人；审结非法吸收公众存款、金融诈骗、内幕交易等犯罪一审案件 1395 件 2072 人；审结生产销售有毒有害食品、制假售假等犯罪一审案件 3453 件 5735 人。审结邦家公司特大集资诈骗等案件，坚决维护市场秩序。

严惩侵犯妇女儿童权益犯罪。加大妇女、儿童权益保护力度，审结拐卖、伤害、虐待、性侵妇女儿童犯罪等一审案件 2194 件 2397 人。

与省教育厅等部门联合出台防治中小学生欺凌和暴力工作方案，依法惩治校园暴力，维护校园安全。

坚持惩罚犯罪与保障人权统一。严格贯彻罪刑法定、非法证据排除、疑罪从无原则，对76名被告人依法宣告无罪。再审改判刑事案件54件，完善冤错案件防范和纠正机制。严格规范减刑、假释、暂予监外执行案件办理程序。推动未成年人社区矫正，未成年罪犯非监禁刑适用率为22.52%。

二、强化大局意识，积极服务经济社会发展

服务供给侧结构性改革。出台依法处置“僵尸企业”案件指导性意见，结合“去降补”重点任务，推动企业调整结构，出清落后产能。省法院和广州、珠海、佛山、惠州中院新设破产审判庭，全省法院共审结破产案件357件，同比上升47.52%。审结深圳福昌公司重整等案件，受到最高人民法院充分肯定。

服务市场经济建设。依法推进市场经济制度基础性关键性领域各项改革，激发市场主体活力和创造力。加大产权保护力度，审结各类产权纠纷一审案件4.57万件。尊重契约自由，坚持平等保护，审结合同纠纷等一审商事案件39.46万件，同比上升24.60%，促进市场主体增强诚信意识和法治观念。

服务创新驱动发展战略。审结一审知识产权民事案件2.98万件，同比上升47.27%，加大对原创作品和成果、驰名商标和老字号商标保护力度。发挥广州知识产权法院职能作用，推动完善侵权损害赔偿制度，加强智力成果、智力财产保护，促进科技成果加速转化。审结不正当竞争和垄断一审案件247件，促进新兴产业健康发展。

服务“一带一路”战略。积极促进构建开放型经济体系，加强广州南沙、深圳前海、珠海横琴自贸试验片区法院和广州海事法院建设。审结一审涉外民商事案件2377件，平等保护中外当事人合法权益。与13个国家及港澳台地区开展司法交流和司法协作，助力广东对外开放。

服务生态文明建设。出台加强服务保障生态文明和绿色发展意见，指导环境污染防治和生态保护、自然资源开发利用等案件审理。依法支持环保基础性建设，推动加快美丽广东建设。审结环境资源类一审案件1.43万件，同比上升18.66%。联合出台关于广东试点检察院提起公益诉讼案件管辖规定，肇庆法院调解审结检察机关提起的公益诉讼案，探索法治环保的“广东经验”。

服务非公经济发展。落实平等保护非公有制经济的意见，坚持“两个毫不动摇”原则。妥善化解民营企业等经济主体投资经营纠纷，依法惩治侵犯非公有制企业合法权益的违法犯罪行为，防止发生因采取诉讼措施不当影响企业正常生产经营情况。依法保护中小微企业投融资需求，促进大众创业、万众创新。

服务依法防范风险。配合构建绿色金融体系，与省金融办等10部门联合出台股权众筹风险专项整治工作实施方案。依法规范金融市场秩序，审结金融类一审案件14.65万件。推进落实房地产市场调控政策，审结房地产合作开发、房屋买卖合同等一审案件2.07万件，同比上升16.23%。注重发挥保险分散社会风险功能，及时审结保障险、商业险纠纷一审案件5983件。

三、坚持司法为民，努力满足人民群众多元司法需求

健全诉讼服务体系。完善立案登记制度，坚持有案必立，有诉必理，当场立案率为95.52%。加快诉讼服务大厅、诉讼服务网、12368热线等一体化设施建设，总结中山法院集中开展诉讼服务经验。依法为经济困难当事人减免诉讼费186.23万元，发放救助金2578.56万元。健全涉诉信访听证和终结制度，办结再审审查案件1.35万件，立案再审1535件。

注重民生权益保护。审结涉及医疗、教育、消费、交通等民生领域的一审民事案件20.15万件，同比上升19.77%。出台家事审判程序规则，指导广州设立全省首个中级法院少年家事审判庭。广州、深圳、

佛山、惠州、汕头法院被授予全国青少年维权岗。依法审理涉及军人军属合法权益的案件，支持和保障国防和军队建设。

维护劳动和生产权益。与省总工会建立沟通联系制度，加强劳资纠纷预防和化解。审结一审劳动争议案件4.32万件，促进构建和谐劳动关系。审结涉及山林土地权属、承包经营权流转、宅基地纠纷等一审涉农民事案件1400件，扎实加强“三农”服务。

保护港澳台同胞和归侨侨眷合法权益。审结涉港澳台、涉侨一审案件8738件，办理送达文书、调查取证、罪赃移交等司法互助案件1779件，切实维护香港、澳门、台湾同胞和归侨侨眷合法权益。

方便群众参加诉讼。探索民事案件繁简分流机制，适用简易程序审结民事案件33.02万件，占一审民事案件51.52%。广泛开展法官进乡村、进企业、进社区、进校园活动，开展普法宣传，就地化解矛盾。出台巡回审判工作指引，为偏远地区法院配备50辆巡回审判车。开展远程视频庭审和电子送达服务，提高审判效率。

加强行政审判和国家赔偿工作。认真贯彻新修订的行政诉讼法，审结一审行政案件1.56万件，同比上升12.70%。支持和监督行政机关依法行政，促进行政争议实质性解决，判决或协调支持原告诉求的占33.01%。依法协调处理“粤北第一农场”土地征收行政纠纷系列案，27个村民小组主动撤诉，及时化解群体性争议。坚持依法赔偿原则，依法审结国家赔偿案件464件。

推进基本解决执行难。新收执行案件47.12万件，执结43.40万件，同比分别增长31.36%和35.96%；执行到位率40.06%，同比提高3.12个百分点。开展执行工作“双清”专项活动，督办发放去年以前生效判决执行款91.98亿元。制定“基本解决执行难”工作规划，采取悬赏执行等措施，加大兑现胜诉人权益力度。全面推行网络司法拍卖，成交金额106.23亿元，同比增长9.38倍。

四、完善工作机制，积极助力法治广东建设

支持行政机关依法行政。推进全省加强行政机关负责人出庭应诉工作，促进政群关系良性互动。发挥“一案多效”，增强全社会学法尊法守法用法意识。各级行政机关派员出庭应诉1598人次，同比上升45.27%；县级以上行政机关负责人出庭应诉201人次，同比上升25.62%。有关省直行政机关以及清远、雷州、化州、高州市政府主要负责人出庭应诉，发挥良好示范作用。

参与社会治安综合治理。积极参与深化网格化社区治理，大力推动构建多元化纠纷解决体系，健全人民调解、行政调解、行业调解等联动机制。加强诉前联调和诉调对接，化解纠纷5.23万件，同比上升23.12%。积极参与帮教刑释人员、社区矫正对象，推动社会治安防控体系建设。

推动社会依法治理。为《广东省食品安全条例》《广东省社会救助条例》等修改或制定提供法律意见，促进地方法规和规章制度建设。向有关机关、行业协会等发送司法建议707份，推动依法完善社会治理。加强与公安、环保、国土等部门联系沟通，健全环境资源保护联动机制。

促进诚信社会建设。完善信用惩戒体系，落实“一处失信、处处受限”，实现17类财产和身份信息即时网络查控。通过人民银行征信系统、广东省政务信息共享平台和信用广东网等发布失信被执行人名单13.27万人次，促使1.29万人次主动履行法律义务，同比分别上升129.58%和276.97%。

保障律师执业权利。与省律师协会建立沟通机制，注重保障律师执业权利。完善律师服务平台等服务设施，落实认真听取律师诉讼意见等机制，为律师依法参加诉讼活动提供便利。推动完善律师参与诉前、诉后调解制度，省法院邀请律师380人次参与化解涉法涉诉案件。

开展法治宣传教育。参与组织“12·4国家宪法日”法治教育活

动，通过庭审直播、庭审观摩等形式以案说法。与省委党校共建教育实践基地，推动领导干部增强依法行政意识。发挥司法教育、评价、指引和示范功能，发布广东行政审判、知识产权司法保护、环境保护审判和劳动争议审判等白皮书，发布弘扬社会主义核心价值观、保护非公有制经济等系列典型案件 81 例。

五、围绕公正司法，全面深化司法改革

全面落实司法责任制。出台司法责任制改革实施意见，明确权责主体和权力清单，健全和规范审判权力运行机制。坚持放权与监督相结合，完善审判管理机制，实现法官对案件质量终身负责。改变行政化审批案件做法，各级法院院庭长直接参加审理案件 70.16 万件次，同比上升 24.72%；亲自承办案件 48.22 万件，同比上升 30.21%。

推进法院人员分类管理。顺利完成全省法官员额制改革，6575 名法官经公开遴选通过首批员额选任。组建新型审判团队 2137 个，提高法官办案效能。建立和完善法官助理、书记员和司法警察管理制度，规范审判辅助人员配备机制，不断提升队伍专业素质。

稳步推进省级人财物统管。推动建立完善省以下法院机构编制、中级和基层法院院长统管机制，实行全省法官统一遴选并按法定程序任免。探索法官员额动态管理，实现工作量与员额的科学配置。推动对 69 个偏远地区法院实施“托低”经费保障，全省法院财政预算保障同比提升 29.63%。

推动落实法官职业保障。落实法官单独职务序列管理，建立配套保障制度，探索法官绩效考核激励机制。落实法院内外部干预办案记录、通报和责任追究制度，建立法官职业权益保护机制。保障法官依法履行法定职责，坚持问责与免责相结合，建立健全责任追究和依法免责制度。

探索案件集中管辖。全省统一实行行政案件跨区划集中管辖改革，广州率先在全国省会城市实施行政案件集中管辖。按生态区划指定广

州、潮州、茂名、清远中院及有关基层法院，分别对珠三角和粤东西北地区环境诉讼集中管辖。探索执行裁判权与执行权相分离改革试点，实行执行异议、执行复议、执行监督等案件集中办理，促进执行工作规范化。

深化司法公开改革。实现审判流程、执行信息、裁判文书和庭审直播四大司法公开平台全覆盖，在“中国裁判文书网”公开裁判文书65.39万份，公布各类执行信息51万余条，庭审公开直播案件6357件，40.76万人次点击观看。加快智慧法院建设，改进全省审判执行综合信息平台，实现全省法院专网联通。

探索刑事速裁试点。指导广州、深圳法院开展刑事速裁试点，根据法律授权简化案件审理程序，审结案件8091件，当庭宣判率达91.20%，审理周期平均缩短11天。根据部署开展“认罪认罚从宽”制度探索，进一步扩大试点工作范围。

六、坚持从严治院，进一步加强队伍建设

扎实开展“两学一做”。始终坚持党对法院工作的领导，把握正确政治方向。不断加强法院系统党建工作，全面开展做“合格党员、合格法官”大讨论，切实增强“四个意识”。组织全省入额法官举行宪法宣誓，加强社会主义法治理念教育。发挥“全国模范法院”广州市花都区人民法院和东莞市第一人民法院引领作用，42个集体和个人受到全国表彰。

认真落实全面从严治党。认真履行从严治党主体责任，深入推进党风廉政建设和反腐败工作。认真反思省委巡视组意见和人民群众批评，切实解决管理不严和制度漏洞，建立健全常态化监督和问责机制。持之以恒整饬“四风”，深入开展违纪违法案件警示教育。以零容忍态度惩治司法不廉，全省法院查处违纪违法干警50人，坚决清除队伍中的害群之马。

提高队伍素质能力。拓宽选人渠道，全省法院公开招录1456名公

务员，遴选优秀专业人才58人。培训人员2.8万人次，选派4689人次赴国家法官学院或高校学习深造。集中轮训入额法官，开展法官办案标兵、书记员业务技能竞赛和司法警察技能大比武等活动，强化专业素质能力培养。

加强基层队伍建设。坚持正确用人导向，强化中基层法院领导班子配备和管理，严把政治关、业务关和品行关，选拔43人担任中基层法院院长，组织新任院长集中培训。加快人民法庭建设，新增1463个法官员额全部向基层审判一线倾斜，对偏远地区基层人员招录和培养实行优惠政策。

七、自觉接受监督，不断改进法院工作

全面接受人大法律监督。认真贯彻落实省十二届人大第四次会议决议，积极配合省人大常委会开展专项执法检查和工作调研，向省人大常委会专题报告实施新修订行政诉讼法、环境资源审判工作以及推进司法责任制改革等情况。高度重视省人大常委会审议意见，认真改进相关工作。加强督办督查，及时办结22件代表建议。加强人大代表联络，协助最高人民法院组织30名非公企业界全国人大代表视察广东法院；组织44名全国和省人大代表视察茂名、江门法院司法改革和行政审判情况，推动人大代表了解和监督法院工作。

主动接受政协民主监督。及时办结省政协委员21件建议提案，向省政协常委会专题汇报人民法院工作情况，认真听取民主监督意见。不断完善沟通协商机制，以座谈形式分别征求各民主党派、工商联、无党派人士以及法律界政协委员对审判工作、队伍建设和司法改革的意见和建议。

依法接受检察机关诉讼监督。认真办理检察建议，积极配合检察机关履行诉讼监督职责，与检察院联合开展执行案款清理等专项工作。全年受理检察机关对生效裁判抗诉的案件293件，审结222件，再审改判98件。

广泛接受社会监督。高度重视接受社会各界监督，密切联系群众，深化司法民主，提升司法公信。加强人民陪审员制度建设，从各界人士中新选任人民陪审员355名，参加人民法院各类案件审判。省法院首次邀请包括人大代表、政协委员在内的社会各界人士列席全省法院院长会议、省法院首批入额法官宪法宣誓仪式等活动。全省法院邀请1.3万余人次参加旁听庭审、见证执行等活动260余场。

各位代表，过去一年全省法院工作的发展进步，是省委正确领导、省人大及其常委会有力监督、省政府和省政协大力支持，各民主党派、工商联、人民团体、无党派人士以及各级党政机关、社会各界和各位人大代表、政协委员关心、支持、帮助的结果。在此，我代表省高级人民法院表示衷心的感谢！

我们也清醒地认识到，全省法院工作中还存在不少问题和困难：一是司法能力有待进一步提高，面对国内外形势新变化和人民群众新要求，一些干警适应能力有较大差距，工作主动性、敏感性和预见性有待不断提高。二是诉讼服务有待进一步改进，一些干警素养不高、态度冷硬，一些法院法庭设施和信息化建设滞后，人民群众参加诉讼不便捷短板还较突出。三是司法责任制有待进一步落实，一些法院在处理放权与监督方面存在薄弱环节，审判管理和监督机制有待加强。四是从严管理有待进一步深化，少数人员裁判不公、司法不廉，严重损害司法公信。五是“案多人少”矛盾有待进一步破解，全省各类案件持续上升，法官常年超负荷办案现象严重，需要更加重视减少积案问题。

2017年是我们党和国家历史上具有特殊重要意义的一年，也是我省率先全面建成小康社会的关键之年。全省法院将全面贯彻党的十八大和十八届三中、四中、五中、六中全会精神，深入学习贯彻习近平总书记系列重要讲话精神，认真落实省委十一届六次、七次、八次全会部署和本次大会决议，紧紧围绕“五位一体”总体布局和“四个全面”战略布局，牢固树立新发展理念，坚持稳中求进工作总基调，以高度的政治责任感全面加强审判工作，锲而不舍深化司法改革，坚持不懈建设过硬队伍，深入推进平安广东、法治广东建设，为促进我省经济社会持续健康发展，实现“三个定位，两个率先”目标提供有力司法保障。重点抓好以下工作：

一是充分发挥审判职能，保障经济社会全面发展。坚决维护国家安全和社会稳定，依法打击煽动分裂国家、暴力恐怖等犯罪，提高群众安全感。保持反腐高压态势，加强重大职务犯罪案件审判，促进反腐败斗争深入开展。着眼服务发展，积极推动供给侧结构性改革，为我省全面深化改革、加快构建创新型经济格局、推进珠三角与粤东西北一体化发展、全面提升开放型经济发展等重点工作营造良好法治环境。

二是坚持司法为民、公正司法，切实维护社会公平正义。依法审理涉及教育、就业、医疗、食品和药品、环境、社会保障等案件，促进改善民生。大力推进诉讼服务示范窗口建设，完善司法救助和法律援助。加强人权司法保障，依法保障律师执业权利。严格依法办事，支持和规范行政机关依法行政，助力法治政府建设。更加自觉地接受人大监督、政协民主监督、检察机关诉讼监督和社会监督。向执行难全面宣战，规范执行行为，加强信用惩戒，努力健全解决执行难长效机制。

三是全面深化司法改革，加快建设公正高效权威的社会主义司法制度。加快智慧法院建设，不断深化司法公开，增强司法透明度，提高司法公信力，增强人民群众获得感。积极推进以审判为中心的诉讼制度改革，严格证据审查标准，防范冤错案。扎实推进司法责任制等改革措施，推广可复制、可持续的经验。健全矛盾纠纷多元化解机制，完善简易程序和小额诉讼程序，创新案件繁简分流新机制，努力破解“案多人少”难题。

四是建设忠诚干净担当的法院队伍，保障公正廉洁司法。深化“两学一做”学习教育，牢固树立“四个意识”特别是核心意识、看齐意识。坚决落实全面从严治党要求，增强走中国特色社会主义法治道路的自觉性、坚定性，深入推进正规化、专业化、职业化建设，进一步提升公正司法水平。以零容忍态度坚决清除司法腐败，坚决落实干预案件记录问责的“两个规定”，坚决依法惩治伤害法官的违法犯罪行为，坚决支持和保障法官公正司法。

各位代表，做好新时期人民法院工作，责任重大、任务艰巨、使命光荣。我们将在省委领导下、省人大及其常委会监督下，在省政府、省政协及社会各界支持下，认真履职，扎实工作，凝心聚力，奋发有为，为促进广东实现“三个定位、两个率先”目标作出新贡献，以优异成绩迎接党的十九大和省十二次党代会胜利召开！

附件一

部分用语说明

1. “华藏宗门”邪教组织破坏法律实施案： 2010 年 3 月至 2014 年 7 月间，吴泽衡冒用佛教名义建立“华藏宗门”邪教组织，发展、控制组织内成员，破坏法律、行政法规实施；长期以迷信邪说引诱、胁迫、欺骗等手段奸淫妇女、骗取他人财物。珠海中院以组织、利用邪教组织破坏法律实施罪、强奸罪、诈骗罪以及生产销售有毒有害食品罪判处吴泽衡无期徒刑。2016 年 2 月 2 日省法院二审维持原判。该案是全国首次通过司法程序认定邪教组织案件，取得良好的法律效果和社会效果。

2. 曾飞洋聚众扰乱社会秩序案： 2014 年 9 月以来，曾飞洋、汤欢兴、朱小梅等人受境外组织指使和资助，先后策划、组织、指挥利得鞋业公司员工集体罢工，并采取堵塞公司大门、阻挠其他员工工作等方式，严重扰乱企业正常生产秩序，造成公司直接经济损失 273.97 万元。2016 年 9 月 26 日，广州番禺区法院公开开庭审理本案，鉴于曾飞洋等人均表示悔罪认罚，依法判处曾飞洋有期徒刑三年，缓刑四年；汤欢兴、朱小梅有期徒刑一年六个月，缓刑二年。

3. 谭力受贿案： 此案系最高人民法院指定管辖案件。2001 年以来，海南省原省委常委、常务副省长谭力利用其分别在四川、海南等地担任领导职务便利为他人提供帮助，直接或者通过特定关系人非法收受财物 8625.40 万元。广州中院以受贿罪判处谭力无期徒刑，剥夺政治权利终身，并处没收个人全部财产。谭力表示悔罪服判。

4. 林祖恋受贿案： 汕尾市陆丰东海镇乌坎村村委会原主任林祖恋在任职期间，利用管理该村民生工程的职务便利，直接或通过他人多次收受贿赂，共计 44.3 万元。经省法院指定管辖，佛山市禅城区法院公开开庭审理，以受贿罪、非国家工作人员受贿罪判处其有期徒刑三年一个月，并处罚金 20 万元。佛山中院二审裁定维持原判。

5. 邦家公司特大集资诈骗案：2002 年 12 月以来，蒋洪伟等人在广州市注册成立绿色世纪、广东邦家等多个公司，在 16 个省市设立了 64 家分公司及 24 家子公司。在未取得融资许可的情况下，虚构高额回报，隐瞒真相，采用推销会员制消费、区域合作、借款等方法，非法集资 99.53 亿元。2016 年 2 月 25 日，广州中院以集资诈骗罪、非法吸收公众存款罪分别判处蒋洪伟等 28 人无期徒刑或有期徒刑。2016 年 6 月 6 日，省法院二审维持原判。该案是迄今全国规模最大、涉案金额最高、受害群众最多的金融犯罪案件。

6. 破产审判庭：2016 年 9 月，省法院成立了破产审判庭。主要职责是审理企业破产、强制清算等案件，广州、珠海、佛山、惠州中院继深圳后新设立专门破产审判机构，主要管辖地（市）级以上工商行政管理机关核准登记公司（企业）的强制清算与破产案件等。各地破产审判庭的设立，标志着我省已形成较完备的破产审判体系，有利于推动建立常态化的市场主体救治和退出机制，为加快推进供给侧结构性改革提供有力司法保障。

7. 深圳福昌公司重整案：深圳市福昌电子技术有限公司是国内信息企业的主要配件供应商。2015 年 10 月，该公司宣布停产停业，直接影响到 500 多个供应商和 4000 余名员工经营和生活。2015 年 11 月，申请人深圳市深煊华新型材料有限公司申请福昌公司破产重整。深圳中院依法开创性地适用了“预重整制度”，在正式裁定受理前指定管理人进场负责指导和筹划重整事宜，公平有序推进重整程序，既成功促成该企业获得新生，又维护了员工和供应商的合法权益，取得了劳资和谐、双方共赢的良好效果。

8. 服务非公经济发展：近年来，全省法院认真落实中央关于非公有制经济发展的“两个毫不动摇”的战略部署，坚持平等保护原则，强化服务意识，不断增强企业防范市场法律风险能力，依法促进各种所有制经济共同发展。积极发挥民商事审判职能，有效化解涉非公有制主体经济纠纷，明确交易规则、净化市场环境，确保交易安全、提升交易效率；依法严厉惩治非法侵害非公有制经济主体财产权利的犯罪行为，保护非公有制经济主体平等参与市场竞争；以行政审判促进依法行政，保护非公经济自主创新发展。2016 年 12 月，省法院发布了保障非公经济十大典型案例，内容涵盖刑事、民商事、行政和执行工作四类，推动净化市场环境、维护正当竞争、保护优势市场地位、助力困难企业走出困境等。

9. 肇庆中院调解检察机关提起环境公益诉讼案：2016 年 1 月 18 日，肇庆中院受理肇庆市检察院就麦瑞钟、麦瑞标水污染责任纠纷一案提起的公益诉讼。麦瑞标任法定代表人的广宁县联和长汇金属制品厂自 2011 年转由麦瑞钟经营，2012 年 12 月至 2013 年 1 月，该厂未经批准擅自生产并排放含有氰化物的污水，发生严重环境污染事故。6 月 16 日，肇庆中院依法促成双方自愿达成调解协议。本案系全国检察机关提起公益诉讼试点以来，首宗以调解方式结案的案件。

10. 少年家事审判庭：为进一步深化家事审判方式改革，2016 年 12 月，广州中院设立“少年家事审判庭”，将家事案件从民事案件中剥离，纳入少年家事审判庭专业化审理，构建未成年人案件与家事案件一体化审判模式。该模式便于及时发现并妥善处理可能影响未成年人健康成长的家庭因素，更加全面地维护未成年人合法权益和预防未成年人违法犯罪，切实发挥司法在维护婚姻家庭关系稳定，保障未成年人、妇女和老年人合法权益的重要作用。

11. “粤北第一农场”土地征收行政纠纷系列案：1985 年，粤北第一示范牧场筹建处与当地村小组签订征用土地协议，村小组领取了补偿款。2004 年，部分村小组向乐昌市政府申领了新林权证。2010 至 2012 年，徐家村等村小组向乐昌市政府申请将牧场范围土地归还。乐昌市政府认定属合法征用、使用权归牧场所有。韶关市政府作出行政复议决定，维持处理决定。村小组不服，提起行政诉讼。韶关中院依法审理后作出判决，维持乐昌市政府的处理决定。各村小组向省法院提出上诉。2015 至 2016 年，省法院经过积极协调，最终促成了当事人达成和解协议，村小组撤诉，及时化解了群体性争议。

12. 基本解决执行难：2016 年 3 月，为贯彻落实十八届四中全会部署，最高人民法院提出“用两到三年时间基本解决执行难”。省法院根据我省实际情况，研究制定实施意见，明确基本解决执行难工作目标：即被执行人规避执行、抗拒执行和外界干预执行现象基本得到遏制；人民法院消极执行、选择性执行、乱执行情形基本消除；无财产可供执行案件终结本次执行的程序标准和实质标准把握不严、恢复执行等相关配套机制应用不畅的问题基本得到解决；有财产可供执行案件在法定期限内基本执行完毕，人民群众对执行工作的满意度显著提升，人民法院执行权威有效树立、司法公信力进一步增强。日前，省委书记胡春华同志对这项工作作出重要批示，省委召开全省基本解决执行难工作会议，省委常委、政法委书记林少春同志就形成综合治理联动工作新格局、全力推进我省基本解决执行难工作进行了全面部署。

13. 悬赏执行制度：是指人民法院向社会发布公告，由社会公众向人民法院提供被执行人的财产线索，人民法院按照公告规定的条件和标准给予举报人奖励的执行措施。2016 年 9 月，省法院出台了《关于在执行工作中实行悬赏执行的意见》，对悬赏执行的悬赏主体、适用案件范围、悬赏执行启动程序、悬赏公告费和悬赏金来源、举报人保护等问题作了明确规定，广泛发动社会力量查找被执行人及其财产线索，破解具体案件执行难。

14. 执行裁判庭：为贯彻落实十八届四中全会部署，根据最高人民法院要求，全国法院加强了执行实施权和执行裁判权科学分离的探索。省法院成立了执行裁判庭，与破产审判庭合署办公。主要职责是：协调指导全省法院开展执行转破产工作；审理执行诉讼案件，与实体权利有关的执行异议、执行复议等案件。

15. 白皮书：近年来，全省法院充分发挥司法审判职能，注重加强司法数据统计分析，研判经济社会发展形势，提出改进工作意见建议，服务保障平安广东、法治广东建设。2016 年 4 月“4 · 26 知识产权宣传周”，省法院发布《广东法院知识产权司法保护白皮书》和十大知识产权典型案例，展示了我省知识产权保护的现状与力度。5 月，省法院发布《广东法院劳动争议审判情况白皮书（2013—2015 年)》，总结归纳各类劳动争议案件情况，并对职能部门加强风险防控提出建议，推动依法保护劳动者合法权益。“6・5”环境日，省法院发布了近年来全省法院环境资源审判工作情况和相关典型案例，引导社会各界运用法治思维和法治方式解决环境纠纷，引领社会重视生态文明建设。发布了《2015 年度广东省行政诉讼情况报告》，重点分析行政管理领域中存在的问题，并提出了建议，积极促进行政机关依法行政。

16. 法官员额制：根据审判实践需要和司法规律配置司法人力资源、实现法官正规化专业化职业化的重要制度。实行法官员额制有利于实现法院人员分类管理，进一步提升审判人员专业素质。员额制将法官员额比例控制在中央政法专项编制的 39% 以内，但可在不同审级、地域进行调剂；科学设置入额标准和程序，在确保政治素质基础上，加强对专业素质、司法能力、办案业绩、从业经历、职业操守的考核；严格限定在依法直接行使审判权的岗位，进入员额的法官必须直接办案，非一线办案部门原则上不占法官员额。

17. 刑事速裁试点：2014 年 6 月，十二届全国人大常委会第九次会议表决通过《关于授权在部分地区开展刑事案件速裁程序试点工作的决定》，授权全国 18 个城市开展刑事案件速裁程序试点工作。重点对事实清楚、证据充分，被告人自愿认罪，当事人对适用法律没有争议的交通肇事、盗窃、诈骗等情节较轻、量刑在一年以下的刑事案件，实行简化诉讼程序。其中我省广州市、深圳市被列为试点城市。在省法院指导下，广州、深圳法院积极推进刑事案件速裁程序试点工作，取得明显成效。自试点以来至 2016 年 9 月，试点法院共适用速裁程序审结案件 8091 宗，判处罪犯 9705 人，速裁案件量排名全国第一；其中，当庭宣判的案件 7382 宗，当庭宣判率达 91. 20%；立案后 10 日内审结的案件 7581 宗，占 93. 70%。试点工作经验得到最高人民法院的充分肯定，为推进“认罪认罚从宽”试点奠定了坚实基础。

18. 人大代表法院行：为畅通人大代表了解法院工作的渠道，自觉主动接受人大监督，在省人大常委会和人大代表的支持下，省法院从2016年开始，组织“人大代表法院行”系列活动，邀请驻粤全国人大代表和省人大代表在省内跨区域集中视察法院。每期活动明确一个主题，集中视察一个中级法院及辖区内基层法院，组织代表通过观摩庭审、见证执行、实地考察、座谈交流等方式，深入审判执行一线了解办案情况。分别以司法改革和行政审判为主题视察茂名、江门法院，共邀请9名全国人大代表和35名省人大代表参加活动，取得良好效果。

19. 2016年审判执行工作主要数据：全省法院共受理刑事、民事、行政的一审、二审和再审案件，以及再审审查、国家赔偿、执行和减刑、假释等各类案件180.36万件，其中新收155.56万件（执行案件47.12万件），同比分别上升22.74%和22.13%；共审执结各类案件149.31万件，其中办结执行案件43.40万件，同比分别上升22.27%和35.96%。在一审案件中，新收刑事、民事、行政案件11.11万件、70.23万件和1.56万件，办结刑事、民事、行政案件11.38万件、68.19万件和1.56万件。民事案件结案诉讼标的额为4910.13亿元，同比增长20.25%。全省法官年人均结案134.37件，同比上升22.28%。人民群众来信来访2.33万件（人）次，同比下降8.72%，连续九年稳步下降。省法院共受理各类案件2.92万件，其中新收2.54万件，同比分别上升22.18%和15.54%；新收案件中刑事、民事、行政案件分别为1978件、3480件和2029件；办结2.43万件，同比上升20.63%，刑事、民事、行政案件分别为2078件、3376件和1642件。

20. 省法院官方微信二维码：

附件二

全省法院审判和执行工作情况图

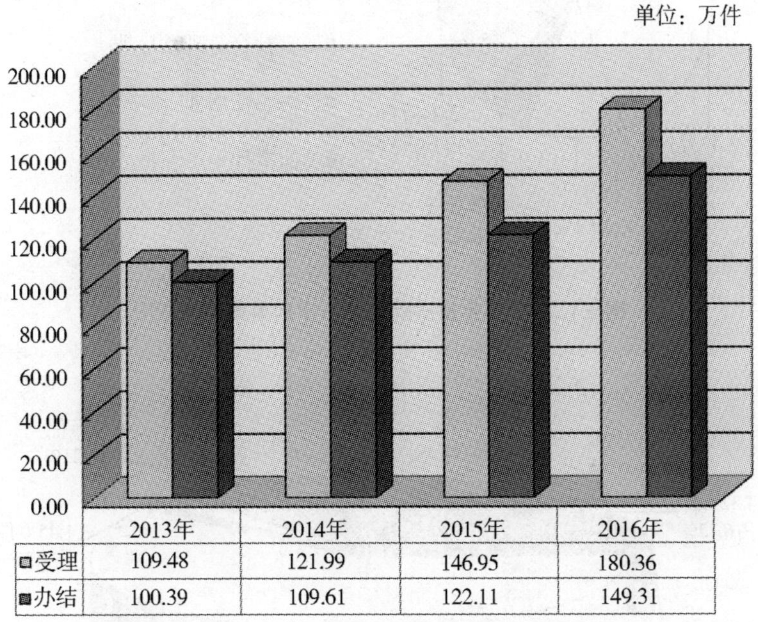

	2013年	2014年	2015年	2016年
受理	109.48	121.99	146.95	180.36
办结	100.39	109.61	122.11	149.31

图一：2013—2016 年全省法院受理案件数、办结案件数走势图

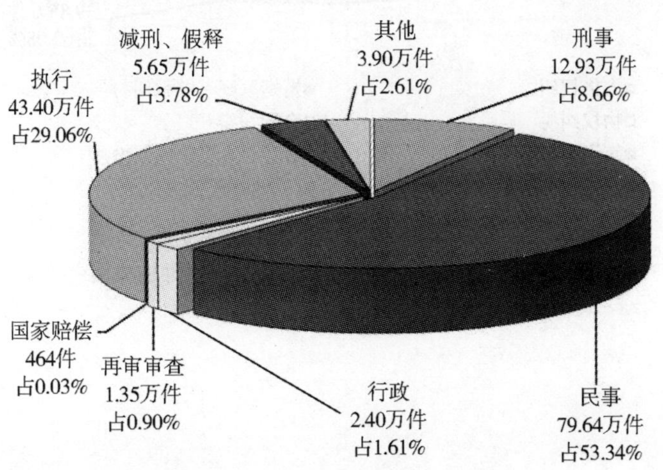

图二：2016 年全省法院办结各类案件构成图

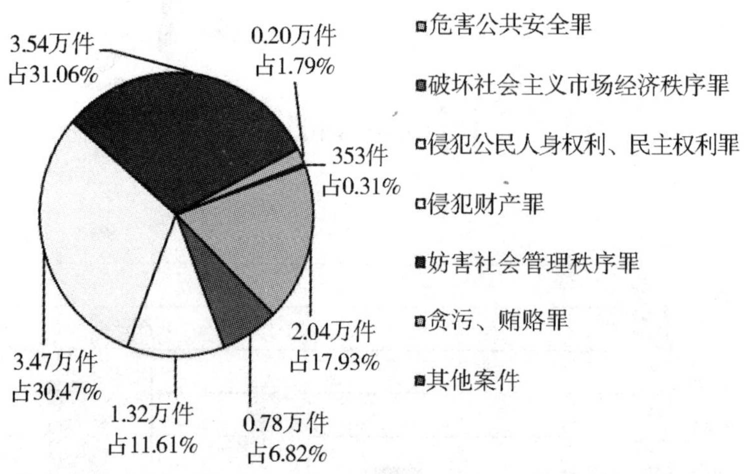

图三：2016 年全省法院审结一审刑事案件构成图

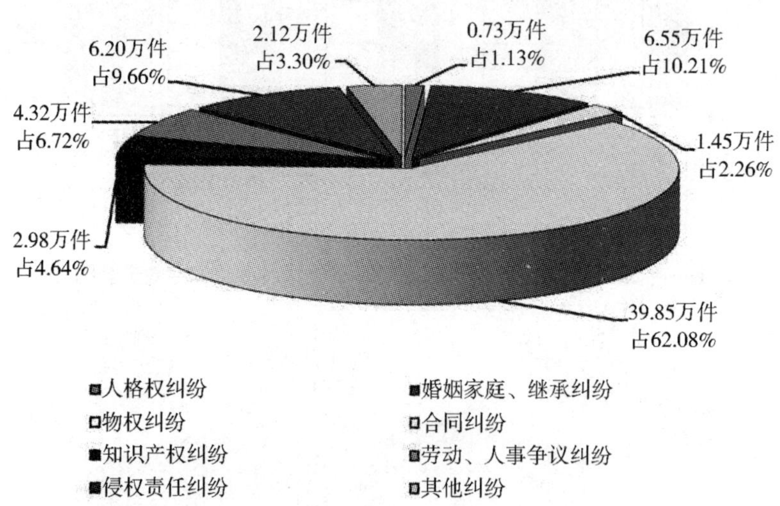

图四：2016 年全省法院审结一审民事案件构成图

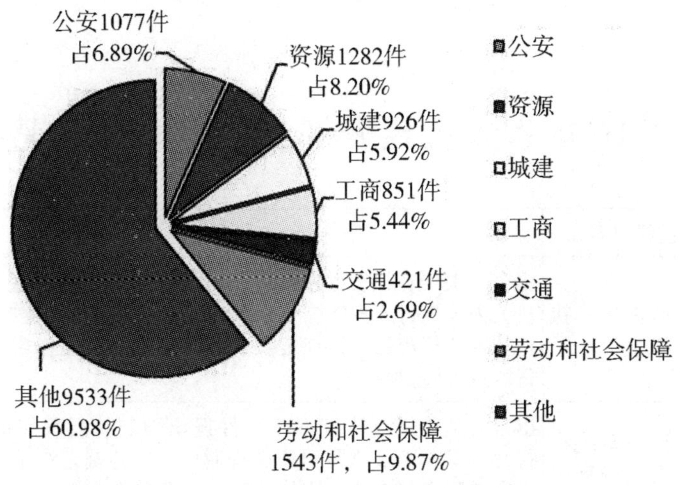

图五：2016 年全省法院审结一审行政案件构成图

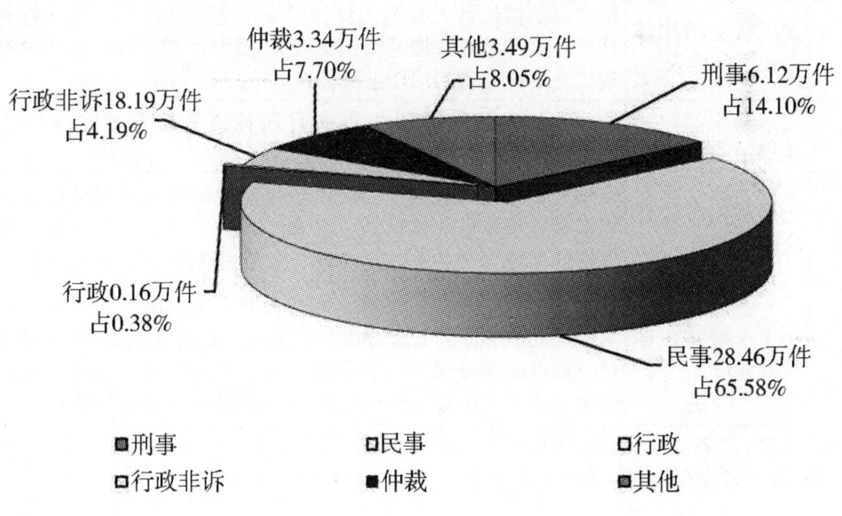

图六：2016 年全省法院执结各类案件构成图

附件三

2016年省人大代表部分建议办理情况

序号	建议内容	办理情况
1	关于解决法院执行难的建议	出台《关于在执行程序中实行繁简分流的意见》《关于全省党政机关为被执行人案件统一由中级人民法院执行的通知》《关于执行款款项管理的暂行规定》和《关于在执行工作中实行悬赏执行的意见（试行）》。
2	关于法院系统终结本次执行程序的建议	出台《关于规范执行不能案件退出强制执行程序的意见（试行）》，严格落实穷尽财产调查制度，构建裁定终结本次执行程序审查制度和终结本次执行程序案件管理制度，推进执行程序的精细化、规范化建设。
3	关于建立环境资源保护联动机制的建议	出台《关于加强环境资源审判服务保障生态文明和绿色发展的意见》和《关于广东试点检察院提起公益诉讼案件管辖规定》，健全联动机制，深化生态文明建设。
4	关于社会信用体系建设的建议	加大失信被执行人曝光力度，扩大信用惩戒范围，将全省地方性银行全部纳入查控范围，实现17类财产和身份信息即时网络查控，形成完善的信用惩戒体系。
5	关于知识产权司法保护的建议	广州知识产权法院以中英法日四种语言发布司法保护状况（2015年度）白皮书和典型案例。
6	关于规范诉讼保全的建议	实施《广东省高级人民法院关于规范保险公司为司法保全提供担保的若干意见（试行）》，公布了《广东省具有司法保全担保资格的保险公司名单（2016）》，规范、高效处理保全案件。
7	关于法院队伍建设的建议	推进人员分类管理，法官、审判辅助人员、司法行政人员分别实行不同职务序列管理制度。全省法院新公开招录1456名公务员，重点向基层倾斜。推动省财政厅等出台《广东省劳动合同制司法辅助人员管理暂行规定》，加强审判辅助队伍建设。

注：2016年省法院共办理并答复代表建议22件。除上述7件外，其余建议办理情况可登录省人大常委会代表议案建议系统查询。

附件四

2016 年广东省高级人民法院出台的部分规范性文件

服务大局和社会治理	
1	关于充分发挥审判职能为我省依法处置“僵尸企业”提供司法服务和保障的意见
2	关于加强环境资源审判服务保障生态文明和绿色发展的意见
3	广东省股权众筹风险专项整治工作实施方案（与省金融办、省检察院、省公安厅等 10 个部门联合发文）
司法为民和公正司法	
4	2015 年度行政审判白皮书
5	关于预防和化解劳资纠纷、构建和谐劳动关系沟通联系制度的通知（与省总工会联合发文）
6	关于办理电信网络诈骗刑事案件若干问题的指导意见（与省检察院、省公安厅联合发文）
7	2015 年度广东法院知识产权司法保护状况白皮书
8	关于推行民事案件繁简分流的实施意见
9	广东法院“用两到三年时间基本解决执行难”工作的实施意见
10	关于当前形势下做好劳动争议案件审判执行工作的意见
11	关于在执行工作中实行悬赏执行的意见（试行）
12	关于部分环境类民事案件实行集中管辖的通知
13	关于防治中小学生欺凌和暴力工作方案（与省教育厅、省综治办等联合发文）
规范司法行为	
14	广东法院巡回审判工作指引
15	关于执行监督工作实施问责的暂行规定
16	关于规范执行不能案件退出强制执行程序的意见（试行）
17	关于执行款款项管理的暂行规定
18	关于落实领导干部干预司法活动、插手具体案件处理记录、通报和责任追究制度及司法机关内部人员过问案件记录和责任追究制度的实施细则

续表

19	律师参与化解和代理涉法涉诉信访案件工作指引（与省检察院、省公安厅、省司法厅联合发文）
20	关于办理部分职务犯罪暂予监外执行备案审查案件的实施意见
21	广东省严厉打击涉医违法犯罪专项行动实施方案（与省卫生计生委等 10 个部门联合发文）
22	广东省规范司法人员与当事人、律师、特殊关系人、中介组织接触交往行为的实施细则（与省检察院、省公安厅、省安全厅、省司法厅联合发文）
司法改革	
23	关于贯彻落实全国司法体制改革推进会重点任务分工方案
24	贯彻落实《关于完善人民法院司法责任制的若干意见》的实施意见（试行）
25	关于建立健全执行案件繁简分流办案机制的若干意见
26	关于建立法官检察官逐级遴选制度的意见（与省委组织部、省检察院联合发文）
27	关于做好试点法院法官入额工作的意见
队伍建设和党风廉政建设	
28	关于认真做好中级、基层人民法院院长换届工作的通知
29	关于进一步严格基层党的组织生活的意见
30	广东法院谈话提醒工作实施办法
31	广东法院党员领导干部“八小时以外”活动行为规范（试行）

广西壮族自治区高级人民法院工作报告

——2017 年 1 月 15 日在广西壮族自治区

第十二届人民代表大会第六次会议上

广西壮族自治区高级人民法院院长　黄　克

各位代表：

我代表自治区高级人民法院向大会报告工作，请予审议，同时请各位政协委员和其他列席会议的同志提出意见。

2016 年主要工作

2016 年，自治区高级人民法院在自治区党委正确领导、最高人民法院悉心指导、自治区人大及其常委会有力监督、自治区政府、政协及社会各界大力支持下，团结带领全区各级人民法院，向着更好地司法为民、公正司法、“执行得了”而奋发努力，努力让人民群众在每一个司法案件中感受到公平正义。一年来，主要抓了几项工作：

一、强化政治定力，理念创新引领

认真学习贯彻党的十八大、十八届三中、四中、五中、六中全会精神，深入学习贯彻习近平总书记系列重要讲话精神和治国理政新理念新思想新战略，切实增强“四个意识”，坚决维护以习近平同志为核心的党中央权威，按照最高人民法院的要求，紧紧围绕自治区党委“四大战略”“三大攻坚战”“两个建成”和坚持全面从严治党、全面推进法治建设，更好维护社会公平正义的决策部署，认真贯彻落实自治区十二届人大五次会议各项决议，把准政治方向，保证法院工作始终在正确的政治方向和法治轨道上健康运行。用创新、协调、绿色、开放、共享五大发展理念统揽人民法院工作，以理念创新为引领，明确全年七项重点工作，推进法院各项工作发展。

二、强化审判职能，服务“两个建成”

审判质效再创新高。全年受理各类案件528539件，结案460514件，同比分别上升20.7%和18.8%，审限内结案率达99.7%。其中受理各类刑事案件46746件，审结43566件，同比分别上升13.6%和14.3%；受理各类民商事案件317480件，审结269323件，同比分别上升17.4%和14.4%；受理各类行政案件11009件，审结8336件，同比分别上升34.4%和29.2%。自治区高级人民法院全年受理各类案件9638件，结案8574件，同比分别上升37.8%和42.3%。我区法院审结的一起贩卖毒品案入选全国打击毒品犯罪十大典型案例，审结的一起诈骗案被评为全国电信诈骗九大典型案例之一。两起案件入选中国法院50件典型知识产权案例。广西职务犯罪审判、未成年人审判和涉外刑事审判工作在全国法院工作会议上介绍经验。

打击犯罪惩治腐败。坚持宽严相济刑事政策，依法严惩危害国家安全犯罪和恐怖犯罪，切实维护边疆巩固安宁。依法严厉打击杀人、抢劫、绑架、爆炸、毒品等严重危害人民生命、财产安全的犯罪，增强人民群众安全感。依法审理公安部督办的唐小清等18人、自治区打黑办督办的马振文等44人重大涉黑案。依法审理非法集资、金融诈骗等涉众型经济犯罪，依法维护经济金融秩序。依法严惩贪污贿赂等重大职务犯罪，既打“老虎”，又拍“苍蝇”，审结广东省政协原主席朱明国、广东省委原常委广州市委原书记万庆良和我区的陈秋华、徐励明、唐成良等18名原厅级以上领导干部职务犯罪案件。审结涉征地补偿、危房改造、农资补贴、扶贫领域及发生在群众身边腐败问题的一批案件，有效促进了反腐败斗争压倒性态势形成。

服务经济平稳发展。适应经济发展新常态，运用法治手段保障供给侧结构性改革顺利进行，盘活融通涉诉资金935亿元，同比上升18.4%。依法妥善审理破产案件，探索执行转破产工作机制，妥善处置负债总额近145亿元的广西有色金属集团有限公司及关联企业破产案。妥善审理涉农案件和涉环境案件，服务农村脱贫奔小康和“美丽广西·生态乡村”建设。注重司法与行政的良性互动，妥善解决行政争议。审结国家赔偿案件491件。审结各类知识产权案件1271件。审结各类涉外商事、海事案件847件，办理涉外、涉港澳台司法协助案件971件，保障“一带一路”建设推进。

推进社会治理创新。积极推进社会治理法治化，设立工业、金融、商事、城管、交通、医疗、消费者权益等专业巡回法庭、法院调解室、诉讼服务专窗、驻村工作站（室）等诉调对接平台，与基层便民服务、综治维稳工作网络衔接，构建了全覆盖的矛盾纠纷多元化解新格局。延伸审判职能，发挥司法审判修复社会关系功能，加大对弱势群体司法保障力度。健全妇女儿童维权工作网络，全区“妇女儿童维权岗”增至419个，维护妇女儿童合法权益。在全区建设青少年法治教育基地62个，接受教育人员超23万人次，对判处监禁刑的未成年犯100%回访帮教。加强涉军维权审判工作，维护国防利益和军人军属合法权益。

三、强化公正司法，提升司法公信

全面深化司法公开。依托审判流程、裁判文书、执行信息、庭审公开四大网络平台，全面深化立案、庭审、执行、听证、文书、审务六大公开，完善开放、动态、透明、便民的阳光司法机制。全年通过广西阳光司法网公开发布案件流程信息581万多项，公布裁判文书29万多份。在中国庭审公开网直播、录播案件4500多件，网友点播611万人次，以看得见的方式实现公平正义。对社会关注的重大疑难复杂案件，开展“阳光评议”，邀请人大代表、政协委员及社会各界代表析案说法、把脉会诊。加强审判监督管理，坚持依法独立公正行使审判权，强化对立案、保全、庭审、执行等审判执行每个环节、每个岗位的全面监督，让暗箱操作没有空间，让司法腐败无法藏身。

加强民生司法保障。完善涉民生案件优先立案、调解、审理、执行“绿色通道”，依法公正高效审理农村土地、婚姻家庭、社会保障、教育医疗、劳动争议等涉民生案件，保障人民群众安居乐业。推进便民诉讼网络建设，提供网上“一站式”服务，减轻群众诉累，让人民群众对司法有更多获得感。妥善处置涉诉信访突出案件441件。与司法行政机关合作，推行律师参与化解和代理涉诉信访案件，全年有597名律师参与接访，化解重大疑难信访案件729件。依法向2399名困难当事人发放救助资金1937.8万元，同比增长48%，对17432件案件缓减免交诉讼费7293万元；加强刑事和解工作，达成和解172件，被害人获得赔偿2146万元，彰显司法人文关怀。

推进院庭长办案常态化。全区法院院庭长主办案件194826件，占全区案件总量的36.9%。自治区高级人民法院领导进行“大法官开庭”，带领全区各级法院院长从审判幕后走到审判一线，大大推进了全区法院司法公信和权威的提升。

四、强化司法改革，着力破解难题

如期完成法官员额制改革。严格按照中央确定的39%员额控制线并预留一定比例的要求，坚持以案定员、法官员额与案件数量基本相适应，统筹考虑各地法院办案现状、法官素质、城乡差异、交通条件等情况，向基层法院倾斜。经过考试考核、严格遴选，全区4331名法官进入员额，实际入额比例为33.8%。入额法官知识、年龄结构明显优化，综合素质明显提高。

稳步推进司法责任制改革。坚持依法履职保护与违法审判惩戒相结合，制定司法权责清单，明确各类审判主体办案责任。

积极推进以审判为中心的诉讼制度改革。发挥庭审查明事实、认定证据、保护诉权、公正裁判的决定性作用。落实宪法人权保障原则，坚持证据裁判、疑罪从无，切实保障无罪的人不受刑事追究。

深化人民陪审员制度改革。健全参审机制，扩大司法民主。全区人民陪审员参加案件审理 94187 件，一审案件陪审率 33.6%，保障人民群众有序参与司法，促进司法公正。

扎实推进家事审判改革。自治区高级人民法院与自治区妇联在柳州召开现场推进会，与公安、民政等部门共建反家暴联动工作机制，推行家事调查员制度，切实维护婚姻家庭稳定和社会和谐。我区法院在最高人民法院、全国妇联召开的会议上介绍经验。

深化量刑规范化改革。大胆探索，出台实施细则，量刑公开透明、尺度统一、公正均衡。全国试点法院扩大量刑规范化罪名和刑种试行意见座谈会在崇左召开。

推进审执分离改革。设置独立的执行裁判庭，积极探索执行工作新机制，提升执行质效，在全国审执分离体制改革论证会上介绍经验。

积极探索繁简分流机制改革。全区法院有 62% 的一审案件实行简案快审、繁案精审。11 个试点法院适用简案快审机制，刑事案件平均审理周期从 2015 年的 26 天缩短到 8 天，大大提高办案效率，探索出了有效缓解“案多人少”矛盾的新途径。

五、强化创新驱动，推进“执行得了”

响应号令明确目标。2016 年 3 月以来，自治区高级人民法院积极响应最高人民法院号令，提出从 2016 年 5 月到 2018 年 5 月，用两年时间基本解决广西执行难问题。

深入落实执行机制。自治区高级人民法院总结前几年执行工作的成功经验，深入贯彻落实“党委政法委领导、各联动部门积极参与，人民法院依法主办”的执行工作机制，强化责任担当，依托广西执行指挥中心统一指挥，协调联动，形成执行工作强劲合力。

集中执行敢于亮剑。去年5月和11月开展两次“执行月”活动，自治区高级人民法院院长发出《关于执行工作的一封公开信》，高院领导带头，全区法院组建1073个执行团队，集中力量强推。先后在玉林、南宁、钦州、来宾、河池等地召开全区基本解决执行难经验交流现场会，总结推广先进经验。敢用善用强制执行措施震慑“老赖”，全区共发布失信黑名单41670多人次，限制失信被执行人乘飞机、坐高铁、出境28959人次，拘留2182人次，移送公安机关追究刑事责任285人。第一个“执行月”下达执结1万个案件任务，完成了14561件，第二个“执行月”下达执结1万个大案难案任务，结案9971件。全年共受理执行案件117314件，执结104231件，同比分别增长37.3%和37.9%，执结率88.8%，执结到位金额130多亿元。执行工作长出了“利牙铁齿”，让“老赖”一处失信，处处受限。

信息支撑宣传推动。升级完善执行指挥中心网络查控系统和信用惩戒平台，与国土、房产、公安等部门网络联通，实现“一网打尽”；查询车辆、户籍、银行信息905万条，涉及被执行人289277人，查询到资金856亿元。各地法院创新执行工作方式，网络直播现场执行、淘宝平台网络拍卖，为执行工作插上了科技的“翅膀”。积极争取媒体支持，在广西日报、广西法治日报、广西电视台等设立专栏、专题，大力宣传，营造氛围，全区执行态势越来越好。

事不避难，难也不难。在执行大案、难案、骨头案面前，广大法官、法警挺身而出，迎难而上，创新驱动“执行得了”，取得了广西基本解决执行难第一个战役的胜利！

六、强化特色服务，促进地方发展

人民法院在依法严惩犯罪的同时也依法保障发展。自治区高级人民法院紧紧围绕自治区“四大战略”和“三大攻坚战”，组织全区各级人民法院创新工作方式，开展司法特色服务经济活动，努力为各地特色发展提供司法保障。

服务新型城镇化建设。南宁法院开展服务“两个建成”排头兵活动，推行“指尖上立案”“网上诉讼”，妥善审理执行土地产权相关案件113件，促进城市扩大发展。来宾法院开展服务新型城镇化综合试点城市活动，采取完善基层社会治理体系、联动司法帮扶企业等措施，促进“桂中水城”建设。

服务工业企业项目。柳州法院开展服务区域性先进制造业基地活动，设立工业园区法律服务中心、“调解速裁中心”，快速调处纠纷，执结一批重大项目征地拆迁案件。玉林法院开展服务非公经济发展示范城市活动，出台“僵尸”企业司法处置实施方案，构建金融联动机制，指导企业防范金融风险。梧州法院开展服务西江黄金水道上向东开放的龙头城市活动，设立工业园区巡回法庭，妥善处理涉园区企业案件283件。贵港法院开展服务港口新兴工业基地活动，在大藤峡水利枢纽工程和华奥汽车制造基地设立司法服务站、法官服务联系点，就地化解矛盾纠纷230多起。

服务生态旅游经济。桂林法院开展服务国际旅游胜地活动，探索方便快捷、群众满意的涉旅游案件审判工作机制，先后在客服点、漓江船上等现场调解纠纷案件166起，调撤率达71.6%。北海法院开展服务海上丝绸之路全域旅游城市活动，依托旅游法庭开展景区巡回审判，营造法治规范的旅游消费环境。贺州法院开展服务向东开放门户生态文明城市活动，出台保障生态健康产业和“两个千亿元产业”发展的意见，设立生态资源合议庭，探索“旅游+扶贫”的诉讼服务新模式。

服务脱贫攻坚战。百色法院开展服务革命老区红色产业创新发展活动，组建壮语巡回法庭、结对帮扶服务队，妥善审理涉铝业、茶果等特色产业纠纷1200多件。河池法院开展服务精准脱贫攻坚战活动，成立脱贫攻坚法律服务中心，设立“拔哥”流动法庭，建立易地安置扶贫司法服务站。

服务“一带一路”重要门户。钦州法院开展服务“一带一路”重要门户港活动，发挥钦州海事法庭作用，在园区企业、社区村屯设立法官工作室695个，受理涉项目建设纠纷案件3409件。防城港法院开展服务国际枢纽港经济区活动，派出驻村、口岸调解联络站、中越商事双语巡回法庭，审理边贸、涉企纠纷案件3671件。崇左法院开展服务面向东盟沿边开放开发活动，设立边境贸易巡回法庭，建设村屯法治广场，创新司法服务南疆、国门、边贸工作机制。宁铁法院开展服务广西进入“高铁”时代活动，设立司法工作站，上动车、到沿线、进企业，就地调处矛盾纠纷。北海海事法院开展服务北部湾经济区和西江经济带发展活动，依法妥善审理海事海商一审案件508件，为扩大开放发展作出积极贡献。

七、强化队伍建设，夯实基层基础

扎实开展“两学一做”学习教育。采用多种方式，组织学习党章党规、学习习近平总书记系列重要讲话，开展合格共产党员教育。坚持抓党建带队建促审判。在贵港召开全区法院“两学一做”学习教育现场交流推进会，推动学习教育深入开展。加强法院文化建设，推出一批法院文化精品。与广西电视台联合拍摄“公正守护神”系列宣传短片，用身边的事教育身边的人，发挥典型引领作用，选树一批“四讲四有”的好法官、好干部。

强化司法能力建设。开展业务大培训、岗位大练兵，组织精品案件、优秀示范庭审、优秀裁判文书评选，提高队伍正规化、专业化、职业化水平。广西法院司法警察代表队参加首届全国法院司法警察技能大比武，在全国33个参赛队中名列团体第三。

强化党风廉洁建设。坚决落实全面从严治党主体责任和监督责任，认真学习贯彻《关于新形势下党内政治生活的若干准则》和《中国共产党党内监督条例》。以自治区党委第三巡视组专项巡视为契机，坚持问题导向，明确整改任务，制定党风廉洁建设责任清单。严厉查处少数干警违法违纪问题，通报典型案例9起16人。

强化基层基础建设。坚持重心下移、力量下沉、保障下倾，全年招录干警511人，全部充实到基层。建成科技法庭、执行指挥中心、诉讼服务中心、远程视频接访室1074个，新建项目纳入全国政法基础设施建设“十三五”规划。

八、自觉接受监督，依法履行职责

自觉接受人大及其常委会监督。坚持重大工作、重要事项向人大报告。自治区人大常委会听取自治区高级人民法院司法公开工作报告后，提出“执行公开”要注重政治效果、社会效果、法律效果相统一，我们立即研究，采取措施，按照三统一要求推进执行工作。积极配合自治区人大常委会开展各项专题调研和检查。邀请人大代表视察法院、旁听庭审、观摩执行、听证评议，推进监督工作常态化。自治区十二届人大五次会议11件代表建议全部办结。

自觉接受政协民主监督。主动向政协通报工作，加强与各民主党派、工商联、人民团体、无党派人士的联络，听取意见建议，自治区政协十一届四次会议6件提案全部办结。

自觉接受检察机关法律监督。高度重视检察建议，依法审理抗诉案件，共同维护司法公正。

自觉接受社会监督。坚持落实新闻发布会、发言人制度，及时、准确发布信息，回应社会关切。对新闻媒体或人民群众反映强烈的突出问题，认真调查核实，确有问题的坚决查办和纠正。

各位代表，过去一年广西法院的工作得到了最高人民法院的高度重视和充分肯定。周强院长对我区法院整体工作作出批示：“广西壮族自治区高院工作重点突出，积极推进司法改革，着力解决‘执行难’，切实加强队伍建设，成效明显。”对执行工作作出批示：“广西壮族自治区领导高度重视、高院行动迅速，措施有力，成效显现，请关注广西高院的经验”“望在全国继续发挥示范作用”，并在全国法院执行工作会议上表扬和推广我区基本解决执行难经验。

各位代表，总结过去一年的工作，最重要的经验和体会就是始终坚持党委对法院工作的领导，自觉接受人大及其常委会监督，积极争取政府、政协、各地各部门和社会各界的支持。自治区党委常委会议专题听取高院党组工作汇报，明确法院工作任务要求。广西法治建设工作领导小组出台《关于“基本解决执行难”工作的意见》。自治区党委书记、自治区人大常委会主任彭清华多次作出重要批示和指示，为我们指明方向。自治区主席陈武带队到广西执行指挥中心，开展“政府支持基本解决执行难工作”专题调研，帮助解决具体问题。自治区本级涉党政机关执行积案全部化解，以上率下推动各地涉党政机关执行积案加快解决。自治区政法委牵头抓总，协调解决一批大案难案。全区各市、县两级党委主要领导分别对当地法院执行工作作出批示、指示和推动。各级人大代表、政协委员和社会各界关注支持。在这里，我代表自治区高级人民法院，向关心支持法院工作的各级党委、人大、政府、政协、人大代表、政协委员及社会各界表示衷心的感谢！

总结过去一年的工作，我们也清醒认识到，法院工作还存在不少问题和困难，一些案件审判执行质效不高，涉诉信访压力较大；个别干警违法违纪损害司法公信，审判监督管理和错案责任追究还需强化；司法改革配套政策的完善和司法责任制的落实有待加强；一些法院法官年办案任务在300件以上，案多人少矛盾突出等等。我们将进一步采取措施，努力加以解决，也恳请人大代表和政协委员继续关心和支持。

2017年工作安排

2017年，全区法院要全面贯彻党的十八大和十八届三中、四中、五中、六中全会精神，深入学习贯彻习近平总书记系列重要讲话精神，围绕“五位一体”“四个全面”，以新发展理念统揽人民法院工作，坚持稳中求进工作总基调，认真贯彻落实中央政法工作会议、全国高级法院院长会议精神，深入贯彻落实自治区第十一次党代会重大部署，切实落实本次大会决议，忠实履行审判执行职责，切实维护政治安全特别是政权安全和制度安全，促进社会公平正义，保障人民安居乐业，为营造“三大生态”，实现“两个建成”，谱写建党百年广西发展新篇章提供强有力的司法保障。

一、发挥审判职能作用，为营造“三大生态”，实现“两个建成”创造良好法治环境。深入学习贯彻自治区第十一次党代会精神，切实找准切入点和结合点。依法惩治各种犯罪，积极推进社会治理创新，坚决维护大局稳定，促进经济稳中求进；依法严惩腐败犯罪，促进党风廉政建设和反腐败斗争深入开展。依法保障深化供给侧结构性改革顺利推进；加强涉民生案件审判，妥善化解群众在教育、就业、食品、药品、医疗、融资、社会保障等方面的诉求，依法维护人民群众合法权益。健全环境资源司法保护制度，保护土地、森林、水资源环境，保障“美丽广西·宜居乡村”建设。承办好第二届中国—东盟大法官论坛，促进与东盟国家的开放合作交流。

二、乘势而上，继续打好基本解决执行难重大战役。基本解决执行难问题，是党的十八届四中全会的明确要求，也是广西营造“三大生态”，实现“两个建成”战略目标必须完成的任务。自治区第十一次党代会提出“推进执行体制改革，基本解决执行难问题”，全区法院将抢抓大好历史机遇，把今年作为“执行攻坚年”认真抓好，一抓大抓，抓出成效，坚决打赢广西基本解决执行难这场硬仗。

三、深化司法体制改革，落实司法责任制。落实“让审理者裁判、由裁判者负责”，既要确保法官对案件事实认定和适用法律独立作出判断，又要对违法失职行为进行责任追究，实现权责统一，同时继续抓好各项配套改革，破解难题，补齐短板，释放改革活力。

四、加快推进“智慧法院”建设，充分发挥信息平台作用。努力建设全面覆盖、跨界融合、深度应用的人民法院信息化升级版，提升审判执行工作现代化水平。同时，继续抓好法院文化新闻宣传工作，繁荣法治文化，弘扬社会主义法治精神。

五、坚持问题导向，不断提升司法公信。进一步深化司法公开，促进公正司法，切实防止案件裁判不公、切实提高审判质效；进一步完善干部管理机制，引进、留住优秀人才；进一步加强基层基础建设，今年年底前为基层法院办好三件实事：增加基层法院干警教育培训1000人以上，再建基层法院科技法庭100个以上，恢复、新建人民法庭30个以上。

六、坚持从严治党、从严治院，加强过硬队伍建设。切实履行全面从严治党主体责任和监督责任，强化“五个更加从严”，营造风清气正、干事创业的良好生态，努力建设忠诚、干净、担当的过硬队伍。

七、更加主动接受人大和各方面监督，以监督促公正、树公信。坚持严格依法履行职责，加强与人大代表的联系，认真听取代表意见建议，更好地接受政协民主监督、检察机关诉讼监督、舆论监督和社会监督，充分听取各界意见，不断加强和改进工作，提高司法为民、公正司法水平。

各位代表，新的形势催人奋进，新的征程任重道远。自治区高级人民法院将团结带领全区法院干警，更加紧密地团结在以习近平同志为核心的党中央周围，始终坚持在党委领导、人大及其常委会监督之下砥砺前行，努力实现人民法院事业新发展，以优异成绩迎接党的十九大胜利召开！

附件一

用 语 说 明

执行得了：我区法院通过全面推进执行体制机制改革，加强正规化、专业化、职业化执行队伍建设，建立健全信息化执行查控体系、执行管理体系、执行指挥体系及执行信用惩戒体系，不断完善执行规范体系及各种配套措施，强力破解执行难题，确保当事人胜诉权益得到及时兑现。

执行转破产工作机制：是指在执行程序中，作为债务人的被执行人企业缺乏清偿能力无法全部清偿债务时，如被执行人企业符合破产法定条件且经债权人或债务人同意的，执行法院可将案件移送有管辖权的法院启动破产程序，通过破产程序积极追收被执行人财产，实现对债权人公平清偿的工作机制。

司法公开四大网络平台：是指审判流程公开、裁判文书公开、执行信息公开、庭审公开等四大网络平台。2013 年，为贯彻中央关于进一步深化司法体制改革的总体部署，推进阳光司法，最高人民法院提出建立完善审判流程公开、裁判文书公开、执行信息公开三大平台。2016 年，最高人民法院提出打造第四大司法公开平台——中国法院庭审公开网，至此形成审判流程、裁判文书、执行信息、庭审四大公开平台。

律师参与化解和代理涉诉信访：2015 年中央政法委发布《关于建立律师参与化解和代理涉法涉诉信访案件制度的意见（试行)》。各地律师协会推荐具有较强的业务能力和社会责任感、热心公益事业、善于做群众工作的律师参与涉法涉诉信访案件的化解工作。律师可提供以下法律服务：运用法律专业知识和化解矛盾纠纷的实践经验，接谈信访人、评析信访案件、做好释法劝导工作、提出处理建议、引导信访人依法申诉、帮助申请救助等各种方法，促进涉法涉诉信访案件得到依法公正处理。

刑事和解：是指在刑事诉讼过程中，通过调停人或其他组织使被害人与犯罪嫌疑人、被告人直接沟通、共同协商，双方达成民事赔偿和解协议后，司法机关根据案件的具体情况对犯罪嫌疑人、被告人不再追究刑事责任或从轻减轻刑事责任的诉讼活动。其目的旨在通过和解，修复加害人所破坏的社会关系，双重补偿被害人在精神和物质上的损失，给予加害人获得被害人谅解和改过自新、尽快回归社会的机会。

法官员额制改革：2014年6月，中央全面深化改革领导小组第三次会议审议通过《关于司法体制改革试点若干问题的框架意见》，提出法官实行有别于普通公务员的管理制度。最高人民法院发布的“四五改革纲要”进一步明确建立法官员额制，即通过严格遴选，将政治素养好、专业素质高、办案能力强的法官纳入员额，并进行单独职务序列管理，目的是提高司法队伍专业化、职业化水平，把最优秀的人才吸引到办案一线。

司法责任制改革：为实现让审理者裁判、由裁判者负责，最高人民法院于2015年9月发布《关于完善人民法院司法责任制的若干意见》，明确法官应当对其履行审判职责的行为承担责任，在职责范围内对办案质量终身负责。

以审判为中心的诉讼制度改革：党的十八届四中全会提出的改革内容之一，是指审判活动在诉讼全过程应处于中心地位并起关键作用，要求侦查、起诉和辩护等各诉讼环节都须围绕审判展开，做到事实证据调查在法庭，定罪量刑辩论在法庭，判决结果形成在法庭。此项改革凸显了审判的中心地位，是保证司法公正的有力举措。

人民陪审员制度改革：党的十八届三中、四中全会提出的改革措施之一。根据全国人大常委会授权，2015年4月，最高人民法院、司法部联合印发《人民陪审员制度改革试点方案》的通知（法〔2015〕100号），确定北京、河北、广西等十个省（区）市法院进行试点改革，主要在规范人民陪审员选任条件、扩大参审范围、完善参审案件机制、完善履职保障制度等几个方面进行改革，旨在保障人民群众有序参与司法，推进司法民主，促进司法公正，提升司法公信力。我区试点单位为崇左市中院、大新县、上思县、桂林市七星区、百色市右江区等5个法院。

家事审判改革：家事审判主要是指针对涉及家庭成员之间的人身及财产权益纠纷案件的审理。为提升家事案件专业化水平，节约司法资源、统一司法裁判标准、提高案件质量和效果，自治区高级人民法院按照最高人民法院有关改革意见，制定出台《关于开展家事审判改革试点工作的指导意见》，内容涉及建立现代家事诉讼保障机制、建立现代家事审判运行机制、家事案件主审法官的职责范围、各级法院家事审判改革的职能分工等四方面，并在南宁、柳州、防城港、贵港、百色、崇左6市确立10个基层法院作为广西家事审判改革试点法院。通过家事审判改革，维护婚姻家庭稳定，依法保护未成年人、妇女和老年人合法权益，彰显司法人文关怀。

量刑规范化改革：是指“规范裁量权，将量刑纳入法庭审理程序”，统一量刑方法和步骤、量刑情节适用标准，让法官的量刑越来越公正和精细，确保量刑公平公正，解决民众反映强烈的“同案不同判”的问题。从2010年开始，最高人民法院全面推行量刑规范化改革，对故意伤害、盗窃等15种常见犯罪的量刑规范化进行试点。2016年5月最高人民法院发出《关于扩大量刑规范化罪名和刑种试点的通知》，将危险驾驶罪、非法吸收公众存款罪、集资诈骗罪、信用卡诈骗罪、合同诈骗罪、非法持有毒品罪、容留他人吸毒罪和引诱、容留、介绍卖淫罪等8项罪名纳入量刑规范化范围，适用量刑规范化的罪名将将达到23种，案件数量约占全国基层法院刑事案件的90%左右。广西是全国扩大量刑规范化罪名和刑种八个试点省区市之一。

审执分离改革：党的十八届四中全会提出的改革内容之一，旨在通过改革实现执行裁决权与执行实施权相互分离，实现权责更加明晰、管理更加规范、执行更有威慑、指挥更加高效，维护司法公正。2015年5月13日，最高人民法院批复广西壮族自治区高级人民法院审执分离改革试点方案，广西由此成为全国法院开展此项改革试点的省区之一。

繁简分流机制改革：2016年最高人民法院出台《关于进一步推进案件繁简分流优化司法资源配置的若干意见》规定，繁简分流改革包括诉讼程序的繁简分流和司法资源的优化分配。诉讼程序的繁简分流是指将不同案件分别适用不同审理程序，实现简案快审、繁案精审。目的在于通过繁简分流改革，优化审判资源配置，加快司法运行节奏，满足当事人诉讼需求的同时，兼顾案件差异，实现公正与效率在更高层次上的平衡。

基本解决执行难：2016年3月13日，最高人民法院在十二届全国人大四次会议上的工作报告明确提出“用两到三年时间基本解决执行难问题”，要求在两年到三年内实现以下目标：被执行人规避执行、抗拒执行和外界干预执行现象基本得到遏制；人民法院消极执行、选择性执行、乱执行的情形基本消除；无财产可供执行案件终结本次执行的程序标准和实质标准把握不严、恢复执行等相关配套机制应用不畅的问题基本解决；有财产可供执行案件在法定期限内基本执行完毕，人民群众对执行工作的满意度显著提升，人民法院执行权威有效树立，司法公信力进一步增强。

指尖上立案：当事人通过手机关注法院官方微信公众号或通过手机登录法院政务网站“在线诉讼服务平台”以及扫描APP司法公开移动客户端二维码下载人民法院司法公开网客户端等方式，动动手指，即可网上直接立案或进行预约立案、预约旁听庭审等预约服务，还可以进行查询裁判文书等各类查询服务。

网上诉讼：人民法院依托网络信息化手段建设在线诉讼服务平台，当事人可通过互联网登录平台后，进行在线立案、在线审理、在线调解、在线送达等诉讼活动，足不出户即可享受便捷高效的网上诉讼服务，免去来回奔波之苦，切实减轻当事人诉累。今年以来，南宁市中院当场立案率达98.7%。

调解速裁中心：柳州法院调解速裁中心分为调解组和速裁组，调解组由3名法官带领1名退休法官、3名律师组成，对当事人同意调解的民事案件进行诉前调解，并根据纠纷性质进行分组分类调解。速裁组由6名法官组成，专门负责对诉前调解不成功的案件和已经立案登记的简单民事案件进行开庭审理和裁判。柳州市鱼峰区法院调解速裁中心成立至今，共受理案件1642件，审结1332件，其中调解撤诉1007件，调撤率达75.6%。

结对帮扶服务队：百色法院结合精准扶贫工作实际，成立结队帮扶服务队，由院领导担任队长，由若干名有农村工作经验的干警组成，常态化与农村贫困户、留守儿童、孤寡老人保持沟通联系，在脱贫帮扶、司法服务、爱心扶助等方面提供帮助。田林县法院以此作为机关党建创新载体，组建结对帮扶志愿队，重点参与联系村浪平乡小坳村、坳亭村的精准扶贫工作，组织本院党支部与联系村开展结对共建，为农村和农民提供扶贫产业咨询和司法服务。

驻村、口岸调解联络站：防城港法院针对边境线长，辖区内汉、壮、瑶、京等多民族聚居，以及近年来中越边民往来和互市贸易纠纷日益增多的情况，在边境线的村委会建立“法庭调解联络站”，在峒中口岸、里火口岸和滩散互市点设立“调解联络站”，构建与司法所、派出所、人民调解委会多元联调网络，每名法官挂点联系村委、口岸，加强与海关、口岸等部门及村委等联动，深入边境线巡回开庭、调解、普法宣传，及时化解涉边境贸易矛盾纠纷。

中越商事双语巡回法庭：防城港法院在东兴边贸互市贸易区设立“中越商事纠纷特别巡回法庭”，中越“双语法官”通过微信、QQ、电话等方式调解中越两国当事人边境贸易纠纷，有效促进边境地区商贸关系的良性发展。

村屯法治广场：崇左法院在基层村屯因地制宜设置法律学习、法治宣传、纠纷化解的专门法治文化广场，集法治文化、法制宣传、休闲健身为一体，成为农村法律宣传、农民学法用法的新阵地。崇左法院以崇左市扶绥县渠黎镇吉到屯社会主义价值主题园为依托，选派5名法官组成服务团队，为村屯群众提供法律咨询服务，开展法律宣传等，使群众在家门口就可以快速化解矛盾纠纷。

五个更加从严：在中国共产党广西高级人民法院机关第六次党员代表大会上，自治区高级法院党组书记、院长黄克提出，要结合广西法院实际，把全面从严治党要求贯穿于人民法院工作全过程，提出坚持“五个更加从严”的要求，即：更加从严贯彻“五大发展理念”，更加从严实行《关于新形势下党内政治生活的若干准则》《中国共产党党内监督条例》以及“八项规定”，更加从严加强对干警司法行为和业外行动的监督，更加从严坚持领导干部个人有关事项报告制度，更加从严开展干部考核考评，通过坚持“五个更加从严”，深入落实全面从严治党、从严治院的要求，营造良好生态，打造过硬队伍。

附件二

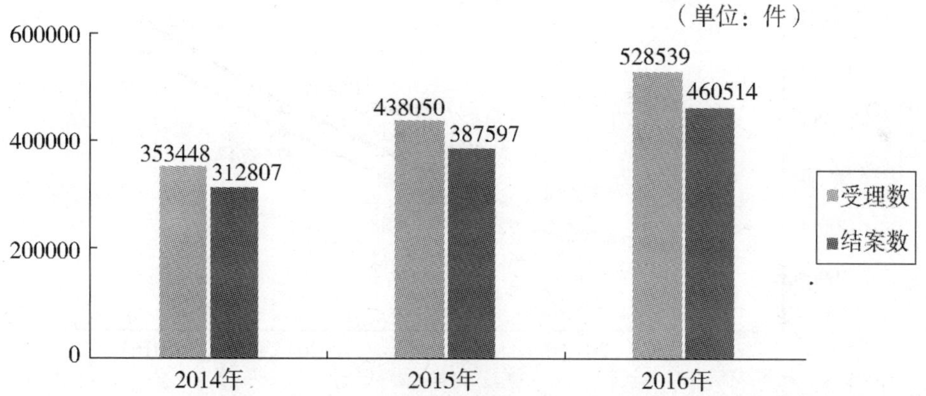

全区法院受理、审结案件趋势图

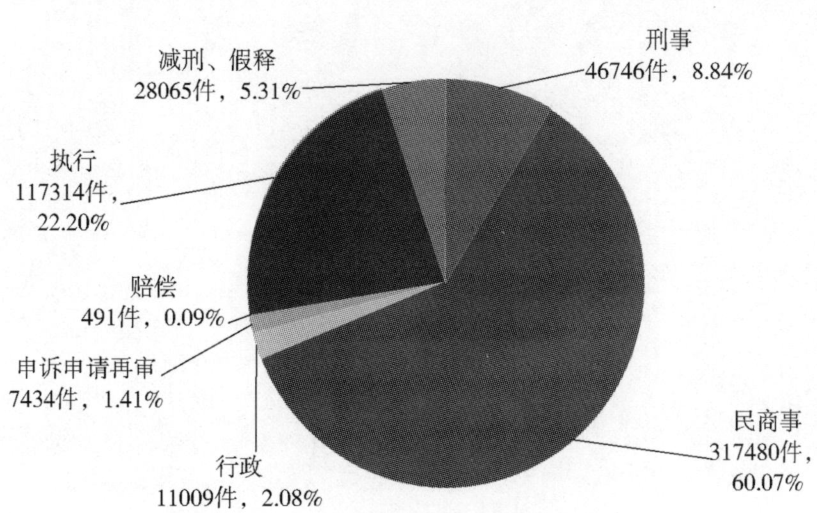

2016 年全区法院受理各类案件比例图

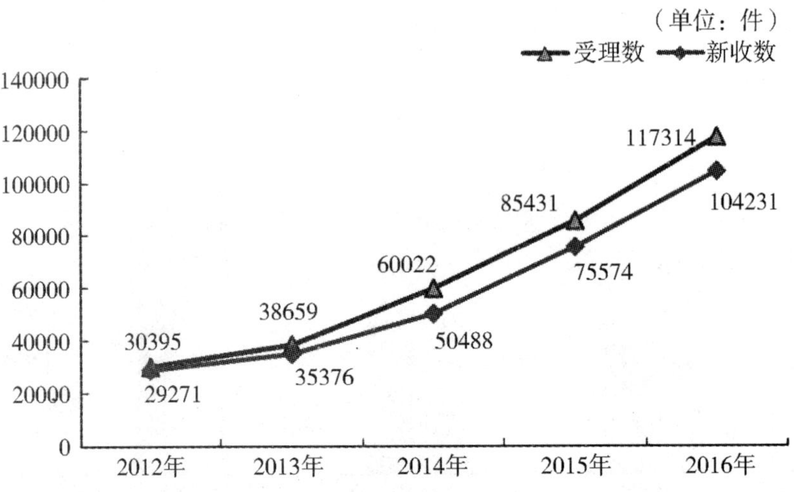

全区法院执行案件受理、执结趋势图

海南省高级人民法院工作报告

——2017年2月22日在海南省第五届
人民代表大会第五次会议上

海南省高级人民法院院长　董治良

各位代表：

现在，我代表海南省高级人民法院向大会报告工作，请予审议，并请省政协委员和其他列席同志提出意见。

依法履行审判职能

2016年，全省法院以党的十八大和十八届三中、四中、五中、六中全会、省第六次党代会及省委六届历次全会为指引，在省委、省人大、省政府、省政协的领导、监督、支持下，以最高法院司法巡查和省委巡视成果转化为动力，坚持司法为民、公正司法，各项工作取得新进展，为海南实现“十三五”良好开局提供了有力司法保障。

一、充分履行审判职责，维护社会公平正义

全省法院全年受理各类案件159186件，是2007年的4.21倍，比

2012年上升112.29%，比2015年上升27.73%；办结153794件，结案率96.61%，同比分别上升28.06%和0.25个百分点，结案率位列全国法院前茅。其中受理诉讼执行案件156455件，是2007年的4.13倍，比2012年上升166.88%，比2015年上升33.82%；审执结151097件，结案率96.58%，同比分别上升34.17%和0.25个百分点；受理非诉案件2731件，同比下降64.62%，办结2697件。法官人均办案151件，同比增加39件，海口龙华法院人均办案达493件。高院本级受理各类案件4721件，办结4582件，结案率97.06%，同比上升0.14个百分点，其中受理诉讼执行案件4500件，办结4361件，同比分别上升33.53%和34.85%。

严惩刑事犯罪，维护社会稳定。全省法院受理刑事案件11113件，审结10882件，同比分别上升6.52%和7.57%，判处罪犯9257人。刑事案件占诉讼执行案件比例为7.1%，同比下降1.82个百分点。严惩严重刑事犯罪，审结危害国家安全、故意杀人、强奸、抢劫、涉黑涉恶等犯罪案件558件，王保弟、雷显海非法获取国家秘密案、王信毛等人恶势力团伙犯罪案依法及时审结。全面参与全省禁毒大会战，从严从重打击毒品犯罪，审结毒品犯罪案件2854件3096人，组织集中公开宣判108场，依法对一批罪大恶极的毒品罪犯执行死刑，海口中院审结涉毒多达79.75千克的杨朝猛等人贩卖、运输毒品案。贯彻《刑法修正案（九）》和“两高”司法解释新规定，严惩贪污贿赂犯罪，审结贪污贿赂、滥用职权、失职渎职犯罪案件374件430人，其中县处级以上干部27人。制裁破坏环境资源犯罪，审结污染、破坏环境资源犯罪案件354件455人，公开开庭审理社会广泛关注的海南首例非法开采稀土矿案。保障扶贫工作大局，审结涉扶贫领域犯罪案件22件。严惩网络犯罪，审结社会影响恶劣、群众深恶痛绝的电信网络诈骗案件120件，2件入选最高法院公布的九起典型案例。贯彻宽严相济的刑事政策，对符合条件的1923名被告人依法宣告缓刑、判处管制、单处附加刑或免予刑事处罚。

妥处民商纠纷，服务经济社会发展。依法调节民商关系，全省法院受理民商事案件 88143 件，审结 84914 件，标的额 444.54 亿元，同比分别上升 25.4%、25.26% 和 53.59%。维护市场经济秩序和交易规则，审结各类合同纠纷案件 43891 件。维护金融秩序，促进金融创新，审结借款、证券、保险等各类金融纠纷案件 9152 件。服务军改大局，维护国防利益和军人军属合法权益，审结涉军案件 66 件，成功调解涉中国人民解放军第 187 医院合办幼儿园纠纷案。加大民商事案件调解力度，一审民商事案件调解撤诉率 56.21%，成功调解涉案标的额分别达 13 亿元和 8 亿元的 2 起影响重大的股权纠纷案。

化解行政纠纷，促进依法行政。全省法院受理行政诉讼案件 4248 件，审结 4074 件，同比分别上升 37.7% 和 38.15%。严格审查行政行为合法性，支持行政机关依法行政和维护行政相对人合法权益并重，审结的 2989 件一审行政案件中，判决撤销、变更行政行为或确认行政行为违法的 386 件，占 12.91%。另审结行政非诉执行案件 1171 件，裁定准予执行 793 件，占 67.72%。高院连续第七年发布行政审判白皮书，全省法院共发出司法建议 67 份。

创新执行方式，破解执行难题。依托执行体制改革加大执行工作力度，全面部署开展“用两年时间基本解决执行难问题”工作并实现良好开局，全省法院受理执行案件 36219 件，执结 34643 件，同比分别上升 52.3% 和 53.86%，有财产可供执行案件执行标的到位率 68.05%。推进执行规范化建设，全面应用海南法院执行案件管理系统，在全国率先实现 37 个关键流程节点上报覆盖率百分之百。推进执行信息化建设，新建全省统一执行指挥中心，实现执行现场全程留痕、应急指挥远程可视化；完善网络执行查控系统，协调推动海南法院“点对点”查控系统正式上线，查询到被执行人存款共计 5.16 亿元，有效破解查人找物传统执行难题。推进执行惩戒体系建设，公布失信被执行人名单信息 8759 条，联合相关部门对失信被执行人进行信用惩戒，让“老赖”“一处失信、处处受限”，748 名失信被执行人迫于失信黑名单压力主动履行了义务。依法突出执行工作强制性，严厉打击规避执行、抗拒执行行为，共对326人采取司法拘留措施、罚款100万元，并以涉嫌拒执罪向公安机关移送30案33人，已判处刑罚4案4人。

加强审判监督，强化人权司法保障。保障群众依法申诉和申请再审权利，审结申诉和申请再审案件2256件，同比上升5.03%，依法决定再审217件，其中再审改判或发回重审87件，占同期生效裁判的0.06%，同比下降0.05个百分点。依法办理减刑、假释案件，全省法院审结减刑、假释案件6596件，结案率99.98%。加强少年法庭建设，完善审判工作与社区矫正衔接机制，积极参与特殊人群帮教管理，判处未成年犯343人，其中宣告缓刑128人，切实保护未成年人合法权益。

二、坚持服务全省大局，营造良好法治环境

主动适应经济发展新常态，将“五大发展理念”贯穿执法办案全过程，依法保障全省改革发展大局。

服务“多规合一”、三年拆违、海岸带整治、农垦改革等重点工作。与省法制办、住建厅、国土厅联合调研，统一相关案件审理共识，围绕海岸带整治中收回闲置土地等问题提出司法建议，审结各类拆违案件1175件，妥善处理涉及闲置土地纠纷49件。服务农垦新一轮体制改革，制定审理涉农垦系统土地纠纷案件指导意见，规范相关案件审理，审结涉农垦纠纷案件681件。服务生态立省战略，保护人民群众环境权益，受省委委托，协调相关部门建立海南环境资源专家库、鉴定机构名册，联合发布环境资源刑事司法保护和执法联动实施意见，规范环境公益诉讼，促进海南低碳绿色发展。服务“一带一路”建设，为海洋经济发展提供司法服务和保障，平等保护中外当事人合法权益，审结海事海商案件455件、涉外民商事案件71件。服务海口“双创”工作和城市管理，海口四区法院城市管理巡回法庭推行巡回联系点进社区、全覆盖，审结案件106件；海口中院通过强制执行盘活“八里

银海”项目，有力推进海口湾整体开发建设。服务南海维权大局，审结涉南海案件20件，依法管辖、妥善审理南沙群岛华阳礁附近海域沉船事故引起的船舶保险合同纠纷案，彰显国家司法主权。

服务经济转型升级。保障重点项目建设，审结涉西环高铁、博鳌机场、航天城等重大项目案件629件。加强知识产权司法保护，鼓励支持创业创新，审结知识产权案件144件，连续六年发布知识产权司法保护状况白皮书和典型案例。立足全域旅游发展，大力推广三亚旅游巡回法庭经验，海口四区法院同时挂牌成立旅游巡回法庭，文昌法院设立航天城特色旅游巡回法庭。服务供给侧结构性改革，以积极稳妥破产挽救、加快市场出清为原则，做好破产申请受理审查，妥善处理涉企类破产重组及清算、股权转让、劳动争议案件7834件。加强产权保护，建立全省法院、工商联及商会涉非公有制企业商事纠纷诉讼与调解对接工作机制。妥善处理“两个暂停”政策16实施后的房地产纠纷尤其是涉众型房地产纠纷，审结房地产纠纷案件4300件。

服务法治环境建设。结合案件审理，大力弘扬社会主义核心价值观和法治精神。充分发挥司法在依法治省和社会治理中的作用，创新和加强社会治理，开展法律“六进”活动204次，发放法律书籍和宣传资料64700余册，受教育群众81000余人次。加强国际和境外司法协助和交流，保护港澳台同胞和海外侨胞合法权益，审结涉港澳台、涉侨案件219件，办理涉外、涉港澳台司法协助案件395件，展示海南良好法治环境。

三、始终坚持司法为民，回应群众多元需求

引导干警牢固树立司法为民宗旨，主动回应人民群众关切，着力保障人民群众合法权益。

注重民生权益保护。以推进家事审判改革为契机，加大对妇女、老年人、未成年人合法权益保护力度，审结婚姻家庭案件7540件，反家暴法实施后临高法院发出全省首张人身安全保护令，保护女性当事

人免受家暴。依法维护尤其是维护弱势群体的合法权益，审结劳动争议和劳务合同纠纷案件8852件，道路交通、医疗等人身损害赔偿案件18223件。重视拖欠农民工工资案件审理和执行。针对农民工追索欠薪难问题提出司法建议，通过适用简易程序、加强调解、强制执行提高及时兑现率，2016年元旦春节期间集中执结涉民生案件446件，执结到位金额651.49万元，年底海口龙华、澄迈、五指山法院为117名农民工执行到位工资263万元。保护当事人胜诉权益，通过执行案款清理，发放执行案款3369笔15.57亿元；执结党政机关为被执行人的案件64件，执行到位金额3.7亿元，其中一例涉政府2亿债务案件，在海口市委市政府支持下一次性执行完毕。加大司法救助力度，规范司法救助工作，高院率先成立司法救助委员会，全省法院共为1048件案件1592名当事人发放司法救助金1898.63万元，为当事人减免缓交诉讼费2539.71万元，让人民群众切实感受到司法的人文关怀。全面推行有利于节约当事人成本的网络司法拍卖，体现“零佣金”、公开透明优势，全省法院网拍成交224件，成交金额5.14亿元，为当事人节省佣金2493.6万元，平均溢价率21.65%。省一中院以3.46亿余元的价格成功网拍一被执行人海域使用权和土地使用权，刷新了全省司法网拍记录。

重点解决群众关注案件。遵照习近平总书记有关食品安全四个“最严”标准，加强刑事司法与行政执法衔接，从严从重从快惩处危害食品药品安全违法犯罪行为，审结涉食品安全刑事案件13件，判处刑罚15人，确保人民群众“舌尖上的安全”。认真贯彻新修改的行政诉讼法，突出调解优先与保护公民合法权益并重解决“民告官难问题”，全省法院受理行政赔偿案件148件，同比上升604.76%，涉海联造船厂行政赔偿案等一批疑难案件得到妥善处理。重视保护赔偿请求人合法权益，审结国家赔偿案件81件，同比上升131.43%，决定赔偿18件，赔偿金额694.48万元，妥善调结社会广泛关注的陈满申请国家赔偿案。加大对申请再审案件当事人权益的保护，制定民事再审审查听证规程，防止审查走过场。

强化诉讼便民措施。对诉讼服务中心现有自助查询系统进行升级，开发移动终端 APP，最大限度方便当事人通过多种途径获取案件信息。畅通立案信访渠道，制定全省法院统一适用的立案操作规程，推进立案工作规范化、标准化，全省法院当场登记立案率 95.38%，同比提高 4.38 个百分点，符合立案条件的一审案件办理完立案程序的时间平均缩短到十分钟以内，基本上实现立案“零门槛”。落实涉诉信访改革各项措施，制定网上涉诉信访办理工作规程，深入推进网上信访、网上办理、网上答复。处理来信来访 20548 件次，同比上升 14.48%，其中高院本级处理来信来访 15937 件次，同比上升 28.97%，占全省涉诉信访总量的 77.56%，集体访次数和人数分别下降 93.75% 和 98.69%。对反复缠诉闹访的驳回案件引入评查机制，对已驳回的重大信访案件引入回访机制，根据情况依法纠错或者释明，促使服判息诉。扎实开展律师参与化解和代理申诉工作，全年律师代理、参与化解申诉案件 28 件。加强巡回审理、上门审理，全省法院巡回办案 6152 件，海口龙华法院率先创立“便携式科技法庭”，切实解决行动不便或边远地区群众诉讼难问题。

四、坚持思想建院制度治院，全面加强队伍建设

落实“抓党建带队建促审判”的工作思路，以理想信念教育为基础，以制度建设为抓手，为法院履行审判职能、服务大局提供政治、思想和组织保障。

扎实开展“两学一做”学习教育，树立“四个意识”。充分运用中央政法委“司改”督查、最高法院司法巡查、省委第五巡视组巡视的成果，结合全面学习宣传贯彻党的十八届六中全会精神，扎实推进“两学一做”学习教育，开展“做合格法官”“做合格法院工作人员”学习讨论，着力增强干警“四个意识”“三个认同”，强化责任担当，积极创先争优，全省法院共有 11 个集体、20 人次受到省直以上机关

表彰。

坚持制度管权管事管人，压实“两个责任”。以全面做好巡视巡查整改工作为主抓手，完善党组会议制度、机关党建工作领导小组工作制度、民主生活会制度，严格领导干部过双重组织生活制度，落实全面从严治党主体责任。借鉴巡视经验做法，对海口龙华法院等6个法院进行第二轮司法巡查，开展全面从严治党的“政治体检”。全力支持纪检监察部门扛起监督责任，配齐配强监察部门干部，聘任二批特邀监督员共38人，进一步强化监督执纪问责。严格执行中央“八项规定”和省委省政府“二十条规定”，高院本级“三公”经费同比下降41.04%。

聚焦司法能力建设，提升业务素质。举行第七届海南法治高端讲座，联合中国行为法学会设立三亚学术研究基地和博士后工作站（筹），坚持和创新海南特色教育培训品牌，高院共举办各类培训班21期5493人次。加强审判理论和实务研究，连续九年中标最高法院司法研究重大课题，一项课题被确定为全国法院十大司法统计分析重点课题，23篇论文在全国法院第二十七届学术讨论会上获奖，其中一等奖1篇，创历年来最好成绩。为丰富年轻干警办案经验和基层工作阅历，高院选派30名年轻干部到7家基层法院挂职。因应海南多民族多方言地区司法需求，昌江法院法官普遍掌握两种以上地方语言，定安法院开展海南话考核。

加强党风廉政建设，突出廉洁公正司法。对入额法官加强司法廉洁专题教育，严格执行审判机关工作人员和党员领导干部任职回避制度，落实中央、最高法院防止内外部过问干预案件制度和机制，全省法院领导干部干预司法活动、司法机关内部人员违规过问案件记录为零。加大违纪违法干警查处力度，各级法院查处违纪违法案件9件18人。

五、拓宽司法公开领域，自觉主动接受监督

健全接受监督工作机制，以公开促公正，不断改进工作。

依法接受人大监督、政协民主监督。创新代表、委员联络工作，圆满完成18名来自内蒙古、西藏、新疆代表团的“全国人大代表海南行”活动，走访代表、委员505人次，邀请代表、委员视察座谈614人次、参加和见证法院审判执行活动1496人次。去年底市县区换届20个法院工作报告获全票通过。加大代表、委员建议、提案和关注案件办理力度，去年省“两会”期间提出的2件提案全部办结，关注的13件案件全部办理完毕。

主动接受各界监督。举办“法院开放日”活动55次，共有社会各界人士4160余人次走进法院参观，为人民群众了解司法、监督司法搭建了平台。办好“给大法官留言”栏目，主动回应留言50次，听取社会各界人士对法院工作的意见和建议。支持、配合检察机关依法履行诉讼监督职责，审结检察机关抗诉案件50件，依法改判或部分改判17件，同级检察长出席审委会讨论案件132件。

深入推进司法公开。向省人大常委会专题报告深化司法公开、促进司法公正的工作，支持配合省政协完成司法改革专题调研。依托信息化建设深入推进审判流程、裁判文书、执行信息、庭审直播公开平台建设。全省法院在本院天涯法律网发布裁判文书27800份，上传中国裁判文书网裁判文书28054份。加强微博、微信管理，高院官方微博荣获全国“法院微博学院奖”。拓宽案件庭审微博、微信、电视、广播直播渠道，全省法院共直播庭审200次。充分运用报刊、电视、网络等平台开展司法宣传，对首用“无人机”跟拍监控执行过程的执行案件进行全面宣传报道，取得良好的社会舆论效果。完成2015年度党风政风行风建设社会评价意见建议整改工作，深入开展2016年社会评价工作，以群众期盼、社会监督、司法公开倒逼作风转变。

深化司法体制改革

按照“司改”两个方案要求，海南法院试点工作自2015年1月5日全面启动以来，已走过两年多的历程。2015年是“司改”的起步年，2016年是攻坚年，针对“司改”后法官员额减少31.7%，业务量增长27.73%的新形势，海南法院紧紧依靠省委省政府和社会各界支持，按照“突出问题导向，补齐短板，范式改革，整体推进”的思路，立足于“司改”五年过渡期后要达到的改革目标，积极探索综合配套改革路径，落实四个方面53项改革任务，形成整体效应，凝聚了做好法院各项工作的强大动力。

一、深化以司法责任制为核心的四项改革

一是深入推进司法人员分类管理。配合组织部门完成了法官职务套改工作，联合制定法官单独职务序列管理办法及实施方案，出台法检系统未入员额人员安排工作方案。根据“司改”一年多来员额法官变动情况，向省遴选委员会上报了法官第二次选任工作方案。

二是坚定不移落实司法责任制。全面落实“让审理者裁判，由裁判者负责”，强化法官办案主体地位，尤其突出院庭领导办案责任，全省法院院庭长主办审结案件49201件，同比上升47.24%，占同期结案总数的31.99%，实现从“审而优则仕”向“仕而优则审”的转变。坚持还权于主审法官和合议庭，三级法院审委会讨论案件数同比下降66.55%，实现审委会基本职能回归。完善类案参考制度，续编类案参考5卷232个案例。进一步规范专业法官会议制度，召开法官会议325次，讨论案件980件，建议采纳率82.3%。完善法官业绩考核评价制度，制定了年度绩效考核实施方案。成立省法官惩戒工作办公室，推动法官惩戒制度的落实。

三是大力推动法院人员职业保障政策落地。在省委省政府的高度

重视下，完成全省法院初任法官等级补充确认和晋升法官等级补充确认806人次，推进落实长春会议上中央确定的司法人员职业保障政策，在全国率先兑现“两院”干警工资、奖金、审判津补贴。出台法官延迟退休制度，充分发挥优质审判资源作用。最高法院周强院长两次批示予以高度肯定。

四是积极推动省级人财物统一管理。配合省机构编制部门完成市县法院机构编制移交省级统一管理各项工作。配合组织人事部门出台法官、检察官选任办法和招录法官助理、检察官助理实施意见，为深化“司改”提供制度保障。

二、以审判为中心构建专业审判改革框架，整体推进防止改革措施出现“碎片化”效应

一是推进以审判为中心的刑事诉讼制度改革。贯彻新修改的刑事诉讼庭审规则，突出主审法官为核心的合议庭地位，严格落实证据裁判、罪刑法定、疑罪从无法律原则，坚决防范冤假错案，保证无罪的人不受刑事追究。深化量刑规范化改革，适用量刑规范化的罪名由原来的15个扩大至23个，罪名覆盖全省一审案件的97%以上；加大职务犯罪量刑平衡指导，规范罚金刑、缓刑适用。制定出台律师投诉受理及处理办法，充分发挥律师维护当事人合法权益、促进司法公正的积极作用。实现全省所有监狱均配备审判法庭的工作目标，推动减刑、假释案件办案模式由“以监管为中心”向“以审判为中心”转变。

二是推进以专业化审判为特点的民事审判改革。在省委李军副书记的直接领导下，全面开展环境资源审判工作改革，推行环境资源审判专门化，试行环境资源案件跨流域集中管辖、自然保护区专门管辖，挂牌成立鹦哥岭、霸王岭国家级自然保护区环境资源巡回法庭，逐步推进“三合一”归口审理，海口琼山法院公开宣判海南首例归口审理的环境资源刑事案件。在儋州法院等6家法院开展为期两年的家事审判方式和工作机制改革试点，试点法院试点后受理家事案件1068件，审

结1037件，结案率97.1%，调撤率66.12%，结案率和调撤率均高于同期全省民商事案件平均水平。在海口、三亚开展企业破产案件审理方式改革试点，成立与民二庭合署办公的清算与破产审判庭。落实诚信诉讼制度，三亚中院对提供虚假证据、干扰民事诉讼的三亚某物业公司依法处以60万元罚款。

三是深化司法与行政良性互动推进行政审判改革。配合省法制办出台进一步加强和改进行政应诉工作实施意见，规范和促进我省行政机关负责人出庭应诉工作。与海口海关联合出台关于深化执法协作的意见，推动行政争议实质化解决，一审行政案件协调撤诉率25.36%。

四是围绕破解执行难问题推进执行体制机制改革。在儋州法院等5家法院开展执行体制改革试点，以解决执行难问题为导向，推进执行权分权运行和法官主导下的执行工作警务化，海口龙华法院任命全省首批人民陪执员，执行效能和执行质量不断提高。试点法院试点后受理执行案件11199件，同比上升68.96%，增幅高于全省平均水平16.66个百分点，执结10937件，执结率97.66%，高于全省平均水平2.01个百分点。依最高法院工作部署，启动“执转破”工作，为两年内基本解决执行难拓展思路和空间。

五是以实现扁平化审判模式为目标开展法院内设机构改革试点工作。在海口秀英法院等5家法院推进为期两年的试点，推动建立设置科学合理、职能划分明确、运行高效顺畅的内设机构体系。高院本级在核定本院各个部门工作量和案件量基础上精简机构，重新调配人力资源，进一步提升审判业务部门人案配比科学性，逐步推进机构扁平化管理。

六是统一证据标准，提高司法公信力。落实省委禁毒三年大会战部署，制定毒品犯罪案件审理十六条指导意见，统一定罪量刑标准。适应司法责任制要求，规范食品药品安全刑事案件的证据标准、量刑标准和罚金刑标准。出台对外委托鉴定、评估工作管理规定，下放委托鉴定评估权限到基层法院，引入竞价和协商机制降低委托费用，健全鉴定、评估、拍卖机构名录。

七是依托信息化平台建设加强审判管理。适应司法责任制要求，及时研发和升级审判管理系统及审判辅助系统，完成办案系统由行政审批制流程到司法责任制流程的修订，已建成使用和正在建设的有22个项目。依托信息化管理平台，制定案件流程管理试行办法，以审限管理为核心，实现对案件从立案、分案、审理、执行、结案、归档、卷宗移送等环节的全程动态追踪、监控和管理。适应新案号标准改革工作需要，制定实施方案，稳步推进，确保顺利实施。

八是落实司法责任制防干扰制度。推进网上自动分案，建立防止人为干预分案的电脑随机分案制度。开发内外部人员过问案件信息登记系统，确保记录客观真实、全程留痕、永久存储、有据可查，保障法官独立公正办案，得到中央政法委和最高法院的肯定，中央宣传部将其作为海南一项重要改革措施在全国媒介予以宣传。

三、以问题为导向及时跟踪补齐短板

一是多措并举解决案多人少问题。合理调配全省现有审判资源，增加书记员、协警等聘用人员。充分发挥人民陪审员作用，举办陪审业务培训33期1158人次，全省人民陪审员陪审案件27102件，同比上升38.3%。推进案件繁简分流，加大诉调对接，诉前化解矛盾纠纷9945起，基层法院指导人民调解委员会调处纠纷7578起，司法确认人民调解协议3727件。着力多元化解决纠纷，儋州、龙华、屯昌、临高、文昌等法院建立交通案件诉调对接机制，其中屯昌法院交通巡回法庭受理交通事故赔偿纠纷案件489件，标的额520万元，全部调解结案并自动履行。实行立案前调解分流案件，在陵水等试点法院专设有多年群众工作经验的专职调解法官，聘请“乡贤五老”为调解专员，共调解案件2378件，调解成功率82.7%。

二是遵循审判规律提升司法效率。推行实质合议，确保合议庭成员实质性参与案件审理与评议。大力推行简易程序适用，提高当庭宣判率，全省法院适用简易程序审结案件55510件，同比上升29.26%。在陵水、屯昌、海口辖区法院开展刑事案件适用简易程序速裁试点，推行简易刑事案件“要素式”裁判文书改革40，被告人当庭服判息诉率达94%以上，其中陵水法院审判周期由一个月缩短到10天左右。

三是加强审判监督管理提升司法质量。对长期未结和久押不决案件、在本辖区有重大影响的案件、新类型案件以及对法官投诉的案件等四类案件建立院庭长监督制度，部分法院实行裁判文书签发前报备制度。规范专业法官会议制度，规定会议讨论案件情况须备案、编印会议纪要。开发法律文书纠错系统等审判辅助系统，借信息化建设助力法官提高裁判文书质量。通过案件质量评查、司法巡查、裁判文书上网等方式，倒逼法官提高司法能力和审判质量，确保“放权”不“放任”。

四、清醒评估改革成效

明确以审判执行效率、审判执行质量、人民群众的公平正义获得感作为“司改”效果评估的标准，促进全体干警坚定不移地按照既定目标参与、支持、推进“司改”。刊发《特区法坛——司法改革专刊》，在法制日报开设《司改样本·海南》专栏，到高校为师生作“司改”专题讲座，推动形成全社会关注、理解、支持法院“司改”的正能量。经过一年来的扎实推进，审判质效提高，群众满意度提升，队伍基本稳定，走上了范式改革、整体推进、配套制度逐步完善的良性轨道，中央政治局委员、中央政法委孟建柱书记肯定海南“司改”“蹄疾步稳”，最高法院周强院长作出了海南“司法改革走在全国前列，发挥了示范作用”的重要批示。

各位代表，中央、省委对“司改”的关心支持，鼓舞了士气，充分调动了法院干警的积极性，审判执行工作圆满完成。这些成绩的取得，是省委领导，人大监督，政府、政协和社会各界大力支持的结果，是人大代表、政协委员和广大人民群众深切关心的结果。在此，我代表全省法院干警表示衷心的感谢!

同时，我们清醒地看到，法院工作仍有不足和差距：“从严治院”落实两个责任还有不到位的问题，司法廉政建设任重道远；“司改”后一些法官庭审驾驭、文书撰写、法律适用、群众工作能力不足；取消案件审批之后，院庭长对如何处理放权与管理的关系理解不透，监督管理不到位；法院案多人少矛盾突出，收案持续增加且不均衡，办案压力持续增加；欠发达市县法院进不了人、留不住人；财物省级统管后经费报销，“两庭”建设的项目审批和资金配套相关制度需继续完善。我们将在省委领导下，努力改进工作，协调各方加以解决。

2017 年工作思路

2017 年，海南三级法院将以中央政法工作会议和全国高级法院院长会议精神为指引，以“两学一做”学习教育践行社会主义核心价值观，结合省委巡视反馈意见整改工作，紧紧围绕“努力让人民群众在每一个司法案件中感受到公平正义”目标，深入贯彻最高法院抓党建带队建促审判的工作思路，完善司法改革措施，以问题为导向，发扬成绩，补齐短板，公正司法、司法为民，着力做好以下工作：

一是压实两个责任，从严治院治警。深入贯彻落实党的十八届六中全会、十八届中纪委七次全会和省委、省纪委全会精神，坚持思想建院、制度治院，以坚定的理想信念树立全体干警“四个意识”，增强“三个认同”。以党建工作为抓手，规范法院各级党组织党内生活，加强制度落实监督检查，把尽责、追责和免责相结合，提升全体干警履行职责、担当“司改”的自觉性和责任心，在思想、政治、行动上与以习近平同志为核心的党中央保持高度一致。严格落实防止内外部过问干预案件制度，以零容忍的态度严惩司法腐败，把权力关进制度的笼子里，确保司法公正。

二是依托科技创新，范式推进司改。立足“司改”五年过渡期满要达到的建立以审判为中心的社会主义诉讼制度目标，以科技为助力，加强宏观谋划，依法改革，整体推进，防止改革措施出现碎片化效应。加快“智慧法院”建设，基本完成信息化主干项目，打造资源共享的全省法院办案办公信息化平台。按照中央、省委、最高法院部署，加快推进以司法责任制为核心的四项基础改革，完成法官二次选任，争取司法辅助人员政策落地，配合理顺人财物省级统管机制，有效缓解案多人少矛盾，发挥“司改”整体效能。及时总结环境资源、执行、家事、内设机构改革试点经验，全面推开形成示范化、规模化效应。深化多元化纠纷解决机制改革，全面推行繁简分流，继续扩充“类案参考”，增强培训的针对性，提升司法能力，统一司法尺度。提升司法公开透明度，倒逼司法作风建设。协助制定法官惩戒实施办法，落实廉政风险防控措施清单，防止有权就任性。

三是坚持公正司法，服务地方发展。依法严惩危害国家安全犯罪，严厉打击故意杀人、抢劫、涉黑涉恶等严重危害人身权利犯罪；深入开展禁毒大会战，有效遏制海南毒品犯罪蔓延势头；继续严厉打击贪污贿赂犯罪、涉银行卡、非法集资等经济犯罪、电信网络新型诈骗犯罪、危害食品药品安全犯罪、涉医违法犯罪等，维护地方平安稳定。着眼于服务供给侧结构性改革和依法保护产权，妥善审理重大项目案件，加强对各种所有制组织和自然人财产的保护。立足服务海南改革发展，围绕“多规合一”、海岸带整治、涉违法建筑拆除、生态环境整治、农垦改革、精准扶贫等党委、政府中心工作，以民事、行政公正审判提供司法保障。在审判工作中大力弘扬社会主义核心价值观，充分发挥民商事审判对建立社会诚信体系、保障创新驱动发展的积极作用，彰显司法引领社会诚信建设的价值导向。

四是践行司法为民，回应群众关切。立足信息化建设大力推进网上诉讼服务平台、官方微博、微信公众号、“12368”诉讼服务热线“两微一网一线”诉讼服务平台建设，推进司法便民利民。全面落实已经出台的各项信访工作制度，严格落实“诉访分离”制度，推进信访法治化建设。推动行政机关做好行政应诉工作，切实解决群众反映强烈的“告官不见官”问题，实质化解官民纠纷。打好基本解决执行难攻坚战，使关系群众切身利益的执行难问题得到切实有效解决。加大司法救助力度，公正高效做好国家赔偿工作。充分保障律师诉讼权利，进一步落实律师参与化解和代理涉法涉诉信访案件制度、法律援助工作站制度，发挥律师在维护人民群众合法权益中的重要作用。

五是自觉接受监督，加强改进工作。始终把法院工作置于人大法律监督、政协民主监督、检察机关诉讼监督、社会各界监督之下，进一步强化司法公开，充分运用信息化载体创新司法公开形式，让司法在阳光下运行。创新开展邀请人大代表、政协委员视察法院工作，推进代表、委员联络工作常态化，认真听取意见建议，以良好的工作成绩回应代表、委员对法院工作的关心、爱护和支持。

各位代表，在新的一年里，全省法院将以更加强烈的担当意识和使命意识，忠诚履职，改革创新，扎实工作，认真贯彻落实本次大会决议，为服务保障海南科学发展、绿色崛起和加快国际旅游岛建设做出新的贡献，以优异成绩迎接党的十九大和省第七次党代会胜利召开。

附件

报告有关注解

1. 最高法院司法巡查：2015 年 11 月 11 日至 12 月 2 日，最高法院司法巡查组对海南高院开展了第二轮司法巡查。2016 年 3 月 28 日，最高法院司法巡查组向海南高院党组反馈了司法巡查意见，指出了巡查中发现的四个方面 15 个问题，针对问题提出了 5 条整改意见。

2. 省委巡视：2016 年 8 月 8 日至 10 月 8 日，省委第五巡视组对省高院党组进行了巡视。2016 年 12 月 5 日，省委第五巡视组向省高院党组反馈了巡视情况，指出了巡视中发现的六个方面 27 个问题，针对问题提出了 6 条整改意见。

3. 受理各类案件 159186 件：其中受理刑事案件 11113 件、民商事案件 88143 件、行政诉讼案件 4248 件、执行案件 36219 件、申诉和申请再审案件 2324 件、减刑、假释等刑罚与执行变更案件 6597 件、其他案件 7811 件、非诉案件 2731 件。

4. 诉讼执行案件：2007 年至 2016 年，全省法院诉讼执行案件受理数年均增长 17.31%，结案数年均增长 17.94%。

5. 非诉案件：委派调解、信访听证、判后释明等司法行为。继 2015 年同比下降 14.73% 后，今年非诉案件数量继续大幅下降，主要原因一方面是 2016 年实施最高法院新案号规定后，将非诉保全审查等纳入了诉讼案件统计范围，另一方面也是全省法院落实中办、国办和中政委防止内外干预过问案件“两个规定”及推进信访司法化改革有明显成效、政府依法行政水平不断提高、人民群众用法治方式维护自身合法权益意识提高等多重因素影响的结果。

6. 海南首例非法开采稀土矿案：2016 年 8 月 2 日上午，琼中县法院一审公开开庭审理袁明军等 12 名被告人非法开采稀土矿案，并当庭宣判，对 12 名被告人分别判处刑罚，其中以非法采矿罪分别判处在共同犯罪中起主要作用的袁明军等5名被告人有期徒刑四年至六年，分别处罚金人民币10万元至25万元。该案庭审通过新华网面向全国公众实况直播，回应了社会各界对保护海南青山绿水及此案的关切。

7. 最高法院公布的九起典型案例：2016年3月4日，最高法院召开新闻通气会，公布了九起电信网络诈骗典型案例，儋州法院审理的羊大记开设虚假机票网站诈骗案和陈洁发布电视节目中奖虚假信息诈骗案等两起案件入选。

8. 行政非诉执行案件：当事人对行政机关作出的行政处罚等决定，法定期限内不申请复议、不提起诉讼又不履行，行政机关申请法院强制执行的案件。

9. 行政审判白皮书：主要内容是法院每年对上一年度审理的行政案件进行全面梳理，总结行政案件的特点和规律，分析行政机关败诉的原因，提出规范行政执法的意见和建议，旨在更好地监督和支持行政机关依法行政，切实保护行政相对人的合法权益。

10. “用两年时间基本解决执行难问题”工作：2016年3月13日，最高法院周强院长在十二届全国人大四次会议上报告最高法院工作时庄严承诺：“用两到三年时间基本解决执行难问题”。2016年4月，最高法院全面部署全国法院“用两到三年时间基本解决执行难问题”工作。2016年6月，最高法院确定海南为全国19个“基本解决执行难”工作重点推进地区之一，要求力争在两年期限内完成“基本解决执行难”目标任务。当月，省高院全面部署开展“用两年时间基本解决执行难问题”工作。

11. 有财产可供执行案件执行标的到位率：最高法院2016年5月4日印发《关于落实“用两到三年时间基本解决执行难问题”的工作纲要》，将“有财产可供执行案件在法定期限内基本执行完毕”作为总体目标之一，并明确提出被执行人无财产可供执行、丧失履行能力的案件虽然在形式上表现为生效法律文书确定的权利义务未能最终实现，但其本质上属于当事人应当自己承担的商业风险、交易风险或法律风险，不属于应由人民法院解决的执行难。为此，在统计执行案件执行标的到位率时，以有财产可供执行案件的执行标的到位率为统计口径。

12. 海南法院执行案件管理系统：该系统最鲜明的特色是将执法办案的各个环节和各个节点纳入规范化轨道，形成标准化操作流程，最高法院、海南高院可以看到每一个辖区法院每一个承办法官每一个执行案件的详细进展情况，从而对办案全过程进行监督管理。2016 年 11 月 1 日，海南高院在全国高院中率先完成了系统 37 个流程节点的对接、联调和上报工作。

13. 执行指挥中心：全省法院执行工作统一管理、统一协调、统一指挥的一体化执行指挥机构，具体承担联动执行、信息共享和快速反应三项基本功能。

14. 网络执行查控系统：通过采取与银行、房管、交通等部门的实时电子数据交流、共享等方式，实现对被执行人财产等信息的网络查控功能，帮助法院快速查询、冻结、扣划被执行人财产。海南法院使用的执行查控系统有两套，一套是最高法院研发管理，全国统一使用的“总对总”查控系统，已将涉金钱债务法律文书的执行全面纳入全国银行查控系统；另外就是“点对点”查控系统，现已开通全省农商行系统、定安与儋州村镇银行、交通银行海南省分行的查询功能，今后将不断协调拓展完善“点对点”查控功能。

15. 失信被执行人：《最高人民法院关于公布失信名单信息的若干规定》中规定的具有履行能力而不履行生效法律文书确定义务的被执行人。该类人员在参与高消费活动、政府采购、招标投标、行政审批、融资信贷等方面受到严格限制。

16. “两个暂停”政策：2016 年 2 月，省政府印发《关于加强房地产市场调控的通知》，对商品住宅库存消化期超过全省平均水平的市县，要求暂停办理新增商品住宅及产权酒店用地审批，暂停新建商品住宅项目规划报建审批，对加强房地产市场调控，促进房地产市场平稳健康发展具有重要作用。

17. 法律“六进”：法院通过到机关、乡村、社区、学校、企业、单位举办法制讲座、开展法律咨询、巡回开庭等普及法律。

18. 人身安全保护令：2016 年 3 月 1 日起实施的《中华人民共和国反家庭暴力法》对人身安全保护令专章作出规定。当事人在遭受家暴或面临家暴的现实危险时，可以向法院申请人身安全保护令，法院应当在七十二小时内依法以裁定形式作出人身安全保护令或者驳回申请。人身安全保护令采取的措施主要包括：禁止被申请人实施家庭暴力，禁止被申请人骚扰、跟踪、接触申请人及其相关近亲属，责令被申请人迁出申请人住所等。被申请人违反裁定法院可视情节罚款、拘留，构成犯罪的，依法追究刑事责任。其作用在于将家暴行为的事后惩罚变为事前保护，对于预防家庭暴力具有重要意义。

19. 行政赔偿案件：国家赔偿与司法救助案件中的一种案件类型，包含单独提起的行政赔偿案件和附带提起的行政赔偿案件。

20. 国家赔偿案件：这里专指司法赔偿案件，包含刑事赔偿案件和非刑事司法赔偿案件，陈满案系刑事赔偿案件。

21. 律师参与化解和代理申诉工作：党的十八届四中全会提出，“对不服司法机关生效裁判、决定的申诉，逐步实行由律师代理制度。”2015 年年底，省高院与省人民检察院、省公安厅、省司法厅、省律师协会联合会签《海南省关于建立律师参与化解和代理涉法涉诉信访案件制度实施细则》，正式启动海南法院的律师代理申诉工作。

22. “四个意识”：2016 年 1 月 29 日，习近平总书记主持中共中央政治局会议。会议首次公开提出“增强政治意识、大局意识、核心意识、看齐意识”。

23. “三个认同”：2014 年 9 月 9 日，习近平总书记在同北京师范大学师生代表座谈时指出，要注重加强中国特色社会主义理论体系的学习，加深对中国特色社会主义的思想认同、理论认同、情感认同。

24. 中央、最高法院防止内外部过问干预案件制度和机制：中办、国办联合印发的《领导干部干预司法活动、插手具体案件处理的记录、通报和责任追究规定》、中央政法委印发的《司法机关内部人员过问案件的记录和责任追究规定》和最高法院印发的落实上述文件的两个实施办法。

25. “司改”两个方案：中央政法委批准的《海南省司法体制改革试点方案》和海南省委批准的《海南省司法体制改革试点工作推进方案》。

26. 以司法责任制为核心的四项改革：党的十八届三中全会确定的基础性司法改革措施。司法人员分类管理是指将法院人员分为审判人员、审判辅助人员和司法行政人员，按照各自职业性质、特点分类管理，实行法官单独职务序列管理。司法责任制是指按照“让审理者裁判，由裁判者负责”原则，确定主审法官、合议庭办案权责并实行终身负责。法院人员职业保障是指建立与法官等法院工作人员履行职责相匹配的薪酬待遇、人身保险、履职保障体系，增强抵御职业风险能力。省级人财物统一管理是指建立省以下法院机构设置和编制、职数由省机构编制部门统一管理，省以下法院财物统一划转省级财政管理、经费由省级财政保障的机制，同时完善法院干部管理机制。

27. 审委会基本职能：审判委员会作为各级法院的最高审判组织，主要任务是总结审判经验，审理重大、复杂、疑难案件，讨论其他有关审判工作的重大问题，监督管理指导审判工作。以往审判委员会把大部分精力放在集中讨论案件上，总结审判经验、发挥监督指导功能作用不到位，现在已经逐步改善。以省高院审判委员会为例，2016 年讨论案件数同比下降 17.83%，讨论审判事务 48 项，其中研究司法政策 20 项，决定司法事项 28 项，另发出司法建议 3 份。

28. 类案参考制度：以本省典型案例和精品案例为样本，选取全省审判实践中常见、多发、具有代表性的案件类型汇编成册，最大限度避免和减少“同案不同判”现象。2015 年已编印《海南法院类案参考》第一辑六卷本共 318 个参考案例下发全省法院。

29. 专业法官会议：挑选审判经验丰富的资深法官组成专业法官会

议，主审法官对重大、疑难和新类型案件，可提请庭长、分管副院长召开专业法官会议进行讨论，专业法官会议仅具有咨询性质，研讨意见采纳与否由主审法官和合议庭决定并承担责任。

30. 长春会议：2016 年 7 月 18 日至 19 日，全国司法体制改革推进会在吉林长春召开。会议针对“司改”在中央层面就完善工资制度改革、员额制改革、职务序列改革等推出系列保障政策，最大限度激发全面推进“司改”的内生动力。

31. 以审判为中心的刑事诉讼制度改革：党的十八届四中全会部署的改革措施，即刑事诉讼活动以审判为中心，侦查、审查起诉活动围绕审判程序进行，实现诉讼证据质证在法庭、案件事实查明在法庭、诉辩意见发表在法庭、裁判理由形成在法庭。2016 年 6 月 27 日，中央全面深化改革领导小组第 25 次会议审议通过《关于推进以审判为中心的刑事诉讼制度改革的意见》，深入推进此项改革。2016 年 7 月 21 日，“两高三部”联合印发该文件。

32. “三合一”归口审理：将环境资源刑事、民事、行政三类案件统一由环境资源审判庭审理，培养专家型法官，从而提升环境资源审判专门化水平，发挥环境资源审判集聚优势，实现环境资源司法立体保护。

33. 行政机关负责人出庭应诉：公民、法人或者其他组织依法向人民法院提起行政诉讼，被诉行政机关负责人应出庭参加庭审。2014 年修订的《行政诉讼法》第三条第三款规定：“被诉行政机关负责人应当出庭应诉。不能出庭的，应当委托行政机关相应的工作人员出庭”，对实质化解行政争议、提升行政机关依法行政水平、促进法治政府建设具有重要意义。

34. 法官主导下的执行工作警务化：如海口龙华法院建立法官主导下执行单元，组建“1 + 1 + 1 + 1”的工作模式，即在执行单元中由法官、法官助理、书记员、执行司法警察各一名组成，并有明确分工，各司其职。法官主导下执行单元建立后，法官助理可以依照法官签署的法律文书，独立或者同书记员、司法警察及协警采取财产调查、控制、处分、交付和分配以及罚款、拘留等措施并完成执行事项的具体实施，使执行工作分工更明确，执行效率更高。法官可以从繁重的执行事务中解放出来，集中精力办理案件。执行单元中增加司法警察，有助于实现执行警务化，提高执行工作的强制性和威慑力。

35. 人民陪执员：人民陪执员在法院执行实施案件中，参与并见证如强制搬迁、拍卖程序、留置送达、重大敏感案件的执行过程，对执行工作的合法性、规范性进行监督。由于人民陪执员具有群众基础好、威信高的独特优势，对法院提高执行案件矛盾纠纷化解效率，进一步增强执行工作透明度，提升执行公信力具有重要作用。

36. “执转破”工作：促使执行不能的企业法人依法转入破产程序。执行法院发现被执行企业法人符合破产条件，经有关当事人同意后执行法院应当及时将企业移送破产程序，通过破产来化解相关矛盾纠纷，是法院服务和保障供给侧结构性改革，依法维护市场主体合法权益，统筹解决企业破产难和民事案件执行难问题的有力抓手。2016年12月7日，最高法院召开全国法院执行案件移送破产审查工作视频会议，对“执转破”工作进行专门部署。

37. 合理调配全省现有审判资源：如三亚城郊法院挖掘现有审判资源，优化司法人力资源配置，按照法官、法官助理、书记员和人民陪审员“1:1:1+2”的要求配齐配强审判一线人员。

38. 着力多元化解决纠纷：多元化纠纷解决机制是一套以诉讼为核心，非诉讼方式为补充的相互配合、相互衔接，综合运用政治、经济、法律、行政、教育等多种手段来协调处理社会矛盾纠纷的机制。在“司改”试点中，全省多家法院立足诉调对接多元化解决纠纷，如三亚城郊法院建立劳动保障诉调对接机制，昌江法院乌烈法庭建立“四位一体”调解网络，均取得良好社会效果。

39. 简易程序：相对于普通程序的一种诉讼程序，适用于事实清楚、争议不大的案件。简易程序实行独任审理，具有程序简便、审限短等优势，可以提高审判效率、节省审判资源。

40. “要素式”裁判文书改革：将针对特定案件的判决书“要素化”，案件基本要素不遗漏，突出要点，既可以节省裁判文书撰写和校核时间，又利于快速清晰地理解该判决书中所有最关键的内容，确保简案顺利快审，做到当庭制作、当庭宣判、当庭送达。

重庆市高级人民法院工作报告

——2017年1月17日在重庆市第四届人民代表大会第五次会议上

重庆市高级人民法院副院长　黄明耀

各位代表：

我受钱锋院长的委托，向大会报告市高级人民法院工作，请予审议，并请各位政协委员提出意见。

2016年主要工作

2016年，市高法院在市委领导、市人大及其常委会监督下，全面贯彻落实党的十八大和十八届三中、四中、五中、六中全会精神，以习近平总书记系列重要讲话和视察重庆重要讲话精神为指引，按照市四届人大四次会议决议要求，认真抓好执法办案，全面推进司法改革，全力服务改革发展稳定大局，各项工作取得新进展。全市法院受理案件735444件，审执结673506件，同比分别增长24.68%和26.16%，涉案标的金额1671亿元。其中，市高法院审执结7377件，五个中级法院审执结67455件，同比分别增长27.45%和18.84%。全市法院审判质效稳步提升，法定审限内结案率 99.6%，生效裁判服判息诉率 98.88%，审判质效继续位居全国法院前列。

一、全力维护社会稳定，推进平安建设

审结一审刑事案件 25667 件，判处罪犯 34288 人，同比分别增长 2.54% 和 4.36%。对 1818 名罪犯判处 5 年有期徒刑以上刑罚。

严厉打击严重暴力等犯罪。贯彻总体国家安全观，加大对邪教、危害国家安全等犯罪惩治力度，依法审结赵保乐等 15 人涉邪教犯罪和刘波颠覆国家政权案。严惩严重危害公共安全和群众生命安全的恶性犯罪，审结杀人、放火、绑架、强奸等犯罪案件 2535 件，判处罪犯 3374 人。

严厉打击涉众型经济等犯罪。审结非法集资、金融诈骗等犯罪案件 467 件，涉案金额 93.4 亿元，张炜等 6 人组织领导传销活动案涉案金额 3 亿余元、受害群众 3000 余人，被依法严惩。积极参与电信网络新型犯罪治理，维护公民信息和财产安全，审结电信网络诈骗犯罪案件 147 件。

严惩危害社会治安等犯罪。积极参与"渝安 1 号"专项行动，审结聚众斗殴等扰乱社会秩序犯罪案件 590 件、"两抢一盗"等多发性侵财犯罪案件 9407 件、涉食品药品犯罪案件 90 件。严厉打击毒品犯罪，审结毒品犯罪案件 5038 件，毒贩徐海东制造毒品 150 余公斤被依法判处死刑。加强妇女儿童权益保护，审结侵害妇女儿童权益犯罪案件 556 件。

严惩贪污贿赂等职务犯罪。审结贪污贿赂、滥用职权等犯罪案件 596 件 720 人，被告人原为处级以上领导干部 147 人。从严控制职务犯罪减刑、假释和暂予监外执行适用，加大财产刑处罚力度，罚没款上缴国库 1.2 亿元。审结安全生产领域失职、渎职等职务犯罪案件 7 件 7 人。加大涉农职务犯罪惩处力度，保障脱贫攻坚政策实施，审结贪污、挪用征地补偿款、扶贫资金等案件 95 件 159 人。

依法保障人权。发挥庭审在查明事实、保护诉权、公正裁判中的功能作用。健全非法证据排除制度，启动非法证据排除程序50次，证人、鉴定人等出庭作证155人次。铜梁、丰都法院分别对指使他人作伪证、伪造证据的刘大敏、江顺明等人依法判处刑罚。保障被告人诉讼权利，为2164名被告人指定辩护律师。严格落实罪刑法定、疑罪从无等法律原则，依法对6名公诉案件被告人和18名自诉案件被告人宣告无罪，裁定准予检察机关撤回起诉案件21件25人。加强律师执业权利保障，联合市司法局、律师协会开展律师执业权利保障专项督查。

二、发挥司法职能作用，服务改革发展大局

适应经济发展新常态，审结与经济发展密切相关的一审商事案件222135件，涉案标的金额1185亿元，同比分别增长28.64%和91.89%。

积极促进法治营商环境。出台《关于进一步为两江新区经济社会发展提供司法保障的十条意见》，完善司法服务政策。高度重视产权保护，平等对待各类市场主体的诉讼地位和权利。重庆融豪投资（集团）有限公司与泸州市江阳区人民政府等合同纠纷案被最高人民法院评为“依法平等保护非公有制经济发展十大典型案例”。依法审结民间投资、商品买卖、工程施工等合同案件100682件，涉外、涉港澳台商事案件148件，金融借贷、保险纠纷等案件88995件，促进市场要素顺畅流通。依法慎用查封、扣押、冻结等强制措施，尽可能为企业预留必要的流动资产和往来账户。在西部现代物流园、西永微电园等重大项目建设中，沙坪坝法院与园区建立固定联系制度，为园区发展提供专业意见。

保障供给侧结构性改革。与政府建立企业破产处置工作联席会议机制，搭建联动处置“僵尸企业”平台。全市三级法院均设立破产审判组织，受理破产案件341件，同比增长56.42%。审结破产清算、公司解散等案件114件，服务过剩产能市场出清。审结企业重组、股权转

让等案件1146件，帮助困难企业盘活资金。审结涉及土地使用权、房地产开发经营等案件21368件，促进房地产市场健康发展。

服务经济发展转型升级。出台《为重庆加快实施创新驱动发展战略提供更加有力司法保障的意见》，发挥知识产权审判服务创新发展作用。审结一审知识产权案件4011件，同比增长72.22%。渝北法院协助仙桃数据谷智能样机创新中心建立知识产权分级管理制度。加强两江新区知识产权法庭建设，进一步集结专业审判资源，扩大管辖范围。推进环境资源审判专门化，建立纵向三级法院全覆盖、横向全市区县全覆盖的环境资源审判体系。审结一审环境资源案件1497件，审结污染环境、破坏生态资源犯罪案件328件，判处罪犯579人。市二中法院成功审结全国首例跨省级行政区域环境民事公益诉讼案。依法引导当事人通过异地补植、增殖放流等方式修复生态环境。万州、渝北法院推动设立的“长江三峡司法保护示范林”和“两江环保司法林”粗具规模，涪陵、江津等地法院引导当事人累计在长江、嘉陵江、乌江等流域投放鱼苗100余万尾，植树8万余株。

扎实助推全面依法治市。受理一审行政案件9281件，审结8444件，同比分别下降4.87%和4.89%，行政机关败诉率10.95%。依法开展行政和解，实质化解行政争议，当事人主动撤回起诉1849件，占结案数的21.9%。梁平、忠县等地法院加强与政府沟通，推动出台行政机关负责人出庭应诉办法。全市行政机关负责人出庭应诉1287人次，同比增长37.5%。深化行政案件跨行政区划管辖试点，提升行政审判公信力。提出并发送司法建议466份，为各级人大、政府立法和制定规章制度提供法律意见82件次，组织3918名干部旁听行政案件庭审，提升依法行政能力。

三、着力破解执行难题，维护法律权威

围绕“基本解决执行难”，加强和改进执行工作。受理执行案件202383件，执结案件183726件，同比分别增长67.57%和69.31%，兑

现标的金额388.24亿元，同比增长70.93%。

严格规范执行行为。建立执行人员责任清单，完善执行案件管理系统，办案环节网上运行，全程留痕。制定执行财产调查工作标准，为执行员配发执法记录仪。巴南、合川、酉阳等地法院邀请人大代表现场监督执行。开展执行案款集中清理，发放执行案款87.78亿元，联合检察机关专项检查。推行“一案一人一账户”案款专项管理，确保执行案款及时兑付当事人。

不断健全执行措施。创新民事财产保全机制，全市法院全部设立民事财产保全中心，集中办理诉前、诉中和执行财产保全，保全金额601.96亿元，同比增长75.89%，执行工作由司法末端向立案和审判环节前移。深化执行指挥中心建设，加强三级法院执行联动。健全执行协作机制，武隆、垫江等地法院争取党委支持，将执行协作情况纳入综治考核范围。积极与市外法院协作，市一中法院与广东、四川、贵州等地中院建立跨区域执行联动机制，运用该机制仅用3天即从外地扣划近3亿元案款。深化司法拍卖改革，加强对市联交所运营“人民法院诉讼资产网”的指导，推动将其纳入全国司法拍卖网络服务提供者名单库。全国31个省区市1215家法院全年累计在该网发布涉诉资产信息119011条，网上拍卖成交6938宗，成交金额201.86亿元。针对拖欠民工工资、不诚信借贷等行为开展“集中执行攻坚”活动，执结案件38378件，兑付标的金额78.47亿元。

强化威慑机制建设。深化“总对总”“点对点”网络查控系统应用，查控财产近49亿元。与公安、工商、国土房管、民政等部门系统对接，一网查控被执行人身份、经营、房产、车辆、水电气登记等信息。加强信用惩戒体系建设，建立党政机关及公职人员涉执线索移送机制，与财政、金融、工商等46家单位建立联合信用惩戒机制，将82786名“老赖”纳入失信被执行人名单库，公开曝光，限制高消费。渝中、江北、南川等地法院通过商圈LED屏公开“老赖”信息，让失信者“一处失信、处处受限”。严厉打击拒执违法犯罪，司法拘留3758

人，移送追究刑事责任358人。累计有30156名被执行人迫于压力主动兑付执行款。

四、坚定推进司法改革，提升司法公信

严格按照中央、市委和最高人民法院统一部署，稳妥有序推进司法改革，促进审判体系和审判能力现代化。

顺利推进人员分类管理改革。科学划定法官、司法辅助人员、司法行政人员比例。全面启动员额法官选任，经统一笔试、考核和市法官遴选委员会面试审查，在全市4481名法官中选任员额法官2387名，占中央政法专项编制的32%。员额法官从事审判工作平均达14年，形成了以中青年法官为主、结构更加合理的专业法官队伍。坚持入额必须办案，办案必须担责，遴选出的员额法官全部在一线办案。

全面推开司法责任制改革。落实“谁审理，谁裁判”“谁裁判，谁负责”，法官对办案质量终身负责。成立由人大代表、政协委员、律师、专家学者等组成的法官惩戒委员会，加强对法官的监督。市四中法院、大渡口等法院细化瑕疵案件认定、审判责任承担等机制，严格审判责任认定和追究。加强案件质量保障机制建设，完善专业法官会议、审判长联席会议等审判咨询服务机制，为法官办案提供咨询意见。规范院庭长审判监督管理权限，通过制定权力清单、参与审判委员会等形式，公开透明发挥院庭长审判监督管理作用。全面落实院庭长办案，设定院庭长办案指标。院庭长办理案件99368件，占全市法院审结案件数的20.29%。

统筹推进单项改革试点。深入推进人民陪审员制度改革，对786名新选任人民陪审员开展业务培训1054人次。探索参审职权改革，人民陪审员不再审理法律适用问题，只参与审理事实认定问题。探索大合议庭陪审机制，市三中法院由院长等3名法官和4名人民陪审员组成大合议庭审理白鱼故意杀妻案，受到社会各界肯定。开展家事审判改革，九龙坡、永川、荣昌、秀山等地法院引入心理干预机制化解家事纠纷，

彭水法院探索在民政部门设立婚姻法庭。深入开展刑事速裁改革试点，适用速裁程序审结案件 1243 件，平均审理期限 5 天。根据全国人大常委会授权，启动刑事案件认罪认罚从宽制度改革试点。

开展审判资源结构性调整。以信息化建设为支撑，精准分析案件结构和各类司法资源，密切关注人与案、人与事的匹配度，优化审判资源配置，提高司法生产力。建立法官动态调配机制，按照审判任务量动态调配审判力量。实行案件繁简分流，简案快办、难案精审。成立小额诉讼、速裁等审判组织，审结小额诉讼等简单案件 82674 件。审判辅助事务集中行使，将诉讼保全、文书送达、委托鉴定等辅助事务剥离出法官职责，让法官集中精力办案。全市法院法官人均结案 150.3 件，同比增长 11.83%；主城区基层法院法官人均结案 261.65 件，同比增长 27.82%。

五、满足群众多元需求，践行为民宗旨

始终把维护民生权益作为根本出发点，审结一审民事案件 140307 件，同比增长 1.49%。

妥善办理涉民生案件。固化立案登记制改革成果，当场立案率 99%。为 14346 件案件当事人缓减免交诉讼费 3677 万元，发放司法救助金 2188 万元，让老百姓打得起官司。加强民生权益保障，审结劳动就业、医疗消费等民生案件 47013 件。妥善审理涉军案件，维护军人军属合法权益。强化未成年人案件综合审判，促进未成年人健康成长。审结农村土地承包、流转等案件 5276 件，着力保障农村发展。积极开展调解工作，全市法院民商事案件调解、撤诉率 53.04%。

拓展诉讼服务体系。着力打造“智慧法院”，升级线上、线下两个诉讼服务中心，提供网上查询、网上立案等诉讼服务 386335 次。加强便民诉讼网络建设，挖潜增效，服务群众。开州、城口、云阳、巫山、巫溪等地法院好传统与高科技并举，针对辖区山高路陡的特点，加强数字巡回审判便携装备应用，为大山里的群众提供现代便捷司法服务。

全市法院巡回审理案件14381件，人民法庭审理案件82244件，分别占一审民商事结案数的3.97%和22.69%。深化多元化纠纷解决机制建设，先后与保监、证监、妇联等部门联合出台诉调对接意见，黔江、南岸、綦江、石柱等地法院加强与本地综合调解网络对接，合力化解矛盾纠纷。推进律师参与化解和代理涉诉信访案件工作，律师参与化解涉诉信访案件1263件。市五中法院建立律师定期值班接访、代理申诉工作机制。

不断深化司法公开。依托重庆法院数据云中心，实时汇集全市法院审判数据，为司法公开提供大数据支持。推进审判流程、庭审活动、裁判文书、执行信息四大公开平台建设，让群众随时随地了解司法信息。加强自媒体建设，在全市法院全部设立门户网站基础上，累计开通官方微博48个、微信公众号23个。召开环境资源审判、执行攻坚等新闻发布会183次，图文、视频直播庭审556次，630万人次观看。深化裁判文书公开，网上公布裁判文书297995份。探索庭审同步录音录像记录方式改革，让庭审可还原、可再现。

六、注重过硬队伍建设，厚植发展根基

坚持走内涵式发展道路，始终将队伍建设作为推动重庆法院发展的内生动力。

加强思想政治建设。严格落实全面从严治党要求，扎实开展“两学一做”学习教育，严守纪律规矩，依法行使审判权力。立足区县换届，优化基层法院班子结构，增强队伍活力。高度重视党组织建设，在市高法院机关内设部门配备专职党务干部，充实支部党建工作力量。引导法官坚定法治信仰，出台《重庆法院宪法宣誓实施办法》，组织员额法官进行宪法宣誓。评选办案标兵200名，让广大干警学有榜样、赶有目标。全市法院71个集体和290名个人受到市级以上表彰。黔江法院被评为“全国优秀法院”，市一中法院赵志强、南岸法院刘宏伟被评为“全国优秀法官”。奉节法院“溜索法官”事迹受到人民日报、新华

网等百余家媒体报道和转载。

切实提升司法能力。完善网上办案平台，所有法官均在同一平台、按照同一标准办案，带动全市法官能力均衡发展。建好重庆法官培训网，建成云端学习数据库，打造“法官讲坛”。举办领导干部、青年法官骨干、党外干部等培训班30期，培训9057人次。重视司法理论研究能力建设，完成全国法院重点调研课题5项，学术论文获奖排名全国法院第四。“同德福”合川桃片商标被侵权及不正当竞争案提炼总结出对“老字号”的保护规则，入选最高人民法院指导性案例。开展司法交流，承办中华司法研究会年会，两岸四地法官、专家学者相聚山城研讨司法业务。

持续加强党风廉政建设。严格落实中央八项规定精神，开展规范司法行为专项治理。主动适应纪检体制改革，自觉接受纪检派驻监督。高度重视对审判权的监督管理，出台内部人员过问案件的记录和责任追究规定实施细则，坚持做到放权不放任。以信息化促进司法行为规范化，完善网上办案流程设计，使案件办理的每个程序和节点都留有痕迹，有据可查。加强司法作风专项督察，开展审务督察3307次、案件回访15028件次。坚决惩治司法腐败，查处法院干警违纪违法案件17件18人。

七、主动接受监督，持续改进工作

认真落实市人大决议要求，向市人大常委会专题报告未成年人刑事审判工作。备案审判业务文件15份。全市基层法院向所在区县人大常委会专题报告工作80次。对市“两会”期间收到的714条审议意见，认真函复代表办理结果。办结代表建议24件、政协提案26件，满意率均为100%。加强联络工作，全市法院走访各级代表3371人次，邀请实地视察、旁听庭审3227人次。北碚、长寿、大足、璧山、潼南等地法院积极邀请代表参加新闻发布会和微博庭审直播等活动。主动征求工商企业界、律师协会等意见建议1300余人次，改进工作不足。

畅通群众监督渠道，接待群众来访 2788 人次，收到群众来信 2551 件，全市法院院长办理“院长邮箱”邮件 2643 件，其中市高法院院长批示处理 237 件。依法接受检察机关监督，认真办理抗诉案件和检察建议。重庆市社情民意调查中心调查显示，2016 年全市法院综合满意度得分 93.97 分，司法公信力得分 94.21 分，同比分别提高 0.54 分和 0.59 分。

在市级相关部门和江北区委、区政府大力支持下，还协助最高人民法院做好设立第五巡回法庭各项工作，确保按期挂牌运行。

各位代表，过去一年全市法院工作取得的成绩和进步，是市委坚强领导，市人大及其常委会有力监督，市政府、市政协关心支持的结果，是人大代表、政协委员监督、理解和支持的结果。在此，我代表全市法院表示衷心的感谢！

回顾过去一年工作，我们清醒地认识到仍然存在一些困难和问题。一是执法办案压力持续加大。受理案件数已连续两年增幅超过 24%。全市一线法官人案比达到 1∶192，同比增加 23 件，部分法院加班加点办案成为常态。二是司法能力相对不足。随着改革步入深水区，一些尖锐复杂的矛盾纠纷转化为敏感度高、关注度广、影响面大以及法律没有明确规定的疑难复杂和新类型案件，司法能力供给与需求存在差距。三是“基本解决执行难”任务艰巨。形成执行难因素复杂，执行联动机制落实和运用存在“打折扣”问题，影响执行成效，个别执行人员不规范执行问题依然存在。四是司法廉洁建设任重道远。极少数法官作风不正，违纪违法问题依然存在。对于这些问题，我们将尽最大努力加以解决。

2017 年工作安排

2017 年，全市法院将深入贯彻党的十八大和十八届三中、四中、五中、六中全会精神，自觉在思想上政治上行动上同以习近平同志为核心的党中央保持高度一致，坚决维护党中央权威，认真落实中央政法工作会议精神，按照市委四届历次全会部署要求，切实遵循司法规律，发挥司法职能作用，努力为深入实施五大功能区域发展战略和全市经济社会发展提供更加优质的司法服务。

一是主动服务改革发展稳定大局。严厉打击危害国家安全和人民群众生命财产安全犯罪。加大对非法集资、合同诈骗等涉众型经济犯罪打击力度，深入参与电信网络新型违法犯罪治理。坚持“严”字当头，保持反腐败高压态势。认真贯彻中央和最高人民法院关于完善产权保护制度依法保护产权的意见，坚持平等、全面、依法保护各种所有制经济产权和合法利益。严格规范涉案财产处置法律程序，既最大限度让债权人实现胜诉权益，又不随意扩大执行范围，坚决杜绝超范围超标的查封、扣押、冻结。依法化解民间投资纠纷，保障民间投资健康发展。坚持依法保护劳动者权益与企业生存发展并重理念，妥善审理劳动纠纷案件，保护劳资双方合法权益。严厉打击虚假诉讼行为，切实维护司法权威。加大对侵犯知识产权行为的惩治力度，助力创新驱动发展战略落实。有序推进环境资源审判专门化发展，保护好“一江碧水、两岸青山”。加强司法与行政联动，审理好破产案件，依法处置“僵尸企业”和“空壳公司”。推动设立重庆自贸区法院，为两江新区和自贸区发展提供更加优质的司法服务。配合好最高人民法院第五巡回法庭开展工作。

二是切实维护民生权益。深度融合线上、线下诉讼服务中心功能，做好人民法庭、巡回审判、便民诉讼网络便民功能整合。加强劳动就业、教育医疗、房屋买卖、婚姻家庭等民生案件审理，办好“三农”案件，让群众有更多司法获得感。深化多元化纠纷解决机制建设，加强与仲裁、公证等机构对接，建设“一站式”纠纷解决平台。加强执行联动机制建设，强化执行威慑机制，严惩拒执违法犯罪，着力解决被执行人难寻，执行财产难找、难查、难变现等执行难题，力争2017年底前实现“基本解决执行难”。

三是巩固深化司法改革成果。深入推进审判资源结构性调整，加快“智慧法院”建设。继续推进司法人员分类管理改革，完善人员管理机制，配齐配强司法辅助人员。配合相关部门做好人财物市级统管。深化司法责任制改革，健全完善审判责任体系，建立法官业绩档案，完善法官绩效考评和退出机制，配合法官惩戒委员会履行职责。继续推进以审判为中心的诉讼制度、人民陪审员、刑事案件认罪认罚从宽制度、执行转破产等改革。

四是持续加强法院队伍建设。不断增强“四个意识”特别是核心意识、看齐意识，落实全面从严治党责任。推进“两学一做”学习教育常态化，深化以忠诚、为民、担当、公正、廉洁为主要内容的政法干警核心价值观教育，积极培育法官职业精神。加强员额法官培训，深入实施新“一线磨砺”计划等特色培训项目，增强法官助理辅助办案素能，完善书记员管理制度，多层次提升司法能力。推进法院文化建设，营造健康向上的司法生态。强化党内监督，严守司法廉洁底线，始终以“零容忍”态度惩治司法腐败。

五是自觉广泛接受各界监督。严格执行市人大及其常委会决议，抓好未成年人刑事审判专项审议意见的落实。创新代表委员联络机制，密切与民主党派、工商联等联系，经常听取意见。办好代表建议和政协提案，切实改进工作。依法接受检察监督，共同守护公平正义。自觉接受新闻媒体和社会监督，汇聚推动重庆法院发展的多方智慧。

各位代表，在服务全市改革发展大局中，人民法院责无旁贷、使命光荣。我们将认真贯彻落实本次大会决议，不忘初心、继续前进，努力为我市全面建成小康社会提供更加有力的司法保障。

附件

报告部分用语说明

1. 2016 年全市法院案件审执情况

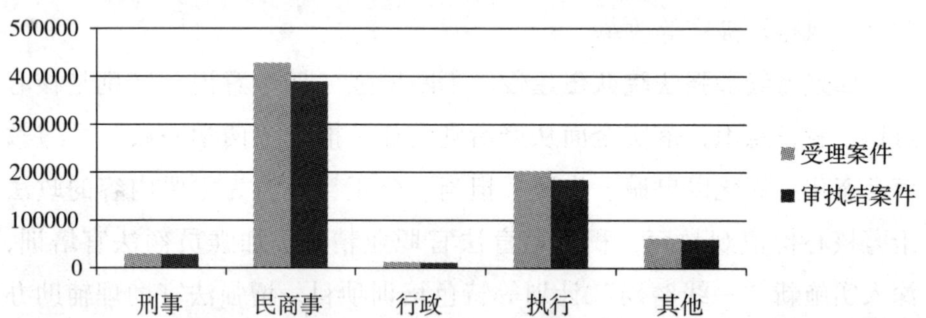

单位：件

	刑事	民商事	行政	执行	其他	合计
受理案件	30193	427887	12810	202383	62171	735444
审执结案件	28967	389228	11732	183726	59853	673506
一审结案	25667	362442	8444	—	—	396553
二审结案	3266	26043	3282	—	—	32591
再审结案	34	743	6	—	—	783

注：其他项包括国家赔偿、申诉审查、减刑假释、管辖等案件。

2. 全市法院近年来案件增长情况

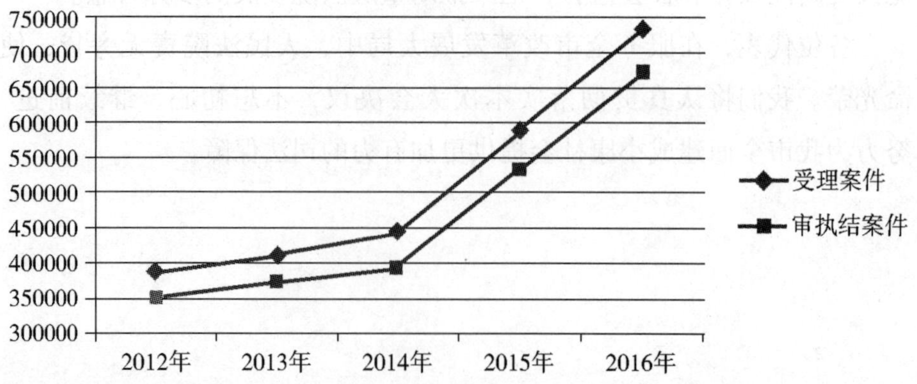

单位：件

	2012 年	2013 年	2014 年	2015 年	2016 年
受理案件	386088	410348	444349	589850	735444
审执结案件	351741	371182	393484	533837	673506

3. 民事财产保全中心：2016 年 4 月，市高法院出台《关于全市法院建立民事财产保全中心规范高效开展保全工作的意见》，在全市三级法院统一设立民事财产保全中心，着力打造“审查、裁定、执行、复议”有机统一的系统工作平台，集约办理民事财产保全工作事务，有效整合民事财产保全资源，进一步提高民事财产保全质效，切实维护当事人合法权益。

4. “智慧法院”：最高人民法院要求各级人民法院坚持以确保司法公正高效、提升司法公信力为目标，推进信息化建设转型升级，提升人民法院现代化、智能化水平，努力建设“智慧法院”。市高法院秉承信息化“服务人民群众、服务审判执行、服务管理决策”理念，充分运用互联网、云计算、大数据、人工智能等技术，积极构建新型应用系统，不断扩大司法资源共享，努力实现司法审判与信息化的深度融合，促进审判体系和审判能力现代化。

5. 数字巡回审判便携装备：按照科技法庭建设标准和审判管理要求，引进信息化技术，有效解决巡回审判和辅助其他办案、办公所需的新一代高科技装备。2016 年 9 月，市高法院自主研发的全国首个数字巡回审判包在全市法院人民法庭投入使用。该装备不受场地环境限制，架设方便快捷，可实现无线远程立案、庭审、接访、签章一体化运行，方便法官巡回办案，减轻群众跑腿之苦。

6. 专职党务干部：2016 年 12 月，市高法院出台《内设部门专职党务干部管理暂行办法》，在机关内设部门配备专职党务干部，担任所在部门党支部副书记兼纪检委员，协助所在部门党支部书记开展思想、政治、纪律、作风监督管理等工作，承担所在部门廉洁教育、监督检查等反腐倡廉工作任务，推动落实全面从严治党要求。

7. 最高人民法院指导性案例：由最高人民法院确定并统一发布的对全国法院审判、执行工作具有指导作用的案例。《最高人民法院关于案例指导工作的规定》明确规定“最高人民法院发布的指导性案例，各级人民法院审判类似案例时应当参照”。2016年，最高人民法院共发布4批次21件指导性案例。

8. 最高人民法院第五巡回法庭：2016年11月，中央同意最高人民法院在重庆、西安、南京、郑州增设巡回法庭。2016年12月29日，最高人民法院第五巡回法庭在我市揭牌，开始正式办公。第五巡回法庭是最高人民法院派出的常设审判机构，也是全国唯一设在直辖市的巡回法庭，管辖重庆、四川、贵州、云南、西藏5省区市应当由最高人民法院受理的相关案件，并依法办理有关来信来访事项，其作出的判决、裁定和决定，是最高人民法院的判决、裁定和决定。

四川省高级人民法院工作报告

——2017年1月17日在四川省第十二届
人民代表大会第五次会议上

四川省高级人民法院院长　王海萍

各位代表：

现在，我代表省高级人民法院向大会报告工作，请予审查。

2016年，在省委坚强领导下，在省人大及其常委会监督和最高人民法院指导下，在省政府支持、省政协民主监督和社会各界关心下，全省法院依法履行宪法法律赋予职责，紧紧围绕中央“五位一体”总体布局、“四个全面”战略布局和省委决策部署，充分发挥审判职能作用，更加主动服务我省经济社会发展大局，始终坚持公正司法、始终坚持司法为民、始终坚持攻坚克难，全面推动司法责任制改革，各项工作取得新发展。全省法院共受理各类案件955989件，审、执结869429件，同比分别上升4.46%、5.86%。其中，省法院受理12212件，审、执结9529件，同比分别上升7.54%、1.47%。

一、依法履行审判职能，主动服务保障全省改革发展大局

维护社会公平正义，建设平安四川。全省法院审理一审刑事案件

52294件71645人，同比分别上升10.04%、7.16%。坚决维护国家安全公共安全。依法严惩分裂国家、颠覆国家政权等危害国家安全犯罪，按照新实施的反恐怖主义法，准确认定和严惩暴力恐怖犯罪。坚决维护社会长治久安。有力打击严重暴力犯罪和毒品犯罪，严惩杀人、抢劫、绑架、强奸和黑恶势力犯罪分子，严惩毒枭、职业毒贩，判处五年以上有期徒刑直至死刑的占21.03%。坚决维护社会稳定。依法打击涉众型经济犯罪，统一执法标准，完善处置机制，加大财产刑适用和赃款赃物追缴力度。审理集资诈骗、非法吸收公众存款等案件435件1216人。稳妥审理陈勇等人非法吸收公众存款案等一批影响较大的非法集资案件。维护网络信息安全，依法打击窃取、泄露、买卖个人信息犯罪和电信网络诈骗犯罪。维护食品药品安全，依法打击生产销售有毒有害食品和假药劣药犯罪。赵雄建等人电信诈骗案和张光琼生产、销售有毒、有害食品案，犯罪分子被依法判处刑罚。有力巩固反腐败成果。依法严惩贪贿犯罪，按照“两高”关于办理贪贿刑事案件的最新司法解释，加强审判指导。依法审判李佳、何华章等一批重大贪贿犯罪案件。判处贪贿、渎职侵权案件2078件2793人，其中原县处级以上职务的180人。加大对行贿犯罪惩处力度，依法判处刑罚人数同比上升41.18%。坚持宽严相济刑事政策。对具有法定酌定从宽情节的被告人，依法从轻、减轻或免除处罚。对犯罪较轻的依法从轻处罚。对34436名罪犯依法减刑、假释，对应当开庭的减刑、假释案件全部开庭。加强人权司法保障。坚持罪刑法定、疑罪从无，切实防范冤错案件，对不构成犯罪的被告人依法宣告无罪。

主动发挥保障作用，服务创新发展。全省法院共审理一审民商事案件467939件，诉讼金额2294.4亿元。省法院围绕我省工作大局，从服务保障供给侧结构性改革、服务保障知识产权强省建设、服务保障绿色发展、防范金融风险等方面出台了多项指导意见。依法促进产业结构调整。全省法院审理企业兼并重组中的股权转让、公司合并分立等民商事案件478件，新收企业破产案件178件，对破产企业实行“一企一策”，积极稳妥做好工作。川化股份公司破产重整案，职工得到妥善安置、企业实现转型盈利。我省5个中级法院设立清算和破产庭，形成专业化审判机制，进一步提升审判效果。服务保障“项目年”建设。全省法院审理合资合作开发、建设工程、买卖合同等纠纷案件53374件。省法院加大对涉地方融资平台、互联网借贷平台纠纷案件的审判指导，促进规范融资行为，防范区域性金融风险。全省法院审理借款、担保、融资租赁纠纷等案件105313件。服务保障创新开放发展。围绕我省全面创新改革试验区建设、成都天府新区创新发展需要，经最高人民法院批准，成都中院专设的知识产权审判庭已在天府新区落地揭牌，专设知识产权审判庭突出专业化配置，提升了规格，扩展了审判范围，统一受理全省专利等技术类案件和成都跨区域知识产权案件，进一步突显了我省对创新发展的司法保护力度。明确“司法主导、严格保护”的知识产权保护要求，全省法院审理专利、商标、著作权等案件2525件。妥善审理新经济业态纠纷案件，平等保护不同所有制经济主体的创新收益，依法审理涉外和涉港澳台案件276件，促进开放发展。服务保障绿色发展。在我省流域生态保护区、重点生态功能区、主要旅游目的地的法院设立环境资源审判机构，加大司法保护力度。目前已在甘孜、阿坝等地设立21个环境资源庭。全省法院依法审理破坏资源、环境监管失职、环境资源侵权、环境公益诉讼等刑事、民事、行政类案件10349件。石茂军等人污染环境犯罪，被依法判处刑罚。

落实依法治省要求，积极推动依法行政。进一步发挥行政审判职能作用，全省法院审理一审行政案件10024件。加大司法监督力度。判决撤销、变更原行政行为或确认违法803件。审理与民生密切关联的房屋土地征收、工伤认定、社会保障等行政案件2521件，判决支持原告诉求的占13.96%；审理信息公开案件739件，判决政府履行信息公开法定职责的占14.2%。推行行政案件集中管辖。落实新修订行政诉讼法规定，加大对行政权的司法监督，在全省7个中级法院辖区内推行跨行政区域管辖行政案件，解决行政案件立案难、审理难问题。积极推动行政机关负责人出庭应诉。省法院出台行政机关负责人出庭应诉规定，各级法院主动向当地政府通报行政机关负责人出庭应诉情况。全省行政机关普遍组织旁听行政案件庭审。行政机关负责人出庭应诉率同比上升15.3个百分点。依法审理国家赔偿案件。审结国家赔偿案件343件，决定赔偿22件，促进国家机关依法规范行使职权。

二、着力攻坚克难，推进两年内基本解决我省执行难

2016年年初，最高人民法院作出决策部署，全国法院用两到三年时间基本解决执行难问题。省法院迅速落实，攻坚克难。一年来，全省法院共执结案件239134件，同比上升33.3%。

迅速形成工作大格局。各级法院主动向党委汇报，得到高度重视和支持。省依法治省领导小组出台解决执行难指导意见、各级党政层层召开执行工作联席会议并出台支持措施，各级法院部署开展各类执行专项行动，迅速构建了我省解决执行难工作大格局。中央政法委孟建柱书记和最高人民法院周强院长予以充分肯定。

大力强化执行措施。全省法院运用网络执行查控系统强化执行工作力度，依法及时查询冻结被执行人财产。加大力度打击“老赖”以及消极协助执行行为，依法司法拘留2449人，罚款279人。依法惩治拒不执行法院判决、裁定犯罪，判处刑罚60人。5.9万人迫于执行威慑履行执行款近9亿元。全省法院对有财产可供执行的案件执结142702件，执结率达86.16%，执行到位金额815.9亿元。加大涉民生案件执行力度，连续五年集中开展为农民工等弱势群体解决执行难的“司法大拜年”活动。2016年执结涉民生案件23872件，兑现案款24.17亿元。

严格规范执行行为。省法院在全国率先出台执行工作追责规定和规范化意见，明确对25种执行不规范情形实行责任追究。全面推行网络司法拍卖，严堵司法不廉漏洞。全省法院已全面实现网上司法拍卖。讲究执行方法，对涉众涉稳或尚有发展活力的企业，审慎使用执行措

施。积极宣传诚信履行义务，建设失信惩戒体系，形成良好环境氛围。

三、确保司法公正高效，积极回应群众关切

全省法院坚持司法为民，着力提升审判质效，不断增强人民群众的司法获得感。

确保审判更加公正。坚持将审判质量作为司法公正的根本保证。加强审判指导。省法院针对合同纠纷、民间借贷、劳动争议等类案，制定11个规范性文件，统一法律适用和裁判标准。加强案例指导。省法院发布工伤认定、股权转让等参考性案例，统一裁判尺度，我省法院136件案例入选最高人民法院指导案例、年度案例。提高庭审质量。加强庭审评查，邀请人大代表、政协委员、专家学者等进行全省法院“十佳庭审”评选，形成良好影响，促进庭审活动更加规范公正。构建专业化审判体系。各地法院针对案件量大的案件类型，建立专业化审判组织，提升审判质效。全省法院案件服判息诉率为99.06%。

确保审判更加高效。全省法院从发挥机制和信息化作用等方面，不断提升审判工作效率。结案率同比上升1.2个百分点。深化诉调对接。各地法院加强与交通、劳动、保险、物业等调解组织对接，进一步巩固和发挥多元化调解组织的积极作用。推进简案快办。适用督促程序、小额诉讼、简易程序、轻刑快处等程序规定审理案件400423件，占一审案件总数72.4%。探索集约化管理。将司法事务集中到诉讼服务中心“一站式”办理，提高服务群众效率，切实减轻法官事务性工作压力。充分运用信息化平台。省法院统一部署，全面升级全省法院信息化工作平台，推进电子卷宗同步生成和网上调卷系统建设工作，各地法院积极探索远程视频开庭和电子邮件送达，建设涉案物品网络管理平台，全方位提高工作效率。

积极回应群众关切。发挥审判职能作用，坚决维护群众利益。依法惩处侵害群众利益犯罪。从严打击贪污挪用、套取骗取脱贫资金、惠农政策资金的职务犯罪，审理涉扶贫领域职务犯罪案件225件373

人。曾任县扶贫移民局局长的蒋启斗在扶贫项目建设中收受贿赂，被依法判处刑罚。充分保障民生权益。审理教育就业、医疗卫生、劳动争议、社会保障等案件31493件，维护群众合法权益。开展家事审判改革试点，探索家事调查员方式，保护无过错方和弱势方，促进家庭和谐。颁发人身安全保护令，有效制止家庭暴力行为。审理婚姻家庭案件95789件，调撤率63.48%。审理涉军案件115件，维护国防利益和军人军属合法权益。依法严格保护未成年人权益和身心健康，审理侵犯儿童人身权利的犯罪案件198件。开展打击校园暴力犯罪专项审判，推行未成年犯品行调查，发挥刑罚个别预防功能。组织开展打击涉医违法犯罪专项行动，营造安全有序的诊疗环境。提升诉讼服务水平。全省法院统一建设网上诉讼服务中心，为当事人和律师提供更加高效便捷的诉讼通道和专项服务。进一步建设完善审判公开平台，诉讼当事人使用网上诉讼服务中心平台17.08万人次。与司法行政机关密切合作，开展律师参与信访案件化解工作。为3047名符合条件的困难群众提供司法救助3368.54万元，为6290名困难群众减免缓诉讼费4134.86万元。主动积极开展法治宣传。深化法治教育“三个课堂”作用，各级法院针对青少年、公务员、村民等不同群体组织旁听庭审、开展巡回审判，对社会关注案件进行庭审网络直播。省法院召开环境资源保护、知识产权司法保护、惩治扶贫领域犯罪等专题新闻发布会12次，各地法院也相继召开专题新闻发布会，扩大以案说法的法治宣传效果。全省500多名法官担任599所学校法治副校长，为全省中小学生讲法治教育课和开展模拟法庭教育。与各地电视台联办以案说法节目，28件典型案例被中央电视台“今日说法”“经济与法”等栏目采用。开展“法治微电影展播月”活动，网上点击量超过600万次。

四、积极推动司法改革，全面启动司法责任制改革工作

全省法院按照中央、省委统一部署，启动了以司法责任制为核心的司法体制改革，已从试点向全省推开，成效初步显现，省法院和成

都中院在全国法院司法责任制改革督查推进会上作经验交流发言。

积极平稳推进法官员额制改革。全省法院切实做到，统一思想认识。通过加强政策解读和引导，使干警成为改革的积极参与者和推动者，确保了队伍思想、工作稳定。科学确定法官员额。省法院总结我省改革试点法院的经验做法，将“以案定额”与“以功能定额”相结合，入额法官比例向案件量大的法院倾斜，同时确保少数民族地区、边远山区法院办案需求。择优遴选法官入额。明确“重实绩、重素质能力”导向，采用“考试+考核”方式进行差额遴选，全省共有6551名法官入额，占政法编制总数的32.85%。其中，中青年骨干法官占76.8%，大学本科及以上人员占96.9%，具有法学类专业知识背景的占94.2%，实现了员额法官在年龄结构、专业知识等方面的优化。

认真落实司法责任制。坚持让审理者裁判、由裁判者负责。构建责任落实的配套工作机制。明确员额法官办案职权，建立审判团队模式，为员额法官科学配置法官助理、书记员。明确院庭长办案要求，转变院庭长审批案件模式。界定审判委员会讨论案件范围。建立完善专业法官会议制度。建立法官业绩考核评价惩戒机制。制定与司法责任制改革要求相适应的法官绩效考核办法，出台责任追究制度，建立员额法官退出机制。司法责任制改革以来，试点法院法官人均办案数比改革前同期上升39.7%。

大力推进以审判为中心的诉讼制度改革。在全省法院推行刑事庭审实质化改革。强化庭前会议功能，推动关键证人出庭作证，庭审重点围绕有争议的事实证据审理，依法启动排除非法证据程序。我省法院庭审实质化试点工作受到中央政法委、最高人民法院领导的充分肯定。2016年以来全省法院还在民事、行政审判和执行工作等方面进行了积极的改革探索。

五、始终坚持从严治院，自觉接受各方监督

全省法院严格落实从严治党要求，深入开展“两学一做”学习教

育，自觉接受监督，进一步提升队伍素质能力。

加强队伍建设。切实增强“四个意识”，坚定理想信念。组织开展“全国模范法官”周卫东先进事迹的宣讲学习。强化能力建设，开办四川法官网络学院开展网上培训，对法官教育培训实现全覆盖。围绕廉政教育等方面，加强法院文化建设。加强我省藏区彝区法院建设，搭建与广东、浙江法院对口援助藏区法院平台，全省法院在人才培养和信息化建设方面积极援助藏区、彝区法院。开展司法作风“五项规范”建设，加强审务督察，确保司法廉洁。查处干警违纪违法案件68件83人，对7名负有领导责任的领导进行问责。

主动接受人大监督和政协民主监督。省法院高度重视代表委员的监督意见建议，将2016年省“两会”期间代表委员提出的服务大局、提升审判效率、司法规范化建设等方面的意见建议，纳入全省法院重点工作统一谋划部署，有力推动工作发展。主动向省人大常委会汇报、省政协通报全省法院工作情况，向省人大常委会专题报告刑事庭审实质化改革工作和办理代表意见建议情况。加强代表委员监督案件的办理，主动走访代表委员。办理代表委员建议、提案28件，全部予以认真回复。积极邀请代表委员参加重要审判执行工作会议、专题调研会，参与全省法院庭审评查评选、见证重大执行活动、旁听典型案件审理。

自觉接受法律监督。依法审理检察机关抗诉案件，认真办理检察建议，配合检察机关开展财产刑执行专项检察活动，与检察机关联合开展执行案款集中清理活动，共同维护司法公正。

各位代表，在过去一年，全省法院工作实现了新的进步发展，多项工作得到中央政法委、最高人民法院的肯定。成都金堂县法官周卫东被最高人民法院追授为“全国模范法官”，全省法院62个集体和412名干警受到省级以上表彰奖励。这些成绩的取得，是省委坚强领导，省人大有力监督，省政府、省政协以及社会各界关心支持的结果。在此，我代表全省法院干警，表示衷心的感谢！

当前，全省法院工作中也存在一些困难和问题：一是受理案件总数不断上升，审判任务日益繁重，审理难度不断增大，特别在一些地区，法官承受的办案压力较大；二是司法责任制改革还处于起步阶段，各项配套制度还有待进一步健全完善和推动深化；三是法院队伍“三化”建设力度有待进一步加强，以进一步适应司法责任制改革要求；四是“智慧法院”建设力度有待进一步加大，更进一步发挥信息技术在服务群众、服务审判工作中的重要作用。

2017 年，全省法院将深入贯彻党的十八大、十八届三中、四中、五中、六中全会和习近平总书记系列重要讲话精神，按照中央、省委工作部署，坚持稳中求进的工作总基调，坚持新发展理念，认真履行审判职能，围绕中心服务大局，始终维护公平正义，深化司法责任制改革，切实加强法院队伍建设，坚持争创一流业绩，努力为我省经济平稳健康发展与社会和谐稳定提供更加有力的司法保障。

一是要进一步推进平安四川建设。要充分发挥刑事审判职能作用，依法严惩危害国家安全、公共安全和严重危害社会治安的犯罪，维护全省社会大局稳定。要继续加大力度打击非法集资、网络诈骗等犯罪。要妥善审理涉民生案件，依法惩处各类危害群众利益的犯罪。要坚持严惩贪贿犯罪，巩固反腐败斗争成果。

二是要进一步服务保障经济发展。要充分发挥民商事审判职能作用，服务全面创新发展。稳妥审理涉及供给侧结构性改革等纠纷案件，强化对知识产权的司法保护，依法全面保护、平等保护各类产权主体，依法保障中国（四川）自由贸易试验区建设，积极营造法治化国际化的营商环境。进一步发挥司法审判保障促进绿色发展的功能作用。要促进形成良好法治环境。

三是要进一步深化司法责任制改革。要认真落实司法责任要求，建立完善与司法责任制改革配套的工作机制，规范审判权力运行，确保司法公正廉洁。要继续推进以审判为中心的诉讼制度改革，继续探索提升审判公正效率的改革路径。要进一步深化诉非衔接，更充分发挥多元化纠纷化解机制作用，更充分发挥人民陪审员积极作用。

四是要进一步攻坚克难。要强化措施，确保我省基本解决执行难取得突破性进展。要进一步建设发挥网络执行查控系统、信用惩戒体系作用，有效惩治“老赖”。要进一步规范执行行为，严格治理消极执行，强化执行效果。要进一步推进建设“智慧法院”，发挥信息化在审判执行工作中的有力支撑作用。

各位代表，实现治蜀兴川新发展，建设良好法治环境，全省法院使命光荣、责任重大。我们将在中央和省委的坚强领导下，坚持厉行法治，坚定信心、攻坚克难、拼搏实干，不断开创全省法院工作新局面，为我省决胜全面小康、建设经济强省作出新的更大贡献！

附件一

典型案例和有关用语说明

1. 陈勇等人非法吸收公众存款等罪案： 陈勇等人通过电视、报纸等途径向社会进行公开宣传，不以房产销售为主要目的，以售后包租、约定回购、分割销售酒店产权份额等方式，非法变相吸收社会公众资金1.8亿元，数额巨大。法院依法判处陈勇有期徒刑十八年。

2. 赵雄建等人电信诈骗案： 赵雄建为实施电信诈骗，通过互联网购得假信用卡、手机卡、银行储蓄卡，邀约他人冒充担保公司工作人员，通过发送手机短信、拨打电话和利用互联网散布能为他人办理高额度信用卡的虚假信息，骗取31名办卡人通过银行转汇的代办费、验资费、保证金共计510496元。法院依法判处赵雄建有期徒刑九年，并处罚金。

3. 张光琼生产、销售有毒、有害食品案： 筠连县食品药品监督管理局对张光琼生产的一批苦丁茶进行抽样送检。张光琼在检测结果未出来前，将该批苦丁茶销售到外地。后经检验，该批“苦丁茶”内含有高毒、高残留及具有“三致”（致畸、致癌、致突变）作用的非食用物质“孔雀石绿”。法院依法判处张光琼有期徒刑一年六个月。

4. 李佳受贿案： 四川省资阳市委原书记李佳受贿案，内江中院于2016年11月8日一审宣判，认定李佳犯受贿罪，判处有期徒刑十四年，并处罚金人民币200万元。宣判后，李佳当庭表示认罪服判。

5. 何华章受贿案： 四川省遂宁市委原副书记、遂宁市人民政府原市长何华章受贿案，乐山中院于2016年12月19日一审宣判，认定何华章犯受贿等罪，数罪并罚，决定执行有期徒刑八年六个月，并处罚金人民币200万元。宣判后，何华章未提出上诉。

6. 川化股份公司破产重整案： 川化股份公司系四川省一家主要从事化肥、化工原料生产及销售的国有控股上市公司，公司总股本47000

万股，涉及股东人数约3.06万人。受国家产业政策调整、产能过剩等因素影响，公司长期处于亏损状态，被深交所实施“退市风险警示”。成都中院在该公司破产重整案中兼顾平衡债权人、股民和员工等各方利益，指导破产管理人淘汰落后产能，盘活闲置资源，妥善转移安置职工。通过司法重整，保留了川化股份上市公司地位，实现了企业就地重生，有力促进我省化工板块转型升级。

7. 石茂军等人污染环境案：石茂军等人违反国家规定，在饮用水水源一级保护区内倾倒有毒物质，严重污染环境。法院依法判处石茂军有期徒刑六个月，并处罚金1万元。

8. 蒋启斗受贿案：蒋启斗利用其担任开江县扶贫和移民工作局局长的职务之便，在扶贫工程建设、教育培训、项目推进等方面为他人谋取利益，非法收受郭某某等15人款项共计84万元。法院依法判处蒋启斗有期徒刑六年六个月。

9. 非法集资犯罪：指刑法第176条规定的“非法吸收公众存款或变相吸收公众存款，扰乱金融秩序”的非法吸收公众存款罪和刑法第192条规定“以非法占有为目的，使用诈骗方法非法集资，数额较大”构成的集资诈骗罪。

10. 知识产权审判庭：指跨行政区域集中管辖知识产权民事、刑事、行政案件的专门审判庭，具有专门性、跨区域性和专业性三大特点，有助于统一裁判标准、优化审判资源、提高案件审判质效，更加有效地保护知识产权。

11. 环境资源审判庭：指整合审判资源，对环境资源案件实行刑事、民事、行政“三合一”归口审理的专门审判庭，对于统一司法裁判尺度，实现环境司法专门化，加大环境资源司法保护力度，宣传引导环境资源保护法治理念具有积极意义。

12. 行政案件集中管辖：指由高级人民法院统一指定，并经最高人民法院批准，将中级人民法院辖区内一审行政诉讼案件，指定由2至3个基层人民法院集中管辖。我省成都、乐山、广安、达州、南充、雅安、眉山等7个市中院下辖的基层法院行政案件实行相对集中管辖，有效减少了不当干预，强化了行政相对人合法权益的保护。

13. 基本解决执行难：这里的“执行难”是指由于被执行人隐匿转移财产、有关方面拒不协助执行、执行机制不顺畅、执行人员拖延执行等原因，导致案件无法执行的情况。人民法院通过规范执行行为、完善财产查控、加强信用惩戒等措施，能够解决上述原因导致的执行难。但基本解决执行难并不意味着对所有案件都能成功执行，仍会存在被执行人客观上无可供执行财产的情况，这些由市场交易风险所致的无法执行，不在基本解决执行难范围内。

14. 执行工作联席会议：2009年省委办公厅、省政府办公厅印发《关于进一步加强人民法院执行工作的意见》，在省、市、县三级建立由党委分管领导担任第一召集人，政府分管领导、法院院长担任召集人，有关单位、部门为成员的执行联动工作机制和例会制度，着力构建“党委领导、人大监督、政府支持、政法委协调、法院主办、部门配合、社会各界参与”的综合治理执行难工作大格局。该制度建立至今，省级执行工作联席会议已召开十三次会议，帮助解决了执行工作中遇到的突出困难和法院自身难以解决的问题。

15. 网络执行查控系统：指为高效便捷查控被执行人财产，人民法院与掌握被执行人身份、财产信息的相关单位搭建网上系统平台，进行相关数据信息交换，实现对被执行人财产查询、冻结、扣划网络化、自动化。

16. 网络司法拍卖：是指人民法院依法通过互联网拍卖平台，以网络电子竞价方式公开处置被执行财产的行为。

17. 督促程序：指人民法院根据债权人提出的要求债务人给付一定的金钱或有价证券的申请，向债务人发出附条件的支付令，以催促债务人限期履行义务。如果债务人在法定期间内不提出异议，债权人可以根据支付令向人民法院申请强制执行的程序。

18. 小额诉讼：指基层人民法院及其派出法庭审理符合简易程序的

简单民事案件，如果其诉讼标的额为各省、自治区、直辖市上年度就业人员年平均工资百分之三十以下的，实行一审终审。

19. 民事诉讼简易程序：指基层人民法院及其派出法庭审理事实清楚、权利义务关系明确、争议不大的简单民事案件所适用的一种简便易行的诉讼程序。

20. 轻刑快处：轻微刑事案件快速处理机制的简称，是指对案情简单、事实清楚、证据充分，可能判处三年以下有期徒刑、拘役、管制、单处附加刑或者免予处罚的刑事案件，如犯罪嫌疑人、被告人认罪且同意适用快速处理机制的，可以由公安机关、人民检察院、司法局、人民法院共同衔接配合，依法简化侦查、审查起诉、社区调查评估、审理流程，以缩短办案期限，提升办案效率。

21. 家事审判改革试点：2016 年 5 月，最高人民法院指定全国部分法院开展家事审判方式和工作机制改革试点，我省眉山中院等 4 个法院为试点法院。改革的主要内容包括：针对家事案件的特殊性，转变审判理念和审判方式，强化不公开审理、当事人亲自到庭、未成年人利益最大化原则，适当放宽家事案件审限，探索建立家事调解委员会、家事案件调查员、离婚财产申报、离婚冷静期、心理评测干预等制度机制，最大程度修复家庭关系。省法院指定成都中院等 27 个法院或人民法庭在我省开展家事审判改革试点。

22. 家事调查员方式：是指人民法院在审理家事案件过程中，可以委托专门人员通过走访交谈等方式，对当事人或关系人的性格、经历、身心状况、家庭关系、工作环境、子女抚养、老人赡养等特定事实问题进行调查，所形成的调查报告经当事人质证后由法官决定是否采纳，对提升家事案件的审理质效、保护当事人合法权益、修复和谐家庭关系具有重要意义。家事调查员的选任、管理、保障等机制正在探索试点中。

23. 人身安全保护令：依照《中华人民共和国反家庭暴力法》的规定，因遭受家庭暴力或者面临家庭暴力的现实危险，当事人有权或者相关主体可以申请人民法院作出人身安全保护令的裁定，主要包括下列措施：禁止被申请人实施家庭暴力；禁止骚扰、跟踪、接触申请人及其相关近亲属；责令迁出申请人住所；保护申请人人身安全的其他措施。被申请人违反人身安全保护令，构成犯罪的，依法追究刑事责任；尚不构成犯罪的，应当给予训诫，可以根据情节轻重处以一千元以下罚款、十五日以下拘留。

24. 未成年犯品行调查：是指刑事诉讼法第268条规定的“公安机关、人民检察院、人民法院办理未成年人刑事案件，根据情况可以对未成年犯罪嫌疑人、被告人的成长经历、犯罪原因、监护教育等情况进行调查。”调查结果可在一定程度上反映未成年犯罪嫌疑人、被告人的人身危险性、犯罪原因以及当罚性等情况，为合理量刑提供参考。

25. 法治教育“三个课堂”：指我省法院根据省委“法律七进”要求，结合法院审判特点，创新开展的法治教育方式。把诉讼服务中心打造为法治教育“第一课堂”，通过诉讼引导、释法明理等方式，让群众第一次到法院就能接受法治教育；把法院开庭审案的审判法庭打造为法治教育“中心课堂”，通过邀请旁听案件庭审的方式，让群众接受生动的法治教育；把深入乡村审理群众身边事的人民法庭打造为法治教育“巡回课堂”，通过就地收案、就地审理的方式进行以案说法，让基层群众在家门口接受法治教育。

26. 刑事庭审实质化改革：是以审判为中心的诉讼制度改革的一项重点内容，即通过系列措施确保庭审在查明事实、认定证据、保护诉权、公正裁判中发挥决定性作用，实现证据举证质证在法庭、案件事实查明在法庭、控辩意见发表在法庭、裁判结果形成在法庭。主要内容包括证人、鉴定人出庭作证，保障辩护权行使，非法证据排除等。该项改革对于加强人权司法保障、确保案件质量、维护公平正义具有重要意义。

27. 庭前会议：刑事诉讼程序中的庭前会议，指在公诉案件开庭前，审判人员可以依法召集公诉人、当事人和辩护人、诉讼代理人，对回避、出庭证人名单、非法证据排除等与审判相关的问题，了解情况，听取意见，可以通知被告人参加。庭前会议不是法庭审理前的必经程序，是人民法院根据公诉案件的复杂程度等为开庭所做的准备活动，有助于提高庭审质量和效率。

28. 非法证据排除程序：是指刑事诉讼中，当事人及其辩护人、诉讼代理人申请排除以非法方法收集的证据，法院经审查决定启动，或者法院经审查后自行启动的对证据合法性的调查程序。经审理，存在刑事诉讼法第54条规定的以非法方法收集证据情形的，对有关证据应当排除。

29. 周卫东：周卫东，男，汉族，中共党员，1967年1月出生，生前系金堂县人民法院刑事审判庭庭长。2016年3月18日，因突发疾病抢救无效去世，年仅49岁。周卫东同志从事审判、执行工作30余年，始终“腿不离基层，心不离群众”，依法公正审执结各类案件四千余件，无一发回重审改判，无一信访投诉。周卫东同志的先进事迹引起强烈反响，新华社、《人民法院报》、《四川日报》等媒体先后进行专题报道，并获得最高人民法院周强院长和省委东明书记肯定性批示，先后被最高人民法院、人社部追授为“全国模范法官”，省法院追记个人一等功，成都市委、金堂县委分别追授“优秀共产党员”荣誉称号。

30. “五项规范”建设：指全省法院开展的规范岗位要求、规范审判执行工作、规范庭审活动、规范诉讼服务、规范考核工作等五个方面的规范化建设，目的是推进形成勤政廉洁的生活作风、高效有序的审判作风、公正规范的庭审作风、司法为民的司法作风、求实奋进的工作作风。

31. 审务督察：是各级法院对本院各部门及其工作人员，上级法院对下级法院及其工作人员履行职责、行使职权、遵章守纪、改进作风、制度执行等情况展开实地检查，并对正在发生的违纪违法和其他侵害人民群众利益、损害人民法院形象的行为进行现场查纠的内部监督方式。

32. 智慧法院：指以确保司法公正高效、提升司法公信力为目标，充分运用互联网、云计算、大数据、人工智能等技术，促进审判体系与审判能力现代化，实现人民法院运行与管理智能化。通过充分挖掘利用海量司法案例资源，为法官、当事人及社会各界提供全方位服务。

附件二

办理2016年省人代会期间
人大代表提交会议的建议情况

2016年，省法院对主办的16件省人大代表向大会提交的建议（第18、41、280、312、313、317、321、323、609、880、953、957、958、976、977、978号），逐一专题研究，明确责任部门，全部办结并回复。

1. 对翟峰代表提出的《关于充分发挥“互联网+司法服务”效力的建议》（第18号）：一是召开全省法院诉讼服务中心建设提档升级工作会议，推广眉山诉调对接经验；二是建立网上诉讼服务中心，拓展互联网诉讼服务；三是积极建设庭审公开平台，不断完善司法公开平台。

2. 对翟峰代表提出的《关于为全面实施我省“十三五”规划提供有力司法保障的建议》（第41号）：围绕中心工作和发展大局，充分发挥司法审判职能，从服务保障供给侧结构性改革、知识产权强省建设、绿色发展和防范金融风险等方面出台多项指导意见。

3. 对严化雄代表提出的《关于加强法警队伍建设的建议》（第280号）：一是省法院集中采购安检门、囚车、执法记录仪等配发全省各中基层法院，加强法警装备建设；二是开展法警技能大比武活动，提高法警警务保障和处置突发事件能力；三是制定《司法警务辅助人员管理规范》，加强司法警察队伍“三化”建设。

4. 对李世亮代表提出的《关于完善财产保全制度保障民事诉讼强制措施执行力的建议》（第312号）：严格执行最高法院、省法院有关财产保全规定，充分尊重当事人复议权，进一步强化对保全工作的监督。

5. 对李世亮代表提出的《关于完善诉讼审限制度提高司法审判工

作效率的建议》（第313号）、**樊斌代表提出的《关于提高法院审判效率的建议》**（第953号）：一是制定和落实相关文件，明确司法审判职责、流程和标准；二是强化审限内部考评、管理与外部监督，严格治理案件办理拖沓、随意超审（执）限等问题；三是实施内外分流，缓解案多人少，建立健全诉非衔接机制。

6. 对李世亮代表提出的《加大我省企业破产及重整申请受理力度》（第317号）：一是依法掌握破产受理条件，解决"受理难"问题；二是积极建立与地方政府统一协调机制，为破产案件审理奠定基础；三是把握执转破精神，通过破产程序解决执行难；四是建立清算和破产专业团队，提高审判水平。

7. 对郝士权代表提出的《关于创新民事诉讼送达新方式提升送达效率的建议》（第321号）：一是对送达工作中存在的问题进行全面调研，认真分析问题原因，并针对突出问题出台规范文件；二是积极与金融、社保、工商、公安与交通等部门加强沟通与协调，建立信息互享机制，解决"找人难"问题。

8. 对李世亮代表提出的《关于统一司法裁判标准提高司法公信力的建议》（第323号）：加强案例指导、类型化案件审判指导和案件质量评查，研发类案查询索引系统，有效防范"同案不同判"现象。

9. 对向忠代表提出的《关于合理利用执行资源，提高执行效率，法院在强制执行中存在问题及改进的建议》（第609号）、**田荣华代表提出的《关于加强法院执行工作的建议》**（第880号）：形成执行工作大格局，扩大网络执行查控范围和力度；实现执行考核科学化，规范执行行为；充分利用执行资源，提升执行效率和效果。

10. 对樊斌代表提出的《关于取消或者完善法院中介机构入库制度的建议》（第957号）：坚持公开、公正、透明、择优的原则，实行协商选择优先、组织随机选定为辅的制度，动态管理司法中介机构入库名单。

11. 对樊斌代表提出的《关于引导社会行为、普遍调整社会关系以

减少诉讼案件的建议》（第958号）：制定出台《〈关于常见犯罪的量刑指导意见〉实施细则》《量刑程序指导意见》等文件，规范裁量标准，统一裁判尺度；制定《关于加强和规范司法建议工作的规定》，对全省法院司法建议工作进行全面指导。

12. 对樊斌代表提出的《关于进一步提高法院裁判文书质量的建议》（第976号）：一是全面修订案件质量评查规定，坚持定期开展裁判文书评查；二是规范裁判文书上网，强力推进文书公开；三是严格裁判文书制作、校对、签发的管理，定期通报裁判文书制作问题，制定案件质量责任追究办法。

13. 对樊斌代表提出的《关于推进法院案件繁简分流落实简单案件快速处理机制的建议》（第977号）：召开全省会议部署小额诉讼推进工作；下发加强小额诉讼程序适用通知，要求符合法定条件一律适用；增设小额诉讼案件审判管理流程，确保运行效果。

14. 对樊斌代表提出的《关于完善首查封法院优先处置权制度的建议》（第978号）：一是在最高法院出台首查封法院优先处置司法解释的过程中，深度调研提供意见建议；二是在司法解释出台后，密切关注并组织研究适用中出现的新问题。

附件三

2016年度省法院出台的重要文件和制度

1. 《关于建立打击非法集资犯罪案件协调处置机制的意见》。该意见是在省法院与省检察院、省公安厅进行充分协调的基础上达成的共识，主要是解决非法集资犯罪案件办理中涉及的跨区域案件管辖、资产处置、法律适用等重大、疑难、复杂问题，以统一执法标准和提高诉讼效率。

2. 《关于为推进我省供给侧结构性改革提供司法保障和服务的指导意见》。该意见明确尽可能多兼并重组、少破产清算、同步做好职工安置的工作要求和总体思路，针对当前破产案件审判中存在的突出问题，要求切实抓好立案受理、推行简案快审、建立执行转破产衔接机制、加强审判机构和队伍建设等14项工作，进一步强化审判工作服务保障我省产业结构整合发展和改造升级的职能作用。

3. 《关于审判工作服务保障知识产权强省建设的指导意见》。从充分发挥司法保护的主导作用、提高司法保护的及时性和有效性、加大损害赔偿力度、切实保障当事人的胜诉权益、营造激励自主创新的司法环境等10个方面提出指导意见，明确知识产权审判的司法导向与裁判规则，为我省创新驱动发展战略实施和知识产权强省建设提供有力司法保障和服务。

4. 《关于加强环境资源审判工作服务我省绿色发展的指导意见》。该意见明确了全省法院环境资源审判机构、机制、职能、队伍建设的目标和任务，要求全省各级法院大力推进环境资源审判机构建设，加强环境资源审判专业化队伍建设，实行"三合一"归口审理模式，充分发挥专业和特色审判优势，服务保障我省绿色发展。

5. 《关于贯彻执行〈最高人民法院关于行政诉讼应诉若干问题的通知〉的暂行规定》。该规定对行政机关负责人出庭应诉的范围进行界定，明确人民法院应当通知行政机关负责人出庭的3类案件和人民法院应当建议行政机关负责人出庭的8类案件，细化行政机关负责人出庭操作规范，助推行政机关负责人出庭应诉的评价和考核机制的形成。

6.《关于进一步加强失信被执行人联合惩戒推进四川诚信建设的意见》。该意见提出了12项信用惩戒措施，要求全省50多家省级相关单位部门在生活出行、生产经营、资格准入、荣誉获得等方面对失信被执行人进行限制，构建“一处失信，处处受限”的联合惩戒格局。

7.《关于全省法院执行工作规范化建设指导意见》。该意见明确了执行权运行、执行实施、委托执行、执行审查、执行监督、申诉信访、执行协调、执行请示、执行管理、工作机制、执行公开等11项工作机制，全面规范执行工作。

8.《关于消极执行、选择性执行、乱执行责任追究的暂行规定》。为进一步治理法院内部执行不力、拖延执行、乱执行等问题，该意见明确了消极执行、选择执行的25种具体情形，并对核实程序、调查主体和处分方式进行了规定。

9.《关于审理民间借贷纠纷案件若干问题的指导意见》。该意见对民间借贷案件审理中主体认定、合同履行地确定、民刑交叉问题的处理、合同效力认定、举证责任分配、借贷利息认定等14项常见问题作出明确规定，指导全省法院正确审理民间借贷纠纷案件，进一步统一裁判尺度。

10.《关于推进四川省保险纠纷诉讼与调解对接机制建设的指导意见》。该意见由省法院、中国保险监督管理委员会四川监管局会签下发，对保险行业调解组织及联席会议制度的建立完善、诉调对接的案件范围、工作方法及流程等作出明确规定，旨在探索诉讼与调解相结合的保险纠纷解决新模式，对于公正高效地处理保险纠纷，更好维护当事人合法权益，促进司法资源合理使用和保险业持续健康发展具有积极意义。

11.《关于审判人员拖延办案责任追究的暂行规定》。该规定对拖延办案的具体情形、影响认定、工作职责、拖延办案线索发现与处理、责任形式等作出具体规定，有利于进一步完善司法责任制，有效预防和消除违规超审限、久拖不结等现象，提高办案质效，促进司法公正、高效、公信。

12.《关于推进全省法院诉讼服务中心建设运用全面提档升级的意见》。该意见提出了全面推进我省法院诉讼服务中心建设运用提档升级的总体要求和工作重点，其目的在于适应国家“互联网+”发展战略，通过诉讼服务中心建设和诉讼服务工作提档升级，更好地服务司法改革，不断满足涉诉群众的多元诉讼需求。

13.《关于落实司法责任制的实施方案》。该方案由省法院制定，经省委全面深化改革领导小组第十三次会议审议通过后印发，主要包含改革审判权力运行机制、明确办案人员职责权限、完善审判权力监督制约机制、强化办案责任与履职保障机制等方面内容，是对最高法院司法责任制意见的细化和完善，是我省落实司法责任制的纲领性文件。

14.《关于办案人员权力清单的规定（试行）》。该规定细化了院庭长、合议庭、独任法官、法官助理、书记员等人员权力清单，细化了相应配套机制，明确了办案人员权责界限。

15.《关于院庭长审判管理监督职责的规定（试行）》。该规定通过建立健全符合司法规律的审判监督管理机制，完善监督管理方式，提升审判工作的质量、效率和效果，促进和保障审判权力独立、公正、高效地运行。

16.《关于独任法官、合议庭办案机制的规定（试行）》。该规定是关于实行法官员额制后合议庭（独任庭）的组织编配、职责分工、运行程序、工作要求、保障机制等的相关规范，对于规范司法行为、落实司法责任、提升审判质效具有重要意义。

17.《关于积极稳妥推进刑事庭审实质化改革试点工作的指导意见》。该意见结合全省法院实际和前期改革试点实践，明确刑事庭审实质化改革试点工作的总体目标和基本原则、五项主要任务和十八个工作重点、三项配套基础工作等具体内容，并提出工作要求，对全省法院深入推进刑事庭审实质化改革试点工作具有指导作用。

18.《关于受理、处理律师投诉的实施办法（试行）》。该办法进一步规范全省法院受理、处理律师投诉工作程序，明确了投诉平台和受理、处理部门，切实保障律师诉讼权利。

19.《关于进一步加强全省法院庭审行为规范的暂行规定》。该规定主要从庭前准备、庭审程序、庭审能力和效果等环节提出具体要求，全面提升全省法院庭审规范化、实质化、优质化水平，指导庭审发挥诉讼证据质证在法庭、案件事实查明在法庭、诉辩意见发表在法庭、裁判理由形成在法庭的重要职能作用，进一步推动以审判为中心的诉讼制度改革。

20.《关于进一步加强全省藏区法院工作的意见》。该意见结合我省藏区法院面临的新形势、新任务，从提升执法办案水平、强化人才队伍建设、加大文化建设力度、夯实法院基层基础、完善对口支援机制等方面作出部署，深入贯彻中央、省委藏区工作会和“1+5”系列重要文件精神，进一步把加强藏区依法治理的要求落到实处。

21.《党风廉政建设主体责任和监督责任追究暂行办法》。该办法对履行主体责任9种失职情形、履行监督责任9种失职情形作了规定，同时规定了责任追究的方式和免责情形，体现权责一致、有责必究、实事求是、依纪依规、惩前毖后、治病救人的原则。

22.《关于在委托鉴定、评估和拍卖中确定委托机构的若干规定》。该规定共18项条款，从工作原则、部门协作、回避事由以及选择机构要求、操作流程、机构变更、拍卖时限等对委托工作进行了较为详细的规范，推动法院司法技术工作更加规范、有序、高效及科学发展。

附件四

2016年度全省法院审判工作基本态势

1. 2016年全省法院案件受理总量955989件，近五年年均增幅约为7.57%。

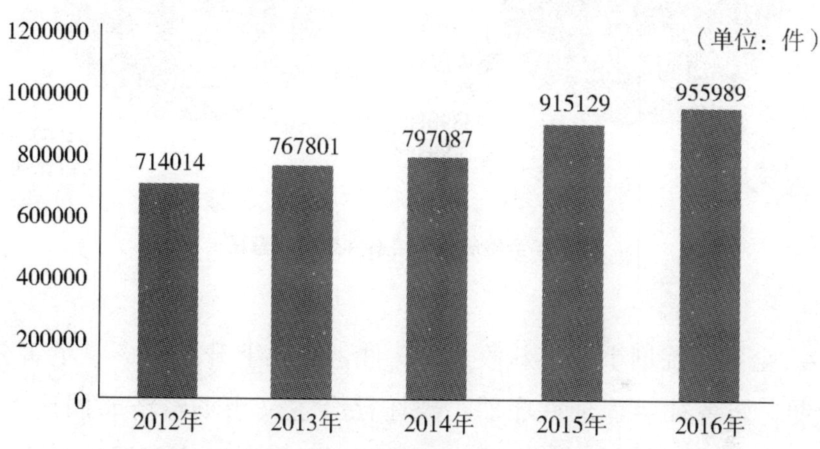

2012—2016年全省法院案件受理总量走势图

2. 全省法院审执结各类案件869429件，同比上升5.86%。

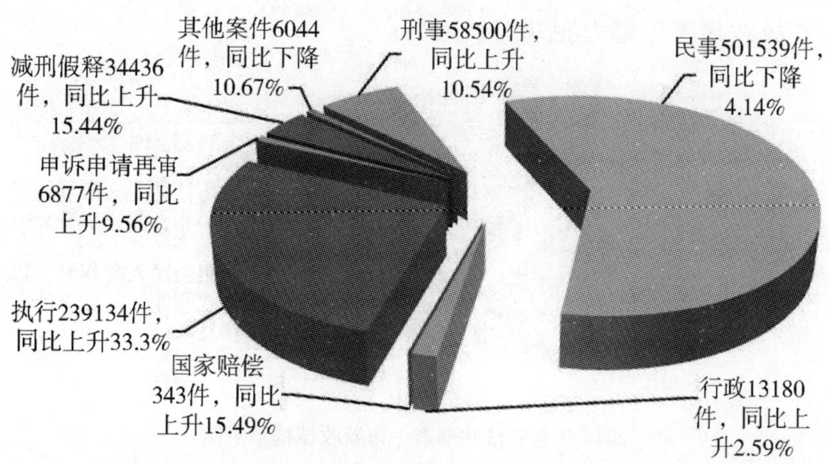

2016年全省法院审执结各类案件结构示意图

3. 2016 年全省法院审结的各类案件效果。

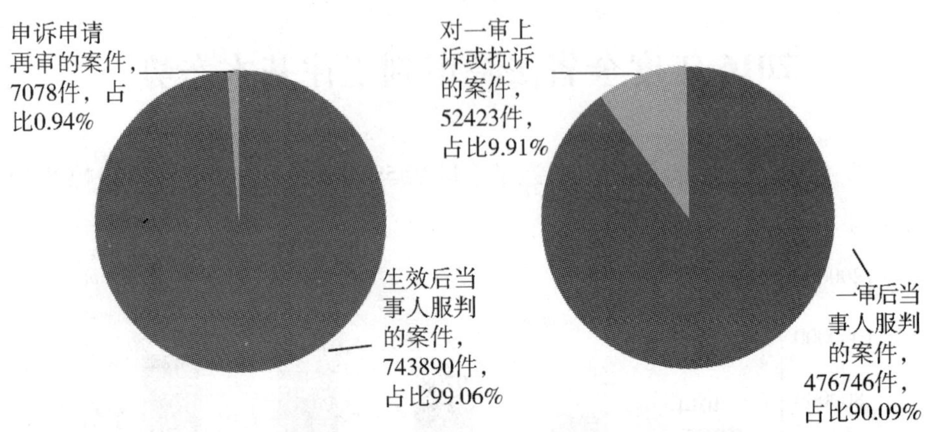

2016 年全省法院审结案件效果示意图

4. 全省法院刑事一审新收 50549 件，同比上升 1.90%，危害公共安全罪、妨害社会管理秩序罪、破坏社会主义市场经济罪同比上升。贪贿类罪、侵犯公民人身权利、民主权利和侵犯财产罪同比减少。个罪中，危险驾驶罪大幅上升，涉枪、涉黄、涉毒案件均有不同程度上升，非法集资类案件延续 2015 年增势，而涉赌、盗窃以及抢劫、故意杀人、故意伤害等暴力犯罪有所减少。

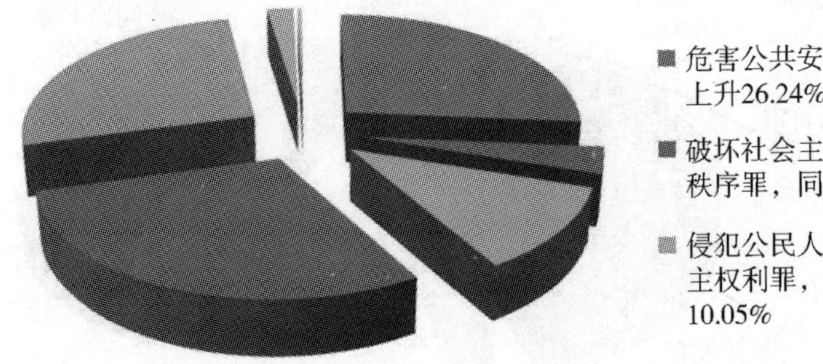

2016 年全省法院刑事一审新收结构示意图

5. 离婚案件仍居各类民商事案件首位，民间借贷纠纷位居第二。从增量看，服务合同、商品房预售合同、劳务合同位居增量前三。从下降趋势看，道路交通事故人身损害赔偿纠纷降幅较大，民间借贷纠纷、所有权及所有权相关纠纷、各类婚姻家庭纠纷案件存在不同程度的下降。

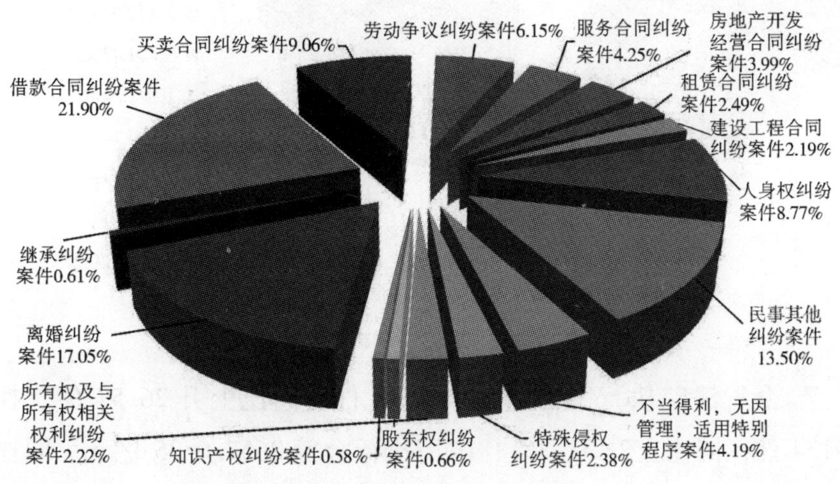

2016 年全省法院民事一审新收结构示意图

6. 全省法院行政一审新收 8758 件，同比下降 16.25%。资源类案件、乡政府类案件逆势上升，城建类、劳动和社会保障类、公安类呈下降态势，但公安中的治安类案件却在增长，交通、税务、教育等降幅较大。行政处罚和行政补偿等行政案件同比增加。

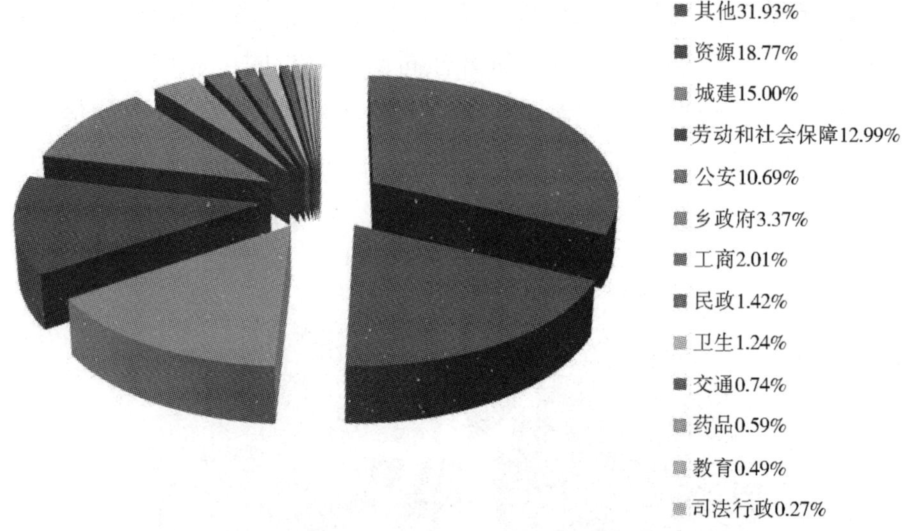

2016 年全省法院行政一审新收结构示意图

7. 全省法院执行案件新收 242775 件，同比上升 26.57 %，执结 239134 件，同比上升 33.3%；申请执行金额 2657.0535 亿元，同比上升 37.53%；执结标的金额 2214.1331 亿元，同比上升 111.53%。

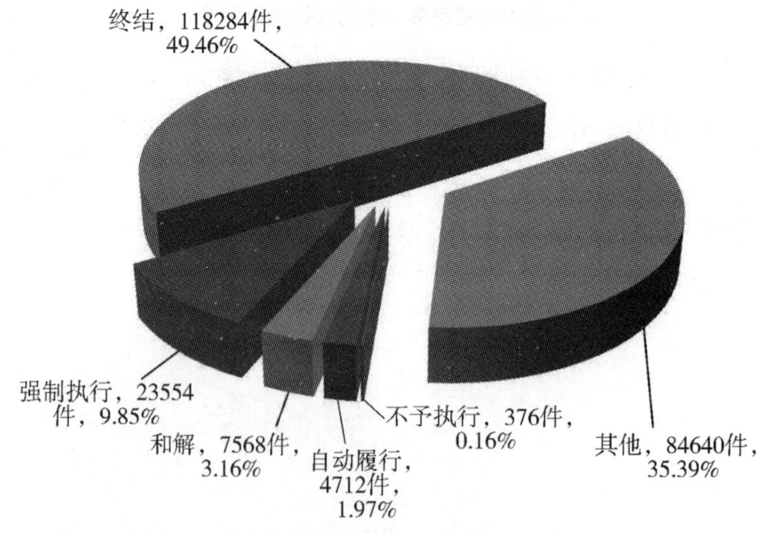

2016 年全省法院执行案件结案方式结构示意图

贵州省高级人民法院工作报告

——2017 年 1 月 18 日在贵州省第十二届人民代表大会第五次会议上

贵州省高级人民法院院长　孙　潮

各位代表：

现在，我代表省高级人民法院向大会报告工作，请予审议，并请各位政协委员提出意见。

2016 年主要工作情况

2016 年，在省委坚强领导、省人大及其常委会有力监督，省政府、省政协和社会各界的大力支持下，在最高法院正确指导下，全省法院认真学习贯彻党的十八大及历次全会、习近平总书记系列重要讲话和省第十一次党代会及历次全会精神，坚持“司法为民、公正司法”工作主线，把握“让人民群众在每一个司法案件中感受到公平正义”工作目标，狠抓执法办案第一要务，深化司法体制改革和大数据建设，积极服务和保障贵州“大扶贫、大数据、大生态、大旅游”战略，各项工作取得新进展，为我省守底线、走新路、奔小康，为经济社会创新、协调、绿色、开放、共享发展和人民安居乐业提供了有力司法保障和优质法律服务。

一、发挥审判执行职能作用服务经济社会发展，推动法治贵州平安贵州建设

全省法院共受理各类案件453174件，审结430963件，同比分别上升19.07%和23.09%，结案率95.1%，同比上升3.1个百分点，排名全国第二。其中，省法院受理各类案件8803件，审结7692件，同比分别上升27.49%和23.57%。

认真履行刑事审判职能，促进平安贵州建设。共受理各类刑事一审案件31725件，同比下降1.36%；审结30656件，同比上升1.72%；判处罪犯33819人，同比下降2.45%。依法惩治危害公共安全和故意杀人、“两抢一盗”等严重危害社会治安的犯罪，审结此类案件10987件15113人。审理了致15死18伤的“凯里赌场爆炸案”等案件。依法惩处贪污贿赂渎职等职务犯罪，审结此类案件1334件1741人。审理了云南省委原副书记仇和受贿案，以及江建民等20名厅局级干部职务犯罪案件。依法严厉打击金融诈骗、非法集资、危害食品药品安全、制假贩假等经济犯罪，审结此类案件2562件3832人。审理了“黔南州12·29特大电信诈骗系列案”“铝包子案”等案件。推进以审判为中心的刑事诉讼制度改革，与省检察院、省公安厅制定《刑事案件基本证据要求》，统一我省刑事案件证据标准，有效防范冤假错案。全面贯彻宽严相济刑事政策，制定《刑事诉讼认罪认罚从宽制度实施意见》，共对7626名被告人判处缓刑、管制、单处罚金等非监禁刑。全省各试点法院进一步完善轻刑快审办案机制，审判质效进一步提高。加强人权司法保障，贯彻疑罪从无原则，依法宣告27名被告人无罪，依法封存1843名未成年人犯罪记录。进一步严格、慎重适用死刑，重刑率同比下降0.44个百分点。依法规范减刑、假释、暂予监外执行工作，审结减刑、假释案件21287件。

认真履行民商事审判职能，服务经济社会发展大局。共受理各类民商事一审案件247712件，审结235661件，结案标的657.96亿元，同比分别上升20.64%、25.04%和41.77%。慎用查封、扣押、冻结等强制措施，平等保护合法产权，充分发挥司法裁判导向作用，营造诚实守信的市场环境。黄国均与遵义市大林弯采矿厂、苏芝昌合伙纠纷案入选最高法院矿业权民事纠纷十大典型案例。妥善处置“僵尸企业”，探索设立公司清算与破产审判庭，审理公司清算与破产案件121件，促进资源优化配置，服务经济发展新常态。加大对我省白酒、茶叶、民族民间文化等特色优势产业知识产权保护力度，审结知识产权类案件488件。积极推动家事审判改革，审理婚姻家庭类案件61025件，调撤40894件，调撤率67.01%。妥善审理涉贫困人口民事纠纷案件，保障和促进人民群众共享改革发展成果，服务大扶贫战略。在惠水百鸟河数字小镇挂牌成立全国首家大数据审判庭，依法保障大数据产业健康发展，服务大数据战略。巩固优化“145”生态环保案件审判格局，深化环保案件“三审合一”，服务大生态战略。在全国率先出台《环境民事公益诉讼案件审理规程》。锦屏县检察院诉该县环保局行政不履行法定职责案入选最高法院十大环境保护行政案例。出台《关于进一步加强民事审判工作为我省大旅游战略提供司法保障的意见》，服务大旅游战略，在部分景区设置第一批12个旅游法庭。

认真履行行政审判职能，助推法治政府建设。共受理各类行政一审案件8585件，审结7981件，同比分别上升12.72%和17.54%。以2016年4月副省长陈鸣明出庭应诉为契机，推动我省行政机关负责人出庭应诉制度化、规范化、常态化，行政机关主要负责人出庭应诉率达33%。积极推进行政诉讼案件管辖制度改革，全省行政案件在基层法院集中管辖、中级法院交叉管辖，解决行政案件“立案难、审理难、执行难”，得到最高法院充分肯定。妥善审理房屋拆迁、土地征收等涉及群众切身利益的案件，认真审查行政非诉案件3173件，维护行政相对人合法权益，监督行政机关依法行政。通过联席会议、司法建议、行政审判白皮书等方式推动行政争议实质性化解。依法审理国家赔偿案件121件，赔偿金额348.44万元，维护当事人合法权益。

认真履行执行工作职能，保障当事人权利实现。共受理各类执行案件95763件，执结88814件，执行到位标的124.68亿元，同比分别上升37.27%、45.36%和18.23%。出台《关于全省法院力争两年时间“基本解决执行难”三十三条措施》，建立解决执行难长效机制。开展“4321”专项行动，共清理执行积案18418件，执行到位12.49亿元，清理并发放执行暂存款8.54亿元，化解执行信访案件267件。建立全省三级法院执行指挥中心信息化平台和横向信息交换、联合惩戒机制，开创执行新模式。深化审执分离，出台审判权与执行权相分离体制改革试点方案，探索审执分离和法官主导下的执行工作团队化、执行警务保障模式。全面推行网络司法拍卖，让执行权在阳光下运行，共网拍7875次，总成交金额10.93亿元，节约佣金5460万元。加强信用惩戒，将33615名失信被执行人纳入失信“黑名单”，对86名被执行人或协助义务人处以罚款，对2750名有履行能力而拒不履行的被执行人予以司法拘留，对13名构成拒执犯罪的被执行人追究刑事责任。

创新矛盾纠纷化解机制，促进社会和谐。开展释法明理，增强裁判文书说理性和判后答疑，一审服判息诉率达86.73%，预防和减少新的信访案件产生。加强涉诉信访化解稳控工作，开展“百日攻坚战”专项活动，妥善化解279件涉诉信访案件。推进律师参与代理和化解涉诉信访案件工作，661名律师进驻全省法院诉讼服务中心，接待当事人5614人5330次。强化审判监督，共受理申诉申请再审案件4149件，裁定再审519件，确保司法公平正义，促进社会和谐。

二、坚持制度创新深化司法改革，打造人民满意社会认同的法院

坚持以案定员，推进员额制改革。依据案件数量等因素确定法官员额，全省法院共遴选员额制法官2742名，占中央政法专项编制

28.09%，严格控制在中央政法委关于员额法官比例不超过政法专项编制39%的标准内，为今后选拔优秀法官预留空间。充实审判一线办案力量，司法行政人员严格控制在15%以内，确保85%以上的司法力量回归审判一线。科学构建办案单元，采取“大团队小审判单元”办案模式，减少法官事务性工作量，提升审判质效。充分发挥入额院庭长办案核心作用，将入额院庭长直接编入审判团队，第一、二批试点法院入额院庭长办案数占所在法院案件的61.7%。根据工作绩效、司法能力、廉洁情况等指标定期增减法官员额，建立能者上、庸者下、劣者汰的动态员额制。

坚持以案定责，提升司法公正和公信。推进司法责任制改革，夯实责任制基础，做到放权不放任、用权受监督。制定《关于审判权运行办案权责清单的暂行规定》《审判执行团队工作职责》等规范性文件，确保各类办案人员、各个团队职责明晰、权责统一、分工科学，实现“让审理者裁判，由裁判者负责”。改革审判委员会职能和运行机制，建立法官联席会议制度和第三方评查机制，强化庭审全程录音录像，依托信息化手段完善案件分配、办案流程监控、案件质量评查等案件管理制度体系，规范法官自由裁量权。

坚持以改革促实效，让人民满意社会认同。司法改革后办案质效大幅提升，在案件同比增长19.07%的情况下，第一、二批试点法院法官人均结案数、结案率、当庭裁判率、服判息诉率、发回改判率等指标均呈良性增减。当事人、律师普遍感受法院诉讼服务更加便捷便利，人民群众获得感、满意度得到提升，社会各界普遍认同。《人民日报》、中央电视台、贵州电视台等新闻媒体对贵州法院司法改革作了深度报道。孟建柱书记、周强院长、曹建明检察长、陈敏尔书记、孙志刚省长、谌贻琴副书记等领导先后视察并充分肯定贵州法院司法改革工作。贵州法院多次获邀在全国司法改革推进会、全国高级法院院长会、全国法院司法改革试点工作推进会、全国法院司法责任制改革督查推进会等相关会议上作经验交流，贵州法院“以案定员、以案定责、以案定补、繁简分流”的司法改革经验得到积极推广。

三、坚持科技创新建设司法大数据，提升司法公正和效率

依托大数据服务审判执行。建立智能审判辅助系统、数字审委会系统等信息化工作平台，解决“人案矛盾”。建设移动学习平台，推进物资装备、人事财务管理等工作信息化。建立统一调度管理平台，实现审判过程可视化、远程指挥及时化，严格各环节流程管理。实施案件管理软件大集中，构建全省法院同一办案平台，审判流程更加规范。通过大数据及时发现被执行人行踪、财产线索，利用网络快速查控，切实提高实际执行率，助力攻克执行难。

依托大数据提升办案质效。建立公检法监狱系统互联共享平台，实现数据运用最大公约数。全年通过互联系统移送案件14416件，提高诉讼效率，降低办案成本。利用大数据系统强化审判监督，依托数据分析模型，完善案件质效评估体系，分析裁判偏离度，统一司法尺度。贵州法院对故意杀人、故意伤害、抢劫、盗窃犯罪证据标准进行梳理，对减刑假释案件要素进行提炼，并加以数据化、模块化处理。贵州法院利用大数据提升审判质效得到孟建柱书记充分肯定。中央政法委牵头，中央电视台在贵州拍摄了“运用证据指引提升审判质效”政法专题片，作为今年中央政法工作会议交流材料。

依托大数据服务当事人。在“云上贵州”基础上打造“法院云”，全面上线诉讼服务平台、司法公开平台、律师服务平台，服务当事人、律师。建立智能模拟审判系统，通过类案推送和关联法条链接，为当事人提供模拟审判，帮助当事人形成裁判合理预期。充分发挥大数据工具价值，帮助律师深度挖掘裁判文书要素，理解裁判理由，提炼裁判规则。以审判管理系统支撑，构建司法公开APP和自助查询机等一体化诉讼服务平台，实现服务对象全覆盖、服务手段多元化、服务内容优质化，满足人民群众多元司法需求。

四、创新工作思路拓宽服务渠道，践行司法为民宗旨

打造诉讼服务大平台促进司法便民。加强诉讼服务中心建设，打造“一站式”司法服务体系，为当事人提供网上立案、信访申诉等便民化服务。12368诉讼服务热线全年共接听106897次各类来电，为当事人提供案件查询、联系法官、诉讼咨询、投诉举报、意见建议等服务。投入资金1.11亿元，进一步优化人民法庭建设。努力解决边远山区群众诉讼不便问题，巡回法庭全年就地立案24754件、开庭19247件、结案23788件、化解纠纷25795件，实现减法庭、增服务目标。

延伸审判功能促进司法利民。在民事诉讼中，坚持调解优先，一审民事案件调撤结案118982件，调撤率52.18%，让当事人既省时又省钱。积极参与社会管理综合治理，加大法治宣传力度，积极回访帮教刑满释放人员，为群众、企业提供法律咨询服务。推进案件繁简分流，建立司法联络员制度，实现案件排期快、判决快、送达快，减少当事人诉累。

依法保障特殊群体合法权益。强化民生保障，保护妇女、儿童、老年人合法权益，审结生命权、劳动争议、医疗纠纷等涉民生案件36383件。钟山区法院荣获全国老年法律维权工作先进集体。切实保护农民合法权益，审结土地承包经营权等涉“三农”案件2945件。加大救助力度，为643名被告人指定辩护律师，“减免缓”诉讼费2375.79万元，司法救助1093人次，发放救助金2053.94万元。

五、坚持从严治党从严治院，打造过硬法院队伍

强化思想政治建设。深入学习十八大以来党的路线方针政策，特别是习近平总书记治国理政的新理念新思想新战略，教育干警始终在思想上政治上行动上同以习近平同志为核心的党中央保持高度一致。以“两学一做”“三强三铁”学习教育活动为契机，深化对中国特色社会主义制度的政治认同、理论认同和感情认同，不断增强道路自信、

理论自信、制度自信、文化自信。强化典型引领，全国优秀法院花溪区法院、全国法院党建工作先进集体正安县法院等16个集体和全国优秀法官冉定飞、全国法院办案标兵邱兴琼等24名个人受到省部级以上表彰。

加强队伍正规化专业化职业化建设。坚持党管干部原则，凭实绩、重德才、看民意选拔任用干部，省委副书记、政法委书记谌贻琴同志批示："树立正确的用人导向很重要，省高院的做法很好。"推动法官、法官助理、书记员单独职务序列改革，探索建立科学法院队伍管理机制。加强领导班子建设，全面提高领导能力。提拔交流中基层法院院长49名，招录干警423名，优化队伍结构。开展业务技能培训，切实提高干警服务大局能力、司法能力、群众工作能力和社会沟通能力，造就一支复合型高素质法官队伍。

狠抓党风廉洁建设。加强司法廉洁教育，建立廉政风险防控体系，健全完善党风廉洁建设长效机制。加强司法作风建设，严格网上考勤、工作日志，严肃工作纪律。制定统一对外委托司法鉴定、评估工作规定，规范委托、评估工作。认真落实防止干预过问案件的"两个规定"以及规范司法人员与相关人员交往行为的规定。在全省法院换届选举、员额法官遴选、处级干部选拔中，加强纪律教育，强化监督检查。认真抓好正风肃纪和廉洁自律工作，严肃查处违纪违法行为，共处理违纪违法干警28人，其中4人受到刑事处罚。

六、全面接受监督，保证审判权力正确行使

自觉接受人大及其常委会监督。坚持重要工作专项报告，除每年向人大报告全面工作外，及时向省人大常委会报告审判执行、司法体制改革、司法大数据建设等工作。认真传达学习省十二届人大四次会议精神，认真研究人大代表审议法院工作报告的意见，制定任务分解方案，明确牵头领导、承办部门、完成期限，加强督促确保整改落实到位。

不断拓宽接受监督渠道。及时办理代表、委员关注事项，办理代表建议692件、委员提案82件。在十二届全国人大四次会议上，省法院为我省全国人大代表提供的议案、建议背景材料全部被转化为正式议案、建议提交大会议案组。根据最高法院部署，邀请上海、江苏、福建、湖南等4个代表团的24名全国人大代表开展“全国人大代表贵州法院行活动”。配合省人大完成了25名驻黔全国人大代表视察省法院和部分中基层法院活动。在全省法院开展邀请全国、省、市、县、乡五级人大代表、政协委员视察法院专项活动，共有322名人大代表、政协委员参加视察。

依法接受检察机关法律监督和社会各界监督。认真对待检察机关提出的检察建议，及时检查和纠正审判工作中存在的问题。支持检察机关依法履行法律监督职责，审结检察机关抗诉案件205件，共同维护司法公正。加强人民陪审工作，人民陪审员参审案件46087件。通过公开审判、裁判文书上网、微博微信、法院开放日活动等，打造阳光司法。全年共上网公布裁判文书136127份，做到应当上网裁判文书100%上网，铜仁中院被评为全国司法公开示范法院。

各位代表，法院工作的成绩和进步，是省委坚强领导、人大有力监督、最高法院正确指导和政府、政协、有关部门及社会各界大力支持的结果。各位人大代表和政协委员对法院工作提出了许多宝贵的意见和建议，帮助法院解决了不少困难和问题，在此，我代表全省法院干警表示衷心的感谢！

我们清醒地认识到，全省法院工作中还存在问题和不足：一是对下级法院的监督指导还需要进一步加强；二是有的案件审判质效不高，久拖不决现象还时有发生；三是信息化建设发展还不平衡；四是极少数干警责任心不强、纪律作风松懈，个别干警甚至违纪违法；五是司法改革过程中，还存在放权与限权的把握难度较大，配套措施有待完善等问题。

2017年工作打算

2017年，全省法院将紧密团结在以习近平同志为核心的党中央周围，全面贯彻中央、最高法院和省委决策部署，认真落实本次大会决议，紧紧围绕维护社会大局稳定、促进社会公平正义、保障人民安居乐业的总任务，重点做好以下五个方面工作：

一是紧紧围绕中心大局，服务和保障经济社会发展。牢固树立中心大局意识，全面落实中央和省委各项决策部署，紧紧围绕“守底线、走新路、奔小康”总体要求，充分发挥审判执行职能作用，为我省经济社会发展营造安全稳定、和谐有序、公平正义的法治环境。

二是抓好执法办案第一要务，维护社会公平正义。严格贯彻宽严相济刑事政策，依法严厉打击严重刑事犯罪，努力维护我省社会大局的持续稳定。依法妥善审理各类民商事案件，加强产权保护，服务和推动供给侧结构性改革。加强行政审判工作，支持监督依法行政，促进法治政府建设。坚持标本兼治，进一步完善执行机制，加大执行力度，坚决打赢解决执行难这场硬仗。

三是深化司法体制改革，努力提升审判质效。扎实有序推进各项改革，确保改革举措落地生根、取得实效。用改革的思维和方式研究破解执法办案工作面临的难题，强化责任制，优化审判运行机制，探索以案定补激励机制，促进审判质效提高，让司法体制改革的成效在执法办案上、在司法公信力上、在人民满意度上充分显现。

四是推进智能化建设，提升法院科技化水平。充分利用我省作为全国大数据发展战略策源地、政策先行区、创新引领区和产业聚集区的区位和资源优势，加快打造“智慧法院”。将法院审判执行工作和大数据、云计算、互联网深度融合，推进信息化建设转型升级，实现信息化应用全覆盖，促进全省法院审判体系和能力现代化。

五是打造过硬队伍，为法院发展提供人才和智力支持。深入学习贯彻习近平总书记系列重要讲话精神特别是对政法工作和对贵州工作的重要指示精神，进一步增强“四个意识”特别是核心意识、看齐意识，在思想上衷心拥护核心，在政治上坚决维护核心，在组织上自觉服从核心，在行动上主动看齐核心。牢牢把握“五个过硬”的总要求，切实强化思想政治建设，司法能力建设，领导班子建设，党风廉洁建设，努力打造一支信念坚定、执法为民、勇于担当、清正廉洁的法院队伍。

各位代表，新形势下人民法院工作责任重大，使命光荣。全省法院将在省委领导、省人大及其常委会监督下，忠实履行宪法和法律赋予的职责，扎实工作，开拓创新，锐意进取，以优异的成绩迎接党的十九大和省第十二次党代会胜利召开！

附件

有关用语的说明

1. 铝包子案：是指赵某某等7名被告人经营面食加工店期间，在加工包子等面制食品过程中，将含有硫酸铝钾的复合膨松剂（香甜泡打粉）掺入包子等面制食品中予以销售，危害人体健康。2016年遵义市播州区人民法院以赵某某等7名被告人犯生产、销售有毒、有害食品罪，分别对6名被告人判处有期徒刑、拘役，对1名被告人免予刑事处罚。

2. 重刑率：是指判处五年以上直至死刑的罪犯数与罪犯总数之比。

3. 僵尸企业：是指已停产、半停产、连年亏损、资不抵债，主要靠政府补贴和银行续贷维持经营的企业。

4. 家事审判改革：是指最高人民法院在全国针对婚姻家庭类案件开展的家事审判方式和工作机制改革试点，针对家事审判的特点，从审判组织、财产申报、证明标准、调解工作、制止家暴、诉讼程序等多个方面进行家事审判专业化的探索。

5. 145生态环保案件审判格局：是指全省法院形成的以1个省法院生态环境审判庭，4个中院（贵阳市、遵义市、黔南州、黔西南州）生态环境审判庭，5个基层法院（清镇市、仁怀市、播州区、福泉市、普安县）生态环境审判庭的“145”生态环保案件审判格局，实现对生态环境保护案件的跨区域集中管辖，这在全国法院属首创。

6. 环保案件三审合一：是指资源环境类的刑事、民事、行政案件交由专门的环保审判庭统一审理机制。

7. 4321专项行动：是指省法院2016年在全省法院实施的执行工作“四三二一”部署，即开展四项行动（立案一年以上有财产未执结案件清理行动、执行案款清理行动、反规避抗拒执行惩戒失信整治行动、涉执行信访案件清理化解行动），推进三项建设（执行信息化规范化建设、执行指挥中心建设、执行改革创新建设)，落实两项责任（执行工作责任制、执行廉洁责任制)，组织一项活动（基本解决执行难宣传报道活动)，以全方位、立体战的方式攻克执行难。

8. 律师参与代理和化解涉诉信访：是指为深入推进涉诉信访改革，引入律师等第三方社会力量，充分利用其专业能力提供法律服务、化解矛盾纠纷，引导群众理性表达诉求、依法维护权益，推进涉诉信访工作法治化。

9. 数字审委会系统：是指为法院审委会议题申请、议题审批、会议准备、会议召开及会议表决等工作提供网上处理平台，完整、翔实记录审委会讨论全过程的系统。

10. “一站式”司法服务体系：是指按照系统化、信息化、标准化、社会化和“大服务、大平台、大幅射”要求，推进全省法院诉讼服务中心转型升级，为群众提供诉讼引导、诉前调解、诉讼咨询、案件查询、联系法官、信访接待等司法服务。

云南省高级人民法院工作报告

——2017 年 1 月 17 日在云南省第十二届人民代表大会第五次会议上

云南省高级人民法院院长　张学群

各位代表：

现在，我代表云南省高级人民法院向大会报告工作，请予审议，并请省政协委员和列席人员提出意见。

2016 年，全省法院在省委的坚强领导，省人大及其常委会的有力监督，省政府、省政协及社会各界的关心支持下，全面贯彻党的十八大和十八届三中、四中、五中、六中全会精神，深入学习贯彻习近平总书记系列重要讲话和考察云南重要讲话精神，紧紧围绕全省跨越式发展大局，忠实履行宪法法律赋予的职责，各项工作取得新进展。

一、在服务大局中彰显作为

2016 年是全省法院担当作为、砥砺前行的一年。我们把执法办案放在全省工作大局中进行谋划和推进，依法维护社会大局稳定，促进社会公平正义，保障人民安居乐业。全年受理案件 538357 件，同比增加 104335 件，上升 24.04%；审、执结 457312 件，同比增加 83339 件，上升22.28%。其中省高院受理案件10853件，审、执结9927件，同比上升25.7%和21.97%。

坚持高站位，强化服务保障引领。出台《关于为我省“十三五”规划实施提供司法服务和保障的意见》《关于全力打造“五个司法”的意见》，引领法院工作全局，更好地服务保障全省“十三五”发展和全面建成小康社会。与省工商联联合出台10条措施，支持非公有制经济发展。与省旅发委联合出台服务保障全省全域旅游发展战略实施15条意见，82个基层法院在重点旅游景区和知名景点设立46个旅游巡回法庭和77个旅游案件巡回审判点，快审快解旅游纠纷。出台服务保障城乡违法违规建筑治理13条意见，助力全省城乡人居环境提升。

坚持严惩处，全力维护社会稳定。审结一审刑事案件37581件，判处罪犯53730人，5171名罪犯被判处有期徒刑5年以上刑罚。审结严重危害社会治安犯罪案件5683件，判处罪犯10180人。审结毒品犯罪案件6574件，判处罪犯8497人。审结职务犯罪案件1412件，判处罪犯1854人。发布全省法院惩治毒品犯罪十大典型案例，依法审结王正伟等18人组织、领导、参加黑社会性质组织犯罪案等重大刑事案件。

坚持强服务，积极适应经济新常态。依法妥善审理合同纠纷等经济领域案件137985件，同比上升40.89%，涉案金额838.4亿元，全力维护市场经济秩序。依法服务保障供给侧结构性改革，妥善审理一批企业破产清算案件，运用法治手段化解产能过剩，促进资源优化配置，助力经济转型升级。依法审理云南煤化工集团系列破产重整案，成功审结我省首例上市公司云南云维股份公司破产重整案。妥善审理涉企案件，把促进企业健康发展、保障员工生计、维护社会和谐稳定作为考量案件办理成效的重要因素，努力寻求支持企业发展与保护当事人权益的平衡和最优化。审结知识产权案件793件，发布2015年度知识产权司法保护十大典型案例，依法保护智力成果和创新收益，促进万众创新。审结环境资源案件3308件，综合运用刑事、民事、行政审判手段保护七彩云南。审结行政案件4278件，发布2015年度云南法院行政案件司法审查报告暨政府信息公开典型案例，助推法治政府建设。

坚持顺民意，着力保护民生权益。审结盗窃、诈骗、抢劫、抢夺等多发性侵财犯罪案件9804件，拐卖妇女儿童犯罪案件72件，危害食品、药品安全犯罪案件26件，保护群众日常生活安全。审结涉民生纠纷案件101384件，与省妇联联合出台办法落实家庭暴力人身安全保护令制度，发布云南法院消费者权益保护白皮书暨十大典型案例，维护群众日常生活权益。深入山寨乡村、田间地头开展巡回审判，全省人民法庭巡回审判率68.3%。

二、在改革创新中增强动力

2016年是全省法院深化改革、创新发展的一年。我们积极稳妥推进中央、省委和最高法院确定的各项司法改革任务，以改革促公正，以改革提效率，以改革增动力添活力。4月10日，中央政治局委员、中央政法委书记孟建柱同志到云南调研，听取云南政法单位司法改革工作情况汇报，对云南三级法院改革试点工作成效给予充分肯定。

着力抓好四项基础性改革。全省法院分三批渐次推开四项基础性改革试点。司法人员分类管理加快推进。采取考试与考核相结合的方式，将包括院领导在内的所有审判员、助理审判员纳入同一平台，开展全省法院员额法官遴选工作。4060名法官入额，占改革前法官总数的55.84%，占全省法院政法编制总数的33.72%。注重云南多民族省情，单独为民族自治地方法院主体民族增设1至2名员额，全省有1138名少数民族法官入额，占入额法官总数的28.11%。谁办案谁负责的司法责任制初步构建。重构审判组织模式，由法官与法官助理、书记员组成审判团队办理案件。细化审判权力清单和合议庭办案规则，明确法官、法官助理、书记员的职责界限。改革裁判文书签批机制，明确裁判文书由案件审理法官签发，院、庭长对其未直接参加审理案件的裁判文书不再进行审核签发。建立专业法官会议制度，为法官判案提供咨询。整合审判委员会功能，将职能重心转变为总结审判经验、研究审判工作重大问题、讨论重大疑难复杂案件的法律适用。完善审判责任追究机制，明确法官在其职责范围内对办案质量终身负责。司法人员职业保障和省以下地方法院人财物统一管理两项改革稳步推进。法官职业保障制度相继出台，第一批试点法院人财物已上划省级统管，第二、三批试点法院人财物上划工作正在进行。

突出抓好制约法院事业发展的改革。推进以审判为中心的诉讼制度改革。审判公开、证人和鉴定人出庭、非法证据排除等诉讼制度得到较好落实，庭审在裁判中的决定性作用逐步显现。坚持罪刑法定、疑罪从无、证据裁判，加强刑事申诉审查和再审工作，钱仁风案复查再审改判团队被评为 CCTV2016 年度法治人物。推进审判机制各项改革。在铁路、曲靖、楚雄、普洱法院开展跨行政区划集中管辖行政案件改革试点。在大理中院、官渡法院、鲁甸法院、弥勒法院开展家事审判方式和工作机制改革试点。积极探索环境资源案件集中管辖制度和“三合一”审理模式，提升司法保护整体效能。积极构建开放、动态、透明、便民的阳光司法机制，推进审判流程、庭审活动、裁判文书、执行信息四大公开平台建设，持续开展“阳光司法工程”“法院开放日”“走进法院”等活动。全年仅上网发布生效裁判文书达 176351 篇，用户访问浏览量 244061 人次。其中省高院裁判文书上网 8116 篇，发布数位居全国高院前列，受到最高法院通报表扬，省委主要领导同志批示肯定。

统筹推进其他改革。深化涉诉信访改革和人民陪审员制度改革；开展扩大量刑规范化罪名和刑种试点改革；推进环境公益诉讼及生态环境损害赔偿改革试点；探索执行警务化改革等。

三、在破解难题中补齐短板

2016 年是全省法院破解难题、补齐短板的一年。我们坚持问题导向，正视社会关注较多、群众反映集中、长期困扰审判事业的立案、诉讼、执行、调卷、送达等难题和工作中的短板，着力攻坚破壁。

完善措施，解决“立案难”强定力。持续巩固立案登记制改革成果，加强对有案不立、拖延立案、设置立案门槛等情况的监督，探索网上立案，对困难群众提起诉讼案件给予诉讼费缓减免，消除群众立案障碍，全省法院当场登记立案率保持在97%以上。

健全机制，解决“诉讼难”出实招。完善多元化纠纷解决机制。推行案件繁简分流，简案快审、繁案精审，63.69%的案件以简易程序、小额诉讼程序在较短时间内结案。开展案件质量、文书和庭审评查，保持办案质量平稳，全年生效案件服判息诉率达97.93%。严格案件流程和审限管理，将案件从立案到结案的各环节工作全部纳入办案信息系统监控，案件法定审限内结案率达99.77%。

全面攻坚，解决“执行难”下重拳。全面打响“用两到三年时间基本解决执行难”攻坚战。在党委领导、各方支持下，形成基本解决执行难共治大格局。突出执行工作强制性，判处拒执犯罪48人，司法拘留被执行人1231人，罚款22人。加大联合惩戒力度，34590名被执行人受到乘机、乘高铁、高消费、银行贷款等方面限制。全省法院全面开通“总对总”和“点对点”网络查控系统，全年查询案件65679件，查询到银行账户资金759.81亿元。推进网络拍卖，705宗被执行人财产在淘宝网成功拍卖，成交金额5.19亿元，平均溢价率234.8%。加强执行行为规范化建设，将全部执行案件纳入执行案件流程信息管理系统运行，实现全省法院所有执行案件办理的统一管理和全程监控。出台执行约谈、执行监督案件和提级、指定执行案件办理等规定，全面规范执行工作。全年执结案件94348件，同比上升33.78%，执行标的金额622.49亿元，同比上升85.75%，基本解决执行难取得阶段性成果。

创新方法，解决“调卷难”和“送达难”求突破。出台全省法院调卷、送达两个工作办法，规范两项工作的流程、时限、方式，较好地解决了两项事务性工作对办案周期的影响。省高院与各中院已基本实现案件纸质卷宗与电子卷宗的同步移送。

此外，针对人民群众新需求，开展“六化四平台”诉讼服务中心升级版建设，为人民群众提供品质更高、功能更全的诉讼服务；针对办案科技手段滞后的问题，加快信息化建设步伐，完成办案办公软件的转型升级和全省法院案件数据的大集中，初步实现执法办案全程留痕、全程监督、全程公开和法官办案智能化、法院管理可视化、司法监督系统化；针对基层基础薄弱的实际，在业务指导、人员培训和基础设施建设上给予倾斜，着力夯实基层人员素质、执法办案等基础。

四、在严格管理中打造过硬队伍

2016 年是全省法院强化管理、打造过硬队伍的一年。我们坚持从严管理队伍，大力提升队伍素质，切实改进司法作风，坚决惩治司法腐败，努力建设过硬的法院队伍。全省法院 108 个集体、231 名个人受到中央、最高法院和省级有关部门表彰奖励。鲁甸、麒麟、禄劝 3 个法院被评为“全国优秀法院”，3 名法官被评为“全国优秀法官”，6 名法官被评为“全国办案标兵”。

坚持政治建院，从严抓实思想建设。扎实开展“两学一做”学习教育，凝心聚魄、补钙壮骨，着力引导干警把学习成效落实到忠诚干净担当上，落实到司法为民公正司法上，落实到做合格党员、优秀法官上。组织模范法院、模范法官代表开展巡回报告，发挥先进典型引领作用，形成比学赶超、创先争优的良好氛围。

坚持素能提升，从严抓实能力建设。连续三年开展“素质提升年”活动。全省法院 6419 人次接受多层次多形式集中教育培训。坚持以文化人，组织开展云南法官文艺创作大赛，举办庆祝建党 95 周年电视主题文艺演出。拍摄的法治宣传短片《双语法官》获全国首届平安中国微电影二等奖，《娜黛的婚约》获全国法院系统第三届十佳微电影奖。

坚持抓常抓细，从严抓实作风建设。对“四风”和“六难三案四顽症”整治力度不减、节奏不变、尺度不松，不断巩固和深化作风建设成果。省高院机关连续两年开展“规范管理年”活动，努力实现机关规范管理的常态化、长效化。

坚持以廉为基，从严抓实廉政建设。运用“四种形态”抓早抓小，切实落实全面从严治党各项要求。认真落实党风廉政建设“两个责任”和“一岗双责”。制定司法责任制廉政风险防控措施清单，对30个法院开展司法巡查和审务督察，以信息技术手段实现对审判权、执行权运行节点和重点岗位、重点人员的动态监控，加强权力行使的制约监督。坚持把纪律和规矩挺在前面，坚决以零容忍的态度惩治司法腐败。全省法院查处违纪违法案件21件32人。

各位代表，过去一年全省法院工作的成绩和进步，是省委的坚强领导，省人大及其常委会的有力监督，省政府、省政协以及各级党委、人大、政府、政协和人大代表、政协委员、社会各界大力支持的结果。在此，我代表全省法院和广大法院干警表示衷心的感谢和由衷的敬意！

在总结成绩的同时，我们也清醒地认识到存在的问题和不足。法官员额制改革后，办案法官减少，人少案多的矛盾更加突出，确保办案质量和效率的压力巨大。法院人员分类管理后，干警思想变化较大、想法较多，思想政治工作有待加强。有的干警司法作风不正，司法行为不规范，工作方法简单；极少数干警徇私舞弊，贪赃枉法，严重损害人民法院形象和司法公信力。信息化、司法规范化等基础工作依然较为薄弱，有待进一步加强。对这些问题和困难，我们将积极采取措施，努力加以解决。

2017年，是党的十九大召开之年。全省法院将以邓小平理论、“三个代表”重要思想、科学发展观为指导，全面贯彻党的十八大和十八届三中、四中、五中、六中全会精神，深入贯彻落实习近平总书记系列重要讲话和考察云南重要讲话精神，切实贯彻执行中央政法工作会议、全国高级法院院长会议和省第十次党代会的决策部署，坚持全面从严治党，加强审判执行工作，不断提升自身建设水平，努力为云南“三大定位”和全省跨越式发展、全面建成小康社会提供优质的司法服务和保障，以优异成绩迎接党的十九大胜利召开。

一是以更大的作为服务中心工作。充分发挥审判职能作用，全面服务保障全省“十三五”规划深入实施。贯彻总体国家安全观，依法惩治严重刑事犯罪，推进平安云南建设。牢固树立五大发展理念，适应经济发展新常态，依法化解经济社会发展中出现的各类诉讼纠纷，尤其要依法审理好破产重整案件，努力营造公平正义的法治环境和优质高效的服务环境。

二是以更高的境界提升司法公信。坚持公正司法，努力让人民群众在每一个司法案件中感受到公平正义；坚持为民司法，积极回应人民群众多元司法需求；坚持严格司法，忠实履行职责确保法律正确实施；坚持阳光司法，以公开促公正赢公信；坚持廉洁司法，严守执法办案“底线”。努力以打造“五个司法”的新境界，不断提升司法公信力。

三是以更稳的步伐推进司法改革。按照中央、省委和最高法院的统一部署，着力完善以司法责任制为核心的四项基础性改革试点，协调推进以审判为中心的诉讼制度改革，统筹推进量刑规范化、家事审判方式改革等重点改革任务。

四是以更实的举措创新工作方式。开展“信息化应用年”活动，力争到2017年底初步建成“全面覆盖、移动互联、跨界融合、深度应用、透明便民、安全可控”的信息化3.0版，为执法办案和服务群众提供智能化的科技支撑。全面推进诉讼服务中心升级版建设。深化、巩固和拓展解决“立案难”“诉讼难”“送达难”“调卷难”成果，全力推进基本解决“执行难”攻坚战。

五是以更严的标准打造过硬队伍。抓好思想教育，增强干警“四个意识”特别是核心意识和看齐意识。严明纪律规矩，严格队伍管理及其他各项管理。压紧压实“两个责任”，认真落实党内政治生活若干准则、党内监督条例和问责条例，将全面从严治党贯穿于法院工作全过程、各方面。加强党风廉政建设，坚决惩治司法腐败。推进全省法院队伍正规化、专业化、职业化建设，提升司法能力和服务保障水平。

夯实基层基础，加强民族地区、边远地区、贫困地区基层法院和人民法庭建设。

各位代表，自觉接受人大、政协及代表委员的监督，是我们做好工作、推进事业发展的重要保障和不竭动力。2016 年，全省法院坚持将法院工作置于各级人大、政协及代表委员监督之下来开展、来推动。省高院向省人大常委会专题报告了深化司法改革、促进司法公正工作情况，接受省人大常委会视察组对司法改革工作情况和用两到三年时间基本解决执行难工作情况的视察。办理省人大代表建议 12 件、省政协提案 6 件，对省“两会”上代表提出的 60 条意见建议逐一落实和回复。省高院被省人大常委会评为省第十二届人民代表大会代表建议办理工作先进单位，并在全国法院会议上作经验交流。48 名代表委员应省高院邀请旁听重大、热点案件庭审，全省各级代表委员 6725 人次走进法院体验审判执行工作、座谈交流法院建设。2017 年，全省法院将进一步拓宽接受监督的渠道，创新接受监督的载体，丰富接受监督的形式，更加自觉地接受人大、政协和社会各界的监督。

各位代表，潮平两岸阔，风正一帆悬。全省法院将更加紧密地团结在以习近平同志为核心的党中央周围，在省委的坚强领导下，忠实履行宪法和法律赋予的职责，认真落实本次大会精神，不忘初心、继续前进，勇于担当、奋发有为，不断开创全省法院工作新局面，努力为云南实现跨越式发展、全面建成小康社会做出新的更大的贡献。

附件一

报告中有关用语说明

1.《关于为我省“十三五”规划实施提供司法服务和保障的意见》：是省高院制定出台的指导全省法院主动融入和服务保障全省“十三五”发展的工作意见。《意见》围绕《云南省国民经济和社会发展第十三个五年规划纲要》确定的14大发展任务，一条一条对接、一条一条对位，提出共计142项有针对性的司法服务和保障措施，指导全省法院努力为全省经济社会发展营造安全稳定的社会环境、公平正义的法治环境、优质高效的服务环境。

2.《关于全力打造“五个司法”的意见》：是省高院为适应形势任务发展的要求，落实省第十次党代会精神，更好地发挥审判职能作用服务发展而制定出台的全面加强全省法院自身建设的工作意见。意见围绕公正司法、为民司法、严格司法、阳光司法、廉洁司法五个方面提出47条意见，对全省法院工作的整体提升做出了全面、系统部署，指导全省法院努力以“五个司法”的打造，全面提升全省法院工作新水平、新境界，全面提升司法公信，更好服务和保障全省跨越式发展，民族团结进步示范区、生态文明建设排头兵、面向南亚东南亚辐射中心建设，全面建成小康社会。

3. 云南煤化工集团系列破产案：2016年6月，我省法院受理云南煤化工集团公司、云南云维股份有限公司、云南云维集团有限公司、曲靖大为焦化制气有限公司、云南大为制焦有限公司破产重整案。该系列案件涉及上市公司以及关联企业债权债务的牵连，属全国有重大影响且疑难复杂的案件，为我省第一例涉及上市公司的破产重整案件，社会影响远超普通破产重整案件。案件审理过程中，我省法院深入研究法律，提前梳理法律上的各种节点问题，督促管理人积极尽责，确保了煤化工集团系列破产案件在法律规定的轨道上平稳推进。12月29

日，曲靖大为、云南大为和云维股份三家公司重整计划执行完毕，该案顺利审结。

4. 四项基础性改革： 完善司法人员分类管理、完善司法责任制、健全司法人员职业保障、推动省以下地方法院人财物统一管理等四项改革，是司法体制改革的四项基础性改革，具有牵一发而动全身的作用。其中：完善司法人员分类管理是“四项改革”的基础，目的是通过将法院工作人员分为法官、审判辅助人员和司法行政人员三类，合理设置不同人员比例并实行不同的职务序列管理，促进队伍正规化、专业化、职业化建设。完善司法责任制是“四项改革”的核心，目的是通过对审判权、管理权、监督权“三权”进行科学配置，建立以主审法官和合议庭为核心的审判权运行机制，落实审判责任，最终实现“让审理者裁判，由裁判者负责”。健全司法人员职业保障是“四项改革”的关键，目的是按照权责利相统一原则，建立符合职业特点，有别于其他公务员的职业保障体系，为依法公正履职提供必要职业保障。省以下地方法院人财物统一管理是指法院机构编制、干部人员管理、经费管理、资产管理等实行省级统管。

5. 裁判文书签批机制： 是裁判文书的签批印发制度。改革前，裁判文书由院、庭长审核签发。改革后，独任法官审理案件形成的裁判文书，由其直接签署；合议庭审理案件形成的裁判文书，由承办法官、合议庭其他成员、审判长依次签署。

6. 专业法官会议制度： 由民事、刑事、行政等审判领域法官组成，为合议庭正确理解和适用法律提供咨询意见。合议庭认为所审理的案件因重大、疑难、复杂而存在法律适用标准不统一的，可以将法律适用问题提交专业法官会议研究讨论，专业法官会议的讨论意见供合议庭复议时参考，采纳与否由合议庭决定，讨论记录入卷备查。

7. 以审判为中心的诉讼制度改革： 是十八届四中全会提出的一项重要的司法改革内容，是当前刑事诉讼制度改革的基本方向。该项改革旨在将审判环节作为整个刑事诉讼中心环节，目的是促使办案人员树立办案必须经得起法律检验的理念，确保侦查、审查起诉的案件事实证据经得起法律检验，保证庭审在查明事实、认定证据、保护诉权、公正裁判中发挥决定性作用。

8. 跨行政区划集中管辖行政案件改革：将原来分散按行政区划地确定管辖的行政诉讼案件，跨行政区划交由若干特定的法院集中管辖和审理。

9. 家事审判方式和工作机制改革：家事案件数量庞大，调整的亲属关系具有高度的人身性、敏感性和复杂性。为适应家事案件的相对特殊性要求，而建立的一整套不同于普通民事案件审理的审判方式和工作机制。

10. 环资审判"三合一"审理模式：是指对涉及环境资源的民事、刑事和行政案件全部集中到同一审判庭统一审理的模式，以更好发挥司法保护的整体功效。

11. 司法公开"四大平台"：是指审判流程、庭审活动、裁判文书、执行信息四大公开平台。审判流程公开平台以网络为基础平台，结合手机短信推送、触摸查询屏、电子公告屏等技术手段，将案件的诉讼过程向当事人和社会公开，并提供查询功能。庭审活动公开平台，以网络和科技法庭为基础，通过视频、音频、图文等方式直播庭审，公开案件庭审过程。裁判文书公开平台按照"以公开为原则，不公开为例外"的要求，在网上公开发布生效裁判文书。执行信息公开平台提供执行措施、执行财产处置、执行款项分配等执行案件信息查询，并发布执行风险提示、悬赏公告、拍卖公告等公共信息。目前，最高法院已在互联网上开通中国审判流程信息公开网、中国裁判文书网、中国执行信息公开网、中国庭审公开网，全国法院均已接入四个网站发布相关信息，人民群众可上网方便查询到所关心的信息。

12. 扩大量刑规范化罪名和刑种试点改革：通过制定量刑指导意见和量刑程序意见，统一量刑标准，规范量刑程序，保障量刑公正。根据最高法院部署，云南法院作为全国9个试点省份之一，进一步扩大量刑规范化罪名和刑种试点改革，试点在原有15种量刑规范化罪名基础上再增加8种罪名和2个刑种。

13. 环境公益诉讼：是指由于自然人、法人或其他组织的违法行为或不作为，使环境公共利益遭受侵害或即将遭受侵害时，法律规定的机关和社会组织为维护公共利益根据法律规定而向人民法院提起的诉讼。

14. 生态环境损害赔偿改革：为体现环境资源生态功能价值，依法促使赔偿义务人对受损的生态环境进行修复。生态环境损害无法修复的，实施货币赔偿，用于替代修复。赔偿义务人因同一生态环境损害行为需承担行政责任或刑事责任的，不影响其依法承担生态环境损害赔偿责任。

15. 执行警务化改革：是指执行实施工作由过去的执行员负责，改为司法警察负责。其目的是增强机动性、武装性和威慑力，同时与执行工作的性质相对应，与执行工作的强度相符合。

16. 立案登记制：是指法院对当事人的起诉不进行实质审查，仅对形式要件进行核对。除了《关于人民法院推行立案登记制改革的意见》规定不予登记立案的情形外，当事人提交的起诉状和相关证据材料符合诉讼法规定条件的一律接收，当场登记立案，并出具书面凭证。

17. 多元化纠纷解决机制：是指整合人民调解、行政调解、司法调解等多种社会资源，综合运用调解、仲裁、诉讼等多种方式和手段化解矛盾纠纷的机制。

18. 生效案件服判息诉率：生效案件服判息诉率=〔1-（申诉申请再审案件数÷生效案件总数）〕×100%。该指标是衡量当事人对案件裁判或处理结果认可的重要指标。生效案件服判息诉率达97.93%，数据表明如果以100件案件为基准，经过一审和二审，近98件案件当事人服判息诉，只有两件案件的当事人不服，提起申诉或再审申请。

19. 法定审限内结案率：是指在法律规定的审限内审结的案件数（不含批准延长审限，但包括扣除、中止、中断审限）与结案数之间的比例。该指标主要反映法院的审判执行效率。法定审限内结案率越高，说明审判效率越高。

20. 基本解决执行难共治大格局：是指党委领导、人大政协监督、政府支持、政法委协调、法院主办、部门配合、社会参与的工作格局。

21. 联合惩戒：是指由多部门、多行业、多领域、多手段对失信被执行人采取信用惩戒。共计 11 类 37 项惩戒措施，主要包括：特定行业准入资格限制；荣誉和授信限制；特殊市场交易限制；政府支持或补贴方面限制；从事特定行业或项目的限制；乘坐高铁、飞机、住宿星级酒店、旅游、子女就读高收费学校、购买具有现金价值保险、房屋新扩建等高消费限制；出境限制；加大刑事惩戒力度等。

22. “总对总”和“点对点”网络查控系统：法院利用计算机网络等现代信息手段，与金融机构实现专线连接，通过实时电子数据交换，系统自动向法院反馈被执行人在银行开立的账户、余额、资金往来等信息。法院执行人员只需通过系统填写申请表、制作法律文书、领导审批、电子文书盖章，直接发送给各银行，便可快速冻结、扣划被执行人账户内的存款。“总对总”网络查控系统，由最高法院建立，可实现与所有全国性银行存款的查控。“点对点”网络查控系统，由省高院建立，可实现与所有在滇银行存款的查控。

23. 送达：是指法院依法定的程序和方式，将诉讼文书送交给当事人或者其他诉讼参与人的行为。送达是法院启动相关工作的基础，没有经过合法有效的送达，法院就不能启动诉讼程序，对相关法律问题进行审理；没有经过合法有效的送达，法院所作出的判决、裁定等也不能产生法律上的效力。送达是诉讼顺利进行不可或缺的环节，是实现程序公正的重要部分，是法院裁决获得合法性的基础。

24. 诉讼服务中心：是人民法院面向社会，方便当事人和人民群众集中办理庭审以外全部诉讼事务的一站式、综合性的服务平台。诉讼服务中心以系统化、信息化、标准化、社会化、多样化、便捷化建设为标准，集诉讼服务大厅、诉讼服务网、12368 诉讼服务短信“三位一体”，采取线上线下相结合，为人民群众集中提供立案查询、材料收转、信访接待、投诉举报等庭审以外全部诉讼服务，实现诉讼服务“从后台到前台、从分散到集中”的转变，方便人民群众依法行使诉权和办理诉讼事务。

25. 六化四平台：是指全省法院诉讼服务中心将按照系统化、信息化、标准化、社会化、多样化、便捷化的目标建设，建成司法为民平台、诉调对接平台、信访化解平台、形象展示平台。

26. 六难三案四顽症：“六难”为：门难进、脸难看、事难办，立案难、诉讼难、执行难；“三案”为：人情案、关系案、金钱案；“四顽症”为：庸、懒、散、奢。

27. 人民法院信息化 3.0 版：为实现审判体系和审判能力现代化，更好地服务人民群众、服务审判执行、服务司法管理，建设的人民法院信息化升级版。具有六项特征，即“全面覆盖、移动互联、跨界融合、深度应用、透明便民、安全可控”。“全面覆盖”，就是全国四级法院及人民法庭固定、移动网络的“全覆盖”和各类司法信息资源的“全覆盖”。“移动互联”，就是运用网络和移动应用技术，将办公业务向移动终端拓展，实现智能服务，既最大限度为法官办公办案提供便利，又随时随地为当事人、诉讼参与人和律师参与诉讼提供服务。“跨界融合”，就是人民法院内部各领域的融会贯通，以及人民法院与外部特别是相关部门网络的横向接入。“深度应用”，就是运用大数据、云计算技术，积极拓展案件实证分析，为法院自身建设、为国家和社会治理提供信息决策服务。“透明便民”，就是拓展司法公开的广度和深度，为当事人提供形式多样、方便快捷、更加人性化的线上线下诉讼服务。“安全可控”，就是加强网络安全建设，提高基础信息网络和重要信息系统的安全防护水平。

附件二

云南省高级人民法院审判和执行工作态势图

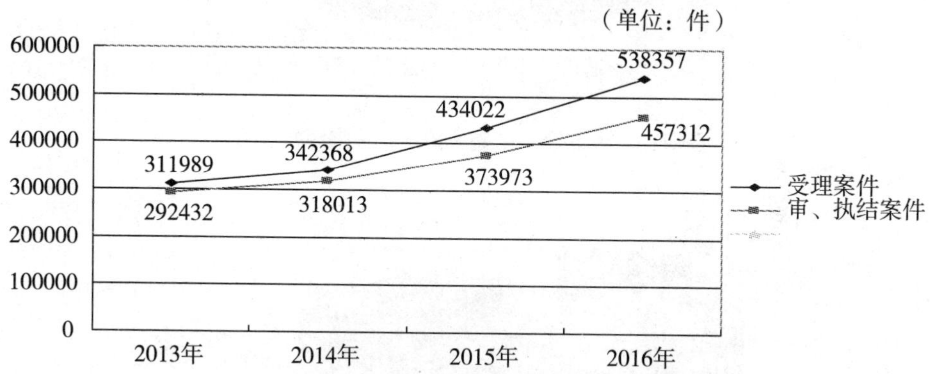

图一：近四年全省法院受理、审执结案件情况（2013—2016 年）

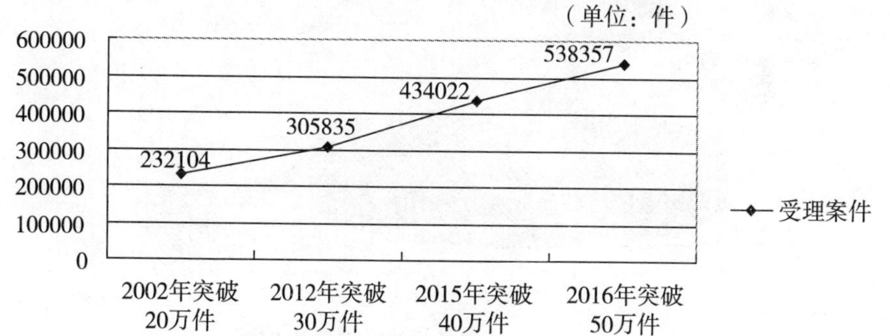

图二：全省法院受理案件数增长情况（2002—2016 年）

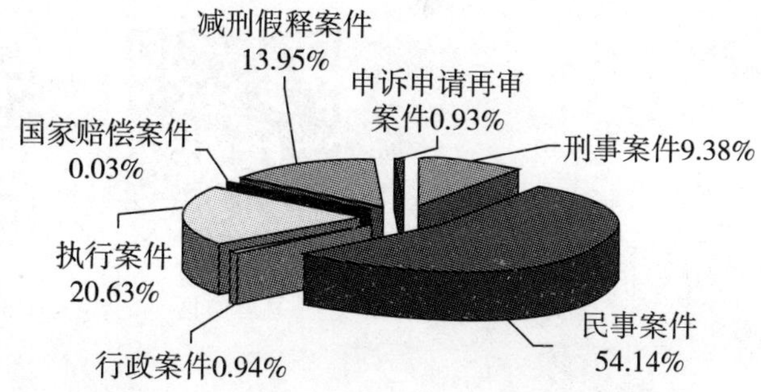

图三：2016 年全省法院审执结各类案件构成图

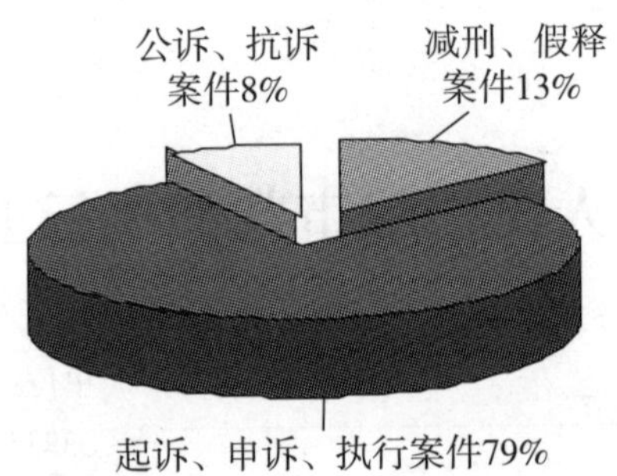

图四：2016 年全省法院审执结案件来源构成图

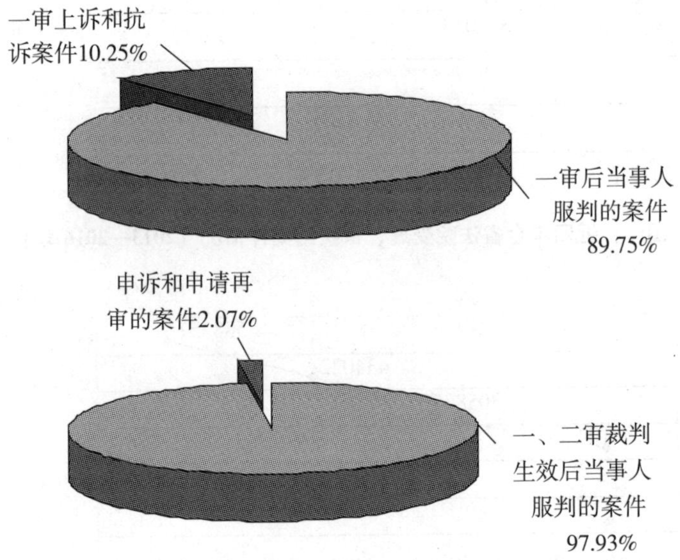

图五：2016 年全省法院审结案件效果图

云南高院
官方微信

云南省高级人民
法院新浪官方微博

西藏自治区高级人民法院工作报告

——2017 年 1 月 12 日在西藏自治区第十届人民代表大会第五次会议上

西藏自治区高级人民法院院长　索　达

各位代表：

现在，我代表自治区高级人民法院向大会报告工作，请予审议，并请各位政协委员和列席人员提出意见。

2016 年工作回顾

2016 年，全区法院在区党委坚强领导、人大有力监督、最高人民法院正确指导和政府、政协、社会各界关心支持下，深入贯彻落实党的十八大、十八届三中、四中、五中、六中全会和中央第六次西藏工作座谈会精神，贯彻落实习近平总书记系列重要讲话精神和治国理政新理念新思想新战略，贯彻落实习近平总书记治边稳藏重要战略思想和对政法工作防控风险、服务发展，破解难题、补齐短板的重要指示精神，贯彻落实自治区第九次党代会精神，坚持依法治藏、富民兴藏、长期建藏、凝聚人心、夯实基础的重要原则，紧紧围绕“努力让人民群众在每一个司法案件中感受到公平正义”的工作目标，坚持司法为民、公正司法，各项工作取得了新的成绩。全年共受理各类案件23373件，审执结22855件，同比分别上升0.84%、0.87%，法定审限内结案率为98.71%。

一、反对分裂、防控风险，维护稳定取得新成效

维护社会稳定。把严厉打击十四世达赖集团和境内外敌对势力分裂破坏活动，维护社会稳定、促进长治久安作为首要政治任务，依法审结一批危害国家安全、破坏社会稳定的专案。坚持问题导向、突出打击重点，依法严厉打击故意杀人、两抢一盗、毒品犯罪、电信诈骗、交通肇事等各类违法犯罪行为，审结刑事案件1688件1845人。坚持惩防并举、讲究斗争策略，严格落实宽严相济刑事政策，罪犯中判处十年以上有期徒刑、无期徒刑直至死刑118人，判处拘役、管制等轻缓刑480人，审结减刑、假释案件1222件，实现了法律效果与社会效果、政治效果有机统一。

严惩职务犯罪。充分发挥审判机关在惩治腐败、建设廉洁政治中的职能作用，全面加强职务犯罪审判工作，依法审理贪污贿赂、渎职等职务犯罪案件87件、91人，分别是上一年度的5.12倍、3.64倍，其中地厅级干部6人、县处级干部18人，判处十年以上有期徒刑6人、三年以上十年以下有期徒9人，审结了在全区有重大影响的一批贪污、受贿案件，发生在群众身边的微腐败案件，依法从严惩治行贿犯罪，彰显了党和国家从严惩治腐败的坚强决心。

深化平安建设。立足建设更高水平的平安西藏，深入贯彻落实十项维稳措施，投入人员4.28万人次、车辆1.26万台次、经费3075.17万元，积极参与重点地区、重点领域、重点部位、重点问题的重点治理，推动构建政法机关整体联动、协调配合的维稳工作机制和立体化社会治安防控体系。制定《“一托二”涉诉信访接待工作实施办法（试行）》，部署开展化解涉诉信访积案“清仓见底”专项行动，依法化解

信访案件26件，终结2件，妥善处理了一批延续时间长、化解难度大的信访“骨头”案件。强化法制宣传教育，开展普法宣传教育2317场次，发放藏汉双语宣传资料40.78万份，受教育群众53.24万人次，引导各族群众以法治思维、法治方式解决纠纷。

二、定分止争、促进和谐，服务发展有了新作为

牢固树立五大发展理念，按照全区经济工作会议“九个一”的部署要求，突出司法服务的针对性、精准性、实效性，推动法院工作更好适应经济社会发展新常态，审结民商事案件11986件，结案标的额31.45亿元，法定审限内结案率达99.07%。落实平等、全面、依法保护产权要求，加大对各种所有制组织和自然人财产权的保护力度，审结涉及非公有制经济主体的案件4362件，占民商事案件总数的36.39%。支持创新发展，强化知识产权司法保护，审结知识产权案件12件，审结担保、居间、信托、保险、承揽、融资租赁等新类型案件340件，依法保障创新驱动发展战略顺利实施。促进协调发展，审结建设工程、房地产开发经营等合同纠纷257件，买卖、租赁、借款、运输等合同纠纷4271件，针对审判执行工作中发现的普遍性、倾向性问题向有关部门提出司法建议537条，依法保障城乡、区域协调发展。推动开放发展，审结涉外和跨区域案件259件，非法吸收公众存款、信用卡诈骗、非法经营、合同诈骗、强迫交易等破坏市场秩序犯罪案件67件，依法保障深化对外开放战略实施。推进绿色发展，积极探索环境资源专门审判机构和专业化审判队伍建设，审结乱垦滥伐、浪费资源、破坏耕地、污染环境等涉环境资源开发利用案件89件，依法保障生态工程、节能减排、环境整治、美丽城乡建设稳步推进。服务共享发展，坚持人民利益至上，审结涉教育医疗、拆迁安置、就业社保等民生领域民商事案件857件、行政及国家赔偿案件71件，婚姻家庭、劳动争议、劳务合同和财产权、人身损害赔偿纠纷等与群众生产生活密切相关的案件3713件，依法保障各族群众共享改革发展成果。把依法促进

案结事了人和作为审判工作的最高追求，民商事案件一审调撤率达75.57%。

三、破解难题、规范司法，司法为民推出新举措

破解执行难题。按照最高人民法院、区党委部署，坚持以人民群众的呼声为第一信号，制定我区“用两到三年时间基本解决执行难”的时间表和路线图，向执行难全面宣战。建成全区法院上下一体、内外联动、规范高效、反应快捷的执行指挥系统，与25家区直单位共同研究制定《健全和完善执行联动机制的实施细则》，与金融机构建立了查询、冻结、扣划一体的网络查控系统，与拉萨军事法院签订执行合作协议，形成联动治理执行难工作格局。加强执行监督，对8类执行案件的37个关键节点、92个业务节点进行全程监控。会同检察机关联合开展执行案款清理工作，清理发放执行案款4462.71万元。严厉打击规避执行、抗拒执行等违法犯罪行为，依法拘留75人、罚款23.5万元。积极推进社会信用体系建设，依法公布失信黑名单462人，对395名失信被执行人采取限制高消费、招投标、出入境等信用惩戒措施，构建“一处失信、处处受限”的信用惩戒格局。共执结执行案件4194件，执结标的额15.87亿元，同比分别上升10.17%、6.08%。

规范司法行为。认真落实区人大常委会关于规范司法行为工作的审议意见，从健全司法行为规范、改进司法管理、推进司法公开、加强司法队伍建设等方面入手，持续开展规范司法行为年活动。严格落实立案登记制，做到有案必立、有诉必理，依法保障当事人诉权。大力开展案件质量、庭审和裁判文书“三评查”，评查案件11164件。坚持有错必纠，审结申诉、申请再审案件218件，依法决定再审42件。建立审判态势运行分析和数据月报制度，上网公布裁判文书7433份、其中藏文裁判文书601份，公开审判流程信息19836条、执行信息1678条，网上庭审直播案件8起，以更宽领域、更深层次的监督和公开，倒逼法院工作全面规范。

创新便民举措。积极推进“四位一体”诉讼服务中心建设，最大限度减轻当事人诉累，诉讼服务大厅接待当事人27000余人次，12368诉讼服务热线提供咨询查询等服务5283人次，网上立案896件，车载流动法庭巡回办理案件2530件。积极推进矛盾纠纷多元化解机制建设，加大对人民调解、行业调解组织的业务指导力度，诉前调处案件3476件，指导人民调解组织化解矛盾纠纷1692起。强化司法救助，为当事人减免诉讼费386.59万元，发放救助资金216.55万元，让人民群众切身感受到司法的人文关怀。

四、推进改革、落实责任，补齐短板实现新突破

以建设公正高效权威的司法制度，实现审判体系和审判能力现代化为目标，研究制定《西藏法院司法体制改革试点工作实施方案》，在6家法院开展以司法责任制为核心的四项改革试点工作。制定《关于在司法体制改革中加强思想政治工作的意见》，把思想政治教育贯穿司法体制改革始终，确保改革蹄疾步稳。积极推进审判责任制改革，出台法院办案人员权力清单、法官违法审判责任追究办法等制度，让审理者裁判、由裁判者负责，法官办案的主体地位得到加强，符合司法规律的责任体制逐步形成。积极推进人员分类管理改革，认真落实法官员额制，完成全区法院法官职务套改、员额测定及首批法官入额考核考试工作，配合有关部门研究制定法官助理、书记员改革意见，合理配置审判资源，一批优秀办案骨干充实到办案一线，审判质效逐步提升，队伍活力不断迸发。积极推进职业保障制度改革，按照中央确定的法官检察官职业保障措施，协调区组织、人社、财政等部门，拟定实施方案，有序推动落实。积极推进人财物统管改革，在拉萨、阿里两级法院开展试点，为实现全区统管积累经验。积极推进各项配套改革，统筹推进法院内设机构、案件繁简分流、认罪认罚从宽制度、以审判为中心的诉讼制度、执行体制、司法业务管理监督方式等25项配套改革措施落实，坚决冲破思想观念束缚、破除利益固化藩篱，确保

司法改革各项任务精准落地。

五、从严治党、强化监督，自身建设开创新局面

推进从严治党。以“四重温”“四增强”“四提高”“一活动”“一教育”“一规范”为载体，扎实开展“两学一做”学习教育，规范党内政治生活，严肃党的政治纪律和政治规矩，增强“四个意识”，坚决拥戴、信赖、忠诚、捍卫以习近平同志为核心的党中央，对区党委的决策部署坚定不移地贯彻、毫不迟疑地执行、千方百计地落实，做“四讲四有”的合格党员、合格法官。认真落实区党委巡视整改要求，研究制定《关于落实机关党建工作责任制的规定》等14项规章制度，开展机关基层党建工作联述联评联考和落实党风廉政建设责任制情况考核工作，切实履行全面从严治党主体责任、监督责任和领导责任。强化监督执纪问责，制定法院工作人员“慢作为、不作为、乱作为”责任追究办法，受理问题线索37件，立案审查3件，给予党纪政纪处分3人，诫勉谈话15人次，通报批评14人次，约谈提醒39人次。

提升能力素质。研究制定《全区法院2016年度教育培训计划》，建立健全分层分类培训机制，举办各类培训班15期，培训干警2590人次。选派108名干警前往最高人民法院和对口支援法院挂职锻炼，上下级法院双向互派、挂职锻炼35人次，从案件较少的法院抽调23名干警到城关区等案件较多的法院实战实训。与西藏大学、西藏民族大学共建法律实习生基地，接收法律实习生40名，为法治西藏建设培养人才。制定《关于进一步加强民族法治文化建设的意见》，大力实施“千人计划”，完成藏汉双语法律文化出版工程编译任务，举办全国藏汉双语法官培训班，西藏和四省藏区法院参训干警83人次，促进藏区双语审判实务标准化建设。2016年全区法院有48个集体、112名个人获得省部级以上表彰，西藏法院两篇优秀裁判文书获评全国法院精品文书奖。

夯实基层基础。坚持重心下移、力量下沉，协调落实中央转移支付经费2.1亿元，其中90%以上用于基层，以31%、34%、39%的比

例核定高级、中级、基层法院法官员额数。全力做好“十三五”规划项目编制实施工作，114 个乡镇人民法庭开工建设，总投资 3.9 亿元。投入资金 3714.76 万元，大力推进智慧法院建设，扎实开展网上办案、网上信访、网上阅卷和远程视频接访、远程庭审等智能服务。协调召开法院系统援藏工作推进会，对口支援法院选派 18 名优秀干部进藏工作，培训西藏法院干警 667 人次，到位援藏资金 2120.92 万元。

自觉接受监督。认真落实自治区“两会”期间代表、委员提出的意见建议，制定分工方案，逐一交办落实，加强督查反馈。制定《关于进一步加强和改进全区法院联络工作的意见》，探索建立庭审计划定期通报、案件旁听评议、现场见证执行、参与矛盾化解等制度，配合区人大常委会、政协就规范司法行为、改善司法环境进行调研，邀请代表、委员视察和监督法院工作 1170 人次。加强代表、委员关注事项和意见建议的办理，健全办理台账，强化流程管理，严格跟踪回访，办结意见建议 110 件次。依法接受检察机关诉讼监督，共同维护司法公正，受理抗诉案件 7 件，发回重审或改判 4 件。

各位代表，过去一年，全区法院各项工作所取得的成绩，是以习近平同志为核心的党中央治边稳藏重要战略思想正确指引的结果，是区党委坚强领导、人大及其常委会有力监督、最高人民法院正确指导的结果，是政府及相关部门大力支持、政协民主监督、全国法院无私支援的结果，是全体人大代表和政协委员建言献策、真诚帮助的结果。在此，我代表全区法院表示衷心的感谢，致以崇高的敬意！

在看到成绩的同时，我们也清醒地认识到，全区法院工作还存在许多问题和不足：一是面对日益尖锐复杂的反分裂斗争形势和维稳风险挑战，法院工作从被动处置向主动应对的转变尚需加强；二是随着我区经济社会发展步入快车道，审判执行工作的理念、措施、方法、能力还不能很好地适应供给侧结构性改革的需要；三是执行难问题还没有得到完全解决，执行案件积了又清、清了又积的现象没有得到根本遏制；四是部分条件艰苦和维稳任务重的市（地）、县（区）缺编缺员、人才流失、双语法官短缺等问题依然存在，信息化建设兼容对接、联通共享格局有待完善；五是个别法院落实主体责任不主动、担当意识不强，个别干警作风不实、纪律不严，违规违纪问题仍然存在。针对上述问题和困难，我们将以改革创新为动力，切实加以解决。

2017 年工作安排

自治区第九次党代会，对在新的历史起点上奋力推进西藏长足发展和长治久安作出全面战略部署。2017 年，全区各级法院将以党的十八届六中全会、自治区第九次党代会精神为统领，按照中央政法工作会议和全国高级法院院长会议部署安排，准确领会和把握“六个一”工作原则，主动适应全区改革发展稳定的阶段性特征，坚持“忠诚一个核心、实施两轮驱动、履行三大职责、落实四项部署、紧盯一个目标”的工作思路，锐意改革、砥砺前行，奋力开创全区法院工作新局面，为谱写好中华民族伟大复兴中国梦的西藏篇章提供有力司法保障。

一是忠诚“一个核心”，把牢政治方向。把增强“四个意识”、绝对忠诚核心，作为队伍建设的根本和灵魂，按照区党委“三个牢固树立”的要求，驰而不息地抓好干警的思想政治建设，引导广大干警真正在思想上拥戴核心、政治上信赖核心、组织上忠诚核心、行动上捍卫核心，更加紧密地团结在以习近平同志为核心的党中央周围，更加坚定地维护以习近平同志为核心的党中央权威，更加深入地学习以习近平同志为核心的党中央治国理政、治边稳藏新理念新思想新战略，更加自觉地把思想和行动统一到党的十八届六中全会、自治区第九次党代会精神上来，坚决做党中央、区党委决策部署的坚定执行者、模范实践者、忠诚捍卫者，确保法院工作正确的政治方向。

二是实施“两轮驱动”，增强内生动力。把司法体制改革和智慧法院建设作为“两轮”“两翼”，牢牢抓住司法责任制改革这个“牛鼻子”，全面推进各项改革措施落实，着力解决制约司法能力、影响司法公正的深层次问题，切实规范司法行为，增强各族群众对司法改革的获得感。统筹考虑各族群众期盼、审判执行工作需要和监督管理需求，大力推进智慧法院建设，纵向实现三级法院、人民法庭和各项工作全覆盖，横向实现与政法各机关、政府各部门互联互通，以信息系统共建、信息数据共享，努力解决我区幅员辽阔、交通不便、诉讼成本高的问题，真正让数据多跑路、让群众少受累。

三是履行“三大职责”，服从服务大局。自觉把法院工作置于西藏改革发展稳定大局中去思考和谋划，准确把握当前西藏经济社会发展所处的“四个阶段”，坚持和发扬“八个必须始终”工作经验，落实“六个一”工作原则，切实履行好维护社会大局稳定、促进社会公平正义、保障人民安居乐业的职责使命，为排除干扰、补齐短板、激发动力、忠诚使命、抓住机遇、深挖潜力、用好保障提供更加优质高效的司法服务。

四是落实“四项部署”，强化使命担当。把创造性地落实区党委“四个坚定不移”决策部署作为围绕中心、服务大局的根本着眼点，担当首责抓维稳，准确把握反分裂斗争的新形势新任务，依法严厉打击各类分裂破坏、反动宣传、聚集闹事、暴力恐怖等活动，决不允许任何人在任何时候以任何方式把西藏一寸土地从祖国分裂出去。针对社会治安形势、特点、规律，从严惩治盗抢骗、黄赌毒、涉黑涉恶、非法集资、电信诈骗等违法犯罪行为，提升法院工作防控社会稳定风险的前瞻性、针对性；服务要务促发展，坚持稳中求进、进中求好、补齐短板的总基调，围绕推进供给侧结构性改革主线，妥善化解稳增长、调结构、惠民生、扩内需等各项工作推进过程中出现的各类矛盾纠纷，加强产权司法保护，推动完善市场在资源配置中起决定性作用的体制机制，为经济平稳健康发展营造高效的服务环境、公平的竞争环境、公正的法治环境、“亲”“清”的政商环境；树牢理念保生态，牢固树立生态优先和绿水青山就是金山银山、冰天雪地也是金山银山的理念，加快推进资源环境审判专门机构建设，落实环境公益诉讼制度，建立环境执法、司法联动机制，实施最严格的环境资源司法保护制度，为维护西藏青山常在、绿水长流、空气常新贡献力量；聚焦责任强党建，坚持抓党建带队建促审判工作思路，落实管党治党责任，加强和规范党内政治生活，严格党内监督，提高法院队伍司法专业能力，以零容忍态度惩治司法腐败，从严惩处各种违纪违法行为特别是法院干警充当诉讼掮客、以案谋私等行为，破除任何形式的“潜规则”，斩断司法腐败的“利益链”，铲除滋生腐败的土壤，确保廉洁司法。依法严惩腐败犯罪，为全面从严治党营造良好司法环境。

五是紧盯“一个目标”，彰显公平正义。把实现“努力让人民群众在每一个司法案件中感受到公平正义”的目标作为司法审判工作的最高追求和最终归宿，把宪法法律作为履职的基本遵循，坚持法律面前人人平等，坚持程序正义与实体正义并重，坚持诉讼证据出示在法庭、案件事实查明在法庭、诉辩意见发表在法庭、裁判结果形成在法庭，坚持自觉接受检察机关诉讼监督、依法保障律师执业权利，严把案件事实关、证据关、程序关、法律适用关，努力把每一起案件都办成经得起法律和历史检验的铁案，坚决守好社会公平正义的最后一道防线。

各位代表，法安天下，德润人心。新的一年，全区法院决心更加紧密地团结在以习近平同志为核心的党中央周围，在区党委坚强领导、人大有力监督、最高人民法院正确指导下，按照自治区第九次党代会的部署和本次大会决议，坚持和发展“12341”工作思路，忠实履行宪法法律赋予的司法审判职责，努力为实现西藏长足发展和长治久安总目标提供更加坚强有力的司法保障，以优异成绩向党的十九大献礼！

附件一

相关用语说明

1. 防控风险、服务发展，破解难题、补齐短板：2016 年 1 月 18 日，习近平总书记对政法工作作出重要指示，要求政法机关“要把防控风险、服务发展摆在更加突出位置，为经济社会发展提供有力保障。要下大气力破解难题、补齐短板，提高维护国家安全和社会稳定的能力水平，增强人民群众安全感。”这一重要指示，阐明了新形势下政法工作带有方向性的重大问题，为我们做好法院工作提供了根本遵循。区高级法院党组高度重视习近平总书记重要指示精神的贯彻落实，在全区中级法院院长会议上，从统筹防范暴力恐怖、政治安全、金融、网络、安全生产“五大风险”，服务创新、协调、绿色、开放、共享“五大发展”，破解诉讼难、执行难、信访难“三大难题”，补齐基层基础建设“一些短板”等方面，对全区法院工作作出系统部署。

2.《“一托二”涉诉信访接待工作实施办法（试行）》：为认真落实信访责任制，提高涉诉信访治理法治化水平，维护群众合法合理诉求，区高级法院研究制定了《“一托二”涉诉信访接访工作实施办法（试行）》。“一”是指把信访工作作为“一把手”工程来抓；“二”是指各级法院在办理涉诉信访案件时，对每件涉诉信访案件当事人的接访工作不得少于二次，其中首次接访重在了解诉求，二次接访重在解决实际问题。“一托二”信访工作法已作为我区依法处理涉法涉诉信访改革工作典型经验上报，受到中央政法委和最高人民法院的肯定。

3. 化解涉诉信访积案“清仓见底”专项行动：2016 年，区高级法院认真落实习近平总书记关于信访工作的重要批示精神，部署开展涉诉信访积案“清仓见底”集中攻坚专项行动，对涉诉信访积案全面梳理排查，限期化解一批久拖不决、长期上访缠访的信访案件，做到了主要矛盾找得准、重大隐患不遗漏，基本实现了长期积累的涉诉信访积案“清仓见底”的目标任务，为促进西藏长足发展和长治久安营造了和谐稳定的社会氛围。

4. 王国友信访案：申请执行人王国友与被执行人朱兴树、王东月买卖纠纷、借款纠纷等三起案件，那曲县法院在依法执行被执行人财产后，因剩余款项无财产可供执行、申请人所提供财产线索均非被执行人财产、被执行人无法查找等原因，一直未能执行到位。2014 年双方达成执行和解协议后，申请人从 2015 年起以法院执行不力为由上访。区高级法院抽调精干力量组成专班，通过深挖财产线索、扩大财产调查范围、加强与有关部门沟通等措施，2016 年 9 月，王国友所涉系列信访案件全部执结到位，信访人息诉罢访，并通过赠送锦旗、致信感谢等方式，对全体执行干警勇于攻坚、倾情护民表示满意。此案的顺利执结，既维护了当事人的胜诉权益，又消除了影响社会稳定的风险隐患，得到了自治区领导的批示肯定。

5. 九个一：指 2016 年全区经济工作会议部署的九个方面重点工作，即：突出“一个重点”，抓好重大项目建设；实现“一个突破”，改善基础设施条件；打造“一个体系”，壮大特色优势产业；着眼“一个协调”，推进经济协调发展；推动“一个创新”，深化体制机制改革；增强“一个活力”，扩大对内对外开放；体现“一个获得”，提高群众幸福指数；守住“一个底线”，保持天蓝地绿水清；强化“一个保障”，维护社会和谐稳定。

6. 用两到三年时间基本解决执行难：一段时期以来，执行难问题凸显，导致当事人的胜诉权益无法及时实现，社会各界高度关注，人民群众反映强烈，执行难成为影响人民群众司法获得感的最大障碍。党中央高度重视解决执行难问题，党的十八届四中全会提出，切实解决执行难，加快建立失信被执行人信用监督、威慑和惩戒法律制度，依法保障胜诉当事人及时实现权益；中央全面深化改革领导小组第 25 次会议审议通过了《关于加快推进失信被执行人信用监督、警示和惩戒机制建设的意见》。最高人民法院周强院长在去年全国“两会”上提出，“坚持以人民呼声为第一信号，向执行难全面宣战，用两到三年时间，基本解决执行难问题，破除实现公平正义的最后一道藩篱”，最高人民法院下发《关于落实“用两到三年时间基本解决执行难问题”的工作纲要》，并先后两次召开会议，对用两到三年时间基本解决执行难作出系统部署。区党委常委会、区党委政法委员会全体会议听取法院执行工作汇报，研究部署西藏基本解决执行难重大问题。全区法院认真落实党中央、区党委和最高人民法院的要求和部署，科学制定我区用两到三年时间基本解决执行难的时间表和路线图，强调通过两到三年对执行难的专项治理，被执行人规避执行、抗拒执行和外界干预执行现象得到基本遏制；人民法院消极执行、选择性执行、乱执行的情形基本消除；无财产可供执行案件终结本次执行的程序标准和实质标准把握不严、恢复执行等相关配套机制应用不畅的问题基本解决；有财产可供执行案件在法定期限内基本执行完毕，人民群众对执行工作的满意度显著提升，人民法院执行权威有效树立，司法公信力进一步增强。人民法院所要解决的执行难主要是指有财产可供执行而不能得到及时全部执行的情况，对于被执行人丧失履行能力、无财产可供执行的案件，是双方当事人商业风险、交易风险的一种延续，无论采取什么执行措施都不可能执行到位，这在任何国家、任何时期都是一样的，需要依靠全社会力量从源头上进行综合治理。

7. 执行案款清理：为实现执行案款流转与发放的公开透明高效，做到全程留痕、全面公开，打响解决执行难攻坚战的“第一枪”，最高人民法院在全国法院部署开展执行案款清理工作。区高级法院积极响应、迅速行动，与区检察院联合下发《执行案款集中清理工作实施方案》，狠抓执行案款清理专项活动，基本完成执行案款清理发放任务，推动建立执行案款管理长效机制，实现执行案款管理规范化、科学化。

8. 庭审直播：2016 年 9 月，中国庭审公开网正式开通，开设庭审直播、庭审预告、庭审回顾等栏目，全国法院均可通过该平台上网公开庭审情况，公众可以在该网站观看全国各地法院庭审实况、回看以往庭审情况。庭审直播能够让广大人民群众更好地实现对人民法院审理案件过程的知情权、参与权和监督权，能够倒逼法官主动适应“互联网+”、大数据时代带来的审判信息化变革新形势，主动规范庭审流程，严格执行诉讼程序，不断改进司法作风，提升庭审质量、效率和效果，提升司法审判公信力。庭审直播与此前开通的审判流程、裁判文书、执行信息公开平台一道组成了司法公开“四大平台”，对于打造阳光司法意义重大。最高人民法院将西藏高院、拉萨中院、城关区法院等6家单位列为庭审直播试点法院。2016年11月24日，随着拉萨中院首次直播的开始，我区法院庭审直播工作正式拉开帷幕。

9. “四位一体”诉讼服务中心建设：根据最高人民法院关于推进诉讼服务中心建设的部署要求，结合西藏地广人稀、交通不便的实际，为减轻群众诉累、方便群众诉讼，区高级法院在全区大力推进诉讼服务大厅、12368诉讼服务热线、诉讼服务网、车载流动法庭“四位一体”诉讼服务中心建设，努力为当事人提供“一站式”“全方位”的便民服务。

10. 员额制：是按司法规律配置司法人力资源，实现法官正规化、专业化、职业化的重要制度，是司法责任制的基石，其目的是分清人员类别，明确岗位职责，让各类人员各归其类、各司其职、各尽其才。我区法官、司法辅助人员、司法行政人员的员额比例分别占全区法院编制总数的40%、45%、15%。

11. “四重温”“四增强”“四提高”“一活动”“一教育”“一规范”：指重温党章、入党申请、入党志愿、入党誓词；增强政治意识、大局意识、核心意识、看齐意识；提高政策理论水平、辨别是非能力、工作本领、服务水平；开展“规范司法行为年”活动；开展司法廉洁教育；规范支部活动场所建设，实现“有标识、有电视电脑等电教设备、有书报学习材料、有宣传栏、有上墙制度、有党旗、有桌椅、有党建台账、有领袖像”。

12. 四讲四有：讲政治、有信念，讲规矩、有纪律，讲道德、有品行，讲奉献、有作为。

13. “四项责任书”： 为推动区党委、最高人民法院决策部署的贯彻落实，区高级法院主要领导每年年初都与各地市中级法院院长、高院机关各部门负责同志签订维稳工作、党风廉洁建设、审判执行工作、综合工作四项目标管理责任书，年初建账、年终查账、奖优罚劣，营造比学赶超、创先争优的良好氛围。

14. 千人计划： 2013 年 10 月，最高人民法院出台《关于新形势下进一步加强人民法院队伍建设的若干意见》，要求“加快少数民族地区双语人才培养，到 2020 年培养双语审判人员 1500 名”，简称“千人计划”。西藏法院认真落实“千人计划”，在拉萨协调设立全国法院藏汉双语法官培训基地，立足西藏，辐射四省藏区，加大双语人才培养力度，先后两次举办全国法院藏汉双语培训班，培训西藏和青海、云南、甘肃、四川藏区法院的法官 159 人次。

15. 藏汉双语法律文化出版工程： 是最高人民法院开展的大型双语法律文化项目，主要涵盖少数民族语言法律教材、词典和普法文化宣传品的出版，该工程已纳入国家出版基金项目。受最高人民法院委托，西藏法院承担《法律文书格式与写作样式汇编》《常用行政诉讼文书样式》《常用最高人民法院司法解释、指导案例导读丛书》《法官思想政治教育重要文件选读》等编译任务。

16. 六个一： 吴英杰书记在自治区第九次党代会上强调，贯彻总体要求、实现目标任务，必须忠诚“一个核心”，更加坚定地维护以习近平同志为核心的党中央权威、维护党的核心的权威；贯彻“一个战略”，坚定不移贯彻落实习近平总书记治国必治边、治边先稳藏的重要战略思想和加强民族团结、建设美丽西藏的重要指示；坚持“一个导向”，坚持人民至上，用亲民爱民为民的新实践，把各族群众紧紧团结在党和政府周围；转变“一个观念”，解放思想、开拓创新，完善政策、抢抓机遇，以思想观念的大转变引领和推进经济社会大发展；补齐“一些短板”，坚持问题导向，聚焦突出短板，实施综合发力，推动经济长足发展；弘扬“一种精神”，把弘扬“长征精神”与弘扬“老西藏精神”“两路精神”结合起来，自力更生、艰苦奋斗，形成推动工作的强大合力。

17. 三个牢固树立：吴英杰书记在自治区第九次党代会上就深入贯彻落实党的十八届六中全会精神，坚定不移加强党的建设，做出“三个牢固树立”的重要指示。即：牢固树立西藏海拔高但学习贯彻习近平总书记系列重要讲话精神和以习近平同志为核心的党中央决策部署标准更高，牢固树立西藏客观条件特殊但从严治党和反腐倡廉没有任何的特殊性，牢固树立西藏氧气少气压低但执行《准则》《条例》、坚定理想信念的标准不能降低。

18. 四个阶段：吴英杰书记在自治区第九次党代会上深刻阐述了西藏经济社会发展所处的阶段性特征，即：当前和今后一个时期，是我区保持持续稳定和全面稳定、走向长治久安的关键阶段，是打赢扶贫攻坚、全面建成小康社会的决战决胜阶段，是加紧生态功能区建设、增强自我发展能力的重要阶段，是落实管党治党责任、不断增强各级党组织管党治党意识和能力的巩固提升阶段。

19. 八个必须始终：吴英杰书记在自治区第九次党代会上精辟概括了做好西藏工作“八个必须始终”的基本经验。即：必须始终坚持中国共产党领导，坚持社会主义制度，坚持民族区域自治制度，牢固树立“四个意识”，更加自觉地在思想上政治上行动上同以习近平同志为核心的党中央保持高度一致；必须始终坚持党的基本理论、基本路线、基本纲领、基本经验、基本要求；必须始终坚持治国必治边、治边先稳藏的重要战略思想，坚持依法治藏、富民兴藏、长期建藏、凝聚人心、夯实基础的重要原则；必须始终牢牢把握社会的主要矛盾和特殊矛盾，把维护祖国统一、加强民族团结作为西藏工作的着眼点和着力点，把改善民生、凝聚人心作为经济社会发展的出发点和落脚点，坚持对达赖集团斗争的方针政策不动摇；必须始终坚持生态保护第一，严守生态红线底线，保护好“世界屋脊”“地球第三极”；必须始终全面正确贯彻党的民族政策和宗教政策，加强统一战线工作，不断增进各族群众对伟大祖国、中华民族、中华文化、中国共产党、中国特色社会主义的认同；必须始终把中央关心、全国支援同全区各族干部群众艰苦奋斗紧密结合起来，在统筹国内国际两个大局中做好西藏工作；必须始终从严管党治党，加强各级党组织和干部人才队伍建设，巩固党在西藏的执政基础。

附件二

2016 年全区法院审判执行工作情况图

1. 受理、审结各类案件情况图

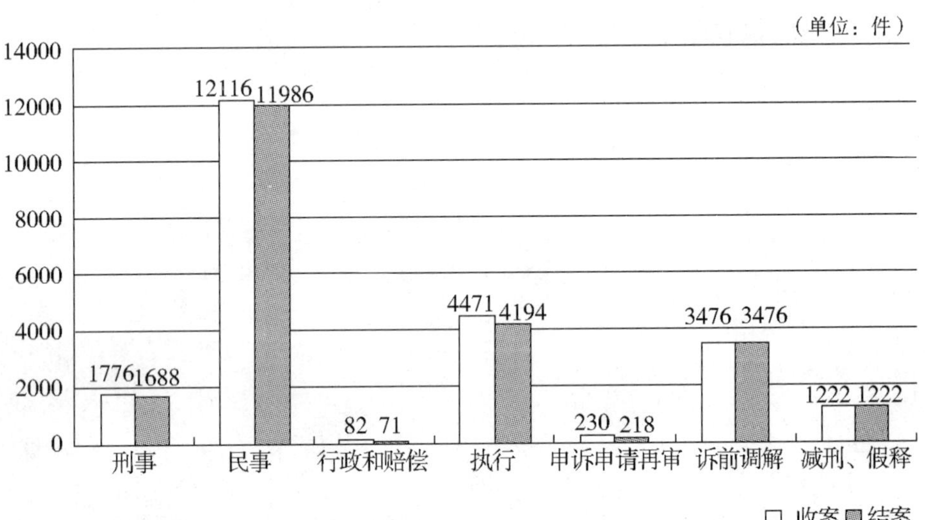

2. 刑事一审收案类型构成图

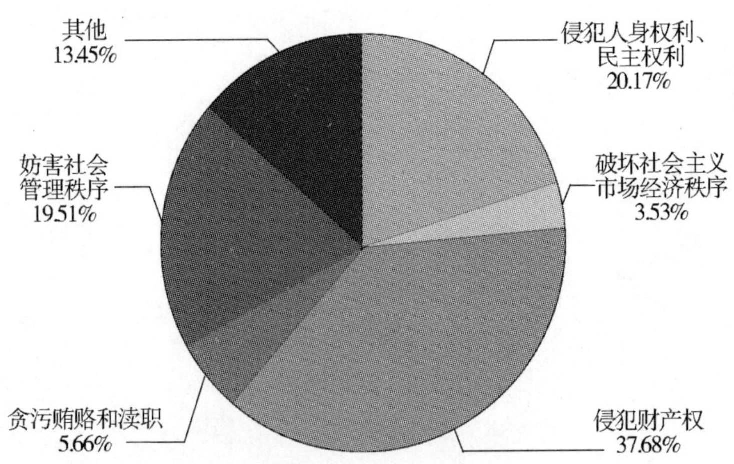

3. 民商事一审收案类型构成图

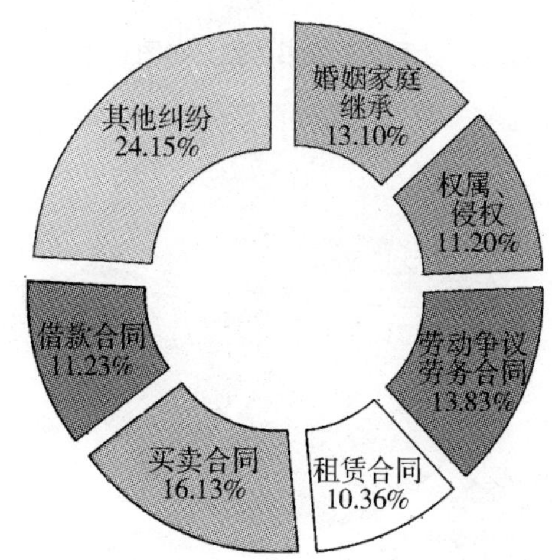

4. 执行案件相关数据图

2015年、2016年执行案件收结案变化情况

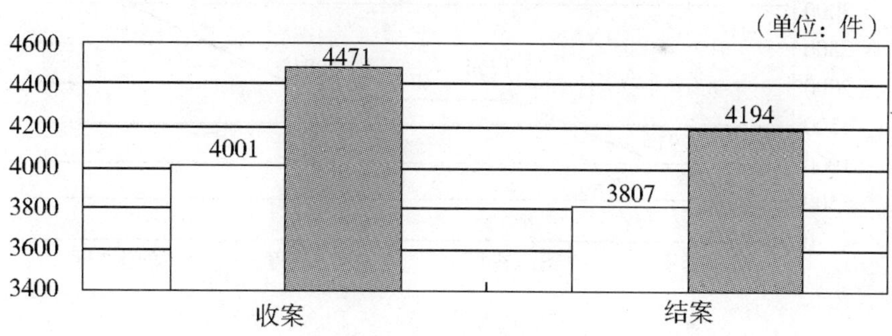

2015年、2016年执行信用惩戒情况

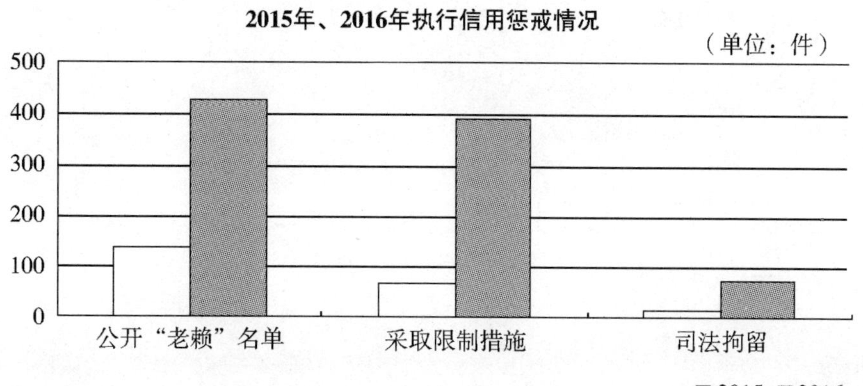

5. 裁判文书上网公开情况图

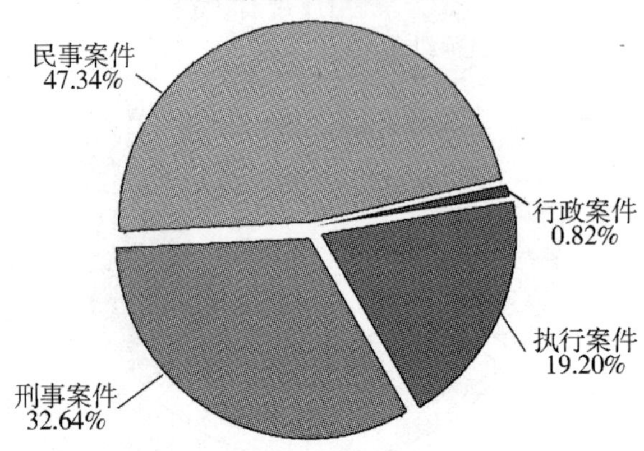

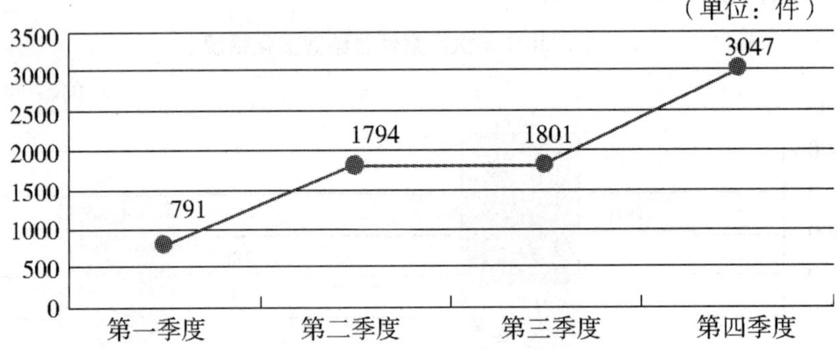

陕西省高级人民法院工作报告

——2017 年 1 月 17 日在陕西省第十二届人民代表大会第六次会议上

陕西省高级人民法院院长　阎庆文

各位代表：

现在，我代表省高级人民法院向大会报告工作，请予审议，并请省政协各位委员和其他列席同志提出意见。

2016 年，全省法院在最高人民法院监督指导和省委坚强领导、省人大及其常委会有力监督下，全面贯彻党的十八大和十八届三中、四中、五中、六中全会精神，深入学习贯彻习近平总书记系列重要讲话特别是来陕视察重要讲话精神，认真落实省十二届人大四次会议决议，紧紧围绕让人民群众在每一个司法案件中感受到公平正义的目标，忠实履行宪法法律赋予的职责，各项工作取得新进展。全年受理各类案件 49.70 万件、办结 47.01 万件，分别上升 16.69%、19.13%，其中省法院受理 6205 件、办结 5880 件，分别上升 19.01%、18.98%。

一、充分发挥审判职能，服务全省大局

推进平安陕西建设。坚持宽严相济刑事政策，主动参与社会治安

立体防控体系建设，维护社会安全稳定，审结一审刑事案件2.29万件，判处罪犯2.69万人，分别下降1.72%、5.94%。严惩危害国家安全、破坏社会秩序犯罪，审结黑社会性质、绑架、杀人等严重暴力犯罪案件4146件，“盗抢骗”“黄赌毒”等多发性案件6641件，拐卖、性侵妇女儿童案件551件，保障人民安居乐业。依法打击涉众型经济犯罪，审结非法集资、电信诈骗、传销案件453件，做好涉案财物处置工作，为受害群众挽回损失3.18亿元。严惩食品药品犯罪，审结制售假药劣药、有毒有害食品案件158件，保障群众生命健康。坚持“教育感化挽救”方针，判处184名未成年被告人缓刑，裁定1.93万名罪犯减刑或假释，体现法律政策，促进悔过自新、回归社会。

推动反腐败斗争深入开展。认真实施《刑法修正案（九）》和关于贪污贿赂案件的司法解释，充分发挥刑事审判在惩治腐败中的职能作用，审结国家工作人员贪污贿赂、渎职案件939件1462人。严厉惩治重大职务犯罪，陆武成、杨森林等8名原为厅局级以上干部的腐败分子被判处刑罚。依法严惩侵害群众切身利益的腐败案件，判处社会保障、教育医疗、城建规划、征地拆迁、食品药品监管等领域职务犯罪分子346人。通过公开审理和宣判，强化了打击腐败犯罪的高压态势。

保障经济社会发展。出台服务保障我省“十三五”发展、实现追赶超越的实施意见，指导各级法院贯彻新发展理念，落实民事商事审判工作六项原则，主动服务发展大局，审结一审民事商事案件26.03万件，上升12.94%。依法保障创新发展，加强产权保护，审结“搜狗”诉“奇虎”不正当竞争案等知识产权案件948件，上升67.49%，促进大众创业、万众创新；与省国资委建立处置国有“僵尸企业”协调机制，促进供给侧结构性改革。依法保障协调发展，审结征地拆迁、移民搬迁和“三农”案件1.08万件，促进新型城镇化与新农村建设协调推进；审结旅游休闲、文化服务领域案件9031件，促进物质文明与精神文明同步发展。依法保障绿色发展，与省国土厅、环保厅建立土地资源、环境保护联动机制，探索生态恢复性司法，支持检察机关试点环境公益诉讼，审结环境资源案件2104件，促进美丽陕西建设。依法保障开放发展，坚持平等保护，审结涉外、涉港澳台民事商事案件315件，促进“一带一路”建设；审结投资、贸易、消费合同案件7.35万件，倡导诚实守信，促进扩大开放。依法保障共享发展，审结教育、医疗、住房、就业等领域案件1.47万件，维护民生权益；审结婚姻、继承、赡养案件5.86万件，咸阳、铜川等地法院探索家事审判方式改革，培育良好家风，促进社会和谐。完善涉军维权审判机制，审结涉军案件287件，维护国防军队利益和军人军属合法权益。

积极促进依法行政。严格执行新行政诉讼法，审结一审行政案件5440件，上升17.57%。协调省政府下发文件加强行政应诉工作，西安等地建立考核机制促使行政机关负责人出庭应诉。严格合法性审查标准，依法撤销、变更、确认行政行为违法534件，维护相对人合法权益，监督行政机关依法行政。出台行政案件协调处理的指导意见，促使行政纠纷实质性化解，行政案件和解撤诉率达24.7%。加强司法与行政良性互动，发布行政审判白皮书，提出司法建议；商洛中院对政府决定实施的重大项目主动提供法律可行性意见，变事后监督为事前指导。依法办理国家赔偿案件，决定赔偿27案366.75万元，维护赔偿请求人合法权益。

二、全面加强执行工作，兑现胜诉权益

构建执行工作大格局。着眼于树立司法权威、推进诚信建设，认真贯彻最高法院“用两到三年时间基本解决执行难”工作部署，省“两办”印发《加快建设失信被执行人信用监督、警示和惩戒机制的实施意见》，省法院联合省委政法委、省综治办召开动员会，下发《工作方案》，提出25条联动措施，将解决执行难纳入综治考核体系。省法院与各中级、基层法院层层签订责任书，明确时限、狠抓落实。全省初步形成了党委领导、人大监督、政府支持、政法委协调、法院主办、各部门配合的执行工作格局，基本解决执行难攻坚战在三秦大地全面

打响。

推进网络查控全覆盖。对上连通最高法院“总对总”网络查控系统，实现对被执行人存款、证券、股权信息的全国联查；对外协调公安、民政、土地、房产、工商等部门建立“点对点”网络查控机制，实现对被执行人车辆、婚姻、低保、房地产和所办企业等信息的省内联查，形成了贯通全国、覆盖主要财产形式的查控网络，查人找物难题将成为历史。对下健全执行指挥系统，实现重大案件远程指挥、被执行人及其财产异地协控；对内升级执行办案和管理系统，设定42个流程节点，实现动态管控，防范消极执行和选择执行等问题，全省执行工作投诉下降28%。西安、榆林、安康等地法院探索网络司法拍卖，有效提高了财产变现率。

实施强制执行硬举措。先后部署开展“百日会战”“执行攻坚”行动，加强组织保障，集中优势警力，加大强制执行力度，全年受理执行案件11.54万件、执结11.03万件、标的额564亿元，分别上升22.9%、28.41%和41.46%。省法院下发悬赏举报、律师调查令实施办法；联合省纪委、省监察厅建立党员和行政监察对象拒执责任追究机制；会同省检察院、省公安厅下发拒执犯罪公诉、自诉程序两个指导意见，严厉打击抗拒、规避、妨害执行行为；协调省文明委下发通知，剥夺失信被执行人的文明称号授予资格，使失信者一处失信、处处受限。全年实施司法拘留、罚款3942人次，追究刑事责任61人，公开曝光失信被执行人信息2.34万人，2874人慑于执行惩戒威力，主动履行了执行义务。

三、切实保证公正司法，践行司法为民

全力推进执法办案。面对全省诉讼案件连年激增、四年翻番的严峻挑战，省法院五次召开办案推进会，旬通报、月调度、季研判，实施目标管理，监督指导全省法院盘活用足审判资源，激发办案内生动力，破解“案多人少”难题。各级法院多措并举、奋力攻坚，实施审

判资源动态调控、诉讼事务集约办理，充分运用民事简易程序、小额诉讼程序，实施简案快审、繁案精审，努力压缩办案周期，推动审判提速，我省法院的案件结收比位于全国前列，在全国执法办案会议上交流了经验。全省法官人均结案 86 件，上升 19.44%，433 名法官年结案超过 200 件。

大力加强公正司法。开展“司法规范化建设年”回头望活动，集中清理判处实刑未执行刑罚的罪犯，专项清理兑现执行案款，建立健全长效机制，巩固司法规范化建设成果。强化审级监督和审判监督，审结二审案件 3.17 万件，改判 1971 件；审结再审案件 532 件，改判 134 件，维护公平正义。召开刑事、民事商事、行政审判和执行工作会议，研讨各类热点难点问题，下发指导意见，统一裁判尺度。坚持案件网上督办、卷宗网上评查、庭审网上观摩、质效网上评估，落实发回重审、改判、赔偿案件剖析反馈机制，促进公正司法。

努力深化司法为民。开展立案登记制实施情况专项检查、诉讼服务中心明察暗访，开发手机 APP 平台，持续优化诉讼服务，让司法更加贴近群众。出台财产保全保险担保意见，引导当事人依法申请财产保全，降低权利落空的风险。建立司法救助案件归口办理机制，向困难当事人发放救助金 164 案 571.5 万元，减免缓诉讼费 2123 万元，体现人文关怀。完善立体化司法公开机制，推动公开理念由“要我公开”向“我要公开”、公开对象由当事人向全社会、公开模式由单向输出向双向互动转变，全年直播庭审 2662 场次，发布裁判文书 32.6 万份，公开案件信息 39.24 万件，让司法权力在阳光下运行。省法院司法透明度在中国社科院排名中列全国第七位。

四、全面推进司法改革，提升司法公信

坚决贯彻中央和省委决策部署，坚持问题导向、改革取向，全年落实 33 项改革任务。

推进法官员额制改革。法官员额制是司法人员分类管理的核心。

省法院精心制定员额遴选方案，坚持“以案测员、以员定编、全省统筹、动态调整”的原则，科学分配员额指标，为全省法院人案配置均衡奠定了基础。坚持把思想工作贯穿始终，加强政策解读，形成了改革共识。严把资格审查、专业考试、综合考核三道关口，实施“三公开、三承诺”，公平公正开展遴选工作，全省首批遴选出员额法官3002名，优化了法官队伍结构。中央司改办和最高法院简报交流了我省经验。

推进司法责任制改革。司法责任制是司法体制改革的“牛鼻子”。坚持有序放权与有效监督相结合，出台六项配套制度，明确各类司法主体的权力边界，突出独任法官、合议庭的办案主体地位，院、庭长带头办案，不再审签未参加审理案件的裁判文书，让审理者裁判，由裁判者负责；指导各级法院建立各类专业法官会议制度，为独任法官、合议庭正确适用法律提供智力咨询，推动院、庭长监督管理方式由定案把关向流程管控、微观监督向宏观管理转变，确保公正廉洁办案。

推进省以下人财物统管和司法人员职业保障制度改革。配合省财政厅制定全省法院财物统管方案，配合省编办实施中级、基层法院编制上划工作。认真落实中办、国办《保护司法人员依法履行法定职责的规定》和《领导干部干预司法活动、插手具体案件处理的记录、通报和责任追究规定》，坚决抵御外部干扰和内部不当过问，旗帜鲜明支持和保障法官依法履职。配合省委组织部、财政厅、人社厅制定员额法官、司法辅助人员薪酬保障方案，积极落实新的职业保障政策。

推进以审判为中心的诉讼制度改革。加强刑事案件法律援助，为1019名被告人指定了辩护人。出台刑事案件庭前会议规则、庭审操作规程，推动证人、鉴定人出庭作证，发挥庭审在查明事实、认定证据中的重要作用。落实罪刑法定、证据裁判、疑罪从无原则，确保无罪的人不受刑事追究。

推进人民陪审员制度改革。改革人民陪审员参与审判模式，实行法律审、事实审相分离，渭南中院等5家试点法院采取“两审分离”

模式审理案件4803件。会同省司法厅举办“千名人民陪审员业务能力网络视频大赛”，提升了人民陪审员参审水平。

推进跨区划管辖改革。中央决定在西安设立最高法院第六巡回法庭后，省法院积极协调完成筹建工作，去年12月29日挂牌办案，三秦百姓有了“家门口的最高法院”，对就地解决纠纷、方便群众诉讼具有重大意义，对建设公正高效权威的社会主义司法制度必将产生深远影响。指导铁路法院跨区划审理西安、安康两市行政案件2172件，宝鸡、铜川等地法院开展行政案件相对集中管辖试点，取得良好效果。

推进多元化纠纷解决机制改革。完善诉调对接机制，与省司法厅出台“赋强公证”办理意见，与省知识产权局、证监局、保监局联合下发知识产权、证券期货、保险纠纷诉调对接文件，形成纠纷化解合力。全年通过诉调对接化解纠纷4.1万件，诉讼调解和撤诉15.89万件。深入推广富县“群众说事，法官说法”工作机制，积极参与社会治理，该机制获评全国创新社会治理最佳案例。

推进涉诉信访制度改革。加强网上信访、视频接访，建成“信、访、网、电”一体化网络，畅通信访渠道。探索律师参与信访化解制度，引导信访人理性表达诉求。出台涉诉信访终结认定实施细则，落实诉访分离机制，汉中等地法院依法打击非法闹访，维护正常信访秩序。全省进京越级访下降16%。

五、坚持全面从严治党，建设过硬队伍

扎实开展“两学一做”学习教育。坚持突出重点、下移重心，做到学习教育全覆盖、经常化，各级法院党组、中心组、党支部层层学习研讨，严格落实“三会一课”制度，坚定理想信念，坚守法治信仰，牢固树立“四个意识”，坚定不移地走中国特色社会主义法治道路。坚持领导带头、以上率下，引领广大党员法官干警践行“四讲四有”，做合格党员法官干警，涌现出延安市延川县法院执行局原局长刘改幸等一批先进典型，全年有21个集体、35人获得省级以上表彰。

切实加强领导班子建设。以锤炼思想政治素质和作风能力为重点，努力建设忠诚干净担当的三级法院领导班子。积极履行协管职责，协助地方党委完成市县法院领导班子换届工作。认真贯彻省委“鼓励激励”“容错纠错”“能上能下”三项机制，出台实施办法，激励干事创业、追赶超越，形成了心齐气顺劲足向上的良好氛围。

持续提升队伍专业素质。坚持分级分类开展审判执行业务培训，省法院先后举办“陕西法院大讲堂”3次、业务培训班17期，参训法官干警1.2万人次。积极开展审判理论研究，45篇论文和调研报告在省级以上评比中获奖，省法院起草的《罪犯生活不能自理鉴别标准》被最高法院印发全国执行。

深入推进反腐倡廉建设。坚持把纪律挺在前面，出台全面从严治党“两个责任”清单和追责办法，严格落实中央八项规定精神，部署开展执纪大检查活动，建立党员干警谈话函询制度，对53个法院进行了审务督查，对37个基层法庭进行了明察暗访。主动查办违纪违法案件，全省法院警示训诫39人、党纪政纪处分72人、追究刑事责任1人，纯洁了法院队伍。

六、自觉接受各界监督，改进法院工作

主动接受人大监督，向省人大常委会专题报告新行政诉讼法实施情况，认真落实审议意见；及时办理、回复代表建议，5件代表建议全部办结，满意率100%；建立三级法院一体化结对联络省人大代表、省政协委员工作机制，定期走访、沟通民意、听取意见，邀请参加“法院开放日”、列席重要会议、旁听评议案件502人次。自觉接受政协民主监督，专题报告司法体制改革情况，配合省政协开展提案办理工作专项调研。依法接受检察机关诉讼监督，办结抗诉案件141件，支持抗诉42件。广泛接受社会监督，及时通报重大案件、重要事项，发布刑事、行政、执行和保护非公经济商事审判典型案例，在全社会营造良好法治氛围。

各位代表，过去一年全省法院工作的发展进步，是省委坚强领导，人大及其常委会有力监督，政府、政协以及社会各界关心、支持、帮助的结果，倾注着各位人大代表、政协委员的智慧和汗水。在此，我代表全省法院表示衷心的感谢和崇高的敬意！

我们也清醒认识到工作中还存在不少问题和困难：诉讼案件持续增长，案多人少矛盾更加突出；用两到三年时间基本解决执行难任务艰巨、时间紧迫，需多方联动、加大力度；司法责任制改革全面推开后，配套机制、保障措施还需完善；个别法官干警律己不严、作风不正，甚至违纪违法，损害司法公信力；基层基础建设还存在薄弱环节，不少法官长期超负荷工作，有的法院物质装备滞后，等等。对此，我们将积极采取措施予以解决。

2017 年，全省法院工作的总体要求是，认真贯彻党的十八大和十八届三中、四中、五中、六中全会精神，深入学习贯彻习近平总书记系列重要讲话特别是来陕视察重要讲话精神，全面落实中央政法工作会议、全国高级法院院长会议和省委十二届十一次全会部署，紧扣追赶超越定位和“五个扎实”要求，深入践行司法为民、公正司法工作主线，忠实履行审判职责，全面深化司法改革，持续加强队伍建设，以优异成绩迎接党的十九大和省十三次党代会胜利召开。

一是积极服务全省追赶超越工作大局。认真贯彻省委追赶超越工作部署，主动融入大局、服务大局、保障大局。加强刑事审判工作，依法惩治犯罪，营造和谐稳定的发展环境。严惩侵害群众利益的腐败案件，促进反腐败斗争深入开展。认真贯彻新发展理念，加强产权司法保护，促进科技创新、成果转化和生产要素优化组合，推动供给侧结构性改革；依法审理现代农业、新兴产业、房地产开发等领域案件，促进“三去一降一补”有效落实；加强商事和涉外审判，尊重契约自由，倡导诚实守信，促进开放型经济发展；妥善审理涉农案件，支持精准扶贫脱贫。加强行政审判，依法履行司法审查职能，促进法治政府建设。

二是努力实现基本解决执行难目标。完善执行联动威慑机制和信用联合惩戒措施，严厉惩处规避、抗拒、妨害和不协助执行行为，让不履行法律义务者付出代价，树立司法权威，促进诚信建设。完善财产查控体系，加强“立审执”衔接配合，推进“查冻扣”无缝对接，使失信被执行人及其财产无处遁形。进一步加强执行监督，严格无财产可供执行案件认定标准，规范“终结本次执行程序”适用，畅通恢复执行渠道，全面推行网络司法拍卖，做到依法执行、规范执行、文明执行。

三是全面深化司法改革。严格落实各类司法责任主体“权力清单”，加快构建权责明晰、权责一致、监督有序、配套齐全的审判权力运行机制；推行人员分类管理，加强审判辅助力量，积极解决“案多人少”矛盾；坚持放管结合，建立案件质量责任追究制度，健全法官专业会议制度，加强审判监督管理。大力推进审判方式改革，落实繁简分流机制，深化人民陪审员制度、刑事诉讼认罪认罚从宽制度改革试点工作，提高改革整体效能，增强人民群众的改革获得感。

四是不断提升司法水平。加快建设人民法院信息化3.0版，打造“智慧法院”。健全移动诉讼服务、电子诉讼档案查阅、律师服务系统，推行网上立案，探索远程开庭，加强视频接访，真正让司法“零距离”“心贴心”服务群众。进一步加强信息数据整合利用，完善网上办案辅助功能，实现审判执行全程留痕、全程公开，提高办案质量，促进公正司法。

五是持续加强队伍建设。深入学习贯彻党的十八届六中全会精神，全面加强法院党建工作，严肃党内政治生活，牢固树立“四个意识”，自觉在思想上政治上行动上同以习近平同志为核心的党中央保持高度一致。认真落实全面从严治党主体责任、监督责任，切实加强党内监督，查处违纪违法问题。加大业务培训力度，推进队伍正规化专业化职业化建设。认真落实省委“三项机制”，从严治警、从优待警，加强基层建设，提升保障水平。

各位代表，我们将在省委坚强领导和省人大及其常委会有力监督下，认真落实本次大会决议，忠实履行宪法法律赋予的职责，勇于担当，奋发作为，追赶超越，以优异成绩迎接党的十九大和省十三次党代会胜利召开！

附件一

部分用语说明

1. 民事商事审判工作六项原则：2015 年 12 月 23 日，最高人民法院召开的第八次全国法院民事商事审判工作会议提出，民事商事审判工作应当坚持依法保护产权、尊重契约自由、坚持平等保护、坚持权利义务责任相统一、倡导诚实守信、坚持程序公正与实体公正相统一六项原则。

2. 家事审判方式改革：2016 年 4 月 21 日，最高人民法院下发通知，决定自 2016 年 6 月 1 日起，在包括我省西安市新城区人民法院、咸阳市渭城区人民法院、志丹县人民法院、铜川市耀州区人民法院在内的全国 100 个基层和中级人民法院，开展为期两年的家事审判方式和工作机制改革试点工作。试点中，咸阳市渭城区人民法院设立家事审判庭，组织社会力量参与家事案件调解，进行心理干预和温情感化；铜川市耀州区人民法院组建 3 个家事调解委员会，探索家事案件调解程序前置、财产申报、案件回访等制度。

3. 用两到三年时间基本解决执行难：2016 年 3 月 13 日，在十二届全国人大四次会议上，最高人民法院工作报告提出“用两到三年时间基本解决执行难问题”；4 月 29 日，最高人民法院印发《关于落实“用两到三年时间基本解决执行难问题”的工作纲要》，确定“四个基本”工作目标，即：被执行人规避执行、抗拒执行和外界干预执行现象基本得到遏制；人民法院消极执行、选择性执行、乱执行情形基本消除；无财产可供执行案件终结本次执行的程序标准和实质标准把握不严、恢复执行等相关配套机制应用不畅的问题基本解决；有财产可供执行案件在法定期限内基本执行完毕。

4. 网络司法拍卖：是人民法院依法通过互联网拍卖平台，以网络电子竞价方式公开处置被执行人财产的行为。与传统司法拍卖相比，一是信息发布面广；二是通过网络公开和匿名报名，可以有效遏制串标现象的发生；三是网络司法拍卖是零佣金，可以实现双方当事人利益最大化。

5. 法官员额制：指人民法院对法官实行员额制管理，建立以法官为中心的人员配置模式，推进法官队伍的正规化、专业化、职业化，并将员额法官充实到审判一线。根据中央要求，员额法官比例不超过中央政法专项编制的39%。

6. “以案测员、以员定编、全省统筹、动态调整”的原则：是我省法院法官员额制改革的创新实践。“以案定员”是指根据各个法院的管辖半径、自然条件、办案成本及办案难度等因素，将中级人民法院分为四类，基层人民法院分为六类，按类别测定各类法院员额法官的办案量，实现同一类法院以同一办案量来配置员额法官。“以员定编”是指在不突破全省法院现有编制总数的前提下，对办案任务较重的法院适当增加编制，对办案任务相对较轻的法院调减编制，力争通过几年的时间基本实现人案配置均衡。“全省统筹、动态调整”是指在全省范围内，根据各地社会经济发展和收案变化情况，使用预留法官员额进行统筹分配，适时调整各个法院的员额法官配置数量。

7. 专业法官会议制度：指人民法院建立的由民事、刑事、行政等审判领域法官组成的专业会议，负责为独任法官、合议庭正确理解和适用法律提供咨询意见。独任法官、合议庭认为所审理的案件因重大、疑难、复杂、敏感而需要专业法官会议提供咨询意见的，可以按程序将案件提交专业法官会议研究讨论。专业法官会议的讨论意见仅供独任法官、合议庭参考。

8. 以审判为中心的诉讼制度：是党的十八届四中全会提出的一项重要的司法改革内容。指在坚持司法机关分工负责、互相配合、互相制约原则的前提下，在刑事诉讼活动中以人民法院审判为中心，实现诉讼证据质证在法庭、案件事实查明在法庭、诉辩意见发表在法庭、裁判理由形成在法庭。

9. 最高法院第六巡回法庭： 2016 年 11 月 1 日，中央全面深化改革领导小组第二十九次会议审议，同意在陕西省西安市设立最高人民法院第六巡回法庭，管辖陕西、甘肃、青海、宁夏、新疆 5 省区内应当由最高人民法院审理的一审、二审、申请再审的民商事案件、行政诉讼案件、刑事申诉案件以及涉港澳台民商事案件和司法协助案件等。

10. “赋强公证”： 指公证机关作出的以给付为内容并载明债务人愿意接受强制执行承诺的公证债权文书。

11. 《罪犯生活不能自理鉴别标准》： 2014 年 7 月，省法院接受最高人民法院委托，成立课题组充分调研论证，并向全国法院征求意见，完成了《罪犯生活不能自理鉴别标准》起草任务。2016 年 7 月 26 日，最高人民法院正式向全国发布执行，填补了国内相关标准的空白。

12. 智慧法院： 指以确保司法公正高效、提升司法公信力为目标，充分运用互联网、云计算、大数据、人工智能等技术，促进审判体系与审判能力现代化，实现人民法院高度智能化的运行与管理。智慧法院面向法官、当事人及社会各界提供全方位智能服务，实现审判执行工作全网络办理和全流程公开，充分挖掘利用古今中外海量司法案例资源，探寻新形势下司法规律，提高司法预测预判、应急响应等能力，为类案同判和量刑规范化提供支持，为创新社会治理提供决策参考。

附件二

全省法院审判工作情况图

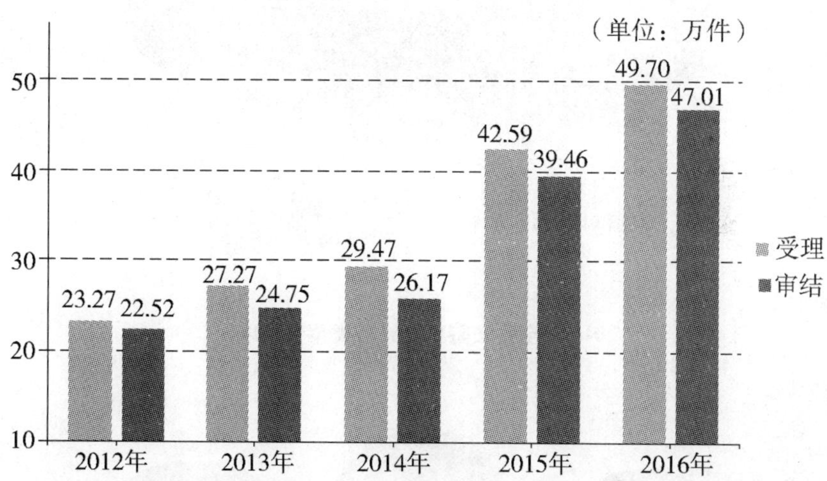

2012—2016 年全省法院收结案件情况走势图

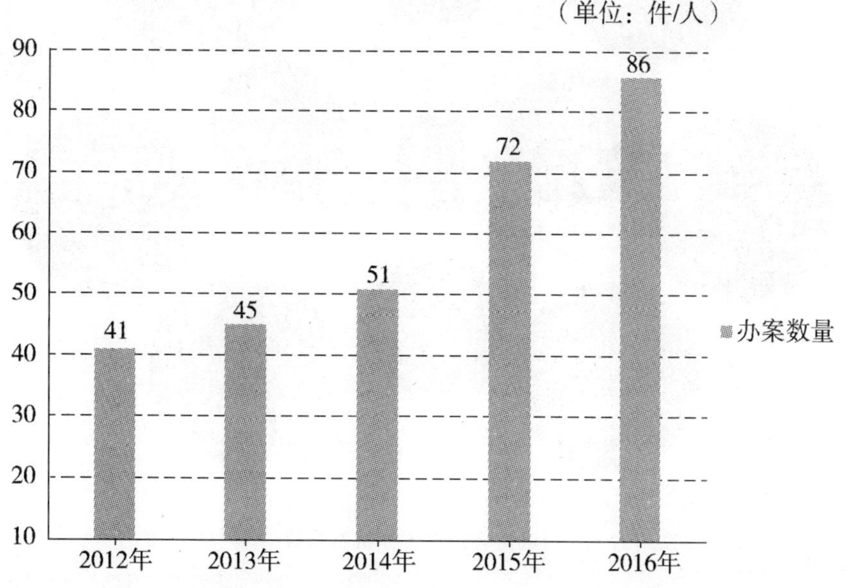

2012—2016 年全省法院法官人均办案走势图

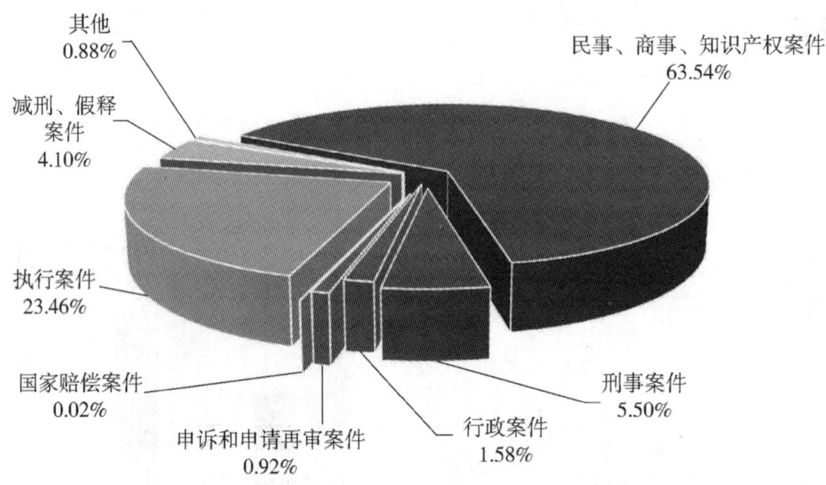

2016 年全省法院审执结各类案件构成图

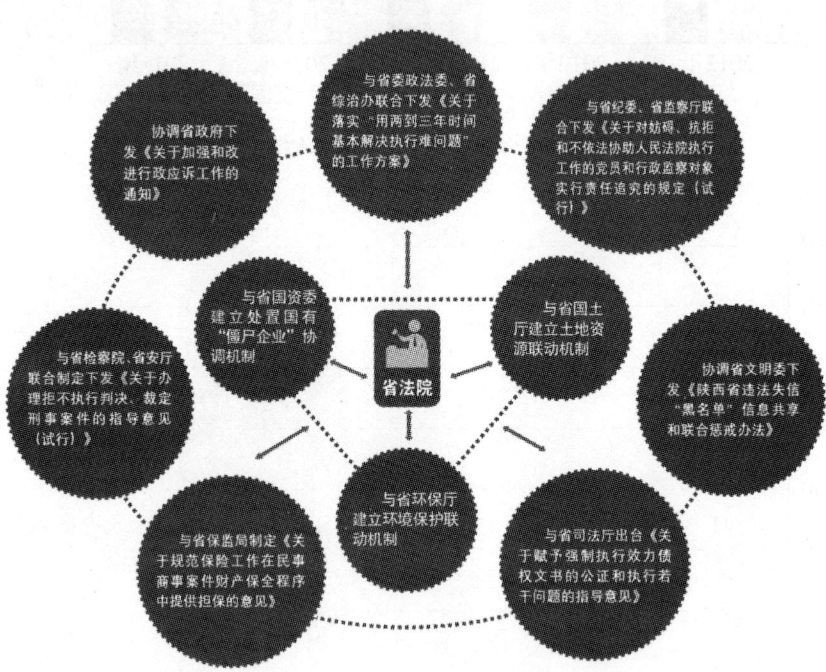

司法协调衔接工作机制图解

省综治办
省纪委(省监察厅)
省委组织部
省委宣传部
省发改委
省法制办
省司法厅
省国土厅
省检察院
省法院
省公安厅
省国税局
人民银行西安分行
省银监局
省证监局
省工商局
省住建厅
省人社厅
省民政厅
……
25条联动措施
1. 完善执行联动机制
2. 实现网络执行查控系统全覆盖
3. 加强对失信被执行人的联合惩戒
4. 拓宽被执行财产发现渠道
5. 优化执行权科学配置
6. 推行繁简分流办案机制
7. 加强立审执协作配合机制
8. 完善异地执行协作机制
9. 完善无财产可供执行案件退出和恢复执行机制
10. 推广网络司法评估、拍卖
11. 完善执行救助制度
12. 加强执行统一管理
13. 全面应用执行案件流程信息管理系统
14. 实行执行约谈工作机制
15. 完成执行案款专项清理工作
16. 加强执行信访工作
17. 依法接受检察监督
18. 全面推进执行公开
19. 狠抓执行廉政建设
20. 强化绩效考核
21. 持续开展"一打三反"专项活动
22. 持续开展清理执行积案行动
23. 建立特殊主体案件执行长效机制
24. 专项整治超过法定执限案件、不规范终结本次执行程序案件
25. 集中执行涉民生案件

执行工作联动机制图解

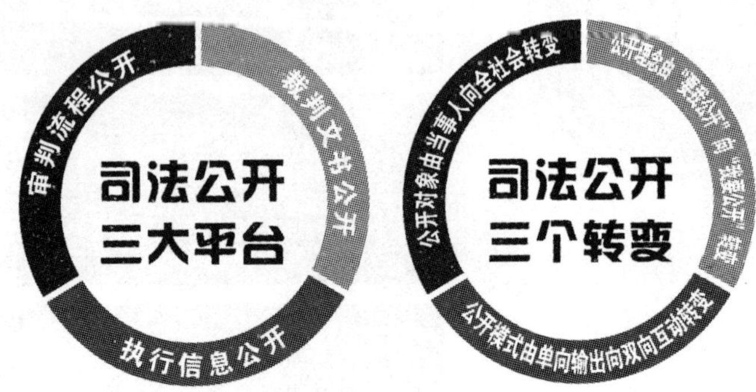

构建开放、动态、透明、便民的阳光司法机制

附件三

2016 年省人大代表建议办理情况

序号	代表姓名	建议内容	办理和落实情况
1	安康团：徐　平	加强法官队伍建设	开展“两学一做”学习教育；大力推进学习型法院、学习型法官创建活动；积极推进司法人员分类管理改革；出台党风廉政建设“两个责任”清单和追责办法，严肃查处违纪违法问题，保证公正廉洁司法。
2	咸阳团：余天西	加强基层法院审判力量	为人员紧缺的基层法院招录法官助理、法警等各类人员 214 名；支持各级法院招录配齐书记员，分流未入额法官和行政人员从事审判辅助工作；努力提升审判质效。
3	汉中团：周素琴 王有泉 杜桂莲 李　雯 蔡宏峰	严格执法，加大执行工作力度	出台《“用两年时间基本解决执行难”工作实施方案》，联合省级 44 个部门出台失信被执行人《信用联合惩戒办法》；完善执行查控网络；完善执行流程管理，规范执行行为；部署开展“百日会战”“执行攻坚”专项行动，全面加大案件执行力度。
4	西安团：尉竞飞 于凤玲 姚　智	在民事审判中委托医学会进行医疗损害鉴定	积极推动建立由医学会和司法行政主管部门共同参与的医疗损害纠纷类鉴定体制，探索此类鉴定由医学会组织、司法行政主管部门授予资质，建立全省医疗过错鉴定专家库，接受司法行政主管部门和医学会共同监督管理。
5	西安团：吴智民	统一农村城改过渡费案件裁判标准	组织开展专题调研和类案指导，完善立案、分案制度，统一法律适用和裁判尺度。

请扫描右侧二维码，进入相关链接，观看 H5 动图，更直观地了解陕西法院工作情况。

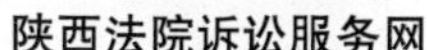

陕西法院诉讼服务网　　陕西法院官方微博　　陕西法院官方微信

甘肃省高级人民法院工作报告

——2017年1月11日在甘肃省第十二届人民代表大会第六次会议上

甘肃省高级人民法院院长　梁明远

各位代表：

现在，我代表省高级人民法院向大会报告工作，请予审议，并请各位政协委员和列席同志提出意见建议。

2016年主要工作

2016年，省法院在省委的坚强领导、省人大的有力监督和省政府、省政协及社会各界的大力支持下，在最高人民法院的指导下，紧紧围绕“努力让人民群众在每一个司法案件中感受到公平正义”的目标，牢固树立“四个意识”，忠实履行审判职责，积极践行司法为民，全面推进司法改革，始终坚持从严治院，各项工作取得了新进展。全省法院共受理各类案件340986件，审（执）结296445件，同比分别上升22.89%和20.49%，收、结案数量再创历年新高，法定审限内结案率为99.37%；省法院受理案件4858件，审（执）结4626件，同比分别上升25.24%和28.68%，法定审限内结案率为99.42%。

一、依法惩治犯罪，全力推进平安甘肃建设。贯彻宽严相济刑事政策，做到宽严有据、罚当其罪，审结刑事案件25322件，生效裁判判处罪犯21220人。严惩严重暴力犯罪，审结故意杀人、抢劫、绑架等案件5673件，判处五年以上有期徒刑、无期徒刑、死刑的1072人，对侯国亮 等一批罪行极其严重的犯罪分子依法执行了死刑；推进打黑除恶，审理了马克英 等一批组织、领导、参加黑社会性质组织犯罪案件。严惩毒品犯罪，审结案件3336件，判处罪犯2675人，对涉毒30公斤的石青、26公斤的卡学龙 等犯罪分子依法执行了死刑。严惩职务犯罪，审结贪污贿赂、渎职犯罪案件702件，判处罪犯703人，依法惩处省委统战部原副部长、省工商业联合会党组原书记吴继德 、省交通运输厅原副厅长杨映祥 等一批职务犯罪分子。惩治破坏市场经济秩序及涉民生类犯罪，审结非法集资、电信网络诈骗、危害食品药品安全等案件1079件，依法审结了刘合新等诈骗案 。审慎审判死刑案件，严格死刑案件证据标准，确保死刑只适用于极少数罪行极其严重的犯罪分子，连续5年上报最高人民法院复核的死刑案件核准率保持100%。强化人权保障，坚持无罪推定、疑罪从无、证据裁判原则 ，对钟德跃 等53名被告人依法宣告无罪。坚持教育、感化、挽救方针，落实圆桌审判、前科封存、社区矫正等制度，判处未成年罪犯524人，适用缓刑、免予刑事处罚184人。严格减刑、假释、暂予监外执行案件审理，审结11183件，对涉及职务犯罪、黑社会性质组织犯罪、金融犯罪罪犯的减刑、假释，一律依法公开开庭审理，一律邀请人大代表、政协委员或有关方面代表旁听。

二、紧紧围绕中心，有力保障经济社会发展。坚持服务大局，出台《省法院党组关于贯彻五大发展理念为全省经济社会发展提供有力司法保障的意见》，更好地适应和服务经济发展新常态。全省法院共审结民事、商事、知识产权案件185554件，标的额296亿元。依法助推产业转型升级，出台处置“僵尸”企业的意见，设立破产案件合议庭，受理公司清算、企业破产案件 37 件，资产债务总额达 121 亿元。出台民事诉讼财产保全担保指导意见，降低诉讼担保门槛。依法维护金融安全，审结金融借款合同纠纷案件 10433 件，标的额 91 亿元；受理民间借贷纠纷案件 35702 件，同比上升 58.52%，审结 31378 件，标的额 59 亿元；妥善审理互联网金融案件，在审理吴健华等人诉兰州西部商品交易中心、兰州圣大商品交易有限公司期货纠纷系列案件 中，准确区分期货和现货交易的法律界限，制裁违规经营。积极开展证券期货纠纷多元化解、保险纠纷诉调对接试点，合力化解矛盾纠纷。依法维护市场交易秩序，尊重契约自由、倡导诚实守信，审结买卖等合同纠纷案件 54261 件。依法保护知识产权，出台加强知识产权司法保护的意见，建立咨询专家库，发布白皮书、典型案例，建立与知识产权执法部门的协作机制，审结“暴龙”“名仁”商标侵权等知识产权案件 197 件，充分发挥司法保护知识产权的主导作用；激励农业科技创新，审结植物新品种权纠纷案件 13 件。依法保障改善民生，出台加强民事审判“三项工作”的意见，审结婚姻家庭、继承纠纷案件 45960 件，道路交通、人身损害赔偿纠纷案件 15362 件，医疗事故、医疗损害赔偿纠纷案件 182 件，供用电、水、气、热力合同纠纷案件 2226 件，劳动争议和社会保险纠纷案件 5679 件；审结中国生物多样性保护和绿色发展基金会诉宁夏隆德县政府等八被告水污染责任纠纷案 ，促成甘、宁两省区相关部门共同投资治理，保障城乡居民用水安全。出台《进一步维护军人军属合法权益实施意见》和《进一步做好涉军案件调解工作指导意见》，设立“涉军维权办公室”和“军人法律援助站”，切实维护国防利益和军人军属合法权益。

三、保护监督并重，着力促进依法行政。贯彻落实修改后的行政诉讼法，加大诉权保护力度，受理行政诉讼案件 4220 件，同比上升 31.38%；坚持合法性审查原则，审结 3630 件，其中判决撤销或变更行政行为、限期履行法定职责、确认行政行为违法、无效及判决行政机关赔偿的 310 件；受理非诉行政执行案件 1614 件，裁定准予执行 1213

件。妥善化解群体性纠纷，审结案件129件，其中原告人数在100人以上的19件，10人以上的110件，依法审结了司秀英等83人诉渭源县人民政府房屋征收补偿决定系列案，欧天祥等3320名村民诉靖远县人民政府、白银市人民政府土地行政登记系列案。支持检察机关开展公益诉讼试点，审结检察机关诉宕昌县水务局不履行法定职责等行政公益诉讼案件。落实被诉行政机关负责人出庭应诉规定，行政机关负责人出庭应诉率达40.6%，同比上升7.6个百分点。通过发布《行政审判白皮书》、行政诉讼十大案例、召开研讨会、提出司法建议、应邀授课等方式，助推法治政府建设。

四、保障胜诉权益，强力破解执行难题。落实最高人民法院关于甘肃等19个执行工作基础较好的重点地区在两年内基本解决执行难的要求，省法院制定29项具体措施，与全省中级法院院长签订“军令状”，部署开展了“甘肃向执行难宣战”活动。加大执行威慑力度，面向全省征集案件线索，在新闻媒体和公共场所刊登、张贴公告曝光“老赖”，对695名拒不申报、虚假申报财产的被执行人依法进行制裁，对14890名失信被执行人联合实施信用惩戒，通过公安机关协助查控被执行人3936名，对99名拒不执行法院裁判的被执行人依法判处刑罚，陇原大地掀起了惩治“老赖”的执行风暴。省委常委会专题听取省法院党组关于执行工作的汇报，省委、省政府办公厅下发《甘肃省加快推进失信被执行人信用监督、警示和惩戒机制建设的实施意见》，省人大常委会下发《关于监督支持人民法院在两年内基本解决执行难问题的通知》，省政协对解决执行难问题开展专题调研提出意见建议，省委政法委牵头组织52个执行联动单位，签署《支持人民法院解决执行难工作承诺书》，综合治理执行难的工作格局进一步形成。全省法院共执结案件65870件，同比上升33.4%，执行到位金额141亿元，同比增加65亿元，涉党政机关执行案件连续4年提前完成任务，最高人民法院挂网督办的执行案件执结率连续5年为100%。

五、践行司法为民，努力维护公平正义。积极回应社会关切，着力解决群众关注的焦点问题。加强公正司法。创新审判管理，提高审判质效，一审案件服判息诉率为 91.65%，同比上升 0.41 个百分点。注重发挥再审的纠错功能，审结再审案件 381 件，改判 80 件，发回重审 64 件。彰显司法关怀。坚持应赔尽赔、当赔即赔，审结谢克雄、张彦国等申请国家赔偿案件 74 件；为经济上确有困难的当事人缓、减、免诉讼费 1121 万元，发放司法救助资金 2315 万元。完善便民措施。巩固立案登记制改革成果，全省法院建成集诉讼服务大厅、诉讼服务网、12368 诉讼服务热线“三位一体”的综合性诉讼服务中心 103 个，为当事人提供窗口、网络在线、电话、短信等诉讼、信访服务，让信息多跑路、让群众少跑腿。为 86 个基层法院配备具有诉讼服务、现场开庭、远程接访等功能的信息化巡回审判车，实现了车载流动法庭在全省广大农村、牧区全覆盖，打通了服务群众的“最后一公里”。深化司法公开。加强司法公开硬件建设，建成高清数字法庭 423 个，全省 115 个法院、298 个人民法庭实现专网全连通、数据全覆盖。建成审判流程、执行信息、裁判文书、庭审活动四大司法公开平台。推送审判流程信息、执行信息 549290 条，上网公开裁判文书 145143 份，增加公开藏、蒙古、哈萨克等民族语言裁判文书，上网比率在全国法院排名第 15 位；互联网直播案件庭审 1694 案，积极开展藏汉双语网络庭审直播；甘肃法院网浏览量突破 90 万人次，省法院在腾讯、新浪网上的微博粉丝超过 46 万。推进精准扶贫。推动永靖县落实双联扶贫项目 22 个，全县贫困面由 17.35% 下降到 7.11%。省法院筹措资金 1900 万元完成了双联点道路维修改造、美丽乡村建设等工程，帮助建立百合专业合作社 4 个，千亩优质百合示范基地 1 处，储藏能力达 1200 吨的百合保鲜库 4 座，发展电子商务 2 家，签约了陇萃堂等商家实现农超对接；引资 2 亿元的抱龙山凤凰岭国际滑雪场已投入运营，拓宽了群众就业增收渠道。省法院联系的贫困户减贫 72.27%，7 个贫困村有 5 个实现整体脱贫。

六、紧扣公信立院，奋力推进司法改革。按照中央和省委要求，积极稳妥有序推进司法改革，努力让人民群众有更多的司法获得感。

人员分类管理改革取得新进展。制定法官员额制 管理及入额试点方案，通过考试考核、差额推荐和遴选委员会票决、公示，全省法院遴选入额法官2923名，为落实司法责任制奠定了基础。绩效考评、工资制度改革、省以下法院人财物统管等工作正在有序推进。跨行政区划集中管辖行政案件取得新成效。制定办案指引，实行专业法官会议制度，规范集中管辖，引导依法诉讼。试点以来，兰州铁路运输两级法院共受理行政案件1089件，当场立案率达96%，审结1016件，一审案件服判息诉率达71.22%，行政机关负责人出庭应诉率达71.20%，行政案件立案难、审理难、执行难问题得到有效破解。家事审判改革推出新举措。制定改革指导意见，设立家事案件立案通道，建立庭前家庭财产申报、判后跟踪、回访、帮扶及反家暴联动等机制，注重感情修复，倡导良好家风。4个试点法院共受理家事案件2348件，审结2116件，调撤率为60%，为全国法院家事审判改革提供了甘肃样本。以审判为中心的诉讼制度改革有了新成果。联合省检察院、公安厅出台《办理重大刑事案件收集、审查、判断证据若干问题的规定》，严格落实非法证据排除制度，积极推行远程视频提审、开庭，大力提高二审开庭率，发挥庭审在查明事实、认定证据、保护诉权、公正裁判中的决定性作用；指导部分基层法院对轻微刑事案件的审理程序、庭审方式、裁判文书进行改革试点，努力做到繁案精审、简案快审。

七、坚持从严管理，大力加强队伍建设。把全面从严治党的要求落实到队伍建设的各方面、各环节，以全面从严治党推进全面从严治院。全省法院有32个集体、83名个人受到省部级以上表彰奖励，其中有3个法院被评为“全国优秀法院”，7名法官被评为“全国优秀法官”“全国法院办案标兵”，省法院领导班子连续8年被省委考核为优秀。扎实开展“两学一做”学习教育。创设学习教育载体，组织开展专题辅导、研讨交流、主题党日、法官宣誓及创建青年文明号等系列活动，引导广大党员尊崇党章、遵守党规，做“四讲四有”合格党员。切实加强党建工作。制定加强全省法院和省法院机关党建工作意见，探索建立与组织部门、同级党建部门、上下级法院之间的“三联三化”党建模式，集中开展基层党建重点工作督查和机关精神文明创建，增强党建工作的实效性。认真履行协管职责，配合组织部门完成14个市、州中级人民法院院长换届和班子调整工作。切实加强纪律作风建设。通过警示教育、组织“三述”、廉政考试、谈话诫勉、查处问题及支持纪检组长约谈党组成员等方式，积极探索实践监督执纪“四种形态”。全省法院查处违纪违法人员56人，其中给予党纪政纪轻处分29人，重处分10人。紧扣“六大纪律”，对50个中、基层法院开展司法巡查，查找问题224个。紧盯落实中央“八项规定”精神、省委“双十条”规定和解决“六难三案”等问题，对44个中、基层法院、33个人民法庭开展审务督察，现场查纠问题269个。切实加强教育培训。通过组织调训、自主培训、在线教育、专家授课、与法学院校双向交流等形式，培训干警3700人次。充分发挥国家法官学院舟曲民族法官培训基地作用，累计举办各类培训班76期，培训学员达10230人，覆盖全国31个省、市、自治区法院、解放军军事法院、新疆兵团法院；举办全封闭式藏汉双语培训班4期，受训的390名少数民族地区政法干警达到了熟练运用藏汉双语办案、庭审和制作司法文书的水平，破解双语法官短缺难题初见成效。切实加强法院文化建设。编纂出版《甘肃法院志（1949—2015）》，举办甘肃法院66年发展历程图片展，与中央电视台、最高人民法院影视中心联合拍摄微电影《盖尼法官》，与省委宣传部联合开展“用公开促公正，建设核心价值观”主题教育活动，为公正司法提供有力的价值引导、文化凝聚和精神推动。切实加强民族法制理论研究。成立全省少数民族法制文化研究中心，编辑出版《民族法制文化研究》4辑120万字；在舟曲培训基地成功举办了由最高人民法院和国家民委联合主办的“民族法制文化与司法实践”研讨会，最高人民法院党组书记、院长周强，国家民委党组副书记、副主任刘慧，中央政法委副秘书长徐显明，省委书记、省人大常委会主任王三运等领导出席会议并讲话。清华大学、中国政法大学、中央民族大学等13

所高校、研究机构的专家学者和全国16个省、市、自治区高级人民法院、民族工作部门的领导300余人出席研讨会，出版发行了3卷140万字的研究文集，开启了我国民族法制文化研究的新篇章。

过去一年，省法院始终把自觉接受监督作为改进工作、公正司法的重要保障。主动接受省人大及其常委会的监督，专题报告了全省法院行政审判工作和代表意见建议办理情况。建立重大司法决策、重大案件邀请人大代表、政协委员参与和旁听机制，代表、委员到法院旁听庭审、视察工作、交流座谈1339人次。重视代表、委员关注案件、事项的办理，反馈办理结果425件，做到了事事有回音、件件有着落。建立代表联络微信群，推行信息发布、庭审观摩预知预约、工作情况寄送等制度，拓宽接受监督的渠道。依法接受检察机关诉讼监督，审结抗诉案件186件，其中改判、发回重审64件。积极推进司法民主，人民陪审员参与审理案件44702件。深化律师参与化解信访案件、律师与法官互评等机制，发挥律师维护司法公正的作用。自觉接受舆论监督，全省法院召开新闻发布会63场次。

各位代表，全省法院工作取得的发展和进步，是省委正确领导、人大有力监督的结果，也是各级政府、政协、社会各界及各位代表、委员长期关心支持的结果。在此，我代表全省法院干警表示衷心的感谢！

回顾一年来的工作，我们也清醒地认识到，全省法院工作还面临一些困难和问题。案件数量大幅攀升，案多人少、法官超负荷办案等问题更加突出，法官助理和书记员严重不足；基本解决执行难时间紧、任务重，需要社会各界大力支持；实行司法责任制后如何强化对审判权力的运行监督，做到放权不放任，需要进一步探索；有的案件质量效率不高，个别干警司法作风不端正，极个别甚至徇私枉法。对上述问题，我们将在各方面的关心支持下，努力加以改进。

2017年工作思路和主要任务

2017年全省法院工作的总体思路是：深入贯彻落实党的十八大及十八届三中、四中、五中、六中全会和中央、省委经济工作、政法工作会议精神，紧紧围绕“努力让人民群众在每一个司法案件中感受到公平正义”的目标，以司法为民公正司法为主线，以深化司法改革为动力，以从严治院和科技强院为保障，充分发挥审判职能作用，为协调推进“四个全面”战略布局、建设幸福美好新甘肃提供有力司法保障。重点做好五个方面工作：

一、始终坚持正确方向。深入学习贯彻党的十八届六中全会精神和习近平总书记治国理政新理念新思想新战略，引导广大干警坚定“四个自信”，牢固树立“四个意识”，特别是核心意识、看齐意识，在思想上政治上行动上同以习近平同志为核心的党中央保持高度一致。坚持中国特色社会主义司法制度不动摇，自觉把法院工作置于党的绝对领导之下，自觉接受人大法律监督、政协民主监督、检察机关诉讼监督、新闻媒体舆论监督和社会各界民意监督，确保宪法法律赋予的职责依法履行，确保人民赋予的权力服务人民。进一步加强公正司法，努力把每一起案件办成具有指导意义的精品案、法律效果和社会效果统一的放心案、经得起历史检验的铁案，用公正司法培育弘扬社会主义核心价值观。

二、依法保障发展大局。惩治犯罪保障人权，化解纠纷促进依法行政，全力推进平安甘肃、法治甘肃建设。适应经济发展新常态，以推进供给侧结构性改革为主线，公正高效审理相关案件，推进“三去一降一补”、助力实体经济振兴、促进房地产市场平稳健康发展，全力做好稳增长、促改革、调结构、惠民生、防风险各项工作。主动服务丝绸之路经济带甘肃黄金段建设，促进开放交流。坚持平等、全面、依法原则，加大产权司法保护力度，切实保护各种所有制组织和自然人财产权；开展依法甄别和纠正涉产权错案冤案工作，增强人民群众财富安全感。

三、不断深化司法为民。加快“智慧法院”建设，推进信息技术在司法审判、司法公开、立案信访、诉讼服务等方面的广泛应用，让人民群众见证司法、参与司法、信赖司法，真切感受到司法的便捷和高效。继续破解群众反映的“诉讼难”“执行难”等问题，让有理无钱的人打得起官司，让有理有据的人打得赢官司，让打赢官司的当事人最大限度地实现权益。在此，我郑重承诺，全省法院将进一步强化执行措施，加强信用惩戒，让失信被执行人寸步难行、无处逃遁，在既定时间内，实现基本解决执行难的目标，破除实现公平正义的最后一道藩篱。

四、深入推进司法改革。严格落实司法责任制，建立和完善新型审判运行机制，确立法官主体地位，实现“让审理者裁判，由裁判者负责”。加强审判辅助人员配备，按照法官、法官助理、书记员 1∶1∶1 的模式，组建新型审判团队。完善防止内部人员干扰办案制度，建立法官与律师公开、透明的沟通机制，实现良性互动。继续深化双语法律人才培养培训、行政案件集中管辖等标志性、引领性改革措施，推动形成甘肃司法改革亮点。加快涉林案件和其他环境资源类案件集中管辖改革步伐，把林区、矿区法院改革工作推向深入。积极推进以审判为中心的诉讼制度改革，推动建立符合刑事司法规律的庭前会议、直接言词证据等机制，实现事实证据调查在法庭、定罪量刑辩论在法庭、裁判结果形成在法庭，确保庭审实质化，坚守防范冤假错案的底线。

五、从严加强队伍建设。严格落实主体责任，坚持支部建在庭上，实现党组织工作全覆盖，不断增强全省法院各级党组织的创造力、凝聚力、战斗力。加强队伍思想政治建设，引导广大干警坚定理想信念、保持对党忠诚、树立清风正气、勇于担当作为。以提高司法能力为主线，加强对法官、法官助理、书记员及其他司法辅助人员的分类培训，推进队伍正规化、专业化、职业化建设。严格落实“3783”主体责任体系、“866”衡量检验标尺和“111”督查落实细则，坚持从严管理，以零容忍的态度坚决惩治司法腐败，促进法官清正、队伍清廉、司法清明。

各位代表，党的十八届六中全会开启了全面从严治党的新征程，党和人民群众对法院工作提出了新的更高要求，全省法院将认真贯彻执行本次大会决议，坚持改革创新、奋发进取，坚持司法为民、公正司法，忠实履行宪法法律赋予的职责，以优异的成绩迎接党的十九大和省第十三次党代会胜利召开！

附件

《甘肃省高级人民法院工作报告》有关用语说明及相关案例辅阅资料

（仅供参考）

1. 侯国亮等6人故意杀人、抢劫、盗窃、掩饰、隐瞒犯罪所得案：被告人侯国亮等人于2011年7月至2012年3月，在兰州市大肆盗窃公路下水井盖和井座，价值人民币24.8万元；2012年2月6日、4月22日凌晨，抢劫、故意杀人两起，致二人死亡。兰州市中级人民法院对侯国亮判处死刑，对其他被告人处以无期徒刑和有期徒刑不等的刑罚。省法院二审审理认为，被告人侯国亮犯罪情节恶劣，主观恶性极深，社会危害严重，属罪行极其严重的犯罪分子，同意一审对其判处死刑，立即执行，剥夺政治权利终身。经报请最高人民法院核准，已对侯国亮依法执行死刑。

2. 马克英等29人组织、领导、参加黑社会性质组织犯罪案：马克英、马克祥兄弟二人自2006年以来，在临夏纠集刑满释放及社会闲散人员，大肆实施故意伤害、聚众斗殴、寻衅滋事、敲诈勒索等犯罪活动，并通过插手客运、娱乐行业，攫取不法经济利益，破坏正常的经济社会秩序，形成了以马氏兄弟为组织、领导者的黑社会性质组织。临夏州中级人民法院对马克英数罪并罚，判处死刑缓期二年执行，剥夺政治权利终身，并处没收个人全部财产，对其他被告人分别处以相应刑罚。

3. 石青等贩卖、运输毒品案，卡学龙等运输毒品案：2013年元月，被告人石青安排马永孝与尹东福前往昆明接运毒品，安排沙文玉将100万元现金送至云南交给接款人。同月29日，石青指使马永孝从云南省安宁市接收装有毒品的手提箱后交给尹东福运往甘肃。途中公安机关查获海洛因30公斤。临夏州中级人民法院以贩卖、运输毒品罪判处石青死刑，剥夺政治权利终身，并处没收个人全部财产。石青不服提出上诉，省法院二审裁定驳回上诉，维持原判。经报请最高人民法院已核准死刑。

被告人卡学龙于2013年12月初，受他人雇佣与马洒二东前往云南运输毒品。同年12月26日，二被告人在驾车返程途中，被公安机关查获海洛因26公斤。临夏州中级人民法院以运输毒品罪判处卡学龙死刑，剥夺政治权利终身，并处没收个人全部财产。卡学龙不服提出上诉，省法院二审裁定驳回上诉，维持原判。经报请最高人民法院已核准死刑。

4. 吴继德受贿、挪用公款、非法吸收公众存款、滥用职权案：被告人吴继德利用担任榆中县县委书记、兰州市政府常务副市长、甘肃省委统战部副部长、省工商业联合会党组书记、常务副主席的职务便利，收受贿赂折合人民币共计1192.74万元，美元3.06万元；将民营银行筹备费用及省工商联商铺出售款共计815万余元挪用至其实际控制的甘肃聚镕管理咨询有限责任公司，用于对外放贷等营利活动；累计非法吸收公众存款6696.84万元，获利269.26万元；徇私舞弊，滥用职权，为其亲友输送利益，造成国家巨额财产损失和恶劣的社会影响。吴继德对大部分受贿事实供认，案发后追回大部分赃款及非法所得。张掖市中级人民法院以受贿罪、挪用公款罪、滥用职权罪、非法吸收公众存款罪，数罪并罚判处吴继德有期徒刑十六年，并处没收个人财产50万元，罚金15万元。

5. 杨映祥受贿、巨额财产来源不明案：被告人杨映祥在担任省交通运输厅副厅长期间，收受贿赂人民币1100万元，对明显超出其家庭合法收入折合人民币863.9万元财产不能说明来源。杨映祥具有坦白情节，积极退缴全部赃款。武威市中级人民法院以受贿罪、巨额财产来源不明罪，数罪并罚判处杨映祥有期徒刑十三年，并处没收财产50万元。

6. 刘合新等诈骗案： 被告人刘合新在西安市注册设立多家公司，高息向公众吸收约1.5亿元的资金。2011年6月至9月，刘合新与被告人白波在赌博中相识，刘合新通过白波向被告人辛晓军分次高息借款5300余万元。辛晓军为挣取高额利息，以其投资刘合新影视城项目为由，向被害人李某某、钟某某、麻某某借款5000余万元，用于归还赌债等欠款，造成被害人4000余万元损失无法挽回。庆阳市中级人民法院以诈骗罪判处刘合新无期徒刑、白波有期徒刑十一年、辛晓军有期徒刑十年，并处数额不等的罚金。省法院二审审理认为，虽三被告人的动机和目的各不相同，但用借款归还数额特别巨大的赌债，改变资金用途，对被害人造成无法挽回的巨额损失，故驳回上诉，维持原判。

7. 无罪推定、疑罪从无、证据裁判原则： 无罪推定，指任何人在未经证实和法庭判决有罪之前，应视其无罪。无罪推定强调的是对被告人所指控的罪行，必须有充分、确凿、有效的证据，如果未经人民法院依法判决，对任何人不得确定有罪。疑罪从无，又称“有利被告原则”，是指根据司法机关掌握的已有证据，既不能排除被告人的犯罪嫌疑，又不足以认定被告人就是犯罪行为人，从有利于被告人的角度出发，从法律上推定被告人无罪的司法原则。证据裁判，指通过证据来认定案件事实，即将证据作为事实裁判的根据，没有证据或证据不足，在任何情况下都不能认定被告人有罪。以上原则是现代法治国家刑事司法通行的普遍原则。

8. 钟德跃合同诈骗宣告无罪案： 2011年5月，被告人钟德跃以香港华原公司名义与酒泉富康公司签订《展示施工合同》，富康公司根据约定支付钟德跃部分预付工程款及设计费，钟德跃组织进行了施工。施工期间，富康公司对工程设计提出整改意见，但双方对整改的工程增项费用发生纠纷，钟德跃做了保全证据公证，并向酒泉市中级人民法院提起民事诉讼，要求富康公司支付工程进度款及各项损失。富康公司向酒泉市公安局肃州分局报案，酒泉市检察院以合同诈骗罪提起公诉，酒泉市中级人民法院判处钟德跃有期徒刑十五年，并处罚金 10 万元。省法院二审审理认为，钟德跃在履行与富康公司的合同过程中，与富康公司因施工合同变更而发生矛盾纠纷，钟德跃的行为在主观上不具有非法占有目的，客观上没有实施欺骗的行为，不符合合同诈骗罪的构成要件，依法宣告钟德跃无罪。

9.《省法院党组关于贯彻五大发展理念为全省经济社会发展提供有力司法保障的意见》：2016 年 6 月 12 日，省法院党组出台该《意见》。《意见》分为 5 个部分，即服务保障创新发展、服务保障协调发展、服务保障绿色发展、服务保障开放发展、服务保障共享发展，共 18 条。在《意见》起草过程中，省法院邀请发改、国资、财政、工信、民政、司法、人社、国土、环保等 18 个省直部门、单位的主要领导或分管领导、业务部门负责同志进行了座谈讨论，并分别召开部分人大代表、专家学者、民营企业家、全省部分中基层法院院长及资深法官参加的座谈会，广泛听取意见建议。《意见》被省委办公厅转发全省。最高人民法院周强院长作出批示："甘肃省委办公厅转发《省法院党组关于贯彻五大发展理念为全省经济社会发展提供有力司法保障的意见》，充分体现了省委高度重视和支持，请院办公厅总结和推广这一好做法。"

10. 吴健华等人诉兰州西部商品交易中心、兰州圣大商品交易有限公司期货纠纷系列案：本案是一起获得政府核准的交易平台从事违规期货交易，并与会员单位连带承担赔偿责任的案例。兰州圣大商品交易有限公司是兰州西部商品交易中心有限公司的会员单位。2015 年 6 月至 8 月，吴健华等人先后以网上开户方式，通过圣大公司提供的交易软件进入西部交易中心官网进行网上原油现货交易。因发生严重亏损，诉至法院。省法院审理认为，西部交易中心、圣大公司提供的项目名为现货交易，实为违规的期货交易，判决西部交易中心、圣大公司返还吴健华等人账户亏损资金。有关部门也因此督促西部商品交易中心对其违规经营问题进行整顿和规范。

11. “暴龙”“名仁”商标侵权：甘肃省金昌市金川区北京路市场惠之眼平价配镜直通车销售假冒厦门雅瑞有限公司注册商标“Bolon”的眼镜，兰州市中级人民法院审理后，判决被告惠之眼直通车立即停止侵权行为。焦作市名仁天然药物有限责任公司在经营中发现兰州市场销售和库存有大量由封丘县友趣饮品厂生产的“名仁苏打水”产品，侵犯了其享有的“名仁”注册商标权。兰州市中级人民法院审理认定侵权成立，判决友趣饮品厂立即停止侵害商标专用权的生产销售行为，赔偿原告经济损失 30 万元。

12. 中国生物多样性保护和绿色发展基金会诉宁夏隆德县政府等八被告水污染责任纠纷案：该案是我省首例环境民事公益诉讼案件。静宁县东峡水库位于渝河下游，是静宁县城居民生活用水水源地。由于受隆德县境内渝河两岸企业和县城生活污水污染，2014 年 3 月以来，东峡水库水质已经达不到饮用水源地水质标准。2015 年 5 月 22 日，中国生物多样性保护和绿色发展基金会以隆德县政府等八个单位和企业为被告，向平凉市中级人民法院提起环境民事公益诉讼。在案件审理过程中，甘肃、宁夏两省区相关部门积极协调沟通，计划共同投资 2.7 亿元治理污染问题，目前已投入资金 9000 余万元，经治理水质已经达标。双方当事人已向法院申请庭外和解。

13. 司秀英等 83 人诉渭源县人民政府房屋征收补偿决定系列案：在渭源县一中南侧棚户区改造暨西美国际城建设项目实施中，原告司秀英等不服渭源县人民政府作出的房屋征收补偿决定和定西市人民政府行政复议决定，提起行政诉讼。一审法院审理认为，渭源县人民政府作出的房屋征收补偿决定严格遵守相关法律程序，符合法律法规规定；定西市人民政府作出的行政复议决定程序适当，判决驳回原告诉讼请求；二审判决驳回上诉，维持原判。

14. 欧天祥等 3320 名村民诉靖远县人民政府、白银市人民政府土地行政登记系列案：该案是甘肃省行政诉讼工作开展以来涉及人数最多的群体性土地权属纠纷案件。2011 年 9 月 26 日，靖远县人民政府向第三人白银监狱颁发了10个《国有土地使用证》。靖远县北湾镇中堡村欧天祥等3320名村民认为靖远县政府土地登记颁证行为侵犯了其集体土地所有权提起诉讼，形成了10个行政诉讼系列案件。法院审理认为，该争议土地属国家所有，中堡村不再享有该争议土地的集体所有权。原告欧天祥等3320名中堡村村民不具备提起行政诉讼的原告主体资格，裁定驳回起诉。

15. 行政机关负责人出庭应诉：行政诉讼法第三条第三款规定：“被诉行政机关负责人应当出庭应诉。不能出庭的，应当委托行政机关相应的工作人员出庭。”2015年10月13日中央全面深化改革领导小组讨论通过了《关于加强和改进行政应诉工作的意见》，明确要求行政机关要依法履行出庭应诉职责，配合人民法院做好开庭审理工作。2016年6月27日，国务院办公厅国办发〔2016〕54号文件正式发布了该《意见》。2016年7月28日，最高人民法院下发《关于行政诉讼应诉若干问题的通知》，明确指出：出庭应诉的行政机关负责人，既包括正职负责人，也包括副职负责人以及其他参与分管的负责人；行政机关负责人不能出庭的，应当委托行政机关相应的工作人员出庭，不得仅委托律师出庭；涉及重大公共利益、社会高度关注或者可能引发群体性事件等案件以及人民法院书面建议行政机关负责人出庭的案件，被诉行政机关负责人应当出庭。行政机关负责人和行政机关相应的工作人员均不出庭，仅委托律师出庭的，或者人民法院书面建议行政机关负责人出庭应诉，行政机关负责人不出庭应诉的，人民法院应当记录在案并在裁判文书中载明，可以依照行政诉讼法第六十六条第二款的规定予以公告，建议任免机关、监察机关或者上一级行政机关对相关责任人员严肃处理。

16.《行政审判白皮书》：即行政案件司法审查报告，是人民法院以上一年度审结的行政案件为依据，对在审判工作中发现的行政执法等方面存在的突出问题进行归纳梳理，并就产生问题的原因进行分析，形成书面报告，从司法审查的视角为行政机关改进工作提供参考。全省法院行政审判白皮书年度发布制度已基本形成常态机制。

17. 《甘肃省加快推进失信被执行人信用监督、警示和惩戒机制建设的实施意见》：2016 年 12 月 14 日，省委、省政府办公厅出台该《实施意见》，要求加快推进对失信被执行人跨部门协同监管和联合惩戒机制建设，构建“一处失信，处处受限”的信用监督、警示和惩戒工作体制机制。《实施意见》规定了 11 类 37 项惩戒措施，包括从事特定行业或项目限制、政府支持或补贴限制、任职资格限制、准入资格限制、荣誉和授信限制、特殊市场交易限制、限制高消费及有关消费、出境限制、加强日常监管检查、加大刑事惩戒力度等。《实施意见》提出，到 2018 年，失信被执行人信息与各类信用信息互联共享，以联合惩戒为核心的失信被执行人信用监督、警示和惩戒机制高效运行。

18. 《关于监督支持人民法院在两年内基本解决执行难问题的通知》：2016 年 7 月 20 日，省人大常委会办公厅下发该《通知》，要求全省各级人大要自觉监督和支持人民法院履行职责，扫清执行工作的“拦路虎”，进一步提升执行工作能力和水平。《通知》要求，各级人大常委会要把监督和支持法院解决执行难问题摆在监督工作的突出位置，积极支持法院排除在执行工作中遇到的各种阻力和非法干扰，督促检察、公安机关及有关方面各负其责，紧密配合法院依法独立行使执行权，对恶意非法拒不执行的行为加大惩处力度，确保依法打击拒不执行犯罪落到实处。

19. 省政协对解决执行难问题开展专题调研：省政协通过调研，形成《关于加强我省法院执行工作的调研报告》，报省委、省政府办公厅。调研报告对加强和改进法院执行工作提出 6 项建议：一是大力营造解决执行难的良好氛围；二是进一步完善落实执行工作联动机制；三是进一步制定完善执行法律法规；四是进一步提升各级法院执行工作水平；五是进一步加快社会诚信体系建设；六是进一步健全社会保障救助机制。

20. 谢克雄、张彦国申请国家赔偿案：谢克雄、张彦国均系甘肃省敦煌市七里镇农民。2008 年 10 月 21 日，阿克塞县法院以爆炸罪判处谢克雄有期徒刑十五年，张彦国有期徒刑八年，共同赔偿被害人 35 万多元。谢克雄在服刑期间申请再审，酒泉市中级人民法院再审判决谢克雄、张彦国无罪。后谢克雄、张彦国不服酒泉市中级人民院国家赔偿决定，向省法院赔偿委员会申请作出赔偿决定。省法院赔偿委员会决定由酒泉市中级人民法院各赔偿谢克雄、张彦国侵犯人身自由权赔偿金 58 万余元、精神损害抚慰金 20.5 万元；另赔偿张彦国财产损失 3900 元。

21. 法官员额制：是司法体制改革的一项重大举措，是人员分类管理改革的基础和前提。全省法院以中央政法专项编制为基数，按照以案定额的原则，结合各法院的层级、司法管辖区域、辖区人口及经济社会发展程度等因素，采取比例制与定额制相结合的方式核定法官员额 3312 名，总体比例控制在中央政法专项编制的 39% 以内，确保业务水平高、司法经验丰富、能独立办案的法官进入员额，并在一线办案。目前，全省法院经省法官检察官遴选委员会按照核定员额 90% 的比例，遴选首批入额法官 2923 名，占现有法律职务人员的 58.38%，占中央政法专项编制的 34.12%。实行法官员额制管理后，按照司法改革精神，将为入额法官配备法官助理、书记员等审判辅助人员，确保法院 85% 的人力资源配置到办案一线。

22. 以审判为中心的诉讼制度改革：党的十八届四中全会通过的《中共中央关于全面推进依法治国若干重大问题的决定》指出："推进以审判为中心的诉讼制度改革，确保侦查、审查起诉的案件事实证据经得起法律的检验。"为贯彻落实这一改革要求，2016 年 10 月 11 日，最高人民法院、最高人民检察院、公安部、国家安全部、司法部联合印发《关于推进以审判为中心的刑事诉讼制度改革的意见》。改革的实质是要改变在刑事诉讼中长期存在的以侦查为中心、以笔录卷宗为中心的刑事诉讼制度，转而实现以司法审判标准为中心，充分发挥审判尤其是庭审在查明事实、认定证据、保护诉权、公正裁判中的作用，最终实现司法公正。《意见》在确保公检法三机关进一步落实“分工负责、相互配合、相互制约”原则的同时，针对侦查环节，要求依法全面客观及时收集证据，完善讯问制度，保障当事人、辩护人的诉讼权利；针对检察职能，要求规范侦查取证行为，防止案件“带病”进入审判程序，完善对侦查活动和刑事审判活动的监督机制；针对审判工作，要求严格贯彻证据裁判原则，着力提高人权司法保障水平，推进庭审实质化，实现控辩有效对抗和当庭质证，充分发挥庭审的决定性作用；针对司法行政职能，要求进一步强化律师在刑事诉讼中的职能作用，强化法律援助和司法鉴定的职能作用。《意见》旨在改革完善刑事诉讼制度，以破解妨碍司法公正的突出问题，实现刑事司法公正。

23.《盖尼法官》：“盖尼法官”即藏语的“双语法官”。微电影是以迭部林区基层法院院长、藏汉双语法官杨华晖为原型拍摄的，生动地刻画了一位扎根藏区近30年，为藏区的稳定发展贡献了自己聪明才智和青春年华的双语法官的故事，反映了民族地区法官司法为民、公正司法的生动实践，再现了双语法官忠实履行法律职责，化解民族纠纷，维护社会和谐稳定，保障民族地区人民群众诉讼权利的情况。

青海省高级人民法院工作报告

——2017 年 1 月 18 日在青海省第十二届人民代表大会第六次会议上

青海省高级人民法院院长　董开军

各位代表：

现在，我代表省高级法院向大会报告工作，请予审议，并请省政协委员和列席会议的同志提出意见。

2016 年主要工作

2016 年，省高级法院在省委正确领导、省人大及其常委会依法监督、省政府省政协大力支持下，认真学习贯彻习近平总书记系列重要讲话精神，紧紧围绕努力让人民群众在每一个司法案件中感受到公平正义目标，忠实履行宪法法律赋予的职责，各项工作取得新进展。全省法院受理案件 79387 件，办结 70449 件，同比分别上升 11.06% 和 11.83%。其中，省高级法院受理案件 1768 件，同比上升 2.79%；办结 1374 件，同比下降 3.78%。

一、以维护社会稳定为己任，大力加强刑事审判

贯彻落实总体国家安全观，依法打击各类刑事犯罪。全省法院审结一审刑事案件4577件，比上年上升4.88%，判处罪犯5195人。

突出打击重点。审结杀人、伤害、绑架、强奸等案件926件1194人；抢劫、抢夺、盗窃等案件1236件2029人；涉毒涉枪犯罪案件412件511人；集资诈骗、非法吸收公众存款等犯罪案件27件52人。判处五年以上有期徒刑、无期徒刑和死刑378人，占罪犯总人数的7.27%。

依法惩处贪污贿赂犯罪。审结贪污贿赂案件79件119人，其中原为厅级以上干部的4人，县处级干部7人。根据最高人民法院指定，西宁中院依法审结新疆维吾尔自治区人大常委会原副主任栗智受贿案。依法审判贪污征地补偿款、农资补贴等发生在群众身边的腐败案件。

加强司法人权保障。严格落实罪刑法定、疑罪从无等法律原则，落实非法证据排除规则。对18名被告人依法宣告无罪，确保无罪的人不受刑事追究。贯彻宽严相济刑事政策，判处缓刑1617人，免予刑罚65人。控制慎用死刑，确保死刑只适用于极少数罪行极其严重的犯罪分子。完善未成年人审判机制，切实保护未成年人合法权益。

严格刑罚执行。对4898名罪犯减刑、假释，与上年相比下降11.87%。在全省7所监狱建成高清数字法庭，所有减刑、假释案件一律应用数字法庭公开开庭审理。采取减刑假释案件网上公示等措施，坚决杜绝“有权人”“有钱人”被判刑后减刑快等问题。

参与综合治理。与有关单位合力开展打黑除恶、禁毒禁赌、扫黄打非、打击非法集资、电信诈骗等专项斗争。正确适用非监禁刑，加强短刑犯、拘役犯教育矫治工作，开展回访帮教，坚持以案说法，促进社区矫正。

二、以服务保障经济社会发展为己任，大力加强民商事审判

树立新发展理念，坚持民商事审判“六个原则”。全省法院审结一

审民商事案件40674件，比上年上升12.28%，标的额209.32亿元。

保护民事权益。审结民间借贷案件3289件，依法规范民间借贷行为。审结人身损害、医疗、交通事故损害纠纷等案件2513件，保护群众生命健康权和财产权。审结劳动争议案件1225件，维护劳动者合法权益。审结涉农牧案件77件，维护农牧民合法权益。审结婚姻、继承等案件13237件，维护家庭和睦。与西宁军事法院联合部署涉军维权工作，切实保障国防利益和军人军属合法权益。

规范市场秩序。审结商事纠纷案件11701件，倡导诚实信用。审结建设工程施工纠纷案件1249件，维护建筑市场秩序。审结房地产开发纠纷案件1034件，保障购房户合法权益。审结金融纠纷案件156件，推动资本市场有序发展。审结企业破产、兼并、股权转让等案件141件，稳妥处置“僵尸”企业，保障供给侧结构性改革顺利进行。

服务绿色发展。审结环境资源案件803件，依法制裁污染环境、破坏生态行为。实行环境资源案件跨行政区划集中管辖，探索环境资源司法保护新机制。省高级法院设立环境资源审判庭，推动环境资源审判工作专门化。最高法院环境资源司法实践基地在玉树中院正式挂牌，探索建立三江源国家公园体制改革试点司法保护机制。

促进创新发展。审结知识产权案件54件，强化知识产权司法保护。贯彻司法主导、严格保护、分类施策、比例协调的知识产权司法保护基本政策。省高级法院健全知识产权审判机制，推行知识产权案件“三审合一”，为大众创业、万众创新提供司法支持。

三、以促进社会管理法治化为己任，大力加强行政审判

认真贯彻落实行政诉讼法，保护行政相对人合法权益，监督行政机关依法行政。全省法院审结一审行政案件514件，比上年上升2.39%。

化解行政争议。审结资源类行政案件86件，城建类案件79件，公安类案件28件，上述案件占全省行政案件的37.55%。判决行政机关

败诉案件 122 件，败诉率为 23.74%，与上年相比上升 8.8%。审查非诉行政执行案件 194 件，与上年相比下降 10.19%。审结国家赔偿案件 17 件，决定赔偿 588.01 万元。

完善审判机制。实行跨行政区域管辖行政案件，解决诉讼“主客场”问题。推动落实行政机关负责人出庭应诉制度，行政机关负责人出庭应诉率为 38.54%，与上年相比上升 17.2%。

拓展审判职能。连续 8 年发布行政案件司法审查报告，公布典型案例，督促行政机关总结分析败诉原因，提出改进措施，促进法治政府建设。针对行政执法中存在的问题，提出司法建议 22 条，提示相关部门规范行政行为。

四、以实现当事人胜诉权益为己任，大力破解执行难

向执行难全面宣战，下大力气加强执行工作。全省法院执结案件 14617 件，同比上升 24.58%，标的金额 82.1 亿元。

突出执行工作的强制性。依法制裁规避执行行为，对 9397 件案件采取查封、扣押、冻结、划拨等措施，对 453 人予以拘留、罚款。部署执行案款清理工作，清理执行案款 2.02 亿元。加大信用惩戒力度，将 3651 人纳入失信被执行人名单。联合有关部门对失信被执行人在出国出境、高消费、投资置业等方面予以限制，让失信人一处失信、处处受限。如，西宁法院通过媒体、网络曝光失信自然人 1609 人、失信企业 477 个，其中，有 260 人和 59 个企业主动履行义务。

发挥信息技术支撑作用。完善网络查控体系，建立与最高法院“总对总”、与省内发改、公安、房地产管理等部门之间的“点对点”网络查控系统，共查寻银行开户信息 8.39 万条，网上冻结存款 1.29 亿元，在破解“被执行人难找、财产难寻”问题上取得突破。加强执行指挥中心建设，将执行指挥中心建成执行管理中枢，信息交换、指挥调度和决策分析中心，实现最高法院、省高级法院、中级法院执行指挥中心之间的网络对接。

加强执行规范化管理。新收执行案件流程信息在全省三级法院线上运行，对执行案件实行节点控制，实时掌握案件进展情况。加强立案、审判、执行协调联动，促进案件即时履行和自动履行，从源头上减轻执行压力。如，海南法院依托执行案件流程信息平台，全面公开执行案件内容，增强执行工作透明度。

开展审执分离改革试点。研究制定了审判权与执行权相分离改革实施方案，深化审判权、审查权、决定命令权、实施权分离改革，实行执行警务化保障，落实执行工作统一管理体制，形成分段负责、分权制衡、互相监督的执行办案新模式，有效解决消极执行、选择执行等执行失范问题。

五、以践行司法为民宗旨为己任，让法院工作更加贴近人民群众

坚持司法为民便民利民，为当事人打官司提供良好的诉讼服务。

强化立案登记和诉讼服务功能。健全立案登记制，施行案号新标准，统一年度立案期间，杜绝有案不立、拖延立案、年底不收案等现象，当场登记立案率为95.57%。加快诉讼服务大厅、诉讼服务网、12368诉讼服务热线“三位一体”的诉讼服务中心建设，推行网上立案、送达、发送案件进展信息。落实相关规定，保障律师参加诉讼的各项权利。进一步加强基层法庭工作，大多数案情简单的民商事案件在群众家门口得到解决。如，海东法院设立诉讼服务平台，为群众提供“一站式”服务；海西法院通过网上立案减轻当事人的诉累；黄南法院设立巡回审判点，打通服务群众“最后一公里”。

完善多元化纠纷解决机制。通过调解和撤诉方式审结的一审民事案件占68.13%。强化诉调对接，对人民调解组织进行业务指导，依法确认1121件调解协议的效力。与相关部门开展小额贷款、融资性担保纠纷多元化解机制试点，拓宽金融纠纷解决渠道。

加强涉诉信访工作。完善信访和申诉再审审查机制，推行网上视频接访，鼓励律师代理和参与化解涉诉信访案件。加强司法救助，发

放司法救助金210万元。在法院设立法律援助工作站，为特困人群和申诉案件当事人提供法律援助。依法制裁滥诉、虚假诉讼、缠诉闹访等违法行为，维护正常信访秩序。全省法院审查办理进京涉诉信访案件29件，同比下降23.68%，妥善处理涉诉信访376件，同比下降12.76%。

六、以增强司法公信力为己任，不断推进司法体制机制改革

坚持问题导向，深入推进司法体制机制改革，着力破解制约公正司法的难题。

落实司法责任制。出台15项措施，完善司法责任制体系，让审理者裁判、由裁判者负责。法官、合议庭在职责范围内对案件质量终身负责，院庭长原则上不再审签未参加审理案件裁判文书。院庭长办案29460件，占结案总数的41.82%。案件审判质效明显提升，一审息诉服判率达到90.37%，与上年同比上升0.84个百分点。加强审判监督，审查申诉和申请再审案件686件，提起再审135件，改判和发回重审60件，申请再审案件与上年同比下降6.9%。

完成人员分类管理。全省法院分两批确定员额法官877名、法官助理388名、书记员326名。配置到审判一线人员比例达82%。制定法院人员新型绩效考核办法，细化各类人员岗位职责和工作流程。配合有关部门在全国率先出台法院领导班子和领导干部管理办法，并推动初步实现法院人财物省级统管，积极推进设立跨行政区划法院改革。

积极稳妥推进审判机制改革。选择3个基层法院开展家事审判方式和工作机制改革试点，构建和谐家庭关系。健全庭前会议和落实认罪认罚从宽制度，有效防范冤假错案。推进案件繁简分流改革，确保简案快审、繁案精审。推行小额速裁模式，快审快结简易民事商事案件566件。全面推开轻微刑事案件快速办理机制，一审结案675件，平均审理期限8.2天，不服一审上诉的仅占0.29%。

创新审判管理。发挥审判管理规范、保障、促进、服务审判执行

工作作用。出台制度措施20余项，既保障法官依法独立行使审判权，又强化对司法权运行过程的全面监督。坚持每季度分析审判执行工作运行态势，及时研判审判执行工作形势。通过重点评查、专项评查等方式对案件质量进行专业评价，以评查促进审判质效。组织法官评查庭审1770余场，组织审判业务专家、法院智库专家、知名律师评查裁判文书1700余份。

七、以实现审判体系和审判能力现代化为己任，推动法院工作与信息化深度融合

坚持建设与应用并重，加快人民法院信息化建设，推进审判体系和审判能力现代化。

建成网络法院。大力实施“天平工程”，三级法院专网全连通、全覆盖，基本实现网上办案、办公。承接最高法院“电子档案专网调阅”“司法统计并轨”建设和应用试点任务。全省法院现有电子档案全部可以在内网实时调取查阅；实现案件数据集中管理、司法统计报表自动生成，数据准确率在97%以上。如，海北法院审判执行活动在网上操作并记录，基本做到了动态监控实时化、信息查询便捷化。

建设智慧法院。初步建成汇聚青海法院审判执行案件、司法人事管理、司法行政业务数据的司法审判资源库，为司法决策提供大数据智能服务。推出网上立案、审案、送达、接访等措施，配备移动办案办公终端，推广应用“法律资源服务”“文书智能编写”“文书智能纠错”等软件，为法官办案体力减负、脑力减负。承接并完成最高法院“中国法律应用数字网络服务平台”应用试点，在辅助法官办案上效果明显。如，海东法院上线运行“审务通”系统，实现随时随地查阅卷宗、联系案件当事人、处理文件等功能。

打造阳光法院。坚持公开为原则、不公开为例外，以青海法院审判信息网为载体，倒逼法官增强责任意识、提高办案水平。继续推进审判流程信息、裁判文书、执行信息公开。承接最高法院“全国法院

审判流程信息公开监管平台”建设和应用试点，致力解决公开不彻底、不及时问题。通过互联网、电子触摸屏等，向当事人及其代理人、辩护人推送案件流程信息7万余条、案件办理信息289万项，累计在互联网公布裁判文书8万余份。推行互联网庭审直播，截至去年底直播庭审案件456件。青海法院网点击浏览量排位在全国31个高级法院第7名，发稿量列第5位。省高级法院入驻“人民日报”、“今日头条”、凤凰网“一点资讯”移动新闻客户端，被评为“全国法院网络宣传先进单位”，荣获“省直机关政务新媒体综合影响力奖”。

八、以培养忠诚干净担当的法院队伍为己任，狠抓思想政治建设和业务建设

始终把加强队伍建设摆在突出位置，不断提高法院队伍素质。

开展“两学一做”学习教育。省高级法院党组中心组全年召开学习研讨会15次，院领导领读辅导，安排专题发言。认真查找遵行党章不严、党性修养不强、党员形象不佳等问题。如，果洛法院坚持“两学一做”学习教育常态化，结合藏区特点引导干警做合格党员、优秀法官。

加强党建和反腐倡廉工作。省高级法院召开党员代表大会，选举产生新一届机关党委和机关纪委，19个党支部均增设纪检委员。认真执行“三会一课”制度，领导干部带头讲党课。落实廉政谈话和工作约谈制度，严格落实“两个责任”，着力推动全面从严治党向基层延伸。认真开展“执法司法规范化建设年”活动，规范司法权运行。贯彻廉洁自律准则和纪律处分条例，以零容忍态度惩治司法腐败，共查处违纪违法干警11人。

加大教育培训力度。举办各类培训班13期、参加省外培训66期，3613人（次）接受培训。选派17名干警赴外地法院跟案学习。大力加强汉藏双语审判人才培训培养工作，与省民宗委联合印发《关于加强青海法院汉藏双语审判人才培养工作的实施意见》。在法官入额和考核

方面向双语人才倾斜，激励双语法官成长。省高级法院连续8年举办汉藏双语法官培训班，484人（次）受训；受最高法院委托为外省法院培训汉藏双语法官52人（次），汉藏双语培训在全国法院影响力进一步扩大。注重培养业务带头人，首次评选12名资深法官为全省法院审判业务专家。省高级法院选任2名优秀年轻法官进入审委会履职。全省法院涌现出一批先进典型，33个法院和35名法官受到省部级以上表彰。

九、以确保公正司法为己任，自觉接受各方监督

强化自觉接受监督意识，有力推进法院工作健康发展。

依法接受人大监督。认真落实省十二届人大五次会议上代表提出的意见建议，制定分工方案，加强督查督办。制定《省高级法院关于加强人大代表和政协委员联络工作的18条措施》，健全与人大代表结对联络机制，积极推动代表网络沟通信息平台建设。以座谈、走访、邀请视察、旁听庭审等形式听取代表意见2039人（次），办复代表建议、关注案件15件。

认真接受政协民主监督。完善接受民主监督机制，落实联络措施，及时向政协通报法院工作，办理政协提案14件。加强与民主党派、工商联、无党派人士和各人民团体的日常联络，认真听取意见。

依法接受检察机关法律监督。支持、配合检察机关履行法律监督职责，依法审理抗诉案件，审结抗诉案件33件，支持检察机关履行职责。认真对待检察建议，及时纠正工作中存在的问题，共同维护司法公正。

广泛接受社会和舆论监督。健全人民陪审员参审机制，全省951名人民陪审员参审基层法院案件8009件，参审率达75.58%。做好传统新闻宣传工作的同时，重视应用官方网站和微博、微信、新闻客户端等新媒体，广泛接受各方各类监督。通过“给大法官留言”和青海法院网“院长信箱”栏目及时回复网民留言，回应社会关切，畅通民意沟通渠道。

各位代表：过去的一年，全省法院工作取得新进展，这是省委坚强领导，省人大及其常委会依法监督，省政府省政协大力支持，人大代表、政协委员和各界人士关心、帮助的结果。在此，我代表省高级法院表示衷心感谢！

同时，也应看到：全省法院工作中还存在不少困难和问题。一是仍有一些案件裁判不公、效率不高，个别干警司法作风不正，甚至徇私枉法；二是受理案件特别是民商事案件数量持续增长，办案压力和难度增大，有的干警能力、素质明显不适应，一些法院案多人少矛盾突出，民族地区双语法官短缺问题有待进一步解决；三是司法环境需要改善，有的当事人肆意利用网络对个案审判施压，甚至诽谤、威胁法官等。对这些问题，我们将认真对待，积极采取措施推动解决。

2017 年工作安排

今年是实施“十三五”规划的重要一年，人民法院维护社会大局稳定、促进社会公平正义、保障人民安居乐业的任务更加繁重。我们将认真贯彻党的十八届六中全会精神，进一步增强“四个意识”特别是核心意识、看齐意识，坚决维护以习近平同志为核心的党中央权威，确保中央、省委的重大决策部署在全省法院得到不折不扣贯彻执行，以优异成绩迎接党的十九大和省第十三次党代会胜利召开。

第一，充分发挥各项职能作用。依法惩处煽动颠覆国家政权、分裂国家等危害国家安全犯罪和暴力恐怖等犯罪，惩处杀人、抢劫、绑架、爆炸等严重暴力犯罪和涉黑、毒品等严重危害社会治安的犯罪，依法惩治群众反映强烈的电信网络诈骗等犯罪，进一步增强人民群众安全感。依法审理各类民商事案件，加强产权保护，依法平等保护各方当事人合法权益，努力营造法治化营商环境。按照“尽可能多兼并重组，少破产清算”的思路，依法审理企业破产重整案件，妥善处理淘汰落后产能、压缩过剩产能过程中产生的矛盾纠纷。实质性化解行政争议，支持行政机关依法履行经济调控、市场监管、公共服务、社会管理职能。坚持法治与德治相结合，注重运用司法手段弘扬社会主义核心价值观。

第二，努力攻克执行难问题。进一步加强与各有关部门的协调配合，加大联合惩戒力度。深入推进网络查控系统建设，积极推动与有关部门的系统对接，加强执行信息大数据分析、研判和运用。稳妥推进审执分离改革试点工作，完善立审执衔接机制，从源头上减少执行案件。建立健全执行办案机制，加强对规避执行的处理和惩戒，加大对逃避执行的制裁力度，坚决打赢基本解决执行难这场硬仗。

第三，坚定不移推进司法体制改革。全面推进司法责任制改革，健全法官、合议庭办案机制，完善院庭长权力清单，落实谁办案、谁负责。建立法官员额动态管理和退出机制，实现能上能下良性循环。扎实推进以审判为中心的诉讼制度改革，切实把好案件事实关、证据关、程序关。完善证人、鉴定人出庭制度，解决证人、鉴定人出庭率低的问题。推进繁简分流和多元化纠纷解决机制改革，有效解决案多人少矛盾。推进人民法院内设机构改革，建立符合审判权运行规律的内设机构体系，保障人民法院充分发挥审判职能作用。

第四，奋力打造法院信息化3.0版。继续加大力度推进信息化建设升级换代，加快建设以大数据为核心的人民法院信息化3.0版，力争年底建成全面覆盖、移动互联、透明便民、安全可控的智能化信息系统。加快司法人工智能建设，在庭审语音识别、数字法庭有效监控、裁判文书自动生成、办案风险分析、电子卷宗深度应用等方面取得更大进展。

第五，全面落实从严治党从严治院。加强法院党的建设，把全面从严治党要求与司法规律和特点结合起来，与推进司法公开、实现司法公正结合起来，进一步落实管党治党责任。加强和规范党内政治生活，营造风清气正的良好政治生态。各级法院党组认真履行全面从严治党的主体责任和监督责任，确保党章党规党纪在法院有效执行。准确把握监督执纪“四种形态”，把纪律和规矩挺在前面。坚持从严教育、从严管理、从严监督，对违法违纪问题从严查处。

各位代表：我们要在省委领导和最高法院指导下，在省人大及其常委会监督下，不忘初心、砥砺前行，攻坚克难、履职尽责，为建设富裕文明和谐美丽新青海而努力奋斗！

附件一

部分用语说明

1. 监狱数字法庭：根据法律对减刑假释案件公开审理并同步录音录像的要求，省高级法院积极协调，在全省各监狱建立了高清数字法庭，实现庭审同步录音录像，并通过网络与法院连接，法官可远程使用庭审系统对减刑假释案件开庭审理，在监狱内部进行庭审，避免了押解犯罪嫌疑人到监区外审理存在的风险，节约司法成本，提升审判效率。

2. 民商事审判“六个原则”：依法保护产权、尊重契约自由、坚持平等保护、坚持权利义务责任相统一、倡导诚实守信、坚持程序公正与实体公正相统一。

3. “僵尸”企业：是指已停产、半停产、连年亏损、资不抵债，主要靠政府补贴和银行续贷维持经营的企业。国家发展改革委和工信部联合制定处置“僵尸企业”的实施方案，总的思路是：按照企业主体、政府推动、市场引导、依法处置的原则，更加注重运用市场机制、经济手段、法治办法，通过兼并重组、债务重组乃至破产清算，积极稳妥推动“僵尸企业”退出。

4. 三审合一：根据最高人民法院的统一部署和要求，涉及环境资源和知识产权的刑事、民商事、行政诉讼案件归口环境资源专门审判机构和知识产权专门审判机构集中管辖和审理，统一司法尺度，加强对环境资源和知识产权的司法保护力度。

5. 司法责任制：是指根据最高人民法院《关于完善人民法院司法责任制的若干意见》要求，以严格的审判责任制为核心，以科学的审判权力运行机制为前提，以明晰的审判组织权限和审判人员职责为基础，以有效的审判管理和监督制度为保障，让审理者裁判、由裁判者负责，确保人民法院依法独立公正行使审判权。

6. 家事审判方式和工作机制改革试点：是指从审判组织、财产申报、调解工作、制止家暴、诉讼程序等多个方面，探索家事纠纷审判组织、审判程序、审判规则的专业化，转变家事审判理念，全面保护当事人利益，维护婚姻家庭关系的稳定。最高法院决定于2016年6月1日在包括我省西宁市城东区法院、互助县法院、共和县法院三家基层法院在内的全国100个左右法院开展为期两年的家事审判方式和工作机制改革试点工作。

7. 智慧法院：指以确保司法公正高效、提升司法公信力为目标，充分运用互联网、云计算、大数据等技术，促进审判体系与审判能力现代化，实现人民法院高度智能化的运行与管理。智慧法院面向法官、当事人及社会各界提供全方位智能服务，实现审判执行工作全网络办理和全流程公开，充分挖掘利用古今中外海量司法案例资源，探寻新形势下司法规律，提高司法预测预判、应急响应等能力，为各类同判和量刑规范化提供支持，为创新社会治理提供决策参考。

8. 中国法律应用数字网络服务平台：是中国第一家法律知识服务和案例大数据服务深度融合的法律平台，通过独有的法律知识导航体系（法信大纲）和领先的裁判剖析与同案智推大数据引擎，对海量法律条文、案例要旨、法律观点、裁判等法律知识资源进行深度加工、分类聚合、串联推送，进而为法官提供高效、精准的一站式法律解决方案和案例大数据智推服务。

9. 庭审直播：继裁判文书公开、案件审判流程公开、执行信息公开后，人民法院推行的第四大司法公开，将法院案件庭审过程在互联网进行直播，满足社会公众及时查看法院庭审需求，努力让正义以看得见的方式得以实现，保障人民群众对审判执行工作的知情权、参与权和监督权，现全省56家法院均已部署庭审直播系统，所有公开开庭审理案件均实现直播。

10. 执法司法规范化建设年活动：这是省委政法委在全省政法机关开展的为期2年的专项活动。旨在着力整治执法司法不规范、不严格、不公正、不文明、不廉洁和作风不端正等六个突出问题，达到规范司法行为、改进司法作风、推进严格公正文明司法，努力提升全省法院司法水平和司法公信力的目的。

11. 人民法院信息化3.0版：指人民法院信息化建设目标，实现全国法院固定和移动网络相结合，全面支持广大干警和社会公众随时随地接入“网络法院”；形成司法公开和诉讼服务全面覆盖全国法院和人民群众，开放、动态、透明、便民的“阳光法院”；形成最高人民法院和高级人民法院主要业务信息化覆盖率100%，国家司法审判信息资源库案件数据、电子档案、司法解释等覆盖率100%，具有信息共享、业务协同和按需服务能力的“智慧法院”。具有六大特征，即全面覆盖、移动互联、跨界融合、深度应用，透明便民、安全可控。

附件二

人民法院审判执行工作情况图

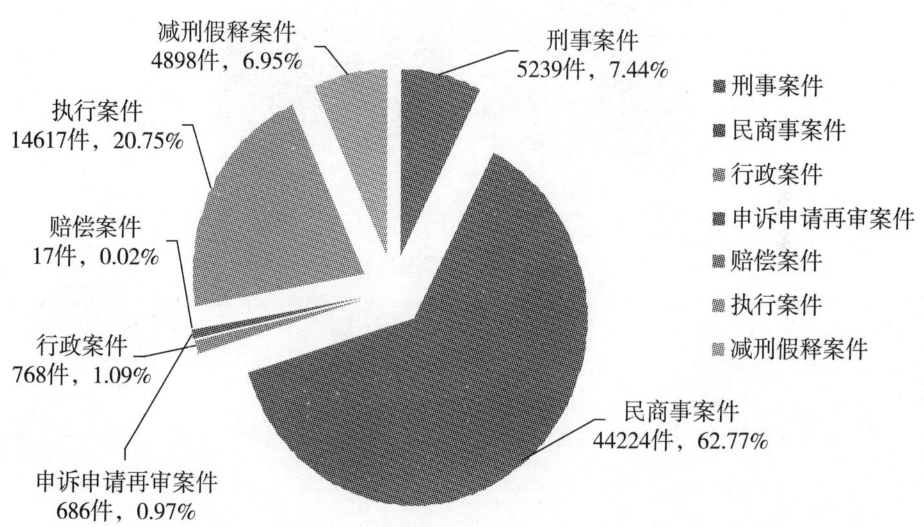

2016 年全省法院审执结各类案件构成图

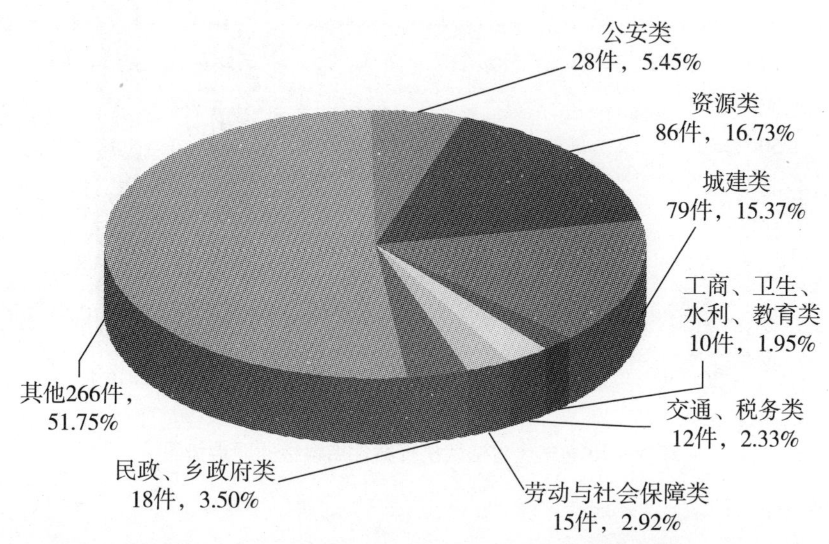

2016 年全省法院审结行政一审案件涉及领域分布图

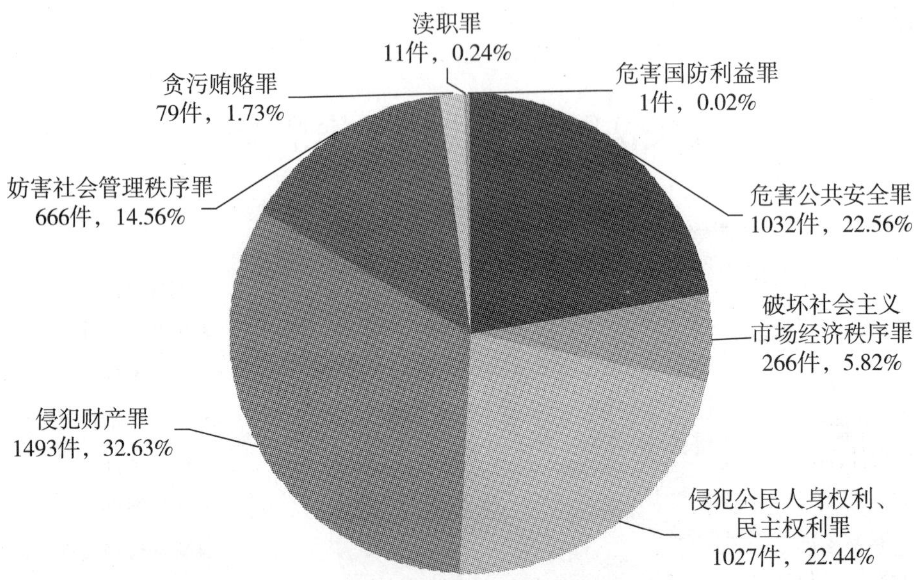

2016 年全省法院审结一审刑事案件构成图

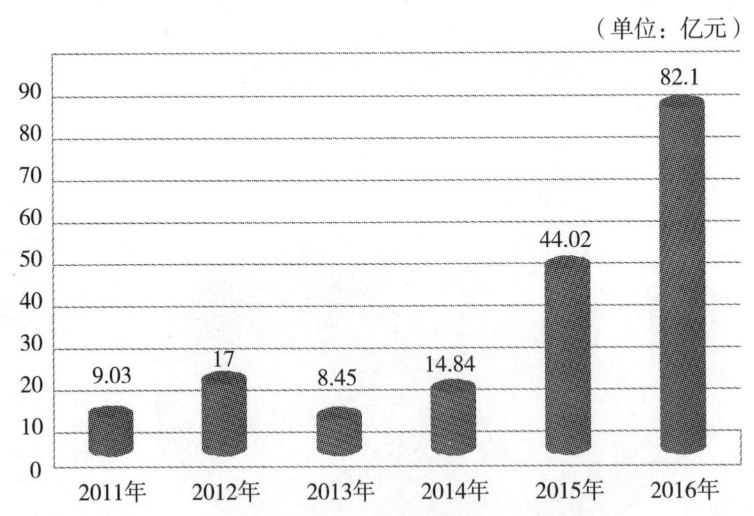

2011—2016 年全省法院执行案件结案标的额走势图

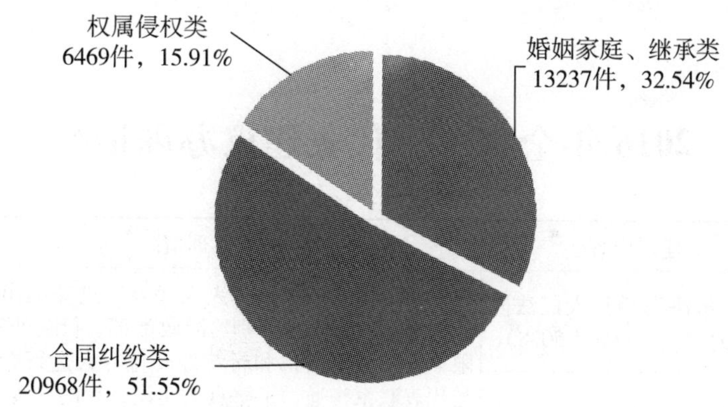

2016 年全省法院审结一审民商事案件构成图

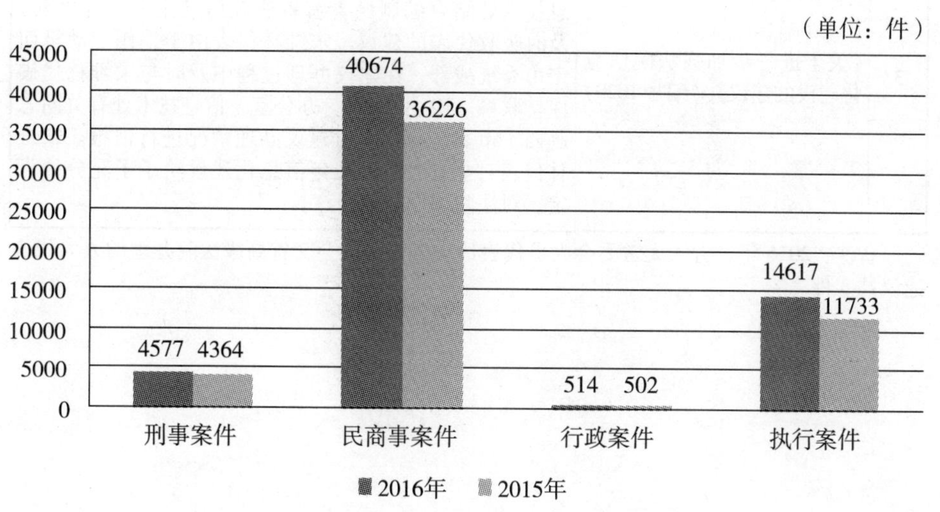

2016 年全省法院审结一审案件及执结案件对比图

附件三

2016 年全省人大代表建议办理情况

<table>
<tr><th>序号</th><th>建议内容</th><th>办理情况</th></tr>
<tr><td>1</td><td>《关于解决海晏县人民法院编制的建议》（编号 5038）</td><td rowspan="2">建议 5038 和 5040 是省人大代表冯进花提出。省高级法院办公室督办科分别给院政治部、行装处发督办函，限期办结。政治部和行装处安排专人进行办理，及时与代表联系沟通，了解意见建议办理的初衷。10 月 21 日，院办公室、政治部、行装处有关同志赴海北州就意见办理情况面对面向冯进花代表作了汇报。冯进花代表对法院工作表示满意。</td></tr>
<tr><td>2</td><td>《关于立项建设海晏县人民法院业务用房的建议》（编号 5040）</td></tr>
<tr><td>3</td><td>《关于进一步加强法院信息化建设的建议》（编号 1020）</td><td>此建议是省人大代表宋维林提出。省高级法院办公室督办科及时向院信息技术处发督办函，限期办结。信息技术处结合编制《青海省法院信息化十三五规划》及时吸收代表的建议。宋维林代表由于工作变动至西宁市委统战部，在建议办理过程中及时与宋维林代表保持联系。10 月 21 日，办公室、信息技术处有关同志赴西宁市委统战部，对建议办理情况进行汇报。宋维林代表对全省法院近几年信息化建设给予了充分的肯定，对法院工作表示满意。</td></tr>
</table>

备注：2016 年，省人大常委会人事代表选举工作委员会交省高级法院办理的人大代表建议共 3 件。

附件四

审判流程信息、裁判文书、执行信息和庭审公开网

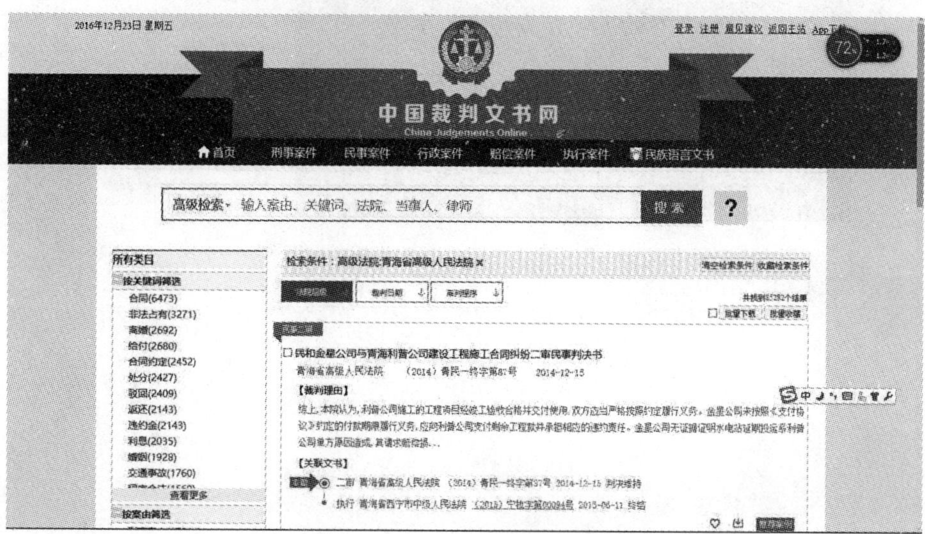

青海法院审判信息网
首页 > 执行公开
被执行人查询
查询

青海省高级人民法院庭审公开网
关注法院
搜索
首页
庭审直播
庭审预告
庭审回顾
今日焦点 股权转让纠纷（2015）青民二初字第86号
中国庭审公开网
原告
32
55家
6089
法院导航
最高人民法院
青海省高级人民法院
西宁市中级人民法院
海东市中级人民法院
海北藏族自治州中级人民法院
黄南藏族自治州中级人民法院
海南藏族自治州中级人民法院
果洛藏族自治州中级人民法院
玉树藏族自治州中级人民法院
海西蒙古族藏族自治州中级人民法院
西宁铁路运输法院

宁夏回族自治区高级人民法院工作报告

——2017年1月12日在宁夏回族自治区第十一届人民代表大会第七次会议上

宁夏回族自治区高级人民法院院长　李彦凯

各位代表：

我代表自治区高级人民法院向大会报告工作，请予审议，并请政协委员和其他列席会议的同志提出意见。

2016年主要工作

2016年，在自治区党委的坚强领导、自治区人大及其常委会的有力监督和自治区政府、政协及社会各界的大力支持下，全区法院坚持服务大局、司法为民、公正司法，全力抓好审判执行工作，全面推进司法体制改革，各项工作取得新进展，为我区经济社会发展提供了有力司法保障和服务。全年共受理案件188002件，审执结163268件，结案标的额409.8亿元，同比分别上升19.2%、23.2%和32%，法定审限内结案率98.2%，服判息诉率98.5%，法官人均结案突破180件，受案数首破18万大关，结案数再创历史新高，审判质效稳中有进。高级法院受理案件 2595 件，审执结 2306 件，同比分别上升 40.9% 和 42.3%。

一、坚持维护社会稳定，推进平安宁夏建设

坚持宽严相济刑事政策，充分发挥刑事审判惩治犯罪、保障人权的职能作用，努力维护社会大局稳定和人民群众生命财产安全。全区法院审结一审刑事案件 6502 件，判处被告人 8634 人，同比分别上升 5.9% 和 3%。

严厉打击严重刑事犯罪。依法严惩危害社会治安犯罪，审结马永平放火案、程文涛等 10 人制造矿难故意杀人案、吉新奎等 20 人“涉黑”案等严重刑事犯罪案件 1311 件，判处被告人 2001 人，切实维护公共安全。积极参与禁毒人民战争，审结毒品犯罪案件 570 件，判处被告人 691 人，遏制毒品问题蔓延发展。加大对危害食品药品安全犯罪、危险驾驶犯罪、网络犯罪打击力度，审结案件 1441 件，判处被告人 1445 人，切实增强了群众安全感。

严惩职务犯罪和经济犯罪。依法有力惩治腐败，审结贪污贿赂、渎职侵权等职务犯罪案件 216 件，依法惩处黄宗信、夏夕云、王荣泽等被告人 343 人。其中，原为处级以上干部 23 人。加大对行贿犯罪的打击力度，判处被告人 56 人。制定刑事诉讼涉案财物处置工作规定，审结非法集资、金融诈骗、合同诈骗等经济犯罪案件 362 件，判处被告人 553 人，有力保障了群众财产安全。

强化人权司法保障。推进以审判为中心的诉讼制度改革，恪守罪刑法定、疑罪从无、证据裁判原则，与其他政法机关联合出台《关于刑事案件证据审查认定工作指引》，健全防范冤假错案机制，加大对非法证据排除力度，确保无罪的人不受刑事追究。完善量刑规范化建设，确保刑罚适用准确。加强刑事附带民事判决和调解，为被害人获得赔偿款 8209.7 万元。充分保护被告人获得辩护的权利，为 176 名符合条件的被告人指定辩护律师。

积极参与社会治安综合治理。加强少年审判，延伸帮教未成年罪犯工作，依法保护妇女儿童合法权益。积极参与社区矫正，促进消除社会治安隐患。坚持履行司法普法责任，推动裁判文书说理改革，强化判后答疑、以案释法，有效发挥司法裁判的教育、引导、示范功能，推进全社会树立法治意识。规范减刑、假释案件审理，裁定减刑、假释罪犯3470人，不予减刑、假释罪犯82人，确保刑罚执行公平公正。

二、坚持服务发展大局，促进经济转型升级

积极适应经济发展新变化，依法平等保护产权，维护良好市场秩序，促进各类所有制经济健康发展。全区法院审结一审商事案件38311件，涉及标的额162.9亿元，同比分别上升15.1%和20.7%。

调节重大经济关系。制定《关于为自治区经济结构性改革重点任务提供司法保障和法律服务的若干意见》，妥善化解经济转型引发的矛盾纠纷。审结破产清算、企业兼并、股权转让等案件181件，标的额3.2亿元，优化资源配置，保障产业升级。审结建设工程施工合同、买卖合同纠纷等案件15838件，发出司法建议668条，引导经营主体诚实守信，规范市场交易合法有序。

规范金融市场秩序。加强对金融债权的司法保护，审结金融债权类案件285件，防范金融风险，保障金融安全。依法保障证券、保险、融资租赁等行业发展经营，审结案件806件，标的额1.7亿元，推动构建多层次金融市场。引导民间资本合理运营，审结民间借贷案件18305件，标的额52.2亿元，维护正常资金融通秩序。

推动创新驱动发展。加强知识产权司法保护，审结一审专利、商标权等案件80件，激发创新创业活力。探索建立保险纠纷诉调对接平台，提高保险争议解决实效。高度关注“互联网+”背景下的司法新需求，妥善审理涉及互联网金融、金融衍生品、电子商务、环境资源等新类型案件，提升司法服务保障水平。

三、坚持服务保障民生，践行司法为民宗旨

坚持民生为重，践行司法为民，努力回应人民群众对司法的多元、更高需求，以更加有力的司法措施服务保障民生。

注重民生权益保护。制定《关于为脱贫攻坚提供司法保障和法律服务的若干意见》，积极服务改善民生。全区法院审结一审民事案件50796件，同比上升18.7%。积极推进家事审判方式改革，审结婚姻家庭、继承、抚养、赡养纠纷等案件14013件，同比上升3.6%，促进家庭关系和谐稳固。平等保护民事权利，审结人身损害、劳动争议、教育、医疗等案件6436件，保障群众安居乐业。高度关注“三农”问题，审结土地承包经营流转、宅基地纠纷、征收补偿等案件290件，保障农民权益，促进农业农村改革。强化涉军审判工作，有力维护国防利益和军人军属合法权益。

有效化解行政争议。坚持监督与支持并重，保护行政相对人合法权益，促进行政机关依法行政。全区法院受理行政案件2236件，审结1971件，同比分别上升9.5%和13.7%。落实行政案件集中管辖和联席会议机制，案件协调处理率达到22%，促进行政争议实质性化解。妥善审结城建拆迁、市场监管、社会保障等案件344件，既保护了群众的合法权益，也支持了地方改善环境、发展经济。坚持发布《行政审判白皮书》，配合做好领导干部依法行政专题培训，促进行政机关负责人积极出庭应诉。充分发挥国家赔偿的救济功能，审结案件34件，决定赔偿金额53.5万元。

完善便民利民举措。深化“三位一体”诉讼服务中心建设，健全“12368”服务功能，努力实现服务方式“零距离”、服务事项“零积压”、服务质量“零差错”。发挥“便民服务流动法庭车”、便民诉讼服务点和法官结对服务站作用，通过巡回就地办案、网络预约服务、远程视频庭审等方式，减轻群众诉累。完善案件繁简分流机制，依法适用简易程序、小额诉讼程序、轻刑快办程序审结案件76800件，优化司

法资源，提高司法效率。严格执行立案登记制，当场登记立案率超过95%，尽力把方便带给群众。加大司法救助力度，发放救助款688.4万元，依法减免缓诉讼费1347万元，体现司法人文关怀。

提升基层服务水平。坚持资源配置向基层倾斜，确保基层群众获得优质司法服务。改革中，基层法院首批入额690名法官，占全区入额法官总数的74.7%。落实人民陪审员倍增计划，加强履职保障，全区人民陪审员共参审案件21315件。加强基层法庭建设，实现诉讼服务标准化，累计完成335套高清数字法庭建设，实现庭审信息互联共享。全区64个基层法庭审执结案件27815件，调处化解矛盾纠纷14721件，在基层治理中发挥了积极作用。全面提升警务保障能力，防范安保风险，保护诉讼群众和法官的人身安全。

强化依法纠错功能。加强审判监督指导，定期发布《参阅案例》《审判监督工作专刊》，完善发回改判案件沟通交流机制，统一裁判尺度。充分发挥再审监督纠错功能，审结申诉申请案件1324件，畅通群众依法救济渠道。审结再审案件241件，改判74件，占生效裁判的0.08%，充分体现实事求是、有错必纠的司法原则。

四、坚持回应社会关切，着力破解执行难题

坚决贯彻落实最高法院“用两到三年时间基本解决执行难问题”的整体部署，加强组织领导，明确工作目标，全面打响基本解决执行难攻坚战。全年执结案件51443件，同比上升40.9%。

积极作为破解难题。成立基本解决执行难工作领导小组，发挥主体责任，强化沟通协调，积极推动形成党委领导、政府支持、部门配合、社会参与共治的执行工作新格局。深入开展“清理执行积案”“反消极执行”等专项活动，清理化解6个月以上未结积案3314件，严防“抽屉案”和体外循环案件再生再积。联合公安、检察机关制定《关于办理拒不执行判决裁定犯罪案件的指导意见》，依法打击拒不执行判决、裁定违法犯罪行为，判处罪犯25人，司法拘留2490人，同比分别

上升150%和17.7%，坚决维护司法权威。

智慧平台释放效能。持续推进执行信息化建设，基本形成了执行案件信息全网域、全覆盖、全过程监督管理的“七全”智慧执行指挥系统。充分发挥“总对总”“点对点”网络查控系统的作用，全年查询信息227.2万条，涉及案件72484件、当事人83514名，在解决“被执行人难找、财产难寻”问题上取得重大突破。积极参与社会信用体系建设，将18814名被执行人纳入失信名单公开曝光，采用限制高消费、限制置业置产等信用惩戒措施，让失信被执行人处处受限，敦促近10%的被执行人主动履行了义务。

规范执行提升质效。加强执行指挥中心建设，完善远程指挥、异地协作、快速反应机制，实现执行工作统一管理、统一指挥、统一协调。为各级法院配齐执行指挥车，为每名执行人员配备单兵执法记录仪，确保案件执行全程可视可查可控可追溯。完善执行信息公开制度，建立执行约谈机制，规范执行异议、复议案件办理程序，将执行信访纳入案件管理系统，强化全流程执行监督管理和廉政风险防范，有效防止、及时纠正消极执行、选择性执行等行为，确保执行权规范有序运行。

五、坚持积极稳妥有序，全面推进司法改革

认真落实中央和自治区关于全面推进司法改革的决策部署，遵循司法规律，坚持脚踏实地，勇于突破创新，改革成效初步显现。中央政法委和最高法院督查认为，我区法院员额制和司法责任制改革推进迅速、探索积极，优化了队伍结构，激发了工作活力。

稳妥推进人员分类管理。召开全面推进司法体制改革动员大会，印发《全区法院全面推进司法体制改革工作实施方案》《全区法院首批入额法官遴选工作指导意见》等文件，指导全区法院全面推进司法体制改革。严格遴选标准程序，注重办案实绩，突出办案能力，统一采用考试加考核的方式择优选拔，首批924名法官纳入员额制管理。12

月4日国家宪法日，自治区党委书记、人大常委会主任李建华主持并监誓，全区首批近千名入额法官齐聚银川，面向国旗、国徽，手抚宪法，满怀激情集中宣誓，庄严承诺，彰显了职业尊荣和使命责任，创造了宁夏法院建设史上的新里程，掀开了宁夏法院事业发展的新篇章。

严格落实司法责任制。高级法院坚持顶层规制、以上率下，制定司法责任制实施细则，严格落实“让审理者裁判、由裁判者负责”原则，厘清职责权限，明确责任追究，改革裁判文书签发机制，法官在职责范围内对案件质量终身负责，努力做到“谁办案、谁签字、谁负责”。严格落实干预、插手、过问案件记录问责的“两个规定”。明确入额院庭长办案数量，并要求带头办理重大疑难复杂案件。以实现“专业化分工、扁平化管理、精细化监督”为目标，探索实施专业审判（执行）团队办案模式，确保改革后审判质效稳步提升。

持续深化司法公开。制定《宁夏法院信息化建设“十三五”发展规划》，全面打造“网络、阳光、智慧法院”。注重信息化与审判业务深度融合，实现管理信息互联互通。推动司法公开“四大平台”完善升级，发布生效裁判文书9.2万份，直播庭审538次，接受当事人查询案件信息60万余条，推送被执行人信息21万余条，探索完善淘宝网竞价拍卖，逐步实现审判执行工作全流程一体运行，倒逼法官自觉规范司法行为。坚持新闻发言人制度，完善各级法院官网、微博、微信等服务平台，及时公开工作信息及动态，增强司法透明度和公众参与度。

推动构建多元纠纷解决机制。制定《进一步推进多元化纠纷解决机制改革的实施意见》，推动建立多元调解有效对接机制。切实加强诉讼调解和执行和解工作，调解结案30201件，民事案件调解（撤诉）率达52.2%。立足诉讼服务提档升级，加强诉调对接中心建设，推广“法官村官双助理”“四员联动”等成功经验，全区法院诉讼外化解案件6254件，指导人民调解组织化解纠纷2522件，司法确认3065件，努力将纠纷化解在基层和诉前。

稳步推进涉诉信访改革。强化“诉访分离”，落实信访终结制度，完善接访机制和突发事件处置机制，各级法院领导共接访1.3万余人(次)，成功化解信访案件382件。完善巡回督导机制，严格信访听证程序，规范涉诉信件办理，建立网上申诉信访平台，高级法院接待群众来访明显下降。深入开展矛盾纠纷排查工作，全区法院共排查出可能影响社会稳定和公共安全的矛盾问题401件，化解329件，化解率82%，有效防止矛盾激化升级。

六、坚持从严监督管理，不断提高队伍素质

深刻把握全面从严治党的新要求，坚持从严教育、从严管理、从严监督，不断提升队伍整体素质，确保公正廉洁司法。

扎实开展“两学一做”学习教育。牢牢把握基础在学、关键在做的要求，引导干警树立“四个意识”，始终做到维护核心、绝对忠诚、听党指挥、勇于担当。围绕做好审判执行工作，更好服务人民群众，以“三让法官”为目标，争做“合格党员”“合格法官”。通过专题学习、专项整治等措施，强化司法为民公正司法理念，强化规范司法行为制度机制，强化提升审判质效措施方法，真正做到以党建带队建促审判。

着力提高队伍职业素养。深入开展以“抓基层、夯基础、强技能”为主要内容的司法能力提升工程建设，完善培养机制，创新培训方式，加大分类教育培训力度，全年培训干警近2000余人（次）。开展“两评一比”、法官教法官、司法警察技能大比武等活动，激励干警比学赶超，不断提升履职能力。招录干警120人，充实中、基层法院审判力量。强力改进司法作风，出台严格庭审纪律作风、诉讼服务中心纪律作风、人民法庭纪律作风三个《守则》，从细节入手严格纪律作风，规范司法礼仪。

强化司法廉洁建设。坚持以规范审判权力运行、确保司法廉洁为目标，扎实推进惩治和预防腐败体系建设。制定《党风廉政建设约谈办法》，加大对法院领导干部的管理和监督。建立外部领导干部和内部

司法人员过问案件信息专库，保障法官依法独立公正办案。抓好中央八项规定精神“回头看”和司法巡查工作，畅通接受当事人监督的渠道，随案发放廉政监督卡，及时处理举报线索，对4人给予党纪处分，6人给予行政处分，2人给予党政纪双重处分。

七、坚持自觉接受监督，促进司法公正公信

认真落实自治区人大十一届五次会议上代表提出的意见建议，制定分工方案，加强督查督办。认真做好向自治区人大常委会专项报告深化司法公开、促进司法公正工作情况，总体满意度测评达到97.7%，为我院历年专项报告满意度测评最高值。主动邀请各级人大代表、政协委员列席会议、视察座谈、旁听庭审、参与调解、见证执行2500余人（次），办结自治区政协委员提案7件。完善日常联络工作机制，推行“1+1+1”对口绑定包片联络，自觉接受代表、委员监督。支持、配合检察机关依法履职，认真办理检察建议，审结检察机关抗诉案件71件，及时纠正问题，共同维护司法公正。完善法官与律师互动交流机制，开展“法律七进”“法院观摩日”等活动，畅通听取意见渠道，诚恳接受社会各界监督。2016年7月，我们圆满组织完成了来自广东、浙江等省20多名全国人大代表“宁夏法院行”视察工作，得到了全体代表“三个没想到”的一致好评和最高法院周强院长等领导的批示表扬。

各位代表，过去的一年，面对前所未有的审判工作压力、艰巨繁重的司法改革任务，全区法院顾大局为大局，克难不惧难，尽职尽责；全体干警舍小家为大家，吃苦不言苦，无怨无悔，忠诚践行了司法为民公正司法的职业本色，赢得了社会各界和人民群众的理解与认同，涌现出了“全国优秀法院”金凤区法院、“全国优秀法官”苏文兵、“全国法院办案标兵”马玉元、刘力、董建华等先进典型。全区法院共有16个集体和22名个人获得省部级以上表彰奖励。成绩的取得，是自治区党委坚强领导，自治区人大及其常委会有力监督，自治区政府大

力支持，自治区政协及地方各级党政机关、社会各界和自治区人大代表、政协委员关心、支持、帮助的结果。在此，我代表全区法院干警表示衷心的感谢和崇高的敬意！

同时，我们也清醒地认识到，法院工作还存在一些不容忽视的问题和困难。一是全区法院案件受理数量持续增长，新型复杂案件不断增加，矛盾化解难度日益加大，很多法官长期超负荷工作，少数法官司法能力和作风不适应形势需要；二是司法改革带来新考验，改革配套政策机制还不够健全，按照改革要求，新的专业办案团队已经组建，但审判辅助人员结构性短缺，特别是书记员严重不足的问题，影响和制约着新审判模式的推行。有序放权和依法监督相统一的制度机制需要尽快建立和完善；三是司法环境有待优化，诉讼诚信体系建设仍需加强，虚假诉讼、恶意诉讼、逃避执行等行为损害司法公正。当事人拒不履行生效裁判，暴力抗法、“信访不信法”的情形时有发生，全社会尊重司法裁判、维护司法权威的意识需要不断提高；四是多元化纠纷解决机制、涉诉信访案件终结机制落实还不够到位。执行惩戒机制还存在部门协作不畅等问题；五是信息化建设、应用水平有待提高，运用大数据、智能化分析问题、解决问题的能力有待增强；六是高级法院对中、基层法院的监督指导有待加强，内部管理体制需要规范和创新。针对这些问题和困难，我们将紧紧依靠党的领导，紧紧依靠人民群众的支持，紧紧依靠社会各界的监督，以改革的思路、创新的举措，努力加以解决。

2017 年工作安排

2017 年，是全区法院五年发展规划的收官之年，也是全面推进司法体制改革的攻坚之年。自治区高级人民法院将全面贯彻中央、自治区各项工作部署，认真落实本次大会决议，紧紧围绕司法为民公正司法工作主线，全面加强审判执行工作，全面推进司法体制改革，全面增强司法能力，全面提升司法公信力，为“四个宁夏”建设提供更加有力的司法保障和服务。

一是依法履行审判职责，维护经济社会和谐稳定。依法惩处危害人民群众生命财产安全的各类犯罪，坚决维护社会和谐稳定。加强职务犯罪审判工作，保持依法惩治腐败的高压态势。贯彻落实中央《关于完善产权保护制度依法保护产权的意见》，依法保护各种所有制经济组织和公民财产权，保障供给侧结构性改革顺利进行，服务“两区”建设和“两优”投资发展环境。依法审理企业破产重整案件，推动用法治手段化解产能过剩。依法审理金融借款和民间借贷案件，规范各类主体融资行为。加强对新类型案件的研究和审判指导，加大环境资源审判工作力度，强力推进美丽宁夏建设。

二是践行司法为民宗旨，不断提升司法公信力。完善司法便民各项措施，努力为当事人提供经济高效、方便快捷的诉讼服务。加强涉民生案件的审判执行工作，促进改善民生。加强人权司法保障，严格落实非法证据排除规则，坚决防止冤假错案。深化执行体制改革，规范执行行为，穷尽执行措施，加强信用惩戒，让失信被执行人寸步难行、无处逃遁，确保我区法院用“三年时间基本解决执行难问题”任务有力推进，目标如期实现。

三是全面深化司法改革，确保取得明显实效。按照中央和自治区的统一部署，以勇于担当、事不避难的改革魄力和决心，深入推进以司法责任制为核心的四项改革任务全面落实，积极稳妥推行和完善法官员额制改革，继续深化审判辅助人员制度改革，完善履职保障、惩戒退出等配套制度，加强审判监督管理，完善审判权运行机制，严格落实独任法官、合议庭办案责任。配合自治区有关部门继续推进人财物统一管理改革，积极推进以审判为中心的诉讼制度改革，加快庭审实质化进程，健全矛盾纠纷多元化解机制，完善案件繁简分流，不断提高审判质效。

四是深入推进司法公开，切实增强司法透明度。紧紧围绕构建开放、动态、透明、便民的阳光司法机制，加快推进“网络、阳光、智慧法院”建设，方便群众诉讼，强化审判监督，规范司法行为。完善司法公开“四大平台”建设和数据集中管理平台，提升工作智能化水平，实现审判执行工作全程留痕、全面公开。加强大数据分析，统一裁判尺度，促进类案同判和量刑规范化。深入挖掘审判数据蕴含的有效价值，及时提出司法建议，促进社会治理。

五是全面加强队伍建设，保障公正廉洁司法。认真贯彻“准则”“条例”，落实全面从严治党主体责任，坚持从严监督管理，严格正风肃纪，坚决惩治司法腐败。加强法院队伍正规化、专业化、职业化建设，加强分类管理，落实职业保障，营造从优待警、拴心留人的良好环境。继续夯实基层基础，持续开展司法能力提升工程建设，大力优化司法作风，为人民群众提供更好的司法服务。

各位代表，2017 年，我们将在自治区党委的坚强领导下，在自治区人大及其常委会的监督支持下，认真执行本次会议决议，大力弘扬“不到长城非好汉”的宁夏精神，忠实履行法定职责，凝心聚力，开拓创新，勇于担当，务实苦干，为“四个宁夏”建设作出新的更大贡献，以更加优异的成绩迎接自治区第十二次党代会和党的十九大胜利召开！

附件一

有关用语助读

1. 18 万：指 2016 年全区三级法院受理各类案件的总概数（包括一审、二审、再审和执行等各类案件）。具体受案情况为：2016 年，全区法院受理案件总数 188002 件，其中刑事案件 8296 件，同比上升 5. 1%，占受案总数的 4. 4%；民商事案件 108023 件，同比上升 14. 7%，占受案总数的 57. 5%；行政和国家赔偿案件 2276 件，同比上升 9. 5%，占受案总数的 1. 2%；执行案件 63301 件，同比上升 30. 2%，占受案总数的 33. 7%；申诉申请再审案件 1418 件，同比上升 11%，占受案总数的 0. 8%；减刑假释案件 3470 件，同比下降 3. 4%，占受案总数的 1. 8%；其他案件 1218 件，占受案总数的 0. 6%。2016 年，全区法院诉讼案件和诉外化解矛盾纠纷实际已达 20 万件。

2. 假释：指依照《刑法》和有关司法解释规定，对于判处有期徒刑的罪犯，执行原判刑期二分之一以上，被判处无期徒刑的罪犯，实际执行十三年以上，如果认真遵守监规，接受教育改造，确有悔改表现，没有再犯罪的，附条件提前予以释放的一种刑罚执行变更制度。累犯以及因故意杀人、抢劫、强奸、绑架、放火、爆炸、投放危险物质或者有组织的暴力性犯罪被判处十年以上有期徒刑、无期徒刑的罪犯，不适用假释。依照法律规定，对于符合假释条件的，由刑罚执行机关提出建议书，报请中级以上人民法院审理后作出裁定。

3. 行政案件集中管辖：指最高法院 2013 年开始在全国法院系统开展的一项探索建立与行政区划适当分离的司法管辖改革试点工作。具体指将部分基层法院管辖的一审行政案件，通过中级法院统一指定的模式，交由其他基层法院集中管辖。

4. “三位一体”诉讼服务中心：指全区法院通过信息化建设实现的由诉讼服务大厅、诉讼服务网络、“12368”诉讼服务热线组成的便民诉讼服务新格局，构成了“点、线、面”全方位、立体化、便捷化司法为民新模式。

5. “12368”：指高级法院的一项便民措施。案件当事人和社会公众可以通过拨打“12368”服务热线，从人工或自助服务系统全天候获得全区各级法院包括查询催办案件、预约法官、咨询法律问题等多种诉讼服务。

6. “便民服务流动法庭车”：是全区法院完善司法为民工作机制的重要举措。“便民流动服务法庭车”集录音、录像、视频播放、远程数据传输等功能于一体，具有数字化、流动性、灵活性等特点，兼备方便群众诉讼、提供法律服务、开展法治宣传、参与社会管理和流动巡回办案等综合功能，在方便法院办案的同时最大限度地服务群众诉讼。全区法院通过“便民服务流动法庭车”提供巡回就地办案等法律服务约1.8万件（次），被群众亲切地称为“送上门的司法服务”。

7. 小额诉讼程序：指《民事诉讼法》第一百六十二条规定：“基层人民法院和它派出的法庭审理符合本法第一百五十七条第一款规定的简单的民事案件，标的额为各省、自治区、直辖市上年度就业人员年平均工资百分之三十以下的，实行一审终审。”

8. 轻刑快办程序：是轻微刑事案件快速办理程序的简称，指对于案情简单、事实清楚、犯罪嫌疑人、被告人认罪的轻微刑事案件，在遵循法定程序和期限，确保办案质量的前提下，简化工作流程，缩短办案期限，及时化解社会矛盾的工作机制。

9. “用两到三年时间基本解决执行难问题”：指2016年3月13日周强院长在十二届全国人大四次会议上报告最高人民法院工作时的庄严承诺。这里的“执行难”是指由于被执行人隐匿转移财产、有关方面拒不协助执行、执行机制不顺畅、执行人员拖延执行等原因，导致案件无法执行的情况。人民法院通过规范执行行为、完善财产查控、加强信用惩戒等措施，能够解决上述原因导致的执行难。但基本解决执行难问题，并不意味着对所有案件都能成功执行。实践中，存在被执行人客观上无可供执行财产的情况，这是由市场交易风险导致，不包括在“执行难”范围内。基本解决执行难的总体目标是实现“四个基本”：被执行人规避执行、抗拒执行和外界干预执行现象基本得到遏制；人民法院消极执行、选择性执行、乱执行的情形基本消除；无财产可供执行案件终结本次执行的程序标准和实质标准把握不严、恢复执行等相关配套机制应用不畅的问题基本解决；有财产可供执行案件在法定期限内基本执行完毕。

10. “七全”智慧执行指挥系统：指宁夏法院通过信息化建设，在执行工作中已基本建成的执行指挥中心全覆盖、执行指挥管理全贯通、执行案件信息全共享、执行网络查控全应用、执行失信惩戒全联合、“终本”案件管理全自动、案件执行过程全透明的信息化智慧平台。

11. “总对总”“点对点”网络查控系统：指全国法院网络执行查控系统和宁夏法院网络执行查控系统。具体就是法院与金融机构、公安、工商、民政等相关部门签订合作协议，通过网络专线对未主动履行法院生效裁判的被执行人的金融账户及其他财产信息进行自动查控，从而进一步提高执行工作效率，最大限度保护申请执行人的合法权益。(具体工作流程详见附件三)

12. 失信被执行人：指《最高人民法院关于公布失信名单信息的若干规定》中规定的具有履行能力而不履行生效法律文书确定义务的被执行人。该类人员在政府采购、招标投标、行政审批、融资信贷、高消费等方面受到严格限制。

13. 人员分类管理：指将法院工作人员区分为审判人员、审判辅助人员和司法行政人员，按照各自职业性质和特点进行分类管理。

14. 员额制管理：指在法院内部对法官实行员额制管理，推动建立以法官为中心的人员配置模式，实现法官队伍的正规化、专业化、职业化，并确保进入员额的法官充实到审判一线。根据中央要求，法官员额比例不超过中央政法专项编制的39%。各级法院员额数量根据地区经济社会发展状况、人口数量、案件数量、案件类型、审级职能、审判辅助人员配置、办案保障条件等因素综合确定，同时根据案件数量、人员结构的变化情况，完善法官员额的动态调节机制。

15. 干预、插手、过问案件记录问责的“两个规定”：指中共中央办公厅、国务院办公厅印发的《领导干部干预司法活动、插手具体案件处理的记录、通报和责任追究规定》和中央政法委印发的《司法机关内部人员过问案件的记录和责任追究规定》。

16. “四大平台”：指人民法院审判流程公开平台、裁判文书公开平台、执行信息公开平台、庭审公开平台的总称。

17. “法官村官双助理”：指盐池县法院结合本地实际，探索出的诉讼与非诉讼有效衔接的一项创新性工作机制。具体内容是法官与村官互为助理，法官助理与村官助理分别履行“矛盾纠纷调解员、平安建设宣传员、司法工作联络员、廉洁办案监督员、调解工作指导员、社情民意调研员、科学发展服务员、惠农政策宣传员”的八大员职责。该机制自2013年3月运行以来，当地诉讼案件明显减少、诉前调解率提高，促进了农村法治建设和社会和谐稳定。

18. “四员联动”：指永宁县法院结合本地实际，探索出的矛盾纠纷多元化解新机制。即在辖区内行政村选聘素质高、有威望的村组干部、宗教人士担任人民陪审员、穆斯林调解员、联络员，参与辖区民商事案件的审理工作，协助法官做好矛盾纠纷的预防和化解工作。“四员”是指审判员、人民陪审员、特邀穆斯林调解员、法律联络员。

19. “诉访分离”：指根据群众来信来访内容，将其中具有起诉、上诉、申诉与申请再审内容，属于当事人行使申诉权利的情形归为“诉”的范畴，将其他情形归为“访”的范畴，分别采取不同的工作模式和方法加以解决，引导当事人依法行使诉权，提高涉诉信访工作成效。

20. “三让法官”：是高级法院党组对全区法院法官严格公正履职提出的具体要求，即“让党放心、让人民满意、让法律增辉”。

21. 司法能力提升工程：指高级法院党组在全区法院实施的以抓基

层、夯基础、强技能为主要内容的队伍建设专项工作。司法能力提升工程自2015年开始，力争通过三年时间进一步夯实基层基础建设，提高全区法院和广大法官运用法治思维、法治方式和智慧司法理念，化解矛盾纠纷、维护和谐稳定、推动改革发展的能力。

22. “两评一比”：2016年年初，为落实“创新突破年”工作主题，狠抓司法能力提升工程建设，高级法院决定在全区法院开展的优秀庭审、优秀裁判文书评选和书记员岗位技能比武活动。

23. “1+1+1”对口绑定包片联络：指2016年，为全面落实代表委员结对联络工作，高级法院制定的以“由一名院领导负责联络一个市，一名部门负责人具体联络一个县（区），并确保联络到每一位代表委员”为内容的代表委员日常联络工作制度。

24. “法律七进”：指法律进机关、进乡村、进社区、进学校、进企业、进单位、进宗教场所。

25. “法院观摩日”：指全区法院为进一步深化司法公开，加强接受社会各界监督而定期开展的一项常态化活动。活动内容主要是邀请代表、委员、律师、在校学生等走进法院，听取法院工作介绍，旁听庭审，见证执行。

26. 全国人大代表“宁夏法院行”：2016年7月，高级法院积极配合最高法院，组织广东、浙江和山西代表团的22位全国人大代表以及全国人大、相关省级人大、高院的同志深入高级法院，固原、吴忠2个中级法院，4个基层法院和1个基层法庭，实地视察了全区三级法院审判执行、司法公开、司法为民、信息化建设和文化建设等方面的工作情况。代表们对全区各级法院的工作作风、精神面貌一致点赞，并认为此次宁夏行有“三个没想到”：一是没想到宁夏法院有这么先进的司法理念；二是没想到宁夏法院有这么先进的信息化建设水平；三是没想到宁夏法院有这么接地气的多元纠纷解决和司法便民服务机制。最高法院领导也对此次活动给予充分肯定，周强院长批示：“此次全国人大代表视察宁夏法院，宁夏区党委、政法委、人大常委会高度重视，全国人大办公厅联络局大力支持，区高级人民法院精心组织，全国人大代表高度负责，体现了使命感，取得了很好的效果。”陶凯元副院长批示：“视察活动有特色、有亮点，非常成功！”此次视察活动成功树立了宁夏“小省区也有大作为”的良好形象。

27. “全国优秀法官”苏文兵：苏文兵，现任西吉县法院兴隆法庭庭长。近五年来每年审结各类民商事案件200余件，审结的案件效率高、质量佳、效果好，无当事人缠诉闹访现象，获得辖区老百姓的充分肯定。2014至2016年，先后被最高法院评为“全国法院人民法庭工作先进个人”“全国法院办案标兵”“全国优秀法官”“全国法院党建工作先进个人”。

28. “全国法院办案标兵”马玉元、刘力、董建华：马玉元，现任海原县法院海兴法庭副庭长，他扎根基层法庭23年，先后获得平民法官、调解能手、先进工作者、优秀共产党员等光荣称号。海兴法庭2015年被自治区党委政法委授予服务型窗口建设先进单位，被高级法院记集体二等功。刘力，现任大武口区法院白芨沟法庭庭长。2013年以来，共主办各类民商事案件1000余件，年均办案数量达到300余件，被高级法院授予个人二等功、石嘴山市人民满意政法干警、石嘴山市法院办案能手等多项荣誉称号。在刘力同志的努力带领下，该法庭结案率和调解率逐年上升，案件上诉率逐年降低，审判质量和调解率始终居于全院前列。董建华，现任青铜峡市法院执行一庭庭长。多年来，他执结各类案件900余件，无不合格案件，无不良言行投诉，无缠访闹访。多次被评为青铜峡市人民法院优秀法官，2009年至2015年连续7年被青铜峡市委、政府评为优秀公务员、记个人三等功2次，2014年、2015年被吴忠市中级法院分别评为吴忠市法院执行能手、办案能手。

附件二

全区法院审判和执行工作情况图

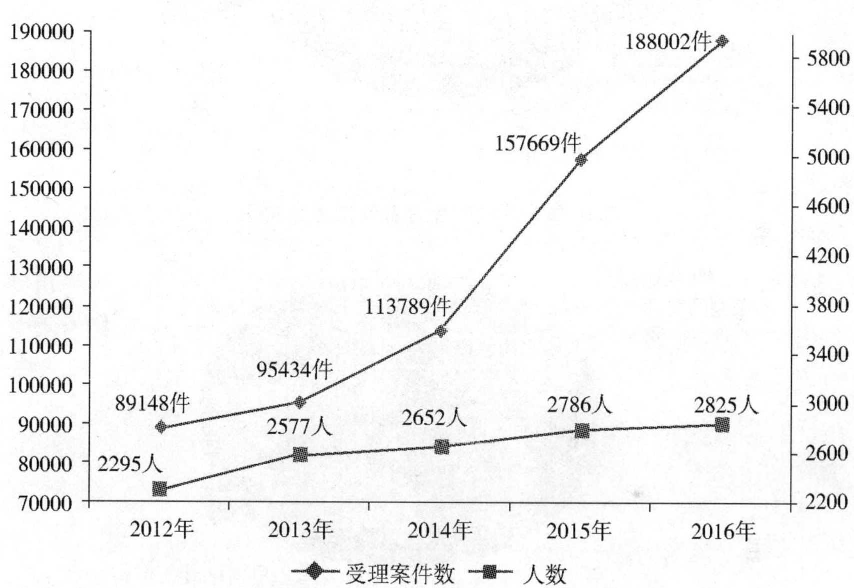

2012—2016 年全区法院受理案件数量与人员增加情况走势图

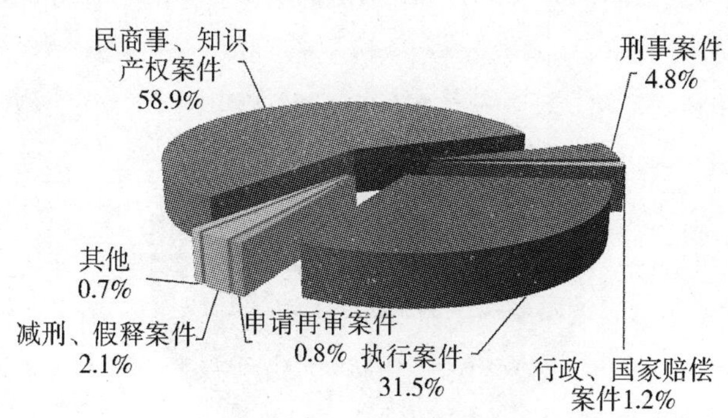

2016 年全区法院审执结各类案件构成图

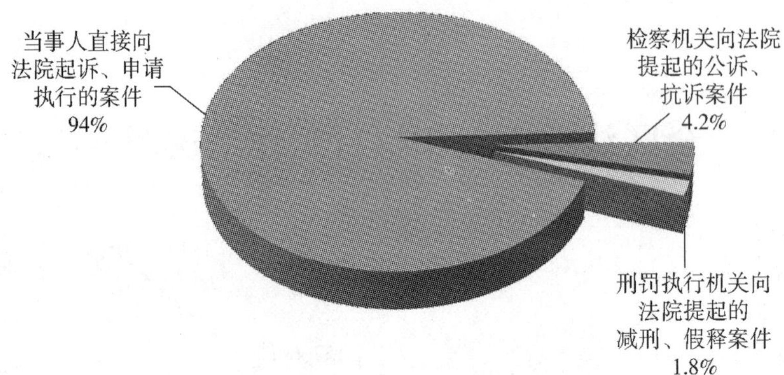

2016 年全区法院受理案件来源结构图

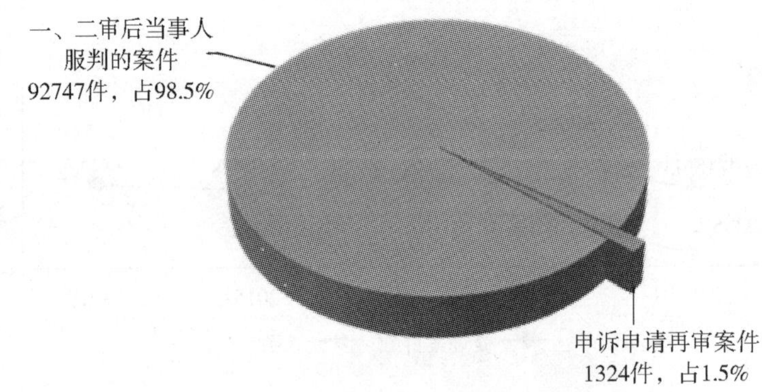

2016 年全区法院审结案件效果图

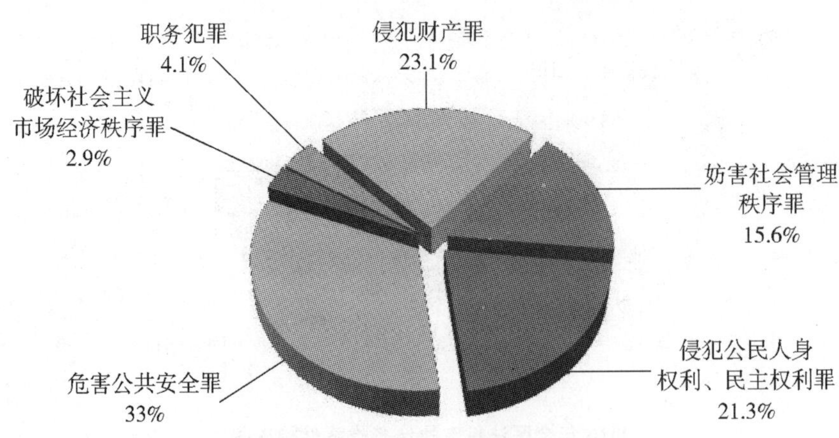

2016 年全区法院审结一审刑事案件构成图

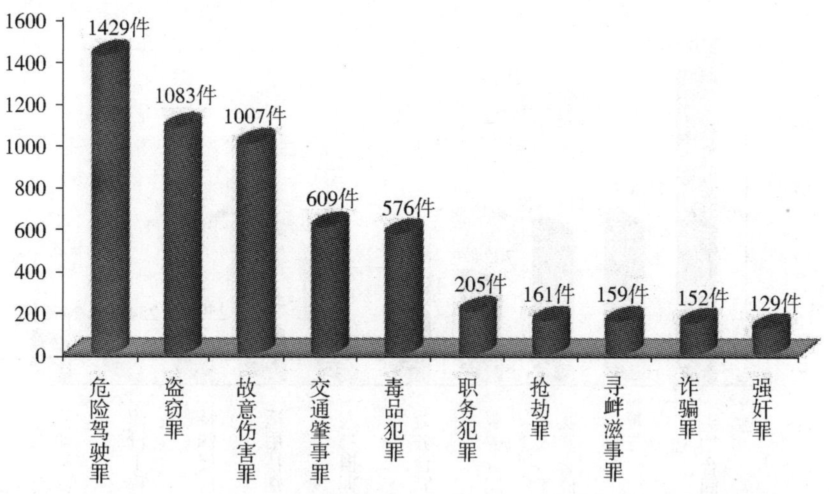

2016 年全区法院新收一审刑事案件前十位排列图

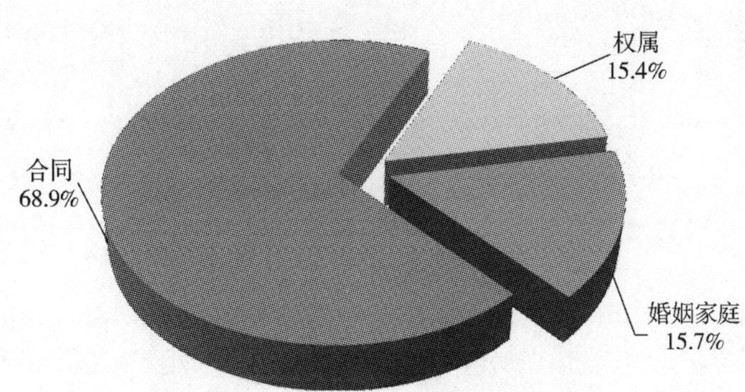

2016 年全区法院审结一审民商事案件构成图

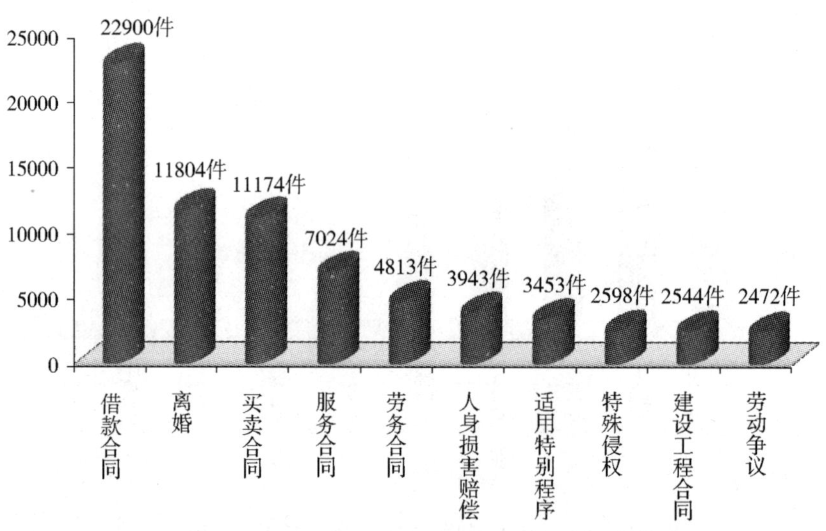

2016 年全区法院新收一审民商事案件前十位排列图

附件三

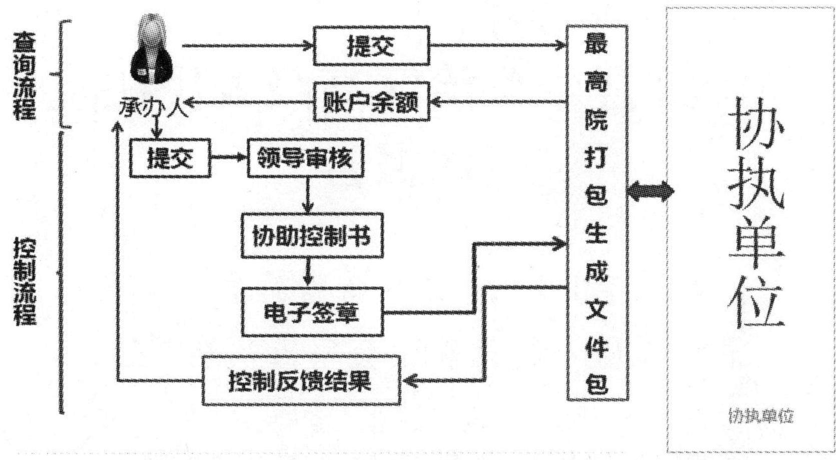

"总对总"查控操作流程示意图

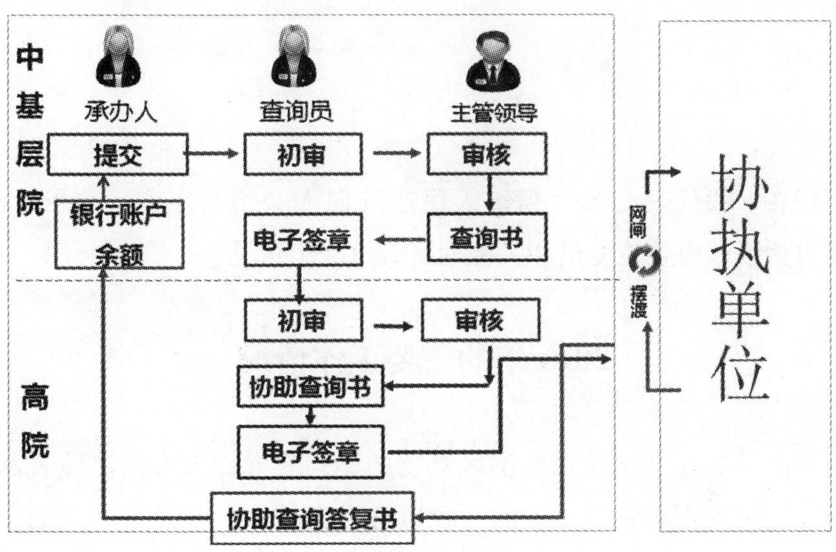

"点对点"查控操作流程示意图

新疆维吾尔自治区高级人民法院工作报告

——2017 年 1 月 11 日在新疆维吾尔自治区第十二届人民代表大会第五次会议上

新疆维吾尔自治区高级人民法院院长
木太力甫·吾布力

各位代表：

现在，我代表自治区高级人民法院向大会报告工作，请予审议，并请自治区政协各位委员和其他列席人员提出意见。

2016 年的主要工作情况

2016 年，全区法院在自治区党委的坚强领导、人大依法监督和最高人民法院的正确指导，政府、政协有力支持下，全面贯彻党的十八大和十八届三中、四中、五中、六中全会精神，深入学习领会习近平总书记系列重要讲话精神，特别是在第二次中央新疆工作座谈会上的重要讲话和视察新疆时的重要讲话精神，以及自治区第九次党代会精神，紧紧围绕社会稳定和长治久安总目标，认真贯彻落实自治区十二届人大四次会议决议，忠实履行宪法法律赋予的职责，各项工作取得新进步。

一年来，全区法院共受理各类案件522170件，同比上升20.1%；办结457560件，同比上升18.6%。其中，高级人民法院受理各类案件6798件，同比上升7.1%，办结6193件，同比上升7.3%。在全区法院办结案件中，刑事案件33445件，同比下降16.3%；民商事案件276919件，同比上升16.6%；行政案件4234件，同比上升29.4%；执行案件110121件，同比上升44.6%；国家赔偿与司法救助案件298件，同比上升213.7%；减刑假释案件23122件，同比下降3.3%；申诉申请再审案件4968件，同比上升2.2%；其他案件4453件。执法办案工作稳步提升，有力促进了自治区经济社会健康发展，为落实社会稳定和长治久安总目标提供了强有力的司法保障。

一、紧紧围绕总目标，持续开展严打专项斗争。始终把严打“三股势力”作为刑事审判重中之重，保持严打高压态势，坚决遏制“三股势力”，有力维护了社会大局稳定。开展严打审判调研，加强审判指导，统一法律适用，确保了严打在法治轨道上进行。依法严厉打击故意杀人、故意伤害、抢劫、爆炸、强奸、贩毒等严重刑事犯罪和盗窃、电信诈骗等多发性侵财犯罪，增强群众安全感。依法惩治贪污、贿赂、渎职等职务犯罪，深入推进反腐败斗争。推进以审判为中心的刑事诉讼制度改革，牢固树立罪刑法定、证据裁判、疑罪从无、人权保障等刑事司法理念，发挥庭审在查明事实、认定证据、保护诉权、公正裁判中的决定性作用，推进量刑规范化，确保有罪者罚当其罪，无罪者不受追究。加强减刑假释审判工作，严格掌握标准和程序，促进刑罚执行和罪犯教育改造。开展公开宣判和典型案件以案释法宣传教育工作，高级人民法院组成宣讲组，赴南疆47个重点乡镇，运用典型案例开展“去极端化”法治宣讲，受教育人员超过15万人，取得良好社会效果。

二、紧紧围绕总目标，为经济社会持续健康发展营造良好法治环

境。及时审理涉及公司、企业等市场主体的投资、股权、兼并、重组、清算、破产等纠纷案件，妥善处置“僵尸企业”，保护投资者合法权益，优化资源配置，净化市场环境，保障供给侧结构性改革顺利进行。依法审理涉及买卖、借贷、金融服务、房地产开发、产品质量、交通运输等纠纷案件，加强对各类产权的司法保护，保障公平竞争。依法慎用强制措施和查封、扣押、冻结措施，最大限度降低对涉案企业正常生产经营活动的影响。依法打击破坏资源、污染环境的犯罪，妥善审理资源和环境保护案件，促进生态环境保护。及时审理知识产权和涉外经济纠纷案件，保护知识产权人合法权益，促进我区对外开放，为丝绸之路经济带核心区建设提供高效司法服务。依法审理行政案件和国家赔偿案件，保护行政相对人和国家赔偿申请人合法权益，促进法治政府建设。

三、紧紧围绕总目标，积极践行司法为民宗旨。巩固和深化立案登记制改革，积极推进网上立案，杜绝有案不立、有诉不理、拖延立案等现象，立案难问题得到解决。加强涉民生审判工作，依法审结涉及教育、医疗、就业、农民工劳动报酬、交通事故、重大安全责任事故、人身损害、城镇房屋拆迁、社会保障、婚姻家庭等纠纷案件，维护了人民群众合法权益，促进了民生改善。为9273个案件的特困当事人缓减免诉讼费用2666.7万元，提供司法救助金1938.1万元，让困难群众感受到党和国家的关怀、人民司法的温暖。开展巡回审判5405次，办结案件16191件，把诉讼服务送到农牧民家门口，解决基层群众诉讼难。

四、紧紧围绕总目标，全力推进基本解决执行难攻坚战。自治区党委高度重视解决执行难，常委会专题听取高级人民法院党组工作汇报，召开自治区执行工作会议，对解决执行难作出安排部署。进一步健全执行工作联席会议机制，下发“基本解决执行难”实施方案，逐级签订责任状，压实工作责任。组织涉民生案件专项执行，开展执行作风问题专项治理，与检察机关联合下发执行案款集中清理工作实施方案。加强执行信息化建设，全区法院全部建成执行指挥中心和网络查控系统，提高执行效率，解决执行财产查控难。积极推进网上司法拍卖，降低当事人的执行成本，解决执行财产变现难。积极参与社会信用体系建设，与自治区发改委共同下发《关于建立协助人民法院执行工作对失信被执行人实施信用惩戒机制的通知》，构建“一处失信、处处受限”的信用惩戒体系。将42865个单位和个人纳入全国法院失信被执行人信息系统，通过限制高消费、出境和参与政府招投标，促使被执行人主动履行。从严惩处规避、抗拒执行行为，罚款拘留1674人次，依法追究34名被执行人刑事责任。

五、紧紧围绕总目标，全面深化司法改革。积极稳妥推进司法体制改革，全区法院顺利完成首批3421名员额法官遴选工作。积极推进法院工作人员分类管理，探索新型审判团队办案模式，明确独任法官和合议庭的审判责任。稳妥推进审判权运行机制改革，院、庭领导带头办结案件125443件，占全年结案的27.4%。加强人民陪审员的管理、培训和履职考核，人民陪审员共参审12835人次，参审案件41434件；基层法院对不能履行陪审职责的81名人民陪审员提请人大常委会免职。推进繁案精审、简案快审，完善繁简分流机制，优化司法资源配置。加强诉前调解和司法确认工作。深化涉诉信访改革，健全院长接访、专人接访、巡回督导、律师和法律工作者参与接访等机制，实行远程视频接访，畅通信访渠道，涉诉信访形势进一步好转。

六、紧紧围绕总目标，努力提升司法公信力。强化审判管理，规范审判质量评估、案件改判、发回重审和提起再审的标准，完善典型案件通报、审判经验交流、庭审观摩评议、裁判文书评查、法官办案绩效考评等制度机制，提高办案质量。全面推进审判流程信息、裁判文书、执行信息和庭审直播公开，促进阳光司法。开通新疆法院诉讼服务网、12368诉讼服务热线和短信平台，向当事人实时推送案件进展信息，保证当事人的知情权、参与权和监督权。坚持以公开为原则、不公开为例外，在中国裁判文书网累计公布裁判文书21.3万份，其中民语裁判文书2802份，占全国民语文书上网总数的46.3%。召开新闻发布会310余场，公布典型案例638个，网络直播庭审5390次，在各类媒体发布法院工作信息99649条，开展法院开放日活动454次，参加群众29014人次，弘扬司法正能量，提高了司法透明度和公信力。

七、紧紧围绕总目标，着力加强法院队伍建设。强化政治纪律和政治规矩，把对以习近平同志为核心的党中央绝对忠诚，贯穿法院队伍建设始终。深入学习贯彻习近平总书记系列重要讲话精神，深入开展“两学一做”学习教育，牢固树立政治意识、大局意识、核心意识、看齐意识，确保法院队伍政治过硬、业务过硬、责任过硬、纪律过硬、作风过硬，听党指挥。广泛开展法官庭审、裁判文书制作、书记员庭审速录三项审判技能竞赛、司法警察大比武活动，提高队伍的司法能力。严格落实领导干部、法院内部人员干扰过问案件的记录、通报和责任追究制度，完善任职回避、廉政监督员等制度，营造公正司法的内外部环境。深入学习邹碧华和黄志丽同志先进事迹，努力建设一支信念坚定、执法为民、敢于担当、清正廉洁的法院队伍。以乌鲁木齐市中级人民法院和哈密地区中级人民法院阿布列林·阿不列孜为代表的59个先进集体、164名先进个人受到最高人民法院和自治区表彰。全区三级法院以零容忍态度严查违纪违法案件37件，给予党纪政纪处分44人，进一步纯洁了法院队伍。

八、紧紧围绕总目标，大力加强基层基础建设。坚持基层优先，协调财政部门下拨转移支付资金4.1亿元；续建审判法庭和人民法庭建设项目23个，总投资2.4亿元，积极改善基层办案条件。近二年组织包括兵团在内的南北疆115个法院、303名各族法官相互交流挂职锻炼。举办以基层干警为主的培训班32期4277人次，培训双语法官249人次，选派416人参加国家法官学院培训，提升了法官素质。翻译下发民语系法律文件380余万字，缓解了基层少数民族法官业务资料匮乏情况。加大信息化建设投入力度，建成全疆统一的审判管理信息系统、信息中心、新疆法院诉讼服务网，实现全区基层法院统一网上办案、网上管理、网上监督，基层法院审判信息化建设及应用水平得到很大提高。大力开展智力、审判业务和信息化援疆工作，提升受援法院的整体工作水平。扎实推进脱贫攻坚，深入开展“访惠聚”驻村工作、“民族团结一家亲”活动和南疆学前双语支教工作，促进各族干部群众真情交往交流交融。

九、紧紧围绕总目标，坚持党的领导，自觉接受人大监督。坚持中国特色社会主义法治道路，把党的领导贯穿到法院的各项工作之中，及时向党委报告法院工作。始终坚持在人大依法监督、政协民主监督下开展工作，向自治区人大常委会专项报告司法公开工作，认真办理人大代表意见、建议和政协委员提案。深化代表、委员联络工作，走访代表、委员517人次，邀请视察法院工作4023人次，旁听庭审865场，促进了监督常态化。聘请40名特约监督员，主动接受社会监督。高级法院荣获全国法院代表委员联络工作先进集体荣誉称号。支持、配合检察机关依法履行法律监督职责，依法审理检察机关抗诉案件，认真办理检察建议，审判委员会讨论重大敏感案件，邀请检察机关负责人列席。

一年来，高级人民法院生产建设兵团分院及所辖法院，认真贯彻落实自治区党委和兵团党委决策部署，依法履行审判职责，审判质量进一步提升，兵地融合取得新进展，为兵团发挥好稳定器、大熔炉、示范区作用提供了有力司法保障，为自治区的社会稳定和长治久安作出了积极贡献。

各位代表，2016年以审判为中心的各项工作取得的成绩，是在自治区党委坚强领导、人大及其常委会依法监督、人民政府和政协以及社会各界大力支持下取得的，是全区各级法院广大干警顽强拼搏、无私奉献的结果。在此，我向关心支持法院工作的各级党委、人大、政府、政协，各族人大代表、政协委员和社会各界表示衷心的感谢！

过去的一年，法院工作取得明显成效，但是我们还存在着不少问题和困难：一是少数法官宗旨意识和群众观念不强，司法行为不规范，极少数干警违纪违法，影响司法公信力；二是随着新类型案件增多，少数法官能力素质不适应，裁判标准不统一等问题还不同程度存在；三是少数案件办案周期长和执行难问题还没有从根本上解决，与群众的期盼还有差距；四是案件量持续快速增长，基层一线法官年办案量不断增加，长期高负荷工作，给法院的管理、运转和法官身心健康带来一定的影响；五是边远地区基层法院招录难、留人难，双语法官和司法翻译力量不足的问题依然突出，部分地州县市由于财政紧张，对审判法庭、人民法庭、信息化和办案装备建设的资金投入不足，制约和影响公正高效办案；六是行政案件大幅上升，行政机关负责人出庭率依然不高。对于这些问题和困难，我们将积极向党委政府汇报，争取各方面的理解和支持，以问题为导向，以改革创新为动力，采取有效措施加以解决。

2017 年工作安排

2017 年，全区各级法院要全面贯彻落实党的十八大和十八届三中、四中、五中、六中全会精神，深入学习贯彻习近平总书记系列重要讲话和自治区第九次党代会精神，统筹推进“五位一体”总体布局、“四个全面”战略布局和新发展理念，紧紧围绕社会稳定和长治久安总目标，牢牢把握司法为民公正司法工作主线，全面加强审判执行工作，坚持稳中求进总基调，积极服务供给侧结构性改革，努力让人民群众在每一个司法案件中感受到公平正义，以优异的成绩迎接党的十九大胜利召开。

一、坚定不移坚持党的领导。全面贯彻落实党的十八届六中全会精神，深入学习贯彻习近平总书记系列重要讲话精神和自治区第九次党代会精神，切实增强“四个意识”，特别是核心意识和看齐意识，在思想上政治上行动上始终同以习近平同志为核心的党中央保持高度一致，始终做到维护核心、绝对忠诚、听党指挥、敢于担当，确保以习近平同志为核心的党中央的方针政策和自治区党委的决策部署在人民法院不折不扣得到贯彻执行。

二、始终坚持严打高压威慑态势不动摇。要牢固树立社会稳定和长治久安总目标，把总目标作为总纲、核心任务、着眼点和着力点。把严厉打击暴力恐怖犯罪作为首要任务，坚决、精准打击从事分裂祖国活动，挑战祖国统一、国家安全、民族团结、社会稳定底线的暴力恐怖犯罪，坚决打掉“三股势力”的嚣张气焰，确保“三个坚决”目标的实现。严厉打击故意杀人、爆炸、抢劫、抢夺、盗窃、网络诈骗等严重刑事犯罪和利用网络传播暴恐音视频犯罪，坚定不移维护新疆社会稳定和长治久安。

三、依法保障民族团结。民族团结是各族人民的生命线。全区法院要充分发挥审判职能作用，保障法律和党的民族政策有效实施。引导各族群众增强法律意识，树立法治理念，用法律保障民族团结。依法处理民族问题，依法协调民族关系，促进各民族交往交流交融。推动形成办事依法、遇事找法、化解矛盾靠法的良好法治环境。对蓄意挑拨民族关系、煽动民族歧视和民族仇恨，破坏民族团结，制造民族分裂的违法犯罪分子，不论是什么民族，信仰哪种宗教，坚决依法严厉打击，筑牢社会稳定和长治久安的根基。

四、努力为经济社会持续健康发展提供司法保障。充分发挥司法能动作用，积极适应经济发展新常态，妥善处理破产清算、庭外重整等涉及企业案件，尊重市场规律，依法化解企业债务危机，保护企业合法权益，努力实现经济效果、社会效果和法律效果有机统一，促进供给侧结构性改革。依法妥善审理涉及经营性主体和消费主体的各类民商事案件，保护消费者合法权益，维护诚实守信和公平竞争的经济秩序。进一步加强产权司法保护，增强人民群众的财产财富安全感。加强涉外审判，为我区更好融入国家“一带一路”战略，为加快丝绸之路经济带核心区建设提供优质司法服务。

五、坚持司法为民保障民生。尊重和保障当事人诉权，努力消除群众诉讼障碍，强化诉前调解，提高审判效率，降低群众的诉讼成本。依法严厉打击电信诈骗、非法集资等犯罪，保护人民群众的合法权益。依法从严惩治贪污、贿赂犯罪、重大安全生产事故犯罪，消除社会不稳定因素，增强人民群众安全感；妥善审理恶意拖欠农民工工资、欠薪逃匿、劳动就业、社会保障、婚姻家庭、人身损害赔偿等事关民生的各类案件，及时化解社会矛盾。加大案件执行力度，用两到三年时间基本解决执行难，维护当事人的合法权益。进一步促进行政机关负责人出庭应诉，增强人民群众对法律的信任和信仰，凝聚人民群众崇尚法律、自觉遵守法律、坚定捍卫法律的力量。

六、坚决保护生态环境安全。牢固树立新发展理念，充分发挥环境资源审判职能作用，依法严惩污染环境、乱砍滥伐、滥捕野生保护动物、乱采滥挖矿产资源、非法占用农地、制污排污等污染环境、破坏自然资源的犯罪行为，依法审理涉及环境资源的侵权纠纷、合同纠纷、行政纠纷，妥善审理环境公益诉讼案件，维护人民群众的环境权益，保护好新疆的一草一木、山山水水，让新疆青山常在，绿水常流。

七、积极稳妥深化司法改革。按照“依法有序”“蹄疾步稳”精神扎实推进司法体制改革，优化司法资源配置，着力抓好人员分类管理、司法责任制和职业保障改革。积极推进以审判为中心的诉讼制度改革，完善审判权力运行机制，加强监督制约，依法保障人权。充分发挥律师作用，为律师履职提供便利，促进公正司法。

八、努力建设忠诚干净担当的人民法院队伍。把坚决维护以习近平同志为核心的党中央权威贯穿到法院队伍建设中，用习近平总书记系列重要讲话精神武装头脑，指导实践，推动工作。认真开展“两学一做”学习教育，深入开展向时代楷模邹碧华、黄志丽、阿布列林·阿不列孜同志学习活动，引导干警做公正为民、敢于担当的好法官、好干部。认真落实全面从严治党主体责任，坚持从严管理，以零容忍态度坚决惩治司法腐败，确保公正廉洁司法。积极推进国家法官学院新疆分院建设，打造中亚区域司法交流中心。认真贯彻自治区党委关于支持兵团工作、推进兵地融合发展的决策部署，进一步加强对高级人民法院兵团分院的工作指导，帮助分院及所辖法院解决遇到的实际困难，进一步支持兵团分院做好审判执行工作，加强队伍建设。

九、自觉接受监督。进一步增强主动接受人大监督意识，及时向自治区人大及其常委会报告工作情况和重大事项，严格执行审判工作规范性文件报备制度，做好司法改革专项报告，按时办结人大交办的各项工作及代表意见建议。及时向自治区政协通报法院工作情况和重大事项，认真办理委员提案。改进人大代表、政协委员联络机制，搭建信息化联络平台，为代表、委员履行监督职责提供便利。自觉接受检察机关法律监督，依法办理好抗诉和检察建议案件，共同维护司法公正。自觉接受舆论和社会监督，不断提高群众对法院工作的满意度。

各位代表，做好新疆工作，推进社会稳定和长治久安，人民法院面临的责任重大，使命光荣。我们要更加紧密地团结在以习近平同志为核心的党中央周围，在自治区党委的坚强领导下，深入贯彻落实党的十八大、十八届三中、四中、五中、六中全会精神、习近平总书记系列重要讲话精神和自治区第九次党代会精神，不忘初心，继续前进，为实现社会稳定和长治久安总目标，建设团结和谐、繁荣富裕、文明进步、安居乐业的社会主义新疆做出新的更大的贡献。

图书在版编目(CIP)数据

全国各高级人民法院工作报告汇编. 2017 /《全国各高级人民法院工作报告汇编》编写组编. —北京:法律出版社,2017

ISBN 978 - 7 - 5197 - 1125 - 2

Ⅰ. ①全… Ⅱ. ①全… Ⅲ. ①法院—工作报告—汇编—中国—2017 Ⅳ. ①D926.2

中国版本图书馆 CIP 数据核字(2017)第 182605 号

全国各高级人民法院工作报告汇编(2017)
QUANGUO GE GAOJI RENMIN FAYUAN GONGZUO BAOGAO HUIBIAN(2017)

《全国各高级人民法院工作报告汇编》编写组 编

责任编辑 许 睿
装帧设计 李 瞻

出版 法律出版社
总发行 中国法律图书有限公司
经销 新华书店
印刷 三河市龙大印装有限公司
责任印制 吕亚莉

编辑统筹 法规出版分社
开本 710 毫米×1000 毫米 1/16
印张 39.5
字数 531 千
版本 2017 年 8 月第 1 版
印次 2017 年 8 月第 1 次印刷

法律出版社/北京市丰台区莲花池西里 7 号(100073)
网址/www.lawpress.com.cn
投稿邮箱/info@lawpress.com.cn
举报维权邮箱/jbwq@lawpress.com.cn
销售热线/010 - 63939792
咨询电话/010 - 63939796

中国法律图书有限公司/北京市丰台区莲花池西里 7 号(100073)
全国各地中法图分、子公司销售电话:
统一销售客服/400 - 660 - 6393
第一法律书店/010 - 63939781/9782　西安分公司/029 - 85330678　重庆分公司/023 - 67453036
上海分公司/021 - 62071639/1636　深圳分公司/0755 - 83072995

书号:ISBN 978 - 7 - 5197 - 1125 - 2　**定价:**98.00 元